建 设 法 规

主　编　张连生

副主编　虞　华　　汪安娜

东南大学出版社
SOUTHEAST UNIVERSITY PRESS
·南京·

内 容 提 要

本书以建设活动的基本程序和规律为线索，对涉及建设活动的相关法律、法规及规章作了全面系统的介绍，通过对建设活动各环节涉及的城乡规划法、建筑行政许可制度、建设用地法律制度、建筑市场交易管理制度(包括招标投标法)、工程咨询勘察设计法律制度、建设工程的安全和质量管理制度、市政公用事业法律制度、房地产法律制度以及解决建设工程纠纷的法律制度等基本内容的介绍，为建设活动的参与者、管理者提供建设活动的基本行为准则、规范及保障措施，并能够运用法律知识解决建设活动中遇到的相关问题和纠纷。

本书可作为工程管理和土木工程专业相关课程的教材，也可供建筑业、房地产业、市政基础建设、物业管理以及城市管理等相关专业人员参考使用。

图书在版编目(CIP)数据

建设法规 / 张连生主编. —南京:东南大学出版社,2021.3

ISBN 978-7-5641-9464-2

Ⅰ.①建…　Ⅱ.①张…　Ⅲ.①建筑法—中国
Ⅳ.①D922.297

中国版本图书馆 CIP 数据核字(2021)第 035784 号

建设法规(Jianshe Fagui)

主　　编：张连生
出版发行：东南大学出版社
社　　址：南京市四牌楼 2 号　　邮编：210096
出 版 人：江建中
网　　址：http://www.seupress.com
电子邮箱：press@seupress.com
经　　销：全国各地新华书店
印　　刷：兴化印刷有限责任公司
开　　本：787 mm×1092 mm　1/16
印　　张：25
字　　数：608 千字
版　　次：2021 年 3 月第 1 版
印　　次：2021 年 3 月第 1 次印刷
书　　号：ISBN 978-7-5641-9464-2
定　　价：52.00 元

丛书编委会

主任委员

李启明

副主任委员

委　员

丛 书 前 言

1999年"工程管理"专业刚列入教育部本科专业目录后不久,江苏省土木建筑学会工程管理专业委员会根据高等学校工程管理专业指导委员会制订的"工程管理"本科培养方案及课程教学大纲的要求,组织了江苏省十几所院校编写了全国第一套"工程管理"专业的教材。在大家的共同努力下,这套教材质量较高,类型齐全,并且更新速度快,因而市场认可度高,不断重印再版,有的书已出到第三版,重印十几次。系列教材在全省、全国工程管理及相关专业得到了广泛使用,有的书还获得了江苏省重点教材、国家级规划教材等称号,受到广大使用单位和老师学生的认可和好评。

近年来,随着国家实施新型城镇化战略、推动"一带一路"倡议,建筑业改革创新步伐加快,大力推行工程总承包、工程全过程咨询、BIM等信息技术,加快推动建筑产业的工业化、信息化、智能化、绿色化、国际化等建筑产业现代化进程,推动建筑业产业转型升级。建筑产业从中低端向现代化转变过程中,迫切需要大批高素质、创新型工程建设管理人才,对高等学校人才培养目标、知识结构、课程体系、教学内容、实践环节和人才培养质量等提出了新的更高的要求。因此,我们的教材建设必须适应建筑产业现代化发展的需要,反映建筑产业现代化的最佳实践。

进入新时代,党和国家事业发展对高等教育、人才培养提出了全新的、更高的要求和希望。提出"人才培养为本、本科教育是根",要求"加快建设一流本科、做强一流专业、打造一流师资、培养一流人才",要求"加强专业内涵建设,建设'金课'、淘汰'水课',抓好教材编写和使用,向课堂要质量"。同时,新工科建设蓬勃发展,得到产业界的积极响应和支持,在国际上也产生了影响。在这样的背景下,教育部新一届工程管理和工程造价专业指导委员会提出了专业人才培养的方向是"着重培养创新型、复合型、应用型人才",要"问产业需求建专业,问技术发展改内容,更新课程内容与培养方案,面向国际前沿立标准,增强工程管理教育国际竞争力"。工程管理和工程造价专业指导委员会制定颁发了《工程管理本科指导性专业规范》和《工程造价本科指导性专业规范》,对工程管理和工程造价知识体系和实践体系做出了更加详细的规定。因此,我们的教材建设必须反映这样的培养目标,必须符合人才培养的基本规律和教育评估认证的新需要。

20多年来,全国工程管理、工程造价教育和人才培养快速发展。据统计,2017年全国开设工程管理专业的高校有489家,在校生数为139 665;工程造价专业全国布点数为262家,在校生数为88 968;房地产开发与管理专业全国布点数为86家,在校生数为11 396。工程管理和工程造价专业下一阶段将从高速增长阶段转向高质量发展阶段,从注重数量、规模、空间、领域等外延拓展,向注重调整结构,提高质量、效应、品牌、影响力、竞争力等内涵发展转变。基于新时代新要求,工程管理专业需要重新思考自身的发展定位和人才培养目标定位,完善知识体系、课程体系,建设与之相适应的高质量、高水平的教材体系。

基于上述时代发展要求和产业发展背景,江苏省土木建筑学会工程管理专业委员会、建筑与房地产经济专业委员会精心组织成立了编写委员会,邀请省内外教学、实践经验丰富的高校老师,经过多次认真教学研讨,按照现有知识体系对原有系列教材进行重装升级,适时推出面向新工科的新版工程管理和工程造价系列丛书。在本系列丛书的策划和编写过程中,注重体现新规范、新标准、新进展和新实践,理论与实践相结合,注重打造立体化、数字化新教材,以适应行业发展和人才培养新需求。本系列丛书涵盖工程技术类课程、专业基础课程、专业课程、信息技术课程和教学辅导等教材,满足工程管理专业、工程造价专业的教学需要,同时也适用于土木工程等其他工程类相关专业。尽管本系列丛书已经过多次讨论和修改,但书中必然存在许多不足,希望本专业同行们、学生们在使用中对本套教材中的问题提出意见和建议,以使我们能够不断改进、不断完善,将它做得越来越好。

本系列丛书的编写出版,得到江苏省各有关高校领导的关心和支持,得到国内有关同行的指导和帮助,得到东南大学出版社的鼎力支持,在此谨向各位表示衷心的感谢!

丛书编委会

2019年5月

前　言

法治是发展社会主义市场经济的内在要求。党的"十八大"以来，随着我国全面推行法治社会和法治政府建设，建设工程领域在城乡规划、建筑市场和房地产市场管理等方面对行政审批及市场准入等制度进行深入改革，制定和修改了相关法律、行政法规和部门规章，进一步完善了建设法律法规体系。

面向建设领域的工程技术人员和管理人员，必须是既懂工程技术，又懂经济，懂管理，并且具备专业法律知识的复合型人才。特别是工程管理、工程造价专业，《建设法规》已成为工程管理、工程造价专业的必修课。

2000 年，东南大学出版社就陆续出版"工程管理系列教材"，《建设法规》是首批出版的工程管理和土木工程专业的专业法律教程。2009 年、2017 年又分别进行了《建设法规》第二版、第三版的修订。

2019 年 2 月，东南大学出版社组织"面向'新工科'工程管理与工程造价专业系列规划教材"的编写工作，《建设法规》作为第一批教材启动编写工作。

新版的《建设法规》教材，以建设活动的基本程序和规律为线索，对涉及的相关法律、法规及规章作了全面系统的介绍，将政府项目采购、工程全过程咨询、勘察设计中的知识产权保护、建筑师负责制、工程项目审批制度改革以及建筑市场信用体系建设等最新的内容增加到教材中，并将《民法典》的最新内容及法律法规的修改、最高人民法院司法解释等内容融入教材之中。

本书在每章前增加本章概要，在该章节后附有相关案例，并进行分析点评，便于读者对相关专业法律的适用，以及司法实例有一个感性认识。

本书由张连生任主编，虞华、汪安娜任副主编。全书共分为 12 章，其中第 1、第 7、第 11 章和第 6 章的第 2 节、第 5 节由张连生（苏州科技大学）编写；第 2、第 5、第 12 章由汪安娜（苏州科技大学）编写；第 4、第 9、第 10 章由虞华（东南大学）编写；第 3 章，第 6 章的第 1、3、4 节，第 8 章由熊向阳（南京工程学院）编写。张连生负责全书的统稿。

　　本教材的大纲及编写体系得到全国高等学校工程管理学科专业指导委员会委员、东南大学李启明教授的指导和审定,东南大学出版社的编辑们对本书编写给予了具体的指导,在此一并表示感谢!

　　本书是在结合教学、建设工程司法实践,查阅国内外有关参考文献资料、法律法规的基础上编写而成的。由于我们的水平及时间和条件的限制,本书难免有疏漏之处,敬请读者谅解并予指正。

编者

2020 年 11 月

目　录

第1章　建设法律概论

本章是建设法规课程的导论部分,它界定了建设法律的定义、建设法规的概念以及建设法律与建设法规之间的关系,阐述了建设法律的调整对象及建设法律的特征,阐述了建设立法的基本原则及建设法律的作用,回顾了建设法律的立法历史进程,并说明了建设法律关系的构成要素及其法律事实。本章还介绍了建设法律体系的基本框架,使我们对建设法律体系的整体内容能够有宏观的把握。

1.1　建设法律概述

1.1.1　建设法律的概念和调整对象

1) 建设法律的概念

建设法律是指国家权力机关或其授权的行政机关制定的,旨在调整国家及其有关机构、企事业单位、社会团体、公民相互之间在建设活动中或建设行政管理活动中发生的各种社会关系的法律、法规的统称。

建设法律,主要是以建设活动或建设行政管理为规范内容而构成的,表现为建设法律、建设行政法规,以及地方性建设法规和部门规章、地方政府规章等。建设法律和建设法规中内容集中的或专门的规范性文件,是我国建设法律的主要来源,如《中华人民共和国城乡规划法》《中华人民共和国建筑法》,是以特定的活动,即城乡规划活动或建筑活动为规范内容的法律。《中华人民共和国注册建筑师条例》则是以特定的职业,即建筑师职业为规范内容的行政法规。建设行政部门规章是建设主管部门管理、监督、指导建设活动的各方参与主体参与或实施建设活动的具体的行为规范。因此,广义上而言,建设行政部门规章也属于建设法律的范畴。此外,宪法和民法、行政法、社会保障法等各部门法律中有关建设活动及其建设关系的法律调整,也是建设法律的渊源。例如,《中华人民共和国宪法》第十条规定,城市的土地属于国家所有。《中华人民共和国民法通则》第一百二十六条规定,建筑物或者其他设施以及建筑物上的搁置物、悬挂物发生倒塌、脱落、坠落造成他人损害的,它的所有人或者管理人应当承担民事责任,但能够证明自己没有过错的除外。《中华人民共和国刑法》第一百三十七条规定,建设单位、设计单位、施工单位、工程监理单位违反国家规定,降低工程质量标准,造成重大安全事故的,对直接责任人员,处 5 年以下有期徒刑或者拘役,并处罚金;后果特别严重的,处 5 年以上 10 年以下有期徒刑,并处罚金。

简言之,建设法律是调整建设行政管理活动、建设民商事活动以及主体之间的经济协作等法律关系的规范总称。

建设法律并不是一个独立的法律部门,而是由建设行政法律规范、建设民商事法律规范、社会保障法规等综合而成。为了学习、研究和适用法律的方便,学者把所有调整建设活动和建设管理活动的法律、法规以及规章、规范性文件等综合在一起,形成了一门法律分支学科。由于建设活动行业管理特点,建设行政法规在建设法律法规中占有很大的比重,因此,在建设行业中,习惯将所有建设法律、建设行政法规、建设部门规章、政府规章及强制性标准、规范等都归类于建设法律规范中,简称为建设法规。

2)建设法律的调整对象

建设法律的调整对象,即建设关系,也就是发生在各种建设活动和建设管理活动中的社会关系。具体如下:

(1)建设活动中的行政管理关系

建设活动是社会经济发展中的重大活动,同社会经济发展和人民生命财产息息相关。国家对此类活动必然要实行较严格的管理,包括对建设工程的规划、立项、资金筹集、设计、施工、验收及商品房销售等均进行严格监督管理,进而形成建设活动中的行政管理关系。建筑业企业的资质管理制度,建设项目开工的施工许可制度,建设工程项目的竣工验收备案制度,商品房预售许可证制度以及注册建筑师、注册建造师、注册监理工程师、注册造价工程师、注册结构工程师等执业资格制度等都体现了行政管理关系。

建设活动中的行政管理关系,是国家及其建设行政等主管部门同建设单位、设计单位、监理单位、施工单位及工程咨询服务等中介服务机构之间发生的相应的管理与被管理的关系。它包括两个相互关联的方面:一方面是规范、指导、协调与服务;另一方面是检查、监督、控制与调节。这其中不但要明确各种建设行政管理部门相互间及内部各方面的责权利关系,而且还要科学地建立建设行政管理部门同各类建设活动主体及中介服务机构之间规范的管理关系。这些都必须纳入法律调整范围,由有关的建设法律来承担。这是建设等主管部门依法行政的具体依据和规范。

(2)建设活动中的经济协作关系

在各项建设活动中,各种经济主体为了自身的生产和经营需要,或为了实现一定的经济利益或目的,必然寻求协作伙伴,随即发生相互间的建设协作经济关系,如投资主体(建设单位)与工程咨询、勘察设计单位、建筑安装施工单位等发生的工程咨询、勘察设计和施工关系,施工单位之间为加强投标的竞争实力而组成的投标联合体,总承包单位与分包商之间的分包合同关系等,这些活动都是经济协作关系。

建设活动中的经济协作关系是一种平等自愿、互惠互利的横向协作关系,一般应当以合同的形式确定。经济合同是法人之间、法人与自然人之间等主体为了实现一定的经济目的,明确相互间的权利、义务关系的协议。与一般合同不同的是,建设活动的合同关系大多要求参与主体具有一定的资格或前提条件,如对于建设单位而言,签订建设工程合同的前提是该工程项目已经批准立项;而对于承包商而言,签订工程合同须具备一定的资质等级。这体现了国家对建设活动一定程度的监管。这是由建设活动和建设关系自身的特点所决定的。

(3)建设活动中的民事关系

这是指因从事建设活动而产生的国家、单位法人、公民相互之间的民事权利、义务关系。

主要包括:在建设活动中发生的因人身损害而发生的损害赔偿关系以及建设活动参与单位的名称权、名誉权等人格权和知识产权保护等法律关系;建设活动从业人员的人身和建设单位、施工单位的财产保险法律关系;施工单位的建筑材料、设备构配件采购的买卖合同关系,钢管、机械设备等租赁关系;房地产交易中商品房买卖、房地产抵押和房屋租赁等法律关系;因土地及房屋征收导致的征收补偿安置关系;施工中噪声扰民、环境污染导致的赔偿纠纷等。

建设活动中的民事关系既涉及国家、社会利益,又直接关系着企业、公民个人的权益和自由,因此必须按照民商法和建设法律法规中的民商事法律规范予以调整。

(4) 建设活动中的社会保障关系

建设活动对于土地资源以及钢铁、水泥、木材等建筑材料和人力资源等占用量巨大,对环境也会造成持久的影响。因此,建设活动涉及环境保护法、节约能源法、安全生产法和劳动合同法等社会法的调整。

应当指出的是,建设法律的上述四类具体调整对象,既彼此互相关联,又各具自身属性。它们都是因从事建设活动所形成的社会关系,都必须以建设法律来加以规范和调整,不能或不应当撇开建设法律法规来处理建设活动中所发生的各种关系,这是其共同点或相关联之处。同时这四类调整对象又不尽相同:它们各自的形成条件不同;处理关系的原则或调整手段不同;适用的范围不同;适用规范的法律后果也不相同。从这个意义上说,它们又是四类并行不悖的社会关系,既不能混同,也不能相互取代。在承认建设法律法规统一调整的前提下,应当侧重适用它们各自所属的调整规范。

1.1.2　建设法律的特征

建设法律作为调整建设活动和建设行政管理所发生的社会关系的法律规范,除具备一般法律的共性外,还具有不同于其他法律的特征。

1) 行政强制性

这是建设法律的主要特征。建筑活动投入资金量大,需要消耗大量的人力、物力、财力及土地等资源,涉及面广,影响力大且持久(尤其要注意对环境的影响),建筑产品的质量又关系到人民的生命和财产安全。因此,国家对建筑活动的监督和管理与其他行业相比,较为严格。建设行业的特殊性决定了建设法律必然要采用直接体现行政权力活动的调整方法,即以行政指令为主要调整方法。建设法律规范中,建设行政法规占有很大的比重。因此,建设法律的调整方式的特点主要体现为行政强制性,调整方式有:

(1) 授权。国家通过建设法律规范,授予国家建设管理机关某种管理权限,或具体的权力,对建设业进行监督管理,如《中华人民共和国建筑法》规定,建筑工程招标的开标、评标、定标由建设单位依法组织实施,并接受有关行政主管部门的监督。《建筑业企业资质管理规定》规定,下列建筑业企业资质许可,由企业工商注册所在地设区的市人民政府建设主管部门实施:

① 施工总承包资质序列三级资质(不含铁路、通信工程施工总承包三级资质);

② 专业承包资质序列三级资质(不含铁路方面专业承包资质)及预拌混凝土、模板脚手架专业承包资质;

③ 施工劳务资质；

④ 燃气燃烧器具安装、维修企业资质。

（2）命令。国家通过建设法律规范赋予建设法律关系主体某种作为的义务，如《中华人民共和国建筑法》规定，建筑工程勘察、设计、施工的质量必须符合国家有关建筑工程安全标准的要求，具体管理办法由国务院规定。

（3）禁止。国家通过建设法律规范赋予建设法律关系主体某种不作为的义务，即禁止主体某种行为，如《中华人民共和国建筑法》规定，发包单位及其工作人员在建筑工程发包中不得收受贿赂、回扣或者索取其他好处；承包单位及其工作人员不得利用向发包单位及其工作人员行贿、提供回扣或者给予其他好处等不正当手段承揽工程；禁止将建筑工程肢解发包等。《中华人民共和国注册建筑师条例实施细则》规定，禁止涂改、倒卖、出租、出借或者以其他形式非法转让执业资格证书、互认资格证书、注册证书和执业印章。

（4）许可。国家通过建设法律规范，赋予特别的主体在法律允许范围内某种作为的权利，如《中华人民共和国城乡规划法》（2007年）规定，以出让方式取得国有土地使用权的建设项目，在签订国有土地使用权出让合同后，建设单位应当持建设项目的批准、核准、备案文件和国有土地使用权出让合同，向城市、县人民政府城乡规划主管部门领取建设用地规划许可证。《中华人民共和国建筑法》规定，建筑工程开工前，建设单位应当按照国家有关规定向工程所在地县级以上人民政府建设行政主管部门申请领取施工许可证。大中型项目要按照国务院规定的权限和程序批准开工报告。根据《中华人民共和国建筑法》的规定，从事建筑活动的施工企业、勘察单位、设计单位和工程监理单位应当具备一定的资质等级，从事建筑活动的专业技术人员应当取得相应的执业资格证书。

（5）免除。国家通过建设法律规范，对主体依法应履行的义务在特定情况下予以免除，如工程投资额在30万元以下或者建筑面积在300平方米以下的建筑工程，可以不申请办理施工许可证；对个人购买并居住超过1年的普通住宅，销售时免征营业税，超过5年的免征所得税；用炉渣、粉煤灰等废渣作为主要原料生产建筑材料的可享有减、免税的优惠等。

（6）确认。国家通过建设法律规范，授权建设管理机关依法对争议的法律事实和法律关系进行认定，并确定其是否存在，是否有效，如各级建设工程质量监督站检查受监工程的勘察、设计、施工单位和建筑构件厂的资质等级和从业范围，监督勘察、设计、施工单位和建筑构件厂严格执行技术标准，检查其工程（产品）质量等。

（7）撤销。国家通过建设法律规范，授予建设行政管理机关运用行政权力对某些权利能力或法律资格予以撤销或消灭，如勘察设计单位越级承揽业务的，可以责令其停业整顿、降低资质等级，情节严重的，吊销资质证书。

2）建设法规以调整经济活动为主要内容

建设法律是经济法的重要组成部分。建设法律中属于经济法部门的法律法规，其主要特征是建设活动中的工程项目投资、房地产开发经营等活动占用的资金量大，直接受到国家宏观调控的影响。国家以法律法规的手段调控建设活动的法律属于经济法的范畴，这些法律法规即是建设法律的一部分。经济性是建设法律的又一重要特征。建设法的经济性既包含财产性，也包含其与投资、生产、分配、交换、消费等经济活动的联系性。建筑业和房地产业等建设活动直接为社会创造财富，为国家增加积累，如房地产开发、工程项目建设、建设工程勘察设计、施工安装等都直接为社会创造财富。随着建筑业和房地产业的发展,其在国民经济中的地位日益突出,建筑业和房地产业已经成为国民经济的支柱产业之一。

3) 建设法规中包含了大量的技术性规范

技术性是建设法律规范的一个十分重要的特征。建设业的发展与人类的生存、进步息息相关。建设工程安全以及建筑产品的质量与人民的生命财产紧紧连在一起。为保证建筑产品的质量和人民生命财产的安全,大量的建设法律法规是以行政法规、部门规章、强制性标准和技术规范等形式出现的。法学中狭义的法律法规仅仅是指由国家权力机关制定的法律及国家权力机关授权国家行政机关制定的行政法规及地方权力机关制定的地方性法规。但在法律、法规没有具体规定的前提下,司法实践中政府行政主管部门的规章、地方政府规章以及国家强制性标准等可以作为处理案件的参照依据。建设法律中的行政法规、部门规章、技术规范等具有直接、具体、严密、系统的特点,便于广大工程技术人员及管理机构遵守和执行,如各种设计规范、施工规范、验收标准规范、产品质量监测规范等。因此,建设法规的内涵要比传统法学中法律法规的内涵广,其不仅包括了法律、行政法规和地方性法规,还包括了建设行政主管部门的规章、地方政府规章和国家强制性标准等。工程建设的质量、安全、卫生、环境保护按要求及国家需要控制的工程建设的其他要求属于强制性规范。强制性标准是在一定范围内通过法律、行政法规等强制性手段加以实施的标准,具有法律属性,必须执行。

1.2　建设立法的基本原则及建设法律的作用

1.2.1　建设立法的基本原则

建设立法的基本原则,是指建设法律、法规等制定时所必须遵循的基本准则或要求。立法原则体现了法律的基本精神和法律的价值趋向。

1) 遵循市场经济规律的原则

市场经济,是指市场对资源配置起基础性作用的经济体制。社会主义市场经济,是指与社会主义基本制度相结合的、市场在国家宏观调控下对资源配置起基础性作用的经济体制。第八届全国人大第一次会议通过的《中华人民共和国宪法修正案》规定"国家实行社会主义市场经济",这不仅是宪法的基本原则,也是建设法规的立法基本原则。

(1) 遵循市场经济规律,反映在建设法规立法中,就是要建立健全市场主体体系。建设法规要规定各种建设市场主体的法律地位,对他们在建设活动中的权利和义务作出明确的规定。这些主体理应包括建设行政主管部门、勘察规划设计单位、建设监理单位、建筑施工企业、房地产开发经营企业、土地资源管理部门、标准化管理部门、城市市政公用事业单位、环境保护部门、建筑材料供应商、建设单位和公民个人等。建立健全活跃的建设市场主体体系,要求国家、集体和个人共同参与。

(2) 遵循市场经济规律,要求建设法律的立法确立建设市场体系具有统一性和开放性。建设立法应当确立规划与勘察设计市场、工程咨询服务市场、工程承发包的招投标市场、房地产交易市场、市政公用事业市场、建设资金融通市场等多元化的建设活动大市场。

（3）遵循市场经济规律，要求建设法律的立法确立以间接手段为主的宏观调控体系。建设法律主要运用行政手段实现对建设行为的调整，但这种调整不应当是直接干预性的。各建设法律主体在具体的建设行为中都有着独立性和自主性，国家对其行为实施的调控只是间接性、宏观的。

（4）遵循市场经济规律，要求建设法律立法本身具有完备性。要把建设行为纳入法治轨道，必须先使法治自身完备。唯有如此，才能有效地规范建设市场主体行为，维护建设市场活动秩序。

2）科学立法原则

坚持立法的科学原则问题，也就是实现立法的科学化、现代化问题。现代立法应当是科学活动。立法遵循科学原则，有助于提高立法质量和良法的产生，有益于尊重立法规律、克服立法中的主观随意性和盲目性，也有利于在立法中避免或减少错误和失误，降低成本，提高立法效益。全国人民代表大会常务委员会通过立法规划、年度立法计划等形式，加强对立法工作的统筹安排。编制立法规划和年度立法计划，应当认真研究代表议案和建议，广泛征集意见，科学论证评估，根据经济社会发展和民主法治建设的需要，确定建设立法项目，提高立法的及时性、针对性和系统性。全国人民代表大会有关的专门委员会、常务委员会工作机构应当提前参与建设领域的法律草案起草工作。

建设领域的法律法规专业性较强，可以吸收建设领域的专家参与起草工作，或者委托有关专家、教学科研单位、社会组织起草。

为检验立法效果，《中华人民共和国立法法》规定，全国人民代表大会有关的专门委员会、常务委员会工作机构可以组织对建设法律或者建设法律中有关规定进行立法后评估。

3）法治原则

中共中央、国务院印发的《法治政府建设实施纲要（2015—2020 年）》总体目标是经过坚持不懈的努力，到 2020 年基本建成职能科学、权责法定、执法严明、公开公正、廉洁高效、守法诚信的法治政府。经济上实行市场化，政治上实行法治化，是现代社会不同于以往社会的显著标志，而这都需要有法治来推动、来保障。现代社会更为显著的标志，就在于要求建设法治国家，实现国家生活的法治化和法治生活的现代化。

我国宪法以及其他有关法律尽管对立法权限的划分、立法程序、法律解释等问题作了原则规定，但由于宪法对立法权限的划分不够具体、不够明确，导致有些法规、规章与法律相抵触或者法规、规章之间相互矛盾、冲突；有些法规、规章的质量不高，存在着起草和制定过程中片面强化、扩大部门的权力，为本部门、本系统带来不应当有的审批权、发证权、收费权、处罚权；有的还超越职权，擅自解释法律、法规，或者各搞各的规章。这些问题在一定程度上损害了国家法制的统一和尊严，也严重地影响了正确执法。

立法作为建设法治国家的前提和基础，因此需要实行法治化，需要坚持法治原则。这一原则的基本要求和主要内容突出地体现为：一切立法权的存在和行使都应当有法的根据，立法活动的绝大多数环节都依法运行，社会组织或成员以立法主体的身份进行活动，其行为应当以法为规范，行使法定职权，履行法定职责。在立法需要遵循的法的根据中，宪法是最高规格的根据。坚持立法的法治原则，就要有一套较为完善的立法制度，为立法权的存在和行使，为立法活动的进行，提供法的根据。特别要有关于立法权限划分，立法主体设置，立法运作程序,立法与政党、与政府、与司法的关系和中央立法与地方立法的关系等方面的健全而具体的法律制度。为了规范立法活动,健全国家立法制度,提高立法质量,完善中国特色社会主义法律体系,发挥立法的引领和推动作用,保障和发展社会主义民主,全面推进依法治国,建设社会主义法治国家,2000 年 3 月 15 日,第九届全国人大第三次会议通过了《中华人民共和国立法法》。2015 年 3 月 15 日,第十二届全国人大第三次会议进行了修正。法律、行政法规、地方性法规、自治条例和单行条例的制定、修改和废止以及国务院部门规章和地方政府规章的制定、修改和废止,都必须按照《中华人民共和国立法法》规定的立法权限和程序进行。

4)法制统一原则

立法应当依照法定的权限和程序,从国家整体利益出发,坚持以宪法为核心的社会主义法制的统一和尊严。

中国是一个集中统一的社会主义国家。没有社会主义法制的统一,就不能依法维护国家的统一、政治的安定、社会的稳定。实行社会主义市场经济体制,同样需要强调社会主义法制的统一,否则就会妨碍社会主义市场经济体制的建立和完善,妨碍统一的社会主义市场的形成和发展。随着立法步伐的加快,法律、法规数量的增多,不同法律门类、不同性质法律规范、不同效力层次法律规范之间呈现出错综复杂的关系,尤其需要引起对法制统一的高度重视。

维护法制统一,首先必须依据法定权限、遵循法定程序立法,不得超越法定权限、违反法定程序立法。法律、行政法规、地方性法规和自治条例、单行条例等都是国家统一的法律体系的组成部分,各部门、各地方、各方面都不能各搞各的所谓"法律体系"。在法律体系内部,必须坚持以宪法为核心和统帅,一切法律、法规都不得同宪法相抵触,行政法规不得同宪法和法律相抵触,地方性法规不得同宪法和法律、行政法规相抵触,规章之间也不能相互矛盾。同时,要按照法定的权限和程序,加强对法律、法规的解释工作,加强法规、规章的备案审查工作。总之,一定要从制度上解决"法律冲突"的问题。

立法坚持法制统一原则,要从国家的整体利益出发,要充分考虑和维护人民的根本利益和长远利益,拒绝只强调本部门、本地方利益的狭隘的部门保护主义和地方保护主义。

1.2.2 建设法律的作用

根据行为主体的不同,法律的规范作用具体可以分为:指引、评价、教育、预测和强制作用。

在法治社会,人们所进行的各种具体行为必须遵循一定的准则,只有在法律规范的范围内所进行的行为才能实现行为人预期的目的。

从事各种具体的建设活动所应遵循的行为规范即建设法律规范。建设法律对建设活动主体的建设行为的规范性表现为:

(1)指引作用。如《中华人民共和国建筑法》(简称《建筑法》)规定,国家提倡对建筑工程实行总承包。《建设工程安全生产管理条例》规定,国家鼓励建设工程安全生产的科学技术研究和先进技术的推广应用,推进建设工程安全生产的科学管理。

(2)评价作用。法律法规对违法行为的制裁就是一种否定性评价,如《建设工程质量管理条例》第六十四条规定,施工单位在施工中偷工减料的,使用不合格的建筑材料、建筑构配件和设备的,或者有不按照工程设计图纸或者施工技术标准施工的其他行为的,责令改正,处工程合同价款 2% 以上 4% 以下的罚款;情节严重的,责令停业整顿,降低资质等级或者吊销资质证书。

（3）教育作用。建设法律通过对合法行为的肯定和对违法行为的否定来教育违法者和其他建设活动主体。

（4）预测作用。如《建筑法》第三十条规定,国家推行建筑工程监理制度。国务院可以规定实行强制监理的建筑工程的范围。根据该法条的规定,可以推测在 1998 年《建筑法》实施后,建筑工程的监理制度将是发展趋势。《中华人民共和国节约能源法》第四十条规定,国家鼓励在新建建筑和既有建筑节能改造中使用新型墙体材料等节能建筑材料和节能设备,安装和使用太阳能等可再生能源利用系统。根据该法条的规定,新型墙体材料等节能材料和设备将在建筑工程中被推广使用。

（5）强制作用。如《建设工程安全生产管理条例》规定,建筑工程安全生产管理必须坚持安全第一、预防为主、综合治理的方针,建立健全安全生产的责任制度和群防群治制度。《建筑法》第二十八条规定,禁止承包单位将其承包的全部建筑工程转包给他人,禁止承包单位将其承包的全部建筑工程肢解以后以分包的名义分别转包给他人。正是由于有了上述法律的规定,建设行为主体才明确了自己可以为、不得为和必须为的一定的建设行为,并以此指导制约自己的行为,体现出建设法规对具体建设行为的规范和指导作用。

1.3　我国建设立法概况

1.3.1　建筑业的立法进程

1）起步阶段（1949—1952 年）

新中国成立初期,建筑立法基本上是个空白。为了适应国民经济的迅速恢复和大规模的经济建设的需要,国家开始着手进行建筑立法工作。1950 年 12 月,政务院发布了《关于决算制度、预算审核、投资的施工计划和货币管理的决定》,规定了必须先设计后施工的工作程序,这是新中国政府最早发布的有关建筑业生产经营的法规性文件。1951 年 3 月,政务院财经委员会发布了《基本建设工作程序暂行办法》,后来经过试行、补充,修订为《基本建设工作暂行办法》,这是新中国第一部全面的、纲领性的建设法规,50 多年来一直作为建设管理的基本依据,为建筑立法工作奠定了基础。

2）着手完善阶段（1953—1957 年）

此阶段是我国"一五"计划时期。国家开始实施以 156 项重点工程为骨干的大规模的建设活动。1952 年建筑工程部成立。1953 年 3 月颁发了《包工试行办法（草案）》。1954 年 6 月至 7 月相继颁发了《关于试行包工包料的指示》《建筑安装工程包工暂行办法》。1955 年,国家建设委员会和建筑工程部等颁发了一系列重要的规章制度和规范性文件,如《工业、民用建筑设计和预算编制暂行办法》《基本建设工程交工和动用暂行办法》《标准建筑工程公司组织编制草案》《建筑机械管理办法》《建筑安装工程总承包与分承包试行办法（草案）》《建筑安装企业财务成本责任制暂行办法》等。1956 年 4 月国家发布了《1956 年建筑安装工程统一施工定额》。同年 5 月,国务院常务会议通过了《国务院关于加强和发展建筑工业的决定》《国务院关于加强设计工作的决定》《国务院关于加强新工业区和新工业城市建设工作几个问题的决定》。

3) 第一次曲折阶段(1958—1960 年)

1958 年,开始了"大跃进"。由于"左"倾思潮的影响,许多必要的规章制度被"革"掉了,已经建立起来的比较完整的建筑法规受到了严重的冲击。当时,有关工程质量和安全作业方面的规章制度共 81 种,废除了 38 种,致使工程质量事故、伤亡事故大幅度上升。为了扭转这种局面,1958 年又陆续颁发了《关于工程质量事故和安全措施的意见》《关于加强施工管理的几项规定》等。

4) 进一步恢复修订与完善阶段(1961—1965 年)

从 1961 年开始,我国实行国民经济的"调整、巩固、充实、提高"的方针。建筑工程部于同年 9 月相应地制定了《关于贯彻执行〈国营工业企业工作条例〉(草案)的规定》。1962 年,建筑工程部颁发了《建筑安装企业工作条例(草案)》。在此期间,国务院和建设委员会、建筑工程部还制定了一系列有关建设程序、设计、施工、现场管理、机械设备管理、建筑标准定额、财务资金及技术责任等方面的制度。

5) 第二次曲折阶段(1966—1978 年)

1966 年"文化大革命"开始以后,建筑立法遭到第二次严重破坏,一些合理的规章制度被全盘否定,各种安全质量事故大量发生。为扭转这种混乱状况,1972 年初,国务院批转国家计委、国家建委、财政部《关于加强基本建设管理的几项意见》,重新肯定了以前的一些有关规定。同年 5 月,国家基本建设委员会决定对《施工验收规范》《工程质量标准》《施工操作规程》等进行修订并执行。1973 年又对建设收费、竣工验收作了规定。1975 年,邓小平同志主持国务院工作,建筑立法有所加强,主要制定了有关建设包干、调度、环境等方面的规定。

6) 恢复、完善阶段(1979—1983 年)

在这一阶段,国家建委等部门颁发了一系列关于建设程序、安全施工、工程质量等的规定。1979 年,国家建工总局成立后,又制定了许多关于勘察设计、施工、建筑科研、劳动工资、对外承包等方面的法规文件。1980 年,国家建委等五部门颁发了《关于扩大国营施工企业经营管理自主权有关问题的暂行规定》。1981 年,国家建委等四部门颁发了《关于施工企业推行经济责任制的若干规定》。1982 年,城乡建设环境保护部成立后,颁发了一些关于建筑施工安全技术劳动管理的文件。1983 年,城乡建设环境保护部制定了建筑业改革大纲。

7) 体系化、规范化发展阶段(1984—1996 年)

1984 年,城乡建设环境保护部提出了建筑领域系统改革的纲领性文件——《发展建筑业纲要》。同年 9 月,国务院颁发了《关于改革建筑业和基本建设管理体制若干问题的暂行规定》。这两个文件,是建筑业全面改革的纲领性文件,也为建筑业立法工作走向体系化的道路奠定了基础。此后,随着建筑业改革的深化,建设部抓紧拟定了《建筑法》及其配套的法规草案,各地也抓紧了工程建设与建筑业的立法工作,逐步形成较为完善的建筑法规体系框架。

在立法程序上,1987年,国务院发布了《行政法规制定程序暂行条例》。1988年,建设部颁发了《建设部立法工作程序和分工的规定》,后又对该规定进行了修订。这就把建设立法工作纳入了规范化、科学化的轨道。

该阶段的建设行政法规有:1995年9月,国务院发布《中华人民共和国注册建筑师条例》。

该阶段的建设行政部门规章有:

1994年8月,建设部发布《工程建设项目报建管理办法》。

1995年1月,建设部发布《建筑施工企业项目经理资质管理办法》。

1996年7月,建设部发布《中华人民共和国注册建筑师条例实施细则》。

8)完善和发展阶段(1997年——　)

1997年11月1日,第八届全国人大常委会第二十八次会议通过了《中华人民共和国建筑法》,该法自1998年3月1日起实施,根据2011年4月22日第十一届全国人大常委会第二十次会议《关于修改〈中华人民共和国建筑法〉的决定》第一次修正,根据2019年4月23日第十三届全国人大常委会第十次会议《关于修改〈中华人民共和国建筑法〉等八部法律的决定》第二次修正。《中华人民共和国建筑法》的发布和实施,标志着建筑行业有了总领行业的基本法律,为进一步完善建筑法律体系提供了条件。从此,相关配套法律法规及部门规章陆续出台。

(1)建筑业方面的建设行政法规有:

2000年1月30日,国务院发布《建设工程质量管理条例》。

2000年9月25日,国务院发布《建设工程勘察设计管理条例》(该条例于2015年6月12日修订)。

2003年11月24日,国务院发布《建设工程安全生产管理条例》。

2004年1月13日,国务院发布《安全生产许可证条例》。

2013年10月2日,国务院发布《城镇排水与污水处理条例》。

为了依法推进简政放权、放管结合、优化服务改革,深入推进"互联网＋政务服务"和政务服务"一网通办",国务院对与政务服务"一网通办"不相适应的有关行政法规进行了清理。2019年3月24日,国务院公布《国务院关于修改部分行政法规的决定》,将《城市道路管理条例》第三十三条第一款修改为:"因工程建设需要挖掘城市道路的,应当提交城市规划部门批准签发的文件和有关设计文件,经市政工程行政主管部门和公安交通管理部门批准,方可按照规定挖掘。"

为进一步推进政府职能转变和"放管服"改革,更大程度激发市场、社会的创新创造活力,营造法治化、国际化、便利化的营商环境,国务院对涉及的行政法规进行了清理。2019年4月23日国务院公布《国务院关于修改部分行政法规的决定》,对《中华人民共和国注册建筑师条例》第八条申请参加一级注册建筑师考试的资格条件进行了修改,将《建设工程质量管理条例》第十三条修改为:"建设单位在开工前,应当按照国家有关规定办理工程质量监督手续,工程质量监督手续可以与施工许可证或者开工报告合并办理。"

地方立法方面,第十二届全国人民代表大会第三次会议2015年3月15日通过《关于修改〈中华人民共和国立法法〉的决定》,将第六十三条改为第七十二条,第二款修改为:"设区的市的人民代表大会及其常务委员会根据本市的具体情况和实际需要，在不同宪法、法律、行政法规和本省、自治区的地方性法规相抵触的前提下，可以对城乡建设与管理、环境保护、历史文化保护等方面的事项制定地方性法规，法律对设区的市制定地方性法规的事项另有规定的，从其规定。设区的市的地方性法规须报省、自治区的人民代表大会常务委员会批准后施行。省、自治区的人民代表大会常务委员会对报请批准的地方性法规，应当对其合法性进行审查，同宪法、法律、行政法规和本省、自治区的地方性法规不抵触的，应当在四个月内予以批准。"

（2）建筑业方面的建设行政主管部门规章有：

1996 年 7 月 1 日建设部发布的《中华人民共和国注册建筑师条例实施细则》（2008 年 1 月 29 日建设部修改后重新发布）。

1999 年 2 月 3 日，建设部发布《建设行政处罚程序暂行规定》。

1999 年 10 月 15 日，建设部发布《建筑工程施工许可管理办法》（该办法于 2001 年 7 月 4 日修正）。

2000 年 2 月 17 日，建设部发布《建筑工程施工图设计文件审查暂行办法》。

2000 年 4 月 4 日，建设部发布《房屋建筑和市政基础设施工程竣工验收备案管理办法》（该办法于 2009 年 10 月 19 日修正）。

2000 年 6 月 30 日，建设部发布《房屋建筑工程质量保修办法》。

2000 年 8 月 1 日，建设部发布《建设工程勘察质量管理办法》（该办法于 2002 年 12 月 4 日修订）。

2001 年 4 月 18 日，建设部发布《建筑业企业资质管理规定》。

2001 年 8 月 29 日，建设部发布《工程监理企业资质管理规定》。

2003 年 12 月 19 日，建设部发布《〈外商投资城市规划服务企业管理规定〉的补充规定》《〈外商投资建设工程设计企业管理规定〉的补充规定》和《〈外商投资建筑业企业管理规定〉的补充规定》；2020 年 1 月 17 日，住房和城乡建设部与商务部联合发布《关于废止〈外商投资建筑业企业管理规定〉等规章的决定》。

2004 年 8 月 23 日，建设部发布《房屋建筑和市政基础设施工程施工图设计文件审查管理办法》。

2008 年 1 月 28 日，建设部发布《建筑起重机械安全监督管理规定》。

为了依法推进行政审批制度改革，2016 年 9 月 13 日，住房和城乡建设部通过了《关于修改〈勘察设计注册工程师管理规定〉等 11 个部门规章的决定》，包括《注册监理工程师管理规定》《工程造价咨询企业管理办法》《注册造价工程师管理办法》《注册建造师管理规定》《工程建设项目招标代理机构资格认定办法》《工程监理企业资质管理规定》《城乡规划编制单位资质管理规定》等，自 2016 年 10 月 20 日起施行。

为贯彻落实国务院深化"放管服"改革、优化营商环境的要求，2018 年 12 月 29 日，住房和城乡建设部公布《关于修改〈房屋建筑和市政基础设施工程施工图设计文件审查管理办法〉的决定》。

《建筑业企业资质管理规定》，2001 年 4 月 18 日由建设部发布，经过 2007 年和 2015 年两次修订，2018 年 12 月 22 日，为贯彻落实国务院深化"放管服"改革、加快推进政务服务"一网通办"的要求，住房和城乡建设部颁布并实施《关于修改〈建筑业企业资质管理规定〉等部门规章的决定》。

2013年12月11日,住房和城乡建设部发布《建筑工程施工发包与承包计价管理办法》,2001年11月5日原建设部发布的《建筑工程施工发包与承包计价管理办法》同时作废。

《建筑工程施工许可管理办法》在1999年10月15日建设部就发布实施,该规章经过2001年和2014年两次修订,2018年9月28日,住房和城乡建设部发布《关于修改〈建筑工程施工许可管理办法〉的决定》。

2018年3月8日住房和城乡建设部发布《危险性较大的分部分项工程安全管理规定》,该规章自2018年6月1日起施行。

为贯彻落实国务院深化"放管服"改革、优化营商环境的要求,2020年2月19日住房和城乡建设部公布并实施《关于修改〈工程造价咨询企业管理办法〉〈注册造价工程师管理办法〉的决定》。

2020年4月1日,住房和城乡建设部公布《建设工程消防设计审查验收管理暂行规定》,自2020年6月1日起施行。

1.3.2 房地产立法概况

1)新中国成立至"文革"之前(1949—1965年)

这段时期的房地产立法,一方面是改造历史遗留的封建土地制度,确定新的房地产税收制度;另一方面是解决私房社会主义改造问题。这一时期的房地产法律法规主要有:

1950年中央人民政府公布的《中华人民共和国土地改革法》、政务院公布的《城市郊区土地改革条例》和《契税暂行条例》。

1951年政务院公布的《城市房地产税暂行条例》《关于没收战犯、汉奸、官僚资本家及反革命分子财产的指示》。

1951年8月8日政务院公布的《城市房地产税暂行条例》,该条例自2009年1月1日起废止。自2009年1月1日起,外商投资企业、外国企业和组织以及外籍个人,依照《中华人民共和国房产税暂行条例》缴纳房产税。

1953年政务院公布的《国家建设征用土地办法》。

1956年中共中央批转的《关于目前城市私有房产基本情况及进行社会主义改造的意见》。

1964年国务院批转的《关于加强全民所有制房产管理工作的报告》《关于私有出租房屋社会主义改造问题的报告》等。

2)"文革"期间(1966—1976年)

"文革"期间,我国房地产管理处于混乱之中。许多城市私房被非法没收,公房被强占、破坏,房地产的立法工作几乎陷于停顿,但也颁发了几项规范性文件:

1966年中共中央批转的《关于财政贸易和手工业方面若干政策问题的报告》。

1968年国家房地产管理局颁发的《关于几个房产问题的意见》。

1973年国家计委、建委、财政部颁发的《关于加强城市维护费管理工作的通知》。

1975年国家建委颁发的《加强城市房地产管理工作的通知》等。

3)十一届三中全会以后(1978—1994年)

"文革"以后,房地产立法工作逐渐得到了恢复并走上正轨,尤其是改革开放以来,房地产业蓬勃发展,房地产立法日益走向成熟与完善。

1978 年中共中央印发《关于加强城市建设工作的意见》;国务院批转国家建委《关于加快城市住宅建设的报告》。

1980 年国务院转发《关于用侨汇购买和建设住宅的暂行办法》;国家城建总局印发了《关于加强城市公房管理工作的意见》。

1981 年国务院印发《关于制止农村建房侵占耕地的紧急通知》,批转《关于开展国土整治工作报告》。

1982 年国务院发布《国家建设征用土地条例》《村镇建房用地管理条例》。

1983 年国务院发布《城市私有房屋管理条例》《建筑税征收暂行办法》,同年国务院批准、城乡建设环境保护部公布《城镇个人建造住宅管理办法》。

1984 年国务院批准、城乡建设环境保护部公布《关于外国人私有房屋管理的若干规定》。

1985 年城乡建设环境保护部印发《村镇建设管理暂行规定》。

1986 年全国人大常委会通过《中华人民共和国土地管理法》;国务院发布《房产税暂行条例》;中共中央、国务院发布《关于加强土地管理、制止乱占耕地的通知》。

1987 年城乡建设环境保护部印发《关于禁止将房管部门统一经营管理的非住宅用房划拨给使用单位自管的通知》。

1988 年建设部、国家物价局、国家工商行政管理局发布《关于加强房地产交易市场管理的通知》,建设部发布《关于制止贱价出售公有住房的紧急通知》。

1989 年建设部发布《城市异产毗连房屋管理规定》。

1990 年建设部发布《城市房屋产权产籍管理暂行办法》。

1991 年建设部发布《城市房屋修缮管理规定》。

1992 年建设部发布《城市房地产市场估价管理暂行办法》。

1994 年 7 月 5 日,第八届全国人大常委会第八次会议通过《中华人民共和国城市房地产管理法》。该法的通过、发布标志着中国房地产业的发展迈入了法制管理的新时期,为依法管理房地产市场奠定了坚实的法律基础。

4)进一步完善阶段(1995 年至今)

(1)房地产法律

1995 年 1 月 1 日,《中华人民共和国城市房地产管理法》实施后,相关的配套法规、部门规章陆续出台,使得《中华人民共和国城市房地产管理法》更具有可操作性。

与房地产相关的法律主要是,2007 年 3 月 16 日第十届全国人民代表大会第五次会议通过的《中华人民共和国物权法》。该法律对土地及房屋等不动产的归属、发挥不动产等物的效用作了最基本的规定,是规范财产关系的基本法律。

2007 年 8 月 30 日,第十届全国人民代表大会常务委员会第二十九次会议通过了《关于修改〈中华人民共和国城市房地产管理法〉的决定》,在第一章"总则"中增加一条,作为第六条:"为了公共利益的需要,国家可以征收国有土地上单位和个人的房屋,并依法给予拆迁补偿,维护被征收人的合法权益;征收个人住宅的,还应当保障被征收人的居住条件。"

(2)房地产方面的建设行政法规

1998 年 7 月 20 日,国务院公布《城市房地产开发经营管理条例》。

1999 年 4 月 3 日,国务院公布《住房公积金管理条例》,并分别于 2002 年 3 月 24 日、2019 年 3 月 24 日对该条例进行了修订。

2003 年 6 月 8 日,国务院公布《物业管理条例》。

2007 年 8 月 26 日,根据《中华人民共和国物权法》的相关规定,国务院决定对《物业管理条例》作修改。

2011 年 1 月 21 日,国务院公布《国有土地上房屋征收与补偿条例》,2001 年 6 月 13 日国务院公布的《城市房屋拆迁管理条例》同时废止。

2016 年 2 月 6 日,《国务院关于修改部分行政法规的决定》删去《物业管理条例》第三十三条、第六十一条关于从事物业管理的人员应当按照国家有关规定,取得职业资格证书的规定及相应的法律责任。

2019 年 3 月 24 日,国务院公布《国务院关于修改部分行政法规的决定》,将《不动产登记暂行条例》第十五条第一款修改为:"当事人或者其代理人应当向不动产登记机构申请不动产登记。"将《城市房地产开发经营管理条例》第八条修改为:"房地产开发企业应当自领取营业执照之日起 30 日内,提交下列纸质或者电子材料,向登记机关所在地的房地产开发主管部门备案。"

（3）房地产方面的建设行政部门规章

1995 年 1 月 23 日,建设部发布《城市房地产开发管理暂行办法》。

1995 年 3 月 11 日,国家土地管理局发布《确定土地所有权和使用权的若干规定》,12 月 18 日发布《土地权属争议处理暂行办法》和《土地登记规则》。

1999 年 4 月 22 日,建设部发布《城镇廉租住房管理办法》。

2001 年 4 月 4 日,建设部发布《商品房销售管理办法》。

2001 年 8 月 15 日,建设部修订了《城市房地产转让管理规定》《城市房地产抵押管理办法》《城市房屋权属登记管理办法》《城市异产毗连房屋管理规定》《城市房地产中介服务管理规定》《城市商品房预售管理办法》。

2003 年 12 月 31 日,建设部等部门发布《城镇最低收入家庭廉租住房管理办法》。

2004 年 7 月 20 日,建设部发布《关于修改〈城市商品房预售管理办法〉的决定》《关于修改〈城市房屋白蚁防治管理规定〉的决定》和《关于修改〈城市危险房屋管理规定〉的决定》。

2005 年 10 月 12 日,建设部发布《房地产估价机构管理办法》(2013 年 10 月 16 日,住房和城乡建设部修正)。

2007 年 10 月 30 日,建设部通过《住宅专项维修资金管理办法》,该规章自 2008 年 2 月 1 日起施行。

2008 年 2 月 15 日,建设部发布《房屋登记办法》,该规章自 2008 年 7 月 1 日起施行。《城市房屋权属登记管理办法》和《关于修改〈城市房屋权属登记管理办法〉的决定》同时废止。

2015 年 3 月 1 日起《不动产登记暂行条例》施行,2015 年 6 月 29 日国土资源部通过《不动产登记暂行条例实施细则》,于 2016 年 1 月 1 日起施行。《房屋登记办法》和《城市房屋权属登记管理办法》失效。

2010 年 12 月 31 日,住房和城乡建设部通过《关于废止和修改部分规章的决定》,决定废止下列规章:《城市房屋拆迁单位管理规定》(1991 年 7 月 8 日发布)、《城市地下水开发利用保护管理规定》(1993 年 12 月 4 日发布)、《开发区规划管理办法》(1995 年 6 月 1 日发布)、《城市异产毗连房屋管理规定》(1989 年 11 月 21 日发布,2001 年 8 月 15 日修正)、《城市房地产中介服务管理规定》(1996 年 1 月 8 日发布,2001 年 8 月 15 日修正)。

2010 年 10 月 27 日,住房和城乡建设部审议通过,并经国家发展和改革委员会、人力资源和社会保障部同意发布《房地产经纪管理办法》,自 2011 年 4 月 1 日起施行。2016 年 3 月 1 日,住房和城乡建设部、国家发展改革委、人力资源和社会保障部联合发布《关于修改〈房地产经纪管理办法〉的决定》,自 2016 年 4 月 1 日起施行。

2010 年 12 月 1 日,住房和城乡建设部发布《商品房屋租赁管理办法》。

2012 年 5 月 28 日,住房和城乡建设部发布《公共租赁住房管理办法》,自 2012 年 7 月 15 日起施行。

2015 年 5 月 4 日,根据新修订的《公司法》,住房和城乡建设部决定对部分规章进行修改,删除《房地产开发企业资质管理规定》《房地产估价机构管理办法》《物业服务企业资质管理办法》中的注册资本要求的规定。

2018 年 3 月 8 日,住房城乡建设部发布《关于废止〈物业服务企业资质管理办法〉的决定》。

1.3.3　城乡规划立法概况

1) 关于城乡规划管理方面的法律、行政法规

1989 年,第七届全国人大常委会第十一次会议通过了《中华人民共和国城市规划法》。这是城市规划方面的基本法律,在城市建设快速发展的十多年中起着十分重要的规范作用。2007 年 10 月 28 日,第十届全国人大常委会第三十次会议通过了《中华人民共和国城乡规划法》。立法从原来的城市规划发展到城乡规划,目的在于协调城乡空间布局,改善人居环境,促进城乡经济社会全面协调可持续发展。

2008 年 4 月 2 日,国务院通过了《历史文化名城名镇名村保护条例》(2017 年 10 月修订)。

2) 城乡规划方面的建设行政规章

1991 年 9 月 3 日,建设部发布了《城市规划编制办法》(2006 年 4 月 1 日重新发布施行)。

1992 年 12 月 4 日,建设部发布了《城市国有土地使用权出让和转让规划管理办法》。

1994 年 8 月 15 日,建设部发布了《城镇体系规划编制审批办法》。

1995 年 6 月 1 日,建设部发布了《开发区规划管理办法》。

1995 年 6 月 29 日,建设部发布了《建制镇规划建设管理办法》。

2002 年 9 月 13 日,建设部发布了《城市绿线管理办法》。

2003 年 12 月 17 日,建设部发布了《城市紫线管理办法》。

2005 年 12 月 20 日,建设部发布了《城市蓝线管理办法》《城市黄线管理办法》。

2010 年 4 月 25 日,住房和城乡建设部发布《省域城镇体系规划编制审批办法》,自 2010 年 7 月 1 日起施行。1994 年 8 月 15 日建设部发布的《城镇体系规划编制审批办法》(建设部令第 36 号)同时废止。

2010 年 12 月 1 日,住房和城乡建设部发布《城市、镇控制性详细规划编制审批办法》,自 2011 年 1 月 1 日起施行。

2014 年 10 月 15 日,住房和城乡建设部发布《历史文化名城名镇名村街区保护规划编制审批办法》,自 2014 年 12 月 29 日起施行。

2015 年 9 月 14 日,住房和城乡建设部发布《国家级风景名胜区规划编制审批办法》,自 2015 年 12 月 1 日起施行。

2016 年 1 月 18 日,监察部、人力资源和社会保障部以及住房和城乡建设部联合公布《关于修改〈城乡规划违法违纪行为处分办法〉的决定》,将第十五条修改为:"在国家级风景名胜区内修建缆车、索道等重大建设工程,项目的选址方案未经省级人民政府住房城乡建设主管部门或者直辖市风景名胜区主管部门核准,县级以上地方人民政府有关主管部门擅自核发选址意见书的,对有关责任人员给予警告或者记过处分;情节较重的,给予记大过或者降级处分;情节严重的,给予撤职处分。"

2016 年 1 月 11 日,住房和城乡建设部发布《关于修改〈城乡规划编制单位资质管理规定〉的决定》,决定将《城乡规划编制单位资质管理规定》第四十二条修改为:外商投资企业可以依照本规定申请取得城乡规划编制单位资质证书,在相应资质等级许可范围内,承揽城市、镇总体规划服务以外的城乡规划编制工作。资质许可机关应当在外商投资企业的资质证书中注明"城市、镇总体规划服务除外"。

2017 年 3 月 14 日,住房和城乡建设部发布《城市设计管理办法》,自 2017 年 6 月 1 日起施行。

1.3.4　市政公用事业管理立法概况

1) 关于水资源及城市供水管理的法律和规章

1988 年 1 月 21 日,第六届全国人大常委会通过了《中华人民共和国水法》,该法在 2002 年 8 月 29 日、2009 年 8 月 27 日及 2016 年 7 月 2 日经全国人大常委会修订。

相关的建设行政法规有:

2006 年 2 月 21 日,国务院公布《取水许可和水资源费征收管理条例》,1993 年 8 月 1 日国务院发布的《取水许可制度实施办法》同时废止。

水资源及城市供水管理的部门规章

1988 年 12 月 20 日,建设部发布了《城市节约用水管理规定》。

1994 年 7 月 19 日,国务院发布了《城市供水条例》。

2004 年 7 月 23 日,建设部发布了《关于修改〈城市供水水质管理规定〉的决定》。

2007 年 3 月 1 日,建设部发布了《城市供水水质管理规定》,该规章自 2007 年 5 月 1 日起施行。原《城市供水水质管理规定》和《关于修改〈城市供水水质管理规定〉的决定》同时废止。

2016 年 4 月 17 日,住房和城乡建设部、国家卫生和计划生育委员会公布《关于修改〈生活饮用水卫生监督管理办法〉的决定》,决定将《生活饮用水卫生监督管理办法》中的第二十一条修改为:"涉及饮用水卫生安全的产品,应当按照有关规定进行卫生安全性评价,符合卫生标准和卫生规范要求。利用新材料、新工艺和新化学物质生产的涉及饮用水卫生安全产品应当取得国务院卫生计生主管部门颁发的卫生许可批准文件;除利用新材料、新工艺和新化学物质外生产的其他涉及饮用水卫生安全产品应当取得省级人民政府卫生计生主管部门颁发的卫生许可批准文件。涉及饮用水卫生安全产品的卫生许可批准文件的有效期为四年。"该决定自2016年6月1日起施行。

2) 关于城市公用事业的规章

国务院于1986年2月6日批转了城乡建设环境保护部、国家计委《关于加强城市集中供热管理工作的报告》。

1985年6月10日,城乡建设环境保护部颁发了《城市煤气工作暂行条例》。

1991年3月30日,建设部、劳动部、公安部发布了《城市燃气安全管理规定》。

1997年12月23日,建设部发布《城市燃气管理办法》。

2005年3月23日,建设部发布了《城市公共汽电车客运管理办法》。

2000年1月21日,建设部发布了《燃气燃烧器具安装维修管理规定》。

2004年3月19日,建设部公布《市政公用事业特许经营管理办法》,该办法自2004年5月1日起施行。

2004年,国家在公用事业领域开展特许经营,以鼓励和引导社会资本参与基础设施和公用事业建设运营市政公用事业特许经营,是指政府按照有关法律、法规规定,通过市场竞争机制选择市政公用事业投资者或者经营者,明确其在一定期限和范围内经营某项市政公用事业产品或者提供某项服务的制度,明确城市供水、供气、供热、公共交通、污水处理、垃圾处理等行业,可依法实施特许经营。

2015年1月22日,住房和城乡建设部发布《城镇污水排入排水管网许可管理办法》,自2015年3月1日起施行。

2015年1月22日,住房和城乡建设部发布《关于修改〈市政公用设施抗灾设防管理规定〉等部门规章的决定》。

2018年6月22日,住房和城乡建设部发布《关于废止〈城市轨道交通运营管理办法〉的决定》,自2018年7月1日起施行。

2018年3月28日,住房和城乡建设部、公安部公布《关于废止〈城市公共交通车船乘坐规则〉的决定》。

2015年4月25日,国家发展和改革委员会、财政部、住房和城乡建设部、交通运输部、水利部和中国人民银行联合发布《基础设施和公用事业特许经营管理办法》,在能源、交通、水利、环保、市政等基础设施方面也可以开展特许经营。

2010年5月27日,住房和城乡建设部公布《城市照明管理规定》。该规定自2010年7月1日起施行,《城市道路照明设施管理规定》(建设部令第21号)、《建设部关于修改〈城市道路照明设施管理规定〉的决定》(建设部令第104号)同时废止。

2010年10月19日,国务院公布《城镇燃气管理条例》,自2011年3月1日起施行。

2011年8月11日,住房和城乡建设部废止了《城市燃气安全管理规定》和《城市燃气管理办法》。

关于城市公共交通管理,1984—1990年期间,城乡建设环境保护部同公安部发布了《城市公共交通车船乘坐规则》,建设部同公安部、国家旅游局颁发了《城市出租汽车管理暂行办法》。

1997年12月23日,建设部、公安部联合发布《城市出租汽车管理办法》。

2016年3月16日,住房和城乡建设部、公安部发布决定,废止《城市出租汽车管理办法》。

2017年5月31日,住房和城乡建设部公布《关于废止〈城市公共汽电车客运管理办法〉的决定》,自发布之日起施行。

3)关于城市园林绿化和城市市容和环境卫生的法规和规章

1992年6月22日,国务院发布了《城市绿化条例》。

1992年6月28日,国务院发布了《城市市容和环境卫生管理条例》(2011年1月8日和2017年3月1日两次修订)。

2001年9月7日,建设部发布《关于修改〈城市动物园管理规定〉的决定》。

2007年4月28日,建设部发布《城市生活垃圾管理办法》,废止了1993年8月10日发布的《城市生活垃圾管理办法》(2015年5月4日再次修订)。

4)关于城市市政和排水、防洪的法律和规章

相应的法律、行政法规有:

1984年5月11日,第六届全国人民代表大会常务委员会第五次会议通过《中华人民共和国水污染防治法》,该法在1996年、2008年修订。

1997年8月29日,第八届全国人民代表大会常务委员会第二十七次会议通过了《中华人民共和国防洪法》,该法在2009年8月27日、2015年4月24日、2016年7月2日三次修正。

2000年3月20日,国务院公布《中华人民共和国水污染防治法实施细则》。

2013年10月2日,国务院公布《城镇排水与污水处理条例》,自2014年1月1日起施行。

相应的建设行政部门规章有:

1982年8月21日,城乡建设环境保护部颁发了《市政工程设施管理条例》。

1989年6月16日,国务院批转了国家防汛总指挥部、建设部、水利部《关于加强城市防洪工作意见的通知》。

2006年12月25日,建设部发布《城市排水许可管理办法》,该规章自2007年3月1日起施行。1994年5月20日建设部颁布的《城市排水许可管理办法》同时废止。

1.3.5 建设领域中的其他立法

(1)在风景名胜区管理方面

2006年9月19日,国务院发布了《风景名胜区条例》,1985年6月7日国务院发布的《风景名胜区管理暂行条例》同时废止。

(2)在节约能源方面

1997年11月1日,第八届全国人大常委会第二十八次会议通过《中华人民共和国节约能源法》(2007年10月28日修订)。

2008年8月1日,国务院发布《公共机构节能条例》。

2008年8月1日,国务院发布《民用建筑节能条例》。

(3)在防灾减灾方面

1997年12月29日,第八届全国人大常委会第二十九次会议通过《中华人民共和国防震

减灾法》,该法于 2008 年 12 月 27 日修订。

2008 年 10 月 7 日,住房和城乡建设部发布了《市政公用设施抗灾设防管理规定》,该规章自 2008 年 12 月 1 日起施行。原建设部 1994 年 11 月 10 日发布的《建设工程抗御地震灾害管理规定》同时废止。

(4)安全生产方面

2002 年 6 月 29 日,第九届全国人大常委会第二十八次会议通过了《中华人民共和国安全生产法》,该法于 2009 年 8 月 27 日、2014 年 8 月 31 日修订。

2003 年 11 月 24 日,国务院公布《建设工程安全生产管理条例》。

2007 年 4 月 9 日,国务院公布《生产安全事故报告和调查处理条例》。

从新中国成立至今 70 多年来建设法律法规的发展轨迹来看,在改革开放以前约 30 年中,基本谈不上是法律法规,更多的是政策文件,真正意义的立法活动是从改革开放以后,国家正式走上正常的发展轨道后才开始的,而国家步入市场经济的轨道后立法工作也明显加快了,法律也进一步趋于完善。另外,由于建设法规所调整的社会关系都是社会公共事务及有关城市建设、城市基本功能运作的实际事务等,因此,有大量的是住房和城乡建设部的部门规章与基本法律相配套。建设主管部门的规章在建设法规中占很大比重,这也是建设法规的一个特点。

1.4 建设法律关系

1.4.1 建设法律关系的概念

1)建设法律关系的概念

法律关系是指法律规范调整一定社会关系而形成的权利与义务关系。一定的法律关系是以一定的法律规范为前提的,是一定的法律规范调整一定的社会关系的结果。建设法律关系则是指由建设法律规范所确认的,在建设行政管理和建设活动过程中所产生的权利义务关系。

建设法律关系是建设法律规范在建设领域中实施的结果,只有当建设活动的参与者按照建设法律规范进行建设活动或建设活动管理,形成具体的权利和义务关系时,才构成建设法律关系。

2)建设法律关系的特征

不同的法律关系有着不同的特征,构成其特征的条件是不同的法律关系的主体及其所依据的法律规范。建设业活动面广、内容繁杂、法律关系主体广泛,所依据的法律规范多样,由此决定建设法律关系具有如下特征:

(1)规范的综合性

和建设法律规范相应,建设法律关系不是单一的,而是带有明显的综合性。建设法律规范是由建设行政法律、建设民事法律、建设技术法规和与建设活动相关的社会法律等构成的,这四种法律规范在调整建设业活动中是相互作用、综合运用的。如国家建设主管部门行使的组织、管理、监督的职权,是依据基本建设程序、基本建设计划,组织、指导、协调、检查建设单位和勘察、设计、施工、安装等企业的基本建设活动,这样就一定要导致某种法律关系的发生。这种法律关系是以指令服从、组织管理为特征的建设行政法律关系,同时,还存在着与建设行政法律关系平行而又交叉相互作用的民事法律关系。如工程项目的招标投标活动,是建设单位作为招标人和施工单位作为承包人的工程交易行为,是一种民事法律行为,但是,招标投标活动要接受建设主管部门的监管,投标人资格的预审以及中标结果、双方签订的工程承包合同须在招标管理部门备案等,这又属于行政监督管理关系。在建筑活动中涉及安全生产、节约能源、劳动者权益保护以及环境保护等社会公共利益和社会整体利益的社会法调整。可见,调整国家建设活动是建设行政法律、建设民事法律、建设技术法规和社会法律的综合运用,由此而产生综合性的建设法律关系。

（2）内容的广泛性

建设法律关系是一种涉及面广、内容复杂的权利义务关系。建设业的活动,关系到国民经济、城市运转和人民生活的方方面面。如建设单位要进行建设,则必须使自己的建设项目获得批准,列入国家投资建设计划,又需要进行环境影响评价等,由此产生了与行业主管机关、国家发展改革主管部门和环境监督管理部门的管理关系。建设投资计划被批准后,又需进行征收土地、拆迁补偿安置、筹措资金、购置材料、招标投标,进一步组织设计、施工、安装,以便将建设计划付诸实施,这样又产生了建设单位与土地管理部门、政府征收部门、招标投标监管部门、材料设备供应单位及勘察、设计、施工、监理等企业的关系等。这些关系中有纵向的关系,有横向的关系,也有纵横交错的关系。

（3）行政性法规规章为主

国家对建设活动的管理是从项目立项、审批和工程项目的施工许可以及建设活动参与各方的市场准入资格等各方面进行管理的,而这些管理的具体规则和要求都是通过法律、法规或规章等规范形式确定下来的。建设行政主管部门对建设活动的管理就是通过发布规范性文件和部门规章的形式来实现的。

建设领域的法律调整以行政管理法律规范为主,建设行政管理会制约或直接影响到建设民事法律关系。如建设单位与设计单位签订的勘察设计合同,在合同签订后可能会因行政主管部门的决定而使得建设单位与勘察设计单位、施工单位的合同发生变更,甚至解除或无效。如果建设单位申请的施工许可证未能获得批准,施工合同就无法履行;如果投标建筑企业未取得安全生产许可证或者是安全生产许可证失效,建筑企业就无资格参与竞标。

1.4.2 建设法律关系的构成要素

建设法律关系的构成要素是指建设法律关系不可缺少的组成部分。任何法律关系都是由法律关系主体、法律关系客体和法律关系内容三个要素构成的,缺少其中一个要素就不能构成法律关系。由于三要素的内涵不同,则组成不同的法律关系,诸如民事法律关系、行政法律关系、劳动法律关系等。

建设法律关系则是由建设法律关系主体、建设法律关系客体和建设法律关系的内容构成。

1）建设法律关系主体

建设法律关系主体是指参加建设活动,受建设法律规范调整,在法律上享有权利、承担义务的当事人,也就是建设活动的参与者。

(1) 国家机关

参加建设法律关系的国家机关主要有:

① 国家发展和改革委员会以及各级地方人民政府发展和改革委员会。其职权是负责编制长、中期和年度建设计划,组织计划的实施,督促各部门严格执行工程建设程序等。

② 国家建设主管部门,主要指住房和城乡建设部以及各级地方人民政府建设行政主管部门。其职权是制定建设规章,对城市建设、村镇建设、工程建设、建筑业、房地产业、市政公用事业进行组织管理和监督,如管理勘察设计企业和建筑施工企业,进行城乡规划,制定工程建设的各种标准、规范和定额,监督勘察、设计、施工安装的质量,规范房地产开发、市政建设行为等。

③ 国家建设监督部门。它主要包括国家财政机关、中国人民银行、国家审计机关、国家生态环境部等。

④ 国家建设各业务主管部门,如交通部、水利水电部、工业和信息化部、自然资源部等部门,负责本部门、本行业的建筑管理工作。

(2) 社会组织

作为建设法律关系主体的社会组织一般应为法人。法人是指具有权利能力,依法享有权利和义务的组织。在建设活动中,不具备法人资格的社会组织也可以参与建设活动,如总公司与分公司之间的内部承包关系,分公司可以作为承包合同的主体;不具备法人资格的合伙人设立的建筑设计事务所可以承揽一定范围的设计业务,与委托方签订设计合同等;具有营业执照的分公司,作为总公司的授权单位可以对外签订合同,但总公司对合同的履行承担连带责任。

作为法人资格的建设活动主体,主要有:

① 建设单位。建设单位是指进行工程建设的企业或事业单位。由于建设项目的多样化,作为建设单位的社会组织也是种类繁多,有各类企业法人、公立学校、公立医院等事业单位法人、国家各级机关等。建设单位作为投资需求主体,可以是不具有法人资格的非法人企业,如个人投资的独资企业、合伙企业、联合企业甚至是个体经营户等。

建设单位作为建设活动权利主体,是从设计任务书批准开始。任何一个社会组织,当它的建设项目设计任务书没有批准之前,建设项目尚未被正式确认,它是不能以权利主体资格参加工程建设的。当建设项目编有独立的总体设计并单独列入建设计划,获得国家主管部门批准或者备案时,这个社会组织方能成为建设单位,以已经取得的法人资格及自己的名义对外进行经济活动和法律行为。建设单位作为工程的需要方,是建设投资的支配者,也是工程建设的组织者和监督者。

② 勘察设计单位。勘察设计单位是指从事工程勘察设计工作的各类设计院、所等。我国有勘察设计合一的机构,也有分立的勘察和设计机构。

③ 建筑工程设计单位。建筑工程设计单位可以是综合性的,也可以是专业性的。综合性单位可以成套承包建筑工程设计,专业性单位只能承包本专业工程范围内的设计。配有建筑专业的单位可以总包工程设计,其他专业工程可分包设计。

④ 市政工程设计单位。市政工程设计单位主要从事城市给水、排水、燃气、热力、道路、桥梁、隧道、防洪及公共交通、园林绿化、环境卫生等工程设计,有综合性的,也有专业性的。

⑤ 城乡规划设计单位。城乡规划设计单位的任务是进行城乡建设总体规划、具体单项规划及建设项目选址、可行性研究等。

⑥ 建设工程监理单位。建设工程监理单位是受建设单位的委托,代表建设单位对工程承包单位在建筑工程的进度、工程质量和工程投资等方面进行监督和管理的组织。

⑦ 建筑施工企业。建筑施工企业是指在国家工商行政管理机关登记注册,由建设行政主管部门进行资质认定的从事建设工程施工安装活动的组织。

⑧ 工程造价咨询服务企业。工程造价咨询服务企业接受建设单位、施工单位的委托对建设工程中工程项目投资金额的确定、招标投标中工程造价的构成和中标单位的选定,以及工程进度款的支付和工程价款的结算等提供专业性服务的组织。

(3) 公民个人

公民个人作为建筑市场的主体,参与建设活动的领域已经相当广泛,如公民作为注册建筑师、注册建造师、注册造价工程师、注册监理工程师、注册房地产估价师、房地产经纪人等参与建筑活动、房地产经营活动。公民个人提供具有个人知识产权的设计软件、预决算软件等与建设参与单位确立法律关系。建设企业职工同企业单位签订劳动合同时,即成为建设法律关系主体。在建筑工程中的劳务分包关系中,个人往往以提供劳务者的身份参与劳务分包关系。

2) 建设法律关系客体

建设法律关系客体是指参加建设法律关系的主体享有的权利和承担的义务所共同指向的对象。法律关系中的客体习惯上也称之为标的。在通常情况下,建设主体都是为了某一客体,彼此才设立一定的权利、义务,从而产生建设法律关系,这里双方各自享受权利、承担义务所指向的对象,便是建设法律关系的客体。

法学理论上,一般客体分为物、财、行为和智力成果,建设法律关系客体也不外乎这四类。

(1) 物

法律意义上的物是指可为人们控制的,并具有经济价值的生产资料和消费资料。在建设法律关系中表现为物的客体主要是建筑材料,如钢材、木材、水泥等及其构成的建筑物,还有建筑机械设备等。

(2) 财

财,一般指财产权益,包括资金及各种有价证券。在建设法律关系中表现为财的客体主要是建设资金,如借款合同中的标的,即一定数量的货币;如公司股权转让中的股份,土地使用权出让或者转让合同中的土地使用权,都属于财产性质。

(3) 行为

法律意义上的行为是指人的有意识的活动。在建设法律关系中,行为多表现为完成一定的工作或者是提供一定的劳务,如勘察设计、施工安装、监理活动、代理招标等活动。勘察设计合同的标的,即完成一定的勘察设计任务。建筑工程承包合同的标的,即按期完成一定质量要求的施工行为。而在建筑活动中,如扎钢筋、支模板、土方开挖等都是以劳务合同形式分包施工的,该类分包合同的标的就是劳务活动。

(4) 智力成果

法律意义上的智力成果是指人们脑力劳动的成果或智力方面的创作,也称知识产权。

在建设法律关系中,如设计单位提供的具有创造性的设计成果,该设计单位依法可以享有专有权,使用单位未经允许不能无偿使用;如个人开发的预决算软件,开发者对之享有版权(著作权)。建设活动中的规划图、效果图及模型、施工图以及招标、投标文件等都具有版权。施工单位申请取得的发明、实用新型和外观设计专利及专有技术、技术秘密等都属于智力成果。

3) 建设法律关系的内容

建设法律关系的内容即建设活动参与者具体享有的权利和应当承担的义务。建设法律关系的内容是建设主体的具体要求,决定着建设法律关系的性质,是联结主体的纽带。

权利是指建设法律关系主体在法定范围内,根据国家建设管理要求和自己业务活动的需要有权进行的各种建设活动。权利主体可要求其他主体做出一定的行为或抑制一定的行为,以实现自己的权利,因其他主体的行为而使其权利不能实现时,有权要求国家机关加以保护并对该其他主体予以制裁。

义务是指建设法律关系主体必须按法律规定或合同约定承担应负的责任。义务和权利是相互对应的,相应主体应自觉履行义务,义务主体如果不履行或不适当履行,就要承担相应的法律责任。

在建设法律关系中,建设活动主体的具体权利义务体现在建设主体之间的合同之中。如 2017 年,由住房和城乡建设部、国家工商行政管理总局联合发布的《建设工程施工合同(示范文本)》(GF—2017—0201),就是通过《合同协议书》《通用合同条款》《专用合同条款》明确约定了各方当事人的具体权利和义务。

1.4.3　建设法律关系的产生、变更和消灭

1) 建设法律关系的产生、变更和消灭的概念

建设法律关系的产生是指建设法律关系的主体之间形成了一定的权利和义务关系。某建设单位与某建筑施工企业签订了建筑工程承包合同,主体双方就确立了相应的权利和义务。此时,受建设法律规范调整的建设法律关系即告产生。

建设法律关系的变更是指建设法律关系的三个要素发生变化。

主体变更是指建设法律关系主体数目增多或减少,如投标联合体的参与单位发生变更、调整,也可以是主体改变。在建设合同中,如果客体不变,相应权利义务不变,此时主体改变也称为合同转让。

客体变更是指建设法律关系中权利义务所指向的事物发生变化。客体变更可以是其范围变更,也可以是其性质变更,如建设项目中的设计变更,原来的木楼梯变更为不锈钢扶手楼梯。

建设法律关系主体与客体的变更,必然导致相应的权利和义务的变更,即内容的变更,如因设计变更导致施工工期及工程价款的变更就是合同内容的变更。

建设法律关系的消灭是指建设法律关系主体之间的权利义务不复存在,彼此丧失了约束力。建设法律关系的消灭形式有三种:

(1) 自然消灭

建设法律关系的自然消灭是指某类建设法律关系所规范的权利义务顺利得到履行,取

得了各自的利益,实现了各自的目的,合同履行完毕从而使该法律关系消灭。

（2）协议消灭

建设法律关系的协议消灭是指建设法律关系主体之间协商解除某类建设法律关系规范的权利和义务,原合同不再履行,致使该法律关系归于消灭。

（3）违约消灭

建设法律关系的违约消灭是指建设法律关系主体一方违约,致使另一方的权利不能实现,导致法定解约事由的产生,另一方行使解约权而使双方权利义务归于消灭。

2）建设法律关系产生、变更和消灭的原因

建设法律关系并不是由建设法律规范本身产生的,建设法律规范并不直接产生法律关系。建设法律关系只有在一定的情况下才能产生,而这种法律关系的变更和消灭也是由一定的情况决定的。这种引起建设法律关系产生、变更和消灭的情况,即是人们通常所称的法律事实。换言之,法律事实即是建设法律关系产生、变更和消灭的原因。

（1）法律事实的概念

法律事实是指能够引起建设法律关系产生、变更和消灭的客观现象和事实。

建设法律关系不会自然而然地产生,不是任何客观现象都可以作为法律事实,也不能仅凭建设法律规范规定,就可在当事人之间发生具体的建设法律关系。只有通过一定的法律事实,才能在当事人之间产生一定的法律关系,或者使原来的法律关系变更或消灭。不是任何事实都可成为建设法律事实,只有当建设法规把某种客观情况同一定的法律后果联系起来时,这种事实才被认为是建设法律事实,成为产生、变更和消灭建设法律关系的原因,从而和法律后果形成因果关系。

（2）法律事实的分类

法律事实按是否包含当事人的意志分为以下两类:

① 事件。事件是指不以当事人意志为转移而产生的自然现象或社会现象。

当建设法律规范规定把某种自然现象或社会现象和建设权利义务关系联系在一起的时候,这种现象就成为法律事实的一种,这就是建设法律关系的产生、变更或消灭的原因之一,如因"新冠病毒"疫情,工人不能返工,导致工程施工延期,致使建设工程施工合同不能按期履行。

事件产生大致有两种情况,一类是自然事件,另一类是社会事件。

a. 自然现象:如地震、台风、洪水、泥石流、火灾、暴雨、高温等。

b. 社会现象:如战争、暴乱、政府禁令、恐怖袭击活动等。

② 行为。行为是指人有意识的活动,包括积极的作为或消极的不作为,它们都能引起法律关系的产生、变更或消灭。

行为通常表现为以下几种:

a. 民事法律行为。民事法律行为是指基于法律规定或受法律保护的行为,包括合法的民事行为,也包括违约行为和侵权行为。前者如签约行为、投标行为、拍卖行为等;后者是指违反合同约定或侵犯其他主体的财产权利或个人人身权利或建设主体的人格权的行为,如违反法律规定或因过错不履行建设工程合同;没有施工许可证,擅自动工建设;工程因质量低劣而倒塌导致人身伤亡和财产损失的侵权行为等。

b. 行政行为。行政行为是指由国家授权的政府及其管理部门依法行使对建设活动的管理权而发生法律后果的行为,如地方政府决定削减某项目的投资,致使该项目延期上马甚至取消;国家对某地块进行征收,使得原房屋租赁合同不能履行,导致租赁合同解除;政府部门对房地产市场进行宏观调控,实施"限购"措施,导致购房合同解除等。

c. 立法行为。立法行为是指国家机关在法定权限内通过规定的程序,制定、修改、废止建设法律规范性文件的活动,如国家制定或发布建设法律、法规、条例、标准定额等行为。

d. 司法行为。司法行为是指国家司法机关的法定职能活动,如人民法院对建设工程纠纷案件作出判决或裁定行为或采取强制措施,对涉案财产采取查封、冻结、扣押等保全措施。

1.5 建设法律体系

1.5.1 建设法律体系的概念

1) 法律体系

法律体系,通常指由一个国家的全部现行法律规范分类组合为不同的法律部门而形成的有机联系的统一整体。任何一个国家的各种现行法律规范,虽然所调整的社会关系的性质不同,具有不同的内容和形式,但都是建立在共同的经济基础上,反映同一阶级意志,受共同的原则指导,具有内在的协调一致性,从而构成一个有机联系的统一整体。在统一的法规体系中,各种法律规范,因其所调整的社会关系的性质不同,而划分为不同的法律部门,如宪法、行政法、刑法、刑事诉讼法、民法、经济法、婚姻法、社会法、诉讼法等。它是组成法律体系的基本因素。在各个法的部门内部或几个法的部门之间,又包括各种法律制度,如所有权制度、合同制度、仲裁制度,辩护制度等。制度与制度之间,部门与部门之间,既存在差别,又相互联系、相互制约,于是形成一个内在一致的统一整体。

2) 建设法律体系的概念

建设法律体系,是指把已经制定的和需要制定的建设法律、建设行政法规、地方性法规与建设部门规章和地方政府规章等衔接起来,形成一个相互联系、相互补充、相互协调的完整统一的体系。

建设法律体系的建立,是我国现代化进程中建设事业客观的必然要求。我国建设事业方兴未艾,而我国建设立法起步晚,法律、行政法规、部门规章尚不完全配套。由于建设事业行业多,又具有很强的社会性、综合性,决定了建设立法不仅数量相当可观,并且应当十分健全。坚持法制统一原则、协调配套原则,则能保证我国建设法律体系科学化、系统化。

建设法律体系是我国法律体系的重要组成部分。同时,建设法律体系又相对自成体系,具有相对独立性。根据法制统一原则,要求建设法律体系必须服从国家法律体系的总要求,建设方面的法律必须与宪法和相关的法律保持一致,建设行政法规、部门规章和地方性法规、规章不得与宪法、法律以及上一层次的法规相抵触。另外,建设法律应能覆盖建设事业的各个行业、各个领域以及建设行政管理的全过程,使建设活动的各个方面都有法可依、有章可循,使建设行政管理的每一个环节都纳入法治轨道。并且,在建设法律体系内部,不仅纵向不同层次的法律、法规之间,应当相互衔接,不能抵触;横向同层次的法律、法规之间,亦应协调配套,不能互相矛盾、重复或者留有"空白"。

1.5.2 建设法律体系的构成

1) 建设法律体系构成的基本含义

建设法律体系的构成,即建设法律体系采取的框架结构。从理论上说,建设法律体系可采取宝塔形结构或梯形结构方式。所谓宝塔形结构,即设立"中华人民共和国建设法",以其作为建设事业的基本法,综合覆盖住房和城乡建设部主管的全部业务,依次再用专项法律、行政法规、部门规章作补充;所谓梯形结构,即不设"中华人民共和国建设法",而以若干并列的专项法律共同组成体系框架的顶层,如建筑业、房地产业等各行业都有行业的基本法律,依序再配置相应的行政法规和部门规章,形成若干相互联系又相对独立的小体系。根据原建设部《建设法律体系规划方案》的规定和要求,我国建设法律体系确定为梯形结构方式。这种选择符合建设系统多行业的特点,有着其现实的依据。目前,我国建设立法工作正按着这一体系的框架结构要求进行。

2) 建设法律体系构成的内容

确立了建设法律体系的结构,即需要实际的内容来充实。建设法律按其立法权限分为五个层次:

(1) 法律,是由全国人民代表大会或者全国人民代表大会常务委员会制定的各项法律。这是建设法律体系的核心,如《中华人民共和国建筑法》《中华人民共和国城乡规划法》《中华人民共和国城市房地产管理法》等。法律的效力高于行政法规、地方性法规、部门规章和地方政府规章。

(2) 建设行政法规,指国务院依法制定并颁发的各项行政法规,如《建设工程安全生产管理条例》《建设工程勘察设计管理条例》《国有土地上房屋征收与补偿条例》等。

行政法规的效力高于地方性法规、部门规章和地方政府规章。

(3) 地方性建设法规,指在不与宪法、法律、行政法规相抵触的前提下,由省、自治区、直辖市人民代表大会及其常务委员会制定并发布的建设方面的法规,包括省会(自治区首府)城市和设区的市人民代表大会及其常务委员会制定的,报经省、自治区人民代表大会或其常务委员会批准的各种法规。根据2015年修订的《中华人民共和国立法法》,设区的市的人民代表大会及其常务委员会根据本市的具体情况和实际需要,在不同宪法、法律、行政法规和本省、自治区的地方性法规相抵触的前提下,可以对城乡建设与管理、环境保护、历史文化保护等方面的事项制定地方性法规。设区的市的地方性法规须报省、自治区的人民代表大会常务委员会批准后施行。省、自治区的人民代表大会常务委员会对报请批准的地方性法规,应当对其合法性进行审查,同宪法、法律、行政法规和本省、自治区的地方性法规不抵触的,应当在四个月内予以批准。

地方性法规的效力高于本级和下级地方政府规章。

(4) 建设部门规章。部门规章规定的事项应当属于执行法律或者国务院的行政法规、决定、命令的事项。没有法律或者国务院的行政法规、决定、命令的依据,部门规章不得设定减损公民、法人和其他组织权利或者增加其义务的规范,不得增加本部门的权力或者减少本部门的法定职责。

建设部门规章指建设主管部门根据国务院规定的职责范围,依法制定并发布的各项规章,或由建设主管部门与国务院有关部门联合制定并发布的规章。部门规章之间、部门规章与地方政府规章之间具有同等效力,在各自的权限范围内施行。

由于建设领域行业较多,建设活动的专业性强,建设活动中通过建设行政主管部门发布规章的形式管理、指导和规范具体建设活动较为普遍。

(5) 地方政府建设规章,指省、自治区、直辖市以及省会(自治区首府)城市和设区的市的人民政府,根据法律和国务院的行政法规制定并颁发的建设方面的规章。地方政府规章可以就下列事项作出规定:

① 为执行法律、行政法规、地方性法规的规定需要制定规章的事项;

② 属于本行政区域的具体行政管理事项。

设区的市、自治州的人民政府制定地方政府规章,限于城乡建设与管理、环境保护、历史文化保护等方面的事项。省、自治区的人民政府制定的规章的效力高于本行政区域内的设区的市的人民政府制定的规章。

此外,与建设活动关系密切的相关的其他法律、行政法规和部门规章,也起着调整一部分建设活动的作用,如《中华人民共和国招标投标法》《中华人民共和国政府采购法实施条例》等其所包含的内容或某些规定,也是构成建设法律体系的内容。

3) 我国的建设法律体系

我国建设法律体系,是以建设法律为龙头,建设行政法规为主干,地方性法规、建设部门规章和地方政府规章为枝干而构成的。这里仅就原建设部 1991 年印发的《建设法律体系规划方案》中设置的八项法律予以分述:

(1) 城乡规划法

城乡规划法是调整各主体在制定和实施城乡规划及在城乡规划区内进行各项建设过程中发生的社会关系的法律规范的总称。其立法目的在于确定城市的规模和发展方向,加强城乡规划管理,协调城乡空间布局,改善人居环境,促进城乡经济社会全面协调可持续发展。《中华人民共和国城市规划法》已于 1989 年 12 月 26 日公布,自 1990 年 4 月 1 日起施行。2008 年 1 月 1 日,《中华人民共和国城乡规划法》施行,《中华人民共和国城市规划法》同时废止。

(2) 城市房地产管理法

城市房地产管理法是调整城市房地产业和各项房地产经营活动及其社会关系的法律规范的总称。其立法目的是为了保障城市房地产所有人、房地产开发经营者、房地产使用人以及房地产中介服务者的合法权益,促进房地产业的健康、有序发展,适应社会主义市场经济的发展和人民生活的需要。《中华人民共和国城市房地产管理法》于 1994 年 7 月 5 日公布,自 1995 年 1 月 1 日起施行。2007 年 8 月 30 日,根据《中华人民共和国物权法》的相关规定,第十届全国人民代表大会常务委员会第二十九次会议通过了《关于修改〈中华人民共和国城市房地产管理法〉的决定》。

(3) 建筑法

建筑法是调整各类主体在我国境内从事建筑活动和实施建筑活动管理的法律规范的总称。1997 年 11 月 1 日,第八届全国人民代表大会常务委员会第二十八次会议通过了《中华人民共和国建筑法》,该法于 1998 年 3 月 1 日起施行。

（4）市政公用事业法

市政公用事业法是调整城市市政设施公用事业、市容环境卫生、园林绿化等建设、管理活动及其社会关系的法律法规的总称。其立法目的是为了加强市政公用事业的统一管理,保证城市建设和管理工作的顺利进行,发挥城市多功能的作用。

（5）工程设计法

工程设计法是调整工程设计的资质管理、质量管理、技术管理以及制定设计文件全过程活动及其社会关系的法律规范的总称。其立法目的在于加强工程设计的管理,提高工程设计水平。工程勘察设计方面的法律、法规现阶段最高层次的是 2000 年 9 月 25 日由国务院公布并实施的《建设工程勘察设计管理条例》。

（6）住宅保障法

住房保障,简单说就是在社会发展中,政府对买不起房子的人也得保障他们有房子住。这是一个文明社会起码的目标。因为住房是人生存的必要条件,但这种必需品并不是每一个人都能自己解决的,这就需要政府来帮助解决,这个制度就叫住房保障制度。

住宅保障法是调整保障住房的供应、保障对象、保障标准以及保障住房的建设、运作和管理,以及保障住房资金筹集融通等活动及其社会关系的法律规范的总称。其立法目的是为了保障公民基本居住权,实现社会公平,促进社会和谐发展,不断改善公民的住房条件,提高居住水平。由于涉及住房制度改革,住房保障问题政策性强,历史遗留问题多。因此,对公民住宅的保障工作以前主要是通过房改政策来调整,这方面的立法工作进展较迟缓。

1999 年 4 月 3 日,国务院发布《住房公积金管理条例》。

2002 年 3 月 24 日,国务院发布《关于修改〈住房公积金管理条例〉的决定》。

1999 年 4 月 22 日,建设部发布《城镇廉租住房管理办法》。

2003 年 12 月 31 日,建设部与财政部、民政部、国土资源部、国家税务总局联合发布了《城镇最低收入家庭廉租住房管理办法》。2007 年 11 月 8 日,建设部等联合发布了《廉租住房保障办法》。2008 年 11 月,《住房保障法》被列入十一届全国人大常委会五年立法规划。2012 年 5 月 28 日,住房和城乡建设部发布了《公共租赁住房管理办法》。

根据《国务院 2019 年立法工作计划》,住房和城乡建设部负责起草《城镇住房保障条例》《住房租赁条例》,标志着住房保障立法取得了新的进展。

（7）风景名胜区法

风景名胜区法是调整人们在保护、利用、开发和管理风景名胜资源各项活动中产生的各种社会关系的法律规范的总称。其立法目的是为了加强风景名胜区的管理、保护、利用和开发风景名胜资源。2006 年 9 月 19 日国务院发布了《风景名胜区条例》,1985 年 6 月 7 日国务院发布的《风景名胜区管理暂行条例》同时废止。

（8）村镇建设法

村镇建设法是调整村庄、集镇在规划综合开发、设计、施工、公用基础设施、住宅和环境管理等项活动及其社会关系的法律规范的总称。其立法目的是为了加强村镇建设管理,不断改善村镇的环境,促进城乡经济、社会协调发展,推动农村村镇的现代化建设。调整该领域范围的最高法律法规是 1993 年 6 月 29 日国务院发布的《村庄和集镇规划建设管理条例》。在总结"一法一条例",即《中华人民共和国城市规划法》（1990 年 4 月 1 日起施行）和

《村庄和集镇规划建设管理条例》(1993 年 11 月 1 日起施行)实施以来的实践经验的基础上,2007 年 10 月 28 日,《中华人民共和国城乡规划法》在第十届全国人大常委会第三十次会议上获得通过,并于 2008 年 1 月 1 日起施行。《中华人民共和国城乡规划法》(简称《城乡规划法》)的实施使城乡纳入统一的规划管理,以法律形式协调城乡空间布局。

应当指出,《建设法律体系规划方案》是建设部于 1989 年、1990 年论证,1991 年印发的。随着社会经济的发展和客观形势的变化,《建设法律体系规划方案》所设置的法律、行政法规、部门规章等势必要作相应调整,使我国建设法规体系在实践中不断得以充实完善。

这里需要指出的是住房和城乡建设部所指的立法工作是指以上法律、法规的立法准备、草拟等前期工作。根据《中华人民共和国立法法》的规定,法律的立法权在全国人民代表大会及其常务委员会,行政法规的立法权在国务院,部门规章的制定权在行政主管部门。

本 章 小 结

本章作为本书的基础理论部分,第 1 节对建设法律的概念进行了定义,介绍了建设法规的调整对象及特征。

第 2 节介绍了建设立法的基本原则及建设法律的作用。

第 3 节介绍了我国建设立法的历史进程。

第 4 节介绍了建设法律关系的概念及其三个构成要素,介绍了法律事实对法律关系的变动作用。

第 5 节介绍了建设法律体系的概念和构成。

⚖ 案例

基本案情:

2016 年 10 月,实际施工人朱某与苏州兴康电力工程有限公司(以下简称兴康电力)谈妥,由实际施工人朱某承包兴康电力位于吴中开发区前珠路的厂房、办公楼及配电房的施工。当时,实际施工人朱某是以苏州北桥建筑有限公司的名义与兴康电力法定代表人谈妥的合同。后因苏州北桥建筑有限公司的二级建造师都已有项目施工,无法再挂靠。因此,实际施工人朱某找到苏州金泰建筑工程有限公司(以下简称金泰建筑),借用金泰建筑的名义与兴康电力签订了《建设工程施工合同》及《补充合同》,实际仍由实际施工人朱某全权负责项目施工。

2016 年 10 月 26 日,双方签订《建设工程施工合同》及《补充合同》时,兴康电力仅提供了厂房、办公楼及配电房的施工图,苏州北桥建筑有限公司根据厂房、办公楼及配电房施工图的土建工程量投标报价金额为 5 165 774 元,下浮后报价为 490 万元。后,兴康电力又提出,水电、消防、厂区道路、停车道、场地及驳岸、围墙都由实际施工人朱某承包。但当时驳岸、围墙等都没有施工图,办公楼的图纸变更也没有确定(原图纸为地面建筑,修改后为半地下建筑)。合同总金额暂定为 530 万元。而工程款(进度款)的支付方式和支付时间是:主体封顶后支付 132.5 万元,在竣工验收交房后再支付 132.5 万元。支付方式可以是现金或者是住宅(折价)。

纠纷事项:

(一)金泰建筑因未能结算到工程款,诉诸法院。

诉讼请求为:

1. 确认双方于2016年10月26日签订的《建设工程施工合同》及《补充合同》无效;

2. 对由实际施工人朱某完成的施工内容,按实结算工程款;

3. 由被告承担本案的诉讼费用。

诉讼中,原告变更请求如下:

撤回原诉讼请求第一项;第二项请求变更为:

1. 厂房、办公楼及配电房的报价按投标下浮后的490万元结算工程款;

2. 签合同时无施工图的施工内容(水电、消防、厂区道路、停车道、场地及驳岸、围墙及半地下办公楼的变更部分)按实结算。

(二)兴康电力在收到诉状后,提出了反诉。

反诉请求为:

1. 请求法院判令金泰建筑向兴康电力支付延期完工违约金人民币3 115 000元(按每天5 000元,由2017年4月11日计算至2018年12月24日);

2. 请求法院判令金泰建筑赔偿因施工不合格导致设计变更而产生的损失计人民币318 000元(暂按工程总造价的6‰计算,具体以实际评估为准)。

被告反诉的理由和事实是:

根据合同约定涉案工程合同价款为固定总价人民币530万元,约定于2017年4月11日竣工交付,如不能按期完成,按每天5 000元计算违约金。但金泰建筑在实际施工拖延,经多次催告也未能完成,兴康电力只能委托第三方施工部分工程,自行采购部分建材,工程最终在2018年12月24日通过竣工验收。延期交付时间为623天,总计违约金3 115 000元。验收中,发现金泰建筑施工中有不符合设计的部分,兴康电力自行对其整改。金泰施工不合格部分导致设计变更,应当扣减相应工程造价26.5万元(暂按总造价5‰计算)。

思考:

1. 本案中存在几个经济法律关系?如果是构成法律关系的,其法律关系三要素中主体、客体和内容分别是什么?

2. 实际施工人朱某是否属于本工程项目的法律关系的主体?

3. 本案中的法律事实是什么?请指出列明。

4. 案件中的哪些材料可以作为诉讼的证据?

第2章 与建设活动相关的法律制度

本章主要介绍与建设活动密切相关的基本法律制度。建设活动是一项涉及面广、历时性久的系统工程。在建设工程的规划设计、土地征收、项目招投标、工程施工、设备材料采购及项目的运营管理等各个环节中,涉及民法、行政法、劳动法、环境法等法律部门的众多规则,这些规则为建设活动的有序进行奠定了一个基本的制度框架。

2.1 民事法律制度

民事法律制度是调整平等主体之间的人身关系和财产关系的法律规范的总称。这些主体具体包括自然人(含中国公民、外国公民、无国籍人)、法人和非法人组织(含个人独资企业、合伙企业、不具有法人资格的专业服务机构等),它们在法律地位上是相互平等的,并不具有权力上的相互支配关系。2020年5月28日,第十三届全国人大第三次会议表决通过了《中华人民共和国民法典》,该法自2021年1月1日起施行。该法构成了我国民事法律制度的主要规范基础,其中与建设活动密切相关的民事法律制度具体包括合同制度、物权制度、担保制度以及侵权责任制度。

2.1.1 合同制度

1) 合同概述

合同是指平等主体的自然人、法人、非法人组织之间设立、变更、终止民事权利义务关系的协议。这种协议是合同当事人之间在自愿、平等、协商一致的基础上订立的。依法成立的合同,受法律保护,对缔约各方当事人具有法律约束力。当事人应当按照约定履行自己的义务,不得擅自变更或解除合同。

订立合同是现代社会中民事主体开展民事活动最为常见的手段之一,在各个经济社会领域均有十分广泛的应用。在建设活动中,最为常见的合同是建设工程合同,它指的是在承包人与发包人之间订立的,围绕承包人进行工程建设、发包人支付价款之事宜达成的协议。根据合同内容的不同,建设工程合同又具体可以分为工程勘察合同、设计合同与施工合同。与建设活动关系比较密切的合同还有建设工程监理合同、商品房买卖合同等。

《中华人民共和国民法典》第三编《合同》对合同的基本原则、订立、效力、履行、违约责任等一般制度作出了规定,同时专设一章(第十八章"建设工程合同"),对建设工程合同的具体制度作出了规定。此外,最高人民法院还分别在2004年、2018年颁布了《最高人民法院关于审理建设工程施工合同纠纷案件适用法律问题的解释》和《最高人民法院关于审理建设工程施工合同纠纷案件适用法律问题的解释(二)》等司法解释,对建设工程施工合同纠纷案件的适用法律问题作了进一步的细化规定。

2) 合同的订立

合同的订立,一般要经过两个阶段。第一个阶段是要约。所谓要约,是指希望和他人订立合同的意思表示。与要约相关的一个概念是要约邀请,它指的是希望他人向自己发出要约的意思表示。在建设工程领域中,工程的招标公告为要约邀请,投标则为要约。第二个阶段是承诺。所谓承诺,是指受要约人同意要约的意思表示。在建设工程领域中,定标行为即为承诺。需要指出的是,建设工程合同的实际缔结过程,要比上述两个阶段复杂得多,中间会包含大量的反要约,双方需要进行反复的磋商、沟通,最终才能达成合意。对于国家重大建设工程合同,还应当按照国家规定的程序和国家批准的投资计划、可行性研究报告等文件通过招标投标等程序订立。

根据《中华人民共和国民法典》第三编《合同》第四百六十九条的规定,当事人订立合同,可以采用书面形式、口头形式或者其他形式。法律、行政法规规定采用书面形式的,应当采用书面形式。当事人约定采用书面形式的,应当采用书面形式。其中,书面形式是指合同书、信件和数据电文(包括电报、电传、传真、电子数据交换和电子邮件)等可以有形地表现所载内容的形式。根据《民法典》第七百八十九条的规定,建设工程合同应当采用书面形式。

3) 合同的效力

合同的效力状态分为有效、无效、可撤销和效力待定。

合同的有效指的是合同发生法律效力,即能按照合同约定的内容对合同当事人产生约束效果。合同的生效一般需要满足如下三个方面的条件:(1)当事人在缔约时具有民事行为能力;(2)当事人的意思表示真实;(3)不违反法律、行政法规的强制性规定,不违背公序良俗。与此同时,法律、行政法规规定合同应当办理批准、登记等手续生效的,应在按照规定办理批准、登记等手续后,才能发生效力。

合同的无效是指当事人之间签订的合同因严重欠缺生效要件,使得合同所约定的内容无法对当事人产生约束效力。根据《中华人民共和国民法典》第一百五十三条规定,违反法律、行政法规的强制性规定的民事法律行为无效。但是,该强制性规定不导致该民事法律行为无效的除外。违背公序良俗的民事法律行为无效。第一百五十四条规定,行为人与相对人恶意串通,损害他人合法权益的民事法律行为无效。第一百五十五条规定,无效的或者被撤销的民事法律行为自始没有法律约束力。

在建设工程施工合同领域中,常见的导致建设工程施工合同无效的情形包括:(1)承包人未取得建筑施工企业资质或者超越资质等级的;(2)没有资质的实际施工人借用有资质的建筑施工企业名义的;(3)建设工程必须进行招标而未招标或者中标无效的;(4)承包人非法转包、违法分包建设工程;(5)发包人未取得建设工程规划许可证等规划审批手续且在承办人起诉前仍未得到补办的。需要说明的是,合同的无效是指不能产生当事人在合同中约定的法律效果,而并非完全不产生任何法律效果。在合同被宣告无效后,仍会依法发生返还财产、赔偿损失等法定效果。例如,在建设工程领域中,建设工程施工合同被宣告无效后,如果工程经竣工验收合格,发包人仍应当参照合同约定向承包人支付相应的工程价款;如果验收不合格,在修复后建设工程通过竣工合格验收的,发包人也应当参照合同约定向承包人支付相应的工程价款,但承包人应向发包人支付修复费用。①

合同的可撤销是指已经生效的合同,因发生了特定事由,合同当事人可以行使撤销权,使合同的效力归于消灭的一项制度。发生合同可撤销的事由,其违法性程度要低于导致合同无效的事由。根据《中华人民共和国民法典》的规定,有下列情形之一的,合同当事人可以请求人民法院或仲裁机构撤销合同:(1)基于重大误解实施的民事法律行为;(2)一方或者第三人以胁迫手段,使对方在违背真实意思的情况下实施的民事法律行为;(3)第三人实施欺诈行为,使一方在违背真实意思的情况下实施的民事法律行为,对方知道或者应当知道该欺诈行为的;(4)一方利用对方处于危困状态、缺乏判断能力等情形,致使民事法律行为成立时显失公平的,受损害方有权行使撤销权。

为了维持合同关系的稳定性,防止有撤销权的合同当事人滥用此项权利,法律撤销权的行使作出了如下限制:有撤销权的当事人自知道或者应当知道撤销事由之日起1年内没有行使撤销权,或者在知道撤销事由后明确表示或者以自己的行为表明放弃撤销权,撤销权归于消灭。当事人自民事法律行为发生之日起5年内没有行使撤销权的,撤销权消灭。

合同的效力待定是指已订立的合同因欠缺特定生效要件,需要等待相应的要件成就才能使合同生效的一项制度。根据《中华人民共和国民法典》的相关规定,其包括如下情形:(1)限制民事行为能力人订立的合同,经法定代理人追认后,该合同有效,但纯获利益的合同或者与其年龄、智力、精神健康状况相适应而订立的合同,不必经法定代理人追认。(2)行为人没有代理权、超越代理权或者代理权终止后,以被代理人名义订立的合同,需要经被代理人追认,才能使合同对被代理人发生效力,否则应由行为人承担责任。(3)无处分权的人处分他人财产,经权利人追认或者无处分权的人订立合同后取得处分权的,该合同有效。

4)合同的履行

合同订立的终极目的在于履行,以实现合同目的。合同的履行应遵循如下原则:一是全面履行原则,即当事人应按照合同的约定全面履行自己的义务;二是诚实信用原则,即在合同履行的过程中,各方当事人应当诚信待人,根据合同的性质、目的和交易习惯履行通知、协助、保密等义务。

在合同的履行过程中,有时会遇到当事人就质量、价款或者报酬、履行地点等内容没有约定或者约定不明确的情形。此时,可以通过协商加以补充约定;不能达成补充协议的,按照合同有关条款或者交易习惯确定。仍不能确定的,适用下列规定:(1)质量要求不明确的,按照国家标准、行业标准履行;没有国家标准、行业标准的,按照通常标准或者符合合同目的的特定标准履行。(2)价款或者报酬不明确的,按照订立合同时履行地的市场价格履行;依法应当执行政府定价或者政府指导价的,按照规定履行。(3)履行地点不明确,给付货币的,在接受货币一方所在地履行;交付不动产的,在不动产所在地履行;其他标的,在履行义务一方所在地履行。(4)履行期限不明确的,债务人可以随时履行,债权人也可以随时要求履行,但应当给对方必要的准备时间。(5)履行方式不明确的,按照有利于实现合同目的的方式履行。(6)履行费用的负担不明确的,由履行义务一方负担。

---

① 参见《最高人民法院关于审理建设工程施工合同纠纷案件适用法律问题的解释》(法释〔2004〕14号)第二条、第三条。

5）违约责任

违约责任是指合同当事人因不履行合同义务或者履行义务不符合合同约定所应承担的一种法律责任。在实务中,常见的合同违约行为的形态包括:(1)履行不能:债务人由于某种原因无法履行其债务;(2)履行迟延:债务人晚于履行期限履行债务;(3)履行拒绝:债务人能够履行其债务而对债权人表示不履行义务;(4)不完全履行:履行的内容不符合合同约定或法律规定;(5)加害给付:债务人的履行行为不仅违反了合同义务,而且给债权人的人身或财产造成了损失。

当事人发生违约行为的,一般应承担相应的违约责任,但有下列情形之一的,可以免除部分或全部违约责任:(1)不可抗力:指不能预见、不能避免并不能克服的客观情况(如地震、洪水、台风等)导致合同违约的,但当事人迟延履行后发生不可抗力的,不能免除责任;(2)因债权人的过错导致违约行为发生的;(3)合同标的物有合理损耗的。

合同违约行为的具体责任形式包括:(1)强制履行:对于非金钱债务可以强制债务人履行合同义务,但法律上或者事实上不能履行、债务的标的不适于强制履行或者履行费用过高、债权人在合理期限内未要求履行的除外;(2)赔偿损失:违约方向对方赔偿因其违约行为给当事人造成的相应损失;(3)支付违约金:违约方按照合同当事人事先约定的违约金数额或违约金计算方法,承担违约责任;(4)采取其他补救措施:包括修理、更换、重作、退货、减少价款或者报酬等措施。

违约责任作为一种合同责任承担方式,其会与定金、侵权损害赔偿等其他责任承担方式发生竞合。此时,当事人只能选择其中的一种责任承担方式进行救济。当事人既约定违约金,又约定定金的,一方违约时,对方只能在选择适用违约金和定金条款中寻求一种救济方式。因当事人一方的违约行为,侵害对方人身、财产权益的,受损害方只能在要求对方承担违约责任和承担侵权责任之间寻求一种救济方式。

2.1.2 物权制度

1）物权的含义

物权是指权利人依法对特定的物享有直接支配和排他的权利。与合同中的债权一样,物权也是市场经济活动中民事主体享有的一项最基本的财产权利。物权具有如下特征:

首先,物权是权利人对特定物享有的一种权利,此处的"物",既包含不动产,也包含动产。所谓不动产,是指不能移动或者虽可移动但移动后会显著损害其价值的物,典型的不动产包含房屋、土地、树木等;所谓动产,是指可以移动的物,如车辆、建筑材料、设备等。

其次,物权是一种支配权,即权利人对物的一种直接支配,无须借助他人的行为即可行使该项权利。在这一点上,物权与债权不同,后者是一种请求权,需要债务人的配合才能加以实现。例如,购房人与开发商签订《商品房买卖合同》,支付房款后,得到是债权,即有权要求开发商交付房屋。而购房人要取得房屋的物权,还需办理不动产产权登记。办理不动产产权登记后,购房人才取得物权。

最后,物权是一种排他性的权利。此处的排他性,拥有两重含义:一方面,物权人以外的主体都不得非法侵害或妨害该项权利;另一方面,在同一个物上,不得同时设置两个内容不相容的物权。

在外延上,物权具体包括所有权、用益物权和担保物权。

2) 所有权

所有权人是指权利人依法对自己的不动产或者动产享有的占有、使用、收益和处分的权利。所有权是一项完全物权,完整地包含了占有、使用、收益和处分这四项权能。占有,是指权利主体对物进行控制的一种事实状态。使用,是指权利主体对物的性能加以利用,以满足其某种实际需要。收益,是指权利主体收取基于物而产生的经济价值。处分,是指权利主体对物进行消费和转让的权利。需要指出的是,所有权是包含上述四项权能的一束"权利",除决定财产命运的处分权外,在实际的民事活动中,所有权人往往将其中的若干权能交由他人行使,以最大限度地实现其价值。例如,房屋所有权人可以将房屋出租给他人居住,便是将占有和使用这两项权能交给了承租人行使。

按照所有权主体的不同,可以将所有权分为国家所有权、集体所有权和私人所有权。(1)国家所有,即全民所有。在我国,矿藏、水流、海域属于国家所有。城市的土地以及法律规定属于国家所有的农村和城市郊区的土地,属于国家所有。森林、山岭、草原、荒地、滩涂等自然资源,除法律规定属于集体所有的外,也属于国家所有。(2)集体所有,是指集体组织成员共同对集体财产享有的占有、使用、收益和使用的权利。在我国,集体所有的不动产和动产包括:①法律规定属于集体所有的土地和森林、山岭、草原、荒地、滩涂;②集体所有的建筑物、生产设施、农田水利设施;③集体所有的教育、科学、文化、卫生、体育等设施;④集体所有的其他不动产和动产。(3)私人所有权,是指私人对其合法的收入、房屋、生活用品、生产工具、原材料等不动产和动产享有所有权。

在房地产领域,有一项特殊的所有权——业主的建筑物区分所有权。所谓建筑物区分所有权,是指业主对建筑物内的住宅、经营性用房等专有部分享有所有权,对专有部分以外的共有部分享有共有和共同管理的权利。可见,建筑物区分所有权是一项集合性的权利,它由专有部分的所有权以及共有部分的共有权和共同管理权组成。房屋的套内面积属于专有部分,由业主单独所有;而小区的公共通道、电梯、公共道路、公共健身设施、绿地、物业管理用房等属于共有部分,由业主共同所有,并通过业主大会、业主委员会等机构进行共同管理。

3) 用益物权

用益物权是指对他人所有的动产或不动产在一定范围内进行占有、使用和收益的一种权利。与所有权不同,用益物权不再是一项完整物权。在外延上,用益物权包括土地承包经营权、建设用地使用权、宅基地使用权、地役权以及海域使用权、探矿权、渔业权等。与建设活动密切相关的用益物权主要是建设用地使用权、宅基地使用权和地役权。建设用地使用权是自然人、法人或非法人组织依法享有的在国有土地的地表、地上及地下拥有的建造建筑物、构筑物及其附属设施的一项权利。建设用地使用权可以通过出让、划拨等方式设立,并可以依法流转。

4) 担保物权

担保物权是指在债务人不履行到期债务或发生当事人约定的实现担保物权的情形时,依法享有的就担保财产优先受偿的一种权利。与用益物权一样,担保物权同样是一种非完全的物权。在外延上,担保物权包括抵押权、质权、留置权。

抵押权,是指为担保债务的履行,债务人或者第三人不转移财产的占有,将该财产抵押给债权人的,当债务人不履行到期债务或者发生当事人约定的实现抵押权的情形时,债权人享有就该财产优先受偿的一项权利。抵押权可以不动产、动产以及权利为标的物进行设定。在我国,土地作为一种重要的生产资料,属于国家所有或集体所有,因而《中华人民共和国民法典》第二编《物权》第三百九十九条明文禁止将土地所有权直接作为抵押物,不动产抵押权主要针对地上的房屋、林木等设定。但土地使用权作为一项重要的用益物权,在其上可以设定权利抵押,也是实践中较为常见的一种抵押方式。因动产的价值相对较小,且抵押权的实现有不确定性,动产抵押在实践中运用得不多,常见的动产抵押如针对船舶、车辆和生产设备等的抵押。

质权,是指为担保债务的履行,债务人或者第三人将其动产或权利出质给债权人,当债务人不履行到期债务或者发生当事人约定的实现质权的情形之时,债权人享有就该动产或权利优先受偿的权利。根据质押财产的不同,质权又具体分为动产质权和权利质权两类,后者如针对票据、股权、知识产权等权利的质权。

留置权,是指债务人不履行到期债务,债权人可以留置已经合法占有的债务人的动产,并就该动产优先受偿的权利。留置权行使的前提是债权人是根据加工承揽合同、运输合同、保管合同、仓储合同等已实际合法占有债务人的财产。留置权所担保的债权数额一般较小,故只能针对动产进行设定。与抵押与质押不同,留置权以债权已届清偿期为成立要件。另外,留置的对象仅限于留置权人已经合法占有的债务人的动产(企业之间留置的除外)。

2.1.3 工程中的担保制度

1) 担保制度概述

担保是指在借贷、买卖、货物运输、加工承揽等经济活动中,当事人根据法律规定或者双方约定,促使债务人履行债务、实现债权人权利的法律制度。担保的方式包括保证、抵押、质押、留置和定金。在上一部分中,已经介绍了抵押、质押与留置这三项担保物权制度,本部分介绍其余两项担保方式。

保证,是指保证人和债权人约定,当债务人不履行债务时,保证人按照约定履行债务或者承担责任的行为。具有代为清偿债务能力的法人、其他组织或者公民,可以作保证人。但下列人员或组织不得作保证人:(1)国家机关,但经国务院批准为使用外国政府或者国际经济组织贷款进行转贷的除外;(2)学校、幼儿园、医院等以公益为目的的事业单位、社会团体;(3)企业法人的分支机构、职能部门,但企业法人的分支机构有法人书面授权的除外。保证人与债权人应当以书面形式订立保证合同。保证的方式有一般保证和连带责任保证两种。在一般保证中,在主合同纠纷未经审判或者仲裁,并就债务人财产依法强制执行仍不能履行债务前,保证人对债权人可以拒绝承担保证责任;而在连带保证中,债务人在主合同规定的债务履行期届满没有履行债务的,债权人可以要求债务人履行债务,也可以要求保证人在其保证范围内承担保证责任。当事人对保证方式没有约定或者约定不明确的,按照连带责任保证方式承担保证责任。

定金,是指债务人以提交一定数额金钱的方式来担保债权得到实现的一种方式。债务人履行债务后,定金应当抵作价款或者收回。给付定金的一方不履行约定的债务的,无权要求返还定金;收受定金的一方不履行约定的债务的,应当双倍返还定金。定金应当以书面形式约定。当事人在定金合同中应当约定交付定金的期限。定金合同从实际交付定金之日起生效。定金的数额由当事人约定,但不得超过主合同标的额的 20%。

2) 建设活动的担保

建筑行业是一项高风险的活动。为了降低风险,避免或减少因对方违约而给自己带来损失,切实维护自身的合法权益,在建设领域普遍存在着担保制度。我国目前实行的工程担保主要有投标担保、履约担保和工资支付担保。

(1) 投标担保

投标担保是在建设工程的招投标环节为防止投标人的不谨慎投标行为而设置的一种担保制度。投标人保证在中标后履行签订合同的义务,否则,投标人所交纳的投标保证金将予以没收。

根据《工程建设项目施工招标投标办法》(2013 年修订)第三十七条的规定,招标人可以在招标文件中要求投标人提交投标保证金。投标保证金除现金外,还可以是银行出具的银行保函、保兑支票、银行汇票或现金支票。投标保证金不得超过项目估算价的 2%,但最高不得超过 80 万元人民币。投标保证金有效期应当与投标有效期一致。

根据《工程建设项目勘察设计招标投标办法》(2013 年修订)第二十四条的规定,招标文件要求投标人提交投标保证金的,保证金数额不得超过勘察设计估算费用的 2%,最多不超过 10 万元人民币。

(2) 履约担保

履约担保是指招标人在招标文件中规定的要求中标人提交的保证履行合同义务的一种担保制度。根据《工程建设项目施工招标投标办法》(2013 年修订)第六十二条和第八十四条的规定,在中标通知书发出之日起 30 日内,招标人和中标人应当按照招标文件和中标人的投标文件订立书面合同,招标人要求中标人提供履约保证金或其他形式履约担保(如银行保函、履约担保书)的,中标人应当提交。

中标人未提交履约担保的,视为放弃中标项目。中标人不履行与招标人订立的合同的,履约保证金不予退还,给招标人造成的损失超过履约保证金数额的,还应当对超过部分予以赔偿。

(3) 工资支付担保

建设领域是拖欠农民工工资的高发区域,这不仅损害了农民工的合法权益,也给社会的和谐稳定构成了威胁。为了防止此种现象的发生,切实维护劳动者的合法权益,我国建立了工资支付担保制度。所谓工资支付担保,是指由工程建设项目的施工总承包企业按工程建设项目合同造价的一定比例缴存保证金,或者其选择银行保函或业主担保等第三方提供担保,在建设企业逾期未能支付职工工资时,可以动用该资金支付被拖欠工资的一种制度。2016 年 1 月发布的《国务院办公厅关于全面治理拖欠农民工工资问题的意见》提出,在建筑、市政、交通、水利等工程建设领域全面实行工资保证金制度,逐步将实施范围扩大到其他易发生拖欠工资的行业。建立工资保证金差异化缴存办法,对一定时期内未发生工资拖欠的企业实行减免措施、发生工资拖欠的企业适当提高缴存比例。2017 年 11 月,人力资源社会保障部劳动监察局发布了《关于进一步完善工程建设领域农民工工资保证金制度的意见(公开征求意见稿)》,对工资支付担保的方式、缴存比例、动用程序等内容作了初步规定,并对外公开征求意见。2019年12月4日国务院第73次常务会议通过《保障农民工工资支付条例》，自2020年5月1日起施行。农民工的工资支付有专门的法规作为保障。

2.1.4　工程款的优先受偿权

工程款的优先受偿权是指建设工程施工合同的承包人以其承建工程的价款就工程折价或者拍卖的价款优先受偿的权利。《中华人民共和国民法典》第八百零七条规定：发包人未按照约定支付价款的，承包人可以催告发包人在合理期限内支付价款。发包人逾期不支付的，除按照建设工程的性质不宜折价、拍卖的以外，承包人可以与发包人协议将该工程折价，也可以请求人民法院将该工程依法拍卖。建设工程的价款就该工程折价或者拍卖的价款优先受偿。

工程款的优先受偿权优于抵押权和其他债权，但该权利不得对抗商品房的买受人。若购房人已经支付全部或大部分款项，则承包人不能就该销售商品房的工程价款享有优先受偿权。

装饰装修工程的承包人，可以就该装饰装修工程折价或者拍卖的价款优先受偿。建设工程质量合格，承包人可以就其承建工程的价款优先受偿。未竣工的建设工程质量合格，承包人可以就其承建工程部分折价或者拍卖的价款优先受偿。

最高人民法院在总结司法实践经验的基础上对于该"工程款优先受偿权"在适用中作了具体解释：（1）建筑工程的承包人的优先受偿权优于抵押权和其他债权；（2）消费者交付购买商品房的全部或者大部分款项后，承包人就该商品房享有的工程价款优先受偿权不得对抗买受人；（3）建筑工程价款包括承包人为建设工程应当支付的工作人员报酬、材料款等实际支出的费用，不包括承包人因发包人违约所造成的损失；（4）建设工程承包人行使优先权的期限为六个月，自建设工程竣工之日或者建设工程合同约定的竣工之日起计算。

发包人与承包人不能约定放弃或者限制建设工程价款优先受偿权，损害建筑工人利益。

2.1.5　侵权责任制度

1）侵权责任制度概述

侵权责任是指民事主体实施侵权行为给他人民事权益包括人身权、财产权和知识产权造成损害所应当承担的一种民事责任。《中华人民共和国民法典》第七编《侵权责任》对侵权责任的构成、责任方式、免责情形以及特殊领域的侵权责任制度等问题作出了统一的规定。

（1）侵权责任构成

在侵权责任的归责原则上，原则上实行过错原则，即行为人一般只对因有过错侵害他人民事权益的行为才承担侵权责任。例外情形是，如果有法律专门规定实行过错推定原则或无过错原则的，则从其规定。所谓过错推定原则，是指根据法律规定推定特定情形下行为人有过错，如行为人不能证明自己没有过错的，则应当承担侵权责任的一种归责原则。所谓无过错原则，是指行为人损害他人民事权益，法律规定不论行为人有无过错均应当承担侵权责任的一种归责原则。

二人以上共同实施侵权行为，造成他人损害的，应当承担连带责任。所谓连带责任，是指被侵权人有权请求部分或者全部连带责任人承担责任。二人以上实施危及他人人身、财产安全的行为,其中一人或者数人的行为造成他人损害,能够确定具体侵权人的,由侵权人承担责任;不能确定具体侵权人的,行为人承担连带责任。二人以上分别实施侵权行为造成同一损害,每个人的侵权行为都足以造成全部损害的,行为人承担连带责任。二人以上分别实施侵权行为造成同一损害,能够确定责任大小的,各自承担相应的责任;难以确定责任大小的,平均承担责任。

（2）责任承担方式

承担侵权责任的方式主要有：①停止侵害；②排除妨碍；③消除危险；④返还财产；⑤恢复原状；⑥赔偿损失；⑦赔礼道歉；⑧消除影响、恢复名誉。这些承担侵权责任的方式可以单独适用,也可以合并适用。

在上述侵权责任的承担方式上,最为常用的是赔偿损失,其赔偿项目与计算方法,因所侵犯的民事权益是人身权还是财产权而异。

侵害他人造成人身损害的,应当赔偿医疗费、护理费、交通费等为治疗和康复支出的合理费用,以及因误工减少的收入。造成残疾的,还应当赔偿残疾生活辅助器具费和残疾赔偿金。造成死亡的,还应当赔偿丧葬费和死亡赔偿金。侵害他人人身权益,造成他人严重精神损害的,被侵权人可以请求精神损害赔偿。

侵害他人财产的,财产损失按照损失发生时的市场价格或者其他方式计算。侵害他人人身权益造成财产损失的,按照被侵权人因此受到的损失或者侵权人因此获得的利益赔偿；被侵权人的损失难以确定,侵权人因此获得利益的,按照其获得的利益赔偿；侵权人因此获得的利益难以确定,被侵权人和侵权人就赔偿数额协商不一致,向人民法院提起诉讼的,由人民法院根据实际情况确定赔偿数额。

侵害知识产权的行为主要是侵犯他人专利权、商标权、原产地标记以及电子文档类知识产权,包括软件程序、文档、设计图纸、图像等以及不正当竞争等。

损害发生后,当事人可以协商赔偿费用的支付方式。协商不一致的,赔偿费用应一次性支付；一次性支付确有困难的,可以分期支付,但应提供相应的担保。

（3）不承担责任和减轻责任的情形

有如下情形之一的,行为人不承担侵权责任：①损害是因受害人故意造成的。②因不可抗力造成他人损害的。如法律另有规定的,依照其规定。③因正当防卫造成损害的。但正当防卫超过必要的限度,造成不应有的损害的,正当防卫人应当承担适当的责任。④因紧急避险造成损害的,由引起险情发生的人而非紧急避险人承担责任。如果危险是由自然原因引起的,紧急避险人不承担责任或者仅给予适当补偿。但紧急避险采取措施不当或者超过必要的限度,造成不应有的损害的,紧急避险人应当承担适当的责任。

被侵权人对损害的发生也有过错的,可以减轻侵权人的责任。

2）建筑物损害责任

《中华人民共和国民法典》第七编《侵权责任》对建筑物、构筑物等设施的损害责任作了规定,这是与建设活动密切相关的侵权责任规定。

建筑物、构筑物或者其他设施及其搁置物、悬挂物发生脱落、坠落造成他人损害,所有人、管理人或者使用人不能证明自己没有过错的,应当承担侵权责任。所有人、管理人或者使用人赔偿后,有其他责任人的,有权向其他责任人追偿。

建筑物、构筑物或者其他设施倒塌、塌陷造成他人损害的，由建设单位与施工单位承担连带责任。建设单位、施工单位赔偿后，有其他责任人的，有权向其他责任人追偿。因其他责任人的原因，建筑物、构筑物或者其他设施倒塌、塌陷造成他人损害的，由其他责任人承担侵权责任。

在建筑物实际使用和管理中，可能发生高空抛物致人损害的事件。从建筑物中抛掷物品或者从建筑物上坠落的物品造成他人损害，难以确定具体侵权人的，除能够证明自己不是侵权人的外，由可能加害的建筑物使用人给予补偿。

在公共场所或者道路上挖掘、修缮安装地下设施等造成他人损害，施工人不能证明已经设置明显标志和采取安全措施的，应当承担侵权责任。窨井等地下设施造成他人损害，管理人不能证明尽到管理职责的，应当承担侵权责任。

2.2 行政法律制度

2.2.1 行政法的概念和原则

1) 行政法的概念

行政法是调整行政关系的法律规范的总称。作为行政法调整对象的行政关系，在外延上包含四类，分别是行政管理关系、行政法制监督关系、行政救济法律关系以及内部行政关系。

行政管理关系，是指行政主体（包括行政机关以及法律、法规、规章授权的组织）在行使职权的过程中，与行政相对人（包括公民、法人或非法人组织）之间发生的法律关系。这是行政实践中常见的一种行政关系，也是行政法重点调整的一种关系。在建设活动中，涉及大量此类行政关系，例如建设主管部门对建设单位施工的行政许可、对违法建设单位的行政处罚，城管部门对违法建筑物的强制拆除等。

行政法制监督关系，是指行政法制监督主体在对行政机关及其公务员、其他行政执法组织及其执法人员进行监督时发生的法律关系。在我国，有权进行行政法制监督的主体包括各级人大及其常委会、检察机关、人民法院、监察委员会等。

行政救济关系，是指行政相对人认为自身的合法权益受到行政行为的侵犯，依法向行政救济主体提出申请，行政救济主体对其申请进行审查并作出相应的救济决定的一种法律关系。与行政法制关系侧重于监督行政机关、维护客观的法秩序之目的不同，行政救济关系主要定位于为行政相对人一方提供权利救济，以修复其受到侵犯的权利。另外，在行政救济活动中，实行"不告不理"原则，只有在相对人一方提出申请的情况下，行政救济主体才可以启动救济程序，在这一点上，与行政法制监督活动也存在着显著差异。在我国，有权提供行政救济的机关包括人民法院、行政复议机关、信访机构等。

内部行政关系，是指在行政主体内部发生的不直接涉及外部的行政相对人事务的一种法律关系。根据内容的不同，内部行政关系又可以分为行政主体之间的关系、行政主体与其工作人员的关系。其中，行政主体之间的关系又包括上下级行政主体之间的关系、平级行政主体之间的关系、行政主体与其内设机构之间的关系等。行政主体与其工作人员的关系主要是指聘用、考核、奖惩等内部人事管理关系。

与民事法律不同，行政法具有涵盖领域广、内容丰富、变动性强等特点。在建设领域中，涉及法律、行政法规、地方性法规、规章等大量行政法规范，需要进行深入掌握。

2）行政法的原则

行政法的原则主要分为合法性原则与合理性原则。

合法性原则又称为依法行政原则、行政法治原则，是指行政职权的来源及其行使必须符合法律的规定。它是行政法原则中最为重要的一项原则。行政权是一项公权力，必须恪守法治边界，否则会损害社会公共利益和行政相对人的合法权利。合法性原则又具体包括职权法定和行政行为符合法律两项具体原则。职权法定原则，要求行政主体行使的行政职权必须要获得法律的授权，禁止行使未获法律授权的相关行政职权，"无法律便无行政"表达的就是这层意思。行政行为符合法律，指的是行政主体在行使法定职权的过程中，要确保行政行为的内容、程序、形式等也符合法律的规定。这是对行政合法性原则的进一步要求。

合理性原则是指必须适度、具有理性、符合客观实际。该原则只要适用于行政裁量领域，在该领域中，立法机关有意给行政主体留下了判断、选择的空间，在此空间内，行政机关作出行政行为也应当遵循合理性原则。合理性原则具体包括平等原则、比例原则、信赖保护等原则。平等原则要求行政主体在执法活动中应当做到同等情况同等对待，不同情况区分对待。比例原则是合理性原则的核心原则，它要求行政机关在开展行政活动时，在各种能达到行政管理目标的手段中，应当选取对行政相对人一方干预程度最小的一种手段，做到获益与代价之间的大致均衡。信赖保护原则是民法上的诚实信用原则在行政法上的体现，它是指对于已生效的行政行为，如果行政相对人因信赖该行政行为而已经作出了相应的行为安排，则行政主体不得任意改变该行政行为，如确需改变，应给行政相对人一方进行赔偿或补偿。

2.2.2　行政行为的概念和特征

行政行为是行政主体开展行政活动最为基本的形式。在理论界，对于行政行为的内涵与外延有不同的理解。通说认为，行政行为，是指行政主体依法基于行政职权作出的能直接或间接引起法律效果的行为。其具有如下特征：

第一，行政行为具有从属法律性。所谓从属法律性，指的是行政活动的开展需要有法律依据并遵循法律的具体规定。这一特征是前述行政合法性原则的基本要求。

第二，行政行为具有行政性。并非行政主体开展的所有活动都是行政行为。例如，行政机关缴纳水电费、购买办公用品等活动，属于普通的民事行为，不涉及行政职权的具体运用。只有与行政职权的行使有关的行政活动才是行政行为。

第三，行政行为能直接或间接引起法律效果。行政主体作出行政行为，能够对社会经济生活产生规制效果。当然，不同的行政行为的规制效果是有差异的。有时，行政行为的规制效果是直接的，例如行政机关作出行政处罚决定，能对行政相对人一方的权利义务直接产生影响；有时，这种规制效果又是间接的，例如行政机关发布一个规范性文件，该文件往往需要通过行政机关作出的具体行政行为才能对行政相对人一方产生规制效果。

第四，行政行为一般具有单方意志性。行政行为是以国家强制力为后盾的一种活动，在实施行政行为的过程中,一般不需要征得相对人一方的同意便可实施。如果离开了这一特征,行政活动的开展是较为困难的。不过,行政行为的单方意志性并不是绝对的。在现代行政活动中,行政机关也在尝试以行政协商、行政合同等与相对人沟通的方式来完成行政任务。在建设领域,典型的例子便是土地房屋征收补偿协议①,在这一种行政行为中,在是否签订协议以及签订什么样内容的协议问题上,行政机关与行政相对人之间存在着协商的空间。

2.2.3 行政行为的类型与构成要件

1) 行政行为的类型

依据不同的标准,可以对行政行为作出不同的分类。此处介绍常见的几种行政行为的分类。

第一,按照行政行为的对象是否特定,可以将行政行为划分为抽象行政行为和具体行政行为。抽象行政行为是指行政主体针对不特定的对象发布的具有普遍约束力的行政行为。例如,住房和城乡建设部发布的规章《建筑工程施工许可管理办法》(2018 年修订),适用于在我国境内从事各类房屋建筑及其附属设施的建造、装修装饰和与其配套的线路、管道、设备的安装,以及城镇市政基础设施工程的施工的所有建设单位,其适用对象是不特定的,属于典型的抽象行政行为。具体行政行为是指行政主体针对特定的对象作出的能直接发生法律效力的行为,在建设工程领域,典型的具体行政行为包括建设主管部门作出的行政处罚、行政许可等行为。

第二,按照行政行为受法律规范拘束程度的不同,可以将行政行为划分为羁束行政行为与自由裁量行政行为。羁束行政行为,是指法律对行政机关行使职权的条件、程序及其内容作出了详细的规定,行政机关对此无选择、判断空间的行政行为。与此相对,自由裁量行政行为是指法律对行政机关行使职权留下了特定空白地带,在是否作出行政行为或者作出何种内容的行政行为问题上,行政机关具有一定程度的自行选择、判断的权利。在现代行政活动中,绝大部分的行政行为属于自由裁量行政行为,这是为了使行政机关在具体执法情境下能灵活地开展行政活动,便于其实现个案正义。

第三,按照行政行为是否符合法律的规定,可以将行政行为划分为合法的行政行为与违法的行政行为。合法的行政行为,是指在行政职权、事实认定、法律适用、法定程序等要件上均符合法律规定的行政行为。相反,如果在上述要件上,有一个或数个要件符合的,则属于违法的行政行为。对于行政机关作出的违法的行政行为,行政相对人不服的,可以通过行政复议、行政诉讼等法定渠道寻求救济;作出该行政行为的行政机关、上级行政机关等机关,也可以启动监督程序,对违法的行政行为进行撤回或撤销。

第四,按照行政行为具体形态与内容的不同,可以将行政行为划分为行政处罚、行政许可、行政强制、行政确认、行政裁决、行政指导等不同的行为类型。行政处罚是指行政主体依法对违反行政管理秩序而尚未构成犯罪的行政相对人所给予的行政制裁性措施。行政许可是指行政主体根据行政相对人的申请,经依法审查,准予或不准予其从事特定活动的行为。

---

① 2014 年修订后的《中华人民共和国行政诉讼法》第十二条第(十一)款明确将土地房屋征收补偿协议纳入行政诉讼的受案范围,可以看出,立法者认为其属于行政协议而非普通的民事合同。

行政强制,是指为了实现特定的行政目标,行政主体通过自身力量或者通过申请人民法院,对行政相对人的财产、人身自由等施加强制力的行为。对于上述三类行政行为,我国先后制定了《中华人民共和国行政处罚法》(1996 年)、《中华人民共和国行政许可法》(2003 年)、《中华人民共和国行政强制法》(2011 年)进行了规范。行政确认,是指行政机关对既存的主体资格、法律事实与法律关系进行审查与认定,并宣示其法律效力的行为。行政裁决,是指行政主体根据法律的授权,以居间人的身份对与行政活动有关的民事纠纷所作出的具有法律效力的裁定。行政指导,是指行政机关运用建议、劝告等非强制手段,引导行政相对人自愿采取一定的作为或不作为,以实现特定的行政管理目标的一项行政活动。在行政实践中,行政行为的具体类型远比上述几种丰富。[①]

2) 行政行为的成立要件与合法要件

行政行为的成立要件是指满足什么样的条件行政行为才能在客观上存在,它解决的是一个事实问题。一般而言,行政行为的成立要件包括:(1)主体要素,即要有作出行政行为的行政机关或法律、法规、规章授权的组织;(2)对象要素,即要有行政行为针对的人或物;(3)内容要素,即要求行政行为的具体种类与幅度等内容;(4)外化要素,即行政行为必须要以一定的方式告知或送达给外部的行政相对人一方,未经外化,行政行为对相对人而言在客观上是不存在的。

行政行为的合法要件是指在行政行为已经成立的前提下,看行政行为在具备哪些条件之下才是合法有效的,它属于合法与否的价值判断问题。一般而言,在同时具备如下要件的情况下,一个行政行为才被认定为是合法的:(1)主体适格,即作出行政行为的主体必须具有法定职权,不超越职权,也不滥用职权;(2)事实清楚,即行政机关应在充分收集案件证据的基础上才能作出行政行为;(3)适法正确,即行政机关应准确地适用法律、法规作出行政行为;(4)符合法定程序,即行政机关应当遵循法定程序作出行政行为。

2.3　劳动法律制度

劳动法律制度是调整劳动关系及其相关社会关系的法律制度的总称。建设活动是一个劳动密集型行业,需要大量劳动者的投入和付出,劳动法律制度对于保障建设活动中劳动者的合法权益、规范建设企业的用工行为、防范与化解劳动争议、维护正常的建设秩序具有十分重要的意义。

2.3.1　劳动法

1) 劳动法的立法目的与适用范围

1994 年 7 月 5 日,第八届全国人民代表大会常务委员会第八次会议通过了《中华人民共和国劳动法》(简称《劳动法》)。2009 年 8 月和 2018 年 12 月,全国人民代表大会常务委员会又先后对该法作了两次修订。

[①]　在 2004 年发布的《最高人民法院关于规范行政案件案由的通知》(法发〔2004〕2 号)中,明文列举的行政行为达 27 种之多。

《劳动法》开篇指出其立法目的是"保护劳动者的合法权益,调整劳动关系,建立和维护适应社会主义市场经济的劳动制度,促进经济发展和社会进步"。其中,"保护劳动者的合法权益"是该法的首要目的,也是最为核心的目的。在具体的个案中,如果遇到相关劳动法规则空白或者不明确时,应尽可能朝向有利于劳动者合法权益保障的方向进行解释和适用。

在中华人民共和国境内的企业、个体经济组织和与之形成劳动关系的劳动者,以及国家机关、事业组织、社会团体和与之建立劳动合同关系的劳动者,均适用《劳动法》的规定。

2) 劳动者的权利

根据《劳动法》的规定,劳动者享有平等就业和选择职业的权利、取得劳动报酬的权利、休息休假的权利、获得劳动安全卫生保护的权利、接受职业技能培训的权利、享受社会保险和福利的权利、提请劳动争议处理的权利、参加和组织工会的权利、参与用人单位的民主管理以及法律规定的其他劳动权利。《劳动法》对这些权利的行使与保障作了十分详细的规定。其中,与建设活动密切相关的规定包括:

国家实行劳动者每日工作时间不超过 8 小时、平均每周工作时间不超过 44 小时的工时制度。用人单位应当保证劳动者每周至少休息 1 日。企业因生产特点不能实行上述规定的,经劳动行政部门批准,可以实行不定时工作制或综合计算工时工作制等其他工作和休息办法。根据原劳动部于 1994 年发布的《关于企业实行不定时工作制和综合计算工时工作制的审批办法》(劳部发〔1994〕503 号)的规定,由于建筑行业属于受季节和自然条件限制的特殊行业,可实行综合计算工时工作制,即分别以周、月、季、年等为周期,综合计算工作时间,但其平均日工作时间和平均周工作时间应与法定标准工作时间基本相同。例如,原劳动和社会保障部在 2007 年作出《关于中国建筑工程总公司部分工作岗位实行不定时工作制和综合计算工时工作制的批复》(劳社部发〔2007〕42 号),同意中国建筑工程总公司对集团本部及各级全资、控股企业副职以上的高级管理人员及上述人员的专职秘书,工程项目部正副经理,投标报价人员、采购人员、营销人员、清欠人员等具有明确任务指标的业务人员,长期驻外人员,非生产性的司机、值班保卫人员、维修人员实行不定时工作制;同意对建筑施工现场的生产(施工)人员、管理人员、技术人员、后勤服务人员实行以年为周期的综合计算工时工作制。

有下列情形之一的,用人单位应当按照下列标准支付高于劳动者正常工作时间工资的工资报酬:(1)安排劳动者延长工作时间的,支付不低于工资的 150% 的工资报酬;(2)休息日安排劳动者工作又不能安排补休的,支付不低于工资的 200% 的工资报酬;(3)法定休假日安排劳动者工作的,支付不低于工资的 300% 的工资报酬。

建筑业属于劳动强度大的行业,《劳动法》对女职工和未成年人作出了特别保护的规定:女职工在孕期、产期、哺乳期内的,用人单位不能解除劳动合同;禁止安排女职工从事矿山井下、国家规定的第四级体力劳动强度的劳动和其他禁忌从事的劳动;不得安排女职工在经期从事高处、低温、冷水作业和国家规定的第三级体力劳动强度的劳动;不得安排女职工在怀孕期间从事国家规定的第三级体力劳动强度的劳动和孕期禁忌从事的劳动,对怀孕七个月以上的女职工,不得安排其延长工作时间和夜班劳动;女职工生育享受不少于九十天的产假;不得安排女职工在哺乳未满一周岁的婴儿期间从事国家规定的第三级体力劳动强度的劳动和哺乳期禁忌从事的其他劳动,不得安排其延长工作时间和夜班劳动。不得安排未成年工从事矿山井下、有毒有害、国家规定的第四级体力劳动强度的劳动和其他禁忌从事的劳动;用人单位应当对未成年工定期进行健康检查。

2.3.2 劳动合同法

2007年6月29日,第十届全国人民代表大会常务委员会第二十八次会议通过了《中华人民共和国劳动合同法》(简称《劳动合同法》)。2012年12月28日,第十一届全国人大常委会第三十次会议对该法作了修订。该法适用于在中华人民共和国境内的企业、个体经济组织、民办非企业单位等组织与劳动者建立劳动关系,订立、履行、变更、解除或者终止劳动合同的行为。国家机关、事业单位、社会团体和与其建立劳动关系的劳动者订立、履行、变更、解除或者终止劳动合同的行为,也依照该法执行。

1) 劳动合同的订立

用人单位招用劳动者时,应当如实告知劳动者工作内容、工作条件、工作地点、职业危害、安全生产状况、劳动报酬,以及劳动者要求了解的其他情况;用人单位有权了解劳动者与劳动合同直接相关的基本情况,劳动者应当如实说明。

建立劳动关系,应当订立书面劳动合同。已建立劳动关系,未同时订立书面劳动合同的,应当自用工之日起1个月内订立书面劳动合同。用人单位与劳动者在用工前订立劳动合同的,劳动关系自用工之日起建立。但在实践中,有时劳动者与用人单位之间在无书面合同或无有效书面合同的情况下也形成了劳动雇佣关系,这是事实劳动关系,也受法律的保护。

劳动合同分为3种类型,分别是固定期限劳动合同、无固定期限劳动合同和以完成一定工作任务为期限的劳动合同。固定期限劳动合同,是指用人单位与劳动者约定合同终止时间的劳动合同。无固定期限劳动合同,是指用人单位与劳动者约定无确定终止时间的劳动合同。以完成一定工作任务为期限的劳动合同,是指用人单位与劳动者约定以某项工作的完成为合同期限的劳动合同。

劳动合同应当具备以下条款:(1)用人单位的名称、住所和法定代表人或者主要负责人;(2)劳动者的姓名、住址和居民身份证或者其他有效身份证件号码;(3)劳动合同期限;(4)工作内容和工作地点;(5)工作时间和休息休假;(6)劳动报酬;(7)社会保险;(8)劳动保护、劳动条件和职业危害防护;(9)法律、法规规定应当纳入劳动合同的其他事项。除以上必备条款外,用人单位与劳动者还可以在劳动合同中约定试用期、培训、保守秘密、补充保险和福利待遇等其他事项。劳动合同由用人单位与劳动者协商一致,并经用人单位与劳动者在劳动合同文本上签字或者盖章生效。

有下列情形之一的,劳动合同无效或者部分无效:(1)以欺诈、胁迫的手段或者乘人之危,使对方在违背真实意思的情况下订立或者变更劳动合同的;(2)用人单位免除自己的法定责任、排除劳动者权利的;(3)违反法律、行政法规强制性规定的。劳动合同部分无效,不影响其他部分效力的,其他部分仍然有效。劳动合同被确认无效,劳动者已付出劳动的,用人单位应当向劳动者支付劳动报酬。劳动报酬的数额,参照本单位相同或者相近岗位劳动者的劳动报酬确定。

2) 劳动合同的履行和变更

用人单位与劳动者应当按照劳动合同的约定,全面履行各自的义务。用人单位应当按照劳动合同约定和国家规定,向劳动者及时足额支付劳动报酬。用人单位拖欠或者未足额支付劳动报酬的,劳动者可以依法向当地人民法院申请支付令,人民法院应当依法发出支付令。用人单位应当严格执行劳动定额标准,不得强迫或者变相强迫劳动者加班。用人单位安排加班的,应当按照国家有关规定向劳动者支付加班费。

用人单位与劳动者协商一致,可以变更劳动合同约定的内容。变更劳动合同,应当采用书面形式。

3) 劳动合同的解除

劳动合同的解除分为协商解除、劳动者单方解除以及用人单位单方解除三种情形:

(1) 协商解除

用人单位与劳动者经协商达成一致意见,可以解除劳动合同。

(2) 劳动者单方解除

劳动者单方解除又分为提前通知解除和无需提前通知的解除两种情形。

劳动者提前 30 日以书面形式通知用人单位,可以解除劳动合同。劳动者在试用期内提前 3 日通知用人单位,可以解除劳动合同。

用人单位有下列情形之一的,劳动者可以随时解除劳动合同:①未按照劳动合同约定提供劳动保护或者劳动条件的;②未及时足额支付劳动报酬的;③未依法为劳动者缴纳社会保险费的;④用人单位的规章制度违反法律、法规的规定,损害劳动者权益的;⑤因法定合同无效情形致使劳动合同无效的;⑥法律、行政法规规定劳动者可以解除劳动合同的其他情形。用人单位以暴力、威胁或者非法限制人身自由的手段强迫劳动者劳动的,或者用人单位违章指挥、强令冒险作业危及劳动者人身安全的,劳动者可以立即解除劳动合同,不需事先告知用人单位。

(3) 用人单位单方解除

用人单位单方解除又分为过失性解除、无过失性解除以及经济性裁员解除 3 种情形。

劳动者有下列过失情形之一的,用人单位可以解除劳动合同:①在试用期间被证明不符合录用条件的;②严重违反用人单位的规章制度的;③严重失职,营私舞弊,给用人单位造成重大损害的;④劳动者同时与其他用人单位建立劳动关系,对完成本单位的工作任务造成严重影响,或者经用人单位提出,拒不改正的;⑤因法定合同无效情形致使劳动合同无效的;⑥被依法追究刑事责任的。

有下列非属于劳动者个人过失的情形之一的,用人单位提前 30 日以书面形式通知劳动者本人或者额外支付劳动者 1 个月工资后,可以解除劳动合同:①劳动者患病或者非因工负伤,在规定的医疗期满后不能从事原工作,也不能从事由用人单位另行安排的工作的;②劳动者不能胜任工作,经过培训或者调整工作岗位,仍不能胜任工作的;③劳动合同订立时所依据的客观情况发生重大变化,致使劳动合同无法履行,经用人单位与劳动者协商,未能就变更劳动合同内容达成协议的。

有下列情形之一,需要裁减人员 20 人以上或者裁减不足 20 人但占企业职工总数 10%以上的,用人单位提前 30 日向工会或者全体职工说明情况,听取工会或者职工的意见后,裁减人员方案经向劳动行政部门报告,可以裁减人员:①依照企业破产法规定进行重整的;②生产经营发生严重困难的;③企业转产、重大技术革新或者经营方式调整,经变更劳动合同后,仍需裁减人员的;④其他因劳动合同订立时所依据的客观经济情况发生重大变化,致使劳动合同无法履行的。裁减人员时,应当优先留用下列人员:①与本单位订立较长期限的固定期限劳动合同的;②与本单位订立无固定期限劳动合同的;③家庭无其他就业人员,有需要扶养的老人或者未成年人的。用人单位依照规定实施经济性裁员,在 6 个月内重新招用人员的,应当通知被裁减的人员,并在同等条件下优先招用被裁减的人员。

与此同时,《劳动合同法》还对用人单位行使无过失性解除劳动合同和经济性裁员解除劳动合同的权利作了限制。劳动者有下列情形之一的,用人单位不得实施无过失性解除劳动合同与经济性裁员解除劳动合同:①从事接触职业病危害作业的劳动者未进行离岗前职业健康检查,或者疑似职业病病人在诊断或者医学观察期间的;②在本单位患职业病或者因工负伤并被确认丧失或者部分丧失劳动能力的;③患病或者非因工负伤,在规定的医疗期内的;④女职工在孕期、产期、哺乳期的;⑤在本单位连续工作满 15 年,且距法定退休年龄不足 5 年的;⑥法律、行政法规规定的其他情形。

4) 劳动合同的终止

有下列情形之一的,劳动合同终止:(1)劳动合同期满的;(2)劳动者开始依法享受基本养老保险待遇的;(3)劳动者死亡,或者被人民法院宣告死亡或者宣告失踪的;(4)用人单位被依法宣告破产的;(5)用人单位被吊销营业执照、责令关闭、撤销或者用人单位决定提前解散的;(6)法律、行政法规规定的其他情形。

5) 劳务派遣

劳务派遣是由劳务派遣机构与派遣劳工订立劳动合同,把劳动者派向其他用工单位,再由其用工单位向派遣机构支付一笔服务费用的一种用工形式。劳务派遣用工是劳动合同用工的一种补充形式,只能在临时性、辅助性或者替代性的工作岗位上实施。实践中,建设工程中存在大量的劳务分包,这些都是劳务派遣形式甚至是包工头的雇佣关系,不属于《劳动合同法》保护的劳动关系。

2.3.3　劳动争议的解决

在用人单位与劳动者发生劳动争议后,当事人之间既可以通过相互之间的沟通、协商,自行解决争议,也可以引入第三方人员或机构,通过调解、仲裁、提起诉讼等途径加以解决。其中,对于调解和仲裁这两种机制,在 2007 年 12 月 29 日第十届全国人民代表大会常务委员会第三十一次会议通过的《中华人民共和国劳动争议调解仲裁法》(简称《劳动争议调解仲裁法》)中有专门的规定。

1) 劳动争议的调解

调解是指在中立的调解员的主持与协调下,纠纷当事人之间通过协商、对话达成一致协议,进而化解纠纷的一种机制。劳动争议的调解是调解机制在劳动争议领域的具体运用。需要注意的是,调解是贯穿于劳动争议解决过程始终的一项机制,不仅可以在发生争议后、申请仲裁和提起诉讼前进行,也可以在仲裁或诉讼的过程中进行。本部分主要介绍的是在申请仲裁和提起诉讼前进行的劳动争议仲裁。

(1) 调解组织与调解员

发生劳动争议,当事人可以到下列调解组织申请调解:①企业劳动争议调解委员会;②依法设立的基层人民调解组织;③在乡镇、街道设立的具有劳动争议调解职能的组织。其中,企业劳动争议调解委员会由职工代表和企业代表组成。职工代表由工会成员担任或者由全体职工推举产生,企业代表由企业负责人指定。企业劳动争议调解委员会主任由工会成员或者双方推举的人员担任。

劳动争议调解组织的调解员应当由公道正派、联系群众、热心调解工作,并具有一定法律知识、政策水平和文化水平的成年公民担任。

（2）调解的基本程序

调解员调解劳动争议,应当充分听取双方当事人对事实和理由的陈述,耐心疏导,帮助其达成协议。

经调解达成协议的,应当制作调解协议书。调解协议书由双方当事人签名或者盖章,经调解员签名并加盖调解组织印章后生效,对双方当事人具有约束力,当事人应当履行。

自劳动争议调解组织收到调解申请之日起 15 日内未达成调解协议的,当事人可以依法申请仲裁。达成调解协议后,一方当事人在协议约定期限内不履行调解协议的,另一方当事人可以依法申请仲裁。因支付拖欠劳动报酬、工伤医疗费、经济补偿或者赔偿金事项达成调解协议,用人单位在协议约定期限内不履行的,劳动者可以持调解协议书依法向人民法院申请支付令。人民法院应当依法发出支付令。

2）劳动争议的仲裁

劳动争议的仲裁是指当事人之间发生劳动争议后,向劳动争议仲裁委员会提出申请,由劳动争议仲裁委员会对案件进行审理并依法作出裁决的一种纠纷解决机制。

劳动争议的仲裁实行一次裁决原则、合议原则、强制原则和公开原则。一次裁决原则是指劳动争议经过一次仲裁即告终局,不能再次申请仲裁。合议原则是指审理劳动争议案件,原则上应由 3 名仲裁员组成合议庭进行审理和裁决（简单劳动争议案件由 1 名仲裁员独任裁决的除外）。强制原则是指劳动仲裁程序只要经一方当事人申请就可以启动,无须双方达成一致协议。公开原则是指劳动争议仲裁原则上应对外公开举行,允许他人旁听,允许新闻媒体报道（当事人协议不公开进行或者涉及国家秘密、商业秘密和个人隐私的除外）。

劳动争议仲裁委员会由劳动行政部门代表、工会代表和企业方面代表组成。劳动争议仲裁委员会组成人员应当是单数。劳动争议申请仲裁的时效期间为 1 年。仲裁时效期间从当事人知道或者应当知道其权利被侵害之日起计算。劳动关系存续期间因拖欠劳动报酬发生争议的,劳动者申请仲裁不受上述仲裁时效期间的限制;但是,劳动关系终止的,应当自劳动关系终止之日起 1 年内提出。

申请人申请仲裁应当提交书面仲裁申请,并按照被申请人人数提交副本。劳动争议仲裁委员会收到仲裁申请之日起 5 日内,认为符合受理条件的,应当受理,并通知申请人;认为不符合受理条件的,应当书面通知申请人不予受理,并说明理由。对劳动争议仲裁委员会不予受理或者逾期未作出决定的,申请人可以就该劳动争议事项向人民法院提起诉讼。

3）劳动争议的诉讼

在我国,劳动争议实行劳动争议仲裁强制前置原则,即只有经过仲裁后,当事人仍不服的,方可提起诉讼。换言之,当事人不可越过劳动争议仲裁途径,径直提起诉讼。此外,诉讼的性质也只能选择民事诉讼途径,即以劳动争议的另一方当事人为被告,就原劳动争议提起民事诉讼,不能以劳动争议仲裁委员会为被告提起行政诉讼。

当事人行使提起劳动争议诉讼的权利,又因仲裁属于终局裁决还是非终局裁决而有所差异。

《劳动争议调解仲裁法》第四十七条规定,下列劳动争议,除该法另有规定的外,仲裁裁决为终局裁决,裁决书自作出之日起发生法律效力:(1)追索劳动报酬、工伤医疗费、经济补偿或者赔偿金,不超过当地月最低工资标准12个月金额的争议;(2)因执行国家的劳动标准在工作时间、休息休假、社会保险等方面发生的争议。这两类情形分别针对的是小额的劳动争议案件以及标准明确的劳动争议案件。对于上述终局裁决,劳动者不服的,可以自收到仲裁裁决书之日起15日内向人民法院提起诉讼。但是用人单位对于上述仲裁裁决原则上不可提起诉讼,只有当用人单位有证据证明终局仲裁裁决有下列情形之一时,才可以自收到仲裁裁决书之日起30日内向劳动争议仲裁委员会所在地的中级人民法院申请撤销裁决:(1)适用法律、法规确有错误的;(2)劳动争议仲裁委员会无管辖权的;(3)违反法定程序的;(4)裁决所根据的证据是伪造的;(5)对方当事人隐瞒了足以影响公正裁决的证据的;(6)仲裁员在仲裁该案时有索贿受贿、徇私舞弊、枉法裁决行为的。

对于《劳动争议调解仲裁法》第四十七条规定的两类终局裁决案件以外的其他仲裁裁决,为非终局裁决。无论是劳动者还是用人单位,对仲裁裁决不服的,均可以自收到仲裁裁决书之日起15日内向人民法院提起诉讼;期满不起诉的,裁决书发生法律效力。

人民法院受理、审理和裁决劳动争议民事案件,具体按照《中华人民共和国民事诉讼法》及相关司法解释的规定执行。

2.4 建筑节能与环境保护法

建设活动是一项高能耗、高污染的活动。为促进建筑业的节能减排,切实保护环境,推动资源节约型与环境保护型社会的建立,我国先后制定了一系列建筑节能与环境保护的立法。

2.4.1 建筑节能法律制度

1997年11月1日,第八届全国人民代表大会常务委员会第二十八次会议通过了《中华人民共和国节约能源法》,并在2007年10月作了修订。该法在第三章"合理使用与节约能源"中专设一节,对建筑节能问题作了原则性的规定。2008年8月29日第十一届全国人民代表大会常务委员会第四次会议通过,并经2018年10月修正的《中华人民共和国循环经济促进法》中,也有关于建筑业节能与资源循环利用的规定。此外,2008年8月1日国务院发布的《民用建筑节能条例》,对建筑节能法律制度作了更为详细的规定。本部分着重介绍《民用建筑节能条例》中的相关规定。

1) 民用建筑节能的含义

民用建筑节能,是指在保证民用建筑使用功能和室内热环境质量的前提下,降低其使用过程中能源消耗的活动。适用节能规定的民用建筑范围包括居住建筑、国家机关办公建筑和商业、服务业、教育、卫生等其他公共建筑。

国务院建设主管部门负责全国民用建筑节能的监督管理工作。县级以上地方人民政府建设主管部门负责本行政区域民用建筑节能的监督管理工作。

2）建筑节能措施

（1）新建建筑节能

国家推广使用民用建筑节能的新技术、新工艺、新材料和新设备，限制使用或者禁止使用能源消耗高的技术、工艺、材料和设备。国家鼓励利用无毒无害的固体废物生产建筑材料，鼓励使用散装水泥，推广使用预拌混凝土和预拌砂浆。国务院节能工作主管部门、建设主管部门应当制定、公布并及时更新推广使用、限制使用、禁止使用目录。国家限制进口或者禁止进口能源消耗高的技术、材料和设备。建设单位、设计单位、施工单位不得在建筑活动中使用列入禁止使用目录的技术、工艺、材料和设备。

（2）既有建筑节能

既有建筑节能改造，是指对不符合民用建筑节能强制性标准的既有建筑的围护结构、供热系统、采暖制冷系统、照明设备和热水供应设施等实施节能改造的活动。既有建筑节能改造应当根据当地经济、社会发展水平和地理气候条件等实际情况，有计划、分步骤地实施分类改造。

国家机关办公建筑、政府投资和以政府投资为主的公共建筑的节能改造，应当制定节能改造方案，经充分论证，并按照国家有关规定办理相关审批手续方可进行。其他公共建筑不符合民用建筑节能强制性标准的，在尊重建筑所有权人意愿的基础上，可以结合扩建、改建，逐步实施节能改造。

实施既有建筑节能改造，应当符合民用建筑节能强制性标准，优先采用遮阳、改善通风等低成本改造措施。既有建筑围护结构的改造和供热系统的改造，应当同步进行。

对实行集中供热的建筑进行节能改造，应当安装供热系统调控装置和用热计量装置；对公共建筑进行节能改造，还应当安装室内温度调控装置和用电分项计量装置。

（3）建筑用能系统运行节能

建筑所有权人或者使用权人应当保证建筑用能系统的正常运行，不得人为损坏建筑围护结构和用能系统。国家机关办公建筑和大型公共建筑的所有权人或者使用权人应当建立健全民用建筑节能管理制度和操作规程，对建筑用能系统进行监测、维护，并定期将分项用电量报县级以上地方人民政府建设主管部门。

县级以上地方人民政府节能工作主管部门应当会同同级建设主管部门确定本行政区域内公共建筑重点用电单位及其年度用电限额。县级以上地方人民政府建设主管部门应当对本行政区域内国家机关办公建筑和公共建筑用电情况进行调查统计和评价分析。国家机关办公建筑和大型公共建筑采暖、制冷、照明的能源消耗情况应当依照法律、行政法规和国家其他有关规定向社会公布。国家机关办公建筑和公共建筑的所有权人或者使用权人应当对县级以上地方人民政府建设主管部门的调查统计工作予以配合。

供热单位应当建立健全相关制度，加强对专业技术人员的教育和培训。供热单位应当改进技术装备，实施计量管理，并对供热系统进行监测、维护，提高供热系统的效率，保证供热系统的运行符合民用建筑节能强制性标准。

县级以上地方人民政府建设主管部门应当对本行政区域内供热单位的能源消耗情况进行调查统计和分析，并制定供热单位能源消耗指标；对超过能源消耗指标的，应当要求供热单位制定相应的改进措施,并监督实施。

3)行政机关的节能审查职责

城乡规划主管部门依法对民用建筑进行规划审查,应当就设计方案是否符合民用建筑节能强制性标准征求同级建设主管部门的意见;建设主管部门应当自收到征求意见材料之日起 10 日内提出意见。征求意见时间不计算在规划许可的期限内。对不符合民用建筑节能强制性标准的,不得颁发建设工程规划许可证。

施工图设计文件审查机构应当按照民用建筑节能强制性标准对施工图设计文件进行审查;经审查不符合民用建筑节能强制性标准的,县级以上地方人民政府建设主管部门不得颁发施工许可证。

4)建设主体的节能义务

建设单位不得明示或者暗示设计单位、施工单位违反民用建筑节能强制性标准进行设计、施工,不得明示或者暗示施工单位使用不符合施工图设计文件要求的墙体材料、保温材料、门窗、采暖制冷系统和照明设备。按照合同约定由建设单位采购墙体材料、保温材料、门窗、采暖制冷系统和照明设备的,建设单位应当保证其符合施工图设计文件要求。建设单位组织竣工验收,应当对民用建筑是否符合民用建筑节能强制性标准进行查验;对不符合民用建筑节能强制性标准的,不得出具竣工验收合格报告。建设单位应当对工程施工中产生的建筑废物进行综合利用;不具备综合利用条件的,应当委托具备条件的生产经营者进行综合利用或者无害化处置。

设计单位、施工单位、工程监理单位及其注册执业人员,应当按照民用建筑节能强制性标准进行设计、施工、监理。施工单位应当对进入施工现场的墙体材料、保温材料、门窗、采暖制冷系统和照明设备进行查验;不符合施工图设计文件要求的,不得使用。工程监理单位发现施工单位不按照民用建筑节能强制性标准施工的,应当要求施工单位改正;施工单位拒不改正的,工程监理单位应当及时报告建设单位,并向有关主管部门报告。墙体、屋面的保温工程施工时,监理工程师应当按照工程监理规范的要求,采取旁站、巡视和平行检验等形式实施监理。未经监理工程师签字,墙体材料、保温材料、门窗、采暖制冷系统和照明设备不得在建筑上使用或者安装,施工单位不得进行下一道工序的施工。

房地产开发企业销售商品房,应当向购买人明示所售商品房的能源消耗指标、节能措施和保护要求、保温工程保修期等信息,并在商品房买卖合同和住宅质量保证书、住宅使用说明书中载明。在正常使用条件下,保温工程的最低保修期限为 5 年。保温工程的保修期,自竣工验收合格之日起计算。保温工程在保修范围和保修期内发生质量问题的,施工单位应当履行保修义务,并对造成的损失依法承担赔偿责任。

2.4.2　建设活动环境保护制度概述

环境保护制度是调整环境保护中的各种社会关系的法律规范的总称。建立环境保护制度,有助于应对工业化时代出现的各种环境问题,防治污染和其他公害,保护和改善环境,促进人与自然的和谐共处以及经济社会可持续发展。

1989 年 12 月 26 日,第七届全国人民代表大会常务委员会第十一次会议通过了《中华人民共和国环境保护法》,并在 2014 年 4 月作了修订。该法作为环境保护的基本法,对环境保护的基本原则、政府的监管职责、保护和改善环境、防治污染和其他公害、信息公开和公众参与、法律责任等问题作了全面规定。与此同时,全国人民代表大会常务委员会还陆续制定了《中华人民共和国大气污染防治法》《中华人民共和国水污染防治法》《中华人民共和国固体废物污染环境防治法》《中华人民共和国海洋环境保护法》《中华人民共和国环境噪声污染防治法》《中华人民共和国环境影响评价法》等6部环境保护专项立法,深化了各具体领域的环境保护规则。此外,相关部门还制定了有关环境保护的一系列行政法规、地方性法规、部门规章、地方政府规章、环境保护标准等规范性文件。上述规范性文件共同构成了我国的环境保护法律规范体系。

建设活动在进行过程中,涉及大量的环境保护问题。国务院发布的《建设项目环境保护管理条例》(2017年修订),对建设项目环境影响评价制度、环境保护设施建设等问题作了专门的规定。此外,在建设项目的具体施工过程中,也涉及一系列环境保护问题。

2.4.3 建设项目环境保护的基本制度

1) 建设项目环境影响评价制度

我国实行建设项目环境影响评价制度。所谓建设项目环境影响评价,是指对规划和建设项目实施后可能造成的环境影响进行分析、预测和评估,提出预防或者减轻不良环境影响的对策和措施,进行跟踪监测的方法与制度。建设项目环境影响评价实行分类管理,并设置了相应的报送、审批、信息公开等制度。

(1) 建设项目环境影响评价的分类管理

按照建设项目对环境影响程度的不同,我国对建设项目的环境保护实行如下分类管理:

① 建设项目对环境可能造成重大影响的,应当编制环境影响报告书,对建设项目产生的污染和对环境的影响进行全面、详细的评价;

② 建设项目对环境可能造成轻度影响的,应当编制环境影响报告表,对建设项目产生的污染和对环境的影响进行分析或者专项评价;

③ 建设项目对环境影响很小,不需要进行环境影响评价的,应当填报环境影响登记表。

(2) 建设项目环境影响报告书的编制与内容

建设单位可以采取公开招标的方式,选择从事环境影响评价工作的单位,对建设项目进行环境影响评价。任何行政机关不得为建设单位指定从事环境影响评价工作的单位,进行环境影响评价。建设单位编制环境影响报告书,应当依法征求建设项目所在地有关单位和居民的意见。

建设项目环境影响报告书,应当包括下列内容:①建设项目概况;②建设项目周围环境现状;③建设项目对环境可能造成影响的分析和预测;④环境保护措施及其经济、技术论证;⑤环境影响经济损益分析;⑥对建设项目实施环境监测的建议;⑦环境影响评价结论。

(3) 建设项目环境影响报告书的报送、审批与信息公开

依法应当编制环境影响报告书、环境影响报告表的建设项目,建设单位应当在开工建设前将环境影响报告书、环境影响报告表报有审批权的环境保护行政主管部门审批;建设项目的环境影响评价文件未依法经审批部门审查或者审查后未予批准的,建设单位不得开工建设。

环境保护行政主管部门审批环境影响报告书、环境影响报告表,应当重点审查建设项目的环境可行性、环境影响分析预测评估的可靠性、环境保护措施的有效性、环境影响评价结论的科学性等,并分别自收到环境影响报告书之日起 60 日内、收到环境影响报告表之日起30 日内,作出审批决定并书面通知建设单位。

环境保护行政主管部门可以组织技术机构对建设项目环境影响报告书、环境影响报告表进行技术评估,并承担相应费用;技术机构应当对其提出的技术评估意见负责,不得向建设单位、从事环境影响评价工作的单位收取任何费用。

建设项目有下列情形之一的,环境保护行政主管部门应当对环境影响报告书、环境影响报告表作出不予批准的决定:①建设项目类型及其选址、布局、规模等不符合环境保护法律法规和相关法定规划;②所在区域环境质量未达到国家或者地方环境质量标准,且建设项目拟采取的措施不能满足区域环境质量改善目标管理要求;③建设项目采取的污染防治措施无法确保污染物排放达到国家和地方排放标准,或者未采取必要措施预防和控制生态破坏;④改建、扩建和技术改造项目,未针对项目原有环境污染和生态破坏提出有效防治措施;⑤建设项目的环境影响报告书、环境影响报告表的基础资料数据明显不实,内容存在重大缺陷、遗漏,或者环境影响评价结论不明确、不合理。

建设项目环境影响报告书、环境影响报告表经批准后,建设项目的性质、规模、地点、采用的生产工艺或者防治污染、防止生态破坏的措施发生重大变动的,建设单位应当重新报批建设项目环境影响报告书、环境影响报告表。

环境保护行政主管部门应当开展环境影响评价文件网上审批、备案和信息公开。

2) 建设项目"三同时"制度

所谓"三同时"制度,是指建设项目需要配套建设的环境保护设施,必须与主体工程同时设计、同时施工、同时投产使用。环境保护行政主管部门对建设项目环境保护设施设计、施工、验收、投入生产或者使用情况,以及有关环境影响评价文件确定的其他环境保护措施的落实情况,进行监督检查。

(1) 建设项目环境保护设施的设计

建设项目的初步设计,应当按照环境保护设计规范的要求,编制环境保护篇章,落实防治环境污染和生态破坏的措施以及环境保护设施投资概算。

施工图设计阶段,建设项目环境保护设施的施工图设计必须按已批准的初步设计文件中所确定的要求与措施进行。

(2) 建设项目环境保护设施的施工

建设单位应当将环境保护设施建设纳入施工合同,保证环境保护设施建设进度和资金,并在项目建设过程中同时组织实施环境影响报告书、环境影响报告表及其审批部门审批决定中提出的环境保护对策措施。

建设单位应当会同施工单位做好环境保护工程设施的施工建设、资金使用情况等资料的整理建档工作,并以季报的行使将环境保护工程进度情况上报环保主管部门。环保主管部门对其进行检查,并提出意见。

(3) 建设项目环境保护设施的使用

编制环境影响报告书、环境影响报告表的建设项目竣工后,建设单位应当按照国务院环境保护行政主管部门规定的标准和程序,对配套建设的环境保护设施进行验收,编制验收报告。分期建设、分期投入生产或者使用的建设项目,其相应的环境保护设施应当分期验收。建设单位在环境保护设施验收过程中,应当如实查验、监测、记载建设项目环境保护设施的建设和调试情况,不得弄虚作假。

未经验收或者验收不合格的,建设项目不得投入生产或者使用。

除按照国家规定需要保密的情形外,建设单位应当依法向社会公开验收报告。

建设项目投入生产或者使用后,应当按照国务院环境保护行政主管部门的规定开展环境影响后评价。

2.4.4 施工活动中的环境保护制度

建设项目的施工单位,应当严格遵守国家有关环境保护的规定,切实采取措施,防治施工过程中的噪声、废水排放、扬尘及建筑垃圾。

在城市市区范围内向周围生活环境排放建筑施工噪声的,应当符合国家规定的建筑施工场界环境噪声排放标准。在城市市区范围内,建筑施工过程中使用机械设备,可能产生环境噪声污染的,施工单位必须在工程开工15日以前向工程所在地县级以上地方人民政府生态环境主管部门申报该工程的项目名称、施工场所和期限、可能产生的环境噪声值以及所采取的环境噪声污染防治措施的情况。在城市市区噪声敏感建筑物集中区域内,禁止夜间进行产生环境噪声污染的建筑施工作业,但抢修、抢险作业和因生产工艺上要求或者特殊需要必须连续作业的除外。因特殊需要必须连续作业的,必须有县级以上人民政府或者其有关主管部门的证明。依法进行的夜间作业,必须公告附近居民。

施工场地内应合理布局排水沟、集水井、沉淀池的位置,并设置污水排放系统。应妥善处理施工过程中产生的废水和生活污水,未经处理不得将其直接排入城市排水设施或河流。

建设项目的施工和运输,应保持道路清洁,控制料堆和渣土堆放,扩大绿地、水面、湿地和地面铺装面积,防治扬尘污染。施工单位应当制定具体的施工扬尘污染防治实施方案。施工单位应当在施工工地设置硬质围挡,并采取覆盖、分段作业、择时施工、洒水抑尘、冲洗地面和车辆等有效防尘降尘措施。建筑土方、工程渣土、建筑垃圾在场地内堆存的,应当采用密闭式防尘网遮盖。施工单位应当在施工工地公示扬尘污染防治措施、负责人、扬尘监督管理主管部门等信息。暂时不能开工的建设用地,建设单位应当对裸露地面进行覆盖;超过3个月的,应当进行绿化、铺装或者遮盖。运输煤炭、垃圾、渣土、砂石、土方、灰浆等散装、流体物料的车辆应当采取密闭或者其他措施防止物料遗撒造成扬尘污染,并按照规定路线行驶。装卸物料应当采取密闭或者喷淋等方式防治扬尘污染。

施工过程中产生的建筑土方、工程渣土、建筑垃圾应当及时清运,并进行资源化利用或依法处置。建筑垃圾处置实行减量化、资源化、无害化和谁产生、谁承担处置责任的原则。施工单位不得将建筑垃圾交给个人或者未经核准从事建筑垃圾运输的单位运输。处置建筑垃圾的单位在运输建筑垃圾时,应当随车携带建筑垃圾处置核准文件,按照城市人民政府有关部门规定的运输路线、时间运行,不得丢弃、遗撒建筑垃圾,不得超出核准范围承运建筑垃圾。

本 章 小 结

第 1 节介绍了民事法律制度中的合同制度、物权制度、工程中的担保制度以及侵权责任制度。

第 2 节介绍了行政法律制度,包括行政法的概念和原则,行政行为的概念和特征、类型与构成要件。

第 3 节介绍了劳动法律制度,包括劳动法、劳动合同法中的若干规定及劳动争议的解决。

第 4 节介绍了建筑节能法律制度、建设活动环境保护制度概况、建设项目环境保护的基本制度和施工活动中的环境保护制度。

案例 2.1　　　　　　建设工程施工合同无效的认定及其后果

基本案情:

2006 年 3 月 10 日,中天房地产公司与仁和建筑公司签订了《建设工程施工合同》,约定由仁和建筑公司承建中天房地产公司开发的某居民小区住宅楼。双方在合同中对施工范围、工期、价款、质量标准、违约责任等内容作出了详细的约定。其中对工程定价方式的约定为综合包干单价,合同综合包干单价为 1 100 元/平方米;合同总价暂定为 25 036 万元,最终以行政机关实测建筑面积进行决算。此后,中天房地产公司按照上述约定条件,对该工程项目公开进行了招标,仁和建筑公司进行了投标。2006 年 5 月 10 日,中天房地产公司向仁和建筑公司发出了《中标通知书》。2007 年 10 月工程按照合同约定竣工,经验收合格并已交付中天房地产公司使用,工程决算总价款是 27 654 万元。截止到 2012 年 6 月,中天房地产公司已向仁和建筑公司支付了 25 154 万元工程款,后因支付剩余工程款问题双方发生纠纷。仁和建筑公司以中天房地产公司为被告,提起民事诉讼。仁和建筑公司主张,双方签订的《建设工程施工合同》无效,同时以双方在该合同中约定的合同价款明显低于工程建设的社会平均成本为由,请求法院判决中天房地产公司按照工程的实际成本 37 731 万元支付剩余价款。

审判结果:

一审法院认为,案涉工程为依法必须进行招投标的建设工程,双方在招投标程序尚未完成之前即签订《建设工程施工合同》的行为,违反了法律的强制性规定,为无效合同。但由于工程已竣工验收并使用,中天房地产公司应参照合同约定向仁和建筑公司支付工程价款。由于原先双方签订的为固定价合同,仁和建筑公司要求按工程实际成本价结算并支付剩余价款的请求不能成立,据此驳回了原告的诉讼请求。

仁和建筑公司不服,提起上诉。二审法院经审理后,判决驳回上诉,维持原判。

分析评论:

本案涉及建筑工程施工合同无效的认定以及合同被认定为无效后的法律效果这两个问题。

建设居民小区住宅楼,属于依法应进行招投标的工程。《中华人民共和国招标投标法》

（简称《招标投标法》,1999 年）第四十三条明确规定,在确定中标人前,招标人不得与投标人就投标价格、投标方案等实质性内容进行谈判。这是为维护招投标活动的公平竞争秩序所作的强制性规定。而在本案中,中天房地产公司与仁和建筑公司先签订了《建设工程施工合同》,然后再由中天房地产公司按双方约定的内容对外发布所谓的招标公告,进而使得仁和建筑公司顺利"中标"。这看似是一个合法的招投标活动,实则是对《招标投标法》上的前述强制性规定的违反,损害了招投标活动中的公平竞争秩序。《中华人民共和国合同法》(简称《合同法》,1999 年）第五十二条规定,违反法律、行政法规的强制性规定的,合同无效。因此,本案中,中天房地产公司与仁和建筑公司签订的《建设工程施工合同》应属无效。

合同无效并非完全不产生任何法律效果。《最高人民法院关于审理建设工程施工合同纠纷案件适用法律问题的解释》(法释〔2004〕14 号)第二条明确规定:"建设工程施工合同无效,但建设工程经竣工验收合格,承包人请求参照合同约定支付工程价款的,应予支持。"在本案中,仁和建筑公司建设的小区已经竣工验收合格,因此,即便《建设工程施工合同》被认定为无效,但仁和建筑公司仍有权向中天房地产公司请求支付工程价款,支付的标准是参照合同所约定的工程价款进行。在本案中,双方原先在合同中约定按照综合包干价 1 100 元/平方米来结算工程价款,这一固定价是在综合考虑整个工程成本的基础上计算出来的综合包干单价,对此合同双方都是知情的,应成为合同无效后计算工程价款的参照标准。《最高人民法院关于审理建设工程施工合同纠纷案件适用法律问题的解释》(法释〔2004〕14 号)第二十二条明确规定:"当事人约定按照固定价结算工程价款,一方当事人请求对建设工程造价进行鉴定的,不予支持。"因此,仁和建筑公司无权就建设工程造价进行鉴定,更不能要求以工程建设实际成本价要求中天房地产公司支付剩余价款。本案一审和二审法院的判决无疑是正确的。

案例 2.2　　　土地管理部门作出的行政处罚应遵循比例原则

基本案情:

郭某是浙江省诸暨市某村村民。2001 年 3 月,郭某拆除了自家宅基地上的老平房(占地约 60 平方米),随后在未经行政机关批准的情况下,又在原址范围内重建了一间 40.96 平方米的住宅。后经他人举报,诸暨市国土资源局于 2007 年 3 月 22 日对郭某未经审批非法占地建房的行为进行立案查处,并于同年 11 月 28 日对其作出诸土资监罚(2007)第 169 号行政处罚决定书,认定其行为属于非法占用土地的行为,依据《中华人民共和国土地管理法》(简称《土地管理法》,2004 年修订)第七十七条第一款的规定①,责令其退还非法占用的 40.96 平方米土地,并限其在接到行政处罚决定书之日起 10 日内自行拆除非法占用土地上的新建房屋。郭某不服,向法院提起行政诉讼,请求撤销诸暨市国土资源局作出的处罚决定书。

---

① 《土地管理法》(2004 年修订)第七十七条第一款规定:"农村村民未经批准或者采取欺骗手段骗取批准,非法占用土地建住宅的,由县级以上人民政府土地行政主管部门责令退还非法占用的土地,限期拆除在非法占用的土地上新建的房屋。"

审判结果：

一审诸暨市人民法院经审理认为，被诉行政处罚决定认定事实清楚，适用法律法规正确，程序合法，据此判决维持原处罚决定。

郭某对一审判决不服，提起上诉。二审绍兴市中级人民法院经审理认为，未经审批在宅基地原址范围内重新建设房屋，其社会危害程度低于其他未经审批擅自占地建设的行为。土地管理部门在对这类行为的处理上，应当优先选择责令其补办相关手续这一对其侵害程度较小的措施，只有当该手段无法实行时，方可选取更严厉的措施。在本案中，诸暨市国土资源局直接对郭某作出责令退还土地、限制拆除房屋这一严厉的处罚决定，违反了行政法上的比例原则，据此，判决撤销一审判决，并撤销诸暨市国土资源局作出的诸土资监罚（2007）第 169 号行政处罚决定书。

分析评论：

本案是因土地管理部门作出的行政处罚决定引发的一起行政诉讼案件。在行政执法活动中，行政机关在确保合法行政的同时，也应当做到合理行政，尤其是要遵循比例原则。所谓比例原则，是指行政机关在执法活动中，在各种能达到行政管理目标的手段中，应当选取对行政相对人一方干预程度最小的一种手段，实现获益与代价之间的大致均衡。《中华人民共和国行政处罚法》（简称《行政处罚法》）第四条规定实施行政处罚应与违法行为的事实、性质、情节以及社会危害程度相当，第二十七条规定对违法行为轻微并及时纠正且没有造成危害后果的，不予行政处罚，均体现了这一原则。在本案中，郭某系在原宅基地范围内实施重建行为，既未改变土地利用性质，也不扩大土地利用面积，更没有违反村庄规划。这种行为虽然是违法的，但土地管理部门在对其处理的过程中，客观上存在着责令其补办相关手续、责令其限期拆除房屋并退还土地等多种管理措施可以选择。而诸暨市国土资源局径直选取了责令限期拆除房屋并退还土地这一更严厉的处罚措施，扩大了行政相对人一方权益的损害，不符合行政法上的比例原则的要求。二审法院撤销该处罚决定的判决是正确的。

案例 2.3　　建造师与其挂靠公司之间是否应认定为劳动关系

基本案情：

杨某为二级建造师，挂靠在位于江西省进贤县的皓天建设有限公司。双方没有签订劳动合同，并约定，在挂靠期间，杨某在皓天公司不用实际上班，不用参加考勤，皓天公司也不用向杨某发放工资。因杨某想要将二级建造师转至第三人中泰建筑公司，皓天公司于 2015 年 9 月 18 日给杨某出具了一份证明，内容是："杨某因工作调动，于 2015 年 9 月 18 日与我单位解除一切劳动关系。"后来双方因归还杨某的安检考试 B 证、建造师职业资格证等证件问题发生纠纷，杨某于 2017 年 8 月向进贤县劳动人事争议仲裁委员会申请劳动仲裁，请求确认其与皓天公司解除劳动关系的民事行为合法有效，并责令皓天公司向其返还证件。进贤县劳动人事争议仲裁委员会作出不予受理通知书。杨某不服，以皓天公司为被告，向进贤县人民法院提起民事诉讼。在诉讼过程中，原被告之间围绕双方之间是否存在劳动关系展开了辩论。杨某认为，皓天公司出具的证明中写明的"解除一切劳动关系"，说明双方形成过事实上的劳动关系，否则无法成立所谓的"解除劳动关系"之说。皓天公司则解释道，起因是杨某要求将建造师证转至中泰公司,在杨某的请求下才出具上述证明的,否则杨某的二级建造师就不能转过去。

审判结果:

进贤县人民法院经审理认为,杨某与皓天公司系挂靠关系,并未形成事实劳动关系。即便认为双方存在劳动关系,杨某也已经超过了申请劳动仲裁的时效。据此,判决驳回了原告的诉讼请求。

分析评论:

本案主要涉及两个问题:1. 杨某与皓天公司之间是否存在劳动关系? 2. 杨某申请劳动争议仲裁是否超过了时效期间?

在本案中,杨某与皓天公司之间并未签订正式的书面劳动合同。与此同时,杨某既没有实际在皓天公司上班,也没有领取工资,双方之间仅仅是一种挂靠关系,并未形成事实劳动关系。实际上,此类挂靠行为是法律所明文禁止的。原建设部 2006 年发布的《注册建造师管理规定》第二十六条明文规定,注册建造师不得允许他人以自己的名义从事执业活动,不得出租、出借注册证书和执业印章。如果将此类挂靠关系认定为事实劳动关系,将不利于从经济层面打击、遏制上述违法活动。在诉讼过程中,皓天公司也对为何出具所谓的"解约"证明作了充分合理的解释,因此杨某主张双方之间存在事实劳动关系是不能成立的。

此外,即便认为双方构成事实劳动关系,实际上杨某所申请的仲裁也超过了时效。因为根据《劳动争议调解仲裁法》(2007 年)第二十七条的规定,劳动争议申请仲裁的时效期间为1 年,从当事人知道或者应当知道其权利被侵害之日起计算。在本案中,杨某如果要申请仲裁,也应当最迟于 2016 年 9 月 18 日提出申请,而其迟至 2017 年 8 月才提出,已超过了时效。因此,进贤县劳动人事争议仲裁委员会对其作出不予受理通知书是正确的。

第3章　建设行政许可制度

　　本章主要介绍建筑施工许可和建设活动的企业资质及参与建设活动人员的执业资格等制度,关于建设用地规划许可及建设工程规划许可制度和商品房预售许可制度分别在城乡规划法规和房地产相关法规中介绍。

　　建设行政许可是指建设行政主管部门应参与建设活动主体的申请,通过颁布许可证、资质、执业资格、上岗证等形式,依法赋予参与建设活动主体从事建设活动的法律资格或者实施具体建设活动的法律权利的一种行政管理制度。工程建设活动是一种专业性、技术性极强的特殊活动,对建设工程是否具备施工条件以及从事工程建设活动的单位和专业技术人员进行严格的管理和事前控制,对于规范建设市场秩序,保证建设工程质量和施工安全生产,提高投资效益,保障公民生命财产安全和国家财产安全,具有十分重要的意义。

3.1　建筑工程施工许可

　　工程建设施工许可制度是由国家授权的建设行政主管部门,在建设工程开工之前对建设单位申请开工的项目其是否符合法定的开工条件进行审核,对符合条件的建设工程允许其开工建设的法定制度。建筑工程施工许可证是建设单位申请开工的项目符合建设用地性质、城市规划以及施工单位具备进场的施工条件、项目资金到位等,是建设单位通知施工单位进行工程施工的法律凭证。建立施工许可制度,有利于保证建设工程的开工符合必要条件,避免不具备条件的建设工程盲目开工而给建设单位因违法建筑或因质量、安全事故以及项目资金无法落实导致项目"烂尾"等造成损失以及社会资源的浪费。实行建筑工程施工许可也是建设行政主管部门对所辖范围内有关建设工程的数量、规模以及施工队伍等基本情况依法进行指导和监督的管理措施。

3.1.1　工程建设施工许可的适用范围

　　《建筑法》规定,建筑工程开工前,建设单位应当按照国家有关规定向工程所在地县级以上人民政府建设行政主管部门申请领取施工许可证。根据 2014 年 4 月住房和城乡建设部经修改后发布的《建筑工程施工许可管理办法》规定,在中华人民共和国境内从事各类房屋建筑及其附属设施的建造、装修装饰和与其配套的线路、管道、设备的安装,以及城镇市政基础设施工程的施工,建设单位在开工前应当依照本办法的规定,向工程所在地的县级以上人民政府住房城乡建设主管部门申请领取施工许可证。

　　另《建筑法》规定,国务院建设行政主管部门确定的限额以下的小型工程,可以不申请办理施工许可证。据此,《建筑工程施工许可管理办法》规定,工程投资额在 30 万元以下或者建筑面积在300平方米以下的建筑工程,可以不申请办理施工许可证。省、自治区、直辖市人民政府住房城乡建设主管部门可以根据当地的实际情况,对限额进行调整,并报国务院住房城乡建设主管部门备案。《建筑法》同时规定,抢险救灾及其他临时性房屋建筑和农民自建低层住宅的建筑活动,不适用本法。这几类工程各有其特殊性,所以,从实际出发,法律规定不需要办理施工许可证(应当申请领取施工许可证的建筑工程未取得施工许可证的,一律不得开工)。

另外,为避免同一建设工程的开工由不同行政主管部门重复审批的现象,《建筑法》规定,按照国务院规定的权限和程序批准开工报告的建筑工程,不再领取施工许可证。此外,军用房屋建筑工程建筑活动的具体管理办法,由国务院、中央军事委员会依据本法制定。开工报告制度是我国沿用已久的一种建设项目开工管理制度。1979年,原国家计划委员会、国家基本建设委员会在《关于做好基本建设前期工作的通知》中规定了这项制度。1984年原国家计委发布的《关于简化基本建设项目审批手续的通知》将其简化。1988年以后,又恢复了开工报告制度。根据《国务院关于投资体制改革的决定》(国发〔2004〕20号),国家对政府投资项目和使用政府性资金的项目实行审核制。国务院规定的开工报告制度审查的内容主要包括:(1)资金到位情况;(2)投资项目市场预测;(3)设计图纸是否满足施工要求;(4)现场条件是否具备"三通一平"等的要求。实行审批制的政府投资项目,项目单位应首先向发展改革等项目审批部门报送项目建议书,依据项目建议书批复文件分别向城乡规划、国土资源和环境保护部门申请办理规划选址、用地预审和环境影响评价审批手续。完成相关手续后,项目单位根据项目论证情况向发展改革等项目审批部门报送可行性研究报告,并附规划选址、用地预审和环评审批文件。项目单位依据可行性研究报告批复文件向城乡规划部门申请办理规划许可手续,向国土资源部门申请办理正式用地手续。

对于企业不使用政府投资建设的项目,一律不再实行审批制,区别不同情况实行核准制和备案制,不再需要审批开工报告。

开工报告制度有两种:一种是国务院规定的开工报告制度;一种是建设监理中的开工报告工作。建设监理中的开工报告,根据《建设工程监理规范》的规定,承包商即施工单位在工程开工前应按合同约定向监理工程师提交开工报告,经总监理工程师审定通过后,即可开工。

虽然在字面上都是"开工报告",但二者之间有着诸多不同:

(1)性质不同,前者是政府主管部门的一种行政许可制度,后者则是建设监理过程中的监理单位对施工单位开工准备工作的认可;

(2)主体不同,前者由建设单位向政府主管部门申报,后者则由施工单位向监理单位提出;

(3)内容不同,前者主要是建设单位应具备的开工条件,后者则是施工单位应具备的开工条件。

3.1.2 申请领取施工许可证的法定条件

建设单位申请领取施工许可证,应当具备下列条件,并提出相应的证明文件。

1)依法应当办理用地批准手续的,已经办理该建筑工程用地批准手续

根据《土地管理法》(2019年)规定,任何单位和个人进行建设,需要使用土地的,必须依

法申请使用国有土地。依法申请使用的国有土地包括国家所有的土地和国家征收的原属于农民集体所有的土地。经批准的建设项目需要使用国有建设用地的,建设单位应当持法律、行政法规规定的有关文件,向有批准权的县级以上人民政府土地自然资源主管部门提出建设用地申请,经土地自然资源主管部门审查,报本级人民政府批准。

办理用地批准手续是建设工程依法取得土地使用权的必经程序,也是建设工程取得施工许可的必要条件。如果没有依法取得土地使用权,就不能批准建设工程开工。

2) 在城市、镇规划区的建筑工程,已经取得建设工程规划许可证

在城市、镇规划区内,规划许可证包括建设用地规划许可证和建设工程规划许可证。在乡、村庄规划区内进行乡镇企业、乡村公共设施和公益事业建设的,须核发乡村建设规划许可证。

3) 施工场地已经基本具备施工条件,需要征收房屋的,其进度符合施工要求

施工场地应该具备的基本施工条件,通常要根据建设工程项目的具体情况决定。例如:已进行场区的施工测量,设置永久性经纬坐标桩、水准基桩和工程测量控制网;搞好"三通一平"或"五通一平"或"七通一平";施工使用的生产基地和生活基地,包括附属企业、加工厂站、仓库堆场,以及办公、生活、福利用房等;强化安全管理和安全教育,在施工现场要设安全纪律牌、施工公告牌、安全标志牌等。实行监理的建设工程,一般要由监理单位查看后填写"施工场地已具备施工条件的证明",并加盖单位公章确认。

《中华人民共和国物权法》(简称《物权法》)规定,为了公共利益的需要,依照法律规定的权限和程序可以征收集体所有的土地和单位、个人的房屋及其他不动产。因此,房屋征收是物权变动的一种特殊情形,是国家取得房屋所有权的一种方式。房屋征收要根据城乡规划和国家专项工程的迁建计划以及当地政府的用地规划,拆除和迁移建设用地范围内的房屋及其附属物,并对原房屋及其附属物的所有人或使用人进行补偿和安置。需要先期进行征收的,征收进度必须能满足建设工程开始施工和连续施工的要求。

4) 已经确定施工企业

建设工程的施工必须由具备相应资质的施工企业来承担。因此,在建设工程开工前,建设单位必须依法通过招标或直接发包的方式确定承包该建设工程的施工企业,并签订建设工程承包合同,明确双方的责任、权利和义务。否则,建设工程的施工将无法进行。

《建筑工程施工许可管理办法》规定,按照规定应当招标的工程没有招标,应当公开招标的工程没有公开招标,或者肢解发包工程,以及将工程发包给不具备相应资质条件的企业的,所确定的施工企业无效。

5) 有满足施工需要的技术资料,施工图设计文件已按规定审查合格

技术资料一般包括地形、地质、水文、气象等自然条件资料和主要原材料、燃料来源,水电供应和运输条件等技术经济条件资料。掌握客观、准确、全面的技术资料,是实现建设工程质量和安全的重要保证。

《建设工程勘察设计管理条例》规定,编制施工图设计文件,应当满足设备材料采购、非标准设备制作和施工的需要,并注明建设工程合理使用年限。

我国已建立施工图设计文件的审查制度。施工图设计文件不仅要满足施工需要,还应

当按照规定对其涉及公共利益、公众安全、工程建设强制性标准的内容进行审查。《建设工程质量管理条例》规定,施工图设计文件未经审查批准的,不得使用。

6) 有保证工程质量和安全的具体措施

建设单位在领取施工许可证或者开工报告前,应当按照国家有关规定办理工程质量监督手续。建设单位在申请领取施工许可证时,应当提交危大工程清单及其安全管理措施等资料。建设行政主管部门在审核发放施工许可证时,应当对建设工程是否有安全施工措施进行审查,对没有安全施工措施的,不得颁发施工许可证。

施工企业编制的施工组织设计中应有根据建筑工程特点制定的相应质量、安全技术措施。建设工程质量安全责任制并落实到人。专业性较强的工程项目编制专项质量、安全施工组织设计,并按照规定办理工程质量、安全监督手续。施工组织设计由施工企业负责编制,并按照其隶属关系及建设工程的性质、规模、技术简繁等进行审批。

7) 建设资金已经落实的,建设单位应当提供建设资金已经落实承诺书

建设资金的落实是建设工程开工后能否顺利实施的关键。这些年来,某些地方政府和建设单位无视国家有关规定和自身经济实力,在建设资金不落实或资金不足的情况下,盲目上建设项目,强行要求施工企业垫资承包或施工,转嫁投资缺口,造成拖欠工程款的问题难以杜绝,不仅加重了施工企业的生产经营困难,影响了工程建设的正常进行,也扰乱了建筑市场的秩序。因此建设工程开工前,建设资金必须足额落实。

8) 法律、行政法规规定的其他条件

法律、行政法规规定的其他条件,是指在本规章规定的上述条件之外,因其他法律、行政法规规定需要具备的法定条件。例如项目需要实行消防设计审核的,根据《中华人民共和国消防法》规定,应当经公安机关消防机构进行消防设计审核的建设工程,未经依法审核或者审核不合格的,负责审批该工程施工许可的部门不得给予施工许可,建设单位、施工单位不得施工。下列建筑工程项目应当列为消防设计审核的重点:

(1) 甲、乙、丙类火灾危险性的厂房、库房(含堆场)、储罐区,洁净厂房,高层工业建筑;

(2) 高层民用建筑;

(3) 发电厂(站),广播、电视中心,邮政、通信枢纽等重要工程;

(4) 宾馆、商(市)场、体育馆、影剧院、礼堂、歌舞厅、医院、铁路旅客站、汽车客运站、码头、机场候机楼等公共建筑;

(5) 地下工程;

(6) 科研基地、学校、幼儿园、图书馆、档案馆、展览馆、博物馆等。

其他建设工程,建设单位申请施工许可或者申请批准开工报告时,应当提供满足施工需要的消防设计图纸及技术资料。

未提供满足施工需要的消防设计图纸及技术资料的,有关部门不得发放施工许可证或者批准开工报告。

县级以上地方人民政府住房和城乡建设主管部门(消防设计审查验收主管部门)依职责承担本行政区域内建设工程的消防设计审查、消防验收、备案和抽查工作。

对其他建设工程实行备案抽查制度。其他建设工程经依法抽查不合格的,应当停止使用。

上述法定条件必须同时具备,缺一不可。发证机关应当自收到申请之日起 7 日内,对符合条件的申请颁发施工许可证。此外,《建筑工程施工许可管理办法》还规定,应当申请领取施工许可证的建筑工程未取得施工许可证的,一律不得开工。任何单位和个人不得将应该申请领取施工许可证的工程项目分解为若干限额以下的工程项目,规避申请领取施工许可证。

3.1.3　施工许可证的管理规定

1) 申请延期的规定

建设单位应当自领取施工许可证之日起 3 个月内开工。因故不能按期开工的,应当向发证机关申请延期;延期以两次为限,每次不超过 3 个月。既不开工又不申请延期或者超过延期次数、时限的,施工许可证自行废止。

2) 核验施工许可证的规定

《建筑法》规定,在建的建筑工程因故中止施工的,建设单位应当自中止施工之日起 1 个月内,向发证机关报告,并按照规定做好建筑工程的维护管理工作。建筑工程恢复施工时,应当向发证机关报告;中止施工满 1 年的工程恢复施工前,建设单位应当报发证机关核验施工许可证。

所谓中止施工,是指建设工程开工后,在施工过程中因特殊情况的发生而中途停止施工的一种行为。中止施工的原因很复杂,如地震、洪水等不可抗力,以及宏观调控压缩基建规模、停建缓建建设工程等。对于因故中止施工的,建设单位应当按照规定的时限向发证机关报告,做好建筑工程的维护管理工作,以防止建筑工程在中止施工期间遭受不必要的损失,保证恢复施工时可以尽快启动。例如,建设单位与施工单位应当确定合理的停工部位,并协商提出善后处理的具体方案,明确双方的职责、权利和义务;建设单位应当派专人负责,定期检查中止施工工程的质量状况,发现问题及时解决;建设单位要与施工单位共同做好中止施工的工地现场安全、防火、防盗、维护等项工作,防止因工地脚手架、施工铁架、外墙挡板等腐烂、断裂、坠落、倒塌等导致发生人身安全事故,并保管好工程技术档案资料。

在恢复施工时,建设单位应当向发证机关报告恢复施工的有关情况。中止施工满 1 年的,在建设工程恢复施工前,建设单位还应当报发证机关核验施工许可证,看是否仍具备组织施工的条件,经核验符合条件的,应允许恢复施工,施工许可证继续有效;经核验不符合条件的,应当收回其施工许可证,不允许恢复施工,待条件具备后,由建设单位重新申领施工许可证。

3) 更新办理批准手续的规定

对于实行开工报告制度的建设工程,《建筑法》规定,按照国务院有关规定批准开工报告的建筑工程,因故不能按期开工或者中止施工的,应当及时向批准机关报告情况。因故不能按期开工超过 6 个月的,应当重新办理开工报告的批准手续。按照国务院有关规定批准开工报告的建筑工程,一般都属于国有资金投资的大中型建设项目。对于这类工程因故不能按期开工或者中止施工的,在审查和管理上更应该严格。

3.1.4 违反施工许可证制度应承担的法律责任

施工许可证发证机关实行施工许可证监督制度,对取得施工许可证后条件发生变化、延期开工、中止施工等行为进行监督检查,发现违法违规行为及时处理。《建筑工程施工许可管理办法》规定,对于不同情形的违法行为应当承担以下法律责任:

(1) 对于未取得施工许可证或者为规避办理施工许可证将工程项目分解后擅自施工的,由有管辖权的发证机关责令停止施工,限期改正,对建设单位处工程合同价款 1% 以上2% 以下罚款;对施工单位处 3 万元以下罚款。

(2) 建设单位采用欺骗、贿赂等不正当手段取得施工许可证的,由原发证机关撤销施工许可证,责令停止施工,并处 1 万元以上 3 万元以下罚款;构成犯罪的,依法追究刑事责任。建设单位隐瞒有关情况或者提供虚假材料申请施工许可证的,发证机关不予受理或者不予许可,并处 1 万元以上 3 万元以下罚款;构成犯罪的,依法追究刑事责任。建设单位伪造或者涂改施工许可证的,由发证机关责令停止施工,并处 1 万元以上 3 万元以下罚款;构成犯罪的,依法追究刑事责任。

(3) 直接责任人员的法律责任。施工许可证发证机关依照规定给予单位罚款处罚的,对单位直接负责的主管人员和其他直接责任人员处单位罚款数额 5% 以上 10% 以下罚款。单位及相关责任人受到处罚的,作为不良行为记录予以通报。

发证机关及其工作人员有下列情形之一的,由其上级行政机关或者监察机关责令改正;情节严重的,对直接负责的主管人员和其他直接责任人员,依法给予行政处分:

(1) 对不符合条件的申请人准予施工许可的;

(2) 对符合条件的申请人不予施工许可或者未在法定期限内作出准予许可决定的;

(3) 对符合条件的申请不予受理的;

(4) 利用职务上的便利,收受他人财物或者谋取其他利益的;

(5) 不依法履行监督职责或者监督不力,造成严重后果的。

3.2 工程建设从业单位资质管理

依据我国现行法律法规,从事工程建设活动的从业单位可以划分为建设单位、勘察设计企业、建筑施工企业、工程咨询服务机构。工程建设活动不同于一般的经济活动,其从业单位所具备条件的高低,包括其专业人员、技术装备、从业经验及资金担保等直接影响到建设工程质量和安全生产。因此,从事工程建设活动的单位必须符合相应的资质条件。我国《建筑法》规定,从事建筑活动的建筑施工企业、勘察单位、设计单位和工程监理单位,按照其拥有的注册资本、专业技术人员、技术装备和已完成的建筑工程业绩等资质条件,划分为不同的资质等级,经资质审查合格,取得相应等级的资质证书后,方可在其资质等级许可的范围内从事建筑活动。而根据其他相关法规,房地产开发商、工程咨询服务机构等获得一定的资质等级,承担相应的工程业务,也需要具备一定的条件。

3.2.1　建筑业企业资质管理

建筑业企业也称为施工单位,是指从事土木工程、建筑工程、线路管道、设备安装工程,以及新建、扩建、改建等施工活动的企业。现行《建筑业企业资质管理规定》中规定,企业应当按照其拥有的资产、主要人员、已完成的工程业绩和技术装备等条件申请建筑业企业资质,经审查合格,取得建筑业企业资质证书后,方可在资质许可的范围内从事建筑施工活动。

1) 建筑业企业的资质序列及业务范围

建筑业企业资质分为施工总承包资质、专业承包资质、施工劳务资质三个序列。

(1) 施工总承包工程应由取得相应施工总承包资质的企业承担。取得施工总承包资质的企业可以对所承接的施工总承包工程内各专业工程全部自行施工,也可以将专业工程依法进行分包。对设有资质的专业工程进行分包时,应分包给具有相应专业承包资质的企业。施工总承包企业将劳务作业分包时,应分包给具有施工劳务资质的企业。

(2) 设有专业承包资质的专业工程单独发包时,应由取得相应专业承包资质的企业承担。取得专业承包资质的企业可以承接具有施工总承包资质的企业依法分包的专业工程或建设单位依法发包的专业工程。取得专业承包资质的企业应对所承接的专业工程全部自行组织施工,劳务作业可以分包,但应分包给具有施工劳务资质的企业。

(3) 取得施工劳务资质的企业可以承接具有施工总承包资质或专业承包资质的企业分包的劳务作业。

(4) 取得施工总承包资质的企业,可以从事资质证书许可范围内的相应工程总承包、工程项目管理等业务。国家鼓励取得施工总承包资质的企业拥有全资或者控股的劳务企业。

2) 建筑业企业的资质类别和等级

施工总承包、专业承包、施工劳务三个资质序列,分别按照工程性质和技术特点划分为若干资质类别,各资质类别又按照规定的条件划分为若干资质等级。

(1) 施工总承包企业资质序列,划分为建筑工程施工总承包、公路工程施工总承包、铁路工程施工总承包、港口与航道工程施工总承包、水利水电工程施工总承包、电力工程施工总承包、矿山工程施工总承包、冶金工程施工总承包、石油化工工程施工总承包、市政公用工程施工总承包、通信工程施工总承包、机电工程施工总承包等12个资质类别;12个资质类别中资质级别一般分为4级(特级、一级、二级、三级)。一个施工总承包企业在获得一类工程施工资质作为本企业的主项资质的同时,还可以再申请其他工程种类的施工总承包资质或专业承包资质,但其他工程种类的资质级别不得高于主项资质的级别。

(2) 专业承包企业资质序列,划分为地基基础工程专业承包、起重设备安装工程专业承包、预拌混凝土专业承包、电子与智能化工程专业承包、消防设施工程专业承包、防水防腐保温工程专业承包、桥梁工程专业承包、隧道工程专业承包、钢结构工程专业承包、模板脚手架专业承包、建筑装修装饰工程专业承包、建筑机电安装工程专业承包、建筑幕墙工程专业承包、古建筑工程专业承包、城市及道路照明工程专业承包、公路路面工程专业承包、公路路基工程专业承包、公路交通工程专业承包、铁路电务工程专业承包、铁路铺轨架梁工程专业承包、铁路电气化工程专业承包、机场场道工程专业承包、民航空管工程及机场弱电系统工程专业承包、机场目视助航工程专业承包、港口与海岸工程专业承包、航道工程专业承包、通航建筑物工程专业承包、港航设备安装及水上交管工程专业承包、水工金属结构制作与安装工程专业承包、水利水电机电安装工程专业承包、河湖整治工程专业承包、输变电工程专业承包、核工程专业承包、海洋石油工程专业承包、环保工程专业承包、特种工程专业承包共 36 个资质类别;这 36 个专业类别中,资质级别一般分为 3 级(一级、二级、三级)。专业承包企业在获得一类主项资质的同时,还可在各自资质序列内申请类别相近的其他专业承包资质,但其他工程种类的资质级别不得高于主项资质的级别。

(3)施工劳务企业资质标准不分类别和等级。劳务作业有木工、砌工、抹灰、油漆、钢筋、混凝土、脚手架、模板、焊接、水电暖等 13 个类别。2015 年住建部颁布的《建筑业企业资质管理规定》规定,施工劳务企业的资质不区分类别与等级。

3)资质标准要求及承包工程范围

具有法人资格的企业申请建筑业企业资质应具备下列基本条件:(1)具有满足本标准要求的资产;(2)具有满足本标准要求的注册建造师及其他注册人员、工程技术人员、施工现场管理人员和技术工人;(3)具有满足本标准要求的工程业绩;(4)具有必要的技术装备。

施工总承包企业、专业承包企业、施工劳务企业由于承担的业务性质、项目规模、技术含量等的差异,资质要求的具体内容也有明显差别,如施工总承包企业资质条件中,对注册资金、承揽项目经验、技术和管理人员实力是相对重视的。

以建筑工程施工总承包为例,其一级资质的标准如下:

(1)企业净资产 1 亿元以上。

(2)企业主要人员:

① 建筑工程、机电工程专业一级注册建造师合计不少于 12 人,其中建筑工程专业一级注册建造师不少于 9 人。

② 技术负责人具有 10 年以上从事工程施工技术管理工作经历,且具有结构专业高级职称;建筑工程相关专业中级以上职称人员不少于 30 人,且结构、给排水、暖通、电气等专业齐全。

③ 持有岗位证书的施工现场管理人员不少于 50 人,且施工员、质量员、安全员、机械员、造价员、劳务员等人员齐全。

④ 经考核或培训合格的中级工以上技术工人不少于 150 人。

(3)企业工程业绩:近 5 年承担过下列 4 类中的 2 类工程的施工总承包或主体工程承包,工程质量合格。

① 地上 25 层以上的民用建筑工程 1 项或地上 18～24 层的民用建筑工程 2 项;

② 高度 100 米以上的构筑物工程 1 项或高度 80～100 米(不含)的构筑物工程 2 项;

③ 建筑面积 3 万平方米以上的单体工业、民用建筑工程 1 项或建筑面积 2 万～3 万平方米(不含)的单体工业、民用建筑工程 2 项;

④ 钢筋混凝土结构单跨 30 米以上(或钢结构单跨 36 米以上)的建筑工程 1 项或钢筋混凝土结构单跨 27～30 米(不含)[或钢结构单跨 30～36 米(不含)]的建筑工程 2 项。

建筑工程施工总承包一级资质可承担单项合同额 3 000 万元以上的下列建筑工程的施工:(1)高度 200 米以下的工业、民用建筑工程;(2)高度 240 米以下的构筑物工程。

二级资质可承担下列建筑工程的施工：（1）高度 100 米以下的工业、民用建筑工程；（2）高度 120 米以下的构筑物工程；（3）建筑面积 4 万平方米以下的单体工业、民用建筑工程；（4）单跨跨度 39 米以下的建筑工程。

三级资质可承担下列建筑工程的施工：（1）高度 50 米以下的工业、民用建筑工程；（2）高度 70 米以下的构筑物工程；（3）建筑面积 1.2 万平方米以下的单体工业、民用建筑工程；（4）单跨跨度 27 米以下的建筑工程。

4）建筑业企业的资质管理

我国对建筑业企业的资质管理，实行分级实施与有关部门相配合的管理模式。国务院住房城乡建设主管部门负责全国建筑业企业资质的统一监督管理。国务院交通运输、水利、工业信息化等有关部门配合国务院住房城乡建设主管部门实施相关资质类别建筑业企业资质的管理工作。

省、自治区、直辖市人民政府住房城乡建设主管部门负责本行政区域内建筑业企业资质的统一监督管理。省、自治区、直辖市人民政府交通运输、水利、通信等有关部门配合同级住房城乡建设主管部门实施本行政区域内相关资质类别建筑业企业资质的管理工作。

（1）资质许可权限

不同序列和等级的建筑业企业资质许可的程序是不同的。根据企业资质序列差异、业务范围大小和资质等级的高低，建筑业企业资质的审批有不同的许可形式。

由国务院住房城乡建设主管部门许可的建筑业企业资质：

① 施工总承包资质序列特级资质、一级资质及铁路工程施工总承包二级资质；

② 专业承包资质序列公路、水运、水利、铁路、民航方面的专业承包一级资质及铁路、民航方面的专业承包二级资质；涉及多个专业的专业承包一级资质。

由企业工商注册所在地省、自治区、直辖市人民政府住房城乡建设主管部门许可的资质：

① 施工总承包资质序列二级资质及铁路、通信工程施工总承包三级资质；

② 专业承包资质序列一级资质（不含公路、水运、水利、铁路、民航方面的专业承包一级资质及涉及多个专业的专业承包一级资质）；

③ 专业承包资质序列二级资质（不含铁路、民航方面的专业承包二级资质）；铁路方面专业承包三级资质；特种工程专业承包资质。

由企业工商注册所在地设区的市人民政府住房城乡建设主管部门许可的资质：

① 施工总承包资质序列三级资质（不含铁路、通信工程施工总承包三级资质）；

② 专业承包资质序列三级资质（不含铁路方面专业承包资质）及预拌混凝土、模板脚手架专业承包资质；

③ 施工劳务资质；

④ 燃气燃烧器具安装、维修企业资质。

（2）资质管理规定

建筑业企业可以申请一项或多项建筑业企业资质。企业首次申请、增项申请建筑业企业资质，按照最低资质等级核定。建筑业企业资质证书有效期为 5 年，有效期届满，企业继续从事建筑施工活动的，应当于资质证书有效期届满 3 个月前，向原资质许可机关提出延续申请。企业在建筑业企业资质证书有效期内名称、地址、注册资本、法定代表人等发生变更的,应当在工商部门办理变更手续后 1 个月内办理资质证书变更手续。企业发生合并、分立、重组以及改制等事项,需承继原建筑业企业资质的,应当申请重新核定建筑业企业资质等级。

县级以上人民政府住房城乡建设主管部门和其他有关部门应当依照有关法律、法规和规定,加强对企业取得建筑业企业资质后是否满足资质标准和市场行为的监督管理。上级住房城乡建设主管部门应当加强对下级住房城乡建设主管部门资质管理工作的监督检查,及时纠正建筑业企业资质管理中的违法行为。

企业违法从事建筑活动的,违法行为发生地的县级以上地方人民政府住房城乡建设主管部门或者其他有关部门应当依法查处,并将违法事实、处理结果或者处理建议及时告知该建筑业企业资质的许可机关。

取得建筑业企业资质证书的企业,应当保持资产、主要人员、技术装备等方面满足相应建筑业企业资质标准要求的条件。企业不再符合相应建筑业企业资质标准要求条件的,县级以上地方人民政府住房城乡建设主管部门、其他有关部门,应当责令其限期改正并向社会公告,整改期限最长不超过 3 个月。

资质许可机关应当建立、健全建筑业企业信用档案管理制度。建筑业企业信用档案应当包括企业基本情况、资质、业绩、工程质量和安全、合同履约、社会投诉和违法行为等情况。企业的信用档案信息按照有关规定向社会公开。

3.2.2 工程咨询企业资质管理

1) 工程咨询单位

工程咨询单位,是指在中国境内设立的开展工程咨询业务并具有独立法人资格的企业、事业单位。我国的工程咨询单位大体分为以下三类:综合性工程咨询单位、专业性工程咨询单位、管理性工程咨询单位。工程咨询是指遵循独立、公正、科学的原则,运用多学科知识和经验、现代科学技术和管理方法,为政府部门、项目业主及其他各类客户提供社会经济建设和工程项目决策与实施的智力服务,以提高经济和社会效益,实现可持续发展。

根据《工程咨询行业管理办法》的规定,工程咨询业务按照以下专业划分:(1)农业、林业;(2)水利水电;(3)电力(含火电、水电、核电、新能源);(4)煤炭;(5)石油天然气;(6)公路;(7)铁路、城市轨道交通;(8)民航;(9)水运(含港口河海工程);(10)电子、信息工程(含通信、广电、信息化);(11)冶金(含钢铁、有色);(12)石化、化工、医药;(13)核工业;(14)机械(含智能制造);(15)轻工、纺织;(16)建材;(17)建筑;(18)市政公用工程;(19)生态建设和环境工程;(20)水文地质、工程测量、岩土工程;(21)其他(以实际专业为准)。

2) 工程咨询服务范围

工程咨询服务范围包括:

(1) 规划咨询:含总体规划、专项规划、区域规划及行业规划的编制。

(2) 项目咨询:含项目投资机会研究、投融资策划,项目建议书(预可行性研究)、项目可行性研究报告、项目申请报告、资金申请报告的编制,政府和社会资本合作(PPP)项目咨询等。

（3）评估咨询：各级政府及有关部门委托的对规划和项目建议书、可行性研究报告、项目申请报告、资金申请报告、PPP 项目实施方案、初步设计的评估，规划和项目中期评价、后评价，项目概预决算审查，及其他履行投资管理职能所需的专业技术服务。

（4）全过程工程咨询：采用多种服务方式组合，为项目决策、实施和运营持续提供局部或整体解决方案以及管理服务。有关工程设计、工程造价、工程监理等资格，由国务院有关主管部门认定。

2017 年 5 月，住房和城乡建设部在全国推行全过程工程咨询试点。对于工程咨询单位的资信评价等级是以一定时期内的合同业绩、守法信用记录和专业技术力量为主要指标，分为甲级和乙级两个级别，具体标准由国家发展改革委制定。甲级资信工程咨询单位的评定工作，由国家发展改革委指导有关行业组织开展。乙级资信工程咨询单位的评定工作，由省级发展改革委指导有关行业组织开展。工程咨询单位的资信评价结果，由国家和省级发展改革委通过在线平台和"信用中国"网站向社会公布。

3）城乡规划编制单位

城乡规划组织编制机关应当委托具有相应资质等级的单位承担城乡规划的具体编制工作。从事城乡规划编制的单位，应当取得相应等级的资质证书，并在资质等级许可的范围内从事城乡规划编制工作。

城乡规划编制单位资质分为甲级、乙级、丙级。甲级城乡规划编制单位承担城乡规划编制业务的范围不受限制。乙级城乡规划编制单位可以在全国承担下列业务：

（1）镇、20 万现状人口以下城市总体规划的编制；

（2）镇、登记注册所在地城市和 100 万现状人口以下城市相关专项规划的编制；

（3）详细规划的编制；

（4）乡、村庄规划的编制；

（5）建设工程项目规划选址的可行性研究。

丙级城乡规划编制单位可以在全国承担下列业务：

（1）镇总体规划（县人民政府所在地镇除外）的编制；

（2）镇、登记注册所在地城市和 20 万现状人口以下城市的相关专项规划及控制性详细规划的编制；

（3）修建性详细规划的编制；

（4）乡、村庄规划的编制；

（5）中、小型建设工程项目规划选址的可行性研究。

省、自治区、直辖市人民政府城乡规划主管部门可以根据实际情况，设立专门从事乡和村庄规划编制单位的资质，并将资质标准报国务院城乡规划主管部门备案。

两个以上城乡规划编制单位合作编制城乡规划，资质等级较高的一方应对编制成果质量负责。外商投资企业可以依照规定申请取得城乡规划编制单位资质证书，在相应资质等级许可范围内，承揽城市、镇总体规划服务以外的城乡规划编制工作。

4）工程监理企业

工程监理企业，是指依法成立并取得建设主管部门颁发的工程监理企业资质证书，从事建设工程监理与相关服务活动的服务机构。建设工程监理单位受建设单位委托，根据法律法规、工程建设标准、勘察设计文件及合同,在施工阶段对建设工程质量、造价、进度进行控制,对合同、信息进行管理,对工程建设相关方的关系进行协调,并履行建设工程安全生产管理法定职责的服务活动。

目前我国工程监理企业的资质共设综合资质、专业甲级、专业乙级、专业丙级(仅限房屋建筑、水利水电、公路和市政公用工程四类)和事务所5个资质等级。甲级、乙级和丙级,按照工程性质和技术特点分为14个专业工程类别,分别是:房屋建筑工程、冶炼工程、矿山工程、化工石油工程、水利水电工程、电力工程、农林工程、铁路工程、公路工程、港口与航道工程、航天航空工程、通信工程、市政公用工程、机电安装工程。每个专业工程类别按照工程规模或技术复杂程度又分为3个等级。

综合资质可以承担所有专业工程类别建设工程项目的工程监理业务;专业甲级可承担相应专业工程类别建设工程项目的工程监理业务;专业乙级可承担相应专业工程类别二级以下(含二级)建设工程项目的工程监理业务;专业丙级可承担相应专业工程类别三级建设工程项目的工程监理业务;事务所可承担三级建设工程项目的工程监理业务,但国家规定必须实行强制监理的工程除外。此外,工程监理企业都可以开展相应类别建设工程的项目管理、技术咨询等业务。

每一个工程监理企业可以同时申请一类或多类工程监理资质。

5)工程造价咨询企业

工程造价咨询企业,是指接受委托,对建设项目投资、工程造价的确定与控制提供专业咨询服务的企业。工程造价咨询企业应当依法取得工程造价咨询企业资质,并在其资质等级许可的范围内从事工程造价咨询活动。工程造价咨询企业从事工程造价咨询活动,应当遵循独立、客观、公正、诚实信用的原则,不得损害社会公共利益和他人的合法权益。任何单位和个人不得非法干预依法进行的工程造价咨询活动。

国务院建设主管部门负责全国工程造价咨询企业的统一监督管理工作。省、自治区、直辖市人民政府建设主管部门负责本行政区域内工程造价咨询企业的监督管理工作。有关专业部门负责对本专业工程造价咨询企业实施监督管理。

工程造价咨询企业依法从事工程造价咨询活动,不受行政区域限制。工程造价咨询企业资质等级分为甲级、乙级。甲级工程造价咨询企业可以从事各类建设项目的工程造价咨询业务。乙级工程造价咨询企业可以从事工程造价2亿元人民币以下的各类建设项目的工程造价咨询业务。工程造价咨询业务范围包括:

(1)建设项目建议书及可行性研究投资估算、项目经济评价报告的编制和审核;

(2)建设项目概预算的编制与审核,并配合设计方案比选、优化设计、限额设计等工作进行工程造价分析与控制;

(3)建设项目合同价款的确定(包括招标工程工程量清单和标底、投标报价的编制和审核);合同价款的签订与调整(包括工程变更、工程洽商和索赔费用的计算)及工程款支付,工程结算及竣工结(决)算报告的编制与审核等;

(4)工程造价经济纠纷的鉴定和仲裁的咨询;

(5)提供工程造价信息服务等。

工程造价咨询企业可以对建设项目的组织实施进行全过程或者若干阶段的管理和

服务。

工程造价咨询企业在承接各类建设项目的工程造价咨询业务时,应当与委托人订立书面工程造价咨询合同。工程造价咨询企业从事工程造价咨询业务,应当按照有关规定的要求出具工程造价成果文件。工程造价成果文件应当由工程造价咨询企业加盖有企业名称、资质等级及证书编号的执业印章,并由执行咨询业务的注册造价工程师签字、加盖执业印章。

6）工程质量检测机构

工程质量检测机构,是指接受委托,依据国家有关法律、法规和工程建设强制性标准,对涉及结构安全项目进行抽样检测和对进入施工现场的建筑材料、构配件进行见证取样检测的机构。它必须是具有独立法人资格的中介机构,依法取得相应的资质证书,并在资质证书许可的范围内承担质量检测业务。

工程质量检测机构资质按照其承担的检测业务内容分为专项检测机构资质和见证取样检测机构资质。专项检测机构可承担地基基础工程、主体结构工程、建筑幕墙工程、钢结构工程共 4 个方面的专项检测工作。见证取样检测机构可承担水泥物理力学性能检验、钢筋（含焊接与机械连接）力学性能检验、砂石常规检验、简易土工试验等 8 项见证取样检测工作。

国务院建设主管部门负责对全国质量检测活动实施监督管理,并负责制定检测机构资质标准。省、自治区、直辖市人民政府建设主管部门负责对本行政区域内的质量检测活动实施监督管理,并负责检测机构的资质审批。市、县人民政府建设主管部门负责对本行政区域内的质量检测活动实施监督管理。工程质量检测机构资质证书有效期为 3 年。资质证书有效期满需要延期的,检测机构应当在资质证书有效期满 30 个工作日前申请办理延期手续。

质量检测业务由工程项目建设单位委托具有相应资质的检测机构进行检测,委托方与被委托方应当签订书面合同。检测机构完成检测业务后,应当及时出具检测报告。检测报告经检测人员签字、检测机构法定代表人或者其授权的签字人签署,并加盖检测机构公章或者检测专用章后方可生效,最后经建设单位或者工程监理单位确认后,由施工单位归档。任何单位和个人不得明示或者暗示检测机构出具虚假检测报告,不得篡改或者伪造检测报告。检测人员不得同时受聘于两个或者两个以上的检测机构。检测机构和检测人员不得推荐或者监制建筑材料、构配件和设备。检测机构不得与行政机关,法律、法规授权的具有管理公共事务职能的组织以及所检测工程项目相关的设计单位、施工单位、监理单位有隶属关系或者其他利害关系。检测机构不得转包检测业务。

7）安全评价检测检验机构

安全评价检测检验机构,是指在中华人民共和国领域内从事法定的安全评价、检测检验服务的中介组织。国务院应急管理部门负责指导全国安全评价检测检验机构管理工作,建立安全评价检测检验机构信息查询系统,完善安全评价、检测检验标准体系。省级人民政府应急管理部门、煤矿安全生产监督管理部门按照各自的职责,分别负责安全评价检测检验机构资质认可和监督管理工作。设区的市级人民政府、县级人民政府应急管理部门、煤矿安全生产监督管理部门按照各自的职责,对安全评价检测检验机构执业行为实施监督检查,并对发现的违法行为依法实施行政处罚。

申请安全评价机构资质和安全生产检测检验机构资质均需具备一定的法定条件,如应满足法规规定的法人资格;固定资产数额;工作场所建筑面积;与业务相适应的设施、设备和环境;专业技术人员人数、职业资格及职称标准;专业技术人员专业技能及工作经验要求;法定代表人出具的承诺书;有正常运行并可以供公众查询机构信息的网站;截至申请之日 3 年内无重大违法失信记录等。

生产经营单位可以自主选择具备法规规定资质的安全评价检测检验机构,接受其资质认可范围内的安全评价、检测检验服务。生产经营单位委托安全评价检测检验机构开展技术服务时,应当签订委托技术服务合同,明确服务对象、范围、权利、义务和责任。安全评价检测检验机构及其从业人员应当依照法律、法规、规章、标准,遵循科学公正、独立客观、安全准确、诚实守信的原则和执业准则,独立开展安全评价和检测检验,并对其作出的安全评价和检测检验结果负责。

安全评价检测检验机构资质证书有效期 5 年。资质证书有效期届满需要延续的,应当在有效期届满 3 个月前向原资质认可机关提出申请。

8) 房地产估价机构

房地产估价机构,是指依法设立并取得房地产估价机构资质,从事房地产估价活动的中介服务机构。其中,房地产估价活动包括土地、建筑物、构筑物、在建工程、以房地产为主的企业整体资产、企业整体资产中的房地产等各类房地产评估,以及因转让、抵押、城镇房屋拆迁、司法鉴定、课税、公司上市、企业改制、企业清算、资产重组、资产处置等需要进行的房地产评估。

从事房地产估价活动的机构,应当依法取得房地产估价机构资质,并在其资质等级许可范围内从事估价业务。房地产估价机构资质等级分为一、二、三级。

一级资质房地产估价机构可以从事各类房地产估价业务。

二级资质房地产估价机构可以从事除公司上市、企业清算以外的房地产估价业务。

三级资质房地产估价机构可以从事除公司上市、企业清算、司法鉴定以外的房地产估价业务。

暂定期内的三级资质房地产估价机构可以从事除公司上市、企业清算、司法鉴定、房屋征收、在建工程抵押以外的房地产估价业务。

房地产估价机构承揽房地产估价业务,应当与委托人签订书面估价委托合同。按法定程序完成估价业务后,房地产估价机构应当向委托方出具房地产估价报告,估价报告需加盖房地产估价机构公章,并有至少 2 名专职注册房地产估价师签字。房地产估价机构应当妥善保管房地产估价报告及相关资料,保管期限自估价报告出具之日起不得少于 10 年。保管期限届满而估价服务的行为尚未结束的,应当保管到估价服务的行为结束为止。

房地产估价机构资质有效期为 3 年。资质有效期届满,房地产估价机构需要继续从事房地产估价活动的,应当在资质有效期届满 30 日前向资质许可机关提出资质延续申请。

3.3　工程建设从业人员的资格管理制度

《建筑法》规定,从事建筑活动的专业技术人员,应当依法取得相应的执业资格证书,并在执业资格证书许可的范围内从事建筑活动。执业资格制度是指对具有一定专业学历和资历并从事特定专业技术活动的专业技术人员,通过考试和注册确定其执业的技术资格,获得相应文件签字权的一种制度。因为建设工程的技术要求比较复杂,建设工程的质量和安全生产直接关系到人身安全及公共财产安全,责任极为重大。因此,对从事工程建设活动的专业技术人员,应当建立起必要的个人执业资格制度;只有依法取得相应执业资格证书的专业技术人员,方可在其执业资格证书许可的范围内从事工程建设活动。没有取得个人执业资格的人员,不能执行相应的工程建设业务。

世界上发达国家大多对从事涉及公众利益和公共安全的建设工程活动的专业技术人员,实行了严格的执业资格制度,如美国、英国、日本、加拿大等。建造师执业资格制度于1834 年起源于英国,迄今已有 180 多年的历史。许多发达国家不仅早已建立这项制度,1997年还成立了建造师的国际组织——国际建造师协会。我国对从事建设工程活动的单位实行资质管理制度比较早,但对建设工程专业技术人员(在勘察、设计、施工、监理等专业技术岗位上工作的人员)实施个人执业资格制度则起步较晚,出现了一些高资质的单位承接建设工程,却由低水平人员甚至非专业技术人员来完成的现象,不仅影响了建设工程质量和安全,还影响到投资效益的发挥。因此,建立健全专业技术人员的执业资格制度,严格执行建设工程相关活动的人员准入与清出,有利于避免上述问题的发生,明确专业技术人员的责、权、利,保证建设工程的质量安全和顺利实施。我国在工程建设领域实行专业技术人员的执业资格制度,有利于促进与国际接轨,适应对外开放的需要,并可以同有关国家谈判执业资格对等互认,使我国的专业技术人员更好地进入国际建设市场。

我国工程建设领域最早建立的执业资格制度是注册建筑师制度,1995 年 9 月国务院颁布了《中华人民共和国注册建筑师条例》;之后,相继建立了注册监理工程师、结构工程师、造价工程师等制度。2014 年 8 月,国务院印发《关于取消和调整一批行政审批项目等事项的决定》,取消和下放 45 项行政审批项目,取消 11 项职业资格许可和认定事项。此后,国务院陆续发布了多次类似决定,其中就有涉及工程建设领域的相关职业资格许可和认定事项。国务院决定取消部分专业资格的准入类职业资格,并不意味着取消了对这些专业资格的认可,而只是将这些职业资格的管理,由行政命令式的行业准入型改为专业管理式的水平评价型。取消注册职业资格认定和许可事项,对各项职业资格的管理方式由行政"准入制"改为行业"评价制",是职业管理方式的改革。此项改革标志着相关行业已经进入了以市场为导向、以专业为领域、以服务为己任的可持续发展的阶段。

3.3.1 咨询工程师(投资)

1) 概念及基本制度

咨询工程师(投资)是指合法取得《中华人民共和国咨询工程师(投资)职业水平证书》后,在中国工程咨询协会登记合格并取得《中华人民共和国咨询工程师(投资)登记证书》的人员。咨询工程师(投资)是工程咨询行业的核心技术力量,其所提供的工程咨询服务质量,关系到投资决策科学化水平,关系到投资建设质量和效益,关系到经济社会可持续发展。国家发展和改革委员会负责指导全国工程咨询行业发展。

2001 年 12 月,国家开始实施注册咨询工程师(投资)执业资格制度。考试工作由人事部、国家发展计划委员会负责,日常工作由设在中国工程咨询协会的全国注册咨询工程师(投资)执业资格管理委员会办公室承担,具体考务工作委托人事部人事考试中心组织实施。考试每年举行一次,考试时间一般安排在4月,原则上只在省会城市设立考点。2013年5月30日国家发展和改革委员会发布了2013年第2号令《咨询工程师(投资)管理办法》,注册咨询工程师(投资)正式更名为咨询工程师(投资)。

考试科目分为《宏观经济政策与发展规划》《工程项目组织与管理》《项目决策分析与评价》《现代咨询方法与实务》四个科目。取得水平证书并申请登记的人员,应当选择且仅能同时选择一个工程咨询单位作为其执业单位。申请人最多可以申请两个专业。专业类别划分如下:(1)公路;(2)铁路;(3)城市轨道交通;(4)民航;(5)核电;(6)核工业;(7)水电;(8)火电;(9)煤炭;(10)新能源;(11)石油天然气;(12)石化;(13)化工医药;(14)建筑材料;(15)机械;(16)电子;(17)通信信息;(18)广播电影电视;(19)轻工;(20)纺织化纤;(21)钢铁;(22)有色冶金;(23)农业;(24)林业;(25)水利工程;(26)港口河海工程;(27)工程勘察(水文地质、工程测量和岩土工程);(28)生态建设和环境工程;(29)市政公用工程(按市政交通、给排水、燃气热力、风景园林、环境卫生等具体专业分别申请);(30)建筑;(31)城市规划;(32)工程技术经济;(33)其他(按旅游工程、商物粮、邮政工程、气象工程、矿产开发、土地整理、减贫工程、移民工程、海洋工程等具体专业分别申请)。

登记证书和执业专用章是咨询工程师(投资)的执业证明。咨询工程师(投资)应当对其出具的工程咨询成果签名,加盖本人执业专用章,并承担相应责任。

2) 执业范围

(1) 经济社会发展规划、计划咨询;

(2) 行业发展规划和产业政策咨询;

(3) 经济建设专题咨询;

(4) 投资机会研究;

(5) 工程项目建议书的编制;

(6) 工程项目可行性研究报告的编制;

(7) 工程项目评估;

(8) 工程项目融资咨询、绩效追踪评价、后评价及培训咨询服务;

(9) 工程项目招投标技术咨询;

(10) 国家发展计划委员会规定的其他工程咨询业务。

3.3.2　注册城乡规划师

1) 概念及基本制度

注册城乡规划师是指通过全国统一考试,取得注册城乡规划师职业资格证书,并依法注册后,从事城乡规划编制及相关工作的专业人员。

1999年4月7日,人事部、建设部印发《注册城市规划师执业资格制度暂行规定》(人发〔1999〕39号),国家开始实施城市规划师执业资格制度,明确了全国城市规划师执业资格制度的政策制定、组织协调、资格考试、注册登记和监督管理等政策规定。2000年2月23日人事部、建设部印发《注册城市规划师执业资格考试实施办法》(人发〔2000〕20号),确定注册城市规划师执业资格考试从 2000 年开始实施,原则上每年举行一次(一般安排在 10 月份)。为落实简政放权、放管结合、优化服务要求,激发市场活力和社会创造力,根据新修订的《中华人民共和国城乡规划法》和《国务院关于取消和调整一批行政审批项目等事项的决定》(国发〔2014〕50 号)要求,住建部已取消注册城市规划师行政许可事项,决定从 2016 年 7 月 5 日起废止《关于印发〈注册城市规划师注册登记办法〉的通知》(建规〔2003〕47 号)。2017 年 5 月,根据《城乡规划法》有关规定,在总结原注册城市规划师职业资格制度实施情况的基础上,人力资源和社会保障部、住房和城乡建设部制定了《注册城乡规划师职业资格制度规定》和《注册城乡规划师职业资格考试实施办法》。国家对注册城乡规划师实行准入类职业资格制度,纳入全国专业技术人员职业资格证书制度统一规划。

注册城乡规划师职业资格实行全国统一大纲、统一命题、统一组织的考试制度,原则上每年举行一次考试。住房和城乡建设部负责拟定其考试科目、考试大纲,组织命审题工作,提出考试合格标准建议。从事城乡规划实施、管理、研究工作的国家工作人员及相关人员,可以经全国注册城乡规划师职业资格考试取得由人力资源和社会保障部、自然资源部共同颁发的《中华人民共和国注册城乡规划师职业资格证书》,并向中国城市规划协会申请《中华人民共和国注册城乡规划师注册证书》,经注册方可以注册城乡规划师名义执业。取得注册证书的注册城乡规划师,应当按规定接受继续教育。

注册城乡规划师职业资格考试科目为:《城市规划原理》《城乡规划管理与法规》《城乡规划相关知识》和《城乡规划实务》;考试以 4 年为一个周期。

2) 执业范围

注册城乡规划师应当具备一定的执业能力:熟悉相关法律、法规及规章;熟悉我国城乡规划相关技术标准与规范体系,并能熟练运用;具有良好的与社会公众、相关管理部门沟通协调的能力;具有较强的科研和技术创新能力;了解国际相关标准和技术规范,及时掌握技术前沿发展动态。

注册城乡规划师的执业范围包括:

(1) 城乡规划编制;

(2) 城乡规划技术政策研究与咨询;

(3) 城乡规划技术分析;

(4) 住房和城乡建设部规定的其他工作。

《城乡规划法》要求编制的城镇体系规划、城市规划、镇规划、乡规划和村庄规划的成果应有注册城乡规划师签字。注册城乡规划师只能对其注册单位的规划成果行使签字权,且须对所签字的城乡规划编制成果中的图件、文本的图文一致、标准规范的落实等负责,并承担相应责任。

3.3.3　注册建造师

2002 年 12 月原人事部、建设部联合颁发了《建造师执业资格制度暂行规定》,标志着我国建造师制度的建立和建造师工作的正式启动。2006 年 12 月原建设部发布《注册建造师管理规定》。注册建造师是指通过考核认定或考试合格取得中华人民共和国建造师资格证书,并按照规定注册,取得中华人民共和国建造师注册证书和执业印章,担任施工单位项目负责人及从事相关活动的专业技术人员。未取得注册证书和执业印章的,不得担任大中型建设工程项目的施工单位项目负责人,不得以注册建造师的名义从事相关活动。

注册建造师实行注册执业管理制度,注册建造师分为一级注册建造师和二级注册建造师。取得资格证书的人员,经过注册方能以注册建造师的名义执业。经国务院有关部门同意,获准在中华人民共和国境内从事建设工程项目施工管理的外籍及港、澳、台地区的专业人员,符合规定要求的,也可报名参加建造师执业资格考试以及申请注册。

1)一级注册建造师

(1)基本制度

一级建造师执业资格实行全国统一大纲、统一命题、统一组织的考试制度,现由人力资源和社会保障部、住房和城乡建设部共同组织实施,原则上每年举行一次考试。一级建造师执业资格考试,分综合知识与能力和专业知识与能力两个部分。一级建造师执业资格考试设《建设工程经济》《建设工程法规及相关知识》《建设工程项目管理》和《专业工程管理与实务》4个科目。其中,《专业工程管理与实务》科目设置10个专业类别:建筑工程、公路工程、铁路工程、民航机场工程、港口与航道工程、水利水电工程、市政公用工程、通信与广电工程、矿业工程、机电工程。考试成绩实行2年为一个周期的滚动管理办法,参加全部4个科目考试的人员须在连续的两个考试年度内通过全部科目;免试部分科目的人员须在一个考试年度内通过应试科目。参加一级建造师执业资格考试合格,由各省、自治区、直辖市人事部门颁发人社部统一印制,人社部、住建部用印的《中华人民共和国一级建造师执业资格证书》。该证书在全国范围内有效。

2006年12月建设部发布的《注册建造师管理规定》中规定,注册建造师实行注册执业管理制度。建设部或其授权的机构为一级建造师执业资格的注册管理机构。人事部和各级地方人事部门对建造师执业资格注册和使用情况有检查、监督的责任。《注册建造师管理规定》中规定,取得一级建造师资格证书并受聘于一个建设工程勘察、设计、施工、监理、招标代理、造价咨询等单位的人员,应当通过聘用单位向单位工商注册所在地的省、自治区、直辖市人民政府建设主管部门提出注册申请。注册证书与执业印章有效期为3年。注册有效期满需继续执业的,应当在注册有效期届满30日前,按照规定申请延续注册。延续注册的,有效期为3年。

2010年11月住房和城乡建设部发布的《注册建造师继续教育管理暂行办法》规定,注册建造师按规定参加继续教育,是申请初始注册、延续注册、增项注册和重新注册的必要条件。注册建造师在每一注册有效期内可根据工作需要集中或分年度安排继续教育的学时。

(2)执业范围

一级注册建造师可在全国范围内以一级注册建造师名义执业。执业范围包括:①担任建设工程项目施工的项目经理。②从事其他施工活动的管理工作。③法律、行政法规或国务院建设行政主管部门规定的其他业务。一级注册建造师可以担任特级、一级建筑业企业资质的建设工程项目施工的项目经理。大中型工程施工项目负责人必须由本专业注册建造师担任。一级注册建造师可担任大、中、小型工程施工项目负责人。注册建造师不得同时担任两个及以上建设工程施工项目负责人。此外,注册建造师还可以从事建设工程项目总承包管理或施工管理、建设工程项目管理服务、建设工程技术经济咨询,以及法律、行政法规和国务院建设主管部门规定的其他业务。注册建造师应当在其注册证书所注明的专业范围内从事建设工程施工管理活动。

2）二级注册建造师

（1）基本制度

二级建造师执业资格实行全国统一大纲，各省、自治区、直辖市命题并组织考试的制度。凡遵纪守法并具备工程类或工程经济类中等专科以上学历，并从事建设工程项目施工管理工作满 2 年，可报考二级建造师执业资格考试。二级建造师执业资格考试设《建设工程施工管理》《建设工程法规及相关知识》《专业工程管理与实务》3 个科目。其中，《专业工程管理与实务》科目设置 6 个专业类别：建筑工程、公路工程、水利水电工程、市政公用工程、矿业工程、机电工程。

取得建造师执业资格证书且符合注册条件的人员，经过注册登记后，即获得二级建造师注册证书和执业印章，注册后的建造师方可受聘执业。注册证书与执业印章有效期为 3 年。注册有效期满需继续执业的，应当在注册有效期届满 30 日前，按照规定申请延续注册。延续注册的，有效期为 3 年。

2010 年 11 月住房和城乡建设部发布的《注册建造师继续教育管理暂行办法》规定，各省级住房和城乡建设主管部门组织二级注册建造师参加继续教育。注册建造师参加继续教育是申请初始注册、延续注册、增项注册和重新注册的必要条件。

（2）执业范围

二级注册建造师可以担任二级及以下建筑业企业资质的建设工程项目施工的项目经理。二级注册建造师可以承担中、小型工程施工项目负责人。

3.3.4　注册造价工程师

1）概念及基本制度

注册造价工程师，是指通过土木建筑工程或者安装工程专业造价工程师职业资格考试取得造价工程师职业资格证书或者通过资格认定、资格互认，并经注册后，从事工程造价活动的专业技术人员。国家设置造价工程师准入类职业资格，纳入国家职业资格目录。造价工程师分为一级造价工程师和二级造价工程师。相关法规规定，我国工程造价咨询企业应配备造价工程师；工程建设活动中有关工程造价管理岗位按需要配备造价工程师。

我国于 1996 年开始实施造价工程师执业资格制度。1998 年在全国首次实施了造价工程师执业资格考试。目前，我国一级造价工程师职业资格考试实行全国统一大纲、统一命题、统一组织。二级造价工程师职业资格考试实行全国统一大纲，各省、自治区、直辖市自主命题并组织实施。一级和二级造价工程师职业资格考试均设置基础科目和专业科目。一级造价工程师职业资格考试设《建设工程造价管理》《建设工程计价》《建设工程技术与计量》《建设工程造价案例分析》4 个科目。其中，《建设工程造价管理》和《建设工程计价》为基础科目，《建设工程技术与计量》和《建设工程造价案例分析》为专业科目。二级造价工程师职业资格考试设《建设工程造价管理基础知识》《建设工程计量与计价实务》2 个科目。其中，《建设工程造价管理基础知识》为基础科目，《建设工程计量与计价实务》为专业科目。造价工程师职业资格考试专业科目分为土木建筑工程、交通运输工程、水利工程和安装工程 4 个专业类别，考生在报名时可根据实际工作需要选择其一。其中，土木建筑工程、安装工程专业由住房城乡建设部负责;交通运输工程专业由交通运输部负责;水利工程专业由水利部负责。

一级造价工程师职业资格考试合格者,由各省、自治区、直辖市人力资源社会保障行政主管部门颁发中华人民共和国一级造价工程师职业资格证书。证书由人力资源社会保障部统一印制,住房城乡建设部、交通运输部、水利部按专业类别分别与人力资源社会保障部用印,在全国范围内有效。二级造价工程师职业资格考试合格者,由各省、自治区、直辖市人力资源社会保障行政主管部门颁发中华人民共和国二级造价工程师职业资格证书,原则上在所在行政区域内有效。各地可根据实际情况制定跨区域认可办法。

取得职业资格的人员,经过注册方能以注册造价工程师的名义执业。造价工程师的注册条件为:

(1) 取得职业资格;

(2) 受聘于一个工程造价咨询企业或者工程建设领域的建设、勘察设计、施工、招标代理、工程监理、工程造价管理等单位;

(3) 无法律规定不予注册的情形。

国务院住房城乡建设主管部门对全国注册造价工程师的注册、执业活动实施统一监督管理,负责实施全国一级注册造价工程师的注册,并负责建立全国统一的注册造价工程师注册信息管理平台;国务院有关专业部门按照国务院规定的职责分工,对本行业注册造价工程师的执业活动实施监督管理。省、自治区、直辖市人民政府住房城乡建设主管部门对本行政区域内注册造价工程师的执业活动实施监督管理,并实施本行政区域二级注册造价工程师的注册。准予注册的,由国务院住房城乡建设主管部门或者省、自治区、直辖市人民政府住房城乡建设主管部门核发注册造价工程师注册证书,注册造价工程师按照规定自行制作执业印章。注册证书和执业印章是注册造价工程师的执业凭证,由注册造价工程师本人保管、使用。注册证书、执业印章的样式以及编码规则由国务院住房城乡建设主管部门统一制定。

注册造价工程师的初始、变更、延续注册,通过全国统一的注册造价工程师注册信息管理平台实行网上申报、受理和审批。注册造价工程师有下列情形之一的,其注册证书失效:

(1) 已与聘用单位解除劳动合同且未被其他单位聘用的;

(2) 注册有效期满且未延续注册的;

(3) 死亡或者不具有完全民事行为能力的;

(4) 其他导致注册失效的情形。

2) 执业范围

造价工程师在执业过程中必须遵纪守法,恪守职业道德和从业规范,诚信执业,主动接受有关主管部门的监督检查,加强行业自律。

一级注册造价工程师执业范围包括建设项目全过程的工程造价管理与工程造价咨询等,具体工作内容为:

(1) 项目建议书、可行性研究投资估算与审核,项目评价造价分析;

(2) 建设工程设计概算、施工预算编制和审核;

(3) 建设工程招标投标文件工程量和造价的编制与审核;

(4) 建设工程合同价款、结算价款、竣工决算价款的编制与管理;

(5) 建设工程审计、仲裁、诉讼、保险中的造价鉴定,工程造价纠纷调解;

（6）建设工程计价依据、造价指标的编制与管理；

（7）与工程造价管理有关的其他事项。

二级注册造价工程师协助一级注册造价工程师开展相关工作，并可以独立开展以下工作：

（1）建设工程工料分析、计划、组织与成本管理，施工图预算、设计概算编制；

（2）建设工程量清单、最高投标限价、投标报价编制；

（3）建设工程合同价款、结算价款和竣工决算价款的编制。

注册造价工程师应当根据执业范围，在本人形成的工程造价成果文件上签字并加盖执业印章，并承担相应的法律责任。最终出具的工程造价成果文件应当由一级注册造价工程师审核并签字盖章。

注册造价工程师不得有下列行为：

（1）不履行注册造价工程师义务；

（2）在执业过程中，索贿、受贿或者谋取合同约定费用外的其他利益；

（3）在执业过程中实施商业贿赂；

（4）签署有虚假记载、误导性陈述的工程造价成果文件；

（5）以个人名义承接工程造价业务；

（6）允许他人以自己名义从事工程造价业务；

（7）同时在两个或者两个以上单位执业；

（8）涂改、倒卖、出租、出借或者以其他形式非法转让注册证书或者执业印章；

（9）超出执业范围、注册专业范围执业；

（10）法律、法规、规章禁止的其他行为。

注册造价工程师应当适应岗位需要和职业发展的要求，按照国家专业技术人员继续教育的有关规定接受继续教育，更新专业知识，提高专业水平。

3.3.5　监理工程师

1）概念与基本制度

监理工程师，是指通过职业资格考试取得中华人民共和国监理工程师职业资格证书，并经注册后从事建设工程监理及相关业务活动的专业技术人员。国家设置监理工程师准入类职业资格，纳入国家职业资格目录。凡从事工程监理活动的单位，应当配备监理工程师。

监理工程师职业资格考试实行全国统一大纲、统一命题、统一组织。监理工程师职业资格考试设《建设工程监理基本理论和相关法规》《建设工程合同管理》《建设工程目标控制》《建设工程监理案例分析》4 个科目。其中《建设工程监理基本理论和相关法规》《建设工程合同管理》为基础科目，《建设工程目标控制》《建设工程监理案例分析》为专业科目。专业科目又分为土木建筑工程、交通运输工程、水利工程 3 个专业类别。各专业类别分别由各自对应的行业主管部门负责，土木建筑工程专业由住房和城乡建设部负责；交通运输工程专业由交通运输部负责；水利工程专业由水利部负责。

监理工程师职业资格考试合格者，由各省、自治区、直辖市人力资源社会保障行政主管部门颁发中华人民共和国监理工程师职业资格证书（或电子证书）。该证书由人力资源社会保障部统一印制,住房和城乡建设部、交通运输部、水利部按专业类别分别与人力资源社会保障部用印,在全国范围内有效。对以贿赂、欺骗等不正当手段取得监理工程师职业资格证书的,按照国家专业技术人员资格考试违纪违规行为处理规定进行处理。

国家对监理工程师职业资格实行执业注册管理制度。取得监理工程师职业资格证书且从事工程监理及相关业务活动的人员,经注册方可以监理工程师名义执业。经批准注册的申请人,由住房和城乡建设部、交通运输部、水利部分别核发《中华人民共和国监理工程师注册证》(或电子证书)。监理工程师执业时应持注册证书和执业印章。注册证书、执业印章样式以及注册证书编号规则由住房和城乡建设部会同交通运输部、水利部统一制定。执业印章由监理工程师按照统一规定自行制作。注册证书和执业印章由监理工程师本人保管和使用。对以不正当手段取得注册证书等违法违规行为,依照注册管理的有关规定撤销其注册证书。

2) 执业

监理工程师不得同时受聘于两个或两个以上单位执业,不得允许他人以本人名义执业,严禁"证书挂靠"。出租出借注册证书的,依据相关法律法规进行处罚;构成犯罪的,依法追究刑事责任。监理工程师依据职责开展工作,在本人执业活动中形成的工程监理文件上签章,并承担相应责任。监理工程师的具体执业范围由住房和城乡建设部、交通运输部、水利部按照职责另行制定。监理工程师未执行法律、法规和工程建设强制性标准实施监理,造成质量安全事故的,依据相关法律法规进行处罚;构成犯罪的,依法追究刑事责任。

取得监理工程师注册证书的人员,应当按照国家专业技术人员继续教育的有关规定接受继续教育,更新专业知识,提高业务水平。

3.3.6 物业管理师

1) 概念及基本制度

物业管理师,是指经全国统一考试,取得《中华人民共和国物业管理师资格证书》,并依法注册取得《中华人民共和国物业管理师注册证》,从事物业管理工作的专业管理人员。国家对从事物业管理工作的专业管理人员,实行职业准入制度,纳入全国专业技术人员职业资格证书制度统一规划。

物业管理师资格实行全国统一大纲、统一命题的考试制度,原则上每年举行一次。考试科目为《物业管理基本制度与政策》《物业管理实务》《物业管理综合能力》和《物业经营管理》。符合《物业管理师制度暂行规定》有关报名条件的人员,均可报名参加物业管理师资格考试。

物业管理项目负责人应当由物业管理师担任。物业管理师只能在一个具有物业管理资质的企业负责物业管理项目的管理工作。

2) 物业管理师的执业范围

(1) 制定并组织实施物业管理方案;

(2) 审定并监督执行物业管理财务预算;

(3) 查验物业共用部位、共用设施设备和有关资料;

(4) 负责房屋及配套设施设备和相关场地的维修、养护与管理;

（5）维护物业管理区域内环境卫生和秩序；

（6）法律、法规规定和《物业管理合同》约定的其他事项。

物业管理项目管理中的关键性文件,必须由物业管理师签字后实施,并承担相应法律责任。

3.3.7　房地产估价师

1）概念及基本制度

注册房地产估价师,是指通过全国房地产估价师执业资格考试或者资格认定、资格互认,取得中华人民共和国房地产估价师执业资格,并按照《注册房地产估价师管理办法》注册,取得房地产估价师注册证书,从事房地产估价活动的人员。根据2017年9月人力资源社会保障部制定的《国家职业资格目录》,房地产估价师职业资格为准入类职业资格。未取得房地产估价师职业资格并经注册,擅自从事房地产估价活动属于违法行为。

房地产估价师考试设《房地产基本制度与政策》（含房地产估价相关知识）、《房地产开发经营与管理》《房地产估价理论与方法》《房地产估价案例与分析》4个科目。

2）执业范围

房地产估价师为房地产交易、征收补偿、抵押贷款、司法鉴定、损害赔偿以及税收等提供价值参考依据,在促进房地产公平交易、维护社会稳定、防范金融风险等方面起着举足轻重的作用。取得房地产估价师职业资格的人员,应当受聘于一个具有房地产估价机构资质的单位,经注册后方可从事房地产估价执业活动。注册房地产估价师可以在全国范围内开展与其聘用单位业务范围相符的房地产估价活动。

本 章 小 结

建设行政许可制度是建设行业的准入制度,建设行政许可的含义就是从事建设活动必须得到行政主管部门的许可才能开工或者从业。

第1节建筑工程施工许可制度,介绍了申领施工许可证的法定条件以及相应的法律责任;

第2节介绍了参与建设活动的建筑施工企业、勘察单位、设计单位和工程咨询和工程监理单位等企业的资质等级及其允许从业的范围和具体要求;

第3节介绍了注册城乡规划师、注册建造师、咨询工程师、注册造价工程师、注册监理工程师、房地产估价师、物业管理师等从业人员的资格取得的要求以及执业范围的管理制度。

⚖ 案例

基本案情:

2006年,某市一服装厂为扩大生产规模需要建设一栋综合楼,10层框架结构,建筑面积20 000平方米。通过工程监理招标,该市某建设监理有限公司中标并与该服装厂于2006年7月16日签订了委托监理合同,合同价款34万元;通过施工招标,该市某建筑公司中标,并与服装厂于2006年8月16日签订了建设工程施工合同,合同价款4 200万元。合同签订后,建筑公司进入现场施工。在施工过程中,服装厂发现建筑公司工程进度拖延并出现质量问题,为此双方出现纠纷,并告到当地政府主管部门。

案件处理:

当地政府主管部门在了解情况时,发现该服装厂未办理综合楼工程项目的规划、施工许可手续,属违法建设项目。根据《建筑法》(1997 版,下同)第七条规定,"建筑工程开工前,建设单位应当按照国家有关规定向工程所在地县级以上人民政府建设行政主管部门申请领取施工许可证"。该服装厂未申请领取施工许可证就让建筑公司开工建设,属于违法擅自施工。

此外,该服装厂不具备申请领取施工许可证的条件。根据《建筑法》第八条规定,"申请领取施工许可证,应当具备下列条件:……在城市规划区的建筑工程,已经取得规划许可证"。该服装厂未办理该项工程的规划许可证,不具备申请领取施工许可证的条件。所以,该服装厂即使申请也不可能获得施工许可证。

根据《建筑法》第六十四条规定,"未取得施工许可证或者开工报告未经批准擅自施工的,责令改正,对不符合开工条件的责令停止施工,可以处以罚款。"《建设工程质量管理条例》第五十七条规定:"建设单位未取得施工许可证或者开工报告未经批准,擅自施工的,责令停止施工,限期改正,处工程合同价款 1% 以上 2% 以下的罚款。"结合本案情况,对该工程应该责令停止施工,限期改正,对建设单位处以罚款,其额度在 42 万~84 万元之间。

此外,依据《建筑工程施工许可管理办法》(2001 年)第十条规定,"对于未取得施工许可证或者为规避办理施工许可证将工程项目分解后擅自施工的,由有管辖权的发证机关责令改正,对于不符合开工条件的,责令停止施工,并对建设单位和施工单位分别处以罚款。"第十三条规定:"本办法中的罚款,法律、法规有幅度规定的从其规定。无幅度规定的,有违法所得的处 5 000 元以上 30 000 元以下的罚款,没有违法所得的处 5 000 元以上 10 000 元以下的罚款。"因此,对建筑公司也要处以 5 000 元以上 30 000 元以下的罚款。

而对该服装公司违法不办理规划许可的问题,由城乡规划主管部门依据《城乡规划法》给予相应处罚。至于施工进度、质量等纠纷,应当依据合同的约定,选择和解、调解、仲裁或诉讼等法律途径解决。

思考:

1. 该服装厂新建的综合楼项目应当由哪个单位去办理施工许可证? 应该到哪个主管部门申请办理?

2. 申请办理施工许可证应准备哪些材料?

第 4 章　城乡规划法律制度

本章主要介绍城乡规划和历史文化名城与风景名胜区保护法律制度。城乡规划对城乡土地的使用和各项建设活动的控制、引导和监督发挥着重要的作用；历史文化名城与风景名胜区保护有利于保持和延续传统格局和历史风貌，维护历史文化遗产的真实性和完整性，保护和合理利用风景名胜资源。因此法律法规对城乡规划的制定、实施与管理及历史文化名城与风景名胜区的保护十分重视。

4.1　概述

4.1.1　城乡区域和城乡规划的概念

在行政管理上，城市包括市和镇。市是指经国家批准设市建制的行政地域。镇是指经国家批准设镇建制的行政地域。市和镇属于城市范畴。2018 年年末，我国城市数量达到672 个，常住人口城镇化率 59.58%。其中地级以上城市 297 个（包括中央政府直辖及北京、上海、天津和重庆 4 个直辖市），县级市 375 个；建制镇 21 297 个。农村的行政区域包括集镇和村庄。集镇，是指乡、民族乡人民政府所在地和经县级人民政府确认由集市发展而成的作为农村一定区域经济、文化和生活服务中心的非建制镇。村庄，是指农村村民居住和从事各种生产的聚居点。

城乡规划是各级政府为实现一定时期内行政区域的经济和社会发展目标，事先依法制定的用以确定规划区的性质、规模和发展方向，合理利用规划区的土地，协调规划区的空间布局和各项建设设施科学配置的综合部署和具体安排。规划区，是指城市、镇和村庄的建成区以及因城乡建设和发展需要，必须实行规划控制的区域。规划区的具体范围由有关人民政府在组织编制的城市总体规划、镇总体规划、乡规划和村庄规划中，根据城乡经济社会发展水平和统筹城乡发展的需要划定。城乡规划是保证城乡土地合理利用和开发经营活动协调进行的前提和基础，是城乡建设和管理的基本依据，是实现城乡经济和社会发展目标的重要手段。

城乡规划管理是各级城乡规划主管部门制定、审批城乡规划，贯彻实施经批准的城乡规划的重要职能活动，是指城乡规划主管部门依法编制、审批城乡规划，并依据经法定程序批准的城乡规划和相关法律规范，通过行政的、法制的、经济的和社会的管理手段，对城乡土地的使用和各项建设活动进行控制、引导和监督，使之纳入城乡规划的轨道，促进经济、社会和环境在城乡规划区内协调、有序、可持续的发展。

4.1.2　城乡规划立法概况

　　城乡规划是为了实现一定时期的社会、经济发展目标而制定的城乡空间发展战略部署，它涉及城市建设发展的诸多方面，关系到城市的全局和长远，一经制定和批准就具有法律效力。新中国成立后，我国城乡规划的法律建设就开始了初步的探索和发展。

　　我国的城乡建设几十年来一直存在"二元分治"的格局，城市得到优先发展，城市规划管理也同步进行。1956 年国家建委颁发的《城市规划编制暂行办法》，成为新中国第一个关于城市规划的法规文件，规范了城市总体规划和详细规划的编制行为；1980 年 12 月，为适应编制城市规划的需要，国家建委颁布了《城市规划定额指标暂行规定》和《城市规划编制审批暂行办法》，为我国城市规划的编制和审批提供了法规与技术的依据和保障；1984 年 1 月，国务院颁发了新中国城市规划建设管理方面的第一部行政法规《城市规划条例》，对城市规划的制定和城市各项建设的规划管理及行政处罚等作出了明确的规定；1985 年 6 月国务院发布《风景名胜区管理暂行条例》，对风景名胜区的设立、规划、保护、利用和管理等作出了规定。1989 年 12 月全国人民代表大会常务委员会颁布了《中华人民共和国城市规划法》，城乡规划立法得以进一步完善，城乡建设主管部门制定了大量的部门规章，涉及城乡规划的 20 多项城市规划技术标准和技术规范也逐步建立完善。1991 年建设部颁布施行《建设项目选址规划管理办法》，1992 年 11 月建设部常务会议通过《城市国有土地使用权出让转让规划管理办法》，1993 年 6 月国务院颁布《村庄和集镇规划建设管理条例》，1994 年 8 月建设部颁布《城镇体系规划编制审批办法》，1995 年建设部颁布施行《建制镇规划建设管理办法》和《开发区规划管理办法》等。这一时期，我国城乡规划配套法规、规章相继发布、不断完善，使我国城乡规划法制建设得到充实、提高。

　　我国在二十世纪九十年代进入城市化进程的加速发展期，城市人口规模持续快速扩大。2017 年年末，我国地级以上城市户籍人口达到 48 356 万人，户籍人口超过 500 万的城市有 14 个，300 万～500 万人口的城市有 16 个，50 万～300 万人口的城市达到 219 个，50 万人口以下的城市有 49 个。随着城镇化进程的加快和社会主义市场经济体系的逐步建立，我国城乡规划的法制建设，在科学发展观的思想指导下，又有了新的发展。2000 年 8 月，原建设部启动了《城乡规划法》起草工作，在总结《城市规划法》《村庄和集镇规划建设管理条例》实践经验的基础上，按照城乡统筹的思路，起草《城乡规划法》。2001 年 1 月建设部发布《城市规划编制单位资质管理规定》；2002 年 5 月，国务院发出《关于加强城乡规划监督管理的通知》；2002 年 8 月，建设部颁布《近期建设规划工作暂行办法》和《城市规划强制性内容暂行规定》；2004 年 10 月，国务院发出《关于深化改革严格土地管理的决定》，强调要"加强城市总体规划、村庄和集镇规划实施管理"；2005 年 12 月，建设部对《城市规划编制办法》进行了重新修订；从 2002 年至 2006 年，建设部相继颁布了《城市绿线管理办法》《城市紫线管理办法》《城市蓝线管理办法》《城市黄线管理办法》等规划控制线的规定和《城市抗震防灾规划管理规定》；2006 年 9 月国务院发布了《风景名胜区条例》，自 2006 年 12 月 1 日起施行，原《风景名胜区管理暂行条例》同时废止；直到 2007 年 10 月，经第十届全国人大常委会第三十次会议审议通过，《中华人民共和国城乡规划法》于 2008 年 1 月 1 日起施行，《城市规划法》同时废止。从《城市规划法》发展到《城乡规划法》，立法统筹考虑城市、乡村的发展，促进城乡经济社会资源环境的协调和可持续发展，体现了我国城乡规划法治建设的重大进步,树立了新中国城乡规划法治发展史上的一座新的里程碑。

　　2007 年后,我国进一步推进和完善城乡规划法律方面的建设。国务院于 2008 年 4 月颁布《历史文化名城名镇名村保护条例》(2017 年 10 月修正);住房和城乡建设部于 2010 年 4 月发布《省域城镇体系规划编制审批办法》[1994 年 8 月 15 日建设部发布的《城镇体系规划编制审批办法》(建设部令第 36 号)同时废止],自 2010 年 7 月 1 日起施行;2010 年 12 月住房和城乡建设部常务会议审议通过《城市、镇控制性详细规划编制审批办法》,自 2011 年 1 月 1 日起施行;2012 年 7 月住房和城乡建设部令发布《城乡规划编制单位资质管理规定》(2016 年修改),自 2012 年 9 月 1 日起施行,原建设部 2001 年 1 月 23 日发布的《城市规划编制单位资质管理规定》(建设部令第 84 号)予以废止;监察部、人力资源和社会保障部、住房和城乡建设部于 2012 年 12 月联合公布《城乡规划违法违纪行为处分办法》(2016 年 1 月 18 日修改),自 2013 年 1 月 1 日起施行,这是我国第一部关于城乡规划违法违纪行为处分方面的部门规章。2014 年 10 月住房和城乡建设部常务会议审议通过发布《历史文化名城名镇名村街区保护规划编制审批办法》,自 2014 年 12 月 29 日起施行;2015 年 9 月,住房和城乡建设部发布《国家级风景名胜区规划编制审批办法》,自 2015 年 12 月 1 日起施行;2017 年 3 月,住房和城乡建设部发布《城市设计管理办法》,自 2017 年 6 月 1 日起施行。

4.1.3　城乡规划的分类

　　依据《城乡规划法》(2007 年 10 月 28 日第十届全国人民代表大会常务委员会第三十次会议通过,自 2008 年 1 月 1 日起施行。2015 年 4 月 24 日第十二届全国人民代表大会常务委员会第十四次会议修正,2019 年 4 月 23 日第十三届全国人民代表大会常务委员会第十次会议修正),城乡规划分为城镇体系规划、城镇规划(包括城市规划和镇规划)和乡、村庄规划。城镇规划又分总体规划和详细规划,详细规划分为控制性详细规划和修建性详细规划。

　　1) 城镇体系规划

　　城镇体系是指一定区域范围内在经济社会和空间发展上具有有机联系的城镇群体。在城镇空间组织模式上,以京津冀、长江三角洲、珠江三角洲、成渝等城市群为核心,以促进区域协作的主要城镇联系通道为骨架,以重要的中心城市为节点,形成"多元、多极、网络化"的城镇空间格局。多元是指不同资源条件、不同发展阶段、不同发展机制和不同类型的区域,要因地制宜地制定城镇空间组织方式和发展模式。多极是指依托不同类型、不同层次的城镇群和中心城市,带动不同区域发展,落实国家区域协调发展总体战略。网络化是指依托交通通道,形成中心城市之间、城镇之间、城乡之间紧密联系、优势互补、要素自由流动的格局。依托国家主要陆路交通通道、江河水道、海岸带,以城镇群和各级中心城市为核心,形成大中小城市和小城镇联系密切、布局合理、协调发展的网络化城镇空间体系。

　　城镇体系规划是针对城镇发展战略,在一定地域范围内,以区域生产力合理分布和城镇职能分工为依据,确定不同人口规模等级和职能分工的城镇的分布和发展规划。通过合理组织体系内各城镇之间、城镇与体系之间以及体系与其外部环境之间的各种经济、社会等方面的相互联系,运用现代系统理论与方法探究整个体系的整体效益,合理进行城镇布局,优化区域环境,配置区域基础设施,明确不同层次的城镇地位、性质和作用,综合协调相互关系,以实现区域经济、社会、空间的可持续发展。

2) 城镇总体规划

城镇总体规划是对一定时期内城市性质、发展目标、发展规模、土地利用、空间布局以及各项建设的综合部署和实施措施,是从宏观上控制城镇土地利用和空间布局,对城镇在一定期限内的发展作出的预测性安排,以引导城镇合理发展的总体部署。城镇总体规划的规划期限一般为20年。城镇总体规划的主要任务是:综合研究和确定城镇性质、规模和空间发展形态,统筹安排城镇各项建设用地,合理配置城镇各项基础设施,处理好远期发展与近期建设的关系,指导城镇合理发展。

3) 城镇详细规划

城镇详细规划是指以城市总体规划或分区规划为依据,对一定时期内城市局部地区的土地利用、空间环境和基础设施建设、历史文化保护等各项建设用地所作的具体安排和设计。城镇的详细规划分为控制性详细规划和修建性详细规划两个阶段。大中城市为进一步控制和确定不同地段的土地用途、范围和容量,协调各项基础设施和公共设施的建设,在总体规划基础上,还可编制分区规划。控制性详细规划是指以城镇总体规划或分区规划为依据,确定建设地区的土地使用性质和使用强度的控制指标,道路和工程管线控制性位置以及空间环境控制的规划;其成果表现为规划文本、附件和图件等;其作用在于为规划的管理提供依据,引导城乡开发的顺利进行,并用以指导修建性详细规划的编制。修建性详细规划是指以总体规划、分区规划、控制性详细规划为依据,制定用以指导各项建筑和工程设施的设计和施工的规划设计,它是控制性详细规划的深化和具体化;其任务是对规划区内的公共设施做出具体布置,选定技术经济指标,提出建筑空间和艺术处理要求,为各项工程设计提供依据;其成果包括规划说明书、图件等。

4) 乡、村庄规划

村庄是农村村民居住和从事各种生产的聚居点;乡是县以下农村行政区域,由村庄组成。乡、村庄规划是指为了实现一定时期内乡、村庄的经济和社会发展目标,对乡、村庄的性质、规模和发展方向,土地的合理利用,乡、村庄的合理布局所进行的总体设计和具体安排。乡规划、村庄规划应当从农村实际出发,尊重村民意愿,体现地方和农村特色。

4.1.4 城乡规划的原则和依据

《城乡规划法》第四条指出:"制定和实施城乡规划,应当遵循城乡统筹、合理布局、节约土地、集约发展和先规划后建设的原则,改善生态环境,促进资源、能源节约和综合利用,保护耕地等自然资源和历史文化遗产,保持地方特色、民族特色和传统风貌,防止污染和其他公害,并符合区域人口发展、国防建设、防灾减灾和公共卫生、公共安全的需要。"

1) 城乡统筹原则

《城乡规划法》从规划的制定和实施两个方面作了规定。在规划制定方面,规定城乡规划包括城镇体系规划、城市规划、镇规划、乡规划和村庄规划,明确了城镇体系规划的法律地位。通过加强城镇体系规划编制,从规划区域整体出发,统筹安排和合理布局区域基础设施、公共服务设施建设,实现基础设施、公共服务设施共享,促进城乡协调发展。在规划实施方面,规定城市的建设和发展,要统筹兼顾进城务工人员和周边农村经济社会发展、村民生产和生活的需要;镇的建设和发展,要优先安排基础设施和公共服务设施建设,为周边农村提供服务。

2)合理布局

合理布局是城乡规划制定和实施的重要内容。《城乡规划法》明确省域城镇体系规划要有城镇空间布局和规模控制内容,城镇总体规划要有城镇的发展布局、功能分区、用地布局的内容。编制城乡规划,要从实现空间资源的优化配置、维护空间资源利用的公平性、促进能源资源的节约和利用、保障城市运行安全和效率等方面,综合研究城镇布局问题,促进大中小城市和小城镇协调发展,促进城市、镇、乡和村庄的有序健康发展。

3)节约土地

《城乡规划法》规定,制定和实施城乡规划,应当保护耕地等自然资源;在规划区进行建设活动,要遵守土地管理、自然资源和环境保护等法律、法规的规定。为此,要切实改变铺张浪费的用地观念和用地结构不合理的状况,始终把节约和集约利用土地、严格保护耕地作为城乡规划制定与实施的重要目标,要根据产业结构调整的目标要求,合理调整用地结构,提高土地利用效益,促进产业协调发展。

4)集约发展

在编制和实施城乡规划过程中,要充分认识我国长期面临的资源短缺约束和环境容量压力的基本国情,认真分析城镇发展的资源环境条件,推进城镇发展方式从粗放型向集约型转变,建设资源节约环境友好型社会,增强可持续发展能力。

5)先规划后建设

这是根据我国城乡建设快速发展的实际,从保障城镇发展的目标出发而提出的一项重要原则。各级人民政府及其城乡规划主管部门要严格依据法定的事权,及时制定城乡规划,加强规划的实施管理与监督。《城乡规划法》第七条指出:"经依法批准的城乡规划,是城乡建设和规划管理的依据"。

4.2　城乡规划的制定

4.2.1　城乡规划的编制与审批

城乡规划编制与审批如表 4-1 所示。

城镇体系规划一般分为全国城镇体系规划和省域城镇体系规划。全国城镇体系规划由国务院城乡规划主管部门会同国务院有关部门组织编制,报国务院审批;用于指导省域城镇体系规划、城市总体规划的编制。省域城镇体系规划由省、自治区人民政府组织编制,报国务院审批。

表 4-1 城乡规划编制与审批程序表

规划类型			编制与审批部门	备注
城镇体系规划	全国城镇体系规划		国务院城乡规划主管部门会同有关部门编制,国务院审批	城乡规划报送审批前,组织编制机关应当将草案予以公告(不得少于30日),并采取论证会、听证会等方式征求专家和公众意见。总体规划批准前,审批机关应当组织专家和有关部门进行审查。城乡规划经批准后,组织编制机关应当及时公布,未经法定程序不得修改
	省域城镇体系规划		省级政府组织编制,本级人大常委会审议,国务院审批	
城市规划	城市总体规划 20年		直辖市:市政府编制,本级人大常委会审议,国务院审批 省会(首府)单列市:市政府编制,本级人大常委会审议,省级政府审查,国务院审批 一般城市:市政府编制,本级人大常委会审议,省政府审批	
	详细规划	控制性详细规划	市政府城乡规划主管部门编制,本级政府批准,本级人大常委会、上一级政府备案	
		修建性详细规划	市政府城乡规划主管部门编制重要地块	
镇规划	镇总体规划 20年		县政府所在地:县级政府编制,本级人大常委会审议,上一级政府审批 一般镇:镇政府编制,镇人大审议,上一级政府审批	
	详细规划	控制性详细规划	镇政府编制,上一级政府审批;县政府所在地镇由县人民政府城乡规划主管部门编制,本级政府批准,本级人大常委会、上一级政府备案	
		修建性详细规划	镇政府编制重要地块	
乡规划			乡镇政府编制,上一级政府审批	
村庄规划			乡镇政府编制,村民或代表会议讨论同意,上一级政府审批	

城市总体规划由城市人民政府组织编制。直辖市的城市总体规划由直辖市人民政府报国务院审批。省、自治区人民政府所在地的城市以及国务院确定的城市的总体规划,由省、自治区人民政府审查同意后,报国务院审批。其他城市的总体规划,由城市人民政府报省、自治区人民政府审批。

县人民政府组织编制县人民政府所在地镇的总体规划,报上一级人民政府审批。其他镇的总体规划由镇人民政府组织编制,报上一级人民政府审批。

省、自治区人民政府组织编制的省域城镇体系规划,城市、县人民政府组织编制的总体规划,在报上一级人民政府审批前,应当先经本级人民代表大会常务委员会审议,常务委员会组成人员的审议意见交由本级人民政府研究处理。镇人民政府组织编制的镇总体规划,在报上一级人民政府审批前,应当先经镇人民代表大会审议,代表的审议意见交由本级人民政府研究处理。规划的组织编制机关报送审批省域城镇体系规划、城市总体规划或者镇总体规划,应当将本级人民代表大会常务委员会组成人员或者镇人民代表大会代表的审议意见和根据审议意见修改规划的情况一并报送。

城市控制性详细规划由城市人民政府城乡规划主管部门根据城市总体规划的要求组织编制,经本级人民政府批准后,报本级人民代表大会常务委员会和上一级人民政府备案。

镇控制性详细规划由镇人民政府根据镇总体规划的要求组织编制,报上一级人民政府审批。县人民政府所在地镇的控制性详细规划,由县人民政府城乡规划主管部门根据镇总体规划的要求组织编制,经县人民政府批准后,报本级人民代表大会常务委员会和上一级人民政府备案。

城市、县人民政府城乡规划主管部门和镇人民政府可以组织编制重要地块的修建性详细规划。

乡、镇人民政府组织编制乡规划、村庄规划,报上一级人民政府审批。村庄规划在报送审批前,应当经村民会议或者村民代表会议讨论同意。

城乡规划报送审批前,组织编制机关应当依法将城乡规划草案予以公告,并采取论证会、听证会或者其他方式征求专家和公众的意见。公告的时间不得少于三十日。

省域城镇体系规划、城镇总体规划批准前,审批机关应当组织专家和有关部门进行审查。城乡规划组织编制机关应当及时公布经依法批准的城乡规划。经依法批准的城乡规划,是城乡建设和规划管理的依据,未经法定程序不得修改。

4.2.2　城乡规划的内容

国家鼓励采用先进的科学技术,增强城乡规划的科学性,提高城乡规划实施及监督管理的效能。城镇总体规划以及乡规划和村庄规划的编制,应当依据国民经济和社会发展规划,并与土地利用总体规划相衔接。

1) 城镇体系规划的内容

城镇体系规划的内容应当包括:城镇空间布局和规模控制,重大基础设施的布局,为保护生态环境、资源等需要严格控制的区域。

2005 年原建设部(现住房和城乡建设部)委托中国城市规划设计研究院编制完成的《全国城镇体系规划(2006—2020 年)》的全国城镇化发展目标是:(1)人口与城镇化目标:合理控制人口规模,优化人口结构,提高人口素质,引导人口合理分布。2010 年全国总人口约为 13.6 亿,城镇化水平约达到 47%,城镇人口约为 6.4 亿人;2020 年全国总人口约为 14.5 亿,城镇化水平为 56%~58%,城镇人口达到 8.1 亿~8.4 亿人。(2)城镇建设用地规模:控制城镇建设用地的总量和增长速度。2006 年至 2010 年间,城镇建设用地年均增长速度控制在 4%以下,2010 年城镇建设用地控制在 8.24 万平方千米以下。2011 年至 2020 年,城镇建设用地年均增长速度控制在 3%以下,2020 年城镇建设用地控制在 11.08 万平方千米以下。(3)城镇化发展方针:坚持“城乡统筹、区域协调、功能完善、集约发展、社会和谐、安全高效、文化昌盛、人居环境良好”的城镇发展策略。

《省域城镇体系规划编制审批办法》第十条指出:“省域城镇体系规划编制工作一般分为编制省域城镇体系规划纲要(以下简称规划纲要)和编制省域城镇体系规划成果(以下简称规划成果)两个阶段。”

规划纲要应当包括下列内容:(1)分析评价现行省域城镇体系规划实施情况,明确规划编制原则、重点和应当解决的主要问题。(2)按照全国城镇体系规划的要求,提出本省、自治区在国家城镇化与区域协调发展中的地位和作用。(3)综合评价土地资源、水资源、能源、生态环境承载能力等城镇发展支撑条件和制约因素,提出城镇化进程中重要资源、能源合理利用与保护、生态环境保护和防灾减灾的要求。(4)综合分析经济社会发展目标和产业发展趋势、城乡人口流动和人口分布趋势、省域内城镇化和城镇发展的区域差异等影响本省、自治区城镇发展的主要因素,提出城镇化的目标、任务及要求。(5)按照城乡区域全面协调可持续发展的要求,综合考虑经济社会发展与人口资源环境条件,提出优化城乡空间格局的规划要求,包括省域城乡空间布局,城乡居民点体系和优化农村居民点布局的要求;提出省域综合交通和重大市政基础设施、公共设施布局的建议;提出需要从省域层面重点协调、引导的地区,以及需要与相邻省(自治区、直辖市)共同协调解决的重大基础设施布局等相关问题。(6)按照保护资源、生态环境和优化省域城乡空间布局的综合要求,研究提出适宜建设区、限制建设区、禁止建设区的划定原则和划定依据,明确限制建设区、禁止建设区的基本类型。

规划成果应当包括下列内容:(1)明确全省、自治区城乡统筹发展的总体要求。包括城镇化目标和战略,城镇化发展质量目标及相关指标,城镇化途径和相应的城镇协调发展政策和策略;城乡统筹发展目标、城乡结构变化趋势和规划策略;根据省、自治区内的区域差异提出分类指导的城镇化政策。(2)明确资源利用与资源生态环境保护的目标、要求和措施。包括土地资源、水资源、能源等的合理利用与保护,历史文化遗产的保护,地域传统文化特色的体现,生态环境保护。(3)明确省域城乡空间和规模控制要求。包括中心城市等级体系和空间布局;需要从省域层面重点协调、引导地区的定位及协调、引导措施;优化农村居民点布局的目标、原则和规划要求。(4)明确与城乡空间布局相协调的区域综合交通体系。包括省域综合交通发展目标、策略及综合交通设施与城乡空间布局协调的原则,省域综合交通网络和重要交通设施布局,综合交通枢纽城市及其规划要求。(5)明确城乡基础设施支撑体系。包括统筹城乡的区域重大基础设施和公共设施布局原则和规划要求,中心镇基础设施和基本公共设施的配置要求;农村居民点建设和环境综合整治的总体要求;综合防灾与重大公共安全保障体系的规划要求等。(6)明确空间开发管制要求。包括限制建设区、禁止建设区的区位和范围,提出管制要求和实现空间管制的措施,为省域内各市(县)在城市总体规划中划定"四线"等规划控制线提供依据。(7)明确对下层次城乡规划编制的要求。结合本省、自治区的实际情况,综合提出对各地区在城镇协调发展、城乡空间布局、资源生态环境保护、交通和基础设施布局、空间开发管制等方面的规划要求。(8)明确规划实施的政策措施。包括城乡统筹和城镇协调发展的政策;需要进一步深化落实的规划内容;规划实施的制度保障,规划实施的方法。省、自治区人民政府城乡规划主管部门根据本省、自治区实际,可以在省域城镇体系规划中提出与相邻省、自治区、直辖市的协调事项,近期行动计划等规划内容。必要时可以将本省、自治区分成若干区,深化和细化规划要求。

限制建设区、禁止建设区的管制要求,重要资源和生态环境保护目标,省域内区域性重大基础设施布局等,应当作为省域城镇体系规划的强制性内容。

2)城镇总体规划的内容

县级以上地方人民政府应当根据当地经济社会发展的实际,在城镇总体规划中合理确定城市、镇的发展规模、步骤和建设标准。

城镇总体规划的内容应当包括:城市、镇的发展布局,功能分区,用地布局,综合交通体系,禁止、限制和适宜建设的地域范围,各类专项规划等。规划区范围、规划区内建设用地规模、基础设施和公共服务设施用地、水源地和水系、基本农田和绿化用地、环境保护、自然与历史文化遗产保护以及防灾减灾等内容,应当作为城镇总体规划的强制性内容。

城市总体规划还应当对城市更长远的发展作出预测性安排。

3)城镇详细规划的内容

编制城镇控制性详细规划,应当综合考虑当地资源条件、环境状况、历史文化遗产、公共安全以及土地权属等因素,满足城市地下空间利用的需要,妥善处理近期与长远、局部与整体、发展与保护的关系;应当依据经批准的城市、镇总体规划,遵守国家有关标准和技术规范,采用符合国家有关规定的基础资料。

控制性详细规划应当包括下列基本内容:(1)土地使用性质及其兼容性等用地功能控制要求;(2)容积率、建筑高度、建筑密度、绿地率等用地指标;(3)基础设施、公共服务设施、公共安全设施的用地规模、范围及具体控制要求,地下管线控制要求;(4)基础设施用地的控制界线(黄线)、各类绿地范围的控制线(绿线)、历史文化街区和历史建筑的保护范围界线(紫线)、地表水体保护和控制的地域界线(蓝线)等"四线"及控制要求。

编制大城市和特大城市的控制性详细规划,可以根据本地实际情况,结合城市空间布局、规划管理要求,以及社区边界、城乡建设要求等,将建设地区划分为若干规划控制单元,组织编制单元规划。镇控制性详细规划可以根据实际情况,适当调整或者减少控制要求和指标。规模较小的建制镇的控制性详细规划,可以与镇总体规划编制相结合,提出规划控制要求和指标。中心区、旧城改造地区、近期建设地区,以及拟进行土地储备或者土地出让的地区,应当优先编制控制性详细规划。

经批准后的控制性详细规划具有法定效力,任何单位和个人不得随意修改;确需修改的,应当按照法定程序进行。控制性详细规划修改涉及城市总体规划、镇总体规划强制性内容的,应当先修改总体规划。

城乡规划主管部门和镇人民政府组织编制的重要地块的修建性详细规划应当符合控制性详细规划。

首都的总体规划、详细规划应当统筹考虑中央国家机关用地布局和空间安排的需要。

4)乡、村庄规划的内容

县级以上地方人民政府根据本地农村经济社会发展水平,按照因地制宜、切实可行的原则,确定应当制定乡规划、村庄规划的区域,并鼓励、指导规定以外的区域的乡、村庄制定和实施乡、村庄规划。

乡规划、村庄规划的内容应当包括:规划区范围,住宅、道路、供水、排水、供电、垃圾收集、畜禽养殖场所等农村生产、生活服务设施、公益事业等各项建设的用地布局、建设要求,以及对耕地等自然资源和历史文化遗产保护、防灾减灾等的具体安排。乡规划还应当包括本行政区域内的村庄发展布局。

4.2.3　城乡规划编制应当具备的条件

城乡规划组织编制机关应当委托具有相应资质等级的单位承担城乡规划的具体编制工作。

从事城乡规划编制工作应当具备下列条件,并经国务院城乡规划主管部门或者省、自治区、直辖市人民政府城乡规划主管部门依法审查合格,取得相应等级的资质证书后,方可在资质等级许可的范围内从事城乡规划编制工作:

(1) 有法人资格;

(2) 有规定数量的经相关行业协会注册的规划师;

(3) 有相应的技术装备;

(4) 有健全的技术、质量、财务管理制度。

规划师执业资格管理办法,由国务院城乡规划主管部门会同国务院人事行政部门制定。编制城乡规划必须遵守国家有关标准。

编制城乡规划,应当具备国家规定的勘察、测绘、气象、地震、水文、环境等基础资料。县级以上地方人民政府有关主管部门应当根据编制城乡规划的需要,及时提供有关基础资料。

4.3 城乡规划的实施与管理

4.3.1 规划管理的基本要求

国务院城乡规划主管部门负责全国的城乡规划管理工作。县级以上地方人民政府城乡规划主管部门负责本行政区域内的城乡规划管理工作。地方各级人民政府应当根据当地经济社会发展水平,量力而行,尊重群众意愿,有计划、分步骤地组织实施城乡规划。

城市的建设和发展,应当优先安排基础设施以及公共服务设施的建设,妥善处理新区开发与旧区改建的关系,统筹兼顾进城务工人员生活和周边农村经济社会发展、村民生产与生活的需要。镇的建设和发展,应当结合农村经济社会发展和产业结构调整,优先安排供水、排水、供电、供气、道路、通信、广播电视等基础设施和学校、卫生院、文化站、幼儿园、福利院等公共服务设施的建设,为周边农村提供服务。乡、村庄的建设和发展,应当因地制宜、节约用地,发挥村民自治组织的作用,引导村民合理进行建设,改善农村生产、生活条件。

城市新区的开发和建设,应当合理确定建设规模和时序,充分利用现有市政基础设施和公共服务设施,严格保护自然资源和生态环境,体现地方特色。在城市总体规划、镇总体规划确定的建设用地范围以外,不得设立各类开发区和城市新区。

旧城区的改建,应当保护历史文化遗产和传统风貌,合理确定拆迁和建设规模,有计划地对危房集中、基础设施落后等地段进行改建。历史文化名城、名镇、名村的保护以及受保护建筑物的维护和使用,应当遵守有关法律、行政法规和国务院的规定。

城乡建设和发展,应当依法保护和合理利用风景名胜资源,统筹安排风景名胜区及周边乡、镇、村庄的建设。风景名胜区的规划、建设和管理,应当遵守有关法律、行政法规和国务院的规定。

城市地下空间的开发和利用,应当与经济和技术发展水平相适应,遵循统筹安排、综合开发、合理利用的原则,充分考虑防灾减灾、人民防空和通信等需要,并符合城市规划,履行规划审批手续。

城市、县、镇人民政府应当根据城市总体规划、镇总体规划、土地利用总体规划和年度计划以及国民经济和社会发展规划,制定近期建设规划,报总体规划审批机关备案。近期建设规划应当以重要基础设施、公共服务设施和中低收入居民住房建设以及生态环境保护为重点内容,明确近期建设的时序、发展方向和空间布局。近期建设规划的规划期限为 5 年。

城乡规划确定的铁路、公路、港口、机场、道路、绿地、输配电设施及输电线路走廊、通信设施、广播电视设施、管道设施、河道、水库、水源地、自然保护区、防汛通道、消防通道、核电站、垃圾填埋场及焚烧厂、污水处理厂和公共服务设施的用地以及其他需要依法保护的用地,禁止擅自改变用途。

4.3.2　城市设计管理

城市设计是落实城市规划、指导建筑设计、塑造城市特色风貌的有效手段,贯穿于城市规划建设管理全过程。通过城市设计,从整体平面和立体空间上统筹城市建筑布局、协调城市景观风貌,体现地域特征、民族特色和时代风貌。

《城市设计管理办法》第四条指出:"开展城市设计,应当符合城市(县人民政府所在地建制镇)总体规划和相关标准;尊重城市发展规律,坚持以人为本,保护自然环境,传承历史文化,塑造城市特色,优化城市形态,节约集约用地,创造宜居公共空间;根据经济社会发展水平、资源条件和管理需要,因地制宜,逐步推进。"

1) 城市设计分类

城市设计分为总体城市设计和重点地区城市设计。

总体城市设计应当确定城市风貌特色,保护自然山水格局,优化城市形态格局,明确公共空间体系,并可与城市(县人民政府所在地建制镇)总体规划一并报批。

重点地区城市设计范围包括:城市核心区和中心地区;体现城市历史风貌的地区;新城新区;重要街道,包括商业街;滨水地区,包括沿河、沿海、沿湖地带;山前地区;其他能够集中体现和塑造城市文化、风貌特色,具有特殊价值的地区。

2) 城市设计要求

重点地区城市设计应当塑造城市风貌特色,注重与山水自然的共生关系,协调市政工程,组织城市公共空间功能,注重建筑空间尺度,提出建筑高度、体量、风格、色彩等控制要求。

重点地区城市设计的内容和要求应当纳入控制性详细规划,并落实到控制性详细规划的相关指标中。重点地区的控制性详细规划未体现城市设计内容和要求的,应当及时修改完善。

历史文化街区和历史风貌保护相关控制地区开展城市设计,应当根据相关保护规划和要求,整体安排空间格局,保护延续历史文化,明确新建建筑和改扩建建筑的控制要求。

重要街道、街区开展城市设计,应当根据居民生活和城市公共活动需要,统筹交通组织,合理布置交通设施、市政设施、街道家具,拓展步行活动和绿化空间,提升街道特色和活力。

城市设计重点地区范围以外地区,可以根据当地实际条件,依据总体城市设计,单独或者结合控制性详细规划等开展城市设计,明确建筑特色、公共空间和景观风貌等方面的要求。

单体建筑设计和景观、市政工程方案设计应当符合城市设计要求。

以出让方式提供国有土地使用权,以及在城市、县人民政府所在地建制镇规划区内的大型公共建筑项目,应当将城市设计要求纳入规划条件。

编制城市设计时,组织编制机关应当通过座谈、论证、网络等多种形式及渠道,广泛征求专家和公众意见。审批前应依法进行公示,公示时间不少于 30 日。城市设计成果应当自批准之日起 20 个工作日内,通过政府信息网站以及当地主要新闻媒体予以公布。

3) 城市设计管理机构

为提高城市建设水平,塑造城市风貌特色,推进城市设计工作,完善城市规划建设管理,城市设计管理工作采取分级管理的方式。

(1) 国务院城乡规划主管部门负责指导和监督全国城市设计工作。

国务院城乡规划主管部门可以制定城市设计的技术管理规定。

(2) 省、自治区城乡规划主管部门负责指导和监督本行政区域内城市设计工作。

国务院和省、自治区人民政府城乡规划主管部门应当定期对各地的城市设计工作和风貌管理情况进行检查。

(3) 城市、县人民政府城乡规划主管部门负责本行政区域内城市设计的监督管理。

城市、县人民政府城乡规划主管部门负责组织编制本行政区域内总体城市设计、重点地区的城市设计,并报本级人民政府审批。

城市、县人民政府城乡规划主管部门组织编制城市设计所需的经费,应列入城乡规划的编制经费预算。

城市、县人民政府城乡规划主管部门开展城乡规划监督检查时,应当加强监督检查城市设计工作情况。

城市、县人民政府城乡规划主管部门进行建筑设计方案审查和规划核实时,应当审核城市设计要求落实情况。

城市、县人民政府城乡规划主管部门开展城市规划实施评估时,应当同时评估城市设计工作实施情况。

城市、县人民政府城乡规划主管部门,应当充分利用新技术开展城市设计工作。有条件的地方可以建立城市设计管理辅助决策系统,并将城市设计要求纳入城市规划管理信息平台。

4.3.3 "一书两证"制度

"一书两证"制度,是指根据《中华人民共和国城乡规划法》,对各项建设用地和各类建设工程实行由城乡规划行政主管部门核发建设项目选址意见书、建设用地规划许可证、建设工程规划许可证的制度。

1) 建设项目选址意见书

建设项目选址意见书是城乡规划主管部门按照国家法律规定,对以划拨方式提供国有建设用地使用权的建设项目,在报送有关部门批准或者核准前向建设单位核发的同意选址的证明文件。

按照国家规定需要有关部门批准或者核准的建设项目,以划拨方式提供国有土地使用权的,建设单位在报送有关部门批准或者核准前,应当向城乡规划主管部门申请核发选址意见书。其他建设项目不需要申请选址意见书。

建设项目选址申请应当包括：(1)建设项目的基本情况,主要是建设项目名称、性质,用地与建设规模,供水与能源的需求量,采取的运输方式与运输量,以及废水、废气、废渣的排放方式和排放量。(2)建设项目规划选址的主要依据,包括经批准的项目建议书;建设项目与城市规划布局的协调;建设项目与城市交通、通信、能源、市政、防灾规划的衔接与协调;建设项目配套的生活设施与城市生活居住及公共设施规划的衔接与协调;建设项目对于城市环境可能造成的污染影响,以及与城市环境保护规划和风景名胜、文物古迹保护规划的协调。

城乡规划主管部门收到申请后,应当自受理申请之日起 20 日内作出决定,对于符合城乡规划的选址申请,核发建设项目选址意见书;对于不符合城乡规划的选址申请,不予核发建设项目选址意见书并书面说明理由。

2）建设用地规划许可证

在城镇规划区内以划拨方式提供国有土地使用权的建设项目,经有关部门批准、核准、备案后,建设单位应当向城市、县人民政府城乡规划主管部门提出建设用地规划许可申请,由城市、县人民政府城乡规划主管部门依据控制性详细规划核定建设用地的位置、面积、允许建设的范围,核发建设用地规划许可证。建设单位在取得建设用地规划许可证后,方可向县级以上地方人民政府土地主管部门申请用地,经县级以上人民政府审批后,由土地主管部门划拨土地。

在城镇规划区内以出让方式提供国有土地使用权的,在国有土地使用权出让前,城市、县人民政府城乡规划主管部门应当依据控制性详细规划,提出出让地块的位置、使用性质、开发强度等规划条件,作为国有土地使用权出让合同的组成部分。未确定规划条件的地块,不得出让国有土地使用权。以出让方式取得国有土地使用权的建设项目,在签订国有土地使用权出让合同后,建设单位应当持建设项目的批准、核准、备案文件和国有土地使用权出让合同,向城市、县人民政府城乡规划主管部门领取建设用地规划许可证。城市、县人民政府城乡规划主管部门不得在建设用地规划许可证中,擅自改变作为国有土地使用权出让合同组成部分的规划条件。规划条件未纳入国有土地使用权出让合同的,该国有土地使用权出让合同无效;对未取得建设用地规划许可证的建设单位批准用地的,由县级以上人民政府撤销有关批准文件;占用土地的,应当及时退回;给当事人造成损失的,应当依法给予赔偿。

3）建设工程规划许可证

在城镇规划区内进行建筑物、构筑物、道路、管线和其他工程建设的,建设单位或者个人应当向城市、县人民政府城乡规划主管部门或者省、自治区、直辖市人民政府确定的镇人民政府申请办理建设工程规划许可证。

申请办理建设工程规划许可证,应当提交使用土地的有关证明文件、建设工程设计方案等材料。需要建设单位编制修建性详细规划的建设项目,还应当提交修建性详细规划。对符合控制性详细规划和规划条件的,由城市、县人民政府城乡规划主管部门或者省、自治区、直辖市人民政府确定的镇人民政府核发建设工程规划许可证。

城市、县人民政府城乡规划主管部门或者省、自治区、直辖市人民政府确定的镇人民政府应当依法将经审定的修建性详细规划、建设工程设计方案的总平面图予以公布。

在城市、镇规划区内进行临时建设的,应当经城市、县人民政府城乡规划主管部门批准。

临时建设影响近期建设规划或者控制性详细规划的实施以及交通、市容、安全等的,不得批准。临时建设应当在批准的使用期限内自行拆除。

4.3.4 城市"四线"管理制度

城市"四线"是指城市规划确定的各类绿地、水体、基础设施、历史文化街区和历史建筑等的保护或控制线,包括城市绿线、城市蓝线、城市黄线和城市紫线。

1) 城市绿线

为加强城市生态环境建设,创造良好的人居环境,促进城市可持续发展,应建立并严格实行城市绿线管理制度,对城市绿线进行划定和监督管理。《城市绿线管理办法》指出:"城市绿线,是指城市各类绿地范围的控制线"。

(1) 管理部门

国务院建设行政主管部门负责全国城市绿线管理工作。省、自治区人民政府建设行政主管部门负责本行政区域内的城市绿线管理工作。城市人民政府规划、园林绿化行政主管部门,按照职责分工负责城市绿线的监督和管理工作。

(2) 城市绿线的划定

城市规划、园林绿化等行政主管部门应当密切合作,组织编制城市绿地系统规划。

城市绿地系统规划是城市总体规划的组成部分,应当确定城市绿化目标和布局,规定城市各类绿地的控制原则,按照规定标准确定绿化用地面积,分层次合理布局公共绿地,确定防护绿地、大型公共绿地等的绿线。

控制性详细规划应当提出不同类型用地的界线、规定绿化率控制指标和绿化用地界线的具体坐标。修建性详细规划应当根据控制性详细规划,明确绿地布局,提出绿化配置的原则或者方案,划定绿地界线。

(3) 绿线范围建设规定

城市绿线范围内的公共绿地、防护绿地、生产绿地、居住区绿地、单位附属绿地、道路绿地、风景林地等,必须按照《城市用地分类与规划建设用地标准》《公园设计规范》等标准,进行绿地建设。

城市绿线内的用地,不得改作他用,不得违反法律法规、强制性标准以及批准的规划进行开发建设。有关部门不得违反规定,批准在城市绿线范围内进行建设。因建设或者其他特殊情况,需要临时占用城市绿线内用地的,必须依法办理相关审批手续。在城市绿线范围内,不符合规划要求的建筑物、构筑物及其他设施应当限期迁出。

任何单位和个人不得在城市绿地范围内进行拦河截溪、取土采石、设置垃圾堆场、排放污水以及其他对生态环境构成破坏的活动。近期不进行绿化建设的规划绿地范围内的建设活动,应当进行生态环境影响分析,并按照《城乡规划法》的规定,予以严格控制。

居住区绿化、单位绿化及各类建设项目的配套绿化都要达到《城市绿化规划建设指标的规定》的标准。各类建设工程要与其配套的绿化工程同步设计,同步施工,同步验收。达不到规定标准的,不得投入使用。

(4) 城市绿线管理

城市绿线的审批、调整,按照《城乡规划法》《城市绿化条例》的规定进行。

批准的城市绿线要向社会公布，接受公众监督。任何单位和个人都有保护城市绿地、服从城市绿线管理的义务，有监督城市绿线管理、对违反城市绿线管理行为进行检举的权利。

城市人民政府规划、园林绿化行政主管部门按照职责分工，对城市绿线的控制和实施情况进行检查，并向同级人民政府和上级行政主管部门报告。

省、自治区人民政府建设行政主管部门应当定期对本行政区域内城市绿线的管理情况进行监督检查，对违法行为，及时纠正。

2) 城市蓝线

为了加强对城市水系的保护与管理，保障城市供水、防洪防涝和通航安全，改善城市人居生态环境，提升城市功能，促进城市健康、协调和可持续发展，应对城市蓝线进行划定和管理。《城市蓝线管理办法》指出："城市蓝线，是指城市规划确定的江、河、湖、库、渠和湿地等城市地表水体保护和控制的地域界线"。

(1) 管理部门

国务院建设主管部门负责全国城市蓝线管理工作。县级以上地方人民政府建设主管部门(城乡规划主管部门)负责本行政区域内的城市蓝线管理工作。

(2) 城市蓝线的划定

编制各类城市规划，应当划定城市蓝线。城市蓝线由直辖市、市、县人民政府在组织编制各类城市规划时划定。城市蓝线应当与城市规划一并报批。

划定城市蓝线，应当遵循以下原则：①统筹考虑城市水系的整体性、协调性、安全性和功能性，改善城市生态和人居环境，保障城市水系安全；②与同阶段城市规划的深度保持一致；③控制范围界定清晰；④符合法律、法规的规定和国家有关技术标准、规范的要求。

在城市总体规划阶段，应当确定城市规划区范围内需要保护和控制的主要地表水体，划定城市蓝线，并明确城市蓝线保护和控制的要求。在控制性详细规划阶段，应当依据城市总体规划划定的城市蓝线，规定城市蓝线范围内的保护要求和控制指标，并附有明确的城市蓝线坐标和相应的界址地形图。

(3) 蓝线范围建设规定

在城市蓝线内禁止进行下列活动：①违反城市蓝线保护和控制要求的建设活动；②擅自填埋、占用城市蓝线内水域；③影响水系安全的爆破、采石、取土；④擅自建设各类排污设施；⑤其他对城市水系保护构成破坏的活动。

在城市蓝线内进行各项建设，必须符合经批准的城市规划。在城市蓝线内新建、改建、扩建各类建筑物、构筑物、道路、管线和其他工程设施，应当依法向建设主管部门(城乡规划主管部门)申请办理城市规划许可，并依照有关法律、法规办理相关手续。

需要临时占用城市蓝线内的用地或水域的，应当报经直辖市、市、县人民政府建设主管部门(城乡规划主管部门)同意，并依法办理相关审批手续；临时占用后，应当限期恢复。

(4) 城市蓝线管理

任何单位和个人都有服从城市蓝线管理的义务，有监督城市蓝线管理、对违反城市蓝线管理行为进行检举的权利。

城市蓝线一经批准，不得擅自调整。因城市发展和城市布局结构变化等原因，确实需要调整城市蓝线的，应当依法调整城市规划，并相应调整城市蓝线。调整后的城市蓝线，应当随调整后的城市规划一并报批。调整后的城市蓝线应当在报批前进行公示,但法律、法规规定不得公开的除外。

县级以上地方人民政府建设主管部门(城乡规划主管部门)应当定期对城市蓝线管理情况进行监督检查。

3) 城市黄线

为了加强城市基础设施用地管理,保障城市基础设施的正常、高效运转,保证城市经济、社会健康发展,应对城市黄线进行划定和规划管理。《城市黄线管理办法》指出:"城市黄线,是指对城市发展全局有影响的、城市规划中确定的、必须控制的城市基础设施用地的控制界线"。城市基础设施包括城市公共交通、供水、环境卫生、供燃气、供热、供电、通信、消防、防洪、抗震防灾设施及其他对城市发展全局有影响的城市基础设施。

(1) 管理部门

国务院建设主管部门负责全国城市黄线管理工作。县级以上地方人民政府建设主管部门(城乡规划主管部门)负责本行政区域内城市黄线的规划管理工作。

(2) 城市黄线的划定

城市黄线应当在制定城市总体规划和详细规划时划定。直辖市、市、县人民政府建设主管部门(城乡规划主管部门)应当根据不同规划阶段的规划深度要求,负责组织划定城市黄线的具体工作。

城市黄线的划定,应当遵循以下原则:①与同阶段城市规划内容及深度保持一致;②控制范围界定清晰;③符合国家有关技术标准、规范。

编制城市总体规划,应当根据规划内容和深度要求,合理布置城市基础设施,确定城市基础设施的用地位置和范围,划定其用地控制界线。

编制控制性详细规划,应当依据城市总体规划,落实城市总体规划确定的城市基础设施的用地位置和面积,划定城市基础设施用地界线,规定城市黄线范围内的控制指标和要求,并明确城市黄线的地理坐标。修建性详细规划应当依据控制性详细规划,按不同项目具体落实城市基础设施用地界线,提出城市基础设施用地配置原则或者方案,并标明城市黄线的地理坐标和相应的界址地形图。

(3) 黄线范围建设规定

在城市黄线内进行建设活动,应当贯彻安全、高效、经济的方针,处理好近远期关系,根据城市发展的实际需要,分期有序实施。

在城市黄线范围内禁止进行下列活动:①违反城市规划要求,进行建筑物、构筑物及其他设施的建设;②违反国家有关技术标准和规范进行建设;③未经批准,改装、迁移或拆毁原有城市基础设施;④其他损坏城市基础设施或影响城市基础设施安全和正常运转的行为。

在城市黄线内进行建设,应当符合经批准的城市规划。在城市黄线内新建、改建、扩建各类建筑物、构筑物、道路、管线和其他工程设施,应当依法向建设主管部门(城乡规划主管部门)申请办理城市规划许可,并依据有关法律、法规办理相关手续。迁移、拆除城市黄线内城市基础设施的,应当依据有关法律、法规办理相关手续。

因建设或其他特殊情况需要临时占用城市黄线内土地的,应当依法办理相关审批手续。

（4）城市黄线管理

任何单位和个人都有保护城市基础设施用地、服从城市黄线管理的义务,有监督城市黄线管理、对违反城市黄线管理的行为进行检举的权利。

城市黄线应当作为城市规划的强制性内容,与城市规划一并报批。城市黄线上报审批前,应当进行技术经济论证,并征求有关部门意见。

城市黄线经批准后,应当与城市规划一并由直辖市、市、县人民政府予以公布;但法律、法规规定不得公开的除外。

城市黄线一经批准,不得擅自调整。因城市发展和城市功能、布局变化等,需要调整城市黄线的,应当组织专家论证,依法调整城市规划,并相应调整城市黄线。调整后的城市黄线,应当随调整后的城市规划一并报批。调整后的城市黄线应当在报批前进行公示,但法律、法规规定不得公开的除外。

县级以上地方人民政府建设主管部门(城乡规划主管部门)应当定期对城市黄线管理情况进行监督检查。

4）城市紫线

为了加强对城市历史文化街区和历史建筑的保护,应对城市紫线进行划定,对城市紫线范围内的建设活动实施监督、管理。《城市紫线管理办法》指出:"城市紫线,是指国家历史文化名城内的历史文化街区和省、自治区、直辖市人民政府公布的历史文化街区的保护范围界线,以及历史文化街区外经县级以上人民政府公布保护的历史建筑的保护范围界线"。

（1）管理部门

国务院建设行政主管部门负责全国城市紫线管理工作。省、自治区人民政府建设行政主管部门负责本行政区域内的城市紫线管理工作。市、县人民政府城乡规划行政主管部门负责本行政区域内的城市紫线管理工作。

（2）城市紫线的划定

在编制城市规划时应当划定保护历史文化街区和历史建筑的紫线。国家历史文化名城的城市紫线由城市人民政府在组织编制历史文化名城保护规划时划定。其他城市的城市紫线由城市人民政府在组织编制城市总体规划时划定。

划定保护历史文化街区和历史建筑的紫线应当遵循下列原则:①历史文化街区的保护范围应当包括历史建筑物、构筑物和其风貌环境所组成的核心地段,以及为确保该地段的风貌、特色完整性而必须进行建设控制的地区;②历史建筑的保护范围应当包括历史建筑本身和必要的风貌协调区;③控制范围清晰,附有明确的地理坐标及相应的界址地形图。城市紫线范围内文物保护单位保护范围的划定,依据国家有关文物保护的法律、法规。

（3）紫线范围建设规定

历史文化街区内的各项建设必须坚持保护真实的历史文化遗存,维护街区传统格局和风貌,改善基础设施、提高环境质量的原则。历史建筑的维修和整治必须保持原有外形和风貌,保护范围内的各项建设不得影响历史建筑风貌的展示。市、县人民政府应当依据保护规划,对历史文化街区进行整治和更新,以改善人居环境为前提,加强基础设施、公共设施的改造和建设。

在城市紫线范围内禁止进行下列活动:①违反保护规划的大面积拆除、开发;②对历史文化街区传统格局和风貌构成影响的大面积改建；③损坏或者拆毁保护规划确定保护的建筑物、构筑物和其他设施；④修建破坏历史文化街区传统风貌的建筑物、构筑物和其他设施；⑤占用或者破坏保护规划确定保留的园林绿地、河湖水系、道路和古树名木等；⑥其他对历史文化街区和历史建筑的保护构成破坏性影响的活动。

在城市紫线范围内确定各类建设项目，必须先由市、县人民政府城乡规划行政主管部门依据保护规划进行审查，组织专家论证并进行公示后核发选址意见书。

在城市紫线范围内进行新建或者改建各类建筑物、构筑物和其他设施，对规划确定保护的建筑物、构筑物和其他设施进行修缮和维修以及改变建筑物、构筑物的使用性质，应当依照相关法律、法规的规定，办理相关手续后方可进行。

城市紫线范围内各类建设的规划审批，实行备案制度。省、自治区、直辖市人民政府公布的历史文化街区，报省、自治区人民政府建设行政主管部门或者直辖市人民政府城乡规划行政主管部门备案。其中国家历史文化名城内的历史文化街区报国务院建设行政主管部门备案。

在城市紫线范围内进行建设活动，涉及文物保护单位的，应当符合国家有关文物保护的法律、法规的规定。

（4）城市紫线管理

任何单位和个人都有权了解历史文化街区和历史建筑的紫线范围及其保护规划，对规划的制定和实施管理提出意见，对破坏保护规划的行为进行检举。

编制历史文化名城和历史文化街区保护规划，应当包括征求公众意见的程序。审查历史文化名城和历史文化街区保护规划，应当组织专家进行充分论证，并作为法定审批程序的组成部分。

市、县人民政府批准保护规划前，必须报经上一级人民政府主管部门审查同意。

历史文化名城和历史文化街区保护规划一经批准，原则上不得调整。因改善和加强保护工作的需要，确需调整的，由所在城市人民政府提出专题报告，经省、自治区、直辖市人民政府城乡规划行政主管部门审查同意后，方可组织编制调整方案。调整后的保护规划在审批前，应当将规划方案公示，并组织专家论证。审批后应当报历史文化名城批准机关备案，其中国家历史文化名城报国务院建设行政主管部门备案。

市、县人民政府应当在批准历史文化街区保护规划后的一个月内，将保护规划报省、自治区人民政府建设行政主管部门备案。其中国家历史文化名城内的历史文化街区保护规划还应当报国务院建设行政主管部门备案。

历史文化名城、历史文化街区和历史建筑保护规划一经批准，有关市、县人民政府城乡规划行政主管部门必须向社会公布，接受公众监督。

历史文化街区和历史建筑已经破坏，不再具有保护价值的，有关市、县人民政府应当向所在省、自治区、直辖市人民政府提出专题报告，经批准后方可撤销相关的城市紫线。撤销国家历史文化名城中的城市紫线，应当经国务院建设行政主管部门批准。

省、自治区建设行政主管部门和直辖市城乡规划行政主管部门，应当定期对保护规划执行情况进行检查监督，并向国务院建设行政主管部门提出报告。对于监督中发现的擅自调整和改变城市紫线，擅自调整和违反保护规划的行政行为，或者由于人为原因，导致历史文化街区和历史建筑遭受局部破坏的，监督机关可以提出纠正决定，督促执行。

国务院建设行政主管部门,省、自治区人民政府建设行政主管部门和直辖市人民政府城乡规划行政主管部门根据需要可以向有关城市派出规划监督员,对城市紫线的执行情况进行监督。规划监督员行使下述职能:①参与保护规划的专家论证,就保护规划方案的科学合理性向派出机关报告;②参与城市紫线范围内建设项目立项的专家论证,了解公示情况,可以对建设项目的可行性提出意见,并向派出机关报告;③对城市紫线范围内各项建设审批的可行性提出意见,并向派出机关报告;④接受公众的投诉,进行调查,向有关行政主管部门提出处理建议,并向派出机关报告。

4.3.5 乡村建设规划许可

在乡、村庄规划区内进行乡镇企业、乡村公共设施和公益事业建设的,建设单位或者个人应当向乡、镇人民政府提出申请,由乡、镇人民政府报城市、县人民政府城乡规划主管部门核发乡村建设规划许可证。

在乡、村庄规划区内使用原有宅基地进行农村村民住宅建设的规划管理办法,由省、自治区、直辖市制定。

在乡、村庄规划区内进行乡镇企业、乡村公共设施和公益事业建设以及农村村民住宅建设,不得占用农用地;确需占用农用地的,应当依照《中华人民共和国土地管理法》有关规定办理农用地转用审批手续后,由城市、县人民政府城乡规划主管部门核发乡村建设规划许可证。

建设单位或者个人在取得乡村建设规划许可证后,方可办理用地审批手续。

4.3.6 临时建设和临时用地管理

1)临时建设概念及特征

临时建设是指经城市、县人民政府城乡规划主管部门批准,临时建设并临时性使用,必须在批准的使用期限内自行拆除的建筑物、构筑物、道路、管线或者其他设施等建设工程。

临时建设的特征:一是时间特征明显,使用期限一般不超过 2 年。二是简易结构特征明显,不得建设成为永久性或者半永久性建筑物、构筑物等。三是在临时建设使用期间,如果国家建设需要时,一般应无条件拆除。四是临时建设应当在批准的使用期限内自行拆除。五是临时建设规划批准证件到期后,该批准证件自行失效。如果需要继续使用时,应当重新申请临时建设规划批准证件。

2)临时用地含义及范围

临时用地是指建设项目施工、地质勘查等临时使用且不修建永久性建(构)筑物、使用后恢复原状并交还土地所有权人或使用权人,经自然资源主管部门依法批准使用的土地。使用后难以恢复原状的用地,不得使用临时用地。临时用地的特征:一是时间特征明显,临时使用土地限期一般不超过 2 年。二是禁止在批准临时使用的土地上建设永久性建筑物、构筑物和其他设施。三是临时用地批准证件到期后,该批准证件自行失效。如果需要继续使用,应当重新申请临时用地批准证件。

临时用地的范围包括:(1)建设项目施工过程中建设的直接服务于施工人员的办公和生活用房,包括临时办公用房、生活用房、临时工棚等使用的土地;直接服务于工程施工的辅助工程,包括农用地表土剥离堆放场、材料堆场、搅拌站、钢筋加工厂、施工及运输便道、地下管线施工、地上线路架设等使用的土地;(2)建设项目选址实施的工程地质勘查、水文地质勘查,以及矿产资源勘查等,在勘查期间临时生活用房、临时工棚、地质勘查作业及其辅助工程、运输便道等使用的土地;(3)符合《土地管理法实施条例》第二十七条规定的抢险救灾等使用的土地;(4)符合法律、法规规定的其他需要临时使用的土地。

3)临时用地规划管理

(1)临时用地的审批

临时用地使用人应当根据土地权属,与有关自然资源主管部门或者农村集体经济组织、村民委员会签订临时使用土地合同,约定临时用地的地类和面积、临时使用土地用途、恢复标准、补偿费用及支付方式、违约责任等。临时用地由县级自然资源主管部门负责审批,其审批流程、申请要件、办理时限、联系方式等向社会公开。

根据《土地复垦条例》的规定,使用临时用地需要编制复垦方案的,有关自然资源主管部门向土地复垦义务人出具的审查意见书应作为临时用地审批的要件材料之一。

批准临时用地涉及占用永久基本农田的,应当向上一级自然资源主管部门备案。

在城乡规划确定的城市、镇规划区内使用临时用地的,临时用地审批与临时建设用地规划许可可同步申请办理,同时出具临时用地批文和临时建设用地规划许可证;具备条件的项目,可以同时办理临时建设工程规划许可,一并出具临时建设工程规划许可证。

(2)临时用地的复垦责任

临时用地使用人应当自临时用地期满之日起1年内完成土地复垦,按照因地制宜的原则,恢复达到可供利用的条件。其中,使用耕地或其他农用地的,应当恢复原种植条件或植被条件;使用未利用地的,恢复原地形地貌,鼓励结合土地复垦提升生态系统功能。临时用地使用城市、镇规划区内土地的,使用人应当在批准期限内自行拆除临时建(构)筑物。

(3)临时用地的批后监管

自然资源主管部门应当在临时用地监管系统及时填报临时用地的批准文件、合同、复垦、还地以及四至坐标信息等,对超出规定范围批准、超出批准有效期的临时用地,不得按临时用地进行变更。县级自然资源主管部门应及时制止、查处违法使用临时用地和未按照批准内容进行临时建设的行为,按照土地管理法等法律法规规章进行查处,对构成犯罪的依法追究刑事责任。

4.3.7　建设规划变更与修改

建设单位应当按照规划条件进行建设;确需变更的,必须向城市、县人民政府城乡规划主管部门提出申请。变更内容不符合控制性详细规划的,城乡规划主管部门不得批准。城市、县人民政府城乡规划主管部门应当及时将依法变更后的规划条件通报同级土地主管部门并公示。建设单位应当及时将依法变更后的规划条件报有关人民政府土地主管部门备案。

有下列情形之一的,组织编制机关方可按照规定的权限和程序修改省域城镇体系规划、城镇总体规划:(1)上级人民政府制定的城乡规划发生变更,提出修改规划要求的;(2)行政区划调整确需修改规划的;(3)因国务院批准重大建设工程确需修改规划的;(4)经评估确需修改规划的;(5)城乡规划的审批机关认为应当修改规划的其他情形。

修改省域城镇体系规划、城镇总体规划前,组织编制机关应当对原规划的实施情况进行总结,并向原审批机关报告;修改涉及城镇总体规划强制性内容的,应当先向原审批机关提出专题报告,经同意后,方可编制修改方案。

修改控制性详细规划的,组织编制机关应当对修改的必要性进行论证,征求规划地段内利害关系人的意见,并向原审批机关提出专题报告,经原审批机关同意后,方可编制修改方案。

修改后的省域城镇体系规划、城镇总体规划、控制性详细规划、乡规划、村庄规划均应依照规定的审批程序报批。城市、县、镇人民政府修改近期建设规划的,应当将修改后的近期建设规划报总体规划审批机关备案。

在选址意见书、建设用地规划许可证、建设工程规划许可证或者乡村建设规划许可证发放后,因依法修改城乡规划给被许可人合法权益造成损失的,应当依法给予补偿。

经依法审定的修建性详细规划、建设工程设计方案的总平面图不得随意修改;确需修改的,城乡规划主管部门应当采取听证会等形式,听取利害关系人的意见;因修改给利害关系人合法权益造成损失的,应当依法给予补偿。

4.3.8　规划的核实与监督检查

县级以上地方人民政府城乡规划主管部门按照国务院规定对建设工程是否符合规划条件予以核实。未经核实或者经核实不符合规划条件的,建设单位不得组织竣工验收。建设单位应当在竣工验收后六个月内向城乡规划主管部门报送有关竣工验收资料。

县级以上人民政府城乡规划主管部门对城乡规划的实施情况进行监督检查,有权采取以下措施:(1)要求有关单位和人员提供与监督事项有关的文件、资料,并进行复制;(2)要求有关单位和人员就监督事项涉及的问题作出解释和说明,并根据需要进入现场进行勘测;(3)责令有关单位和人员停止违反有关城乡规划的法律、法规的行为。

城乡规划主管部门的工作人员履行监督检查职责时,应当出示执法证件。被监督检查的单位和人员应当予以配合,不得妨碍和阻挠依法进行的监督检查活动。监督检查情况和处理结果应当依法公开,供公众查阅和监督。

4.4　历史文化名城保护与风景名胜区保护

4.4.1　概述

1) 历史文化名城、名镇、名村的概念

1982 年 2 月,为了保护那些曾经是古代政治、经济、文化中心或近代革命运动和重大历史事件发生地的重要城市及其文物古迹免受破坏,"历史文化名城"的概念被正式提出。根据《中华人民共和国文物保护法》(简称《文物保护法》),"历史文化名城"是指"保存文物特别丰富并且具有重大历史价值或者革命意义的城市"。从行政区划看,历史文化名城并非一定是"市",也可能是"县"或"区"。

中国历史文化名镇名村,是由建设部和国家文物局从 2003 年起共同组织评选的,保存文物特别丰富且具有重大历史价值或纪念意义的、能较完整地反映一些历史时期传统风貌和地方民族特色的镇和村。

历史文化名城、名镇、名村是我国历史文化遗产的重要组成部分。切实保护好这些历史文化遗产,是保持民族文化传承、增强民族凝聚力的重要文化基础,也是建设社会主义先进文化、深入贯彻落实科学发展观和构建社会主义和谐社会的必然要求。《文物保护法》《城乡规划法》确立了历史文化名城、名镇、名村保护制度,对历史文化名城、名镇、名村的保护,有利于保持和延续传统格局和历史风貌,维护历史文化遗产的真实性和完整性。

2005 年 10 月 1 日,《历史文化名城保护规划规范》正式施行,确定了保护原则、措施、内容和重点。2008 年 7 月 1 日,《历史文化名城名镇名村保护条例》正式施行,规范了历史文化名城、名镇、名村的申报与批准。

国务院于 1982 年、1986 年和 1994 年先后公布了 3 批国家历史文化名城,此后,又根据各省市的申报情况,先后增补了一系列国家历史文化名城名单;住房和城乡建设部和国家文物局也先后公布了一定的历史文化名镇名村、历史文化街区和历史建筑。截至 2019 年 6 月,国务院已公布 134 座国家历史文化名城;住房和城乡建设部和国家文物局已公布 799 个中国历史文化名镇名村,其中,历史文化名镇 312 个,历史文化名村 487 个;全国已划定历史文化街区 875 片,确定历史建筑 2.47 万处。

历史文化名城、名镇、名村的保护应当遵循科学规划、严格保护的原则,保持和延续其传统格局和历史风貌,维护历史文化遗产的真实性和完整性,继承和弘扬中华民族优秀传统文化,正确处理经济社会发展和历史文化遗产保护的关系。

2) 风景名胜区

风景名胜资源是极其珍贵的自然文化遗产,是不可再生的资源,切实保护好这些资源,是落实科学发展观的重大课题。我国风景名胜资源丰富,长期以来,党和政府对风景名胜资源保护十分重视。1985 年国务院颁布了《风景名胜区管理暂行条例》,随着我国改革的深化和社会主义市场经济的发展,实践中出现了风景名胜区规划的编制、修改工作滞后,规划缺乏科学性和合理性,规划权威性不够,随意变更规划等现象,国务院对《风景名胜区管理暂行条例》作了全面修订,于 2006 年 9 月发布了《风景名胜区条例》,2006 年 12 月 1 日起正式施行。

风景名胜区是指具有观赏、文化或者科学价值,自然景观和人文景观比较集中,环境优美,可供人们游览或者进行科学、文化活动的区域。设立风景名胜区,应当有利于保护和合理利用风景名胜资源。

自然景观和人文景观能够反映重要自然变化过程和重大历史文化发展过程,基本处于自然状态或者保持历史原貌,具有国家代表性的,可以申请设立国家级风景名胜区,报国务院批准公布。自 1982 年起,国务院总共公布了 9 批、244 处国家级风景名胜区。截至 2019 年 7 月,我国已有 55 处自然文化遗址和自然景观列入《世界遗产名录》。

4.4.2 历史文化名城保护制度

随着国民经济和社会的发展,各地城镇化进程明显加快,建设与保护的矛盾日益突出,历史文化名城、名镇、名村保护工作面临着一些地方的过度开发和不合理利用；忽视对历史文化名城、名镇、名村的整体保护；保护措施不力，管理不到位；保护范围内的基础设施落后，历史建筑年久失修，居住环境差等亟待解决的问题，国务院依据《文物保护法》《城乡规划法》制定了《历史文化名城名镇名村保护条例》，对历史文化名城、名镇、名村的申报和批准、保护规划、保护措施等作了具体的规定。

1）申报与批准

具备下列条件的城市、镇、村庄，可以申报历史文化名城、名镇、名村：(1)保存文物特别丰富；(2)历史建筑集中成片；(3)保留着传统格局和历史风貌；(4)历史上曾经作为政治、经济、文化、交通中心或者军事要地，或者发生过重要历史事件，或者其传统产业、历史上建设的重大工程对本地区的发展产生过重要影响，或者能够集中反映本地区建筑的文化特色、民族特色。申报历史文化名城的，在所申报的历史文化名城保护范围内还应当有 2 个以上的历史文化街区。

历史文化街区，是指经省、自治区、直辖市人民政府核定公布的保存文物特别丰富、历史建筑集中成片，能够较完整和真实地体现传统格局和历史风貌，并具有一定规模的区域。

申报历史文化名城、名镇、名村，应当提交所申报的历史文化名城、名镇、名村的下列材料：(1)历史沿革、地方特色和历史文化价值的说明；(2)传统格局和历史风貌的现状；(3)保护范围；(4)不可移动文物、历史建筑、历史文化街区的清单；(5)保护工作情况、保护目标和保护要求。

申报历史文化名城，由省、自治区、直辖市人民政府提出申请，经国务院建设主管部门会同国务院文物主管部门组织有关部门、专家进行论证，提出审查意见，报国务院批准公布；申报历史文化名镇、名村，由所在地县级人民政府提出申请，经省、自治区、直辖市人民政府确定的保护主管部门会同同级文物主管部门组织有关部门、专家进行论证，提出审查意见，报省、自治区、直辖市人民政府批准公布。

对符合条件而没有申报历史文化名城、名镇、名村的，上级人民政府有关部门可以向当地人民政府提出申报建议；仍不申报的，可以直接向批准机关提出确定该城市、镇、村庄为历史文化名城、名镇、名村的建议。

已批准公布的历史文化名城、名镇、名村，因保护不力使其历史文化价值受到严重影响的，批准机关应当将其列入濒危名单，予以公布，并责成所在地城市、县人民政府限期采取补救措施，防止情况继续恶化，完善保护制度，加强保护工作。

2）保护规划

历史文化名城保护规划由历史文化名城人民政府组织编制，历史文化名镇、名村保护规划由历史文化名镇、名村所在地县级人民政府组织编制。保护规划的组织编制机关应当自历史文化名城、名镇、名村批准公布之日起 1 年内编制完成保护规划，并报省、自治区、直辖市人民政府审批。保护规划的组织编制机关应当及时公布经依法批准的保护规划，并将经依法批准的保护规划报国务院建设主管部门和国务院文物主管部门备案。

保护规划应当包括下列内容：(1)保护原则、保护内容和保护范围；(2)保护措施、开发强度和建设控制要求；(3)传统格局和历史风貌保护要求；(4)历史文化街区、名镇、名村的核心保护范围和建设控制地带；(5)保护规划分期实施方案。

保护规划报送审批前,保护规划的组织编制机关应当广泛征求有关部门、专家和公众的意见;必要时,可以举行听证。

经依法批准的保护规划,不得擅自修改;确需修改的,保护规划的组织编制机关应当向原审批机关提出专题报告,经同意后,方可编制修改方案。修改后的保护规划,应当按照原审批程序报送审批。

国务院有关部门和县级以上地方人民政府应当加强对保护规划实施情况的监督检查。对发现的问题,应当及时纠正、处理。

3)保护措施

历史文化名城、名镇、名村应当整体保护,保持传统格局、历史风貌和空间尺度,不得改变与其相互依存的自然景观和环境。

历史文化名城、名镇、名村所在地县级以上地方人民政府应当根据当地经济社会发展水平,按照保护规划,控制人口数量,改善历史文化名城、名镇、名村的基础设施、公共服务设施和居住环境。

在保护范围内的建设活动应当符合保护规划,不得损害历史文化遗产的真实性和完整性,不得对其传统格局和历史风貌构成破坏性影响。

在保护范围内禁止进行下列活动:(1)开山、采石、开矿等破坏传统格局和历史风貌的活动;(2)占用保护规划确定保留的园林绿地、河湖水系、道路等;(3)修建生产、储存爆炸性、易燃性、放射性、毒害性、腐蚀性物品的工厂、仓库等;(4)在历史建筑上刻划、涂污。

进行其他影响传统格局、历史风貌和历史建筑的活动的,应当制定保护方案,并依照有关法律、法规的规定办理相关手续。

核心保护范围内的建筑物、构筑物,应当符合保护规划确定的建设控制要求,并区分不同情况,采取相应措施,实行分类保护。新建、扩建必要的基础设施和公共服务设施的,城市、县人民政府城乡规划主管部门核发建设工程规划许可证、乡村建设规划许可证前,应当征求同级文物主管部门的意见;拆除历史建筑以外的建筑物、构筑物或者其他设施的,应当经城市、县人民政府城乡规划主管部门会同同级文物主管部门批准。审批机关应当组织专家论证,并将审批事项予以公示,征求公众意见。核心保护范围内的历史建筑,应当保持原有的高度、体量、外观形象及色彩等。

城市、县人民政府应当对历史建筑设置保护标志,建立档案。历史建筑的所有权人负责历史建筑的维护和修缮,县级以上地方人民政府可以给予补助。历史建筑有损毁危险,所有权人不具备维护和修缮能力的,当地人民政府应当采取措施进行保护。对历史建筑原则上实施原址保护,必须迁移异地保护或者拆除的,应当经省、自治区、直辖市人民政府确定的保护主管部门会同同级文物主管部门批准。对历史建筑进行外部修缮装饰、添加设施以及改变历史建筑的结构或者使用性质的,应当经城市、县人民政府城乡规划主管部门会同同级文物主管部门批准。

4.4.3 风景名胜区保护制度

1)风景名胜区的设立

新设立的风景名胜区与自然保护区不得重合或者交叉;已设立的风景名胜区与自然保

护区重合或者交叉的,风景名胜区规划与自然保护区规划应当相协调。自然保护区,是指对有代表性的自然生态系统、珍稀濒危野生动植物物种的天然集中分布区、有特殊意义的自然遗迹等保护对象所在的陆地、陆地水体或者海域,依法划出一定面积予以特殊保护和管理的区域。

风景名胜区划分为国家级风景名胜区和省级风景名胜区。自然景观和人文景观具有国家代表性的,可以申请设立国家级风景名胜区;具有区域代表性的,可以申请设立省级风景名胜区。

设立国家级风景名胜区,由省、自治区、直辖市人民政府提出申请,国务院建设主管部门会同国务院环境保护主管部门、林业主管部门、文物主管部门等有关部门组织论证,提出审查意见,报国务院批准公布;设立省级风景名胜区,由县级人民政府提出申请,省、自治区人民政府建设主管部门或者直辖市人民政府风景名胜区主管部门,会同其他有关部门组织论证,提出审查意见,报省、自治区、直辖市人民政府批准公布。

申请设立风景名胜区的人民政府应当在报请审批前,与风景名胜区内的土地、森林等自然资源和房屋等财产的所有权人、使用权人充分协商。因设立风景名胜区对风景名胜区内的土地、森林等自然资源和房屋等财产的所有权人、使用权人造成损失的,应当依法给予补偿。

2) 风景名胜区的规划

风景名胜区规划是做好风景名胜区工作的前提。风景名胜区规划分为总体规划和详细规划。风景名胜区总体规划的编制,应当体现人与自然和谐相处、区域协调发展和经济社会全面进步的要求,坚持保护优先、开发服从保护的原则,突出风景名胜资源的自然特性、文化内涵和地方特色。风景名胜区总体规划应当包括下列内容:(1)风景资源评价;(2)生态资源保护措施、重大建设项目布局、开发利用强度;(3)风景名胜区的功能结构和空间布局;(4)禁止开发和限制开发的范围;(5)风景名胜区的游客容量;(6)有关专项规划。风景名胜区应当自设立之日起 2 年内编制完成总体规划。总体规划的规划期一般为 20 年。

风景名胜区详细规划应当根据核心景区和其他景区的不同要求编制,确定基础设施、旅游设施、文化设施等建设项目的选址、布局与规模,并明确建设用地范围和规划设计条件。风景名胜区详细规划,应当符合风景名胜区总体规划。

国家级风景名胜区规划由省、自治区人民政府建设主管部门或者直辖市人民政府风景名胜区主管部门组织编制;省级风景名胜区规划由县级人民政府组织编制。国家级风景名胜区的总体规划,由省、自治区、直辖市人民政府审查后,报国务院审批;详细规划由省、自治区人民政府建设主管部门或者直辖市人民政府风景名胜区主管部门报国务院建设主管部门审批。省级风景名胜区的总体规划,由省、自治区、直辖市人民政府审批,报国务院建设主管部门备案;详细规划由省、自治区人民政府建设主管部门或者直辖市人民政府风景名胜区主管部门审批。

编制风景名胜区规划,应当采用招标等公平竞争的方式选择具有相应资质等级的单位承担,并按照经审定的风景名胜区范围、性质和保护目标,依照国家有关法律、法规和技术规范编制。编制风景名胜区规划,应当广泛征求有关部门、公众和专家的意见,并在必要时进行听证,报送审批的材料应当包括社会各界的意见和意见采纳的情况以及未予采纳的理由。

风景名胜区规划经批准后,应当向社会公布,任何组织和个人有权查阅。

经批准的风景名胜区规划不得擅自修改。确需对风景名胜区总体规划中的风景名胜区范围、性质、保护目标、生态资源保护措施、重大建设项目布局、开发利用强度以及风景名胜区的功能结构、空间布局、游客容量进行修改的,应当报原审批机关批准;对其他内容进行修改的,应当报原审批机关备案。风景名胜区详细规划确需修改的,应当报原审批机关批准。政府或者政府部门修改风景名胜区规划对公民、法人或者其他组织造成财产损失的,应当依法给予补偿。

3)风景名胜区的保护

风景名胜区内的景观和自然环境,应当根据可持续发展的原则,严格保护,不得破坏或者随意改变。在风景名胜区内禁止进行修建储存危险物品的设施和开荒、开矿等破坏景观、植被和地形地貌的活动;对设置、张贴商业广告,举办大型游乐活动和其他影响生态和景观等活动应当经风景名胜区管理机构审核后,依照有关法律、法规的规定报有关主管部门批准。禁止违反风景名胜区规划,在风景名胜区内设立各类开发区和在核心景区内建设宾馆、招待所、培训中心、疗养院以及与风景名胜资源保护无关的其他建筑物;已经建设的,应当按照风景名胜区规划,逐步迁出。

在风景名胜区内从事建设活动,应当经风景名胜区管理机构审核后,依法办理审批手续;在国家级风景名胜区内修建缆车、索道等重大建设工程,项目的选址方案应当报国务院建设主管部门核准。风景名胜区内的建设项目,应当符合风景名胜区规划,并与景观相协调,不得破坏景观、污染环境、妨碍游览。在风景名胜区内进行建设活动的,建设单位、施工单位应当制定污染防治和水土保持方案,并采取有效措施,保护好周围景物、水体、林草植被、野生动物资源和地形地貌。

风景名胜区内宗教活动场所的管理,依照国家有关宗教活动场所管理的规定执行。风景名胜区内涉及自然资源保护、利用、管理和文物保护以及自然保护区管理的,还应当执行国家有关法律、法规的规定。

4)风景名胜资源的利用与管理

(1)风景名胜资源的利用原则

风景名胜区要遵循"科学规划、统一管理、严格保护、永续利用"的原则,正确处理好保护与利用的关系。

风景名胜资源的独特性、脆弱性和不可再生性,决定了风景名胜区的工作,必须把资源保护放在第一位。保护资源是风景名胜区工作的核心。在保护的基础上,使风景名胜区的珍贵资源得以永续利用,不仅惠及当代、满足广大人民群众精神文化生活的需要,改善当地经济的发展状况,带动旅游经济的发展,同时也使风景名胜资源得以完好地保护和延续,造福子孙后代。

(2)风景名胜资源的利用

在严格保护的前提下,合理利用风景名胜资源,也能反过来更好地保护风景名胜资源。利用风景名胜资源应当采取以下措施,防止风景名胜资源的过度利用和破坏:

① 严格禁止不合理的旅游开发

风景名胜资源是最重要的旅游资源,旅游事业的发展能极大地带动当地的经济发展。

但是,有些风景名胜区在利用风景名胜资源时,存在急功近利、过度开发的错误行为。要制止风景名胜区中的景区存在的过度城市化、人工化倾向,制止商业设施的泛滥。风景名胜资源的利用必须统筹兼顾资源保护和开发利用的关系,必须克服只顾短期和局部利益、忽视长远和全局利益的错误倾向。

② 严格规划风景名胜区的保护性设施

在风景名胜区内应严格限制建设各类建筑物、构筑物。确需建设保护性基础设施的,必须依据风景名胜区规划编制专门的建设方案,组织论证,进行环境影响评价,并严格依据法定程序审批。规划未经批准的,一律不得进行各类项目建设,防止利用建设保护性设施搞破坏性开发建设。

③ 禁止在风景名胜区核心景区进行影视拍摄和大型实景演艺活动

影视制作和大型实景演艺活动,利用风景名胜资源,提高了收视率和票房,同时客观上也宣传了风景名胜资源,但在利用风景名胜资源中,存在过度消耗资源和破坏环境的行为。国家禁止在风景名胜区核心景区进行影视拍摄和大型实景演艺活动,在核心景区以外范围也是严格限制。因特殊情况确需在限制类区域搭建和设置布景棚、拍摄营地、舞台等临时性构筑物的,应当办理报批手续。

④ 加强宣传,提高全社会的风景名胜区保护意识

在风景名胜区内,要采取多种形式向游客宣传自然和历史文化知识及保护风景名胜资源的要求。风景名胜区内所有机关、单位、居民都要爱护风景名胜资源,使国家宝贵的风景名胜资源实现永续利用的目标。

(3) 风景名胜区的管理

风景名胜区管理机构是风景名胜区内各类活动的管理主体。风景名胜区所在地县级以上地方人民政府设置的风景名胜区管理机构,负责风景名胜区的保护、利用和统一管理工作。风景名胜区管理机构应当建立健全风景名胜资源保护的各项管理制度,对风景名胜区内的重要景观进行调查、鉴定,并制定相应的保护措施。风景名胜区管理机构应当在风景名胜区内设置风景名胜区标志和路标、安全警示等标牌;应当建立健全安全保障制度,加强安全管理,保障游览安全,并督促风景名胜区内的经营单位接受有关部门依据法律、法规进行的监督检查。

国家建立风景名胜区管理信息系统,对风景名胜区规划实施和资源保护情况进行动态监测。国家级风景名胜区所在地的风景名胜区管理机构应当每年向国务院建设主管部门报送风景名胜区规划实施和土地、森林等自然资源保护的情况;国务院建设主管部门应当将土地、森林等自然资源保护的情况,及时抄送国务院有关部门。

国务院建设主管部门应当对国家级风景名胜区的规划实施情况、资源保护状况进行监督检查和评估。对发现的问题,应当及时纠正、处理。

本 章 小 结

第 1 节介绍了城乡规划的概念、立法概况、分类、原则与依据。

第 2 节针对不同类型的城乡规划,介绍了其编制与审批的主管部门和规划内容,并指出了从事城乡规划编制工作应具备的条件。

第3节重点介绍了城乡规划的实施与管理,包括城市设计管理,各项建设用地和各类建设工程实行的"一书两证"制度,城市规划确定的"四线"管理制度,临时建设和临时用地管理,以及建设规划变更与修改等内容。

第4节对历史文化名城与风景名胜区的设立、规划、保护等内容进行了介绍。

⚖ 案例4.1 　黑龙江省福好佳房地产开发有限公司与海伦市城乡规划管理局规划行政判决案

基本案情:

被告海伦市城乡规划管理局(以下简称"海伦市规划局")于 2016 年 4 月 15 日作出了海规罚决字〔2016〕第 002 号行政处罚决定,认定黑龙江省福好佳房地产开发有限公司未按《建设工程规划许可证》的规定进行建设,超建 16 630.8 平方米,违反了《中华人民共和国城乡规划法》第四十条之规定。依据《中华人民共和国城乡规划法》第六十四条之规定,决定没收违法收入 35 804 501.00 元。原告黑龙江省福好佳房地产开发有限公司(以下简称"福好佳公司")因不服海伦市规划局的行政处罚,于 2016 年 10 月 14 日向黑龙江省海伦市人民法院提起了行政诉讼。

原告福好佳公司诉称,被告海伦市规划局于 2016 年 4 月 15 日作出的海规罚决字〔2016〕第 002 号行政处罚决定程序违法,作出处罚决定未告知相关权利义务,且处罚决定认定事实不清,依据不足,要求撤销被告海伦市规划局作出的海规罚决字〔2016〕第 002 号行政处罚决定。

经庭审质证,原告福好佳公司对被告海伦市规划局提交的证据无异议,但认为被告海伦市规划局作出处罚决定之前未告知原告福好佳公司听证的权利,违反法定程序。

法院经审理查明,2016 年 3 月 14 日,被告海伦市规划局对原告福好佳公司建设的合兴一品一期、二期项目的违法行为进行立案处理。2016 年 4 月 15 日,被告海伦市规划局作出了处罚决定,作出处罚决定之前,未告知原告福好佳公司有要求举行听证的权利。

审判结果:

法院认为,被告海伦市规划局作出海规罚决字〔2016〕第 002 号行政处罚决定之前,未告知原告福好佳公司有要求举行听证的权利,违反了《中华人民共和国行政处罚法》第四十二条第一款"行政机关作出责令停产停业、吊销许可证或者执照、较大数额罚款等行政处罚决定之前,应当告知当事人有要求举行听证的权利"的规定,违反法定程序,依法应予撤销。原告请求撤销被诉行政处罚决定,应予支持。依照《中华人民共和国行政诉讼法》第七十条第(三)项之规定,判决如下:

撤销被告海伦市规划局 2016 年 4 月 15 日对原告黑龙江省福好佳房地产开发有限公司作出的海规罚决字〔2016〕第 002 号行政处罚决定。

案件受理费 50.00 元,由被告海伦市规划局负担。

如不服本判决,可在判决书送达之日起十五日内,向本院递交上诉状,并按对方当事人的人数提出副本,上诉于黑龙江省绥化市中级人民法院。

分析评论：

《城乡规划法》第六十四条规定："未取得建设工程规划许可证或者未按照建设工程规划许可证的规定进行建设的,由县级以上地方人民政府城乡规划主管部门责令停止建设;尚可采取改正措施消除对规划实施的影响的,限期改正,处建设工程造价百分之五以上百分之十以下的罚款;无法采取改正措施消除影响的,限期拆除,不能拆除的,没收实物或者违法收入,可以并处建设工程造价百分之十以下的罚款"。

本案中黑龙江省福好佳房地产开发有限公司未按"建设工程规划许可证"的规定进行建设,超建 16 630.8 平方米,根据《城乡规划法》第六十四条规定,无法采取改正措施消除影响的,限期拆除,不能拆除的,海伦市规划局是可以没收违法收入的。但海伦市规划局作出行政处罚决定之前,没有告知原告福好佳公司有要求举行听证的权利,违反了《行政处罚法》规定的法定程序,本应有效的行政处罚被法院判决撤销。

在实际案例中,涉及的法律问题不仅仅是实体内容,当事人应合理对待遇到的问题,全面考虑相关法律问题,既考虑实体法,也要考虑程序法,才能很好地解决问题。

资料来源:裁判文书网

⚖ 案例 4.2　　　　执法部门向苏州大学发"问询函"

基本案情：

苏州大学本部校园位于苏州国家历史文化名城保护区内,属于重点保护区域。校园内的钟楼、原东吴大学法学院的牌楼等建筑群是全国重点文物保护单位。2019 年 7 月,未经批准擅自移树,苏州大学十梓街本部法学院楼前的两棵古香樟树遭到施工队开挖。在学校师生及执法部门介入后,挖树行为被叫停,已被挖起的树木回归到原位,但法学院大门口西侧原有的凉亭、石凳、紫藤架以及回廊在施工中已被毁掉,留下了一堆碎砖、残枝。苏州市姑苏区人民检察院的检察官、苏州市文化广电和旅游局的执法人员以及苏州市园林和绿化管理局的工作人员来到施工现场,共同推动校园历史建筑和绿化保护工作。

案件处理：

文化执法人员到现场查看在现场调查时,仅看到钟楼大门上贴着一张 A4 纸大的告示,并无施工方案说明也没有建设工程规划公示。随后文化执法部门向苏州大学发出"问询函",要求其说明情况。同时,姑苏区人民检察院的检察官也在现场作了调查取证。文化执法人员在调阅"文物保护单位保护范围及建设控制地带图录"后确认,以钟楼为核心的 14 幢建筑均属于东吴大学旧址,都是全国重点文物保护单位。以该建筑群为中心,"东至外城河、南至带城桥下塘河、西至螺丝浜,北至校内东吴路"属于建设控制地带。"按照规定,在该区域内建设项目,需要报省级文物部门审批。"《文物保护法》(2017 年修正)第十八条规定,在文物保护单位的建设控制地带内进行建设工程,不得破坏文物保护单位的历史风貌;工程设计方案应当根据文物保护单位的级别,经相应的文物行政部门同意后,报城乡建设规划部门批准。

分析评论：

这两棵古樟树是老东吴大学的历史原貌,是法学院的一个标志。古树是百年老校人文景观的组成部门，特别是承载历史的老校区，任何重大规划和决策应广泛听取意见。据苏州市园林和绿化管理局相关人员介绍，这两棵树虽有一些年头，并非苏州市挂牌古树，但是属于具有历史价值、纪念意义的树木。

历史街区和历史文物不是孤零零的几栋楼房和牌楼，要保护的不仅是建筑，也包括建筑周边的树、草坪、路面等，紫藤架、回廊、凉亭、香樟树，这些虽然不是文物，但是文物的生存环境。文物和历史建筑物的保护应该是整体的保护。从历史维度看，它们本身就是一体的，尊重它们，就是尊重历史。

《苏州市古树名木保护管理条例》第十二条规定：制定城乡建设规划，应当保护古树名木及其周围的生长环境和风貌。新建、改建、扩建的建设工程涉及古树名木的，建设单位必须提出避让和保护方案，经古树名木主管部门同意后，再办理有关建设审批手续。建设单位和施工单位必须按照避让和保护方案进行施工；古树名木主管部门应当主动监督、检查。

根据《苏州市城市绿化条例》(2016年)第十八条规定：城市中的树木，不论其所有权归属，任何单位和个人不得擅自砍伐、移植。确需砍伐、移植的，必须经市、县级市城市绿化行政主管部门批准。

事发时，苏州市园林和绿化管理局工作人员就到场了解情况，经查，学校树木移植确实存在审批手续不完善的情况，被立即要求原样整改，全部恢复原貌。事后，经与园林和绿化管理局专家沟通，校方决定取消树木移植计划，并制定树木养护方案，对已经受伤的树木实施修剪(减少水分蒸发)、加装支撑、搭遮阳网等措施，确保其成活。随后，校方后勤管理处将对钟楼南草坪改造方案进行公示，征求师生意见，完善后按规定程序报批。

资料来源：《名城苏州》《姑苏晚报》(2019年7月16日)、《苏州日报》(2019年7月20日)

第5章 建设用地法律制度

本章主要介绍与建设活动密切相关的土地制度及建设用地法律制度。土地是建设工程最为重要的依托载体。建设活动的开展,需要使用到包括国有土地、集体土地在内的大量土地。我国围绕建设用地的取得、使用、流转、终止等环节,制定出台了一系列规范性法律文件,这些文件是建设主体开展建设活动必须遵守的法律制度。

5.1 中国土地制度概述

5.1.1 土地制度的立法概况

土地制度是一个国家最为重要、最为根本的法律制度之一,不仅事关国家的基本经济秩序与社会稳定,也与民众的基本权利息息相关。新中国成立后,国家高度重视土地制度的立法工作。在新中国成立初期,就颁布了一系列有关土地事项的立法。1950 年 6 月 28 日,中央人民政府委员会第八次会议通过了《中华人民共和国土地改革法》,该法对新中国成立前土地的没收和征收、分配、特殊土地问题的处理等问题作了规定,为土地改革的顺利推进提供了法制保障。1953 年 11 月 5 日,原政务院第 192 次会议通过了《国家建设征用土地办法》(后经 1957 年修订),对国家建设活动中的土地征用制度作了具体规定。1954 年 9 月 20 日,第一届全国人民代表大会第一次会议通过了《中华人民共和国宪法》。作为新中国首部正式颁布的宪法,它规定国家依照法律保护农民的土地所有权和其他生产资料所有权;国家为了公共利益的需要,可以依照法律规定的条件,对城乡土地和其他生产资料实行征购、征用或者收归国有。这些规定对保障土地改革的成果、推动社会主义建设起到了积极作用。

改革开放后,土地立法步入了快车道。1982 年 12 月 4 日,第五届全国人民代表大会第五次会议通过的《中华人民共和国宪法》,从国家根本法的层面,对土地制度作出了新的安排。此后,为顺应深入推进改革事业与发展社会主义市场经济的需要,全国人大还分别于1988 年和 2004 年颁布宪法修正案,对于土地制度作了进一步的调整。其中,1988 年的宪法修正案在维持土地所有权不可买卖、出租或者以其他形式非法转让的前提下,规定"土地的使用权可以依照法律的规定转让",这为土地市场的发展奠定了宪法基础。2004 年的宪法修正案规定"国家为了公共利益的需要,可以依照法律规定对土地实行征收或者征用并给予补偿",这一规定不仅从宪法层面区分了土地征收与征用这两类不同的行为,而且规定国家行使土地征收和征用权必须给予补偿,由此强化了对被征收、征用人土地权利的保障。

对土地制度进行更为详细的规定的,是全国人大常委会制定的《土地管理法》。该法是土地管理领域的基本法,于 1986 年 6 月 25 日在第六届全国人民代表大会常务委员会第十六次会议上通过,后又经 1988 年、1998 年、2004 年、2019 年四次修订。现行《土地管理法》设 8 章,分别是"总则""土地的所有权和使用权""土地利用总体规划""耕地保护""建设用地""监督检查""法律责任"和"附则",共 87 个条文,对我国的土地管理制度作了全面的规定。此外,全国人大及其常委会还颁布了《中华人民共和国城市房地产管理法》(2019 年修订)、《民法典》(2020 年)等立法,进一步细化了相关具体领域的土地制度。

国务院作为最高国家行政机关,也先后出台了一大批涉及土地制度的行政法规。其中,为配合《土地管理法》的实施,国务院颁布了《土地管理法实施条例》(2014 年修订),对土地管理制度作了更为深入的规定。此外,国务院还出台了《城镇国有土地使用权出让和转让暂行条例》(1990 年)、《国有土地上房屋征收与补偿条例》(2011 年)、《城市房地产开发经营管理条例》(2019 年修订)、《不动产登记暂行条例》(2019 年修订)等行政法规。与此同时,国务院土地、建设等主管部门先后出台了大量有关土地及相关制度的部门规章(例如原国家土地管理局 1992 年发布的《划拨土地使用权管理暂行办法》、2003 年原国土资源部发布的《协议出让国有土地使用权规定》、原国土资源部 2007 年发布的《招标拍卖挂牌出让国有建设用地使用权规定》、住房和城乡建设部 2013 年发布的《房地产估价机构管理办法》等),以及数量更为庞大的规章以下的规范性文件。此外,在地方层面,地方人大及其常委会以及地方人民政府也制定了一系列有关土地制度的地方性法规、地方政府规章以及规章以下的规范性文件。

5.1.2 土地公有制及土地所有权与使用权

1) 土地公有制

我国实行土地的社会主义公有制,即全民所有制和劳动群众集体所有制。

全民所有,即国家所有,国家代表全体人民行使土地所有权。

劳动群众集体所有制指部分劳动群众共同占有生产资料的一种公有制形式。我国农村土地实行劳动群众集体所有制,即由各级农村集体组织代表农村集体经济组织全体成员行使土地所有权。

2) 土地所有权

(1) 土地所有权的含义

土地所有权是指土地所有权人依法对其所有的土地进行占有、使用、收益和处分的权利。在法学理论上,所有权是一种完全物权,完整地包含了占有、使用、收益和处分这四项权能。但是在我国,土地所有权的行使受到很大的限制。一方面,我国实行社会主义公有制,土地归国家或集体所有,土地所有权不得以任何形式进行交易。对此,《中华人民共和国宪法》(简称《宪法》,2018 年修订)第十条第四款明文规定:"任何组织或者个人不得侵占、买卖或者以其他形式非法转让土地。"另一方面,在行使土地所有权其他权能的过程中,也受到很多限制。在土地所有权高度稳定的情况下,为实现土地资源的有效利用,法律制度上设置一种用益物权即土地使用权,将土地使用权从土地所有权中分离出来,使之成为一种相对独立的物权形态并且赋予占有、使用、收益和处分的权能。我国土地制度的立法确立了以"土地使用权"这一项权能为中心的管理制度。《土地管理法》(2019 年修订)第四条的规定:国家实行土地用途管制制度。国家编制土地利用总体规划,规定土地用途,将土地分为农用地、建设用地和未利用地。严格限制农用地转为建设用地，控制建设用地总量，对耕地实行特殊保护。使用土地的单位和个人必须严格按照土地利用总体规划确定的用途使用土地。

（2）土地所有权的类型与行使

在我国，按照权利主体的不同，土地所有权分为国家所有权与集体所有权两类。它们的客体范围与行使机制并不相同。

土地国家所有权，是指国家代表中华人民共和国全体公民对土地享有的所有权。根据《宪法》《民法典》《土地管理法》《土地管理法实施条例》等立法的规定，如下土地属于国家所有：①城市市区的土地；②农村和城市郊区中已经依法没收、征收、征购为国有的土地；③国家依法征收的土地；④依法不属于集体所有的林地、草地、荒地、滩涂及其他土地；⑤农村集体经济组织全部成员转为城镇居民的，原属于其成员集体所有的土地；⑥因国家组织移民、自然灾害等原因，农民成建制地集体迁移后不再使用的原属于迁移农民集体所有的土地。由于国家或全体公民作为国有土地的权利主体较为抽象，事实上不可能具体行使土地的所有权，因而土地的国家所有权由国务院作为代表者来行使，在实践中又具体化为各级人民政府来行使。土地的国家所有权受法律保护，禁止任何单位和个人侵占、哄抢、私分、截留、破坏。履行国有土地管理、监督职责的机构及其工作人员，应当依法加强对国有土地的管理、监督，防止国有土地损失；滥用职权，玩忽职守，造成国有财产损失的，应当依法承担法律责任。

土地集体所有权，是指特定范围内的农民集体对土地享有的所有权。根据《宪法》《民法典》《土地管理法》等立法的规定，如下土地属于农民集体所有：①农村和城市郊区的土地，但法律规定属于国家所有的除外；②宅基地和自留地、自留山。农民集体具体分为三种类型：一是村农民集体；二是村内农民集体；三是乡（镇）农民集体。其中，村农民集体所有的土地，由村集体经济组织或者村民委员会经营、管理；已经属于村内两个以上农村集体经济组织的农民集体所有的土地，由村内各该农村集体经济组织或者村民小组经营、管理；已经属于乡（镇）农民集体所有的土地，由乡（镇）农村集体经济组织经营、管理。集体所有的土地受法律保护，禁止任何单位和个人侵占、哄抢、私分、破坏。集体经济组织、村民委员会或者其负责人作出的决定侵害集体成员合法权益的，受侵害的集体成员可以请求人民法院予以撤销。

3）土地使用权

（1）土地使用权的含义

土地使用权是指权利主体依法对国有土地或集体土地享有的占有、使用或收益的权利。土地使用权是从土地所有权上派生出来的一项民事权利。在理论上，土地使用权是一种定限物权，其权能并不如所有权那样完整全面。但在我国，由于所有权的行使受到极大的限制，土地使用权反而在事实上成为了土地所有权的主要实现形式，是发挥土地价值最为主要的手段。

（2）土地使用权的类型与行使

按照所依附土地的所有权的不同，土地使用权分为国有土地使用权和集体土地使用权两类。

国有土地使用权，是指权利主体使用国家所有土地的权利。国有土地使用权通过划拨或出让方式取得，出让取得的国有土地使用权，可以按照规定在一定期限内使用，并依法可以转让、出租、赠与、抵押等方式流转。划拨取得的国有土地使用权,除法律、行政法规另有规定外,没有使用期限的限制,但它一般不可流转;确需流转的,须补办土地使用权出让手续。单位和个人依法使用的国有土地,由土地使用者向土地所在地的县级以上人民政府自然资源主管部门提出土地登记申请,由县级以上人民政府登记造册,核发国有土地使用权证书,确认使用权。

集体土地使用权,是指权利主体使用集体所有土地的权利。使用集体土地从事非农业活动(如兴办乡镇企业、建设乡村公共设施与宅基地等)的,应取得集体建设用地使用权。土地使用者应向土地所在地的县级人民政府自然资源主管部门提出土地登记申请,由县级不动产登记机构核发集体土地使用权证书或者宅基地证,确认建设用地使用权。

5.1.3　城市土地使用制度的基本框架

在城市范围内,土地使用制度是由城市土地使用权的取得、经营和终止等基本制度构成的。国家将已合法拥有的国有土地或者新征收的集体土地,通过出让和划拨的手段,提供给城市土地使用者,城市土地使用者据此获得国有土地使用权。在获得土地使用权后,权利主体可以自己利用该土地从事生产经营、生活等活动,也可以依法从事转让、出租、抵押等经营活动。土地使用权的期限届满时,需要继续使用的,可以申请续期。住宅建设用地期限届满的,自动续期。因期限届满未能依法续期、基于公共利益需要提前收回、未按法定期限动工开发等事由,土地使用权依法终止。

5.2　建设用地法律制度

建设用地是指建造建筑物及其附属设施所用的土地,包括城乡住宅用地、公共设施用地、工矿用地、交通水利设施用地、军事设施用地等。

5.2.1　建设用地分类

按照不同的标准,可以对建设用地作出不同的分类。

以土地用途为标准,将建设用地分为农业建设用地和非农业建设用地。所谓农业建设用地,是指直接用于农业生产的工程设施所使用的土地,主要包括农田水利设施用地、农业生产运输道路用地等。所谓非农业建设用地,是指直接用于农业生产以外的其他建设工程或经济设施使用的土地,其外延很广,包括城镇住宅用地、乡镇企业用地、城市与乡(镇)村公共设施用地、交通用地、工矿用地等。

以土地权属为标准,将建设用地分为国家建设用地和乡(镇)村建设用地。国家建设用地是指国家进行经济、文化、社会等领域的建设活动所需用的国有土地。乡(镇)村建设用地是指农村集体经济组织或村委会兴办乡镇企业、进行乡(镇)村公共设施、公益事业和农村村民住宅建设所需使用的农民集体所有的土地。其中,乡(镇)村公共设施、公益事业建设包括兴建农村道路、水利设施、学校、通信、医疗卫生、敬老院、幼儿园、村委会办公室等。

以使用期限为标准,将建设用地分为永久性建设用地和临时建设用地。永久性建设用地是指建设用地一经使用后不再恢复原状,可以在较长时间内持续使用下去的土地,具体又可以分为划拨土地的无期限使用,以及出让土地在较长年限内的使用两种情形。临时性建设用地是指在建设过程中需要进行短期使用,事后应恢复原状的土地,例如因建设项目施工和地质勘查需要临时使用国有土地或者农民集体所有的土地。临时使用土地的,应当按规定报批,并与土地所有权人或其代表签订临时使用土地合同,并支付临时使用土地补偿费。临时使用土地的使用者应当按照临时使用土地合同约定的用途使用土地,并不得修建永久性建筑物。临时使用土地期限一般不超过2年。

5.2.2 国有土地上房屋和集体土地的征收

国家建设用地使用权的供应渠道有很多,其中有一类是通过国家运用行政征收权力,从其他权利主体手中强制取得的国有土地。这种征收活动具体又包括征收国有土地上房屋以及征收集体土地两种情形。

1) 国有土地上房屋的征收

国有土地上房屋征收是指国家运用行政征收权力,强制转让国有土地上房屋所有权人的房屋所有权的一种行政活动。我国实行"房地权利主体一致"模式,随着房屋所有权被依法征收,其借以附着的国有土地使用权也一并被收回。因此,国有土地上房屋的征收是形成新的建设用地使用权的一种重要途径,是在存量的国有土地范围内重新配置土地资源的一种措施。2011年1月19日,国务院第141次常务会议通过了《国有土地上房屋征收与补偿条例》,该法取代了国务院2001年公布的《城市房屋拆迁管理条例》,对国有土地上房屋的征收与补偿制度作出了具体的规定。

(1) 征收的条件与原则

对国有土地上单位、个人的房屋进行征收,其前提是必须基于公共利益的需要。公共利益的界定是一个世界性的难题,对其无法作出一个准确定义,但其一般是指维护国家安全、促进国民经济和社会发展等与不特定的公众相关的利益,而非特定个人、组织的利益或者商业利益。《国有土地上房屋征收与补偿条例》(2011年)第八条对常见的属于公共利益的几种情形作了列举,其包括:①国防和外交的需要;②由政府组织实施的能源、交通、水利等基础设施建设的需要;③由政府组织实施的科技、教育、文化、卫生、体育、环境和资源保护、防灾减灾、文物保护、社会福利、市政公用等公共事业的需要;④由政府组织实施的保障性安居工程建设的需要;⑤由政府依照城乡规划法有关规定组织实施的对危房集中、基础设施落后等地段进行旧城区改建的需要;⑥法律、行政法规规定的其他公共利益的需要。为了实现上述公共利益,确需征收房屋的各项建设活动,还应符合国民经济和社会发展规划、土地利用总体规划、城乡规划和专项规划。保障性安居工程建设、旧城区改建,应纳入市、县级国民经济和社会发展年度计划。

与此同时,对国有土地上房屋进行征收,还应当给予被征收人公平补偿。补偿责任由作出房屋征收决定的市、县级人民政府承担,是一种政府责任,不能交由建设单位等私人主体承担。实施房屋征收应当先补偿、后征收和搬迁。作出房屋征收决定前,行政机关的征收补偿费用应当足额到位、专户存储、专款专用。补偿问题未依法定程序解决前,被征收人有权拒绝交出房屋和土地。

房屋征收与补偿应当遵循决策民主、程序正当、结果公开的原则。

（2）征收的程序

国有土地上房屋征收是一种行政行为，为规范行政机关的征收权力、保障被征收人的合法权益，《国有土地上房屋征收与补偿条例》对征收程序作出了如下规定：

第一，征收补偿方案的拟定与发布。房屋征收部门拟定征收补偿方案，报市、县级人民政府。市、县级人民政府应当组织有关部门对征收补偿方案进行论证并予以公布，征求公众意见。征求意见期限不得少于 30 日。市、县级人民政府应当将征求意见情况和根据公众意见修改的情况及时公布。

第二，举行听证会。因旧城区改建需要征收房屋，多数被征收人认为征收补偿方案不合法的，市、县级人民政府应当组织由被征收人和公众代表参加的听证会，并根据听证会情况修改方案。

第三，举行风险评估。市、县级人民政府作出房屋征收决定前，应当按照有关规定进行社会稳定风险评估。

第四，征收决定的作出与公布。房屋征收决定涉及被征收人数量较多的，应当经政府常务会议讨论决定。市、县级人民政府作出房屋征收决定后应当及时公告。公告应当载明征收补偿方案和行政复议、行政诉讼权利等事项。市、县级人民政府及房屋征收部门应当做好房屋征收与补偿的宣传、解释工作。房屋被依法征收的，国有土地使用权同时收回。

第五，被征收房屋的调查与公布结果。房屋征收部门应当对房屋征收范围内房屋的权属、区位、用途、建筑面积等情况组织调查登记，被征收人应当予以配合。调查结果应当在房屋征收范围内向被征收人公布。房屋征收范围确定后，不得在房屋征收范围内实施新建、扩建、改建房屋和改变房屋用途等不当增加补偿费用的行为；违反上述规定实施的，不予补偿。

（3）对征收房屋的补偿

① 补偿范围

作出房屋征收决定的市、县级人民政府对被征收人给予的补偿，包括被征收房屋价值的补偿，因征收房屋造成的搬迁、临时安置的补偿以及因征收房屋造成的停产停业损失的补偿。此外，市、县级人民政府通过制定补助和奖励办法，对被征收人给予补助和奖励。

需要注意的是，补偿的对象仅限于被征收人合法拥有的建筑。市、县级人民政府作出房屋征收决定前，应当组织有关部门依法对征收范围内未经登记的建筑进行调查、认定和处理。对认定为合法建筑和未超过批准期限的临时建筑的，应当给予补偿；对认定为违法建筑和超过批准期限的临时建筑的，不予补偿。

② 补偿标准

对被征收房屋价值的补偿，不得低于房屋征收决定公告之日被征收房屋类似房地产的市场价格。此处的"类似房地产"，是指与被征收房屋的区位、用途、权利性质、档次、新旧程度、规模、建筑结构相同或者相似的房地产；"类似房地产的市场价格"，是指在评估时点即房屋征收决定公告之日与被征收房屋类似地房地产的市场价格，而非就近区位新建商品房的价格。被征收房屋的价值，具体由具有相应资质的房地产价格评估机构按照住房和城乡建设部 2011 年发布的《国有土地上房屋征收评估办法》评估确定。对评估确定的被征收房屋价值有异议的，可以向房地产价格评估机构申请复核评估。对复核结果有异议的，可以向房地产价格评估专家委员会申请鉴定。房地产价格评估机构由被征收人协商选定；协商不成的，通过多数决定、随机选定等方式确定。房地产价格评估机构独立、客观、公正地开展房屋征收评估工作,任何单位和个人不得干预。

因征收房屋造成搬迁的,房屋征收部门应当向被征收人支付搬迁费;选择房屋产权调换的,产权调换房屋交付前,房屋征收部门应当向被征收人支付临时安置费或者提供周转用房。

对因征收房屋造成停产停业损失的补偿,根据房屋被征收前的效益、停产停业期限等因素确定。具体办法由各省、自治区、直辖市制定。

③ 补偿方式

国有土地上房屋征收后的补偿方式有如下两种,具体由被征收人选择:

一是货币补偿,即国家对被征收房屋作价评估后以货币补偿给被征收人,由征收人自行购买房屋、租用房屋或进行其他开支。

二是产权调换,即国家通过提供新的房屋,与被征收人的房屋进行产权调换的一种补偿方式。被征收人选择房屋产权调换的,市、县级人民政府应当提供用于产权调换的房屋,并与被征收人计算、结清被征收房屋价值与用于产权调换房屋价值的差价。因旧城区改建征收个人住宅,被征收人选择在改建地段进行房屋产权调换的,作出房屋征收决定的市、县级人民政府应当提供改建地段或者就近地段的房屋。

④ 补偿协议、补偿决定与强制执行

房屋征收部门与被征收人依法就补偿方式、补偿金额和支付期限、用于产权调换房屋的地点和面积、搬迁费、临时安置费或者周转用房、停产停业损失、搬迁期限、过渡方式和过渡期限等事项,订立补偿协议。补偿协议订立后,一方当事人不履行补偿协议约定的义务的,另一方当事人可以依法提起诉讼。

房屋征收部门与被征收人在征收补偿方案确定的签约期限内达不成补偿协议,或者被征收房屋所有权人不明确的,由房屋征收部门报请作出房屋征收决定的市、县级人民政府依法按照征收补偿方案作出补偿决定,并在房屋征收范围内予以公告。被征收人对补偿决定不服的,可以依法申请行政复议,也可以依法提起行政诉讼。被征收人在法定期限内不申请行政复议或者不提起行政诉讼,在补偿决定规定的期限内又不搬迁的,由作出房屋征收决定的市、县级人民政府依法申请人民法院强制执行。

2) 集体土地的征收

集体土地征收是指国家运用行政征收权力,强制将集体所有的土地变为国家所有的一项活动。集体土地的征收属于新增国有土地所有权的一种方式。与国有土地上房屋的征收有《国有土地上房屋征收与补偿条例》这一专门立法加以调整不同,我国迄今还未出台一部专门的法律对集体土地的征收制度作出详细规定。相关规则散见于《土地管理法》《土地管理法实施条例》等立法之中。

(1) 征收审批

征收下列土地的,由国务院批准:①基本农田;②基本农田以外的耕地超过 35 公顷的;③其他土地超过 70 公顷的。征收其他土地的,由省、自治区、直辖市人民政府批准,并报国务院备案。

征收农用地的,应当依法先行办理农用地转用审批。其中,经国务院批准农用地转用的,同时办理征地审批手续,不再另行办理征地审批;经省、自治区、直辖市人民政府在征地批准权限内批准农用地转用的,同时办理征地审批手续,不再另行办理征地审批,超过征地批准权限的,应当依法另行办理征地审批。

(2) 征收的条件

为约束土地征收权力,2019年修订的《土地管理法》增加了有关集体土地征收条件的规定。其规定,为了公共利益的需要,有下列情形之一,确需征收农民集体所有的土地的,可以依法实施征收:①军事和外交需要用地的;②由政府组织实施的能源、交通、水利、通信、邮政等基础设施建设需要用地的;③由政府组织实施的科技、教育、文化、卫生、体育、生态环境和资源保护、防灾减灾、文物保护、社区综合服务、社会福利、市政公用、优抚安置、英烈保护等公共事业需要用地的;④由政府组织实施的扶贫搬迁、保障性安居工程建设需要用地的;⑤在土地利用总体规划确定的城镇建设用地范围内,经省级以上人民政府批准由县级以上地方人民政府组织实施的成片开发建设需要用地的;⑥法律规定为公共利益需要可以征收农民集体所有的土地的其他情形。上述建设活动,还应当符合国民经济和社会发展规划、土地利用总体规划、城乡规划和专项规划;第④项、第⑤项规定的建设活动,还应当纳入国民经济和社会发展年度计划;第⑤项规定的成片开发应当符合国务院自然资源主管部门规定的标准。

(3) 征收公告与实施

国家征收土地的,依照法定程序批准后,由县级以上地方人民政府予以公告并组织实施。县级以上地方人民政府应开展拟征收土地现状调查和社会稳定风险评估,并将征收范围、土地现状、征收目的、补偿标准、安置方式和社会保障等在拟征收土地所在的乡(镇)和村、村民小组范围内公告至少30日,听取被征地的农村集体经济组织及其成员、村民委员会和其他利害关系人的意见。多数被征地的农村集体经济组织成员认为征地补偿安置方案不符合法律、法规规定的,县级以上地方人民政府应当组织召开听证会,并根据法律、法规的规定和听证会情况修改方案。

拟征收土地的所有权人、使用权人应当在公告规定期限内,持不动产权属证明材料办理补偿登记。县级以上地方人民政府应当组织有关部门测算并落实有关费用,保证足额到位,与拟征收土地的所有权人、使用权人就补偿、安置等签订协议;个别确实难以达成协议的,应当在申请征收土地时如实说明。只有在相关前期工作完成后,县级以上地方人民政府方可申请征收土地。

(4) 补偿项目与标准

征收土地应当给予公平、合理的补偿,保障被征地农民原有生活水平不降低、长远生计有保障。

征收土地应当依法及时足额支付土地补偿费、安置补助费以及农村村民住宅、其他地上附着物和青苗等的补偿费用,并安排被征地农民的社会保障费用。

征收农用地的土地补偿费、安置补助费标准由省、自治区、直辖市通过制定公布区片综合地价确定。制定区片综合地价应当综合考虑土地原用途、土地资源条件、土地产值、土地区位、土地供求关系、人口以及经济社会发展水平等因素,并至少每3年调整或者重新公布一次。

征收农用地以外的其他土地、地上附着物和青苗等的补偿标准,由省、自治区、直辖市制定。对其中的农村村民住宅,应当按照先补偿后搬迁、居住条件有改善的原则,尊重农村村民意愿,采取重新安排宅基地建房、提供安置房或者货币补偿等方式给予公平、合理的补偿,并对因征收造成的搬迁、临时安置等费用予以补偿,保障农村村民居住的权利和合法的住房财产权益。

县级以上地方人民政府应当将被征地农民纳入相应的养老等社会保障体系。被征地农民的社会保障费用主要用于符合条件的被征地农民的养老保险等社会保险缴费补贴。被征地农民社会保障费用的筹集、管理和使用办法,由省、自治区、直辖市制定。

(5) 补偿费用的归属与监督

土地补偿费归被征地的农村集体经济组织所有。农村集体经济组织应将征收土地的补偿费用的收支状况向本集体经济组织的成员公布,接受监督。

征收土地的安置补助费必须专款专用,不得挪作他用。需要安置的人员由农村集体经济组织安置的,安置补助费支付给农村集体经济组织,由农村集体经济组织管理和使用;由其他单位安置的,安置补助费支付给安置单位;不需要统一安置的,安置补助费发放给被安置人员个人或者征得被安置人员同意后用于支付被安置人员的保险费用。市、县和乡(镇)人民政府对安置补助费使用情况进行监督。

地上附着物及青苗补偿费归地上附着物及青苗的所有者所有。

5.2.3　国有建设用地使用权的出让

1) 国有建设用地使用权出让的概念与法律特征

国有建设用地使用权的出让是指国家将土地使用权在一定年限内让与土地使用者,并由土地使用者向国家支付土地使用权出让金的行为。它具有如下法律特征:

第一,建设用地使用权的出让方是国家。由于国家是国有土地的所有者,因而建设用地使用权的出让方只能是国家。在实践中,建设用地使用权的出让工作具体由市、县人民政府负责实施。

第二,建设用地使用权的受让方是土地使用者。建设用地使用权的受让范围十分广泛,在中华人民共和国境内外的公司、企业、其他组织和个人,除法律另有规定者外,均有权作为建设用地使用权的受让方,取得土地使用权。

第三,建设用地使用权的客体是一定年限内的国有土地使用权。国有土地的出让行为,所出让的仅是土地使用权,土地使用者有权使用该土地,也可以将其转让、出租、抵押或者用于其他经济活动,但所有权仍然归属于国家。同时,所出让的土地使用权是有期限的,只能在指定的期限内使用该土地。

第四,建设用地使用权的出让是有偿的。建设用地使用权是用市场方式而非行政手段来配置土地财产权利的一种方式,因此,使用者获得土地使用权,需要以向国家支付土地使用权出让金为对价。

2) 出让方式及其程序

关于建设用地使用权的出让方式,《城市房地产管理法》(2019 年修订)第十三条以及国务院发布的《城镇国有土地使用权出让和转让暂行条例》(1990 年)第十三条均规定了拍卖、招标和双方协议这三种方式。但原国土资源部发布的《招标拍卖挂牌出让国有建设用地使用权规定》(2007 年修订)第二条又规定了挂牌这一种出让方式。其中,工业用地(包括仓储用地,但不包括采矿用地)、商业用地、旅游用地、娱乐用地和商品住宅用地等经营性用地以及同一宗地有两个以上意向用地者的,不得以协议出让的方式进行,应当以招标、拍卖或者挂牌方式出让。

(1) 拍卖出让

拍卖出让国有建设用地使用权,是指出让人发布拍卖公告,由竞买人在指定时间、地点进行公开竞价,根据出价结果确定国有建设用地使用权人的行为。拍卖出让遵循"价高者得"的规则。

拍卖会依照下列程序进行:①主持人点算竞买人;②主持人介绍拍卖宗地的面积、界址、空间范围、现状、用途、使用年期、规划指标要求、开工和竣工时间以及其他有关事项;③主持人宣布起叫价和增价规则及增价幅度,没有底价的,应当明确提示;④主持人报出起叫价;⑤竞买人举牌应价或者报价;⑥主持人确认该应价或者报价后继续竞价;⑦主持人连续3次宣布同一应价或者报价而没有再应价或者报价的,主持人落槌表示拍卖成交;⑧主持人宣布最高应价或者报价者为竞得人。竞买人的最高应价或者报价未达到底价时,主持人应当终止拍卖。拍卖主持人在拍卖中可以根据竞买人竞价情况调整拍卖增价幅度。

(2) 招标出让

招标出让国有建设用地使用权,是指市、县人民政府国土资源行政主管部门(出让人)发布招标公告,邀请特定或者不特定的自然人、法人和其他组织参加国有建设用地使用权投标,根据投标结果确定国有建设用地使用权人的行为。评标和决标活动需要综合评判各投标人的条件,并非必然是出价最高者中标。

投标、开标依照下列程序进行:①投标人在投标截止时间前将标书投入标箱。招标公告允许邮寄标书的,投标人可以邮寄,但出让人在投标截止时间前收到的方为有效。标书投入标箱后,不可撤回。投标人应当对标书和有关书面承诺承担责任。②出让人按照招标公告规定的时间、地点开标,邀请所有投标人参加。由投标人或者其推选的代表检查标箱的密封情况,当众开启标箱,点算标书。投标人少于3人的,出让人应当终止招标活动。投标人不少于3人的,应当逐一宣布投标人名称、投标价格和投标文件的主要内容。③评标小组进行评标。评标小组由出让人代表、有关专家组成,成员人数为5人以上的单数。评标小组可以要求投标人对投标文件作出必要的澄清或者说明,但是澄清或者说明不得超出投标文件的范围或者改变投标文件的实质性内容。评标小组应当按照招标文件确定的评标标准和方法,对投标文件进行评审。④招标人根据评标结果,确定中标人。按照价高者得的原则确定中标人的,可以不成立评标小组,由招标主持人根据开标结果,确定中标人。

(3) 挂牌出让

挂牌出让国有建设用地使用权,是指出让人发布挂牌公告,按公告规定的期限将拟出让宗地的交易条件在指定的土地交易场所挂牌公布,接受竞买人的报价申请并更新挂牌价格,根据挂牌期限截止时的出价结果或者现场竞价结果确定国有建设用地使用权人的行为。挂牌交易中须首先公开土地使用权的底价,使交易更具透明性。同时,整个过程较为平和,可以抑制非理性竞价行为,对于稳定城市地价具有积极意义。

挂牌依照以下程序进行:①在挂牌公告规定的挂牌起始日,出让人将挂牌宗地的面积、界址、空间范围、现状、用途、使用年期、规划指标要求、开工时间和竣工时间、起始价、增价规则及增价幅度等,在挂牌公告规定的土地交易场所挂牌公布;②符合条件的竞买人填写报价单报价;③挂牌主持人确认该报价后,更新显示挂牌价格;④挂牌主持人在挂牌公告规定的挂牌截止时间确定竞得人。

挂牌时间不得少于 10 日。挂牌期间可根据竞买人竞价情况调整增价幅度。挂牌截止应当由挂牌主持人主持确定。挂牌期限届满,挂牌主持人现场宣布最高报价及其报价者,并询问竞买人是否愿意继续竞价。有竞买人表示愿意继续竞价的,挂牌出让转入现场竞价,通过现场竞价确定竞得人。挂牌主持人连续 3 次报出最高挂牌价格,没有竞买人表示愿意继续竞价的,按照下列规定确定是否成交:①在挂牌期限内只有 1 个竞买人报价,且报价不低于底价,并符合其他条件的,挂牌成交。②在挂牌期限内有 2 个或者 2 个以上的竞买人报价的,出价最高者为竞得人;报价相同的,先提交报价单者为竞得人,但报价低于底价者除外。③在挂牌期限内无应价者或者竞买人的报价均低于底价或者均不符合其他条件的,挂牌不成交。

(4)协议出让

协议出让国有建设用地使用权,是指国家以协议方式将国有土地使用权在一定年限内出让给土地使用者,由土地使用者向国家支付土地使用权出让金的行为。相比于拍卖、招标和挂牌这三种出让方式而言,协议出让这一种方式的公开性和公平竞争性较差,不便于对外接受监督,因此只有在法律、法规和规章没有规定应当采用招标、拍卖或者挂牌方式的情况下,方可采用。

协议出让依照以下程序进行:①以协议方式出让国有土地使用权的出让金不得低于按国家规定所确定的最低价。协议出让最低价由省、自治区、直辖市人民政府国土资源行政主管部门拟定,报同级人民政府批准后公布,由市、县人民政府国土资源行政主管部门实施。②对符合协议出让条件的,市、县人民政府国土资源行政主管部门会同城市规划等有关部门,依据国有土地使用权出让计划、城市规划和意向用地者申请的用地项目类型、规模等,制定协议出让土地方案。协议出让土地方案应当包括拟出让地块的具体位置、界址、用途、面积、年限、土地使用条件、规划设计条件、供地时间等。③市、县人民政府国土资源行政主管部门应当根据国家产业政策和拟出让地块的情况,按照《城镇土地估价规程》的规定,对拟出让地块的土地价格进行评估,经市、县人民政府国土资源行政主管部门集体决策,合理确定协议出让底价。协议出让底价不得低于协议出让最低价。协议出让底价确定后应当保密,任何单位和个人不得泄露。④协议出让土地方案和底价经有批准权的人民政府批准后,市、县人民政府国土资源行政主管部门应当与意向用地者就土地出让价格等进行充分协商,协商一致且议定的出让价格不低于出让底价的,方可达成协议。⑤市、县人民政府国土资源行政主管部门应当根据协议结果,与意向用地者签订《国有土地使用权出让合同》。《国有土地使用权出让合同》签订后 7 日内,市、县人民政府国土资源行政主管部门应当将协议出让结果在土地有形市场等指定场所,或者通过报纸、互联网等媒介向社会公布,接受社会监督。公布协议出让结果的时间不得少于 15 日。

3)出让年限及其续期

根据《城镇国有土地使用权出让和转让暂行条例》(1990 年)第十二条的规定,土地使用权出让最高年限按下列用途确定:①居住用地 70 年;②工业用地 50 年;③教育、科技、文化、卫生、体育用地 50 年;④商业、旅游、娱乐用地 40 年;⑤综合或者其他用地 50 年。但该法并未规定土地使用权出让的最低年限。在土地的实际出让活动中,可以以低于上述最高出让年限出让土地。

国有土地使用权期限届满之后,对于土地使用权及其地上附着物的处理,需要区分不同的土地用途分别对待。《民法典》(2020 年)第三百五十九条作了规定:"住宅建设用地使用权期限届满的,自动续期。续期费用的缴纳或者减免,依照法律、行政法规的规定办理。非住宅建设用地使用权期限届满后的续期,依照法律规定办理。该土地上的房屋以及其他不动产的归属,有约定的,按照约定;没有约定或者约定不明确的,依照法律、行政法规的规定办理。"根据这一规定,住宅建设用地使用权在届满后是自动续期的;而对于非住宅的建设用地,如需继续使用,应当申请续期。根据《中华人民共和国城市房地产管理法》(简称《城市房地产管理法》,2019 年修订)第二十二条的规定,土地使用权出让合同约定的使用年限届满,土地使用者需要继续使用土地的,应当至迟于届满前 1 年申请续期,除根据社会公共利益需要收回该幅土地的,应当予以批准。经批准准予续期的,应当重新签订土地使用权出让合同,依照规定支付土地使用权出让金。土地使用权出让合同约定的使用年限届满,土地使用者未申请续期或者虽申请续期但依法未获批准的,土地使用权由国家无偿收回。

5.2.4 集体经营性建设用地使用权的出让

与国有建设用地使用权一样,集体建设用地使用权也可以在一定条件下以出让的方式进行有偿配置。但在我国法律领域,集体建设用地使用权的出让制度经历了一个逐步放开的过程。2004 年修订的《土地管理法》第六十三条曾规定,农民集体所有的土地的使用权不得出让用于非农业建设。也就是说,集体建设用地使用权只能出让用于农业建设活动。2019 年修订后的《土地管理法》修改了上述规定,新法第六十三条规定,土地利用总体规划、城乡规划确定为工业、商业等经营性用途,并经依法登记的集体经营性建设用地,土地所有权人可以通过出让、出租等方式交由单位或者个人使用,并应当签订书面合同,载明土地界址、面积、动工期限、使用期限、土地用途、规划条件和双方其他权利义务。这一规定为实现集体建设用地与国有建设用地同权同价同等入市,进而建立城乡统一的建设用地市场扫清了法律上的障碍,也有助于最大限度地发挥农村集体建设用地的价值,保障农民平等的土地权利。

但是,需要注意的是,在现行制度框架下,集体建设用地使用权的出让仍然受到诸多制度上的限制。第一,允许出让的集体建设用地,仅限于工业、商业等经营性用途的土地,因此,集体公益性建设用地和宅基地不在出让范围之列。第二,允许出让的经营性集体建设用地,还必须经土地利用总体规划、城乡规划确定,并依法办理登记。另据《土地管理法》(2019 年修订)第六十四条的规定,集体建设用地的使用者应当严格按照土地利用总体规划、城乡规划确定的用途使用土地。换言之,经营性集体建设用地即便依法出让后,仍应当维持原有的工业、商业用途使用,不得进入房地产市场。第三,经营性集体建设用地的出让,还应当经本集体经济组织成员的村民会议三分之二以上成员或者三分之二以上村民代表的同意。非经上述议决程序,不得出让建设用地使用权。第四,允许出让的经营性集体建设用地,必须是不处于城市规划区之内的。因为依据《城市房地产管理法》(2019 年修订)第九条的规定,城市规划区内的集体所有的土地,经依法征收转为国有土地后,该幅国有土地的使用权可有偿出让,但法律另有规定的除外。迄今为止,尚未有法律明文规定集体建设用地在城市规划区范围内的直接出让制度。因此,在现行制度框架下,处于城市规划区的集体土地,即便符合《土地管理法》第六十三条规定的条件,也不得直接出让,而是必须先征收为国有土地,再依法出让。可见,至少在城市规划区范围内,国有土地出让的垄断格局并没有被打破。而对于非处于城市规划区内经营性集体建设用地而言,由于受区位、开发条件等因素的制约,其入市的可能性和价值都较小。综上,建立真正意义上的集体土地入市制度,我国依然有很长的路要走。

5.2.5　建设用地使用权的划拨

1）建设用地使用权划拨的概念与法律特征

建设用地使用权划拨是指县级以上人民政府依法批准,在土地使用者缴纳补偿、安置等费用后将该幅土地交付其使用,或者将土地使用权无偿交付给土地使用者使用的行为。它具有如下法律特征:

第一,建设用地使用权的划拨是一种以行政手段配置土地资源的行为,它与作为市场行为的土地使用权出让之间存在着较大差异。划拨主要用于与国家利益、社会公共利益相关的建设项目供地,这些建设项目不适宜实行市场化的用地机制。

第二,建设用地使用权的划拨有两种形式,一是无条件的无偿使用,不需要支付任何费用;二是附条件的使用,即在缴纳补偿、安置等征收土地和房屋的费用后使用该幅土地。

第三,经划拨取得的建设用地使用权,并无明确的使用期限,除法律、行政法规另有规定外,原则上可以无限期使用下去。

2）划拨建设用地使用权的适用范围

下列建设用地,经县级以上人民政府依法批准,可以以划拨方式取得:

(1) 国家机关用地。国家机关包括国家权力机关(全国人大及其常委会和地方人大及其常委会)、国家行政机关(各级人民政府及其所属工作部门)、国家审判机关(各级人民法院)、国家检察机关(各级人民检察院)、国家监察机关(各级监察委员会)、国家军事机关(国家军队的各级机关)。

(2) 军事用地,包括军队指挥机关、指挥工程、作战工程用地,军用机场港口码头、营房、训练场用地,军用仓库用地,军用公路铁路用地等。

(3) 城市基础设施用地,包括城市给水、排水、污水处理、供电、通信、供气、供热、道路、桥涵、园林绿化、环境卫生、消防、路灯等设施用地。

(4) 公益事业用地,指各类教育、科学、文体、卫生、福利事业用地,包括各类学校、医院、体育场馆、图书馆、科技馆、敬老院、防疫站等用地。

(5) 国家重点扶持的能源、交通、水利等基础设施用地,包括中央投资、中央和地方共同投资,以及国家采取各种优惠政策重点扶持的煤炭、石油、天然气等能源项目,公路、铁路、机场等交通项目,水库、防洪等水利项目用地。

(6) 法律、行政法规规定的其他用地。

3）划拨建设用地使用权的程序

（1）预审：用地申请前，在建项目进行可行性研究论证时，应由土地行政主管部门对建设项目用地相关事项进行审查，提出预审报告。

（2）申请与审查：建设单位持建设项目的有关批准文件，向市、县人民政府土地行政主管部门提出建设用地申请，由市、县人民政府土地行政主管部门审查，拟订供地方案，报市、县人民政府批准；需要上级人民政府批准的，应当报上级人民政府批准。

（3）决定与划拨：经审查符合划拨使用国有土地条件的，市、县人民政府土地行政主管部门向土地使用者核发国有土地划拨决定书。

（4）登记：建设单位依法向市、县人民政府土地行政主管部门申请土地使用权登记，市、县人民政府土地行政主管部门颁发国有建设用地使用权证。

5.3 建设用地使用权的经营

5.3.1 建设用地使用权的转让

1）建设用地使用权转让的概念

建设用地使用权转让是指建设用地使用权人将土地使用权再转移的行为，也就是使用者将依法获得的土地使用权转让给新的受让者的一项活动。它是发生在平等主体的原建设用地使用权人与新使用权人之间的一项民事活动，与发生于土地行政主管部门与建设用地土地使用者之间、作为行政管理活动的建设用地使用权出让活动存在着显著的差别。在开展建设用地使用权的转让活动中，交易主体应当遵循平等、自愿、诚实信用等民事活动的基本原则。建设用地使用权的转让对于提高土地利用效率，最大限度地发挥土地价值，满足经济与社会发展的需要具有十分重要的意义。

2）建设用地使用权转让的条件

（1）转让人已经按照出让合同约定支付全部土地使用权出让金，并取得土地使用权证书。2005年发布的《最高人民法院关于审理涉及国有土地使用权合同纠纷案件适用法律问题的解释》第九条规定："转让方未取得出让土地使用权证书与受让方订立合同转让土地使用权，起诉前转让方已经取得出让土地使用权证书或者有批准权的人民政府同意转让的，应当认定合同有效。"因此，此处取得土地使用权证书的时间节点可以放宽至起诉前。以划拨方式取得的建设用地使用权，原则上不得转让，确需转让的，转让人应当补缴土地出让金。

（2）转让人必须依照土地使用权出让合同规定的期限和条件，对土地进行投资、开发、利用。这一规定的目的是防止建设用地使用权的随意转让，抑制"炒地皮"行为，确保城市建设用地市场价格的平稳运行。

（3）土地使用权转让人与受让人之间应当签订转让合同，明确双方的权利义务。

（4）应当依照规定到不动产登记机构办理过户登记，才能发生物权转移的法律效果。

3）建设用地使用权转让的方式

建设用地使用权转让的方式包含出售、交换和赠与这三种基本的方式。

建设用地使用权出售,又称买卖,是指买受人通过支付转让价款取得出卖人的建设用地使用权的一种交易活动。

建设用地使用权交换,又称互易,是指受让方通过交付非金钱的标的物获取转让方建设用地使用权的一种交易活动。它既可以是用土地使用权交换土地使用权,也可以是用其他不属于土地使用权的非金钱标的物交换土地使用权。交换与出售之间的区别在于,用于交换土地使用权的对价是非金钱标的物,是一种"物物交换"。

建设用地使用权的赠与,是指赠与人自愿将其拥有的建设用地使用权无偿转移给受赠人,受赠人表示接受的一种活动。赠与的基本属性是无偿性,在这一点上,它与上述两种建设用地使用权的转让方式存在较为显著的差别。

除了上述三种基本方式外,建设用地使用权的转让方式还有:因企业兼并导致企业用地转移、以土地使用权作价入股等方式发生转移;因继承发生转移;因建设用地使用权人合并、分离等方式发生转移。

4) 建设用地使用权转让的程序

建设用地使用权的转让一般应遵循如下程序:

(1) 申请:转让者向原出让土地的市、县人民政府土地行政主管部门提出拟转让土地使用权的申请。

(2) 审查:土地行政主管部门对转让申请进行审查,如符合转让条件,作出同意转让决定;如果不符合转让条件,应要求申请人改正。

(3) 签订合同:经转让方与受让方协商达成一致后,双方应当签订书面的建设用地使用权转让合同。

(4) 公证:土地使用权转让合同必须经过公证。

(5) 缴纳土地增值税:因国家建设投资等原因,土地会发生增值,在转让建设用地使用权时,转让人应当缴纳土地增值税,将因国家投资导致土地增值的部分交给国家。

(6) 土地使用权的变更登记:转让双方携带转让合同、公证文书等文件,共同到不动产登记机构办理变更登记。在变更登记后,建设用地使用权才发生转移。

5) 建设用地使用权转让的法律效果

建设用地使用权转让后,原土地使用权出让合同和登记文件中所载明的权利、义务随之转移。受让方取得的土地使用权的使用年限为土地使用权出让合同规定的使用年限减去原土地使用者已使用年限后的剩余年限。受让人改变原土地使用权出让合同约定的土地用途的,必须取得原出让方和市、县人民政府城市规划行政主管部门的同意,签订土地使用权出让合同变更协议或者重新签订土地使用权出让合同,相应调整土地使用权出让金。

我国实行"房地权利主体一致"模式,土地使用权转让后,其地上建筑物、其他附着物所有权随之转让。

5.3.2　建设用地使用权的抵押

1) 建设用地使用权抵押的概念

建设用地使用权抵押是指土地使用者作为抵押人将其依法取得的建设用地使用权作为按期清偿债务的担保的一种行为。在抵押过程中,被抵押的建设用地使用权继续由抵押人占有、使用或收益，不转移占有给债权人，只有当债务人到期不能履行债务时，债权人才能处分被抵押的建设用地使用权并优先受偿，使债权得到实现。从性质上看，建设用地使用权的抵押具有从属性，其从属于所担保的债权，因债权而产生，随着债权的转移而转移，随着债权的消灭而消灭。

2）建设用地使用权抵押的条件

（1）只有经过出让和转让方式取得的建设用地使用权才能抵押。单纯以划拨取得的土地使用权，原则上不可抵押，除非经市、县人民政府土地管理部门批准并办理土地使用权出让手续，交付土地使用权出让金。因划拨土地上的房屋抵押的，其占有的土地使用权随之抵押，但抵押额以房地产权利人可以处分和收益的份额为限。通过租赁方式取得土地使用权的承租人，仅仅享有使用土地的债权，不是土地使用权的物权人，因而不得将土地使用权抵押。

（2）土地使用权抵押的期限不得超过土地使用权出让和转让后的剩余的年限。

（3）土地使用权抵押，抵押人与抵押权人应当签订抵押合同。抵押合同不得违背国家法律、法规和土地使用权出让合同的规定。

3）建设用地使用权抵押的程序

（1）抵押人与抵押权人签订抵押合同，对抵押事项进行约定。如前所述，抵押合同不得违背国家法律、法规和土地使用权出让合同的规定。

（2）由公证机关对双方签订的合同进行公证，领取抵押公证书。

（3）抵押人与抵押权人双方携带抵押合同、公证文书等文件到不动产登记机构办理抵押登记。

（4）抵押权因债务清偿或者其他原因而消灭的，应当向不动产登记机构办理注销抵押登记。

4）建设用地使用权抵押的法律效果

在依法办理建设用地使用权抵押登记后，抵押权生效。

土地使用权抵押时，其地上建筑物、其他附着物随之抵押。

抵押人到期未能履行债务或者在抵押合同期间宣告解散、破产的，抵押权人有权依照国家法律、法规和抵押合同的规定处分抵押财产。处分抵押财产所得，抵押权人有优先受偿权。因处分抵押财产而取得土地使用权和地上建筑物、其他附着物所有权的，应当依照规定办理过户登记。

5.3.3　建设用地使用权的出租

1）建设用地使用权出租的概念

建设用地使用权的出租是指土地使用者作为出租人将土地使用权随同地上建筑物、其他附着物租赁给承租人使用，由承租人向出租人支付租金的行为。原拥有土地使用权的一方称为出租人，承租土地使用权的一方称为承租人。

建设用地使用权的出租，不同于建设用地使用权的转让行为。相比于转让行为，出租是一种更为灵活、便利地配置土地资源的一种方式。出租在本质上是一种债权设定行为，是在保持出租人对建设用地使用权的前提下,通过签订租赁合同将其不动产交由承租人使用。在建设用地使用权出租后,出租人仍然是建设用地使用权人,并未完全丧失土地使用权。另外,承租人获得的使用不动产的权利也受到较大的限制,例如非经出租人同意不得转租。而建设用地使用权的转让在本质上是一种物权变动行为,其本质是对建设用地使用权的一种处分。在建设用地使用权转让后,转让人与国有土地所有者之间的权利义务关系,完全转移至新的建设用地使用权人(受让人)。

建设用地使用权的出租,也不同于建设用地使用权的出让行为。出让是将国家所有的国有土地交给使用人使用的一项制度,属于土地一级市场中的一项活动;而出租是在建设用地使用权出让的基础上衍生出来的一种市场行为,属于土地二级市场中的一项活动。建设用地使用权租赁关系中的出租人,是国有土地使用权出让关系中的受让人,其活动需要受到建设用地使用权出让合同的约束。正是在这一意义上,《城镇国有土地使用权出让和转让暂行条例》(1990 年)第三十条规定:"土地使用权出租后,出租人必须继续履行土地使用权出让合同。"

2)建设用地使用权出租的条件

(1)拟出租的土地使用权是国家有偿出让的具有物权性质的建设用地使用权。经划拨取得的土地使用权,原则上不可出租,除非经市、县人民政府土地管理部门批准并办理土地使用权出让手续,交付土地使用权出让金。

(2)拟出租的土地已经按照土地使用权出让合同规定的期限和条件投资、开发、利用。否则,建设用地使用权不得出租。因为土地使用权出让的目的在于开发、利用土地,如果拟出租的土地未按照土地使用权出让合同规定的期限和条件进行投资、开发或利用,就背离了当初出让建设用地的根本目的,会助长土地市场中的投机行为,因此,未满足上述条件的建设用地使用权,不得出租。

土地使用权出租,出租人与承租人应当签订租赁合同。租赁合同不得违背国家法律、法规和土地使用权出让合同的规定。

3)建设用地使用权出租的程序

(1)出租人与承租人之间签订租赁合同,明确双方的权利和义务。

(2)出租人和承租人携带租赁合同和其他法定文件到不动产登记机构办理建设用地使用权出租登记。土地使用权租赁合同终止后,出租人应当到原登记机关办理注销土地使用权出租登记手续。

4)建设用地使用权出租的法律效果

依法办理建设用地使用权租赁手续后,承租人取得建设用地的使用权,并按约定支付租金。承租人应当按照租赁合同的约定,合理使用该土地。承租人不得新建永久性建筑物、构筑物。需要建造临时性建筑物、构筑物的,必须征得出租人同意,并按照有关法律、法规的规定办理审批手续。

建设用地使用权出租后,其上所附着的建筑物、构筑物等也一并出租。

5.3.4 集体建设用地使用权的出租

与国有建设用地使用权可以较为自由地以转让、抵押、出租等方式流转不同,我国一直以来对集体建设用地使用权的流转采取较为严格的控制。《土地管理法》(2004 年修订)第六十三条规定:"农民集体所有的土地的使用权不得出让、转让或者出租用于非农业建设;但是,符合土地利用总体规划并依法取得建设用地的企业,因破产、兼并等情形致使土地使用权依法发生转移的除外。"根据这一规定,集体建设用地使用权原则上只能出租用于农业用途。例外情形是,如果已经依法取得集体建设用地使用权的企业,在符合土地利用总体规划的条件下,因破产、兼并等情形致使土地使用权依法发生转移的,集体建设用地使用权可以依法以出租方式流转。

为了进一步加强集体土地的流转,保障农民的土地权利,2019 年修订后的《土地管理法》对上述制度作了修改,新法第六十三条规定,土地利用总体规划、城乡规划确定为工业、商业等经营性用途,并经依法登记的集体经营性建设用地,土地所有权人可以通过出让、出租等方式交由单位或者个人使用,并应当签订书面合同,载明土地界址、面积、动工期限、使用期限、土地用途、规划条件和双方其他权利义务。可见,允许出租的集体建设用地,同样仅限于经营性集体建设用地,而并未放宽至所有集体建设用地。另外,在程序上,集体经营性建设用地的出租应当经本集体经济组织成员的村民会议三分之二以上成员或者三分之二以上村民代表的同意。

5.4　建设用地使用权的终止

5.4.1　建设用地使用权终止的含义

建设用地使用权终止,是指因法定事由的发生,由土地所有人收回土地,原建设用地使用权人不再享有对建设用地的使用权的一项法律制度。建设用地使用权的终止,既可以是使用权到期后的按期终止,也可以是因土地灭失、公共利益征收等事由发生导致的提前终止。

5.4.2　发生建设用地使用权终止的事由

发生建设用地使用权终止的,包含如下 7 种事由:

1) 土地灭失

建设用地使用权是依附于土地之上的一项用益物权。当土地发生灭失后,由于丧失了权利基础,建设用地使用权随之发生终止。需要指出的是,作为一种特殊的物,土地的灭失与一般物品的灭失之间存在着差异。一般物品的灭失是指其丧失了外在物理形态,而土地作为一种在地球表面上占据位置的物,很难彻底从物理形态上完全消失。因此,此处所谓的土地灭失,系指由于自然原因导致原土地彻底改变,难以作为或者不宜再在上面从事建设活动的一种情形。换言之,它属于社会意义上的"灭失",而非物理形态意义上的灭失。例如,因地震或者是地下采空导致原建设用地区域存在较大安全风险,不再适合人类居住;因江河长时间侵蚀或者作为水库导致原建设用地区域被河水淹没,无法再开展建设活动等。

2) 建设用地使用权期限届满

与以划拨方式取得的建设用地一般可以无期限地使用下去不同,以有偿出让的方式取得的建设用地使用权,权利人仅享有在特定期限内使用土地的权利。在建设用地使用权出让合同约定的期限届满后,建设用地使用权一般随之终止。这是设置建设用地使用权期限制度的题中应有之义。但需要指出的是,在这种情形下,建设用地使用权并非必然终止。因为根据

《民法典》(2020 年)第三百五十九条的规定,住宅建设用地使用权期限届满的,自动续期。此时住宅所有权人仍拥有继续使用建设用地的权利。而对于非住宅的建设用地,当事人也可以提出续期申请,在主管机关批准同意并依法办理相关手续后,也可以继续使用建设用地。因此,对于以出让方式取得的非住宅建设用地使用权,在使用权期限届满后,只有当土地使用者未申请续期或者申请续期未获批准的情况下,才会真正发生建设用地使用权终止的法律效果。

3)因公共利益需要提前收回土地

在土地使用权出让或划拨后,受让人取得的建设用地使用权依法受到保障。因此,国家对土地使用者依法取得的土地使用权一般不提前收回。但在特殊情况下,根据公共利益的需要,如因兴建城市基础设施、公益事业建设,国家重点扶持的能源、交通、水利、矿山、军事设施等建设项目需要使用土地的国家,可以依照法律程序提前收回建设用地使用权。这其实就是国家基于公共利益需要对建设用地使用权的一种征收行为。国家在行使建设用地使用权征收权时,应根据土地使用者已使用的年限和开发、利用土地的实际情况给予适当的补偿。所谓"适当补偿"是指公平合理的补偿,即按照被收回土地的性质、用途、区位等,以作出收地决定之日的市场评估价给予补偿。

4)为实施城市规划进行旧城区改建而调整使用土地

我国当前处于城市化过程之中,需要不断地进行旧城改造与都市更新。在此过程中,需要重新对城市空间进行布局,这就不可避免地要对已经出让的城市建设用地使用权进行一定调整。因此,基于旧城区改建调整使用土地的需要,可以终止既有的国有土地使用权,以确保旧城区改建工作的顺利推进。需要注意的是,这一情形下进行的旧城改建,必须是符合城市规划的,即所进行的改建是为了实施城市规划而进行的。另外,为了保护原土地使用权人的合法权益,基于旧城改建而终止建设用地使用权的,国家也应当根据土地使用者已使用的年限和开发、利用土地的实际情况给予适当补偿。

5)因单位撤销、迁移等原因停止使用原划拨的国有土地

经划拨取得的建设用地使用权,只能供被批准的用地单位按所批准的用途使用,当该单位被撤销或迁移等原因不再需要使用该土地的,则应当交回国家。由于所划拨的土地是无偿交给原土地使用权人使用的,因此在收回划拨土地使用权时,不需要对土地使用权进行补偿。

6)公路、铁路、机场、矿场等经核准报废的

这一种情形与上一种情形相似,都是因划拨土地不再按照原用途使用时导致的建设用地使用权终止。同样的,由于这部分土地原初也是按划拨方式提供的,在收回建设用地使用权时,也不用进行补偿。

7)违法闲置土地

与前面几种导致建设用地使用权终止的情形不同,这一情形属于对违反利用土地行为的一种惩戒措施。根据我国法律的规定,在获得建设用地使用权后,应当按照合同规定的期限和条件进行土地的开发、利用。如果使用权人违反上述规定,闲置土地的,主管机关可以无偿收回闲置的建设用地使用权。《城市房地产管理法》(2019 年修订)第二十六条规定:以出让方式取得土地使用权进行房地产开发的,必须按照土地使用权出让合同约定的土地用途、动工开发期限开发土地。满二年未动工开发的,可以无偿收回土地使用权;但是,因不可

抗力或者政府、政府有关部门的行为或者动工开发必需的前期工作造成动工开发迟延的除外。《土地管理法》(2004年修订)第三十七条也规定:已经办理审批手续的非农业建设占用的耕地……连续两年未使用的,经原批准机关批准,由县级以上人民政府无偿收回用地单位的土地使用权;该幅土地原为农民集体所有的,应当交由原农村集体经济组织恢复耕种。

5.4.3 建设用地使用权终止的法律效果

建设用地使用权终止后,发生如下几个方面的法律效果:

(1) 自土地使用权终止之日起,土地使用者丧失土地使用权。土地使用者与土地所有权人或其代表之间的权利义务关系随之解除。另根据"房地权利主体一致"原则,土地上的建筑物或其他附属物随着土地使用权的终止,一并被国家收回。

(2) 因土地使用权到期导致建设用地使用权终止的,建设用地使用权人对于建设用地使用权出让合同约定必须拆除的设备等,必须在规定期限内拆除;除建设用地使用权出让合同另有约定外,非通用建筑物等应由建设用地使用权人在约定期限内拆除和清理,或者由建设用地使用权人承担拆除和清理费用。如果是提前终止土地使用权的,除出让合同中约定必须拆除的技术设备等以外,土地使用权人一般不得损害地上建筑物及其附属设施,并免除出让合同中约定的拆除和清理义务。

(3) 建设用地使用权人应当交还建设用地使用权证,由原土地登记机关注销土地登记。

本 章 小 结

第1节介绍了我国土地制度的立法概况,土地公有制及土地所有权与使用权的含义及内容,以及我国城市土地使用制度的基本框架。

第2节介绍了我国建设用地的类型,国有土地上房屋和集体土地征收的相关规定,建设用地使用权的出让、划拨的相关规定。

第3节介绍了建设用地使用权的经营,包括建设用地使用权的转让、抵押和出租,以及集体建设用地使用权的出租。

第4节介绍了建设用地使用权的终止,包括建设用地使用权终止的含义、事由及法律效果。

⚖ 案例 5.1　　　　　　　　未经补偿不得收回国有土地使用权

基本案情:

山西安业公司于2004年4月和2005年10月先后办理了太原市双塔西街162号的两幅土地的"国有土地使用证",随后又依法取得了"房屋产权证"。太原市政府为实施解放南路长治路改造道路建设,于2014年4月4日发布《太原市人民政府为实施解放南路长治路改造道路建设涉及收回迎泽大街以南,中心街以北部分国有土地使用权的通告》(简称《通告》),决定收回解放南路长治路道路建设所涉及的87个单位776.85亩的国有土地使用权,该通告有明确的南北界线、涉及单位和收回土地面积,并在《太原日报》和太原市国土资源局网站作了公示。安业公司的两幅土地位于上述《通告》载明的收回国有土地使用权的范围之内。该《通告》告知各涉及的有关单位和住户自通告发布之日起 15 日内带有关土地手续到太原市国土资源局办理土地使用权注销手续;逾期不交回的,将予以注销。《通告》中同时载明,收回上述国有土地使用权涉及的拆迁补偿事宜按照有关规定依法进行。在《通告》公示后,太原市政府因故于 2014 年 5 月 7 日决定该项目暂缓实施,故未能实际开展补偿工作。安业公司对《通告》不服,认为太原市政府在尚未落实补偿事宜的情况下就发布《通告》收回其国有土地使用权的行为构成违法,故提起行政诉讼,请求法院撤销太原市政府发布《通告》收回其国有土地使用权的行为。

审判结果:

一审太原市中级人民法院经审理后认为,太原市政府发布《通告》决定收回区域内的国有土地,是为实现城市规划而实施道路建设改造工程,属于因公共利益需要使用土地,故其有权提前收回安业公司的国有土地使用权。根据《土地管理法》等立法的规定,依法收回的国有土地,可直接办理注销登记,因而《通告》中有关土地使用权注销事项的内容并不违反法律规定。同时认为安业公司所提出的认为太原市政府在作出通告前必须落实补偿事项的主张没有事实和法律依据。据此,驳回了安业公司的诉讼请求。

安业公司不服,向山西省高级人民法院提起上诉,山西省高级人民法院经审理后驳回了安业公司的上诉,维持原判。

安业公司仍不服,依法向最高人民法院申请再审。最高法院经审理后认为,有征收必有补偿,无补偿则无征收。为了保障国家安全、促进国民经济和社会发展等公共利益的需要,国家可以依法收回国有土地使用权,也可征收国有土地上单位、个人的房屋;但必须对被征收人给予及时公平补偿,而不能只征收不补偿,也不能迟迟不予补偿。通常,征收决定应当包括具体补偿内容,因评估或者双方协商以及其他特殊原因,征收决定未包括补偿内容的,征收机关应当在征收决定生效后的合理时间内,及时通过签订征收补偿协议或者作出征收补偿决定的方式解决补偿问题。而在本案中,太原市政府在尚未落实补偿问题的情况下就直接作出收回安业公司国有土地使用权的决定,且迟至本案诉讼期间也尚未对安业公司进行任何补偿,其行为违反了《土地管理法》《城市房地产管理法》《国有土地上房屋征收与补偿条例》等立法的规定,据此,判决撤销一审和二审判决,确认太原市政府以《通告》形式收回安业公司国有土地使用权的行政行为违法。

分析评论:

本案主要涉及提前收回(征收)国有建设用地使用权的补偿问题。

征收与补偿,是唇齿相依的两项制度。《土地管理法》(2004 年修订)第五十八条明确规定:因公共利益需要使用土地的,可以收回国有土地使用权,但应当给予土地使用权人适当补偿。《城市房地产管理法》第六条规定:为了公共利益的需要,国家可以征收国有土地上单位和个人的房屋,并依法给予拆迁补偿,维护被征收人的合法权益。《国有土地上房屋征收与补偿条例》(2011 年)第十三条规定:市、县级人民政府作出房屋征收决定后应当及时公告,公告应当载明征收补偿方案,并应当向民众做好补偿事宜的解释工作。该条例第二十七条进一步规定:实施房屋征收应当先补偿、后搬迁。根据上述立法的规定,行政机关在因公共利益需要征收国有建设用地使用权以及其上房屋、附属物之时,应当一并给予被征收人公正合理的补偿,以切实维护被征收人的合法权益。禁止在尚未落实补偿问题的情况下径直实施土地征收。在本案中,太原市政府为了建设公共道路这一公共利益的需要征收安业公司的国有建设用地使用权,符合提前收回土地使用权证的条件。但其所发布的《通告》仅仅笼统地写道"收回上述国有土地使用权涉及的拆迁补偿事宜按照有关规定依法进行",并未写明具体明确的补偿方案,事后也没有进一步对安业公司落实补偿事宜,使得安业公司获得补偿的法定权益受到侵犯,其行为违反了前述《土地管理法》(2004年修订)第五十八条、《国有土地上房屋征收与补偿条例》(2011年)第十三条和第二十七条等立法的规定。因此,最高人民法院确认其收回安业公司国有土地使用权的行为违法的判决是正确的。

案例 5.2　　未取得建设用地使用权证签订的土地使用权转让合同无效

基本案情:

2011年,原告雷某独资设立了内蒙古自治区丰镇市泛华工业废渣处理有限公司,经营范围为工业废渣回收和加工处理。在此之前,雷某曾在2008年与该市巨宝庄镇村委会村民签订承包土地协议书,协议约定雷某承包村民的90亩荒地和沟地,承包时间为20年,雷某已交清了全部承包费,并获得了巨宝庄镇九墩沟村民委员会和巨宝庄镇人民政府同意。后因扩建料场需要,丰镇市人民政府同意将原告承包地中的50亩土地,批给泛华废渣处理公司使用,泛华废渣处理公司在2012年11月4日向丰镇市国土资源局交纳了土地出让金。此后,用地范围内的林业用地取得了内蒙古自治区林业厅的行政许可。2012年12月31日,丰镇市城市规划管理局向泛华废渣处理公司核发了建设项目选址意见书,2013年8月环保部门出具了环境评估,但是因规划原因未能办理国有土地使用权证。2014年10月6日,泛华废渣处理公司与被告丰宇铁合金公司签订了料场转让协议,双方约定,泛华废渣处理公司将其占用的已获得政府立项与审批的50亩料场土地,以及另外已承包但未占用的30亩农村集体土地一并转让给被告丰宇铁合金公司,用于后者倾倒工业废渣。后双方因合同履行问题产生纠纷,雷某将丰宇铁合金公司诉至法院,请求确认双方签订的料场转让协议无效。

审判结果:

丰镇市人民法院经审理后认为,原告雷某设立的泛华废渣处理公司和被告丰宇铁合金公司签订料场转让协议违反了法律的强制性规定,判决确认该转让协议无效。宣判后,双方当事人均未上诉,判决已经发生法律效力。

分析评论:

《合同法》(1999年)第五十二条规定,违反法律、行政法规的强制性规定的,合同无效。《民法典》(2020年)也作出了相同的规定。在本案中,雷某在未取得建设用地使用权证的情况下转让50亩料场,违反了《城市房地产管理法》的强制性规定。《城市房地产管理法》(2009年修订)第三十八条明确规定,未依法登记领取权属证书的房地产不得转让;该法第三十九条又规定,以出让方式取得土地使用权的,转让房地产时,应当按照出让合同约定已经支付全部土地使用权出让金,并取得土地使用权证书。在本案中,雷某虽然已经办理了50亩料场的部分用地手续,但在起诉前尚未最终取得这部分料场的建设用地使用权,在此情况下转让料场,违反了《城市房地产管理法》(2009年修订)的上述强制性规定,导致双方协议中约定的转让50亩料场的内容无效。

第 6 章　建筑市场管理法律制度

本章内容所涉及的主要法律是《建筑法》《招标投标法》和《政府采购法》及相关法规和规章。建筑市场是最先实行承包制的经营领域,建筑市场竞争激烈而且充分,是建筑法规范的重点。本章除介绍工程项目的发包与承包形式外,对总包、分包及违法分包、转包等概念及情形进行了界定。建筑市场中工程项目发包最具竞争性的招标投标方式是本章的重点内容。因工程项目中国有资金项目占有较大的比重,本章还介绍了工程项目货物及服务政府采购的方式和程序。

6.1　建筑市场中的发包承包制度

6.1.1　建设工程发包承包概述

我国自 1982 年推行建设工程发包与承包制度。工程建设发包,是建设工程的建设单位(或总承包单位)将建设工程任务通过招标发包或直接发包的方式,交付给具有法定从业资格的单位完成,并按照合同约定支付报酬的行为。工程建设承包,则是具有法定从业资格的单位依法承揽建设工程任务,通过签订合同确立双方的权利与义务,按照合同约定取得相应报酬,并完成建设工程任务的行为。

建筑工程的发包单位,通常为建筑工程的建设单位,即投资建设该项建筑工程的单位("业主")。按照国家计委 1996 年 1 月发布的《关于实行建设项目法人责任制的暂行规定》,国有单位经营性基本建设大中型建设项目,在建设阶段必须组建项目法人。项目法人可按《中华人民共和国公司法》(简称《公司法》)的规定设立有限责任公司(包括国有独资公司)和股份有限公司,由项目法人对项目的策划、资金筹措、建设实施、生产经营、债务偿还和资产的保值增值,实行全过程负责。据此规定,由国有单位投资建设的经营性的房屋建筑工程(如用作生产经营设施的工商业用房、作为房地产项目的商品房等),由依法设立的项目法人作为建设单位,负责建设工程的发包。国有单位投资建设的非经营性的房屋建筑工程,应由建设单位作为发包方负责工程的发包。此外,建筑工程实行总承包的,总承包单位经建设单位同意,在法律规定的范围内对部分工程项目进行分包的,工程的总承包单位即成为分包工程的发包单位。建筑工程的承包单位,即承揽建筑工程的勘察、设计、施工等业务的单位,包括对建筑工程实行总承包的单位和承包分包工程的单位。

按照《建筑法》和《合同法》的相关规定,建筑工程发包与承包活动应当共同遵守的基本原则,主要包括:

1）书面合同原则

当事人订立合同，有书面形式、口头形式和其他形式。建筑工程因涉及面广，合同内容复杂、履行期较长、工程造价大等特点，《合同法》明确规定建设工程合同应当采用书面形式。书面形式除纸质的合同书、会议纪要和信件外，还包括电报、电传、传真、电子数据交换和电子邮件等数据电文形式。工程实践中，有少量的零星工程可能没有签订书面合同，只能以口头或者其他形式予以确认，属例外。

2）全面履行合同的原则

全面履行合同原则，即指建设工程合同的发包人和承包人都要按照建设工程合同约定的质量、数量、规格、时间、地点方式全面履行。建设工程公司合同是双方当事人根据自己的实际需要而订的，合同中的各项条款都反映了当事人所追求的目的和实际承受能力，如果不严格按照合同条款全面履行，权利人的合同目的就可能落空，各项事业无法实现，从而造成很大的经济损失。所以，当事人应全面履行合同约定义务。发包人和承包人任何一方不按照合同约定履行义务的，应当依法承担违约责任。

3）以招投标为主、直接发包为辅的原则

建设工程发包承包是建筑市场的核心与龙头，是培育和发展建筑市场的关键。建筑工程依法实行招标发包，对不适于招标发包的可以直接发包。招标发包是建筑工程发包的主要形式。采用招标投标的方式进行发包，可以充分利用供求关系、价值规律和竞争机制。在正常情况下通过招投标可以发挥两个积极作用：一方面，建设单位可以避免或减轻发包工程的风险，有效地控制工程工期、质量与投资；另一方面，可以促使承包人不断采用先进技术，提高经营管理水平，努力降低工程成本。大多数建设工程的发包承包主要采用招标投标方式来进行，只有那些不宜于招标投标的保密工程、特殊专业工程或施工条件特殊的工程，才采用直接发包（即委托）的方式。

4）公开、公平、公正竞争的原则

发包与承包的招标投标活动应当遵循公开、公正、平等竞争的原则。禁止发包承包双方采取不正当竞争。在建筑工程的发包与承包活动中禁止任何形式的行贿受贿行为。在建筑工程的发包与承包活动中以任何形式行贿受贿，都是严重违反市场交易规则、破坏正常的市场经济秩序的行为，必须坚决予以禁止。

5）工程发承包计价应当遵循公平、合法和诚实信用的原则

建筑工程施工发包与承包价在政府宏观调控下，由市场竞争形成。发承包双方在确定合同价款时，应当考虑市场环境和生产要素价格变化对合同价款的影响。发包方与承包方在合同中对工程造价的约定，既包括对计价范围、标准的约定，也包括对工程计价方式的约定。发包方应当按照合同对于工程价款的支付时间、应付金额和支付方式的约定，及时、足额地向承包方支付工程价款。

6.1.2 建设工程发包

《建筑法》规定，建筑工程依法实行招标发包，对不适于招标发包的可以直接发包。实行招标发包的，发包单位应当将建筑工程发包给依法中标的承包单位。实行直接发包的，发包

单位应当将建筑工程发包给具有相应资质条件的承包单位。

招标发包,是指发包方通过公告或者其他方式,发布拟建工程的有关信息,表明其将招请合格的承包商承包工程项目的意向,由各承包商按照发包方的要求提出各自的工程报价和其他承包条件,参加承揽工程任务的竞争,最后由发包方从中择优选定中标者作为该项工程的承包方,与其签订工程承包合同的发包方式。招标发包的方式将竞争机制引入了建筑工程的发包活动中,符合市场经济的要求,是在市场经济条件下进行建筑工程发包最普遍采用的方式。世界银行和亚洲开发银行等国际金融机构对使用其贷款建设的项目,都要求采用招标方式进行工程项目的发包。当然,招标发包的方式程序比较复杂,费用也较高,发包过程所需的时间也相对较长,对某些小型建筑工程和保密工程,一般不适用招标发包的方式。

建筑工程的直接发包,是指由发包方直接选定特定的承包商,与其进行一对一的协商谈判,就双方的权利义务达成协议后,与其签订建筑工程承包合同的发包方式。这种方式简便易行,节省发包时间和费用,但缺乏竞争带来的优越性,在实行市场经济的条件下,这种发包方式只适用于少数不适于采用招标方式发包的特殊建筑工程。所谓"不适于招标发包"的建筑工程,可以包括两种情况:一是工程项目本身的性质不适宜进行招标发包,如国防军事工程或有特殊专业要求的房屋建筑工程等;二是从建筑工程的投资主体上看,对私人资本投资建设的工程。采用何种方式发包,法律一般没有必要加以限制,投资人可以自行选择发包方式,可以招标发包,也可以直接发包。

对于一些特殊工程项目的招投标经项目审批部门批准,可不进行招投标而直接发包,这些工程项目有建设项目的勘察、设计要采用特定专利或专有技术的,或者建筑艺术造型有特殊要求的;工程项目的施工,主要技术要采用特定的专利或专有技术的;在建设工程追加的附属小型工程或主体加层工程,原中标人仍具备承包能力的;施工企业自建自用且在该施工企业资质等级允许业务范围内的工程。政府及其所属部门不得滥用行政权力,限定发包单位将招标发包的建筑工程发包给指定的承包单位。

6.1.3 建设工程承包

工程建设承包制度包括总承包、联合承包、分包等形式。禁止建筑施工企业超越本企业资质等级许可的业务范围或者以任何形式用其他建筑施工企业的名义承揽工程。禁止建筑施工企业以任何形式允许其他单位或者个人使用本企业的资质证书、营业执照,以本企业的名义承揽工程。

1) 建设工程总承包

建设工程总承包通常分为工程项目总承包和施工总承包两大类。《建筑法》规定,建筑工程的发包单位可以将建筑工程的勘察、设计、施工、设备采购一并发包给一个工程总承包单位,也可以将建筑工程勘察、设计、施工、设备采购的一项或者多项发包给一个工程总承包单位。施工总承包,是指施工单位仅对土建及安装等分部分项工程或者单位工程的承包施工,其他阶段的承包任务由建设单位发包给其他的承包单位负责。

（1）工程总承包的概念和适用范围

工程总承包,是指承包单位按照与建设单位签订的合同,对工程项目设计、采购、施工或者设计、施工等阶段实行总承包,并对工程的质量、安全、工期和造价等全面负责的工程建设组织实施方式。

建设单位应当根据项目情况和自身管理能力等,合理选择工程建设组织实施方式。

建设内容明确、技术方案成熟的项目,适宜采用工程总承包方式。建设单位应当在发包前完成项目审批、核准或者备案程序。采用工程总承包方式的企业投资项目,应当在核准或者备案后进行工程总承包项目发包。采用工程总承包方式的政府投资项目,原则上应当在初步设计审批完成后进行工程总承包项目发包;其中,按照国家有关规定简化报批文件和审批程序的政府投资项目,应当在完成相应的投资决策审批后进行工程总承包项目发包。建设内容明确、技术方案成熟的项目,适宜采用工程总承包方式。

(2)工程总承包的发包方式

建设单位依法采用招标或者直接发包等方式选择工程总承包单位。

工程总承包项目范围内的设计、采购或者施工中,有任一项属于依法必须进行招标的项目范围且达到国家规定规模标准的,应当采用招标的方式选择工程总承包单位。

建设单位应当根据招标项目的特点和需要编制工程总承包项目招标文件,主要包括以下内容:①投标人须知;②评标办法和标准;③拟签订合同的主要条款;④发包人要求,列明项目的目标、范围、设计和其他技术标准,包括对项目的内容、范围、规模、标准、功能、质量、安全、节约能源、生态环境保护、工期、验收等的明确要求;⑤建设单位提供的资料和条件,包括发包前完成的水文地质、工程地质、地形等勘察资料,以及可行性研究报告、方案设计文件或者初步设计文件等;⑥投标文件格式;⑦要求投标人提交的其他材料。

建设单位可以在招标文件中提出对履约担保的要求,依法要求投标文件载明拟分包的内容;对于设有最高投标限价的,应当明确最高投标限价或者最高投标限价的计算方法。推荐使用由住房和城乡建设部会同有关部门制定的工程总承包合同示范文本。

(3)工程总承包单位的资质

工程总承包单位应当同时具有与工程规模相适应的工程设计资质和施工资质,或者由具有相应资质的设计单位和施工单位组成联合体。工程总承包单位应当具有相应的项目管理体系和项目管理能力、财务和风险承担能力,以及与发包工程相类似的设计、施工或者工程总承包业绩。

鼓励设计单位申请取得施工资质,已取得工程设计综合资质、行业甲级资质、建筑工程专业甲级资质的单位,可以直接申请相应类别施工总承包一级资质。鼓励施工单位申请取得工程设计资质,具有一级及以上施工总承包资质的单位可以直接申请相应类别的工程设计甲级资质。完成的相应规模工程总承包业绩可以作为设计、施工业绩申报。

设计单位和施工单位组成联合体的,应当根据项目的特点和复杂程度,合理确定牵头单位,并在联合体协议中明确联合体成员单位的责任和权利。联合体各方应当共同与建设单位签订工程总承包合同,就工程总承包项目承担连带责任。

(4)工程总承包的合同形式

工程总承包是国际通行的工程建设项目组织实施方式,有利于发挥具有较强技术力量和组织管理能力的大承包商的专业优势,综合协调工程建设中的各种关系,目的在于强化统一指挥和组织管理,保证工程质量和进度,提高投资效益。

工程总承包可以采用EPC方式(工程设计、采购、施工阶段)或者DB方式(设计、施工阶段），即必须同时包括工程设计以及施工内容。而其他类型的总承包方式，如 EP（设计—采购）、PC（采购—施工）不适用于工程总承包项目。

工程总承包主要有下列方式：

① 设计—采购—施工（EPC）/交钥匙总承包

设计—采购—施工总承包是指工程总承包企业按照合同约定，承担工程项目的设计、采购、施工试运行服务等工作，并对承包工程的质量、安全、工期、造价全面负责。

交钥匙总承包是设计采购施工总承包业务和责任的延伸，最终是向建设单位提交一个满足使用功能、具备使用条件的工程项目。

② 设计—施工总承包（DB）

设计—施工总承包是指工程总承包企业按照合同约定，承担工程项目设计和施工，并对承包工程的设计和施工的质量、安全、工期、造价负责。

2）建设工程分包

（1）工程分包的概念和类型

工程分包是指在施工总承包名下将专业工程或者劳务作业的施工内容分包给其他建筑业企业完成的活动。

专业工程分包是指建筑工程总承包单位根据总承包合同的约定或者经建设单位的认可，将承包工程中的专业性较强的专业工程发包给具有相应资质的其他建筑业完成的活动。专业工程主要有地基基础工程、起重设备安装工程、预拌混凝土、电子与智能化工程、消防设施工程、防水防腐保温工程、桥梁工程、隧道工程、钢结构工程、模板脚手架、建筑装修装饰工程、建筑机电安装工程、建筑幕墙工程、古建筑工程等 36 个专业工程。

施工劳务分包是指施工总承包企业或者专业承包企业即劳务作业发包人将其承包工程中的劳务作业发包给具有相应资质的劳务承包企业即劳务作业承包人完成的活动。施工劳务分包包括木工作业、砌筑作业、抹灰作业、石制作业、油漆作业、钢筋作业、混凝土作业、脚手架搭设、模板作业、焊接作业、水暖电安装作业、钣金工程作业、架线工程作业等作业范围。

（2）专业工程分包单位的条件与认可

《建筑法》规定，建筑工程总承包单位可以将承包工程中的专业工程发包给具有相应资质条件的分包单位；但是，除总承包合同中约定的分包外，必须经建设单位认可。禁止总承包单位将工程分包给不具备相应资质条件的单位。

承包专业工程的单位须持有依法取得的资质证书，并在资质等级许可的业务范围内承揽工程。不具备资质条件的单位不允许承包建设工程，也不得承接分包工程。

施工劳务分包无须事先获得发包人的同意，劳务作业分包由劳务作业发包人与劳务作业承包人通过劳务合同约定。劳务作业承包人必须自行完成所承包的任务，严禁个人承揽分包工程业务。

总承包单位如果要将所承包的工程再分包给他人，应当依法告知建设单位并取得认可。这种认可应当依法通过两种方式：①在总承包合同中规定分包的内容；②在总承包合同中没有规定分包内容的，应当事先征得建设单位的同意。分包工程须经建设单位认可，并不等于建设单位可以直接指定分包人。《房屋建筑和市政基础设施工程施工分包管理办法》中明确规定，建设单位不得直接指定分包工程承包人。对于建设单位推荐的分包单位，总承包单位有权作出拒绝或者采用的选择。按照合同约定,建筑材料、建筑构配件和设备由工程承包单位采购的,发包单位不得指定承包单位购入用于工程的建筑材料、建筑构配件和设备或者指定生产厂、供应商。

(3) 专业工程分包和施工劳务分包的区别

① 分包主体的资质不同。专业工程分包人持有的是专业承包企业的资质,劳务分包人持有的是劳务作业企业资质。工程分包发生在总包人与专业承包人之间,而施工劳务分包则发生在总包人与劳务分包人之间。

② 分包合同标的的指向不同。专业工程分包合同指向的标的是分部分项的工程,计取的是工程款,其表现形式主要体现为包工包料;施工劳务分包合同指向的是劳务,计取的是人工费,其表现形式主要为包工不包料。

③ 分包限制不同。总承包人对工程分包有一系列的限制,并且必须具备的一个重要条件是事先有约定或经发包人的同意;而总包人的施工劳务分包则无须事先获得发包人的同意。专业工程分包合同必须经发包人同意;施工劳务分包合同无须发包人同意。

④ 法律后果不同。专业工程分包的双方对因此造成的质量或其他问题要对发包人承担连带责任;而施工劳务分包双方互相按合同承担相应责任,并不共同向发包人承担连带责任。

⑤ 管理的内容不同。专业工程分包条件下,总承包方履行的职责主要是专业分包项目(分部分项)施工过程、施工资料、进场材料设备质量状况的监督检查,即符合性管理;施工劳务分包管理,则是施工期间的全方位管理(提供临设;提供测量放线、施工技术和安全技术交底;检查施工作业与交底的符合性;提供工程施工和防护材料和施工机具设备;组织分部分项工程验收;编制质量控制记录,收集质量保证资料;编制竣工资料等),即实施性管理。

3) 建筑工程的联合承包

(1) 联合承包的概念

《建筑法》第二十七条规定:"大型建筑工程或者结构复杂的建筑工程,可以由两个以上的承包单位联合共同承包。"建筑工程的联合共同承包,是指由两个以上独立经营的承包单位共同组成非法人的联合体,以该联合体的名义承包某项建筑工程的承包形式。在联合承包形式中,由参加联合的各承包单位共同组成的联合体作为一个单一的承包主体,与发包方签订承包合同,承担履行合同义务全部责任。在联合体内部,则由参加联合体的各方以联合体共同投标协议约定各自在联合承包中的权利、义务,包括联合体的管理方式及共同管理机构的产生办法、各方负责承担的工程任务的范围、利益分享与风险分担的办法等等。

(2) 联合体的资质认定和法律地位

联合承包是由两个以上的承包单位共同承包,当参加联合承包的具有相同专业的各单位资质等级不同时,为防止出现越级承包的问题,联合体只能按资质等级较低的单位的许可业务范围承揽工程。

总承包联合体作为两个或两个以上的具有相应资质及专业能力的、为完成某项重大项目而组成的合作组织,只能享有松散型联合体的法律地位。松散型联合体不具备法人或其他经济组织的法律特征,不能作为法律意义上的民事主体,不能对外签订任何合同及履行相关义务,不能独立承担民事责任,更不能成为《中华人民共和国民事诉讼法》规定的诉讼主体。联营各方根据联合体协议的约定履行各自的权利义务,并且对内承担协议约定的责任,对建设单位依法承担连带责任。

(3) 联合体承包的意义

① 采用联合承包方式承包工程,可以利用各个承包单位的优势,加强人员、技术、设备等方面优势组合和资源的优化,增强竞争的优势,减弱相互之间的竞争,增加中标的机会。也能够发挥联合体各方的优势,有利于建设项目的进度控制、投资控制、质量控制。

② 采用联合承包方式承包工程,可以降低风险,争取更大的利润。

③ 采用联合承包方式承包工程,有助于承包单位相互学习,更好地掌握联合体各方面的工程管理方式和管理经验,为企业改进技术、增强管理经验、积蓄力量,为企业谋求长远的发展。

④ 采用联合承包方式承包工程,对业主来说,不仅可以降低投资的成本,同时风险也较低。一旦出现违约事件,由于联合承包各方负有连带责任,业主可以向联合体内部的任何一方要求承担全部责任。

6.1.4　建设项目发包承包中违法行为的认定

1) 违法发包的概念

违法发包,是指建设单位将工程发包给个人或不具有相应资质的单位、肢解发包、违反法定程序发包及其他违反法律法规规定发包的行为。

建设单位存在下列情形之一的,属于违法发包:

(1)建设单位将工程发包给个人的;(2)建设单位将工程发包给不具有相应资质的单位的;(3)依法应当招标未招标或未按照法定招标程序发包的;(4)建设单位设置不合理的招标投标条件,限制、排斥潜在投标人或者投标人的;(5)建设单位将一个单位工程的施工分解成若干部分发包给不同的施工总承包或专业承包单位的。

2) 转包和挂靠的概念及认定

转包,是指承包单位承包工程后,不履行合同约定的责任和义务,将其承包的全部工程或者将其承包的全部工程肢解后以分包的名义分别转给其他单位或个人施工的行为。

承包单位存在下列情形之一的,应当认定为转包,但有证据证明属于挂靠或者其他违法行为的除外:

(1) 承包单位将其承包的全部工程转给其他单位(包括母公司承接建筑工程后将所承接工程交由具有独立法人资格的子公司施工的情形)或个人施工的;

(2) 承包单位将其承包的全部工程肢解以后,以分包的名义分别转给其他单位或个人施工的;

(3) 施工总承包单位或专业承包单位未派驻项目负责人、技术负责人、质量管理负责人、安全管理负责人等主要管理人员,或派驻的项目负责人、技术负责人、质量管理负责人、安全管理负责人中一人及以上与施工单位没有订立劳动合同且没有建立劳动工资和社会养老保险关系,或派驻的项目负责人未对该工程的施工活动进行组织管理,又不能进行合理解释并提供相应证明的;

(4) 合同约定由承包单位负责采购的主要建筑材料、构配件及工程设备或租赁的施工机械设备,由其他单位或个人采购、租赁,或施工单位不能提供有关采购、租赁合同及发票等证明,又不能进行合理解释并提供相应证明的;

(5) 专业作业承包人承包的范围是承包单位承包的全部工程,专业作业承包人计取的是除上缴给承包单位"管理费"之外的全部工程价款的;

(6) 承包单位通过采取合作、联营、个人承包等形式或名义,直接或变相将其承包的全部工程转给其他单位或个人施工的;

(7) 专业工程的发包单位不是该工程的施工总承包或专业承包单位的,但建设单位依约作为发包单位的除外;

(8) 专业作业的发包单位不是该工程承包单位的;

(9) 施工合同主体之间没有工程款收付关系,或者承包单位收到款项后又将款项转拨给其他单位和个人,又不能进行合理解释并提供材料证明的。

两个以上的单位组成联合体承包工程,在联合体分工协议中约定或者在项目实际实施过程中,联合体一方不进行施工也未对施工活动进行组织管理的,并且向联合体其他方收取管理费或者其他类似费用的,视为联合体一方将承包的工程转包给联合体其他方。

挂靠施工,是指单位或个人以其他有资质的施工单位的名义承揽工程的行为。挂靠施工的主要形式可依不同标准归纳为以下三种类型:一是以资质状况为标准进行分类,主要包括没有资质的单位或个人借用其他施工单位的资质承揽工程、有资质的施工单位相互借用资质承揽工程两种情形;二是以分包主体为标准进行分类,主要包括除建设单位直接分包之外,专业分包和劳务分包的发包单位不是该工程的施工总承包或专业承包单位的情形;三是以实际施工人的人员和财务关系为标准进行分类,主要包括施工现场的派驻人员中有一人以上与施工单位没有订立劳动合同,或没有建立劳动工资或社会养老保险关系,实际施工人与建设单位没有工程款收付关系,工程款支付凭证、施工单位采购凭证上载明的单位与施工合同约定的承包单位不符,又不能进行合理解释并提供材料证明等情形。

施工单位实际施工中具体存在下列情形之一的,属于挂靠:(1)没有资质的单位或个人借用其他施工单位的资质承揽工程的;(2)有资质的施工单位相互借用资质承揽工程的,包括资质等级低的借用资质等级高的,资质等级高的借用资质等级低的,相同资质等级相互借用的;(3)按照转包情形中第(3)至(9)项规定的情形,有证据证明属于挂靠的。

3) 违法分包的概念和认定

违法分包,是指承包单位承包工程后违反法律法规规定,把单位工程或分部分项工程分包给其他单位或个人施工的行为。

承包单位存在下列情形之一的,属于违法分包:

(1)承包单位将其承包的工程分包给个人的;(2)施工总承包单位或专业承包单位将工程分包给不具备相应资质单位的;(3)施工总承包单位将施工总承包合同范围内工程主体结构的施工分包给其他单位的,钢结构工程除外;(4)专业分包单位将其承包的专业工程中非劳务作业部分再分包的;(5)专业作业承包人将其承包的劳务再分包的;(6)专业作业承包人除计取劳务作业费用外,还计取主要建筑材料款和大中型施工机械设备、主要周转材料费用的。

《房屋建筑和市政基础设施工程施工分包管理办法》中规定,分包工程发包人应当设立项目管理机构,组织管理所承包工程的施工活动。项目管理机构应当具有与承包工程的规模、技术复杂程度相适应的技术、经济管理人员。其中,项目负责人、技术负责人、项目核算负责人、质量管理人员、安全管理人员必须是本单位的人员(与本单位有合法的人事或者劳动合同、工资以及社会保险关系的人员)。分包工程发包人将工程分包后,未在施工现场设立项目管理机构和派驻相应人员,并未对该工程的施工活动进行组织管理的,视同转包行为。

6.2　政府采购法律制度

6.2.1　政府采购法概述

1)政府采购的概念

政府采购是指各级国家机关、事业单位和团体组织,使用财政性资金采购依法制定的集中采购目录以内的或者采购限额标准以上的货物、工程和服务的行为。其中采购是指以合同方式有偿取得货物、工程和服务的行为,包括购买、租赁、委托、雇用等。

政府采购使用的资金,既包括直接纳入预算管理的资金,也包括作为还款来源的借贷资金,该类资金视同财政性资金。国家机关、事业单位和团体组织的采购项目既使用财政性资金又使用非财政性资金的,使用财政性资金采购的部分,适用政府采购法。财政性资金与非财政性资金无法分割采购的,统一适用政府采购法。

政府采购标的中的货物是指各种形态和种类的物品,包括原材料、燃料、设备、产品等。采购与工程建设有关的货物,是指构成工程不可分割的组成部分,且为实现工程基本功能所必需的设备、材料等。

政府采购标的中的工程是指建设工程,包括建筑物和构筑物的新建、改建、扩建、装修、拆除、修缮等。

政府采购标的中的服务,是指除货物和工程以外的其他政府采购对象,包括政府自身需要的服务和政府向社会公众提供的公共服务。采购与工程建设有关的服务,是指为完成工程所需的勘察、设计、监理等服务。政府采购法所称集中采购,是指采购人将列入集中采购目录的项目委托集中采购机构代理采购或者进行部门集中采购的行为;所称分散采购,是指采购人将采购限额标准以上的未列入集中采购目录的项目自行采购或者委托采购代理机构代理采购的行为。集中采购目录包括集中采购机构采购项目和部门集中采购项目。技术、服务等标准统一,采购人普遍使用的项目,列为集中采购机构采购项目;采购人本部门、本系统基于业务需要有特殊要求,可以统一采购的项目,列为部门集中采购项目。

2)政府采购的原则

政府采购应当遵循公开透明原则、公平竞争原则、公正原则和诚实信用原则。

公开透明原则要求采购项目预算金额达到国务院财政部门规定标准的政府采购项目信息,应当在政府采购监督管理部门指定的媒体上及时向社会公开发布,但涉及商业秘密的除外。

公平竞争原则具体体现为采购相关人员的回避制度。在政府采购活动中,采购人员及相关人员与供应商有下列利害关系之一的,应当回避:

(1) 参加采购活动前3年内与供应商存在劳动关系;

(2) 参加采购活动前3年内担任供应商的董事、监事;

(3) 参加采购活动前3年内是供应商的控股股东或者实际控制人;

(4) 与供应商的法定代表人或者负责人有夫妻、直系血亲、三代以内旁系血亲或者近姻亲关系;

(5) 与供应商有其他可能影响政府采购活动公平、公正进行的关系。

供应商认为采购人员及相关人员与其他供应商有利害关系的,包括招标采购中评标委员会的组成人员,竞争性谈判采购中谈判小组的组成人员,询价采购中询价小组的组成人员等,供应商可以向采购人或者采购代理机构书面提出回避申请,并说明理由。采购人或者采购代理机构应当及时询问被申请回避人员,有利害关系的被申请回避人员应当回避。

采购的公正原则要求任何单位和个人不得采用任何方式,阻挠和限制供应商自由进入本地区和本行业的政府采购市场。

采购人或者采购代理机构有下列情形之一的,属于以不合理的条件对供应商实行差别待遇或者歧视待遇:

(1) 就同一采购项目向供应商提供有差别的项目信息;

(2) 设定的资格、技术、商务条件与采购项目的具体特点和实际需要不相适应或者与合同履行无关;

(3) 采购需求中的技术、服务等要求指向特定供应商、特定产品;

(4) 以特定行政区域或者特定行业的业绩、奖项作为加分条件或者中标、成交条件;

(5) 对供应商采取不同的资格审查或者评审标准;

(6) 限定或者指定特定的专利、商标、品牌或者供应商;

(7) 非法限定供应商的所有制形式、组织形式或者所在地;

(8) 以其他不合理条件限制或者排斥潜在供应商。

3) 政府采购当事人

政府采购当事人是指在政府采购活动中享有权利和承担义务的各类主体,包括采购人、供应商和采购代理机构等。

(1) 采购人

采购人是指依法进行政府采购的国家机关、事业单位、团体组织。

(2) 集中采购机构

集中采购机构就是采购代理机构。设区的市、自治州以上人民政府根据本级政府采购项目组织集中采购的需要设立集中采购机构。集中采购机构是设区的市级以上人民政府依法设立的非营利事业法人,是代理集中采购项目的执行机构。集中采购机构应当根据采购人委托制定集中采购项目的实施方案,明确采购规程,组织政府采购活动,不得将集中采购项目转委托。集中采购机构是非营利事业法人,根据采购人的委托办理采购事宜。

集中采购机构以外的采购代理机构,是从事采购代理业务的社会中介机构。

（3）供应商

供应商是指向采购人提供货物、工程或者服务的法人、其他组织或者自然人。

供应商参加政府采购活动应当具备下列条件：

① 具有独立承担民事责任的能力；

② 具有良好的商业信誉和健全的财务会计制度；

③ 具有履行合同所必需的设备和专业技术能力；

④ 有依法缴纳税收和社会保障资金的良好记录；

⑤ 参加政府采购活动前 3 年内，在经营活动中没有重大违法记录；

⑥ 法律、行政法规规定的其他条件。

采购人可以根据采购项目的特殊要求，规定供应商的特定条件，但不得以不合理的条件对供应商实行差别待遇或者歧视待遇。

采购人可以要求参加政府采购的供应商提供有关资质证明文件和业绩情况，并根据法律规定的供应商条件和采购项目对供应商的特定要求，对供应商的资格进行审查。

两个以上的自然人、法人或者其他组织可以组成一个联合体，以一个供应商的身份共同参加政府采购。联合体中有同类资质的供应商按照联合体分工承担相同工作的，应当按照资质等级较低的供应商确定资质等级。

以联合体形式进行政府采购的，参加联合体的供应商均应当具备政府采购法规定的条件，并应当向采购人提交联合协议，载明联合体各方承担的工作和义务。联合体各方应当共同与采购人签订采购合同，就采购合同约定的事项对采购人承担连带责任。

以联合体形式参加政府采购活动的，联合体各方不得再单独参加或者与其他供应商另外组成联合体参加同一合同项下的政府采购活动。

4）政府采购的意义

政府采购的目的在于财政性资金得到监督及高效使用。政府财政部门根据国家的经济和社会发展政策，会同政府有关部门制定政府采购政策，通过制定采购需求标准、预留采购份额、价格评审优惠、优先采购等措施，实现节约能源、保护环境、扶持不发达地区和少数民族地区、促进中小企业发展等目标。

政府采购应当采购本国货物、工程和服务，但有下列情形之一的除外：

（1）需要采购的货物、工程或者服务在中国境内无法获取或者无法以合理的商业条件获取的；

（2）为在中国境外使用而进行采购的；

（3）其他法律、行政法规另有规定的。

6.2.2　政府采购的方式和采购的程序

1）政府采购的方式

《中华人民共和国政府采购法》所称采购，是指以合同方式有偿取得货物、工程和服务的行为，包括购买、租赁、委托、雇用等。

政府采购实行集中采购和分散采购相结合。集中采购的范围由省级以上人民政府公布的集中采购目录确定。属于中央预算的政府采购项目，其集中采购目录由国务院确定并公布;属于地方预算的政府采购项目,其集中采购目录由省、自治区、直辖市人民政府或者其授权的机构确定并公布。纳入集中采购目录的政府采购项目,应当实行集中采购。

政府采购采用以下方式:

(1) 公开招标;

(2) 邀请招标;

(3) 竞争性谈判;

(4) 单一来源采购;

(5) 询价;

(6) 国务院政府采购监督管理部门认定的其他采购方式。

公开招标应作为政府采购的主要采购方式。

采购人不得将应当以公开招标方式采购的货物或者服务化整为零或者以其他任何方式规避公开招标采购。

2) 采购的程序

(1) 公开招标

政府采购进行招标投标的,适用招标投标法(公开招标程序在下文中详细介绍)。

(2) 邀请招标采购

所谓邀请招标,也称选择性招标,由采购人根据供应商或承包商的资信和业绩,选择一定数目的法人或其他组织(不能少于 3 家),向其发出招标邀请书,邀请他们参加投标竞争,从中选定中标的供应商。

符合下列情形之一的货物或者服务,可以采用邀请招标方式采购:

① 具有特殊性,只能从有限范围的供应商处采购的;

② 采用公开招标方式的费用占政府采购项目总价值的比例过大的。

(3) 竞争性谈判

竞争性谈判是指采购人或代理机构通过与多家供应商(不少于 3 家)进行谈判,最后从中确定中标供应商的一种采购方式。

符合下列情形之一的货物或者服务,可以采用竞争性谈判方式采购:

① 招标后没有供应商投标或者没有合格标的或者重新招标未能成立的;

② 技术复杂或者性质特殊,不能确定详细规格或者具体要求的;

③ 采用招标所需时间不能满足用户紧急需要的;

④ 不能事先计算出价格总额的。

竞争性谈判的主要步骤有:

① 采购预算与申请:采购人编制采购预算,填写采购申请表并提出采用竞争性谈判的理由,经上级主管部门审核后提交财政局采购管理部门。

② 采购审批:财政行政主管部门根据采购项目及相关规定确定竞争性谈判这一采购方式,并确定采购途径——是委托采购还是自行采购。

③ 代理机构的选定:程序与公开招标的相同。

④ 组建谈判小组。

⑤ 编制谈判文件:谈判文件应明确谈判程序与内容、合同草案条款以及评定成交的标

准等事项。

⑥ 确定参与谈判的供应商名单：谈判小组根据采购需求，从符合相应资格条件的供应商名单中确定并邀请不少于 3 家的供应商进行谈判。若公开招标的货物、服务采购项目，招标过程中提交投标文件或者经评审实质性响应招标文件要求的供应商只有两家时，采购人、采购代理机构经本级财政部门批准后可以与该两家供应商进行竞争性谈判采购。

⑦ 谈判：谈判小组所有成员集中与每一个被邀请的供应商分别进行谈判。在谈判中任何一方不得透露与谈判有关的其他供应商的技术资料、价格和其他信息。若谈判文件有实质性变动，谈判小组应以书面形式通知所有参加谈判的供应商。可以按照供应商提交投标文件的逆序或以抽签的方式确定谈判顺序。

⑧ 确定成交供应商：谈判结束后，谈判小组应要求所有参加谈判的供应商在规定时间内进行最后报价，采购人从谈判小组提出的成交候选人中根据符合采购需求、质量和服务相等且报价最低的原则确定成交供应商，并将结果通知所有参加谈判的未成交的供应商。要求供应商尽早报价有助于防止串标。

⑨ 评审公示：公示内容包括成交供应商名单、谈判文件修正条款、各供应商报价、谈判专家名单。

⑩ 发出成交通知书：公示期满无异议，即可发出成交通知书。

（4）单一来源采购

单一来源方式，指采购人从某一特定供应商处采购货物、工程和服务的采购方式。单一来源采购方式具备以下特点：

① 缺乏竞争性：单一来源不同于其他存在供应商竞争的采购方式，其采购对象仅为某一特定供应商。因此，在单一来源采购中，采购方处于相对不利的地位。

② 采购灵活性：不同于其他采购方式，单一来源采购并不需要制定采购文件，不规定采购流程和具体时间；甚至，采购人员只需要具有经验的专业人员即可。

③ 审批严格性：由于采购来源唯一，极可能导致采购成本增加，还可能影响项目质量，给采购人甚至是国家带来损失。所以，对使用单一来源采购方式的情形（"唯一、紧急、添购"）有着严格规定，以维护采购人合法利益，同时也可避免某些采购人以此规避正常招标程序。

采取单一来源方式采购的，采购人与供应商应当遵循公开透明、公平和诚实信用的原则，在保证采购项目质量和双方商定合理价格的基础上进行采购。

符合下列情形之一的货物或者服务，可以采用单一来源方式采购：

① 只能从唯一供应商处采购的；

② 发生了不可预见的紧急情况不能从其他供应商处采购的；

③ 必须保证原有采购项目一致性或者服务配套的要求，需要继续从原供应商处添购，且添购资金总额不超过原合同采购金额 10% 的。

（5）询价方式采购

询价方式，是指只考虑价格因素，要求采购人向 3 家以上供应商发出询价单，对一次性报出的价格进行比较，最后按照符合采购需求、质量和服务相等且报价最低的原则，确定成交供应商的方式。

采购的货物规格、标准统一、现货货源充足且价格变化幅度小的政府采购项目，可以采用询价方式采购。

采取询价方式采购的,应当遵循下列程序:

① 成立询价小组。询价小组由采购人的代表和有关专家共三人以上的单数组成,其中专家的人数不得少于成员总数的 2/3。询价小组应当对采购项目的价格构成和评定成交的标准等事项作出规定。

② 确定被询价的供应商名单。询价小组根据采购需求,从符合相应资格条件的供应商名单中确定不少于三家的供应商,并向其发出询价通知书让其报价。

③ 询价。询价小组要求被询价的供应商一次报出不得更改的价格。

④ 确定成交供应商。采购人根据符合采购需求、质量和服务相等且报价最低的原则确定成交供应商,并将结果通知所有被询价的未成交的供应商。

6.2.3 政府采购合同及相关责任

政府采购合同适用合同法。采购人和供应商之间的权利和义务,应当按照平等、自愿的原则以合同方式约定。政府采购合同应当采用书面形式。采购人可以委托采购代理机构代表其与供应商签订政府采购合同。由采购代理机构以采购人名义签订合同的,应当提交采购人的授权委托书,作为合同附件。国务院政府采购监督管理部门应当会同国务院有关部门,规定政府采购合同必须具备的条款。

采购人与中标、成交供应商应当在中标、成交通知书发出之日起 30 日内,按照采购文件确定的事项签订政府采购合同。采购人应当自政府采购合同签订之日起 2 个工作日内,将政府采购合同在省级以上人民政府财政部门指定的媒体上公告,但政府采购合同中涉及国家秘密、商业秘密的内容除外。采购文件要求中标或者成交供应商提交履约保证金的,供应商应当以支票、汇票、本票或者金融机构、担保机构出具的保函等非现金形式提交。履约保证金的数额不得超过政府采购合同金额的 10%。中标、成交通知书对采购人和中标、成交供应商均具有法律效力。采购人应当按照政府采购合同规定,及时向中标或者成交供应商支付采购资金。

政府采购合同的双方当事人不得擅自变更、中止或者终止合同。中标、成交通知书发出后,采购人改变中标、成交结果的,或者中标、成交供应商放弃中标、成交项目的,应当依法承担法律责任。经采购人同意,中标、成交供应商可以依法采取分包方式履行合同。政府采购合同分包履行的,中标、成交供应商就采购项目和分包项目向采购人负责,分包供应商就分包项目承担责任。政府采购合同继续履行将损害国家利益和社会公共利益的,双方当事人应当变更、中止或者终止合同。有过错的一方应当承担赔偿责任,双方都有过错的,各自承担相应的责任。

6.3 招标投标法律制度

6.3.1 建设工程招标投标制度概述

招标投标是一种国际惯例,是商品经济高度发展的产物,是应用技术、经济的方法和市场经济的竞争机制的作用,有组织开展的一种择优的交易方式。这种方式是在货物、工程和服务的采购行为中,招标人通过事先公告采购要求及项目要求,吸引众多的潜在投标人按照同等条件进行平等竞争,按照规定程序并组织技术、经济和法律等方面专家对入围的投标人进行综合评审,从中择优选定项目的中标人的行为过程。其实质是以合理的价格获得最优的货物、工程和服务。

1)建设工程招标与投标的概念

建设工程招标与投标,是建设单位对拟建的建设工程项目(包括勘察、设计、施工)通过法定的程序和方式吸引潜在的投标人进行公平竞争,并从中选择条件优越者来完成建设工程任务的行为。建设工程项目的实施和完成因还涉及工程咨询、工程监理和材料设备的采购,因此,建设工程的招标与投标还外延到工程咨询、监理等工程服务及材料设备采购的招标投标。这是在市场经济条件下常用的一种建设工程项目及相关货物、服务的交易方式。

(1)建设工程招标

建设工程招标是招标人在发包建设项目之前,依据法定程序,以公开招标或邀请招标方式,鼓励潜在的投标人依据招标文件参与竞争,通过评定以便从中择优选定中标人的一种经济活动。

招标人是依照法律规定提出招标项目、进行招标的法人或者其他组织。招标人具有编制招标文件和组织评标能力的,可以自行办理招标事宜。任何单位和个人不得强制其委托招标代理机构办理招标事宜。依法必须进行招标的项目,招标人自行办理招标事宜的,应当向有关行政监督部门备案。

招标代理机构是依法设立、从事招标代理业务并提供相关服务的社会中介组织。招标人有权自行选择招标代理机构,委托其办理招标事宜。任何单位和个人不得以任何方式为招标人指定招标代理机构。招标代理机构应当具备下列条件:①有从事招标代理业务的营业场所和相应资金;②有能够编制招标文件和组织评标的相应专业力量。

招标代理机构与行政机关和其他国家机关不得存在隶属关系或其他利益关系。招标代理机构在招标人委托的范围内开展招标代理业务,任何单位和个人不得非法干涉。招标代理机构代理招标业务,应当遵守法律关于招标人的规定。招标代理机构不得在所代理的招标项目中投标或者代理投标,也不得为所代理的招标项目的投标人提供咨询。

(2)建设工程投标

建设工程投标是工程招标的对称概念,指具有合法资格和能力的投标人,根据招标条件,在指定期限内递交标书,提出报价,并等候开标,接受是否中标结果的经济活动。

投标人是响应招标、参加投标竞争的法人或者其他组织,一般不能是个人。投标人应当具备承担招标项目的能力;国家有关规定对投标人资格条件或者招标文件对投标人资格条件有规定的,投标人应当具备规定的资格条件。投标人应当按照招标文件的要求编制投标文件。投标文件应当对招标文件提出的实质性要求和条件作出响应。招标项目属于建设施工的,投标文件的内容应当包括拟派出的项目负责人与主要技术人员的简历、业绩和拟用于完成招标项目的机械设备等。与招标人存在利害关系可能影响招标公正性的法人、其他组织或者个人,不得参加投标;单位负责人为同一人或者存在控股、管理关系的不同单位,不得参与同一标段投标或者未划分标段的同一招标项目投标,否则投标无效。投标人参加依法必须进行招标的项目的投标,不受地区或者部门的限制,任何单位和个人不得非法干涉。

(3)联合体投标

联合体投标是指两个以上法人或者其他组织可以组成一个联合体,以一个投标人的身份共同投标。联合体投标是一种特殊的投标人组织形式,一般适用于大型的或结构复杂的建设项目。招标人应当在资格预审公告、招标公告或者投标邀请书中载明是否接受联合体投标。招标人不得强制投标人组成联合体共同投标,不得限制投标人之间的竞争。

联合体投标的,联合体各方应按招标文件提供的格式签订共同投标协议,明确联合体牵头人和各方权利义务,牵头人代表联合体成员负责投标和合同实施阶段的主办、协调工作,并应当向招标人提交由所有联合体成员法定代表人签署的授权书。联合体各方签订共同投标协议后,不得再以自己名义单独投标,也不得组成新的联合体或参加其他联合体在同一项目中投标。联合体各方应具备承担本施工项目的资质条件、能力和信誉,通过资格预审的联合体,其各方组成结构或职责,以及财务能力、信誉情况等资格条件不得改变。由同一专业的单位组成的联合体,按照资质等级较低的单位确定资质等级。应当以联合体各方或者联合体中牵头人的名义提交投标保证金。以联合体中牵头人名义提交的投标保证金,对联合体各成员具有约束力。联合体中标的,联合体各方应当共同与招标人签订合同,就中标项目向招标人承担连带责任。

2)建设工程招标投标的类型

《中华人民共和国招标投标法实施条例》(简称《招标投标法实施条例》)规定:工程建设项目是指工程以及与工程建设有关的货物、服务。工程是指建设工程,包括建筑物和构筑物的新建、改建、扩建及其相关的装修、拆除、修缮等;与工程建设有关的货物,是指构成工程不可分割的组成部分,且为实现工程基本功能所必需的设备、材料等;与工程建设有关的服务,是指为完成工程所需的勘察、设计、监理等服务。

建设工程招标投标的内容,可以是整个项目建设过程,也可以是某个阶段的工作或者是单独的材料设备招标投标。主要包括以下内容:

(1)工程总承包招标投标,即建设项目实施全过程的招标投标。从项目建议书开始,包括设计任务书、勘察设计、材料设备询价与采购、工程施工、生产准备、投料试车,直至竣工投产,交付使用,实行全过程的招标投标。投标者必须是具有项目总承包能力的工程承包企业。

(2)勘察设计招标投标,是为了优化勘察设计方案,而择优选定勘察设计单位。勘察设计招标一般采取可行性研究方案或设计方案招标,可以是一次性总招标,也可以分单项、分专业招标。勘察设计招标单位是主持开发建设工程项目的建设单位或工程总承包单位。

(3)材料设备供应招标投标,为了择优选择供应建设项目的各种材料和设备,由建设单位向材料设备制造供应单位招标,也可以由工程承包公司或设备成套机构招标。投标者应当是具有法人资格,符合投标条件的材料设备制造商和设备成套的供应商。

(4)工程施工招标投标,为了保证建设工程质量优,工期短,造价合理,由建设单位对投标者的报价、工期、质量保证措施、社会信誉等进行综合评价,择优选定施工单位。工程施工招标投标的标的可以是全部工程,也可以是单项工程、部分工程或专项工程。

(5)工程咨询和工程监理招标投标。工程咨询是在投资建设项目决策与实施活动中,为投资者和业主提供阶段性或全过程咨询和管理的智力服务。建筑工程监理是指受建设单位委托的监理单位依照法律、行政法规及有关的技术标准、设计文件和建筑工程承包合同，对承包单位在施工质量、建设工期和建设资金使用等方面，代表建设单位实施监督的经济活动。工程咨询和建设工程监理服务与勘察设计、施工承包、货物采购等最大的区别为：工程咨询和工程监理不直接产出新的物质成果或信息成果，而是受项目业主委托对工程建设活动依法提供咨询、监督、管理、协调等服务。相应的，工程咨询和工程监理招标的基本需求是选择具有相应资格和能力的咨询和监理单位及其专业咨询和监理人员。工程公司咨询和工程监理工作是智力服务，工程咨询和工程监理服务效果不仅依赖是否遵循了规范化的管理程序和方法，更多地主要取决于咨询师和监理工程师的专业知识、经验、职业道德素质和工程管理能力。因此，工程咨询和工程监理招标应该引导工程咨询和监理投标单位注重素质能力的竞争，而不是价格竞争。

　　3）我国建设工程招标与投标的立法现状

　　我国招标投标制度是伴随着改革开放和市场经济的发展而逐步建立并完善的。改革开放后的 1984 年，国家计委、城乡建设环境保护部联合下发了《建设工程招标投标暂行规定》，倡导实行建设工程招标投标，我国由此开始推行招标投标制度。

　　1991 年 11 月 21 日，建设部、国家工商行政管理局联合下发《建筑市场管理规定》《施工合同示范文本》。1992 年 12 月 30 日，建设部颁发了《工程建设施工招标投标管理办法》。

　　1994 年 12 月 16 日，建设部、国家体改委再次发出《全面深化建筑市场体制改革的意见》。

　　1999 年，我国工程招标投标制度面临重大转折。首先是 1999 年 3 月 15 日全国人大通过了《中华人民共和国合同法》，并于同年 10 月 1 日起生效。其次是 1999 年 8 月 30 日全国人大常委会通过了《中华人民共和国招标投标法》，并于 2000 年 1 月 1 日起施行，后于 2017 年修订。

　　随后的 2000 年 5 月 1 日，国家计委发布了《工程建设项目招标范围的规模标准规定》。

　　2001 年 7 月 5 日，国家计委等七部委联合发布第 12 号令《评标委员会和评标方法暂行规定》。

　　2002 年 1 月 10 日，国家计委等六部委和民航局联合发布了第 30 号令《工程建设项目施工招标投标办法》。2013 年 3 月 11 日，由国家发展和改革委员会、工业和信息化部、财政部、住房和城乡建设部、交通运输部、铁道部、水利部、国家广播电影电视总局、中国民用航空局九部委修订后重新发布《工程建设项目施工招标投标办法》。

　　为加强对评标专家的监督管理，健全评标专家库制度，保证评标活动的公平、公正，提高评标质量，2003 年 2 月 22 日国家发展计划委员会发布第 29 号令《评标专家和评标专家库管理暂行办法》，自 2003 年 4 月 1 日起实施，后于 2013 年 5 月修订。

　　为了规范电子招标投标活动，促进电子招标投标健康发展，2013 年 2 月 4 日国家发展和改革委员会、工业和信息化部、监察部、住房和城乡建设部、交通运输部、铁道部、水利部、商务部联合发布《电子招标投标办法》，自 2013 年 5 月 1 日起施行。电子招标投标活动是指以数据电文形式，依托电子招标投标系统完成的全部或者部分招标投标交易、公共服务和行政监督活动。数据电文形式与纸质形式的招标投标活动具有同等法律效力。

国家发展和改革委员会、建设部、交通部、信息产业部、水利部、民用航空总局、国家广播电影电视总局 2003 年 8 月 1 日发布实施《工程建设项目勘察设计招标投标办法》,后于 2013 年修订。

2007 年 11 月 1 日,国家发改委等联合发布了第 56 号令《〈标准施工招标资格预审文件〉和〈标准施工招标文件〉试行规定》。

《招标投标法实施条例》于 2011 年 11 月 30 日国务院第 183 次常务会议通过,自 2012 年 2 月 1 日起施行。该条例经过 2017 年国务院第 676 号令、2018 年国务院第 698 号令、2019 年国务院第 709 号令三次修改。

4) 招投标活动的基本原则

(1) 公开原则。招标投标活动的公开原则,首要意义是指信息透明,要求进行招标活动的信息要公开。采用公开招标方式,应当发布招标公告,依法必须进行招标的项目的招标公告,必须通过国家指定的报刊、信息网络或者其他公共媒介发布。

根据《招标公告和公示信息发布管理办法》的规定,招标公告和公示信息,是指招标项目的资格预审公告、招标公告、中标候选人公示、中标结果公示等信息。除依法需要保密或者涉及商业秘密的内容外,应当按照公益服务、公开透明、高效便捷、集中共享的原则,依法向社会公开。

依法必须招标项目的招标公告和公示信息应当在"中国招标投标公共服务平台"或者项目所在地省级电子招标投标公共服务平台(以下统一简称"发布媒介")发布。

省级电子招标投标公共服务平台应当与"中国招标投标公共服务平台"对接,按规定同步交互招标公告和公示信息。对依法必须招标项目的招标公告和公示信息,发布媒介应当与相应的公共资源交易平台实现信息共享。

依法必须招标项目的招标公告和公示信息鼓励通过电子招标投标交易平台录入后交互至发布媒介核验发布,也可以直接通过发布媒介录入并核验发布。

(2) 公平原则。招标投标活动中的公平原则,应当包括招标人与投标人交易双方之间的公平交易和不同潜在投标人之间的公平竞争两方面的内容。一方面,公平原则要求招标人在主导交易过程、制定交易规则和合同条款时,应合理设置交易双方之间的权利和义务,以维系交易双方之间的利益均衡。不应凭借市场优势转嫁其法定义务和法定责任,不得将本应由己方承担的交易风险和履约风险强加给对方。另一方面,公平原则要求招标人对所有投标人实行同一标准,同等地对待每一个投标竞争者,不得对不同的投标竞争者采用不同的标准。招标人不得以任何方式限制或者排斥本地区、本系统以外的法人或者其他组织参加投标。

(3) 公正原则。即"程序规范,标准统一",要求所有招标投标活动必须按照规定的时间和程序进行,以尽可能保障招投标各方的合法权益,做到程序公正;招标评标标准应当具有唯一性,对所有投标人实行同一标准,确保标准公正。按照这个原则,招标投标法及其配套规定对招标、投标、开标、评标、中标、签订合同等都规定了具体程序和法定时限,明确了废标和否决投标的情形,评标委员会必须按照招标文件事先确定并公布的评标标准和方法进行评审、打分,推荐中标候选人,招标文件中没有规定的标准和方法不得作为评标和中标的依据。

（4）诚实信用原则。即"诚信原则"，是民事活动的基本原则之一，这是市场经济中诚实信用的商业道德准则法制化的产物，是以善意真诚、守信不欺、公平合理为内容的强制性法律原则。招标投标活动本质上是市场主体的民事活动，必须遵循诚信原则，也就是要求招标投标当事人应当以善意的主观心理和诚实、守信的态度来行使权利，履行义务，不能故意隐瞒真相或者弄虚作假，不能言而无信甚至背信弃义，在追求自己利益的同时尽量不损害他人利益和社会利益，维持双方的利益平衡，以及自身利益与社会利益的平衡，遵循平等互利原则，从而保证交易安全，促使交易实现。

6.3.2　建设工程招标范围和规模标准

1）建设工程强制招标的具体范围及规模标准

从《招标投标法》规定必须实行招标的项目范围来看，第一类是涉及社会公共利益、公众安全的大型基础设施、公用事业项目。政府主管部门作为公共利益的监管者和公共安全的保护者，需要通过竞争的方式选择优秀的供应商，以确保工程项目资金的使用最优化以及项目的质量和安全。第二类是全部或者部分使用国有资金项目或者国家融资的项目。项目的资金主要来源于税收，提高资金的使用效率是纳税人对政府和公共部门提出的必然要求。因此，国家在政府采购领域、公共投资领域普遍推行招标投标制，要求政府投资项目的基础设施项目必须实行竞争性招标，否则得不到财政资金的支持或审批部门的批准。第三类是使用国际组织或者外国政府贷款、援助资金的项目。这些贷款大多属于国家的主权债务，由政府统借统还，在性质上应视同为国有资金投资。从中国的情况看，使用国际组织或外国政府贷款进行的项目主要有世界银行、亚洲开发银行、亚洲基础设施投资银行（Asian Infrastructure Investment Bank，AIIB，简称亚投行）、金砖国家新开发银行（New Development Bank，NDB，又名金砖银行）等。

《招标投标法》和2018年6月1日国家发展和改革委员会发布实施的《必须招标的工程项目规定》规定：凡在中华人民共和国境内进行下列工程建设项目，包括项目的勘察、设计、施工、监理以及与工程建设有关的重要设备、材料等的采购，必须进行招标：

（1）大型基础设施、公用事业等关系社会公共利益、公众安全的项目。

关系社会公共利益、公众安全的基础设施项目的范围包括：①煤炭、石油、天然气、电力、新能源等能源项目；②铁路、公路、管道、水运、航空以及其他交通运输业等交通运输项目；③邮政、电信枢纽、通信、信息网络等邮电通信项目；④防洪、灌溉、排涝、引（供）水、滩涂治理、水土保持、水利枢纽等水利项目；⑤道路、桥梁、地铁和轻轨交通、污水排放及处理、垃圾处理、地下管道、公共停车场等城市设施项目；⑥生态环境保护项目；⑦其他基础设施项目。

关系社会公共利益、公众安全的公用事业项目的范围包括：①供水、供电、供气、供热等市政工程项目；②科技、教育、文化等项目；③体育、旅游等项目；④卫生、社会福利等项目；⑤商品住宅，包括经济适用住房；⑥其他公用事业项目。

（2）全部或者部分使用国有资金投资或国家融资的项目，包括：①使用预算资金200万元人民币以上，并且该资金占投资额10%以上的项目；②使用国有企业事业单位资金，并且该资金占控股或者主导地位的项目。

（3）使用国际组织或者外国政府贷款、援助资金的项目，包括：①使用世界银行、亚洲开发银行等国际组织贷款、援助资金的项目;②使用外国政府及其机构贷款、援助资金的项目。

以上三类项目中,其勘察、设计、施工、监理以及与工程建设有关的重要设备、材料等的采购达到下列标准之一的,必须招标:①施工单项合同估算价在400万元人民币以上;②重要设备、材料等货物的采购,单项合同估算价在200万元人民币以上;③勘察、设计、监理等服务的采购,单项合同估算价在100万元人民币以上。同一项目中可以合并进行的勘察、设计、施工、监理以及与工程建设有关的重要设备、材料等的采购,合同估算价合计达到前述规定标准的,必须招标。

2)可以不进行招标的建设项目

《招标投标法》规定,涉及国家安全、国家秘密、抢险救灾或者属于利用扶贫资金实行以工代赈、需要使用农民工等特殊情况,不适宜进行招标的项目,按照国家有关规定可以不进行招标。

《招标投标法实施条例》还规定,除《招标投标法》规定可以不进行招标的特殊情况外,有下列情形之一的,可以不进行招标:(1)需要采用不可替代的专利或者专有技术;(2)采购人依法能够自行建设、生产或者提供;(3)已通过招标方式选定的特许经营项目投资人依法能够自行建设、生产或者提供;(4)需要向原中标人采购工程、货物或者服务,否则将影响施工或者功能配套要求;(5)国家规定的其他特殊情形。

政府采购工程进行招标投标的,适用招标投标法。

6.3.3 招标方式

1)公开招标和邀请招标

按照招标人选择投标人的范围和招标的竞争程度,招标分为公开招标和邀请招标。

(1)公开招标,指招标人以招标公告的方式邀请不特定的法人或者其他组织投标。依法必须进行招标的项目的招标公告,应当通过国家指定的报刊、信息网络或者其他媒介发布。公开招标的优点是招标人有较大的选择范围,可在众多的投标人中选定报价合理、工期较短、信誉良好的承包商,有助于打破垄断,实行公平竞争。

(2)邀请招标,指招标人以投标邀请书的方式邀请特定的法人或者其他组织投标。招标人采用邀请招标方式的,应当向三个以上具备承担招标项目的能力、资信良好的特定的法人或者其他组织发出投标邀请书。邀请招标虽然也能够邀请到有经验和资信可靠的投标者投标,保证履行合同,但限制了竞争范围,可能会失去技术上和报价上有竞争力的投标者。

《招标投标法实施条例》规定,国有资金占控股或者主导地位的依法必须招标的建设项目,应当公开招标;但有下列情况之一的,可以进行邀请招标:

① 技术复杂、有特殊要求或受自然环境限制,只有少数潜在投标人可供选择。

② 采用公开招标方式的费用占项目合同金额的比例过大。

2)总承包招标和两阶段招标

按照项目的承包形式和招标内容的复杂与否,招标分为一次性的总承包招标和技术复杂项目的两阶段招标。

（1）总承包招标

以暂估价形式包括在总承包范围内的工程、货物、服务属于依法必须进行招标的项目范围且达到国家规定规模标准的，应当依法进行招标。

（2）两阶段招标

两阶段招标实质上是将公开招标和邀请招标结合起来的招标方式。招标单位首先采用公开招标的方式进行招标，经过开标和评标之后，再邀请最有资格的数家投标单位进行详细的投标报价，最后确定中标者。业主一般在以下情况采用两阶段招标：一是招标内容尚处在发展过程中，招标人需经过第一阶段招标以博采众议，评选出最优方案。二是招标人对工程项目的经营缺乏具体的方法和思路，可在第一阶段向投标人提出要求，就其最熟悉的经营方案进行投标，经过评价，再进入第二阶段的招标。

在两阶段招标中，第一阶段，投标人按照招标公告或者投标邀请书的要求提交不带报价的技术建议，招标人根据提交的技术建议确定技术标准和要求，编制招标文件。第二阶段，招标人向在第一阶段提交技术建议的投标人提供招标文件，投标人按照招标文件的要求提交包括最终技术方案和投标报价的投标文件。

3）招标人自行招标和委托招标机构代理招标

按照招标的实施形式，可以分为招标人自行招标和委托招标机构代理招标。

（1）招标人自行招标。《招标投标法》规定，招标人具有编制招标文件和组织评标能力的，可以自行办理招标事宜。

① 有专门的施工招标组织机构。

② 有与工程规模、复杂程度相适应并具有同类工程施工招标经验、熟悉有关工程施工招标法律法规的工程技术、概预算及工程管理的专业人员。

不具备上述条件的，招标人应当委托具有相应资质的工程招标代理机构代理招标。

（2）招标人委托招标机构代理招标。自行办理招标事宜的招标人，未经主管部门核准的，招标人应委托招标机构代理招标。依据《工程建设项目招标代理机构资格认定办法》（建设部 154 号令），工程建设项目招标代理机构，其资格分为甲级、乙级和暂定级。

4）国际工程招标方式

（1）竞争性招标（International Competitive Bidding，ICB）。竞争性招标是指招标人邀请几个乃至几十个投标人参加投标，通过多数投标人竞争，选择其中对招标人最有利的投标人达成交易，它属于兑卖的方式。国际性竞争招标，有两种做法：

① 公开招标（Open Bidding）。公开招标是一种无限竞争性招标（Unlimited Competitive Bidding）。采用这种做法时，招标人要在国内外主要报刊上刊登招标广告，凡对该项招标内容有兴趣的人均有机会购买招标资料进行投标。这是目前世界上最普遍采用的成交方式，凡利用世界银行或亚洲开发银行贷款兴建的项目，按要求都必须采用国际竞争性招标的方式，即 ICB 方式招标。世界银行认为只有通过 ICB 方式招标才能实现三"E"原则，即效率（Efficiency）、经济（Economy）、公平（Equity）。

② 选择性招标（Selected Bidding）。选择性招标又称邀请招标，它是有限竞争性招标（Limited Competitive Bidding）。采用这种做法时，招标人不在报刊上刊登广告，而是根据自己具体的业务关系和情报资料由招标人对客商进行邀请，进行资格预审后，再由他们进行

投标。

（2）谈判招标（Negotiated Bidding）。谈判招标又叫议标，它是非公开的，是一种非竞争性的招标。这种招标由招标人物色几家客商直接进行合同谈判，谈判成功，交易达成。议标这类招标方式在我国的招标投标法中不被认可。

（3）两段招标（Two-Stage Bidding）。两段招标是指无限竞争招标和有限竞争招标的综合方式，采用此类方式时，是先用公开招标，再用选择招标，分两段进行。政府采购物资，大部分采用此类竞争性的公开招标办法。

6.3.4 招标程序

建设工程招标的基本程序主要包括：履行项目审批手续、委托招标代理机构、编制招标文件、发布招标公告或投标邀请书、资格审查、开标、评标、中标和签订合同，以及终止招标等。

1）履行项目审批手续

按照国家有关项目投资管理规定，对需要履行项目审批、核准手续的依法必须进行招标的项目，其招标范围、招标方式、招标组织形式应当报项目审批、核准部门审批、核准。项目审批、核准部门应当及时将审批、核准确定的招标范围、招标方式、招标组织形式通报有关行政监督部门。对于企业不使用政府资金建设实行备案监督的项目，不属于必须招标范围，建设单位可自主决定采取招标、直接发包等方式选择施工单位。

2）自行招标或者委托招标

项目招标可以由业主自行招标，没有自行招标能力的业主可以委托招标代理机构招标。招标人具有编制招标文件和组织评标能力，是指招标人具有与招标项目规模和复杂程度相适应的技术、经济等方面的专业人员。

自行招标应当向有关行政监督部门备案，不得强制委托招标。

招标代理机构按照自愿原则向工商注册所在地省级建筑市场监管一体化工作平台报送基本信息。信息内容包括：营业执照相关信息、注册执业人员、具有工程建设类职称的专职人员、近3年代表性业绩、联系方式。上述信息统一在全国建筑市场监管公共服务平台（以下简称公共服务平台）对外公开，供招标人根据工程项目实际情况选择参考。

招标代理机构对报送信息的真实性和准确性负责，并及时核实其在公共服务平台的信息内容。信息内容发生变化的，应当及时更新。任何单位和个人如发现招标代理机构报送虚假信息，可向招标代理机构工商注册所在地省级住房城乡建设主管部门举报。工商注册所在地省级住房城乡建设主管部门应当及时组织核实，对涉及非本省市工程业绩的，可商请工程所在地省级住房城乡建设主管部门协助核查，工程所在地省级住房城乡建设主管部门应当给予配合。对存在报送虚假信息行为的招标代理机构，工商注册所在地省级住房城乡建设主管部门应当将其弄虚作假行为信息推送至公共服务平台对外公布。

招标代理机构应当与招标人签订工程招标代理书面委托合同，并在合同约定的范围内依法开展工程招标代理活动。招标代理机构及其从业人员应当严格按照《招标投标法》《招标投标法实施条例》等相关法律法规开展工程招标代理活动，并对工程招标代理业务承担相应责任。招标代理机构主要通过市场竞争、信用约束、行业自律来规范招标代理行为。

3）发布资格预审公告、招标公告或者投标邀请书

公开招标的项目，应当依照《招标投标法》和《招标投标法条例》的规定发布招标公告、编制招标文件。招标人采用资格预审办法对潜在投标人进行资格审查的，应当发布资格预审公告、编制资格预审文件。依法必须进行招标的项目的资格预审公告和招标公告，应当在国务院发展改革部门依法指定的媒介发布。在不同媒介发布的同一招标项目的资格预审公告或者招标公告的内容应当一致。指定媒介发布依法必须进行招标的项目的境内资格预审公告、招标公告，不得收取费用。编制依法必须进行招标的项目的资格预审文件和招标文件，应当使用国务院发展改革部门会同有关行政监督部门制定的标准文本。

依法必须招标项目的资格预审公告和招标公告，应当载明以下内容：

（1）招标项目名称、内容、范围、规模、资金来源；

（2）投标资格能力要求，以及是否接受联合体投标；

（3）获取资格预审文件或招标文件的时间、方式；

（4）递交资格预审文件或投标文件的截止时间、方式；

（5）招标人及其招标代理机构的名称、地址、联系人及联系方式；

（6）采用电子招标投标方式的，潜在投标人访问电子招标投标交易平台的网址和方法；

（7）其他依法应当载明的内容。

依法必须招标项目的招标公告和公示信息应当在"中国招标投标公共服务平台"或者项目所在地省级电子招标投标公共服务平台（以下统一简称"发布媒介"）发布。

省级电子招标投标公共服务平台应当与"中国招标投标公共服务平台"对接，按规定同步交互招标公告和公示信息。对依法必须招标项目的招标公告和公示信息，发布媒介应当与相应的公共资源交易平台实现信息共享。"中国招标投标公共服务平台"应当汇总公开全国招标公告和公示信息，以及发布媒介名称、网址、办公场所、联系方式等基本信息及时更新，与全国公共资源交易平台共享，并归集至全国信用信息共享平台，按规定通过"信用中国"网站向社会公开。

根据《标准施工招标文件》（56号令）的规定，若在公开招标过程中采用资格预审程序，可用资格预审公告代替招标公告，资格预审后不再单独发布招标公告。若未进行资格预审，可以单独发布招标公告。

招标人采用邀请招标方式的，应当向三个以上具备承担招标项目的能力、资信良好的特定的法人或者其他组织发出投标邀请书。投标邀请书应当载明招标人的名称和地址，招标项目的性质、数量、实施地点和时间以及获取招标文件的办法等事项。

招标人应当在资格预审公告、招标公告或者投标邀请书中载明是否接受联合体投标。招标人接受联合体投标并进行资格预审的，联合体应当在提交资格预审申请文件前组成。资格预审后联合体增减、更换成员的，其投标无效。联合体各方在同一招标项目中以自己名义单独投标或者参加其他联合体投标的，相关投标均无效。

4）编制招标文件

招标人应当按资格预审公告、招标公告或者投标邀请书规定的时间、地点出售招标文件。资格预审文件和招标文件自出售之日起至停止出售之日止，最短不得少于5日。招标人发售资格预审文件、招标文件收取的费用应当限于补偿印刷、邮寄的成本支出，不得以营

利为目的。

招标文件是招标人向潜在的供应商或承包商提供,为其参加投标所需的资料并向其通报招标投标将依据的规则和程序等内容的书面文件。招标人或其委托的招标代理机构根据招标项目的特点和要求编制招标文件。

招标文件应当包括招标项目的技术要求、对投标人资格审查的标准、投标报价要求和评标标准等所有实质性要求和条件以及拟签订合同的主要条款。国家对招标项目的技术、标准有规定的,招标人应当按照其规定在招标文件中提出相应要求。其中,技术要求、投标报价要求和主要合同条款等内容是招标文件的内容,统称实质性要求。所谓招标文件实质性响应招标文件的要求,就是投标文件应该与招标文件的所有实质性要求相符,无显著差异或保留。如果投标文件与招标文件规定的实质性要求不相符,即可认定投标文件不符合招标文件的要求,招标人可以拒绝该投标,并不允许投标人修改或撤销其不符合要求的差异或保留,使之成为实质性响应的投标。

招标项目需要划分标段、确定工期的,招标人应当合理划分标段、确定工期,并在招标文件中载明。招标文件不得要求或者标明特定的生产供应者以及含有倾向或者排斥潜在投标人的其他内容。招标文件的繁简程度,应视招标工程的性质和规模而定。

招标文件一般应至少包括下列内容:

(1) 投标人须知。这是招标文件中反映招标人的招标意图,每个条款都是投标人应该知晓和遵守的规则的说明。

(2) 招标项目的性质、范围及数量。

(3) 技术规格。招标项目的技术规格或技术要求是招标文件中最重要的内容之一,是指招标项目在技术、质量方面的标准等。

(4) 招标价格的要求及其计算方式。

(5) 评标的标准和方法。

(6) 交货、竣工或提供服务的时间。

(7) 投标人应当提供的有关资格和资信证明文件及投标保证金的数额或其他形式的担保。

(8) 投标文件的编制要求。

(9) 提供投标文件的方式、地点和截止时间以及开标、评标的日程安排。

(10) 合同的主要条款。

5) 投标人的资格审查

招标人可以根据招标项目本身的特点和需要,要求潜在投标人或者投标人提供满足其资格要求的文件,对潜在投标人或者投标人进行资格审查。资格审查可以分为资格预审和资格后审。

资格预审,是指投标前对获取资格预审文件并提交资格预审申请文件的潜在投标人进行资格审查的一种方式。资格预审主要是在投标前对潜在投标人进行的资质条件、业绩、信誉、技术、资金等多方面情况进行资格审查,而资格后审是指在开标后对投标人进行的资格审查。资格预审的目的是为了排除那些不合格的投标人,进而降低招标人的采购成本,提高招标工作的效率。

《招标投标法实施条例》规定,招标人采用资格预审办法对潜在投标人进行资格审查的,应当发布资格预审公告、编制资格预审文件。资格预审公告的内容应包括:工程项目名称、资金来源、工程规模、工程量、工程分包情况、投标人的合格条件、购买资格预审文件日期、地点和价格,递交资格预审投标文件的日期、时间和地点。

依法必须招标的项目提交资格预审申请文件的时间,自资格预审文件停止发售之日不得少于 5 日。国有资金占控股或主导地位的依法必须招标的项目,招标人应当组建资格审查委员会审查资格预审申请文件。资格审查委员会及其成员应当遵守《招标投标法》和《招标投标法实施条例》有关评标委员会及其成员的规定。资格预审结束后,应当及时向资格预审申请人发出资格预审结果通知书,未通过资格预审的申请人不具有投标资格,投标文件不予受理。通过资格预审的申请人少于 3 个的,应当重新招标。潜在投标人或其他利害关系人对资格预审文件有异议的,应当在提交资格预审申请文件截止时间 2 日前提出。招标人应当自收到异议之日起 3 日内作出答复;作出答复前,应当暂停招标投标活动。

进行资格预审的,一般不再进行资格后审,但招标文件另有规定的除外。采取资格后审的,招标人应当在招标文件预先明确对投标人资格要求的条件、标准和方法,不得改变载明的资格条件或者以没有载明的资格条件对投标人进行资格后审。资格后审不合格的投标人的投标应作废标处理。

招标人在规定的时间内,以书面形式将资格预审结果通知申请人,并向通过资格预审的申请人发出投标邀请书。通过资格预审的申请人收到投标邀请书后,应在规定的时间内以书面形式明确表示是否参加投标。在规定时间内未表示是否参加投标或明确表示不参加投标的,不得再参加投标;因而造成潜在投标人数量不足 3 个的,招标人重新组织资格预审或不再组织资格预审而直接招标。

招标人不得以不合理的条件限制、排斥潜在投标人或者投标人。招标人有下列行为之一的,属于以不合理条件限制、排斥潜在投标人或者投标人:

(1) 就同一招标项目向潜在投标人或者投标人提供有差别的项目信息;

(2) 设定的资格、技术、商务条件与招标项目的具体特点和实际需要不相适应或者与合同履行无关;

(3) 依法必须进行招标的项目以特定行政区域或者特定行业的业绩、奖项作为加分条件或者中标条件;

(4) 对潜在投标人或者投标人采取不同的资格审查或者评标标准;

(5) 限定或者指定特定的专利、商标、品牌、原产地或者供应商;

(6) 依法必须进行招标的项目非法限定潜在投标人或者投标人的所有制形式或者组织形式;

(7) 以其他不合理条件限制、排斥潜在投标人或者投标人。

6) 招标文件的澄清或者修改

招标人可以对已发出的资格预审文件或者招标文件进行必要的澄清或者修改。澄清或者修改的内容可能影响资格预审申请文件或者投标文件编制的,招标人应当在提交资格预审申请文件截止时间至少 3 日前,或者投标截止时间至少 15 日前,以书面形式通知所有获取资格预审文件或者招标文件的潜在投标人;不足 3 日或者 15 日的,招标人应当顺延提交资格预审申请文件或者投标文件的截止时间。该澄清或者修改的内容为招标文件的组成部分。

7）编制标底或设置最高投标限价

标底是指招标人根据招标项目的具体情况,编制的完成招标项目所需的全部费用,是依据国家规定的计价依据和计价办法计算出来的工程造价,是招标人对建设工程的期望价格。标底由成本、利润、税金等组成,一般应控制在批准的总概算及投资包干限额内。招标人以此价格作为衡量投标人的投标价格的一个尺度,也是招标人控制投资的一种手段。

工程量清单是招标人编制确定招标标底价的依据。工程量清单应由具备招标文件编制资格的招标人或招标人委托的具有相应资质的招标代理、造价咨询机构负责编制。

招标人可以自行决定是否编制标底。一个招标项目只能有一个标底;标底是招标人的核心商业秘密,必须保密。编制标底的中介机构不得参加投标,也不得为该项目的投标人编制投标文件或者提供咨询。招标人设最高限价的,应当在招标文件中明确最高投标限价或者最高投标限价的计算方法;招标人不得规定最低投标价格。标底只能作为评标的参考,不得以投标报价是否接近标底作为中标条件,也不得以投标报价超过标底上下浮动范围作为否决投标的条件。

8）踏勘现场与召开投标预备会

招标人根据招标项目的具体情况,可以组织投标人踏勘项目现场,向其介绍工程场地和相关环境的有关情况。招标人不得组织单个或者部分潜在投标人进行现场踏勘。招标人组织投标人进行踏勘现场的目的在于了解工程场地和周围环境情况,以获取投标人认为有必要的信息,便于编制施工组织设计等。为便于投标人提出问题并得到解答,踏勘现场一般安排在投标预备会前的 1～2 天。

为体现招标信息的公开和透明,投标人在领取招标文件、图纸和有关技术资料及踏勘现场后提出的疑问,招标人应通过以下方式进行解答:(1)收到投标人提出的疑问后,应以书面形式进行解答,并将解答同时送达所有获得招标文件的投标人。(2)收到提出的疑问后,通过投标预备会进行解答,并以书面形式同时送达所有获得招标文件的投标人。

9）招标人终止招标

招标人终止招标的,应当及时发布公告,或者以书面形式通知被邀请的或者已经获取资格预审文件、招标文件的潜在投标人。已经发售资格预审文件、招标文件或者已经收取投标保证金的,招标人应当及时退还所收取的资格预审文件、招标文件的费用,以及所收取的投标保证金及银行同期存款利息。

6.3.5　投标

1）投标人的概念和条件

投标人是响应招标、参加投标竞争的法人或者其他组织。投标人应当具备承担招标项目的能力;国家有关规定对投标人资格条件或者招标文件对投标人资格条件有规定的,投标人应当具备规定的资格条件。投标人发生合并、分立、破产等重大变化的,应当及时书面告知招标人。投标人不再具备资格预审文件、招标文件规定的资格条件或者其投标影响招公正性的,其投标无效。

《招标投标法实施条例》第三十四条规定:"与招标人存在利害关系可能影响招标公正性的法人、其他组织或者个人,不得参加投标。单位负责人为同一人或者存在控股、管理关系的不同单位,不得参加同一标段投标或者未划分标段的同一招标项目投标。违反前两款规定的,相关投标均无效。"这条规定的原因是,与招标人具有利害关系的企业投标,容易与招标人产生协同一致或串通,影响招标公正性。与招标人具有"利害关系"的情况比较复杂,通常是指潜在投标人和招标人之间存在隶属关系、个人关系、经济关系三个方面的关系,均可以认定为潜在投标人和招标人之间存在着利害关系。隶属关系,主要指招标人与潜在投标人之间相互控股或参股,或者有行政主管关系。个人关系,指的是投标人的法定代表人等高管人员与招标人的法定代表人等高管人员存在夫妻关系、亲属关系或者为同一人的情况。经济关系,指的是潜在投标人为招标项目前期准备提供设计或咨询服务等情形。

2)投标文件的修改、撤回和实质要求

投标人应当按照招标文件的要求和时间编制投标文件。依法必须进行招标的项目,自招标文件开始发出之日起至投标人提交投标文件截止之日止,最短不得少于 20 日。

投标人在招标文件要求提交投标文件的截止时间前,可以补充、修改或者撤回已提交的投标文件,并书面通知招标人。补充、修改的内容为投标文件的组成部分。在招标文件规定的投标有效期内,投标人不得要求撤销或修改其投标文件。

投标文件应当对招标文件有关工期、投标有效期、质量要求、技术标准和要求、招标范围等实质性内容作出响应。招标项目属于建设施工的,投标文件的内容应当包括拟派出的项目负责人与主要技术人员的简历、业绩和拟用于完成招标项目的机械设备等。

投标文件应由投标人的法定代表人或其委托代理人签字或盖单位章。委托代理人签字的,投标文件应附法定代表人签署的授权委托书。

3)投标文件的递交

投标人应当在招标文件规定的提交投标文件的截止时间前,将投标文件密封送达投标地点。招标人收到招标文件后,应当向投标人出具标明签收人和签收时间的凭证,在开标前任何单位和个人不得开启投标文件。在招标文件要求提交投标文件的截止时间后送达或未送达指定地点的投标文件,为无效的投标文件,招标人不予受理。

招标项目接受联合体投标时,递交联合体投标文件的该联合体应当是在提交资格预审申请文件前组成的。资格预审后联合体增减、更换成员的,其投标无效。联合体各方在同一招标项目中以自己名义单独投标或者参加其他联合体投标的,相关投标均无效。

4)投标中禁止的串标行为

《招标投标法实施条例》禁止投标人相互串通投标,有下列情形之一的,属于投标人相互串通投标:

(1)投标人之间协商投标报价等投标文件的实质性内容;

(2)投标人之间约定中标人;

(3)投标人之间约定部分投标人放弃投标或者中标;

(4)属于同一集团、协会、商会等组织成员的投标人按照该组织要求协同投标;

(5)投标人之间为谋取中标或者排斥特定投标人而采取的其他联合行动。

投标人之间有下列情形之一的,视为投标人相互串通投标:

(1) 不同投标人的投标文件由同一单位或者个人编制;

(2) 不同投标人委托同一单位或者个人办理投标事宜;

(3) 不同投标人的投标文件载明的项目管理成员为同一人;

(4) 不同投标人的投标文件异常一致或者投标报价呈规律性差异;

(5) 不同投标人的投标文件相互混装;

(6) 不同投标人的投标保证金从同一单位或者个人的账户转出。

禁止招标人与投标人串通投标。有下列情形之一的,属于招标人与投标人串通投标:

(1) 招标人在开标前开启投标文件并将有关信息泄露给其他投标人;

(2) 招标人直接或者间接向投标人泄露标底、评标委员会成员等信息;

(3) 招标人明示或者暗示投标人压低或者抬高投标报价;

(4) 招标人授意投标人撤换、修改投标文件;

(5) 招标人明示或者暗示投标人为特定投标人中标提供方便;

(6) 招标人与投标人为谋求特定投标人中标而采取的其他串通行为。

投标人在投标中通过受让或者租借等方式获取的资格、资质证书投标的,属于以他人名义投标,是法律所禁止的行为。投标人有下列情形之一的,属于以其他方式弄虚作假的行为,也是法律所禁止的:

(1) 使用伪造、变造的许可证件;

(2) 提供虚假的财务状况或者业绩;

(3) 提供虚假的项目负责人或者主要技术人员简历、劳动关系证明;

(4) 提供虚假的信用状况;

(5) 其他弄虚作假的行为。

6.3.6 开标、评标、中标与签订合同

1) 开标

开标应当在招标文件确定的提交投标文件截止时间的同一时间公开进行。这样的规定是为了避免投标中的舞弊行为。开标由招标人主持,并邀请所有投标人的法定代表人或其委托代理人准时参加。开标时,由投标人或者其推选的代表检查投标文件的密封情况,也可以由招标人委托的公证机构检查并公证;经确认无误后,由工作人员当众拆封,宣读投标人名称、投标价格和投标的其他主要内容。开标过程应当记录,并存档备查。

招标人不予受理情形:逾期送达的或者未送达指定地点的;未按招标文件要求密封的;未通过资格预审的投标文件。投标人少于3个的不得开标,招标人应当重新招标。投标人对开标有异议的,应当在开标现场提出,招标人应当当场作出答复,并制作记录。

2) 评标

(1) 评标委员会的组成

评标活动应遵循公平、公正、科学、择优的原则,招标人应当采取必要的措施,保证评标在严格保密的情况下进行。评标活动由评标委员会负责,向招标人推荐中标候选人或者根据招标人的授权直接确定中标人。评标委员会由招标人负责组建,由招标人或其委托的招

标代理机构熟悉相关业务的代表,以及有关技术、经济等方面的专家组成,成员人数为 5 人以上的单数,其中技术、经济等方面的专家不得少于成员总数的 2/3。评标委员会成员的名单在中标结果确定前应当保密。评标委员会的专家成员应当从国务院有关部门或者省、自治区、直辖市人民政府有关部门提供的专家名册或者招标代理机构的专家库内的相关专业的专家名单中确定。确定评标专家,可以采取随机抽取或者直接确定的方式。一般项目,可以采取随机抽取的方式;技术特别复杂、专业性要求特别高或者国家有特殊要求的招标项目,采取随机抽取方式确定的专家难以胜任的,可以经过规定的程序由招标人直接确定。

(2) 评标的方法和标准

评标委员会应当按照招标文件确定的评标标准和方法,对投标文件进行评审和比较;招标文件没有规定的评标标准和方法不得作为评标的依据。评标一般经过初步评审及详细评审两个阶段,评审方法包括经评审的最低投标价法和综合评估法两种。招标项目设有标底的,招标人应当在开标时公布。标底只能作为评标的参考,不得以投标报价是否接近标底作为中标条件,也不得以投标报价超过标底上下浮动范围作为否决投标的条件。评标委员会完成评标后,应当向招标人提出书面评标报告,并推荐合格的中标候选人。

(3) 标书的否决或者澄清

投标文件有下列情形之一的,评标委员会应当否决其投标:

① 投标文件未经投标单位盖章和单位负责人签字;

② 投标联合体没有提交共同投标协议;

③ 投标人不符合国家或者招标文件规定的资格条件;

④ 同一投标人提交两个以上不同的投标文件或者投标报价,但招标文件要求提交备选投标的除外;

⑤ 投标报价低于成本或者高于招标文件设定的最高投标限价;

⑥ 投标文件没有对招标文件的实质性要求和条件作出响应;

⑦ 投标人有串通投标、弄虚作假、行贿等违法行为。

投标文件中有含义不明确的内容、明显文字或者计算错误,评标委员会认为需要投标人作出必要澄清、说明的,应当书面通知该投标人。投标人的澄清、说明应当采用书面形式,并不得超出投标文件的范围或者改变投标文件的实质性内容。评标委员会不得暗示或者诱导投标人作出澄清、说明,不得接受投标人主动提出的澄清、说明。

3) 中标公示、确定中标人

(1) 公示中标候选人。评标完成后,评标委员会应当向招标人提交书面评标报告和中标候选人名单。中标候选人应当不超过 3 个,并标明排序。

依法必须招标项目的招标人应当自收到评标报告之日起 3 日内公示中标候选人,公示期不得少于 3 日。公示应当载明以下内容:

① 中标候选人排序、名称、投标报价、工期(交货期)、质量标准,采用综合评估法的,还应当载明综合评估分(价)和各分项评估分(价);

② 中标候选人在投标文件中承诺的主要项目负责人姓名及其相关个人业绩、证书名称和编号;

③ 中标候选人在投标文件中填报的项目业绩;

④ 提出异议的渠道和方式;

⑤ 招标文件规定公示的其他内容。

依法必须招标项目的公告和公示信息应当在国家电子招标投标公共服务平台或者项目所在地省级电子招标投标公共服务平台核验发布。

各省、自治区、直辖市人民政府或其授权部门对本地区依法必须招标项目的公告和公示信息发布媒介另有规定的,前述信息在本地区指定发布媒介核验发布后,指定发布媒介应当同步交互至本地区省级电子招标投标公共服务平台或者国家电子招标投标公共服务平台发布。

投标人或其他利害关系人对依法必须招标项目的评标结果有异议的,应当在中标候选人公示期间提出,招标人应当自收到异议之日起 3 日内作出答复,作出答复前,应当暂停招标投标活动。

(2) 确定中标人。中标人的投标应当符合下列条件之一:

① 能够最大限度地满足招标文件中规定的各项综合评价标准;

② 能够满足招标文件的实质性要求,并且经评审的投标价格最低;但是投标价格低于成本的除外。

招标人根据评标委员会提出的书面评标报告和推荐的中标候选人确定中标人,也可以授权评标委员会直接确定中标人。

国有资金占控股或者主导地位的依法必须进行招标的项目,招标人应当确定排名第一的中标候选人为中标人。排名第一的中标候选人放弃中标、因不可抗力不能履行合同、不按照招标文件要求提交履约保证金,或者被查实存在影响中标结果的违法行为等情形,不符合中标条件的,招标人可以按照评标委员会提出的中标候选人名单排序依次确定其他中标候选人为中标人,也可以重新招标。

中标候选人的经营、财务状况发生较大变化或者存在违法行为,招标人认为可能影响其履约能力的,应当在发出中标通知书前由原评标委员会按照招标文件规定的标准和方法审查确认。

4) 发出中标通知书,签订合同

中标人确定后,招标人应当向中标人发出中标通知书,并同时将中标结果通知所有未中标的投标人。中标通知书对招标人和中标人都具有法律效力。中标通知书发出后,招标人改变中标结果的,或者中标人放弃中标项目的,应当依法承担法律责任。

招标人不得向中标人提出压低报价、增加工作量、缩短工期或其他违背中标人意愿的要求,以此作为发出中标通知书和签订合同的条件。

招标人和中标人应当自中标通知书发出之日起 30 日内,按照招标文件和中标人的投标文件订立书面合同。合同的标的、价款、质量、履行期限等主要条款应当与招标文件和中标人的投标文件的内容一致,不得再行订立背离合同实质性内容的其他协议。中标人应当按照合同约定履行义务,完成中标项目。中标人不得向他人转让中标项目,也不得将中标项目肢解后分别向他人转让。

中标人按照合同约定或者经招标人同意,可以将中标项目的部分非主体、非关键性工作分包给他人完成。接受分包的人应当具备相应的资格条件,并不得再次分包。中标人应当就分包项目向招标人负责,接受分包的人就分包项目承担连带责任。

5)投标保证金和履约保证金

招标人在招标文件中要求投标人提交投标保证金的,投标保证金不得超过招标项目估算价的2%。投标保证金有效期应当与投标有效期一致。依法必须进行招标的项目的境内投标单位,以现金或者支票形式提交的投标保证金应当从其基本账户转出。招标人不得挪用投标保证金。

招标人最迟应当在书面合同签订后5日内向中标人和未中标的投标人退还投标保证金及银行同期存款利息。

招标文件要求中标人提交履约保证金的,中标人应当提交。履约保证金不得超过合同价款总额的10%,拒绝提交,视为放弃中标项目。

6.3.7 招标投标的监督管理

1)招投标的投诉与处理

依法必须招标的项目,招标人应当自确定中标人之日起15日内,向有关行政监督部门提交招标投标情况的书面报告。

投标人或其他利害关系人认为招标投标活动不符合法律、行政法规规定的,可以自知道或应当知道之日起10日内向有关行政监督部门投诉,但对资格预审文件、招标文件、开标以及对依法必须招标项目的评标结果有异议的,应当依法先向招标人提出异议,其异议答复期间不计算在以上规定的期限内。行政监督部门应当自收到投诉之日起3个工作日内决定是否受理投诉,行政监督部门应当自受理投诉之日起30个工作日内作出书面处理决定。

2)重新招标和不再招标

有下列情形之一的,招标人将重新招标:

(1)投标截止时间前,投标人少于3个的。

(2)经评标委员会评审后否决所有投标的。

《标准施工招标文件》规定,重新招标后投标人仍少于3个或者所有投标被否决的,属于必须审批或核准的工程建设项目,经原审批或核准部门批准后不再进行招标。

3)招投标活动中的禁止性或者限制性行为

(1)禁止肢解发包的规定

肢解发包是指建设单位将本应由一个承包单位整体承建完成的建设工程肢解成若干部分,分别发包给不同承包单位的行为。在实践中,由于一些发包单位肢解发包工程,使施工现场缺乏应有的组织协调,不仅承建单位之间容易出现推诿扯皮与掣肘,还会造成施工现场秩序混乱、责任不清,工期拖延,成本增加,甚至发生严重的建设工程质量和安全问题。肢解发包还往往与发包单位有关人员徇私舞弊、收受贿赂、索拿回扣等违法行为有关。《招标投标法》规定,招标项目需要划分标段、确定工期的,招标人应当合理划分标段、确定工期,并在招标文件中载明。

（2）禁止限制、排斥投标人的规定

《招标投标法》规定，依法必须进行招标的项目，其招标投标活动不受地区或者部门的限制。任何单位和个人不得违法限制或者排斥本地区、本系统以外的法人或者其他组织参加投标，不得以任何方式非法干涉招标投标活动。

《招标投标法实施条例》具体规定了招标人不得以不合理的条件限制、排斥潜在投标人或者投标人。招标人不得组织单个或者部分潜在投标人踏勘项目现场。

下列行为属于以不合理条件限制、排斥潜在投标人或者投标人：

① 就同一招标项目向潜在投标人或者投标人提供有差别的项目信息。

② 设定的资格、技术、商务条件与招标项目的具体特点和实际需要不相适应或者与合同履行无关。

③ 依法必须进行招标的项目以特定行政区域或者特定行业的业绩、奖项作为加分条件或者中标条件。

④ 对潜在投标人或者投标人采取不同的资格审查或者评标标准。

⑤ 限定或者指定特定的专利、商标、品牌、原产地或者供应商。

⑥ 依法必须招标的项目非法限定潜在投标人或者投标人的所有制形式或者组织形式。

⑦ 以其他不合理条件限制、排斥潜在投标人或者投标人。

（3）关于联合体投标的规定

① 招标人不得强制投标人组成联合体共同投标。

② 两个以上法人或者其他组织可以组成一个联合体，以一个投标人的身份共同投标。招标人与中标后的联合体只签订一个承包合同，而不是与各成员单位签订合同。

③ 由同一专业单位组成的联合体，按照资质等级较低的单位确定资质等级。

④ 联合体各方应当签订共同投标协议，明确约定各方拟承担的工作和责任，并将共同投标协议连同投标文件一并提交招标人。

⑤ 联合体各方签订共同投标协议后，不得再以自己名义单独投标，也不得组成新的联合体或参加其他联合体在同一项目投标。

⑥ 资格预审后联合体增减、更换成员的，其投标无效。

⑦ 联合体各方在同一招标项目中以自己名义单独投标或者参加其他联合体投标的，相关投标均无效。

⑧ 联合体中标的，联合体各方应当共同与招标人签订合同，就中标项目向招标人承担连带责任。

6.4 违反招标投标法的法律责任

6.4.1 招标人的法律责任

1）招标人限制或者排斥潜在投标人的法律责任

（1）招标人以不合理的条件限制或者排斥潜在投标人的，对潜在投标人实行歧视待遇的，强制要求投标人组成联合体共同投标的，或者限制投标人之间竞争的；

（2）依法应当公开招标的项目不按照规定在指定媒介发布资格预审公告或者招标公告；

（3）在不同媒介发布的同一招标项目的资格预审公告或者招标公告的内容不一致，影响潜在投标人申请资格预审或者投标。

招标人有以上限制或者排斥潜在投标人的违法行为，由有关行政监督部门责令改正，可以处 1 万元以上 5 万元以下的罚款。

2）招标人规避招标的法律责任

依法必须进行招标的项目的招标人不按照规定发布资格预审公告或者招标公告，构成规避招标。

招标人有以上违法行为的，由有关行政监督部门责令限期改正，可以处项目合同金额 5‰以上 10‰以下的罚款；对全部或者部分使用国有资金的项目，可以暂停项目执行或者暂停资金拨付；对单位直接负责的主管人员和其他直接责任人员依法给予处分。

3）招标人泄露标底等信息的法律责任

依法必须进行招标的项目的招标人向他人透露已获取招标文件的潜在投标人的名称、数量或者可能影响公平竞争的有关招标投标的其他情况的，或者泄露标底的，给予警告，可以并处 1 万元以上 10 万元以下的罚款；对单位直接负责的主管人员和其他直接责任人员依法给予处分；构成犯罪的，依法追究刑事责任。因以上行为影响中标结果的，中标无效。

4）招标人其他违法行为的法律责任

（1）依法应当公开招标而采用邀请招标。

（2）招标文件、资格预审文件的发售、澄清、修改的时限，或者确定的提交资格预审申请文件、投标文件的时限不符合招标投标法和招标投标法实施条例规定。

（3）接受未通过资格预审的单位或者个人参加投标。

（4）接受应当拒收的投标文件。

招标人有以上违法情形之一的，由有关行政监督部门责令改正，可以处 10 万元以下的罚款。并对招标单位直接负责的主管人员和其他直接责任人员依法给予处分。

（5）依法必须进行招标的项目，招标人违反招标投标法规定，与投标人就投标价格、投标方案等实质性内容进行谈判的，给予警告，对单位直接负责的主管人员和其他直接责任人员依法给予处分。其行为影响中标结果的，中标无效。

（6）招标人在评标委员会依法推荐的中标候选人以外确定中标人的，依法必须进行招标的项目在所有投标被评标委员会否决后自行确定中标人的，中标无效。责令改正，可以处中标项目金额 5‰以上 10‰以下的罚款；对单位直接负责的主管人员和其他直接责任人员依法给予处分。

（7）招标人超过招标投标法实施条例规定的比例收取投标保证金、履约保证金或者不按照规定退还投标保证金及银行同期存款利息的，由有关行政监督部门责令改正，可以处 5 万元以下的罚款；给他人造成损失的，依法承担赔偿责任。

（8）招标人与中标人不按照招标文件和中标人的投标文件订立合同的，或者招标人、中标人订立背离合同实质性内容的协议的，责令改正；可以处中标项目金额 5‰以上 10‰以下的罚款。

依法必须进行招标的项目的招标人有下列情形之一的,由有关行政监督部门责令改正,可以处中标项目金额 10‰以下的罚款;给他人造成损失的,依法承担赔偿责任;对单位直接负责的主管人员和其他直接责任人员依法给予处分:①无正当理由不发出中标通知书;②不按照规定确定中标人;③中标通知书发出后无正当理由改变中标结果;④无正当理由不与中标人订立合同;⑤在订立合同时向中标人提出附加条件。

6.4.2　招标代理机构的法律责任

招标代理机构违反招标投标法的规定,有以下违法行为的,处 5 万元以上 25 万元以下的罚款,对单位直接负责的主管人员和其他直接责任人员处单位罚款数额 5%以上 10%以下的罚款;有违法所得的,并处没收违法所得;情节严重的,禁止其 1 年至 2 年内代理依法必须进行招标的项目并予以公告,直至由市场监督机关吊销营业执照;构成犯罪的,依法追究刑事责任。给他人造成损失的,依法承担赔偿责任。

(1)泄露应当保密的与招标投标活动有关的情况和资料的;

(2)与招标人、投标人串通损害国家利益、社会公共利益或者他人合法权益的;

(3)招标代理机构在所代理的招标项目中投标、代理投标或者向该项目投标人提供咨询的;

(4)接受委托编制标底的中介机构参加受托编制标底项目的投标或者为该项目的投标人编制投标文件、提供咨询的。

6.4.3　投标人的法律责任

1)投标人串通投标的法律责任

投标人相互串通投标或者与招标人串通投标的,投标人以向招标人或者评标委员会成员行贿的手段谋取中标的,中标无效,处中标项目金额 5‰以上 10‰以下的罚款,对单位直接负责的主管人员和其他直接责任人员处单位罚款数额 5%以上 10%以下的罚款;有违法所得的,并处没收违法所得;情节严重的,取消其 1 年至 2 年内参加依法必须进行招标的项目的投标资格并予以公告,直至由市场监督机关吊销营业执照;构成犯罪的,依法追究刑事责任。给他人造成损失的,依法承担赔偿责任。

投标人有下列行为之一的,属于招标投标法第五十三条规定的情节严重行为,由有关行政监督部门取消其 1 年至 2 年内参加依法必须进行招标的项目的投标资格:(1)以行贿谋取中标;(2)3 年内 2 次以上串通投标;(3)串通投标行为损害招标人、其他投标人或者国家、集体、公民的合法利益,造成直接经济损失 30 万元以上;(4)其他串通投标情节严重的行为。

投标人被处罚执行期限届满之日起 3 年内又有该款所列违法行为之一的,或者串通投标、以行贿谋取中标情节特别严重的,由市场监督机关吊销营业执照。

投标人相互串通投标或者与招标人串通投标的,投标人向招标人或者评标委员会成员行贿谋取中标的,中标无效,构成犯罪的,依法追究刑事责任;尚不构成犯罪的,依照招标投标法第五十三条的规定处罚。投标人未中标的,对单位的罚款金额按照招标项目合同金额依照招标投标法规定的比例计算。投标人有下列行为之一的,属于招标投标法第五十三条规定的情节严重行为,由有关行政监督部门取消其 1 年至 2 年内参加依法必须进行招标的项目的投标资格:(1)以行贿谋取中标;(2)3 年内 2 次以上串通投标;(3)串通投标行为损害招标人、其他投标人或者国家、集体、公民的合法利益,造成直接经济损失 30 万元以上;(4)其他串通投标情节严重的行为。

投标人自该处罚执行期限届满之日起 3 年内又有上述所列违法行为之一的,或者串通投标、以行贿谋取中标情节特别严重的,由市场监督机关吊销营业执照。

2)投标人以他人名义投标或者以其他方式弄虚作假投标的法律责任

投标人以他人名义投标或者以其他方式弄虚作假投标,骗取中标的,中标无效,给招标人造成损失的,依法承担赔偿责任;构成犯罪的,依法追究刑事责任。投标人有下列行为之一的,属于招标投标法第五十四条规定的情节严重行为,由有关行政监督部门取消其 1 年至 3 年内参加依法必须进行招标的项目的投标资格:

(1)伪造、变造资格、资质证书或者其他许可证件骗取中标;

(2)3 年内 2 次以上使用他人名义投标;

(3)弄虚作假骗取中标给招标人造成直接经济损失 30 万元以上;

(4)其他弄虚作假骗取中标情节严重的行为。

投标人自该处罚执行期限届满之日起 3 年内又有上述所列违法行为之一的,或者弄虚作假骗取中标情节特别严重的,由工商行政管理机关吊销营业执照。

另外,法律规定,出让或者出租资格、资质证书供他人投标的,依照法律、行政法规的规定给予行政处罚;构成犯罪的,依法追究刑事责任。

6.4.4　评标委员会成员的法律责任

评标委员会成员有下列行为之一的,由有关行政监督部门责令改正;情节严重的,禁止其在一定期限内参加依法必须进行招标的项目的评标;情节特别严重的,取消其担任评标委员会成员的资格:(1)应当回避而不回避;(2)擅离职守;(3)不按照招标文件规定的评标标准和方法评标;(4)私下接触投标人;(5)向招标人征询确定中标人的意向或者接受任何单位或者个人明示或者暗示提出的倾向或者排斥特定投标人的要求;(6)对依法应当否决的投标不提出否决意见;(7)暗示或者诱导投标人作出澄清、说明或者接受投标人主动提出的澄清、说明;(8)其他不客观、不公正履行职务的行为。

评标委员会成员收受投标人的财物或者其他好处的,没收收受的财物,处 3 000 元以上 5 万元以下的罚款,取消担任评标委员会成员的资格,不得再参加依法必须进行招标的项目的评标;构成犯罪的,依法追究刑事责任。

6.4.5　中标人的法律责任

(1)中标人将中标项目转让给他人的,将中标项目肢解后分别转让给他人的,违反招标投标法规定将中标项目的部分主体、关键性工作分包给他人的,或者分包人再次分包的,转让、分包无效,处转让、分包项目金额 5‰ 以上 10‰ 以下的罚款;有违法所得的,并处没收违法所得;可以责令停业整顿;情节严重的,由工商行政管理机关吊销营业执照。

(2)中标人不履行与招标人订立的合同的,履约保证金不予退还,给招标人造成的损失超过履约保证金数额的,还应当对超过部分予以赔偿;没有提交履约保证金的,应当对招标人的损失承担赔偿责任。

（3）中标人不按照与招标人订立的合同履行义务，情节严重的，取消其2年至5年内参加依法必须进行招标的项目的投标资格并予以公告，直至由工商行政管理机关吊销营业执照。

（4）中标人无正当理由不与招标人订立合同，在签订合同时向招标人提出附加条件，或者不按照招标文件要求提交履约保证金的，取消其中标资格，投标保证金不予退还。对依法必须进行招标的项目的中标人，由有关行政监督部门责令改正，可以处中标项目金额10‰以下的罚款。

6.5 建筑市场信用体系建设

6.5.1 建筑市场的信用制度概述

建筑市场信用体系建设，旨在规范建筑市场秩序，营造公平竞争、诚信守法的市场环境。建筑市场信用制度是根据《建筑法》《招标投标法》《企业信息公示暂行条例》《社会信用体系建设规划纲要（2014—2020年）》和《建筑市场信用管理暂行办法》等法律法规和政策，通过认定、采集、交换、公示、评价、使用及监督工程建设市场各方主体和从业人员的信息、信用评价结果等，构建的信息信用管理机制。

1）建筑市场信用管理的概念

建筑市场信用管理是指在房屋建筑和市政基础设施工程建设活动中，对建筑市场各方主体信用信息的认定、采集、交换、公开、评价、使用及监督管理。

2）建筑市场各方责任主体的范围

建筑市场各方责任主体包括参与建筑活动的企业及具有管理职责的岗位执业人员，是指工程项目的建设单位和从事工程建设活动的勘察、设计、施工、监理等企业，以及注册建筑师、勘察设计注册工程师、注册建造师、注册监理工程师等注册执业人员。

3）建筑市场诚信行为信息的分类

信用信息由基本信息、优良信用信息、不良信用信息构成。

基本信息是指注册登记信息、资质信息、工程项目信息、注册执业人员信息等。

优良信用信息是指建筑市场各方主体在工程建设活动中获得的县级以上行政机关或群团组织表彰奖励等信息。

不良信用信息是指建筑市场各方主体在工程建设活动中违反有关法律、法规、规章或工程建设强制性标准等，受到县级以上住房城乡建设主管部门行政处罚的信息，以及经有关部门认定的其他不良信用信息。

4）信用体系建设的监管主体

住房城乡建设部负责指导和监督全国建筑市场信用体系建设工作，制定建筑市场信用管理规章制度，建立和完善全国建筑市场监管公共服务平台，公开建筑市场各方主体信用信息，指导省级住房城乡建设主管部门开展建筑市场信用体系建设工作。

省级住房城乡建设主管部门负责本行政区域内建筑市场各方主体的信用管理工作,制定建筑市场信用管理制度并组织实施,建立和完善本地区建筑市场监管一体化工作平台,对建筑市场各方主体信用信息认定、采集、公开、评价和使用进行监督管理,并向全国建筑市场监管公共服务平台推送建筑市场各方主体信用信息。

6.5.2　信息信用管理

1) 信息的采集和交换

(1) 信息的采集途径及信息审核

地方各级住房城乡建设主管部门应当通过省级建筑市场监管一体化工作平台,认定、采集、审核、更新和公开本行政区域内建筑市场各方主体的信用信息,并对其真实性、完整性和及时性负责。

按照"谁监管、谁负责,谁产生、谁负责"的原则,工程项目所在地住房城乡建设主管部门依据职责,采集工程项目信息并审核其真实性。

(2) 信息的交换和共享

各级住房城乡建设主管部门应当建立健全信息推送机制,自优良信用信息和不良信用信息产生之日起 7 个工作日内,通过省级建筑市场监管一体化工作平台依法对社会公开,并推送至全国建筑市场监管公共服务平台。

各级住房城乡建设主管部门应当加强与发展改革、人民银行、人民法院、人力资源社会保障、交通运输、水利、工商等部门和单位的联系,加快推进信用信息系统的互联互通,逐步建立信用信息共享机制。

2) 信用信息公开和应用

(1) 信息公开的途径和原则

各级住房城乡建设主管部门应当完善信用信息公开制度,通过省级建筑市场监管一体化工作平台和全国建筑市场监管公共服务平台,及时公开建筑市场各方主体的信用信息。

公开建筑市场各方主体信用信息不得危及国家安全、公共安全、经济安全和社会稳定,不得泄露国家秘密、商业秘密和个人隐私。

(2) 信息公开的期限

建筑市场各方主体的信用信息公开期限为:

① 基本信息长期公开;

② 优良信用信息公开期限一般为 3 年;

③ 不良信用信息公开期限一般为 6 个月至 3 年,并不得低于相关行政处罚期限。具体公开期限由不良信用信息的认定部门确定。

地方各级住房城乡建设主管部门应当通过省级建筑市场监管一体化工作平台办理信用信息变更,并及时推送至全国建筑市场监管公共服务平台。

各级住房城乡建设主管部门应当充分利用全国建筑市场监管公共服务平台,建立完善建筑市场各方主体守信激励和失信惩戒机制。对信用好的,可根据实际情况在行政许可等方面实行优先办理、简化程序等激励措施;对存在严重失信行为的,作为"双随机、一公开"监管重点对象,加强事中事后监管,依法采取约束和惩戒措施。

3）建筑市场主体的"黑名单"制度

（1）构成"黑名单"的违法情形

县级以上住房城乡建设主管部门按照"谁处罚、谁列入"的原则，将存在下列情形的建筑市场各方主体，列入建筑市场主体"黑名单"：

① 利用虚假材料、以欺骗手段取得企业资质的；

② 发生转包、出借资质，受到行政处罚的；

③ 发生重大及以上工程质量安全事故，或 1 年内累计发生 2 次及以上较大工程质量安全事故，或发生性质恶劣、危害性严重、社会影响大的较大工程质量安全事故，受到行政处罚的；

④ 经法院判决或仲裁机构裁决，认定为拖欠工程款，且拒不履行生效法律文书确定的义务的。

各级住房城乡建设主管部门应当参照建筑市场主体"黑名单"，对被人力资源社会保障主管部门列入拖欠农民工工资"黑名单"的建筑市场各方主体加强监管。

（2）"黑名单"制度的管理

对被列入建筑市场主体"黑名单"的建筑市场各方主体，地方各级住房城乡建设主管部门应当通过省级建筑市场监管一体化工作平台向社会公布相关信息，包括单位名称、机构代码、个人姓名、证件号码、行政处罚决定、列入部门、管理期限等。

省级住房城乡建设主管部门应当通过省级建筑市场监管一体化工作平台，将建筑市场主体"黑名单"推送至全国建筑市场监管公共服务平台。

建筑市场主体"黑名单"管理期限为自被列入名单之日起 1 年。建筑市场各方主体修复失信行为并且在管理期限内未再次发生符合列入建筑市场主体"黑名单"情形行为的，由原列入部门将其从"黑名单"移出。

各级住房城乡建设主管部门应当将列入建筑市场主体"黑名单"和拖欠农民工工资"黑名单"的建筑市场各方主体作为重点监管对象，在市场准入、资质资格管理、招标投标等方面依法给予限制。

各级住房城乡建设主管部门不得将列入建筑市场主体"黑名单"的建筑市场各方主体作为评优表彰、政策试点和项目扶持对象。各级住房城乡建设主管部门可以将建筑市场主体"黑名单"通报有关部门，实施联合惩戒。

建筑市场各方主体对信用信息及其变更、建筑市场主体"黑名单"等存在异议的，可以向认定该信用信息的住房城乡建设主管部门提出申诉，并提交相关证明材料。住房城乡建设主管部门应对异议信用信息进行核实，并及时作出处理。

4）信用评价机制

（1）信用评价的范围

建筑市场信用评价主要包括企业综合实力、工程业绩、招标投标、合同履约、工程质量控制、安全生产、文明施工、建筑市场各方主体优良信用信息及不良信用信息等内容。

（2）信用评价的原则

住房城乡建设主管部门应当按照公开、公平、公正的原则，制定建筑市场信用评价标准，不得设置歧视外地建筑市场各方主体的评价指标，不得对外地建筑市场各方主体设置信用壁垒。

鼓励设置建设单位对承包单位履约行为的评价指标。鼓励第三方机构开展建筑市场信用评价。

（3）信用评价的运用

地方各级住房城乡建设主管部门可以结合本地实际，在行政许可、招标投标、工程担保与保险、日常监管、政策扶持、评优表彰等工作中应用信用评价结果。

省级建筑市场监管一体化工作平台应当公开本地区建筑市场信用评价办法、评价标准及评价结果，接受社会监督。

6.5.3　招标投标信用制度

招标投标领域信用建设的目标是建立涵盖招标投标情况的信用评价指标和评价标准体系，健全招标投标信用信息公开和共享制度。实现途径是依托电子招标投标系统及其公共服务平台，通过招标投标和合同履行以及招标投标违法行为记录公告等信用信息的互联互通、实时交换和整合共享，实现奖惩联动机制。招标人作为市场主体通过采信系统的基本信用信息和第三方信用评价结果，并将其作为投标人资格审查、评标、定标和合同签订的重要依据。

1）招标投标信用信息管理的概念

信用管理是指对招标投标当事人进行不良行为信息量化管理，建立守信激励对象名单、失信惩戒对象名单和重点关注对象名单，实施守信联合激励和失信联合惩戒。招标投标当事人信用信息包括基本信息、良好信息、不良行为信息等。

工程招标投标信用责任主体是指招标人、投标人、招标代理机构及从业人员、评标专家。

2）不良行为信息量化管理

工程建设招标投标行政监督部门负责按照不良行为信息量化记分标准对招标投标当事人不良行为信息量化记分。不良行为信息量化记分实行动态管理。

招标投标当事人不良行为信息的认定依据包括：

（1）生效的行政处罚决定书或责令整改通知书；

（2）生效的判决书或仲裁裁决书；

（3）行政部门记录招标投标当事人违反法律、法规、规章、行政规范性文件及其他失信行为的文书；

（4）有关行政部门向社会公示的不良行为。

招标投标行政监督部门按登记、核定和发布三个程序对招标投标当事人不良行为信息量化记分。

登记是对归集的不良行为信息按量化记分标准，逐条记分登记并标注记分周期。核定是对记分登记信息进行核对，将要素完整、符合规则的信息核定为同意发布。发布是在核定后的记分登记信息和累计记分结果信息通过招标投标信用平台进行发布，同步推送至政府公共信用平台。

3）"红名单"管理

政府公共资源交易监管部门应建立工程建设领域招标投标守信激励对象名单（以下称

"红名单"),推动守信联合激励。

系统列入"红名单"的招标投标当事人,应同时符合下列条件:

(1)招标投标当事人自愿申请列入"红名单",并承诺履行相关义务;

(2)招标投标当事人不良行为信息累计量化记分结果为0;

(3)招标投标当事人具有建设工程业绩;

(4)招标投标当事人未被其他领域列入失信联合惩戒对象名单和重点关注对象名单。

招标投标监督管理部门依据法律法规规定,对"红名单"主体采取以下激励措施:

(1)招标投标行政监督部门按规定简化办理行政许可事项或行政办理事项。除法律法规要求提供的材料外,部分申报材料不齐备的,允许其书面承诺规定期限内补充提供。

(2)公共资源交易中心提供优先办理、简化程序等便利服务措施。

(3)参与工程建设招标投标可减少投标保证金、履约保证金,并允许采用银行保函的方式担保。

(4)依法可以不招标的工程建设项目,在满足项目建设要求的前提下,项目法人可以采取邀请招标方式,或者竞争性比选、公开比价、在备选承包商库中随机抽取、竞争性谈判、竞争性磋商等发包方式择优确定承包商。

(5)在工程招标投标活动和工程发包中给予同等条件下优先等优待措施;在评优评先活动中予以加分或在同等条件下优先考虑。

(6)鼓励招标人按照招标投标法律法规规定,以招标文件约定等方式实施其他激励。

"红名单"纳入政府公共信用平台统一管理,依法依规推动跨部门、跨行业、跨地区实施守信联合激励。

工程建设招标投标领域对其他行业领域认定的"红名单"主体,应依法依规实施守信联合激励。

列入"红名单"的招标投标当事人出现以下情形的,自动退出"红名单":

(1)不良行为信息量化记分累计达到或超过3分。

(2)被列入失信惩戒对象名单或重点关注对象名单。

(3)法律法规规定的其他情形。

4)"黑名单"管理

政府公共资源交易监管部门应建立工程建设领域招标投标失信惩戒对象名单(以下称"黑名单"),推动实施失信联合惩戒。

招标投标当事人有下列特别严重不良行为情形之一的,或者量化记分累计达到12分及以上且情节特别严重的,列入"黑名单"管理。

(1)招标人的"黑名单"管理

① 采取化整为零或者其他任何方式规避招标;

② 与投标人、潜在投标人或评标委员会成员恶意串通;

③ 在工程发包中索贿、受贿;

④ 招标投标行政监督部门认定的其他情节严重情形。

(2)招标代理机构及其从业人员的"黑名单"管理

① 与招标人或投标人串通,为特定投标人谋取中标提供便利;

② 故意销毁、隐匿所代理项目应当保存的招标投标资料；

③ 招标投标行政监督部门认定的其他情节严重情形。

（3）投标人的"黑名单"管理

① 以围标、串标等任何弄虚作假方式骗取中标；

② 允许他人以本单位名义或者以他人名义投标；

③ 未取得资质或者超越资质等级承揽工程；

④ 不按照招标文件、投标文件签订合同；

⑤ 将中标项目转包，或者违法分包；

⑥ 捏造事实、伪造材料，或者以非法手段获取证明材料进行质疑或者投诉；

⑦ 招标投标行政监督部门认定的其他情节严重情形。

（4）评标专家的"黑名单"管理

① 私下接触投标人或者其他利害关系人；

② 收受投标人或者其他利害关系人的财物或者其他好处；

③ 招标投标行政监督部门认定的其他情节严重情形。

政府公共资源交易监管部门按登记、公示和发布三个程序认定"黑名单"：

登记是归集招标投标当事人的不良行为信息，将当事人登记列入"黑名单"，标注"黑名单"有效期。

公示是指经审核符合认定条件的，通过招标投标信用平台和"信用中国"网站公示，公示期 7 天，并告之当事人。经公示无异议的，认定列入"黑名单"。

发布是指核定后的"黑名单"信息通过招标投标信用平台进行发布，同步推送至政府公共信用平台。

招标投标监督管理部门依据法律法规规定，对"黑名单"主体及其相关责任人采取以下惩戒措施：

① 在招标文件约定中限制其参与工程建设领域招标投标及相关活动，有"黑名单"成员的联合体投标受同样限制；

② 列入"黑名单"的评标专家实时退出综合评标专家库，其专家证同时作废，不得再申请进入综合评标专家库；

③ 国有资金占控股或主导地位的必须进行招标工程建设项目的招标人在选择招标代理机构时，不得选择在"黑名单"有效期内的招标代理机构及其从业人员；

④ 对列入"黑名单"的招标人，及时将其相关信息移交其管理部门或移交纪检监察机关；

⑤ 落实法律法规规定的其他惩戒措施。

5）重点关注名单管理

政府公共资源交易监管部门应建立工程建设领域招标投标重点关注对象名单（以下简称"重点关注名单"），推动实施相应失信惩戒。

招标投标当事人有以下情形之一的，列入重点关注名单：

（1）招标投标当事人未被列入"黑名单"，但其不良信用信息量化记分累计达到 6 分及以上；

（2）招标投标当事人退出"黑名单"后自动转入重点关注名单,有效期 12 个月;

（3）法律法规规定的其他情形。

招标投标行政监督部门和行业主管部门应对列入重点关注名单的当事人加大监管频次,通过开展信用约谈、媒体公告等方式对当事人发出警示。

6）异议处理

招标投标当事人或利害关系人认为有下列情形之一的,可以向信息产生部门或政府公共资源交易监管部门提出书面异议:

（1）认为信用信息内容存在错误、遗漏或其他瑕疵;

（2）认为信用信息与认定文书的内容不一致;

（3）其他可以提出异议的情形。

招标投标当事人对公示的不良行为、行政处罚（处理）、司法判决（裁决）不服,通过法定程序变更或者撤销原处罚（处理）、司法判决（裁决）的,其相应的信用管理事项予以变更或者撤销。

异议处理期间,不影响信用量化记分结果应用。异议成立的,不溯及已经完成的工程建设领域招标投标活动。

本 章 小 结

第 1 节介绍了建筑市场中的发包与承包制度,建设工程项目由业主为发包人,建设工程承包的形式有项目总承包、施工总承包、联合承包、专业工程分包和劳务分包等,本节还介绍了违法发包、违法分包和转包的各类情形。

第 2 节介绍了政府采购的范围、政府采购的当事人以及政府采购的方式和采购的程序。

第 3 节重点介绍了建筑市场中工程项目发包最具竞争性的招标投标制度。

第 4 节介绍了工程建设强制招标的范围和规模标准,招标的方式和基本程序,以及违反招标投标法的法律责任。

第 5 节对建筑市场信用制度的基本内容以及招标投标信用制度作了介绍。

⚖ 案例

基本案情:

2014 年 12 月,上诉人江苏某建设集团有限公司（以下简称甲）因与被上诉人安徽某房地产开发有限公司（以下简称乙）建设工程施工合同纠纷一案,不服某区人民法院民事判决,提起上诉。

2011 年 9 月 6 日,以乙为发包方,以甲为承包方,双方签订关于黄金水岸国际住宅楼、商住楼、商业楼及地下室工程的《建设工程施工合同》,合同约定竣工日期为 2012 年 10 月 10 日,合同工期为 400 日历天,合同价款暂定 1.8 亿元。双方在履行招投标程序后,于 2011 年 12 月 20 日就黄金水岸国际工程项目,又签订了一份《建设工程施工合同》,约定竣工日期为 2013 年 9 月 10 日,合同工期总共 400 天,合同价款 9 638 万元,该合同经某市建筑业管理处备案。合同约定工程进度款按月完成工程造价的 80% 每月支付一次,如果工程款延误支付,由此形成的工程延误和损失由发包方承担。合同签订后，甲于 2012 年 4 月 29 日正式开工，从监理日志反映，前期由于没有办理施工许可证，有效停工日期为 2012 年 9 月 8 日至 2012 年 9 月 28 日，施工许可证办理出来后，甲于 2012 年 9 月 29 日继续施工。2014 年 9 月 7 日甲基本停止施工，至今没有全面复工，期间甲公司曾多次向黄金水岸国际项目监理部提交申请要求拨付工程款。该市某公证处受乙的委托，分别于 2014 年 9 月 16 日和 2014 年 10 月 21 日到涉案项目施工现场进行公证，证明涉案工程项目处于停工状态。乙于 2014 年 10 月 22 日向甲书面发函，通知解除双方于 2011 年 9 月 6 日和 12 月 20 日签订的两份《建设工程施工合同》，甲于 2014 年 10 月 25 日收到函件后，复函并表示不同意解除合同。甲施工的黄金水岸前期主体工程目前已初步完成，但若要交付业主，尚有一定距离。乙称已支付甲工程款 170 163 100 元，其中包括江苏省某市中级人民法院要求乙协助执行支付给甲的债权人沙某的 1 100 万元；而甲称乙仅支付工程款 155 159 023 元，不包括沙某的 1 100 万元，也不包括 400 万元的保证金。2014 年 10 月 25 日，甲提供工期索赔表、工程款索赔表各一份交到黄金水岸国际项目监理部。另外，甲未经发包方允许将其承建的黄金水岸国际 9 号楼工程分包给安徽某建工集团众城劳务有限公司施工，分包范围为设计蓝图中全部的基础、主体结构工程等工程。2014 年 11 月 28 日该劳务有限公司向乙出具书面说明一份，说明称：因甲拖欠其 7 545 455 元没有支付，导致工程于 2014 年 9 月 7 日停工，至今不能开工。

一审法院认为：建设部《房屋建筑和市政基础设施工程施工分包管理办法》第十四条规定，施工总承包合同中未有约定，又未经建设单位认可，分包工程发包人将承包工程中的部分专业工程分包给他人的，属于违法分包。甲公司的分包行为属违法分包，乙公司有权据此解除合同。甲反诉主张的 100 万元经济损失，仅凭索赔表计算损失，而没有提供充分证据证明 100 万元实际损失的依据，对该项反诉请求，不予支持。至于乙应支付甲工程款的具体数额及双方损失问题，待对已实际完成在建工程评估及提供确切损失证据后，另案解决。

依照《中华人民共和国合同法》第九十三条、第九十四条、第九十六条，《最高人民法院关于审理建设工程施工合同纠纷案件适用法律问题的解释》第八条，《中华人民共和国民事诉讼法》第六十四条第一款，参照建设部《房屋建筑和市政基础设施工程施工分包管理办法》第十四条之规定，判决：一、解除甲与乙于 2011 年 9 月 6 日和 2011 年 12 月 20 日签订的《建设工程施工合同》。二、驳回甲的反诉请求。案件受理费 10 800 元，减半收取 5 400 元，由乙负担 5 320 元，由甲负担 80 元；反诉案件受理费 6 900 元，由甲负担。

2014 年 12 月上诉人甲公司不服某区人民法院民事判决，提起上诉。

甲上诉称：1.一审法院认定事实错误，适用法律不当，将劳务分包错误等同于专业分包；2.甲劳务分包行为合法，乙无权解除合同，且一审法院判否所诉；3.一审法院审理本案违反级别管辖规定；4.甲的反诉请求应予支持。

审判结果：

二审法院经过审理后认为：乙与甲在签订的建设工程总承包合同中未有约定，甲又未经乙认可，即将承包的部分建设工程分包给他人，其行为属违法分包，一审法院据此判决解除双方签订的建设工程施工合同并无不当。甲上诉称，一审法院认定事实错误，适用法律不当，将劳务分包错误等同于专业分包。因甲已在分包合同中详细列明，分包给他人的工程包括设计蓝图中全部的基础、主体结构工程、二次结构工程等，故甲称其分包行为系合法劳务分包的理由不能成立，对其该项主张，法院不予支持。甲上诉称其劳务分包行为合法，乙无权解除合同,一审法院判否所诉。因甲与乙所签订的建设工程施工合同中约定,承包人将承包的工程肢解以后以分包的名义转包给他人,发包人有权解除合同,乙按照约定解除合同无不当之处,一审法院依职权审查甲的分包行为是否合法亦符合法律规定,故甲该项上诉理由不能成立,对其该项主张,法院不予支持。甲上诉称一审法院审理本案违反级别管辖规定,因作为原告的乙的诉讼标的为解除合同,未涉及工程款,故甲的该项上诉理由不能成立,对其该项主张,法院不予支持。甲上诉称其反诉请求应予支持,但其所提交证据不足以证明其损失是否存在,合同解除后亦不存在继续履行的基础,故其该项上诉理由不能成立,对其该项主张,法院不予支持。

综上,一审判决认定事实清楚,审理程序合法,适用法律正确,应予维持。依照《中华人民共和国民事诉讼法》第一百七十条第一款第(一)项之规定,判决如下:驳回上诉,维持原判。二审案件受理费6 900元,由上诉人负担。本判决为终审判决。

思考:

1. 本案中所涉及的劳务分包以及专业工程分包如何区别?

2. 甲作为总承包商能否将其施工的内容分包? 其分包项目,应当具备怎样的条件?

3. 安徽某建工集团众城劳务有限公司作为分包商应当向谁主张工程款?

第7章 工程咨询勘察设计法律制度

本章主要介绍工程咨询、勘察设计以及工程监理的相关法律制度,工程咨询和勘察设计在建设程序中属于前期工作,工程监理服务则可以是贯穿于建设工程项目全过程的服务。建设工程必须严格遵循建设程序,项目立项及实施前必须做好前期的立项研究及可行性论证等工程咨询工作,并执行先勘察、后设计、再施工的基本步骤。工程咨询、勘察设计以及工程监理都是属于高智力的专业服务活动,因此法律法规对智力活动的成果——知识产权的保护也日益加强。

7.1 工程咨询法规概述

7.1.1 工程咨询的概念

1) 工程咨询的概念

工程咨询是遵循独立、公正、科学的原则,综合运用多学科知识、工程实践经验、现代科学和管理方法,在经济社会发展、境内外投资建设项目决策与实施活动中,为投资者和政府部门提供投资决策、项目实施及运营等阶段性或全过程咨询和管理的智力服务。

2) 全过程工程咨询

全过程工程咨询是采用多种服务方式组合,为项目全寿命周期从项目投资咨询决策、规划、勘察、设计、监理、招标代理、造价等阶段的实施和运营持续提供局部或整体解决方案以及管理服务。

3) 全过程工程咨询的意义

全过程工程咨询的核心理念是改变原来工程咨询碎片化管理状态,要求工程设计在紧扣项目宗旨的前提下在工程咨询中发挥其主导作用,引导其他工程咨询业务的进行。改变工程建设与运营分离,充分发挥投资项目效益,实现项目全生命周期的增值。

7.1.2 工程咨询的立法现状

工程咨询涉及的相关法律法规及部门规章和规范性文件等主要与项目投资审批、环境影响评价及建设实施有关。

1) 涉及投资建设管理的法律

建设工程项目投资大,对土地、水等自然资源以及能源消耗巨大,对环境的影响广且深远。因此,国家对建设工程项目的管理较为严格。涉及投资建设管理的法律包括:《建筑法》《招标投标法》《行政许可法》《政府采购法》《环境影响评价法》《城乡规划法》《城市房地产管理法》《土地管理法》《可再生能源法》《节约能源法》《循环经济促进法》《固体废物污染环境防治法》《水法》《水污染防治法》《大气污染防治法》《清洁生产促进法》《安全生产法》《消防法》和《外商投资法》等。

2) 有关工程咨询业的行政法规

行政法规是由国务院制定和发布的,在全国范围内具有行政约束力。

有关工程咨询业的行政法规主要包括:《政府投资条例》《企业投资项目核准和备案管理条例》《建设工程安全生产管理条例》《建设工程质量管理条例》《建设工程勘察设计管理条例》《建设项目环境保护管理条例》《民用建筑节能条例》《招标投标法实施条例》《政府采购法实施条例》等。

3) 国务院以及政府主管部门的管理文件和部门规章

国务院主管项目投资建设的发展与改革委员会、住建部等部门根据职责分工和行业特点,发布规范性文件和部门规章等。这些规范性文件和部门规章等在制定和颁布的委部局所管辖的业务范围具有约束效力。

国务院的规范性文件有:《国务院关于投资体制改革的决定》《企业国有资产监督管理暂行条例》《国务院关于调整部分行业固定资产投资项目资本金比例的通知》《国务院关于固定资产投资项目试行资本金制度的通知》《中共中央 国务院关于深化投融资体制改革的意见》《指导外商投资方向的规定》等。

2017 年 2 月,国务院办公厅发布《关于促进建筑业持续健康发展的意见》(国办发〔2017〕19 号),明确要求培育全过程工程咨询。2017 年 11 月 6 日,国家发展和改革委员会发布《工程咨询行业管理办法》。

7.1.3 工程咨询业的专业分类及服务范围

1) 工程咨询业务专业分类

工程咨询业务可以划分五大类 21 个专业:第一类是农林业类;第二类是能源类,包括水利水电、电力(含火电、水电、核电、新能源)、煤炭及石油天然气等;第三类是交通运输类,包括公路、铁路、城市轨道交通、民航、水运(含港口河海工程)等;第四类是制造业,包括电子、信息工程(含通信、广电、信息化)、冶金(含钢铁、有色)、石化、化工、医药、核工业、机械(含智能制造)、轻工、纺织及建材等;第五类是建筑工程类,包括建筑、市政公用工程、生态建设和环境工程、水文地质、工程测量及岩土工程等专业。

2) 工程咨询的服务范围

工程咨询服务包括以下四个类型:

第一类是项目规划咨询,包含总体规划、专项规划、区域规划及行业规划的编制;

第二类是项目咨询,包含项目投资机会研究、投融资策划,项目建议书(预可行性研究)、项目可行性研究报告、项目申请报告、资金申请报告的编制,政府和社会资本合作(PPP)项目咨询等;

第三类是评估咨询,包括各级政府及有关部门委托的对规划、项目建议书、可行性研究报告、项目申请报告、资金申请报告、PPP项目实施方案、初步设计的评估,规划和项目中期评价、后评价,项目概预决算审查,及其他履行投资管理职能所需的专业技术服务;

第四类是全过程工程咨询,包括采用多种服务方式组合,为项目决策、实施和运营持续提供局部或整体解决方案以及管理服务。

全过程工程咨询服务的时间:项目的整个生命周期,包括前期研究和决策,工程项目实施、项目的运营及保修维护阶段。

7.1.4　工程咨询的管理制度

1) 工程咨询和招标代理的准入管理

为了促进工程咨询业的发展,适应新的投资管理体制和全过程咨询的理念,《工程咨询行业管理办法》规定,对工程咨询单位实行告知性备案管理,不再实行资格认定管理。原《工程咨询单位资格认定办法》《国家发展改革委关于适用〈工程咨询单位资格认定办法〉有关条款的通知》《咨询工程师(投资)管理办法》同时废止。对咨询工程师的管理,国家设立工程咨询(投资)专业技术人员水平评价类职业资格制度。通过咨询工程师(投资)职业资格考试并取得职业资格证书的人员,表明其已具备从事工程咨询(投资)专业技术岗位工作的职业能力和水平。取得咨询工程师(投资)职业资格证书的人员从事工程咨询工作的,应当选择且仅能同时选择一个工程咨询单位作为其执业单位,进行执业登记并取得登记证书。

招标代理机构是提供招标业务咨询和代理服务的中介机构,招标人可自主选择招标代理机构。政府主要通过市场竞争、信用约束、行业自律来规范招标代理行为。工程建设项目及货物、设备服务采购的招标的代理人资质原来实行代理机构的资格认定。国家发展改革委、建设部、商务部、农业部、铁道部、交通部、信息产业部、水利部等部委根据《招标投标法》和国务院有关部门的职责分工,制定了70多个有关招标投标活动的部门规章,主要包括:《中央投资项目招标代理机构资格认定管理办法》《工程建设项目货物招标投标办法》《工程建设项目勘察设计招标投标办法》《工程建设项目施工招标投标办法》《工程建设项目招标范围和规模标准规定》《工程建设项目招标代理机构资格认定办法》《机电产品国际招标投标实施办法》《政府采购货物和服务招标投标管理办法》《农业基本建设项目招标投标管理规定》《铁路建设工程招标投标实施办法》《水利工程建设项目招标投标管理规定》《通信建设项目招标投标管理暂行规定》和《工程建设项目招标投标活动投诉处理办法》《必须招标的工程项目规定》等。

2017年12月27日,第十二届全国人大常委会通过了《招标投标法》修订案,取消了政府对工程建设项目招标代理机构的资格认定。

政府转变对招标代理的监管模式,对招标代理的管理从管代理机构资格认定转变为管代理机构中的招标师的能力和信用。通过对从事招标代理工作人员的管理,规范招标代理行为。

2) 投资项目的审批、核准和备案管理规定

根据《国务院关于投资体制改革的决定》,对政府投资项目实行审批制。对于企业不使用政府投资建设的项目,一律不再实行审批制,区别不同情况实行核准制和备案制。其中,

政府仅对重大项目和限制类项目从维护社会公共利益角度进行核准,其他项目无论规模大小,均改为备案制。

(1) 政府投资项目的审批管理

《政府投资条例》规定,政府采取直接投资方式、资本金注入方式投资的项目(以下统称政府投资项目),项目单位应当编制项目建议书、可行性研究报告、初步设计,按照政府投资管理权限和规定的程序,报投资主管部门或者其他有关部门审批。项目单位应当加强政府投资项目的前期工作,保证前期工作的深度达到规定的要求,并对项目建议书、可行性研究报告、初步设计以及依法应当附具的其他文件的真实性负责。

除涉及国家秘密的项目外,投资主管部门和其他有关部门应当通过投资项目在线审批监管平台(以下简称在线平台),使用在线平台生成的项目代码办理政府投资项目审批手续。投资主管部门和其他有关部门应当通过在线平台列明与政府投资有关的规划、产业政策等,公开政府投资项目审批的办理流程、办理时限等,并为项目单位提供相关咨询服务。

(2) 企业投资项目的核准管理

企业办理项目核准手续,应当向核准机关提交项目申请书;由国务院核准的项目,向国务院投资主管部门提交项目申请书。项目申请书应当包括下列内容:

① 企业基本情况;

② 项目情况,包括项目名称、建设地点、建设规模、建设内容等;

③ 项目利用资源情况分析以及对生态环境的影响分析;

④ 项目对经济和社会的影响分析。

企业应当对项目申请书内容的真实性负责。

法律、行政法规规定办理相关手续作为项目核准前置条件的,企业应当提交已经办理相关手续的证明文件。

项目申请书由企业自主组织编制,任何单位和个人不得强制企业委托中介服务机构编制项目申请书。核准机关应当制定并公布项目申请书示范文本,明确项目申请书编制要求。

核准机关应当从下列方面对项目进行审查:

① 是否危害经济安全、社会安全、生态安全等国家安全;

② 是否符合相关发展建设规划、技术标准和产业政策;

③ 是否合理开发并有效利用资源;

④ 是否对重大公共利益产生不利影响。

项目涉及有关部门或者项目所在地地方人民政府职责的,核准机关应当书面征求其意见,被征求意见单位应当及时书面回复。核准机关委托中介服务机构对项目进行评估的,应当明确评估重点;除项目情况复杂的,评估时限不得超过 30 个工作日。评估费用由核准机关承担。

(3) 企业投资项目的备案管理

实行备案管理的项目,企业应当在开工建设前通过在线平台将下列信息告知备案机关:

① 企业基本情况;

② 项目名称、建设地点、建设规模、建设内容;

③ 项目总投资额;

④ 项目符合产业政策的声明。

企业应当对备案项目信息的真实性负责。

备案机关收到《企业投资项目核准和备案管理条例》规定的全部信息即为备案；企业告知的信息不齐全的，备案机关应当指导企业补正。

企业需要备案证明的，可以要求备案机关出具或者通过在线平台自行打印。

已备案项目信息发生较大变更的，企业应当及时告知备案机关。

备案机关发现已备案项目属于产业政策禁止投资建设或者实行核准管理的，应当及时告知企业予以纠正或者依法办理核准手续，并通知有关部门。

(4) 政府投资项目违反管理的法律责任

领导违反审批权的责任。有下列情形之一的，责令改正，对负有责任的领导人员和直接责任人员依法给予处分：

① 超越审批权限审批政府投资项目；

② 对不符合规定的政府投资项目予以批准；

③ 未按照规定核定或者调整政府投资项目的投资概算；

④ 为不符合规定的项目安排投资补助、贷款贴息等政府投资资金；

⑤ 履行政府投资管理职责中其他玩忽职守、滥用职权、徇私舞弊的情形。

政府投资项目单位有下列情形之一的，责令改正，根据具体情况，暂停、停止拨付资金或者收回已拨付的资金，暂停或者停止建设活动，对负有责任的领导人员和直接责任人员依法给予处分：

① 未经批准或者不符合规定的建设条件开工建设政府投资项目；

② 弄虚作假骗取政府投资项目审批或者投资补助、贷款贴息等政府投资资金；

③ 未经批准变更政府投资项目的建设地点或者对建设规模、建设内容等作较大变更；

④ 擅自增加投资概算；

⑤ 要求施工单位对政府投资项目垫资建设；

⑥ 无正当理由不实施或者不按照建设工期实施已批准的政府投资项目。

项目单位未按照规定将政府投资项目审批和实施过程中的有关文件、资料存档备查，或者转移、隐匿、篡改、毁弃项目有关文件、资料的，责令改正，对负有责任的领导人员和直接责任人员依法给予处分。

(5) 核准项目违反管理的法律责任

实行核准管理的项目，企业未依照本条例规定办理核准手续开工建设或者未按照核准的建设地点、建设规模、建设内容等进行建设的，由核准机关责令停止建设或者责令停产，对企业处项目总投资额1‰以上5‰以下的罚款；对直接负责的主管人员和其他直接责任人员处2万元以上5万元以下的罚款，属于国家工作人员的，依法给予处分。

以欺骗、贿赂等不正当手段取得项目核准文件，尚未开工建设的，由核准机关撤销核准文件，处项目总投资额1‰以上5‰以下的罚款；已经开工建设的，依照前款规定予以处罚；构成犯罪的，依法追究刑事责任。

(6) 备案项目违反管理的法律责任

实行备案管理的项目，企业未依照本条例规定将项目信息或者已备案项目的信息变更情况告知备案机关，或者向备案机关提供虚假信息的，由备案机关责令限期改正；逾期不改正的，处2万元以上5万元以下的罚款。

企业投资建设产业政策禁止投资建设项目的,由县级以上人民政府投资主管部门责令停止建设或者责令停产并恢复原状,对企业处项目总投资额 5‰ 以上 10‰ 以下的罚款;对直接负责的主管人员和其他直接责任人员处 5 万元以上 10 万元以下的罚款,属于国家工作人员的,依法给予处分。法律、行政法规另有规定的,依照其规定。

核准机关、备案机关以及依法对项目负有监督管理职责的其他有关部门应当加强事中事后监管,按照谁审批谁监管、谁主管谁监管的原则,落实监管责任,采取在线监测、现场核查等方式,加强对项目实施的监督检查。

企业应当通过在线平台如实报送项目开工建设、建设进度、竣工的基本信息。

核准机关、备案机关以及依法对项目负有监督管理职责的其他有关部门应当建立项目信息共享机制,通过在线平台实现信息共享。企业在项目核准、备案以及项目实施中的违法行为及其处理信息,通过国家社会信用信息平台向社会公示。

7.2 工程勘察设计管理制度

7.2.1 工程勘察设计概述

1) 工程勘察、工程设计的概念

建设工程勘察,是指根据建设工程的要求,查明、分析、评价建设场地的地质地理环境特征和岩土工程条件,编制建设工程勘察文件的活动。工程勘察包括工程地质、水文地质与凿井、工程测量和工程物探等专业,在基本建设中居先行地位。勘察成果为工程建设的规划、可行性研究、设计、施工、环境保护等,提供地形、工程水文地质及环境地质方面的技术资料,并作出工程评价,是工程项目决策的根据。工程初勘可验证工程选址的正确性;工程详勘能给设计提供地基各种物理、力学性能的详细指标。

建设工程设计,是指根据建设工程的要求,对建设工程所需的技术、经济、资源、环境等条件进行综合分析、论证,编制建设工程设计文件,提供相关服务的活动。

工程设计为工程项目建设提供包括设计总图、工艺设备,建筑、结构、动力、储运、自动控制、技术经济等设计文件和图纸,是建设项目生命期中的重要环节。工程设计是建设项目进行整体规划、体现具体实施意图的重要过程,也是处理技术与经济关系的关键性环节。

2) 工程勘察设计的原则

(1) 建设工程勘察、设计应当与社会、经济发展水平相适应,做到经济效益、社会效益和生态环境效益相统一。

经济效益是指资金占用、成本支出与有用生产成果之间的比较。所谓经济效益好,就是资金占用少,成本支出少,有用成果多。经济效益是评价一项经济活动是否应进行的重要指标。

社会效益是指最大限度地利用有限的资源满足社会上人们日益增长的物质文化需求,是某项人类活动满足公共需要和社会发展进步的度量。生态环境效益是对人类社会活动的环境生态后果的衡量。由于人类的生活和生产活动必然会引起自然资源及环境发生各种各样的变化,这些变化对人类的继续生存和社会的可持续发展的反作用是不相同的。因此人类需要从自然、经济、人文等多种角度对人类活动可能导致的环境生态变化进行综合评估和衡量。建设工程项目的设计要量力而行,既要考虑到一定的前瞻性,又不能过于超前,脱离社会的现实生活及经济实力;既要考虑该项目的经济效益,同时又要考虑项目的社会效益以及生态环境效益。经济效益、社会效益和环境效益三者是对立统一的关系。环境效益是经济效益和社会效益的基础,经济效益、社会效益则是环境效益的后果。

（2）从事建设工程勘察、设计活动,应当坚持先勘察、后设计、再施工的原则。

建设程序是指建设项目整个建设过程中,各项工作必须遵循的先后次序的法则。这个法则是人们在认识客观规律的基础上制定出来的,是建设项目科学决策和顺利进行的重要保证。按照建设项目发展的内在联系和发展过程,建设程序分为若干个阶段,这些阶段有严格的先后次序,不能任意颠倒而违反它的发展规律。因此,必须坚持先勘察、后设计、再施工的原则。

7.2.2　工程勘察设计的发包与承包

1）招标发包

《建设工程勘察设计管理条例》规定:建设工程勘察、设计发包依法实行招标发包或者直接发包两种形式。2017 年 5 月 1 日起施行的《建筑工程设计招标投标管理办法》扩大了可以不招标的范围。

建筑工程设计招标通过公开招标或者邀请招标两种形式。

建筑工程设计招标的范围可以采用设计方案招标或者设计团队招标,招标人可以根据项目特点和实际需要选择。

设计方案招标,是指主要通过对投标人提交的设计方案进行评审确定中标人。采用设计方案招标的,评标委员会应当在符合城乡规划、城市设计以及安全、绿色、节能、环保要求的前提下,重点对功能、技术、经济和美观等进行评审。设计方案属于智力成果,招标人、中标人使用未中标方案的,应当征得提交方案的投标人同意并付给使用费。

设计团队招标,是指主要通过对投标人拟派设计团队的综合能力进行评审确定中标人。

采用设计团队招标的,评标委员会应当对投标人拟从事项目设计的人员构成、人员业绩、人员从业经历、项目解读、设计构思、投标人信用情况和业绩等进行评审。

招标人应当将建筑工程的方案设计、初步设计和施工图设计一并招标。确需另行选择设计单位承担初步设计、施工图设计的,应当在招标公告或者投标邀请书中明确。

2）直接发包

国家发展和改革委员会发布的《必须招标的工程项目规定》规定,勘察、设计、监理等服务的采购,单项合同估算价在 100 万元人民币以上的必须招标。但建筑工程设计有下列情形之一的,可以不进行招标:

（1）采用不可替代的专利或者专有技术的;

（2）对建筑艺术造型有特殊要求,并经有关主管部门批准的;

（3）建设单位依法能够自行设计的;

（4）建筑工程项目的改建、扩建或者技术改造,需要由原设计单位设计,否则将影响功能配套要求的;

（5）国家规定的其他特殊情形。

以上设计项目可以采用直接发包。

3）建筑工程设计总包

发包方可以将整个建设工程的勘察、设计发包给一个勘察、设计单位，也可以将建设工程的勘察、设计分别发包给几个勘察、设计单位，但建设工程勘察、设计单位不得将所承揽的建设工程勘察、设计转包。

国家鼓励建筑工程实行设计总包。实行设计总包的，按照合同约定或者经招标人同意，设计单位可以不通过招标方式将建筑工程非主体部分的设计进行分包。

7.2.3 勘察设计文件的编制与实施

1）勘察设计文件的编制要求和深度

（1）勘察、设计文件的编制依据

勘察设计是根据项目的批准文件、城乡规划和工程建设强制性标准等编制的，主要包括：

① 项目批准文件；

② 城乡规划；

③ 工程建设强制性标准；

④ 国家规定的建设工程勘察、设计深度要求。

铁路、交通、水利等专业建设工程，还应当以专业规划的要求为依据。

（2）勘察、设计文件编制的深度要求

编制建设工程勘察文件，应当真实、准确，满足建设工程规划、选址、设计、岩土治理和施工的需要。

建筑工程一般分为方案设计、初步设计和施工图设计三个阶段。对于技术要求相对简单的民用建筑工程，在初步设计阶段无审查要求且合同中无初步设计约定的，可在方案设计审批后直接进入施工图设计阶段。另外，根据项目的复杂及特殊要求，需要进行建筑幕墙、基坑工程、建筑智能化、风景园林工程、消防设施工程、环境工程、照明工程和装配式建筑工程等专项设计。方案设计、初步设计和施工图设计阶段应在智能化工程施工招标之前完成，深化设计应在智能化工程施工招标之后完成。

编制设计方案。设计方案包括设计说明书、主要经济技术指标等内容；对于涉及建筑节能、环保、绿色建筑、人防等设计的专业，其设计说明应有相应的专门内容。编制方案设计文件，应当满足编制初步设计文件，满足初步设计审批和控制估算的需要。

编制初步设计文件。初步设计文件包括：设计说明书、有关专业的设计图纸、主要设备或材料表和工程概算书等，应当满足编制施工招标文件、主要设备材料订货和编制施工图设计文件和控制概算的需要。

编制施工图设计文件。施工图设计应当包括合同要求所涉及的所有专业的设计图纸以及合同要求的工程预算书；对于涉及建筑节能设计的专业，其设计说明应有建筑节能设计的专项内容；涉及装配式建筑设计的专业，其设计说明及图纸应有装配式建筑专项设计内容。

编制施工图设计文件，应当满足设备材料采购、非标准设备制作、施工及工程预算的需要,并注明建设工程合理使用年限。

鼓励具有相应资质的工程总承包单位自行实施施工图设计和施工,促进设计与施工深度融合。

设计文件中选用的材料、构配件、设备,应当注明其规格、型号、性能等技术指标,其质量要求必须符合国家规定的标准。除有特殊要求的建筑材料、专用设备和工艺生产线等外,设计单位不得指定生产厂、供应商。

2) 勘察设计文件的实施

(1) 勘察设计文件的修改及质量责任

建设单位、施工单位、监理单位不得修改建设工程勘察、设计文件;确需修改建设工程勘察、设计文件的,应当由原建设工程勘察、设计单位修改。经原建设工程勘察、设计单位书面同意,建设单位也可以委托其他具有相应资质的建设工程勘察、设计单位修改。修改单位对修改的勘察、设计文件承担相应责任。

施工单位、监理单位发现建设工程勘察、设计文件不符合工程建设强制性标准、合同约定的质量要求的,应当报告建设单位,建设单位有权要求建设工程勘察、设计单位对建设工程勘察、设计文件进行补充、修改。

建设工程勘察、设计文件内容需要作重大修改的,建设单位应当报经原审批机关批准后,方可修改。

建设工程勘察、设计文件中规定采用的新技术、新材料,可能影响建设工程质量和安全,又没有国家技术标准的,应当由国家认可的检测机构进行试验、论证,出具检测报告,并经国务院有关部门或者省、自治区、直辖市人民政府有关部门组织的建设工程技术专家委员会审定后,方可使用。

(2) 设计交底义务

建设工程勘察、设计单位应当在建设工程施工前,向施工单位和监理单位说明建设工程勘察、设计意图,解释建设工程勘察、设计文件。

建设工程勘察、设计单位应当及时解决施工中出现的勘察、设计问题。

3) 施工图的审查

(1) 施工图审查的概念

国家实施施工图设计文件(含勘察文件,以下简称施工图)审查制度的目的在于政府对于公共安全和公共利益的监管和保护。

施工图审查,是指施工图审查机构(以下简称审查机构)按照有关法律、法规,对施工图涉及公共利益、公众安全和工程建设强制性标准的内容进行的审查。

施工图审查应当坚持先勘察、后设计的原则。

按规定应当进行审查的施工图,未经审查合格的,住房城乡建设主管部门不得颁发施工许可证。

施工图未经审查合格的,不得使用。从事房屋建筑工程、市政基础设施工程施工、监理等活动,以及实施对房屋建筑和市政基础设施工程质量安全监督管理,应当以审查合格的施工图为依据。

工程总承包项目按照法律法规规定应当进行施工图审查的,可以根据项目实施情况,分阶段审查施工图。工程总承包模式因其核心特征在于设计、采购、施工的深度融合,设计、采购、施工都属于工程总承包单位的承包范围,工程总承包单位可以进行总协调、总管控,分阶段设计、施工、采购的融合交叉,有助于节约工期、成本控制,有利于工程质量管理。

（2）审查机构的设立及业务范围

省、自治区、直辖市人民政府住房城乡建设主管部门应当会同有关主管部门按照规定的审查机构条件,结合本行政区域内的建设规模,确定相应数量的审查机构,逐步推行以政府购买服务方式开展施工图设计文件审查。审查机构是专门从事施工图审查业务,不以营利为目的的独立法人。

审查机构按承接业务范围分两类,一类机构承接房屋建筑、市政基础设施工程施工图审查业务范围不受限制;二类机构可以承接中型及以下房屋建筑、市政基础设施工程的施工图审查。房屋建筑、市政基础设施工程的规模划分,按照国务院住房城乡建设主管部门的有关规定执行。

（3）施工图的送审义务

建设单位应当将施工图送审查机构审查,但审查机构不得与所审查项目的建设单位、勘察设计企业有隶属关系或者其他利害关系。建设单位不得明示或者暗示审查机构违反法律法规和工程建设强制性标准进行施工图审查,不得压缩合理审查周期、压低合理审查费用。

建设单位应当向审查机构提供下列资料并对所提供资料的真实性负责:

① 作为勘察、设计依据的政府有关部门的批准文件及附件;

② 全套施工图;

③ 其他应当提交的材料。

（4）施工图审查的内容

审查机构应当对施工图审查下列内容:

① 是否符合工程建设强制性标准;

② 地基基础和主体结构的安全性;

③ 消防安全性;

④ 人防工程(不含人防指挥工程)防护安全性;

⑤ 是否符合民用建筑节能强制性标准,对执行绿色建筑标准的项目,还应当审查是否符合绿色建筑标准;

⑥ 勘察设计企业和注册执业人员以及相关人员是否按规定在施工图上加盖相应的图章和签字;

⑦ 法律、法规、规章规定必须审查的其他内容。

（5）施工图审查后的处理

审查机构对施工图进行审查后,应当根据下列情况分别作出处理:

① 审查合格的,审查机构应当向建设单位出具审查合格书,并在全套施工图上加盖审查专用章。审查合格书应当有各专业的审查人员签字,经法定代表人签发,并加盖审查机构公章。审查机构应当在出具审查合格书后 5 个工作日内,将审查情况报工程所在地县级以上地方人民政府住房城乡建设主管部门备案。

② 审查不合格的,审查机构应当将施工图退建设单位并出具审查意见告知书,说明不合格原因。同时,应当将审查意见告知书及审查中发现的建设单位、勘察设计企业和注册执业人员违反法律、法规和工程建设强制性标准的问题,报工程所在地县级以上地方人民政府

住房城乡建设主管部门。

施工图退建设单位后,建设单位应当要求原勘察设计企业进行修改,并将修改后的施工图送原审查机构复审。

(6)施工图的质量责任

勘察设计企业应当依法进行建设工程勘察、设计,严格执行工程建设强制性标准,并对建设工程勘察、设计的质量负责。

审查机构对施工图审查工作负责,承担审查责任。施工图经审查合格后,仍有违反法律、法规和工程建设强制性标准的问题,给建设单位造成损失的,审查机构依法承担相应的赔偿责任。

4)特殊建设工程的消防设计审查

国家对特殊建设工程实行消防设计审查制度。特殊建设工程的建设单位应当向消防设计审查验收主管部门申请消防设计审查,消防设计审查验收主管部门依法对审查的结果负责。

特殊建设工程未经消防设计审查或者审查不合格的,建设单位、施工单位不得施工。

《建设工程消防设计审查验收管理暂行规定》第十四条规定,具有下列情形之一的建设工程是特殊建设工程:

(1)总建筑面积大于2万平方米的体育场馆、会堂,公共展览馆、博物馆的展示厅;

(2)总建筑面积大于15 000平方米的民用机场航站楼、客运车站候车室、客运码头候船厅;

(3)总建筑面积大于1万平方米的宾馆、饭店、商场、市场;

(4)总建筑面积大于2 500平方米的影剧院,公共图书馆的阅览室,营业性室内健身、休闲场馆,医院的门诊楼,大学的教学楼、图书馆、食堂,劳动密集型企业的生产加工车间,寺庙、教堂;

(5)总建筑面积大于1 000平方米的托儿所、幼儿园的儿童用房,儿童游乐厅等室内儿童活动场所,养老院、福利院,医院、疗养院的病房楼,中小学校的教学楼、图书馆、食堂,学校的集体宿舍,劳动密集型企业的员工集体宿舍;

(6)总建筑面积大于500平方米的歌舞厅、录像厅、放映厅、卡拉OK厅、夜总会、游艺厅、桑拿浴室、网吧、酒吧,具有娱乐功能的餐馆、茶馆、咖啡厅;

(7)国家工程建设消防技术标准规定的一类高层住宅建筑;

(8)城市轨道交通、隧道工程,大型发电、变配电工程;

(9)生产、储存、装卸易燃易爆危险物品的工厂、仓库和专用车站、码头,易燃易爆气体和液体的充装站、供应站、调压站;

(10)国家机关办公楼、电力调度楼、电信楼、邮政楼、防灾指挥调度楼、广播电视楼、档案楼;

(11)设有以上第(1)项至第(6)项所列情形的建设工程以及第(10)项规定以外的单体建筑面积大于4万平方米或者建筑高度超过50米的公共建筑。

5)有关单位的消防设计、施工质量责任与义务

(1)建设单位的消防设计及施工质量责任与义务

建设单位依法对建设工程消防设计、施工质量负首要责任。设计、施工、工程监理、技术

服务等单位依法对建设工程消防设计、施工质量负主体责任。建设、设计、施工、工程监理、技术服务等单位的从业人员依法对建设工程消防设计、施工质量承担相应的个人责任。

建设单位应当履行下列消防设计、施工质量责任和义务：

① 不得明示或者暗示设计、施工、工程监理、技术服务等单位及其从业人员违反建设工程法律法规和国家工程建设消防技术标准，降低建设工程消防设计、施工质量；

② 依法申请建设工程消防设计审查、消防验收，办理备案并接受抽查；

③ 实行工程监理的建设工程，依法将消防施工质量委托监理；

④ 委托具有相应资质的设计、施工、工程监理单位；

⑤ 按照工程消防设计要求和合同约定，选用合格的消防产品和满足防火性能要求的建筑材料、建筑构配件和设备；

⑥ 组织有关单位进行建设工程竣工验收时，对建设工程是否符合消防要求进行查验；

⑦ 依法及时向档案管理机构移交建设工程消防有关档案。

（2）设计单位的消防设计、施工质量责任和义务

设计单位应当履行下列消防设计、施工质量责任和义务：

① 按照建设工程法律法规和国家工程建设消防技术标准进行设计，编制符合要求的消防设计文件，不得违反国家工程建设消防技术标准强制性条文；

② 在设计文件中选用的消防产品和具有防火性能要求的建筑材料、建筑构配件和设备，应当注明规格、性能等技术指标，符合国家规定的标准；

③ 参加建设单位组织的建设工程竣工验收，对建设工程消防设计实施情况签章确认，并对建设工程消防设计质量负责。

（3）施工单位的消防设计、施工质量责任和义务

施工单位应当履行下列消防设计、施工质量责任和义务：

① 按照建设工程法律法规、国家工程建设消防技术标准，以及经消防设计审查合格或者满足工程需要的消防设计文件组织施工，不得擅自改变消防设计进行施工，降低消防施工质量；

② 按照消防设计要求、施工技术标准和合同约定检验消防产品和具有防火性能要求的建筑材料、建筑构配件和设备的质量，使用合格产品，保证消防施工质量；

③ 参加建设单位组织的建设工程竣工验收，对建设工程消防施工质量签章确认，并对建设工程消防施工质量负责。

（4）工程监理单位的消防设计、施工质量责任和义务

工程监理单位应当履行下列消防设计、施工质量责任和义务：

① 按照建设工程法律法规、国家工程建设消防技术标准，以及经消防设计审查合格或者满足工程需要的消防设计文件实施工程监理；

② 在消防产品和具有防火性能要求的建筑材料、建筑构配件和设备使用、安装前，核查产品质量证明文件，不得同意使用或者安装不合格的消防产品和防火性能不符合要求的建筑材料、建筑构配件和设备；

③ 参加建设单位组织的建设工程竣工验收，对建设工程消防施工质量签章确认，并对建设工程消防施工质量承担监理责任。

提供建设工程消防设计图纸技术审查、消防设施检测或者建设工程消防验收现场评定

等服务的技术服务机构,应当按照建设工程法律法规、国家工程建设消防技术标准和国家有关规定提供服务,并对出具的意见或者报告负责。

7.2.4 全过程咨询的建筑师负责制

1) 建筑师负责制的概念

建筑师负责制是以担任民用建筑工程项目设计主持人或设计总负责人的注册建筑师(以下称为建筑师)为核心的设计团队,依托所在的设计企业为实施主体,依据合同约定,对民用建筑工程全过程或部分阶段提供全寿命周期设计咨询管理服务,最终将符合建设单位要求的建筑产品和服务交付给建设单位的一种工作模式。

2) 建筑师的服务内容

建筑师负责制是国际通用惯例,在建筑师负责制下,建筑师提供包括前期策划、咨询、设计、施工管理、质量保修等在内的全过程的咨询服务。国际上建筑师负责制的工作原理是:建筑师作为专业技术人员和业主利益的代理人,在业主要求的环境品质和限定的资源条件下,制定建筑的功能和技术性能指标,并创造性地整合各种技术方案和空间安排,通过设计图纸与文件的表达记录方式,向施工者准确传达并监督、协调其实施过程,并以第三者的立场公正、公平地协调处理建造过程中的各方关系,以达到业主对项目的品质、造价、进度等方面的要求。

建筑师依托所在设计企业,从设计阶段开始,由建筑师负责统筹协调各专业设计、咨询机构及设备供应商的设计咨询管理服务,在规划、项目策划、施工、项目运行维护、项目改造及项目拆除等阶段和环节方面提供服务,实行建筑工程全过程的建筑师负责制。

建筑师可以为工程建设全过程或部分阶段提供以下服务内容:

(1) 参与规划。参与城市修建性详细规划和城市设计,统筹建筑设计和城市设计协调统一。

(2) 提出策划。参与项目建议书、可行性研究报告与开发计划的制订,确认环境与规划条件、提出建筑总体要求、提供项目策划咨询报告、概念性设计方案及设计要求任务书,代理建设单位完成前期报批手续。

(3) 完成设计。完成方案设计、初步设计、施工图技术设计和施工现场设计服务。综合协调把控幕墙、装饰、景观、照明等专项设计,审核承包商完成的施工图深化设计。建筑师负责的施工图技术设计重点解决建筑使用功能、品质价值与投资控制。承包商负责的施工图深化设计重点解决设计施工一体化,准确控制施工节点大样详图,促进建筑精细化。

(4) 监督施工。代理建设单位进行施工招投标管理和施工合同管理服务,对总承包商、分包商、供应商和指定服务商履行监管职责,监督工程建设项目按照设计文件要求进行施工,协助组织工程验收服务。

(5) 指导运行维护。组织编制建筑使用说明书,督促、核查承包商编制房屋维修手册,指导编制使用后维护计划。

(6) 更新改造。参与制定建筑更新改造、扩建与翻新计划,为实施城市修补、城市更新和生态修复提供设计咨询管理服务。

(7) 辅助拆除。提供建筑全寿命期提示制度,协助专业拆除公司制定建筑安全绿色拆除方案等。

3）建筑师的职责及权利义务

（1）建筑师的职责

建筑师应自觉遵守国家法律法规，诚信执业，公正处理社会公众利益和建设单位利益，维护社会公共利益，及时向建设单位汇报所有与其利益密切相关的重要信息，保证专业品质和建设单位利益。

（2）建筑师的服务收费

建设单位要根据设计企业和建筑师承担的服务业务内容和周期，结合项目的规模和复杂程度等要素合理确定服务报酬，在合同中明确约定并及时支付，或者采用"人工时"的计价模式取费。建筑师负责制服务收费，应纳入工程概算。

（3）建筑师的法律责任

建筑师在提供建筑师负责制的项目中，应承担相应法定责任和合同义务。

建筑师对设计文件进行技术审查并承担审查责任。因设计质量造成的经济损失，由设计企业承担赔偿责任，并有权向签章的建筑师进行追偿。

为防范和降低建筑师的执业风险，可以借鉴国际通行成熟经验，探索建立符合建筑师负责制的权益保障机制，推行建筑师负责制职业责任保险，探索建立企业、团队与个人保险相互补充机制。

（4）相关主体的法律责任

实行建筑师负责制的项目，建设单位应在与设计企业、总承包商、分包商、供应商和指定服务商的合同中明确建筑师的权力，并保障建筑师权力的有效实施。建筑师负责制不能免除总承包商、分包商、供应商和指定服务商的法律责任和合同义务。

7.2.5　勘察设计中的知识产权保护

1）勘察设计中的知识产权保护概述

（1）保护知识产权的重要性

工程勘察、设计、咨询是富有创造性的智力劳动。工程技术人员利用工程勘察设计理论、技术与实践经验所完成的每项工程勘察设计咨询成果都凝结着他们的心血、智慧和创新精神。对这种原创或创新性智力劳动成果的保护，是对工程技术人员创新与发展的鼓励，有助于工程勘察设计咨询业的技术进步，同时也符合建设单位（业主）和公众的利益。

（2）工程勘察设计中知识产权的类型

知识产权是指公民或法人依据法律的规定，对其从事智力创作或创新活动所产生的知识产品所享有的专有权利，又称为"智力成果权"，包括工业产权和著作权（即版权）两部分。根据《著作权法》《专利法》《商标法》《反不正当竞争法》《计算机软件保护条例》和《建设工程勘察设计管理条例》等法律法规的规定，勘察设计和工程咨询中涉及的知识产权包括以下几类：

① 著作权及与著作权有关的权利（后者以下简称邻接权）；

② 专利权；

③ 专有技术（又称技术秘密）权；

④ 商业秘密权;

⑤ 商标专用权(以下简称商标权)及相关识别性标志权利;

⑥ 依照国家法律、法规规定,或者由合同约定由企业享有的其他知识产权。

(3) 勘察设计咨询中的著作权

勘察设计咨询业的著作权主要包括勘察、设计、咨询活动和科研活动中形成的,以各种载体所表现的文字作品、图形作品、模型作品、建筑作品等勘察设计咨询作品的著作权。勘察设计咨询作品包括以下内容:

① 工程勘察投标方案,专业工程设计投标方案,建筑工程设计投标方案(包括创意或概念性投标方案),工程咨询投标方案等;

② 工程勘察和工程设计阶段的原始资料、计算书、工程设计图及说明书、技术文件和工程总结报告等;

③ 工程咨询的项目建议书、可行性研究报告、专业性评价报告、工程评估书、监理大纲等;

④ 科研活动的原始数据、设计图及说明书、技术总结和科研报告等;

⑤ 企业自行编制的计算机软件、企业标准、导则、手册、标准设计等。

(4) 勘察设计咨询业的专利权

勘察设计咨询业的专利权是指获得授权并有效的发明专利权、实用新型专利权和外观设计专利权,包括各种具有新颖性、创造性和实用性的新工艺、新设备、新材料、新结构等新技术和新设计,以及对原有技术的新改进、新组合等的专利权。

(5) 勘察设计咨询业的专有技术权

勘察设计咨询业的专有技术权是指对没有申请专利,具有实用性,能为企业带来利益,并采取了保密措施,不为公众所知悉的技术享有的权利,包括各种新工艺、新设备、新材料、新结构、新技术、产品配方、各种技术诀窍及方法等。

(6) 商业秘密

勘察设计咨询业除上述专有技术中的技术秘密以外的其他商业秘密,是指具有实用性,能为企业带来利益,并采取了保密措施,不为公众所知悉的经营信息,包括生产经营、企业管理、科技档案、客户名单、财务账册、统计报表等。

(7) 商标及服务标志等

勘察设计咨询业的商标权及相关识别性标志权,系指企业名称、商品商标、服务标志,以及依照法定程序取得的各种资质证明等依法享有的权利。

勘察设计咨询业其他受国家法律、法规保护的知识产权。

2) 勘察设计咨询中知识产权的归属

(1) 勘察设计咨询业著作权及邻接权的归属,一般按以下原则认定:

① 执行勘察设计咨询企业的任务或主要利用企业的物质技术条件完成的,并由企业承担责任的工程勘察、设计、咨询的投标方案和各类文件等职务作品,其著作权及邻接权归企业所有。直接参加投标方案和文件编制的自然人(包括企业员工和临时聘用人员,下同)享有署名权。建设单位(业主)按照国家规定支付勘察、设计、咨询费后所获取的工程勘察、设计、咨询的投标方案或各类文件,仅获得在特定建设项目上的一次性使用权,其著作权仍属

于勘察设计咨询企业所有。

② 勘察设计咨询企业自行组织编制的计算机软件、企业标准、导则、手册、标准设计等是职务作品,其著作权及邻接权归企业所有。直接参加编制的自然人享有署名权。

③ 执行勘察设计咨询企业的任务或主要利用企业的物质技术条件完成的,并由企业承担责任的科技论文、技术报告等职务作品,其著作权及邻接权归企业所有。直接参加编制的自然人享有署名权。

④ 勘察设计咨询企业员工的非职务作品的著作权及邻接权归个人所有。

(2) 勘察设计咨询业专利权和专有技术权的归属,一般按以下原则认定:

① 执行勘察设计咨询企业的任务,或主要利用本企业的物质技术条件所完成的发明创造或技术成果,属于职务发明创造或职务技术成果,其专利申请权和专利的所有权、专有技术的所有权,以及专利和专有技术的使用权、转让权归企业所有。直接参加专利或专有技术开发、研制等工作的自然人依法享有署名权。

② 勘察设计咨询企业员工的非职务专利或专有技术权归个人所有。

(3) 勘察设计咨询企业在科研、生产、经营、管理等工作中所形成的,能为企业带来经济利益的,采取了保密措施不为公众所知悉的技术、经营、管理信息等商业秘密属于企业所有。

(4) 勘察设计咨询企业的名称、商品商标、服务标志,以及依法定程序取得的各种资质证明等的权利为企业所有。

(5) 勘察设计咨询企业与其他企事业单位合作所形成的著作权及邻接权、专利权、专有技术权等知识产权,为合作各方所共有,合同另有规定的按照约定确定其权属。

(6) 勘察设计咨询企业接受国家、企业、事业单位的委托,或者委托其他企事业单位所形成的著作权及邻接权、专利权、专有技术权等知识产权,按照合同确定其权属。没有合同约定的,其权属归完成方所有。

(7) 勘察设计咨询企业的人员,在离开企业期间形成的知识产权的归属,一般按以下原则认定:

① 企业派遣出国开展合作设计、访问、进修、留学等,或者派遣到其他企事业单位短期工作的人员,在企业尚未完成的勘察、设计、咨询、科研等项目,在国外或其他单位完成而可能获得知识产权的,企业应当与派遣人员和接受派遣人员的单位共同签订协议,明确其知识产权的归属。

② 企业的离休、退休、停薪留职、调离、辞退等人员,在离开企业1年内形成的,且与其在原企业承担的工作或任务有关的各类知识产权归原企业所有。

(8) 勘察设计咨询企业接收的培训、进修、借用或临时聘用等人员,在接收企业工作或学习期间形成的职务成果的知识产权,按照接收企业与派出方的协议确定归属,没有协议的其权利属于接收企业。

3) 勘察设计咨询中知识产权的保护与管理

(1) 勘察设计咨询企业的管理措施

① 建立健全规章制度

企业应当重视知识产权保护与管理工作,明确归口管理部门,配备专职或兼职的工作人员,负责知识产权保护与管理工作。企业应制定本企业著作权、专利和专有技术、商标及商业秘密管理办法。企业的生产经营、科技开发、档案管理、保密管理等规章制度中应有知识产权保护和管理方面的内容。项目执行过程中,项目负责人对该项目知识产权的保护与管理负责,落实企业知识产权管理制度,杜绝企业知识产权的流失,同时防止侵犯他人的知识产权。

② 保密协议和竞业限制协议

勘察设计咨询企业可根据实际情况,与本企业员工签署知识产权保护协议书,或者在与员工签署的劳动合同(聘用合同)中增加知识产权保护的内容。

勘察设计咨询企业应与关键岗位的专业技术人员和经营管理人员,以及对本企业的技术、经济权益有重要影响的人员签订竞业限制协议,明确竞业限制的具体范围、期限及违约责任等。

勘察设计咨询企业应与离休、退休、停薪留职、调离、辞退等人员中仍对本企业的技术、经济权益有重要影响的人员达成保密协议,明确保密事项、期限及违约责任等。员工在开展国内外技术交流与合作中,对不属于交流与合作范围的本企业的其他专有技术和商业秘密要严格保密。

③ 合同文件和档案管理

勘察设计咨询企业应当规范和加强有关知识产权合同的签订、审核和管理工作。在签订勘察设计咨询合同、技术开发合同、技术引进合同、技术转让合同时,应当明确知识产权的归属以及相应的权利、义务等内容。

勘察设计咨询企业的档案管理部门应当对涉及知识产权的档案作为特殊档案妥善管理。未经许可,任何人不得私自保留或向外扩散。

勘察设计咨询企业要加强生产经营和科技开发中的保密工作,对涉及专有技术和其他商业秘密的勘察设计咨询文件、技术方案、科研成果、经营信息等,均应在显著位置明示“专有技术”或“商业秘密”等标识,采取严格的保密措施,认真保护,严格管理。

勘察设计咨询企业应当在投标文件中书面提出保护企业知识产权的要求,除招标文件中有特别约定外,企业应当及时索回未中标的投标方案,整理归档,防止企业知识产权流失。

勘察设计咨询项目完成后,项目负责人负责将该工程项目的勘察设计文件、设计图及其说明书、计算书、原始记录、修改通知单、工程总结报告等收集、整理交档案管理部门归档。

科研工作完成后,项目负责人应当将合同书、背景资料、科研记录、试验数据、科研总结等与科研项目有关的资料收集、整理交档案管理部门归档。

④ 经营服务中的保护措施

a. 建设项目需引进技术或设备时,凡涉及专利或专有技术的,勘察设计咨询企业应当建议并协助建设单位(业主)进行专利法律状况或专有技术情况的调查,提供相关的技术服务。

b. 勘察设计咨询企业将具有自主知识产权的新设备用于建设项目时,新设备制造文件只能提供给签有保密协议的制造厂,对没有签订保密协议的建设单位(业主)只提供总装图、易损件图和使用说明书。

建设单位(业主)要求自行制造的,应当在签订专利、专有技术许可或转让合同,以及专有技术保密协议后再提供新设备制造文件。

c. 勘察设计咨询企业自行开发的计算机软件,应在软件内设置版权保护声明,并采取相应的保护措施,必要时办理软件登记注册。

勘察设计咨询企业应当定期检查监督企业外购及使用中的软件,防止使用盗版软件等侵权事件的发生。

(2)勘察设计咨询企业员工的权利与义务

① 员工对本企业的知识产权保护与管理工作有监督权和建议权;

② 员工对自己直接参加工作形成的职务发明创造、职务技术成果、职务作品等企业知识产权,依法享有署名权;

③ 员工在开发和保护知识产权工作中做出贡献的,有获得报酬和奖励的权利;

④ 员工有遵守国家知识产权法律、法规,遵守企业知识产权保护与管理的规章制度,保护本企业知识产权的义务;

⑤ 根据企业有关规定,员工有与企业签订知识产权保护协议书、保密协议、竞业限制协议的义务。

7.3 建设工程监理制度

7.3.1 监理制度概述

1)建设工程监理概念

广义的建设监理包括政府监理和社会监理。政府监理是指政府建设主管部门对建设单位的建设行为实施的强制性监理和对社会监理单位实行的监督管理,属于宏观方面的监督管理。社会监理是指社会监理单位受建设单位的委托,对工程建设实施的监理,属于微观方面的监督。

建设工程监理是指工程监理单位受建设单位委托,根据法律法规、工程建设标准、勘察设计文件及合同,对建设工程的质量、进度、造价进行控制,对合同、信息进行管理,对工程建设相关方的关系进行协调,并履行建设工程安全生产管理法定职责的服务活动。《建设工程安全生产管理条例》规定,工程监理单位和监理工程师应当按照法律、法规和工程建设强制性标准实施监理,并对建设工程安全生产承担监理责任。因此,监理师的职责就是对建设工程质量、进度、造价的控制,并进行合同管理、信息管理和安全管理以及对工程建设相关方的关系进行协调,即"三控三管一协调"。工程建设监理是针对工程项目实行的社会化、专业化的管理,是旨在实现项目投资目的的微观监督管理活动。

2)我国建设监理制度的建立和发展

改革开放后,我国利用外资建设的项目和国际资金贷款项目增多。世界银行和亚洲开发银行等贷款项目都要求必须实行招标制度和监理制度。1988 年,我国第一个引进世界银行贷款的项目——鲁布革水电站项目,因引进招投标、全过程的总承包方式和项目管理以及工程监理制,取得了投资省、工期短、质量好的经济效果。自此,建设监理制度与招标投标制度一起在我国建设领域普遍推行。1988 年 7 月建设部颁发了《关于开展建设监理工作的通知》,要求政府和公有制企事业单位投资的工程以及外资、中外合资建设项目,一般都要实行招标承包制和建设监理制,其他所有制单位投资的工程,也要实行这两种制度。

1989 年 7 月,建设部颁发了《建设监理试行规定》。这是我国第一个建设监理的法规性文件。1992 年 2 月,建设部发布《关于进一步开展建设监理工作的通知》,要求建设监理工作由试点逐步转向全面推行。各地区、各有关部门要按照"扩大、完善、提高"的方针,加快建设监理工作步伐。1992 年,建设部发布《工程建设监理单位资质管理试行办法》和《监理工程师资格考试和注册试行办法》。1995 年,原建设部和原国家计委联合印发《工程建设监理规定》,废止了原建设部发布的《建设监理试行规定》。我国的建设监理转入全面推行阶段,但监理的职能被简化为主要在工程实施阶段。建设监理的主要内容界定为"控制工程建设的投资、建设工期和工程质量;进行工程建设合同管理,协调有关单位间的工作关系"。

1997 年 11 月 1 日第八届全国人大常委会第二十八次会议通过的《中华人民共和国建筑法》明确规定,国家推行建筑工程监理制度。这进一步确定了工程监理在我国建设领域的法定地位,使建设监理制走上了法制化轨道。2000 年 1 月 30 日国务院颁发的《建设工程质量管理条例》和 2004 年 2 月 1 日施行的《建设工程安全生产管理条例》以法规形式明确工程监理单位和监理师的工程质量、安全管理的责任。2000 年 12 月 7 日,国家技术监督局和建设部联合发布了《建设工程监理规范》(GB 50319—2000)。2005 年 12 月 31 日建设部发布《注册监理工程师管理规定》,2006 年 12 月 11 日建设部发布《工程监理企业资质管理规定》,对监理工程师的职责以及监理工程师的执业要求等作了具体明确的规定。

2017 年 7 月 18 日,住建部发布了《关于促进工程监理行业转型升级创新发展的意见》,明确了我国工程监理行业未来的主要目标、任务等,确立了工程监理服务多元化水平显著提升,服务模式得到有效创新,逐步形成以市场化为基础、国际化为方向、信息化为支撑的工程监理服务市场体系的目标,并提出要培育一批智力密集型、技术复合型、管理集约型的大型工程建设咨询服务企业。

7.3.2　工程监理的范围

1) 工程监理的委托

监理单位承担监理业务,应当与项目法人签订书面工程建设监理合同。监理师对项目的管理职责虽然有相关的法律、法规及监理规范等明确,但监理业务即使是国家强制实施的监理,性质上仍然是建设单位对其经济活动的管理和财产权的处分,属于一种民事权利,因此该项业务建设单位通过招标投标或者协商选定监理单位后,通过委托合同予以确定。

《建设监理试行规定》规定,所有建设工程,必须接受政府监理。公有制单位和私人投资的大中型工业交通建设项目和重要的民用建筑工程、外资、中外合资和国外贷款建设的工程,应委托监理单位实施监理。其他工程是否委托监理单位实施监理,由投资者自行决定。政府鼓励投资者委托监理单位实施监理。

委托人与监理单位签订建设监理合同可以参照 2012 年 3 月由住房和城乡建设部与国家工商行政管理总局印发的《建设工程监理合同(示范文本)》(GF—2012—0202)。该合同文本由《协议书》《通用条件》和《专用条件》三个部分组成,详尽确定委托人与监理单位之间的权利义务关系。该示范合同的组成文件有下列各项,文件彼此应能相互解释、互为说明。除专用条件另有约定外,该合同文件的解释顺序如下:

(1)协议书;

（2）中标通知书（适用于招标工程）或委托书（适用于非招标工程）；

（3）专用条件及附录 A、附录 B；

（4）通用条件；

（5）投标文件（适用于招标工程）或监理与相关服务建议书（适用于非招标工程）。

双方签订的补充协议与其他文件发生矛盾或歧义时，属于同一类内容的文件，应以最新签署的为准。

2）工程监理的范围

建设监理包括对投资结构和项目决策的建设前期监理，对建设市场中招标投标的监理和对工程建设实施的监理。工程监理的内容，可以是全过程的，也可以是勘察、设计、施工、设备制造等某个阶段。1989 年 7 月 28 日，建设部发布的《建设监理试行规定》规定，政府监理的范围以建设项目实施阶段为主（不含建设前期阶段），社会监理的范围由建设单位根据需要与社会监理单位协商确定。

1996 年实施的《工程建设监理规定》确定的工程建设监理的范围是：（1）大、中型工程项目；（2）市政、公用工程项目；（3）政府投资兴建和开发建设的办公楼、社会发展事业项目和住宅工程项目；（4）外资、中外合资、国外贷款、赠款、捐款建设的工程项目。

2000 年 12 月 29 日，建设部根据《建设工程质量管理条例》，发布了《建设工程监理范围和规模标准规定》，明确必须实行监理的工程范围及工程的具体规模：

（1）国家重点建设工程；

（2）大中型公用事业工程；

（3）成片开发建设的住宅小区工程；

（4）利用外国政府或者国际组织贷款、援助资金的工程；

（5）国家规定必须实行监理的其他工程。

国家重点建设工程，是指依据《国家重点建设项目管理办法》所确定的对国民经济和社会发展有重大影响的骨干项目。

大中型公用事业工程，是指项目总投资额在 3 000 万元以上的下列工程项目：

（1）供水、供电、供气、供热等市政工程项目；

（2）科技、教育、文化等项目；

（3）体育、旅游、商业等项目；

（4）卫生、社会福利等项目；

（5）其他公用事业项目。

成片开发建设的住宅小区工程，建筑面积在 5 万平方米以上的住宅建设工程必须实行监理；5 万平方米以下的住宅建设工程，可以实行监理，具体范围和规模标准，由省、自治区、直辖市人民政府建设行政主管部门规定。

为了保证住宅质量，对高层住宅及地基、结构复杂的多层住宅应当实行监理。

利用外国政府或者国际组织贷款、援助资金的工程范围包括：

（1）使用世界银行、亚洲开发银行等国际组织贷款资金的项目；

（2）使用国外政府及其机构贷款资金的项目；

（3）使用国际组织或者国外政府援助资金的项目。

国家规定必须实行监理的其他工程是指：

一类是按照投资规模划分项目总投资额在 3 000 万元以上关系社会公共利益、公众安全的下列基础设施项目：煤炭、石油、化工、天然气、电力、新能源等项目；铁路、公路、管道、水运、民航以及其他交通运输业等项目；邮政、电信枢纽、通信、信息网络等项目；防洪、灌溉、排涝、发电、引(供)水、滩涂治理、水资源保护、水土保持等水利建设项目；道路、桥梁、地铁和轻轨交通、污水排放及处理、垃圾处理、地下管道、公共停车场等城市基础设施项目；生态环境保护项目等。

另一类是学校、影剧院、体育场馆项目。该类项目因人员密集涉及公共安全，因此不论其投资资金以及建筑面积的大小，必须实行监理。

根据 2017 年 2 月国务院办公厅发布的《关于促进建筑业持续健康发展的意见》(国办发〔2017〕19 号)和 2017 年 7 月住房和城乡建设部发布的《关于促进工程监理行业转型升级创新发展的意见》，国家对工程监理的范围进行调整，主要的变化有以下几点：

(1) 必须招标项目中的监理工作可以由建设单位自主发包

根据国家发改委发布的《必须招标的工程项目规定》(国家发展和改革委员会第 16 号令)，监理服务不在必须招标范围内的，可以由建设单位自主决定监理服务的发包方式。

(2) 部分实行全过程咨询服务的项目可以不实行监理

社会投资的"小型项目"和"工业项目"中，不再强制要求进行工程监理。建设单位可以自主决策选择监理或全过程工程咨询服务等其他管理模式。对于总投资 3 000 万元以下的公用事业工程(不含学校、影剧院、体育场馆项目)，建设规模 5 万平方米以下成片开发的住宅小区工程，无国有投资成分，且不使用银行贷款的房地产开发项目，建设单位有类似项目管理经验和技术人员，能够保证独立承担工程安全质量责任的，可以不实行工程建设监理，实行自我管理模式。

(3) 简化监理招投标手续

依法必须履行监理招投标的项目，在保证招标工作质量的前提下，将资格预审文件备案、招标文件备案、招投标书面情况报告备案、合同备案简化为告知性备案。

(4) 不实行监理的项目建设单位应承担工程监理的法定责任和义务

依法可以不实行工程建设监理，实行自我管理模式的工程建设项目，建设单位应承担工程监理的法定责任和义务。

工程监理企业主要从事施工实施阶段监理咨询工作，而施工实施阶段是调动消耗资源较多、受外界环境干扰较大、组织协同管理较为复杂的产品生产关键阶段。工程监理企业通过提供全过程项目管理、项目代建服务，熟悉投资咨询、市场定位、招标采购、工程造价、绿色建筑、物业运维管理等相关咨询服务领域，已具备向工程咨询上下游产业延伸的能力和条件。随着建设工程的管理向全过程工程咨询服务的转型，工程监理的范围也将回归到全过程的咨询和监理。

政府鼓励有条件的建设项目试行建筑师团队对施工质量进行指导和监督的新型管理模式。进一步拓宽监理业务范围，引导单一监理业务向造价咨询、控制投资、招投标管理等延伸，促进监理行业转型升级。

根据《建设工程监理合同(示范文本)》(GF－2012－0202)，监理的相关服务包括了监理人受委托人的委托，按照监理合同约定在勘察、设计、保修等阶段提供的服务活动。

7.3.3 建设监理依据及工作内容

1) 建设监理依据

业主与监理之间是通过工程建设监理合同建立起来的一种委托与被委托的关系,双方都要在合同约定的范围内行使各自的权利,承担相应的责任。取得从业资格的监理人员接受业主的委托对项目的实施进行监理,但作为专业技术人员的监理工程师不是业主在项目上的利益代表,必须依据工程建设监理合同、设计文件、相关规范、规定及相关法律对项目实施独立、科学、公正的监理。

《中华人民共和国建筑法》明确规定:"建筑工程监理应当依照法律、行政法规及有关的技术标准、设计文件和建筑工程承包合同,对承包单位在施工质量、建设工期和建设资金使用等方面,代表建设单位实施监督。"《建设工程监理规范》(GB/T 50319—2013)要求建设工程监理应符合国家现行的有关强制性标准、规范的规定。

监理工程师履行监理职责的依据包括:

(1) 法律、行政法规及部门规章;

(2) 与工程有关的标准;

(3) 工程设计及有关文件;

(4) 建设工程施工合同、建设工程监理合同及委托人与第三方签订的与实施工程有关的其他合同。

监理双方根据工程的行业和地域特点,在专用条件中可以具体约定监理依据。

委托人应在委托人与承包商签订的建设工程施工合同中明确监理人、总监理工程师和授予项目监理机构的权限。监理人员的一切监理行为必须以监理合同和建设工程施工合同为依据,以实现三个控制为目标,以监理师的名义独立进行,在业主与承包商之间要做到不偏不倚、独立、客观、公正,以科学、专业的态度处理监理事务。

2) 工程监理的基本程序

工程建设监理一般应按下列程序进行:

(1) 编制工程建设监理规划;

(2) 按工程建设进度、分专业编制工程建设监理细则;

(3) 按照建设监理细则进行建设监理;

(4) 参与工程竣工预验收,签署建设监理意见;

(5) 建设监理业务完成后,向项目法人提交工程建设监理档案资料。

实施监理前,项目法人应当将委托的监理单位、监理的内容、总监理工程师姓名及所赋予的权限,书面通知被监理单位。总监理工程师应当将其授予监理工程师的权限,书面通知被监理单位。工程建设监理过程中,被监理单位应当按照与项目法人签订的建设工程施工合同的规定接受监理。

3) 工程建设监理的内容

(1) 建设前期咨询阶段

工程建设前期咨询阶段主要是协助业主准备项目报建手续;进行项目可行性研究,包括技术经济论证、编制工程建设估算等。

（2）设计阶段

设计阶段主要是结合工程项目特点，收集设计所需的技术经济资料；编写设计要求文件；组织工程项目设计方案竞标或设计招标，协助业主选择好勘测设计单位；拟订和商谈设计委托合同内容；向设计单位提供设计所需的基础资料；配合设计单位开展技术经济分析，搞好设计方案的比选，优化设计；配合设计进度，组织设计部门与有关部门，如消防、环保、土地、人防、防汛、园林，以及供水、供电、供气、供热、电信等部门的协调工作；组织各设计单位之间的协调工作；参与主要设备、材料的选型；审核工程估算、概算；审核主要设备、材料清单；审核工程项目设计图纸；检查和控制设计进度；组织设计文件的报批。

（3）施工招标阶段

拟订工程项目施工招标方案并征得业主同意；准备工程项目施工招标条件；办理施工招标申请；编写施工招标文件；标底经业主认可后，报送所在地建设主管部门审核；组织工程项目施工招标工作；组织现场勘察与答疑会，回答投标人提出的问题；组织开标、评标及决标工作；协助业主与中标单位商签承包合同。

（4）材料物资采购供应

对于由业主负责采购供应的材料、设备等物资，监理工程师应负责进行制订计划、监督合同执行和供应工作。具体监理工作的主要内容有：制订材料物资供应计划和相应的资金需求计划；通过质量、价格、供货期、售后服务等条件的分析和比选，确定材料、设备等物资的供应厂家。拟订并商签材料、设备的订货合同；监督合同的实施，确保材料设备的及时供应。

（5）施工阶段

目前，我国工程监理工作大多仍然仅负责本阶段工作，其主要内容有：协助编写开工报告；确定承包商，选择分包单位；审批施工组织设计、施工技术方案和施工进度计划；审查承包商的材料、设备采购清单；检查工程使用的材料、构件和设备的规格与质量；检查施工技术措施和安全防护设施；检查工程进度和施工质量，验收分部分项工程、签署工程预付款；督促严格履行工程承包合同，调解合同双方的争议，处理索赔事项；协商处理设计变更，并报业主决定；督促整理合同文件和技术档案资料；组织设计单位和施工单位进行工程竣工初步验收，提出竣工验收报告；审查结算。

（6）合同管理

拟订本工程项目合同体系及合同管理制度，包括合同草案的拟订、合同文本的选择，会签、协商、修改、审批、签署、保管等工作制度及流程；协助业主拟订项目的各类合同条款，并参与各类合同的商谈；合同执行情况的分析和跟踪管理；协助业主处理与项目有关的索赔事宜及合同纠纷事宜。

（7）信息管理

所谓信息管理是指信息的收集、整理、处理、存储、传递与应用等一系列工作的总称。几乎监理工作的所有内容都涉及信息管理。监理工作的要求就是做过的都必须留下记录。信息管理中文档管理很重要，尤其是监理文档，监理文档是监理工作信息的重要载体，这些记录就是监理信息的重要组成部分。

工程建设各方的相关信息的管理，按照工程建设信息的用途可分为：

① 投资控制信息：投资机会、估算、工程预算、实际费用、各类费用支出凭证、工程变更情况、工程结算签字等；

② 进度控制信息：项目进度规划，如总进度计划、分目标进度计划、各实施阶段的进度计划等；

③ 质量控制信息：如质量检查、测试数据、隐蔽工程验收记录、质量事故处理报告、材料设备质量证明、分包单位质量保证体系等；

④ 合同管理信息：设计合同、施工合同、采购合同、合同变更、工程索赔等；

⑤ 组织协调信息：工程质量调整及工程项目调整的指令；工程相关洽商、会谈纪要等；

⑥ 其他用途的信息：如工程中来往的函件。

在合同履行期内，监理单位应在现场保留工作所用的图纸、报告及记录监理工作的相关文件。工程竣工后，应当按照档案管理规定将监理有关文件归档。

（8）安全管理

建设单位施工现场安全管理包括两层含义：一是指工程建筑物本身的安全，即工程建筑物的质量是否达到了合同的要求；二是施工过程中人员的安全，特别是与工程项目建设有关各方在施工现场施工人员的生命安全。

监理单位应建立安全监理管理体制，确定安全监理规章制度，检查指导项目监理机构的安全监理工作。

（9）协调工作

工程项目建设是一项复杂的系统工程。在系统中活跃着建设单位、承包单位、勘察设计单位、监理单位、政府行政主管部门以及与工程建设有关的供应商、相邻单位等。协调主要指的是施工阶段项目监理单位组织协调委托人与承包商之间、各承包商之间、总承包商与分包商之间以及委托人与政府部门之间的关系。监理师在监理与相关服务范围内，委托人和承包商提出的意见和要求，监理人应及时提出处置意见。当委托人与承包商之间发生合同争议时，监理人应协助委托人、承包人协商解决。

在项目管理系统中监理单位具备最佳的组织协调能力，主要原因是：监理单位是建设单位委托并授权的，是施工现场为中心的管理者，代表建设单位，并根据委托监理合同及有关的法律、法规授予的权利，对整个工程项目的实施过程进行监督并管理。监理人员都是经过考核的专业人员，他们作为专业技术人员，会管理，懂经济，通法律，一般要比建设单位的管理人员有着更高的管理水平、管理能力和监理经验，能协调工程项目建设的有效运行。

7.3.4　监理人员的职责

1）履行职责的基本要求

监理人应遵循职业道德准则和行为规范，严格按照法律法规、工程建设有关标准及监理合同履行职责。

当委托人与承包人之间的合同争议提交仲裁机构仲裁或人民法院审理时，监理人应提供必要的证明资料。

监理人应在专用条件约定的授权范围内，处理委托人与承包人所签订合同的变更事宜。如果变更超过授权范围，应以书面形式报委托人批准。

在紧急情况下，为了保护财产和人身安全，监理人所发出的指令未能事先报委托人批准时，应在发出指令后的 24 小时内以书面形式报委托人。

2）总监理工程师的职责

建设工程监理应实行总监理工程师负责制。总监理工程师是由监理单位法定代表人书面授权,全面负责委托监理合同的履行、主持项目监理机构工作的监理工程师。总监理工程师应由具有 3 年以上同类工程监理工作经验的人员担任;专业监理工程师应由具有 1 年以上同类工程监理工作经验的人员担任。

一名总监理工程师只宜担任一项委托监理合同的项目总监理工程师工作。当需要同时担任多项委托监理合同的项目总监理工程师工作时,须经建设单位同意,且最多不得超过三项。

在合同履行过程中,总监理工程师及重要岗位监理人员应保持相对稳定,以保证监理工作正常进行。监理单位可根据工程进展和工作需要调整项目监理机构人员。监理单位更换总监理工程师时,应提前 7 天向委托人书面报告,经委托人同意后方可更换;监理单位更换项目监理机构其他监理人员,应以相当资格与能力的人员替换,并通知委托人。

总监理工程师应履行以下职责:

（1）日常管理工作职责

① 确定项目监理机构人员的分工和岗位职责,并负责管理项目监理机构的日常工作;

② 检查和监督监理人员的工作,根据工程项目的进展情况可进行监理人员调配,对不称职的监理人员应调换其工作;

③ 主持监理工作会议,签发项目监理机构的文件和指令;

④ 审查分包单位的资质,并提出审查意见。

（2）主持文件的编制及审定

① 主持编写项目监理规划、审批项目监理实施细则;

② 审定承包单位提交的开工报告、施工组织设计、技术方案、进度计划,审核签署承包单位的申请、支付证书和竣工结算,审查和处理工程变更;

③ 组织编写并签发监理月报、监理工作阶段报告、专题报告和项目监理工作总结,主持整理工程项目的监理资料;

④ 审核签认分部工程和单位工程的质量检验评定资料;

⑤ 审查承包单位的竣工申请,组织监理人员对验收的工程项目进行质量检查;

⑥ 参与工程项目的竣工验收。

（3）事故调查和纠纷的调查处理

① 主持或参与工程质量事故的调查;

② 调解建设单位与承包单位的合同争议、处理索赔、审批工程延期。

3）总监理工程师代表的职责

总监理工程师代表是经监理单位法定代表人同意,由总监理工程师书面授权,代表总监理工程师行使其部分职责和权力的项目监理机构中的监理工程师。总监理工程师代表应由具有 2 年以上同类工程监理工作经验的人员担任。

总监理工程师代表应履行以下职责:

（1）负责总监理工程师指定或交办的监理工作;

（2）按总监理工程师的授权,行使总监理工程师的部分职责和权力。

总监理工程师不得将下列工作委托总监理工程师代表：

（1）主持编写项目监理规划、审批项目监理实施细则；

（2）签发工程开工/复工报审表、工程暂停令、工程款支付证书、工程竣工报验单；

（3）审核签认竣工结算；

（4）调解建设单位与承包单位的合同争议、处理索赔、审批工程延期；

（5）根据工程项目的进展情况进行监理人员的调配，调换不称职的监理人员。

4）专业监理工程师的职责

专业监理工程师根据项目监理岗位职责分工和总监理工程师的指令，负责实施某一专业或某一方面的监理工作，具有相应监理文件签发权的监理工程师。专业监理工程师应由具有1年以上同类工程监理工作经验的人员担任。

专业监理工程师应履行以下职责：

（1）负责编制本专业的监理实施细则；

（2）负责本专业监理工作的具体实施；

（3）组织、指导、检查和监督本专业监理员的工作，当人员需要调整时，向总监理工程师提出建议；

（4）审查承包单位提交的涉及本专业的计划、方案、申请、变更，并向总监理工程师提出报告；

（5）负责本专业分项工程验收及隐蔽工程验收；

（6）定期向总监理工程师提交本专业监理工作实施情况报告，对重大问题及时向总监理工程师汇报和请示；

（7）根据本专业监理工作实施情况做好监理日记；

（8）负责本专业监理资料的收集、汇总及整理，参与编写监理月报；

（9）核查进场材料、设备、构配件的原始凭证、检测报告等质量证明文件及其质量情况，根据实际情况认为有必要时对进场材料、设备、构配件进行平行检验，合格时予以签认；

（10）负责本专业的工程计量工作，审核工程计量的数据和原始凭证。

5）监理员的职责

监理员应履行以下职责：

（1）在专业监理工程师的指导下开展现场监理工作；

（2）检查承包单位投入工程项目的人力、材料、主要设备及其使用、运行状况，并做好检查记录；

（3）复核或从施工现场直接获取工程计量的有关数据并签署原始凭证；

（4）按设计图及有关标准，对承包单位的工艺过程或施工工序进行检查和记录，对加工制作及工序施工质量检查结果进行记录；

（5）担任旁站工作，发现问题及时指出并向专业监理工程师报告；

（6）做好监理日记和有关的监理记录。

6）监理人员的撤换

监理业务作为一项受建设单位授权委托的代理行为，委托人可要求监理单位更换不能胜任本职工作的项目监理机构人员。

监理单位对监理人员存在以下情形之一的,应当及时撤换:

(1) 有严重过失行为的;

(2) 有违法行为不能履行职责的;

(3) 涉嫌犯罪的;

(4) 不能胜任岗位职责的;

(5) 严重违反职业道德的;

(6) 专用条件约定的其他情形。

本 章 小 结

第 1 节工程咨询法规概述的主要内容是工程咨询以及全过程咨询的概念,工程项目立项管理的审批制、核准制和备案制以及政府投资项目的管理责任。

第 2 节主要介绍了工程勘察设计的概念和原则,勘察设计业务的发包和承包,勘察设计文件的编制与实施。本节对全过程咨询中的建筑师的职责及义务,勘察设计中的知识产权归属及其保护作了较详尽的介绍。

第 3 节结合目前工程建设管理中推行的全过程咨询,对工程监理的依据及强制监理的范围从前期咨询到工程实施阶段作了较全面的介绍,对监理工程师的职责作了具体的介绍。

⚖️ 案例 7.1　　　　　　设计合同纠纷仲裁案

基本案情:

2008 年 10 月 22 日苏州亿威工程设计有限公司(以下简称苏州亿威)与昆山天河房地产开发有限公司(以下简称昆山天河)签订《建设工程设计合同》一份,约定由苏州亿威承担昆山天河开发的阳澄湖度假村的景观照明设计,设计费为 98 000 元。

申请人苏州亿威的请求是:

1. 裁决被申请人昆山天河立即支付设计合同尾欠款 48 000 元及违约金 46 560 元(970 天×48 元/天),计人民币 94 560 元。

2. 本案的仲裁费用由被申请人承担。

申请人提供的主要证据材料有:

《建设工程设计合同》《昆山阳澄湖度假村照明设计提案》《昆山阳澄湖度假村改建项目景观灯光工程(29、30、31、32)施工图》《小区总平面施工图》及昆山阳澄湖度假村现场照片等;

申请人提供以上证据,以证明其完成的设计成果、履行的设计义务和被申请人的支付情况。

被申请人辩称,首先,申请人没有按照合同约定为被申请人进行设计,也没有完整的设计方案,更没有工程设计和交底。项目是由被申请人自己完成所有的施工。因此,要求申请人退还设计费。其次,申请人要求被申请人支付 48 000 元设计费,已过时效。申请人认为,被申请人已违约 970 天,因此,已过诉讼时效。最后,违约金计算不合理。

被申请人提供的证据材料有:

1. 酒店原址照片两份;

2. 昆山阳澄湖度假村改建项目一号综合楼底层平面图、二层平面图、屋顶平面图(含红线勾画)一份。

审判结果:

仲裁庭根据双方当事人提交的证据材料及经过庭审查明以下事实:

申请人与被申请人于 2008 年 10 月 22 日签订《建设工程设计合同》一份,约定由申请人承担被申请人的昆山阳澄湖度假村工程的景观照明设计,设计费总计 98 000 元人民币。

仲裁庭再查明:被申请人分别于 2008 年 10 月 29 日和 2009 年 1 月 1 日向申请人支付了工程款 3 万元和 2 万元。

本案的争议焦点之一是:申请人是否按照合同约定履行了全部的设计工作? 申请人的设计成果是否按照设计工作进度移交给了被申请人? 争议焦点之二是:被申请人现有照明灯光设计是否使用了申请人的设计成果?

仲裁庭认为:申请人与被申请人于 2008 年 10 月 22 日签订《建设工程设计合同》,合法有效。该《建设工程设计合同》第五条约定,申请人应当按照设计工作进度计划向被申请人提交的设计成果分别是概念性方案、详细设计方案和施工图方案。该合同第六条约定的设计费支付进度是第一次付费,是在合同签订后 5 日内,支付 3 万元;第二次付费是在交付方案设计后 5 日内;第三次付费是交付施工图施工交底后 5 日内,支付 2 万元;第四次付费是剩余酒店部分的方案设计、施工图交费 5 日内支付 2.8 万元。另外说明:如施工图交付满一年本合同工程仍未完工验收,甲方于交图一年后的 3 日内付清乙方设计费余款。

根据该《建设工程设计合同》,仲裁庭认定该合同所约定被申请人的基本义务是支付设计费,申请人的基本义务是按设计工作进度交付设计成果。双方之间履行合同义务的顺序是:在签订合同被申请人支付预付款后,由申请人先履行交付阶段性设计成果的义务后,被申请人支付相应的设计费。

根据仲裁庭查明:被申请人分别于 2008 年 10 月 29 日和 2009 年 1 月 1 日向申请人支付了工程款 3 万元和 2 万元。根据被申请人依约履行该合同义务的事实,证明申请人已经履行了概念性方案和详细设计方案的义务。

对于合同约定的施工图设计的成果,申请人虽然提交了《昆山阳澄湖度假村改建项目景观灯光工程(29、30、31、32)施工图》《小区总平面施工图》及昆山阳澄湖度假村现场照片三份证据,但并没有交付该设计成果的相关证据,也无被申请人进行施工图进行确认的相关证据以及申请人设计交底的相应证据。

仲裁庭对于申请人根据《建设工程设计合同》第六条的约定,主张支付施工图设计阶段的设计费及合同尾欠款 48 000 元及违约金 46 560 元的请求,难以支持。

此后,被申请人撤回对申请人主张解除《建设工程设计合同》,返还设计费人民币 5 万元的反仲裁请求。

思考:

1. 根据《建设工程设计合同》及设计行业的惯例,工程设计可以分几个阶段? 工程设计的工作成果以何种方式交付?

2. 设计师在施工图实施阶段有哪些基本义务?

案例7.2 建设工程监理合同纠纷案

基本案情：

2008 年 6 月 10 日，原告杭州市某建设监理有限公司向被告台州市远东商贸城开发公司出具湖畔人家安置小区工程(监理)投标承诺书，保证愿以监理费率＝工程概算造价(2.3 亿元)的 1.59％，承包上述项目工程的全过程监理工作，监理费率一次性包死，不作任何调整(包括工期的变化)，监理工期随施工工期另加一个月的资料整理时间。2008 年 8 月 10 日，原、被告签订建设工程监理合同，约定被告委托原告监理位于台州市的湖畔人家安置小区工程，工程概算总投资 2.3 亿元；委托人向监理人承诺按合同注明的期限、方式、币种向监理人支付报酬，合同自签订之日开始实施，至竣工验收合格、资料入档、工程结算审核完毕之日完成。合同标准条件约定：监理人的责任期即委托监理合同有效期，在监理过程中，如果因工程建设进度的推迟或延误而超过书面约定的日期，双方应进一步约定相应延长的合同期；正常的监理工作、附加工作和额外工作的报酬，按照监理合同专用条件中约定的方法计算，并按约定的时间和数额支付；如果委托人在规定的支付期限内未支付监理报酬，自规定之日起还应向监理人支付滞纳金，滞纳金从规定支付期限的最后一日起计算。合同专用条件约定：监理范围包括从施工准备至竣工验收及备案阶段施工图纸所包含的桩基、土建、安装及室外配套等全部工程内容(包括资料归档)的监理；正常监理费用的计取及支付：合同签订生效，承包人设备人员进场后，工程施工期间，监理费按施工进度拨付，施工工程量每完成 2 000 万元，支付该部分监理费的 50％，该部分监理费＝20 000 000 元×监理费率，综合竣工验收后付至总监理费的 75％后暂停，余额待发包人与施工承包商工程结算后结清。监理服务期为随施工合同工期另加一个月资料整理时间；附加工作和额外工作的酬金计取及支付：额外工作按通用条款规定，附加工作实际发生时，双方另行协商确定。

附加协议条款约定：监理人在投标时承诺的监理机构人员和主要检测设备必须按工程进度及时到位，监理人未经委托方审核同意擅自更换本工程监理人员的，总监理工程师每次扣除监理费 10 万元，监理工程师每人每次扣除监理费 5 万元，其他监理人员每人每次扣除监理费 2 万元，委托方有权单方解除合同并没收全部履约保证金，同时监理人赔偿委托方由此造成的全部损失，总监理工程师月到位率不足 70％或监理人员发生违法乱纪等严重失职行为的或工程出现重大事故的或委托方要求更换有失职行为的监理人员而监理人不予合作的，委托方有权单方解除合同并没收全部履约保证金，同时监理人赔偿委托方由此造成的全部损失，总监理工程师月到位率不足 80％的，每次扣除监理费 4 万元，监理工程师月到位率不足 85％，每人每次扣除监理费 1 万元，其他监理人员月到位率不足 100％的，每人每次扣除监理费 5 000 元，如遇特殊情况或本工程确实需要更换监理人员时，监理人须报委托方同意，其更换后的监理人员业绩、称职不得低于招标文件的规定，并按总监理工程师每次扣除监理费 20 万元，监理工程师每人每次扣除监理费 2 万元，其他监理人员每人每次扣除监理费 5 000 元的标准执行。合同另就监理人与委托人权利、义务、责任、争议解决等一并作出了约定。合同签订后，原告于 2008 年 8 月 22 日进入工地现场开始履行监理职责。

后项目合同总价调整为 284 535 100 元，建设工期 780 天。2009 年 2 月 3 日，原告申请变更总监理工程师 1 名、监理工程师 6 名(含总监代表 1 名)、监理员 8 名。2009 年 3 月 18

日,原告向被告出具监理人员变更申请,变更 5 名监理工程师、2 名监理员。2010 年 1 月 18 日,原告向被告出具湖畔人家监理人员变更申请,申请变更 2 名监理工程师、3 名监理员。另原告未经被告批准变更监理人员 4 名。2011 年 6 月 8 日,原告向被告出具监理费支付申请,载明湖畔人家工程项目截至 2010 年 11 月 25 日已累计完成工程款 201 643 707 元,申请本期支付监理费 1 272 000 元;委托方对监理人员实际到位人员的记载为:桩基主体结构施工期间 10 人(2008 年 9 月—2010 年 5 月),装饰期间 8 人(2010 年 6 月—2011 年 1 月),工程扫尾阶段 6 人(2011 年 1 月—2011 年 4 月),目前监理人员 5 人;被告审核意见为:经班子会研究决定本次支付 800 000 元。涉案工程于 2011 年 9 月 23 日竣工,于 2012 年 11 月 12 日通过综合性验收。

案件审理过程中,被告申请对所有涉案工程的验收记录上"周名义"签字是否系同一人所签进行鉴定,温州律政司法鉴定所出具的(2017)文鉴字第 18 号文书《司法鉴定意见书》,认定 1 楼室内给水系统子分部工程验收记录等六处"周名义"签字与 1 楼建筑节能分部工程验收记录等三处"周名义"签字不是同一人书写形成。另查明,被告分次已向原告支付监理费合计 1 918 000 元。

审判结果:

本案中,法院审理认定监理单位擅自变更驻场监理人员,关于原告变更监理人员应扣除费用的问题,原告认可其变更监理人员应扣除 365 000 元,现被告主张 4 次变更应扣除监理费总额为 605 000 元,被告主张从旁站监理记录、监理日记及签到表等可知原告另存在擅自变更监理人员 4 名的事实。法院认为,原告虽主张工作过程中存在个别人员调整的问题,均经被告审核符合要求且工作得到被告认可及书面肯定,不存在擅自变更的情况,但与监理人员名单对比可知,被告提及的该 4 名监理人员确未在监理人员名单中,而原告未举证证明该 4 名监理人员系经过批准变更,故该院对原告的上述主张不予采信。

现被告未举证证明监理日记及签到表中出现的不在监理人员名单中的 4 人系总监理工程师或监理工程师或其他监理人员,被告主张应按照双方关于"监理人未经委托方审核同意擅自更换本工程监理人员的,总监理工程师每次扣除监理费 10 万元,监理工程师每人每次扣除监理费 5 万元,其他监理人员每人每次扣除监理费 2 万元"的约定,按照其他监理人员扣除监理费 8 万元,合理合法,法院予以支持。一审判决后,远东商贸城上诉,二审法院驳回上诉,维持原判。

思考:

1. 根据《建设工程监理规范》,总监理工程师、总监理工程师代表和专业监理工程师的职责分别是什么?

2. 涉案工程中的建筑节能分部工程验收记录、地基与基础分部工程验收记录及支护土方(子分部)工程等验收记录,应当是由怎样职责的监理工程师签字?项目竣工综合验收应当由怎样职责的监理工程师签字确认?

3. 监理单位在未征得甲方同意的情况下擅自变更驻场监理工程师、监理人员的,是否应当按照合同约定扣除相应的费用?

4. 本案中,对于监理单位而言,监理合同履行中的风险有哪些?

案件来源:台州市中级人民法院(2017)浙 10 民终 701 号《民事判决书》

第8章 建设工程安全生产管理法律制度

建筑业从业人数众多,同时也是高空作业、流动性强、高危险、事故多发的行业,因此建筑施工行业也被列入我国高危行业之一。工程建设中的安全生产管理不仅是参与建设活动各类主体的重要职责和义务,也是建设行政主管部门的管理的重要职责。本章根据《建筑法》《安全生产法》《建设工程安全生产管理条例》和《生产安全事故报告和调查处理条例》等法律法规的规定,介绍了工程建设中的安全生产基本制度,参与建设活动的各类主体的安全责任和义务以及工程建设中安全生产的管理措施,介绍了生产安全事故的报告要求及生产安全事故的调查处理程序及各类责任主体的安全事故责任。

8.1 建设工程安全生产概述

8.1.1 建设工程安全生产的概念

建设工程安全生产,是指建筑生产过程中要避免人员、财产的损失及对周围环境的破坏。它包括建筑生产过程中的施工现场人员安全、财产设备安全,施工现场及附近的道路、管线和房屋的安全,施工现场和周围的环境保护及工程建设后的使用安全等方面的内容。工程建设安全生产要求在工程建设活动中,通过人、物(机)、环境等和谐运作,使工程建设过程中潜在的各种事故风险和伤害因素始终处于有效控制状态,切实保护劳动者的生命安全和身体健康。建设工程安全生产涉及五个要素:风险识别与评价、风险控制、作业场所及环境、作业人员安全技能、作业工具及防护用品。

建设工程施工多为露天、高处作业,施工环境和作业条件较差,不安全因素较多,历来是事故多发的高危行业之一。我国建设工程安全生产事故一直居高不下,在各产业中仅次于采矿业,居第二位,给人民生命和财产安全造成了重大损失。因此,必须牢固树立以人为本、安全发展的理念,防范和遏制重特大事故,防止和减少违章指挥、违规作业、违反劳动纪律行为,促进建设工程安全生产形势持续稳定好转。同时,进一步实现施工现场的机械化、智能化、信息化和建筑技术操作工人的职业教育化,最大限度地改善施工现场的作业环境,减少劳动用工,降低劳动强度,提高劳动者的综合素质。

8.1.2 建设工程安全生产管理的概念

建设工程安全生产管理是指建设行政主管部门、建筑安全监督管理机构、建筑施工企业及有关单位对建筑生产过程中的安全工作,进行计划、组织、指挥、控制、监督等一系列的管理活动。其目的在于保证建筑工程安全和建筑职工的人身安全。

建设工程安全生产管理包括纵向、横向和施工现场三个方面的管理。纵向管理主要是指建设行政主管部门及其授权的建筑安全监督管理机构对建筑安全生产的行业监督管理。横向管理主要是指建筑生产有关各方如建设单位、设计单位、监理单位和建筑施工企业等的安全责任和义务。施工现场管理主要是指控制人的不安全行为和物的不安全状态,是建筑安全生产管理的关键和集中体现。

8.1.3 建设工程安全生产管理的方针

《中华人民共和国安全生产法》(简称《安全生产法》)由中华人民共和国第九届全国人民代表大会常务委员会第二十八次会议于 2002 年 6 月 29 日通过,自 2002 年 11 月 1 日起施行。中华人民共和国第十二届全国人民代表大会常务委员会第十次会议于 2014 年 8 月 31 日通过了《全国人民代表大会常务委员会关于修改〈中华人民共和国安全生产法〉的决定》,自 2014 年 12 月 1 日起施行。该法是全国范围内所有生产经营包括建设领域都需遵循的安全生产基本法规。由国务院于 2003 年 11 月 24 日发布,自 2004 年 2 月 1 日起施行的《建设工程安全生产管理条例》则是根据《建筑法》《安全生产法》制定的,目的是加强建设工程安全生产监督管理,保障从事建筑活动的从业人员和广大人民群众的生命和财产安全。

《建筑法》《安全生产法》《建设工程安全生产管理条例》中都规定,安全生产,坚持"安全第一、预防为主"的方针。新的《安全生产法》提出,安全生产工作应当以人为本,坚持安全发展,坚持"安全第一、预防为主、综合治理"的方针,强化和落实生产经营单位的主体责任,建立生产经营单位负责、职工参与、政府监管、行业自律和社会监督的机制。

安全第一,就是要在建设工程施工过程中把安全放在第一重要的位置,贯彻以人为本的科学发展观,切实保护劳动者的生命安全和身体健康。预防为主,是要把建设工程施工安全生产工作的关口前移,建立预教、预警、预防的施工事故隐患预防体系,改善施工安全生产状况,预防施工安全事故。综合治理,则是要自觉遵循施工安全生产规律,把握施工安全生产工作中的主要矛盾和关键环节,综合运用经济、法律、行政等手段,人管、法治、技防多管齐下,并充分发挥社会、职工、舆论的监督作用,有效解决建设工程施工安全生产的问题。

"安全第一、预防为主、综合治理"方针是一个有机整体。如果没有"安全第一"的指导思想,"预防为主"就失去了思想支撑,"综合治理"将失去整治依据;"预防为主"是实现"安全第一"的根本途径,只有把施工安全生产的重点放在建立和落实事故隐患预防体系上,才能有效减少施工伤亡事故的发生;"综合治理"则是落实"安全第一""预防为主"的手段和方法。

8.1.4 政府主管部门的安全生产监督管理职责

(1) 政府部门的安全生产管理职能

国务院和县级以上地方各级人民政府应当根据国民经济和社会发展规划制定安全生产规划,并组织实施。安全生产规划应当与城乡规划相衔接。

国务院和县级以上地方各级人民政府应当加强对安全生产工作的领导,支持、督促各有关部门依法履行安全生产监督管理职责,建立健全安全生产工作协调机制,及时协调、解决安全生产监督管理中存在的重大问题。

乡、镇人民政府以及街道办事处、开发区管理机构等地方人民政府的派出机关应当按照职责,加强对本行政区域内生产经营单位安全生产状况的监督检查,协助上级人民政府有关部门依法履行安全生产监督管理职责。

（2）安全生产管理机构的综合监督管理

国务院负责安全生产监督管理的部门依照《安全生产法》的规定，对全国建设工程安全生产工作实施综合监督管理。

县级以上地方人民政府负责安全生产监督管理的部门依照《安全生产法》的规定，对本行政区域内建设工程安全生产工作实施综合监督管理。

国务院负责安全生产监督管理的部门，对全国安全生产工作实施综合监督管理。县级以上地方各级人民政府负责安全生产监督管理的部门，对本行政区域内安全生产工作实施综合监督管理。

（3）建设活动的专门安全生产监督管理

国务院建设行政主管部门对全国的建设工程安全生产实施监督管理。国务院铁路、交通、水利等有关部门按照国务院规定的职责分工，负责有关专业建设工程安全生产的监督管理。

县级以上地方人民政府建设行政主管部门对本行政区域内的建设工程安全生产实施监督管理。县级以上地方人民政府交通、水利等有关部门在各自的职责范围内，负责本行政区域内的专业建设工程安全生产的监督管理。

建设行政主管部门或者其他有关部门可以将施工现场的监督检查委托给建设工程安全监督机构具体实施。

负有安全生产监督管理职责的部门应当建立安全生产违法行为信息库，如实记录生产经营单位的安全生产违法行为信息；对违法行为情节严重的生产经营单位，应当向社会公告，并通报行业主管部门、投资主管部门、国土资源主管部门、证券监督管理机构以及有关金融机构。

8.1.5　建设活动安全生产监督管理的措施

（1）政府主管部门对安全施工措施的审查

建设行政主管部门在审核发放施工许可证时，应当对建设工程是否有安全施工措施进行审查，对没有安全施工措施的，不得颁发施工许可证。建设行政主管部门或者其他有关部门对建设工程是否有安全施工措施进行审查时，不得收取费用。

（2）政府主管部门履行职责时有权采取的措施

县级以上人民政府负有建设工程安全生产监督管理职责的部门在各自的职责范围内履行安全监督检查职责时，有权采取下列措施：①要求被检查单位提供有关建设工程安全生产的文件和资料；②进入被检查单位施工现场进行检查；③纠正施工中违反安全生产要求的行为；④对检查中发现的安全事故隐患，责令立即排除，重大安全事故隐患排除前或者排除过程中无法保证安全的，责令从危险区域内撤出作业人员或者暂时停止施工。

（3）组织制定特大事故应急救援预案和重大生产安全事故抢救

《安全生产法》（2002 年）规定，县级以上地方各级人民政府应当组织有关部门制定本行政区域内特大生产安全事故应急救援预案，建立应急救援体系。

有关地方人民政府和负有安全生产监督管理职责的部门负责人接到重大生产安全事故报告后，应当立即赶到事故现场，组织事故抢救。

（4）淘汰严重危及施工安全的工艺、设备、材料及受理检举、控告和投诉

《建设工程安全生产管理条例》规定,国家对严重危及施工安全的工艺、设备、材料实行淘汰制度。具体目录由国务院建设行政主管部门会同国务院其他有关部门制定并公布。

县级以上人民政府建设行政主管部门和其他有关部门应当及时受理对建设工程生产安全事故及安全事故隐患的检举、控告和投诉。

8.2 建设工程安全生产管理制度

8.2.1 安全生产许可证制度

2003 年 8 月颁布的《中华人民共和国行政许可法》规定,"直接涉及国家安全、公共安全、经济宏观调控、生态环境保护以及直接关系人身健康、生命财产安全等特定活动,需要按照法定条件予以批准的事项",可以设定行政许可。2013 年 7 月经修改后发布的《安全生产许可证条例》中规定,国家对矿山企业、建筑施工企业和危险化学品、烟花爆竹、民用爆破器材生产企业(以下统称企业)实行安全生产许可制度。企业未取得安全生产许可证的,不得从事生产活动。据此,建筑施工企业未取得安全生产许可证的,不得从事建筑施工活动。

1）安全生产许可证的取得条件

省、自治区、直辖市人民政府住房和城乡建设部门负责建筑施工企业安全生产许可证的颁发和管理,并接受国务院建设主管部门的指导和监督。建筑施工企业领取安全生产许可证,需要具备一系列安全生产条件,具体如下:

（1）建立、健全安全生产责任制,制定完备的安全生产规章制度和操作规程;

（2）安全投入符合安全生产要求;

（3）设置安全生产管理机构,配备专职安全生产管理人员;

（4）主要负责人和安全生产管理人员经考核合格;

（5）特种作业人员经有关业务主管部门考核合格,取得特种作业操作资格证书;

（6）从业人员经安全生产教育和培训合格;

（7）依法参加工伤保险,为从业人员缴纳保险费;

（8）厂房、作业场所和安全设施、设备、工艺符合有关安全生产法律、法规、标准和规程的要求;

（9）有职业危害防治措施,并为从业人员配备符合国家标准或者行业标准的劳动防护用品;

（10）依法进行安全评价;

（11）有重大危险源检测、评估、监控措施和应急预案;

（12）有生产安全事故应急救援预案、应急救援组织或者应急救援人员,配备必要的应急救援器材、设备;

（13）法律、法规规定的其他条件。

2）安全生产许可证的有效期

安全生产许可证的有效期为 3 年。安全生产许可证有效期满需要延期的,企业应当于

期满前 3 个月向原安全生产许可证颁发管理机关办理延期手续。企业在安全生产许可证有效期内,严格遵守有关安全生产的法律法规,未发生死亡事故的,安全生产许可证有效期届满时,经原安全生产许可证颁发管理机关同意,不再审查,安全生产许可证有效期延期 3 年。

3) 安全生产许可证的管理

根据《安全生产许可证条例》和《建筑施工企业安全生产许可证管理规定》,建筑施工企业应当遵守如下强制性规定:

(1) 未取得安全生产许可证的,不得从事建筑施工活动。建设主管部门在审核发放施工许可证时,应当对已经确定的建筑施工企业是否有安全生产许可证进行审查,对没有取得安全生产许可证的,不得颁发施工许可证。

(2) 企业不得转让、冒用安全生产许可证或者使用伪造的安全生产许可证。

(3) 企业取得安全生产许可证后,不得降低安全生产条件,并应当加强日常安全生产管理,接受安全生产许可证颁发管理机关的监督检查。

安全生产许可证颁发管理机关或者其上级行政机关发现有下列情形之一的,可以撤销已经颁发的安全生产许可证:

(1) 安全生产许可证颁发管理机关工作人员滥用职权、玩忽职守颁发安全生产许可证的;

(2) 超越法定职权颁发安全生产许可证的;

(3) 违反法定程序颁发安全生产许可证的;

(4) 对不具备安全生产条件的建筑施工企业颁发安全生产许可证的;

(5) 依法可以撤销已经颁发的安全生产许可证的其他情形。

8.2.2　安全生产基本制度

《安全生产法》《建筑法》和《建设工程安全生产管理条例》等相关法规,以"安全第一、预防为主、综合治理"的方针为指导,对安全生产责任制度、安全生产教育培训制度、安全生产劳动保护制度、安全生产检查监督制度、安全生产市场准入制度、安全生产保险制度、群防群治制度、伤亡事故报告制度及安全生产事故责任追究制度等一系列的基本制度作了具体的规定。

1) 建设工程安全生产责任制度

安全生产责任制度是建筑生产中最基本的安全管理制度,是所有安全规章制度的核心。所谓安全生产责任制度,是指将各项保障生产安全的责任具体落实到各有关管理人员和不同岗位人员责任主体的制度。在建筑活动中,只有明确安全责任,分工负责,才能形成完整有效的安全管理体系,激发每个人的安全责任感,严格执行建筑工程安全的法律、法规和安全规程、技术规范,防患于未然,减少和杜绝建筑工程事故,为建筑工程的生产创造一个良好的环境。安全责任制的主要内容包括:从事建筑活动主体的负责人的责任制;从事建筑活动主体的职能机构或职能处室负责人及其工作人员的安全生产责任制;从业人员的安全生产责任制。

(1) 管理层的职责

① 施工单位主要负责人的职责

施工单位主要负责人,通常是指对施工单位全面负责,有生产经营决策权的人。根据住房和城乡建设部《建筑施工企业主要负责人、项目负责人和专职安全生产考核管理暂行规定》的规定，企业主要负责人包括法定代表人，可以是施工企业的董事长，也可以是总经理（总裁）、分管安全生产的副总经理（副总裁）、分管生产经营的副总经理（副总裁）、技术负责人、安全总监等。

施工单位主要负责人的安全生产管理责任主要体现在单位的领导责任，其依法对本单位的安全生产工作全面负责。在单位的规章制度建设方面，施工单位应当建立健全安全生产责任制度和安全生产教育培训制度，组织制定安全生产规章制度和操作规程。在规章制度和安全生产费用的落实方面，要保证本单位安全生产条件所需资金的投入，施工单位对列入建设工程概算的安全作业环境及安全施工措施所需费用，应当用于施工安全防护用具及设施的采购和更新、安全施工措施的落实、安全生产条件的改善，不得挪作他用。督促、检查本单位的安全生产工作，及时消除安全生产隐患。当超过一定规模的危险性较大的分部分项工程施工时，单位负责人应当带班检查。组织制定并实施本单位的生产安全事故应急救援预案；及时、如实报告生产安全事故；组织制定并实施安全生产教育和培训计划。

② 施工单位项目负责人的职责

施工单位项目负责人是指建设工程项目的项目经理，是工程项目质量安全管理的第一责任人。对建设工程项目的安全施工负责，落实安全生产责任制度、安全生产规章制度和操作规程，确保安全生产费用的有效使用，并根据工程的特点组织制定安全施工措施，监控危险性较大分部分项工程，及时排查处理施工现场的安全事故隐患，发生事故时，应当按照规定及时、如实报告生产安全事故，并开展现场救援。工程项目实行总承包的，总承包企业项目经理应当定期考核分包企业安全生产管理情况。对所承担的建设工程进行定期和专项安全检查，并做好安全检查记录。

根据《建筑施工企业负责人及项目负责人施工现场带班暂行办法》的规定，项目负责人每月带班生产时间不得少于本月施工时间的 80%。因其他事务需离开施工现场时，应向工程项目的建设单位请假，经批准后方可离开。在危险性较大的分部分项工程施工时，项目经理必须现场带班。

（2）专职安全员的职责

《建设工程安全生产管理条例》规定，施工单位应当设立安全生产管理机构。根据《建筑施工企业安全生产管理机构设置及专职安全生产管理人员配备办法》的规定，配备专职安全生产管理人员。

专职安全生产管理人员负责对安全生产进行现场监督检查。发现安全事故隐患，应当及时向项目负责人和安全生产管理机构报告；对违章指挥、违章操作的，应当立即制止。

专职安全管理人员的主要职责是：负责施工现场安全生产日常检查并做好检查记录；现场监督危险性较大的分部分项工程专项施工方案实施情况；对作业人员违规违章行为有权予以纠正或查处；对施工现场存在的安全隐患有权责令立即整改；对于发现的重大安全隐患有权向企业安全管理机构报告；依法报告生产安全事故情况。

2）建设工程安全生产群防群治制度

安全生产群防群治制度是《建筑法》中所规定的建筑工程安全生产管理的一项重要法律制度。它是施工企业进行民主管理的重要内容，也是群众路线在安全生产管理工作中的具体体现。广大职工群众在施工生产活动中既要遵守有关法律、法规和规章制度,不得违章作业,同时还拥有对于危及生命安全和身体健康的行为提出批评、检举和控告的权利。

从实践中看,建立工程建设安全生产的群防群治制度应做到:

(1) 企业制定的有关安全生产管理的重要制度和制定的有关重大技术组织措施计划应提交职工代表大会讨论,在充分听取职工代表大会意见的基础上作出决策,发挥职工群众在安全生产方面的民主管理作用;

(2) 要把专业管理同群众管理结合起来,充分发挥职工安全员网络的作用;

(3) 发挥工会在安全生产管理中的作用,利用工会发动群众、教育群众、动员群众的力量预防安全事故的发生;

(4) 对新职工加强安全教育,对特种作业岗位的工人必须按照国家有关规定经专门的安全作业培训,取得相应资格方可上岗作业。

(5) 发动群众开展技术革新、技术创造,采用有利于保证生产安全的新技术、新工艺,积极改善劳动条件,努力将不安全的、有害健康的作业变为无害作业;

(6) 组织开展遵章守纪和预防事故的群众性监督检查,职工对于违反有关安全生产的法律、法规和建筑行业安全规章、规程的行为有权提出批评、检举和控告。

3) 建设工程安全生产教育培训制度

安全生产教育培训制度是安全生产管理工作的一个重要环节。建筑施工企业应当建立健全安全生产教育培训制度,加强对职工安全生产的教育培训;未经安全生产教育培训的人员,不得上岗作业。建筑企业要通过对职工进行有关安全生产方面的法律、法规和政策教育,使职工能够正确理解和掌握有关安全生产方面的法律、法规和政策,并在建筑生产活动中严格遵守执行。尤其要加强对企业的各级领导和安全管理人员的教育,使他们增强安全生产的法律意识,熟悉有关安全生产方面的法律、法规和本行业的安全规章、规程,使其依法做好安全生产管理工作。我国建筑业发展迅速,从事建筑施工的人员增加较多,其中不少来自农村,他们缺乏有关保证建筑工程施工安全的专门知识,没有经过建筑安全生产技术知识的教育培训,不熟悉安全操作规程,一线作业人员安全意识和操作技能普遍不足,往往出现违章作业、冒险蛮干的问题,这也是建筑工程安全事故时常发生的原因之一。因此,必须加强对建筑企业职工安全科学技术知识的教育培训。

2012 年 11 月颁布的《国务院安委会关于进一步加强安全培训工作的决定》规定,严格落实"三项岗位"人员持证上岗和从业人员先培训后上岗制度,健全安全培训档案。劳务派遣单位要加强劳务派遣工基本安全知识培训,劳务使用单位要确保劳务派遣工与本企业职工接受同等安全培训。安全生产教育培训的具体内容包括施工单位三类管理人员与"三项岗位"人员的培训考核。

(1) 对从业人员进行安全生产教育和培训。保证从业人员具备必要的安全生产知识,熟悉有关的安全生产规章制度和安全操作规程,掌握本岗位的安全操作技能。对安全操作技能的教育和培训,我国目前一般采用入厂教育、车间教育和现场教育多环节的方式进行。对于新工人(包括合同工、临时工、学徒工、实习和代培人员),必须进行入厂(公司)安全教育。教育内容包括安全技术知识、设备性能、操作规程、安全制度和严禁事项,安全教育培训可采取多种形式,包括安全形势报告会、事故案例分析会、安全法制教育、安全技术交流、安全竞赛、师傅带徒弟等。未经安全生产教育和培训合格的从业人员,不得上岗作业。

(2) 特种作业人员的安全生产教育和培训。特种作业,是指容易发生人员伤亡事故,对操作者本人、他人及周围设施的安全有重大危险的作业。根据现行规定,特种作业大致包括电工、金属焊接切割、起重机械、机动车辆驾驶、登高架设、锅炉(含水质化验)、压力容器制作、制冷、爆炸等作业。特种作业人员的工作,存在的危险因素很多,很容易发生安全事故,因此对他们必须进行专门的培训教育,提高认识,增强其技能,以减少失误,这对防止和减少生产安全事故具有重要意义。建设部 2008 年 4 月发布的《建筑施工特种作业人员管理规定》指出,建筑施工特种作业包括:①建筑电工;②建筑架子工;③建筑起重信号司索工;④建筑起重机械司机;⑤建筑起重机械安装拆卸工;⑥高处作业吊篮安装拆卸工;⑦经省级以上人民政府建设主管部门认定的其他特种作业。特殊工种工人,除进行一般的安全教育外,还要经过本工种的安全技术教育,经考试合格后,方可获准独立操作,每年还要进行一次复查。

(3) 采用新工艺、新技术、新材料、新设备时的教育和培训。如果施工单位对所采用的新技术、新工艺、新设备、新材料的了解与认识不足,对其安全技术性能掌握不充分,或是没有采取有效的安全防护措施,没有对施工作业人员进行专门的安全生产教育培训,就很可能会导致事故的发生。因此,施工单位在采用新技术、新工艺、新设备、新材料时,必须对施工作业人员进行专门的安全生产教育培训,并采取保证安全的防护措施,防止发生事故。

建筑施工企业应在职工培训经费和安全费用中足额列支安全培训经费,实施技术改造和项目引进时要专门安排安全培训资金。到“十二五”时期末,矿山、建筑施工单位和危险物品生产、经营、储存等高危行业企业主要负责人、安全管理人员和生产经营单位特种作业人员(“三项岗位”人员)100%持证上岗,以班组长、新工人、农民工为重点的企业从业人员100%培训合格后上岗,各级安全监管监察人员 100%持行政执法证上岗,承担安全培训的教师 100%参加知识更新培训,安全培训基础保障能力和安全培训质量得到明显提高。

4) 建设项目安全设施“三同时”制度

建设项目安全设施“三同时”是指《安全生产法》第二十八条规定的“生产经营单位新建、改建、扩建工程项目的安全设施,必须与主体工程同时设计、同时施工、同时投入生产和使用”。建设项目安全设施,是指生产经营单位在生产经营活动中用于预防生产安全事故的设备、设施、装置、构(建)筑物和其他技术措施的总称。安全设施投资应当纳入建设项目概算。

(1) 建设项目安全条件论证与安全预评价

生产经营单位是建设项目安全设施建设的责任主体。下列建设项目在进行可行性研究时,生产经营单位应当分别对其安全生产条件进行论证和安全预评价:①非煤矿矿山建设项目;②生产、储存危险化学品(包括使用长输管道输送危险化学品,下同)的建设项目;③生产、储存烟花爆竹的建设项目;④化工、冶金、有色、建材、机械、轻工、纺织、烟草、商贸、军工、公路、水运、轨道交通、电力等行业的国家和省级重点建设项目;⑤法律、行政法规和国务院规定的其他建设项目。

生产经营单位建设项目进行安全条件论证时,应当编制安全条件论证报告。

安全条件论证报告应当包括下列内容:

① 建设项目内在的危险和有害因素及对安全生产的影响;

② 建设项目与周边设施(单位)生产、经营活动和居民生活在安全方面的相互影响;

③ 当地自然条件对建设项目安全生产的影响；

④ 其他需要论证的内容。

生产经营单位应当委托具有相应资质的安全评价机构，对其建设项目进行安全预评价，并编制安全预评价报告。建设项目安全预评价报告应当符合国家标准或者行业标准的规定。

生产、储存危险化学品的建设项目安全预评价报告除符合《建设项目安全设施"三同时"监督管理办法》第八条第二款的规定外，还应当符合有关危险化学品建设项目的规定。

（2）建设项目安全设施设计审查

生产经营单位在建设项目初步设计时，应当委托有相应资质的设计单位对建设项目安全设施进行设计，编制安全专篇。

安全设施设计必须符合有关法律、法规、规章和国家标准或者行业标准、技术规范的规定，并尽可能采用先进适用的工艺、技术和可靠的设备、设施。《建设项目安全设施"三同时"监督管理办法》第七条规定的建设项目安全设施设计还应当充分考虑建设项目安全预评价报告提出的安全对策措施。

建设项目安全设施的设计人、设计单位应当对安全设施设计负责。

建设项目安全专篇，除需要载明设计依据、建设项目概述、建筑及场地布置、安全设施专项投资概算外，还应当包括以下内容：

①建设项目涉及的危险、有害因素和危险、有害程度及周边环境安全分析；②重大危险源分析及检测监控；③安全设施设计采取的防范措施；④安全生产管理机构设置或者安全生产管理人员配备情况；⑤从业人员教育培训情况；⑥工艺、技术和设备、设施的先进性和可靠性分析；⑦安全预评价报告中的安全对策及建议采纳情况；⑧预期效果以及存在的问题与建议；⑨可能出现的事故预防及应急救援措施。

新建、改建、扩建工程的初步设计要经过行业主管部门、安全生产管理部门、卫生部门和工会的审查，同意后方可进行施工。工程项目完成后，必须经过主管部门、安全生产行政主管部门、卫生部门和工会的竣工检验；建设工程项目投产后，不得将安全设施闲置不用，生产设施必须和安全设施同时使用。

（3）建设项目安全设施施工和竣工验收

建设项目安全设施的施工应当由取得相应资质的施工单位进行，并与建设项目主体工程同时施工。施工单位应当在施工组织设计中编制安全技术措施和施工现场临时用电方案，同时对危险性较大的分部分项工程依法编制专项施工方案，并附具安全验算结果，经施工单位技术负责人、总监理工程师签字后实施。施工单位应当严格按照安全设施设计和相关施工技术标准、规范施工，并对安全设施的工程质量负责。施工单位发现安全设施设计文件有错漏的，应当及时向生产经营单位、设计单位提出。生产经营单位、设计单位应当及时处理。施工单位发现安全设施存在重大事故隐患时，应当立即停止施工并报告生产经营单位进行整改。整改合格后，方可恢复施工。

工程监理单位应当审查施工组织设计中的安全技术措施或者专项施工方案是否符合工程建设强制性标准。

工程监理单位在实施监理过程中，发现存在事故隐患的，应当要求施工单位整改；情况严重的，应当要求施工单位暂时停止施工，并及时报告生产经营单位。施工单位拒不整改或者不停止施工的,工程监理单位应当及时向有关主管部门报告。

建设项目安全设施建成后,生产经营单位应当对安全设施进行检查,对发现的问题及时整改。

建设项目竣工投入生产或者使用前,生产经营单位应当按照《建设项目安全设施"三同时"监督管理办法》第五条的规定向安全生产监督管理部门申请安全设施竣工验收,并提交下列文件资料:

①安全设施竣工验收申请;②安全设施设计审查意见书(复印件);③施工单位的资质证明文件(复印件);④建设项目安全验收评价报告及其存在问题的整改确认材料;⑤安全生产管理机构设置或者安全生产管理人员配备情况;⑥从业人员安全培训教育及资格情况;⑦法律、行政法规、规章规定的其他文件资料。

建设项目竣工后,根据规定建设项目需要试运行(包括生产、使用,下同)的,应当在正式投入生产或者使用前进行试运行。试运行时间应当不少于 30 日,最长不得超过 180 日,国家有关部门有规定或者特殊要求的行业除外。安全设施需要试运行(生产、使用)的,还应当提供自查报告。

建设项目安全设施竣工或者试运行完成后,生产经营单位应当委托具有相应资质的安全评价机构对安全设施进行验收评价,并编制建设项目安全验收评价报告。建设项目安全验收评价报告应当符合国家标准或者行业标准的规定。生产、储存危险化学品的建设项目安全验收评价报告,还应当符合有关危险化学品建设项目的规定。

建设项目安全设施竣工验收,由生产经营单位组织实施,形成书面报告,并按照《建设项目安全设施"三同时"监督管理办法》第五条的规定报安全生产监督管理部门备案。生产经营单位应当按照档案管理的规定,建立建设项目安全设施"三同时"文件资料档案,并妥善保存。

建设项目安全设施未与主体工程同时设计、同时施工或者同时投入使用的,安全生产监督管理部门对与此有关的行政许可一律不予审批,同时责令生产经营单位立即停止施工、限期改正违法行为,对有关生产经营单位和人员依法给予行政处罚。

5)工程建设安全生产劳动保护制度

工程建设的从业人员往往直接面对生产经营活动中的很多非安全因素,所以必须切实加强管理,保证职工在生产过程中的安全和健康,促进生产发展。《安全生产法》规定,生产经营单位对重大危险源应当登记建档,进行定期检测、评估、监控,并制订应急预案,告知从业人员和相关人员在紧急情况下应当采取的应急措施。生产经营单位应当教育和督促从业人员严格执行本单位的安全生产规章制度和安全操作规程;并向从业人员如实告知作业场所和工作岗位存在的危险因素、防范措施以及事故应急措施。

生产、经营、储存、使用危险物品的车间、商店、仓库不得与员工宿舍在同一座建筑物内,并应当与员工宿舍保持安全距离。生产经营场所和员工宿舍应当设有符合紧急疏散要求、标志明显、保持畅通的出口。禁止锁闭、封堵生产经营场所或者员工宿舍的出口。

生产经营单位必须为从业人员提供符合国家标准或者行业标准的劳动防护用品,并监督、教育从业人员按照使用规则佩戴、使用。应当安排用于配备劳动防护用品、进行安全生产培训的经费。生产经营单位必须依法参加工伤保险,为从业人员缴纳保险费。国家鼓励生产经营单位投保安全生产责任保险。《建筑法》规定,建筑施工企业应当为从事危险作业的职工办理意外伤害保险,支付保险费。

我国《劳动法》针对女职工的不同生理特点和未成年人的发育情况专门作出了相应规定对其进行特殊保护。法律禁止用人单位招用未满 16 周岁的未成年人,对于已满 16 周岁未满 18 周岁的未成年人,不得安排其从事矿山井下、有毒有害、国家规定的第四级体力劳动强度的劳动和其他禁忌从事的劳动。用人单位应当对未成年工定期进行健康检查。

企业法定代表人、项目经理、生产管理人员和工程技术人员不得违章指挥,强令作业人员违章作业,如因违章指挥、强令职工冒险作业而发生重大伤亡事故或造成其他严重后果的,要依法追究其刑事责任。作业人员有权对影响人身健康的作业程序和作业条件提出改进意见,有权获得安全生产所需的防护用品。作业人员对危及生命安全和人身健康的行为有权提出批评、检举和控告。

6) 建设工程安全生产监督管理制度

《安全生产法》(2014 年)规定,国务院负责安全生产监督管理的部门对全国安全生产工作实施综合监督管理;县级以上地方各级人民政府负责安全生产监督管理的部门对本行政区域内安全生产工作实施综合监督管理。县级以上地方各级人民政府应当根据本行政区域内的安全生产状况,组织有关部门按照职责分工,对本行政区域内容易发生重大生产安全事故的生产经营单位进行严格检查;发现事故隐患,应当及时处理。建设行政主管部门在审核发放施工许可证时,应当对建设工程是否有安全施工措施进行审查,对没有安全施工措施的,不得颁发施工许可证。

负有安全生产监督管理职责的部门依法对生产经营单位执行有关安全生产的法律、法规和国家标准或者行业标准的情况进行监督检查,行使以下职权:

(1) 进入生产经营单位进行检查,调阅有关资料,向有关单位和人员了解情况。

(2) 对检查中发现的安全生产违法行为,当场予以纠正或者要求限期改正;对依法应当给予行政处罚的行为,依照《安全生产法》(2014 年)和其他有关法律、行政法规的规定作出行政处罚决定。

(3) 对检查中发现的事故隐患,应当责令立即排除;重大事故隐患排除前或者排除过程中无法保证安全的,应当责令从危险区域内撤出作业人员,责令暂时停产停业或者停止使用;重大事故隐患排除后,经审查同意,方可恢复生产经营和使用。

(4) 对有根据认为不符合保障安全生产的国家标准或者行业标准的设施、设备、器材以及违法生产、储存、使用、经营、运输的危险物品予以查封或者扣押,对违法生产、储存、使用、经营危险物品的作业场所予以查封,并依法作出处理决定。

负有安全生产监督管理职责的部门应当建立安全生产违法行为信息库,如实记录生产经营单位的安全生产违法行为信息;对违法行为情节严重的生产经营单位,应当向社会公告,并通报行业主管部门、投资主管部门、国土资源主管部门、证券监督管理机构以及有关金融机构。此外,《安全生产法》(2014 年)还规定,国家加强生产安全事故应急能力建设,在重点行业、领域建立应急救援基地和应急救援队伍,鼓励生产经营单位和其他社会力量建立应急救援队伍,配备相应的应急救援装备和物资,提高应急救援的专业化水平。

任何单位或者个人对事故隐患或者安全生产违法行为,均有权向负有安全生产监督管理职责的部门报告或者举报。居民委员会、村民委员会发现其所在区域内的生产经营单位存在事故隐患或者安全生产违法行为时,应向当地人民政府或者有关部门报告。县级以上各级人民政府及其有关部门对报告重大事故隐患或者举报安全生产违法行为的有功人员给予奖励。

7) 建设工程伤亡事故报告及责任追究制度

生产经营单位发生生产安全事故后,事故现场有关人员应当立即报告本单位负责人。单位负责人接到事故报告后,应当迅速采取有效措施,组织抢救,防止事故扩大,减少人员伤亡和财产损失,并按照国家有关规定立即如实报告当地负有安全生产监督管理职责的部门,不得隐瞒不报、谎报或者迟报,不得故意破坏事故现场、毁灭有关证据。

负有安全生产监督管理职责的部门接到事故报告后,应当立即按照国家有关规定上报事故情况。负有安全生产监督管理职责的部门和有关地方人民政府对事故情况不得隐瞒不报、谎报或者迟报。有关地方人民政府和负有安全生产监督管理职责部门的负责人接到重大生产安全事故报告后,应当立即赶到事故现场,组织事故抢救。任何单位和个人都应当支持、配合事故抢救,并提供一切便利条件。

《建筑法》第七章以及《安全生产法》(2014 年)第十四条、第六章都明确了安全生产事故的责任追究制度及相应的法律责任。对于建设单位、设计单位、施工单位、监理单位,由于没有履行职责造成人员伤亡和事故损失的,视情节给予相应处理。情节严重的,责令停产停业整顿,降低资质等级或吊销资质证书;构成犯罪的,依法追究刑事责任。

8.3 工程建设从业人员安全生产的权利与义务

生产经营单位的从业人员有依法获得安全生产保障的权利,并应当依法履行安全生产方面的义务。

8.3.1 从业人员安全生产的权利

建筑施工企业和作业人员在施工过程中,应当遵守有关安全生产的法律、法规和建筑行业安全规章、规程,不得违章指挥或者违章作业。作业人员有权对影响人身健康的作业程序和作业条件提出改进意见,有权获得安全生产所需的防护用品。作业人员对危及生命安全和人身健康的行为有权提出批评、检举和控告。

1) 生产经营单位与从业人员签订劳动合同

生产经营单位与从业人员订立劳动合同,应当载明有关保障从业人员劳动安全、防止职业危害的事项,以及依法为从业人员办理工伤保险的事项。生产经营单位不得以任何形式与从业人员订立协议,免除或减轻其对从业人员因生产安全事故伤亡依法应承担的责任。

2) 对危险因素、防范措施和事故应急措施的知情权

生产经营单位的从业人员有权了解其作业场所和工作岗位存在的危险因素、防范措施及事故应急措施。

从业人员为企业创造效益,同时却面对着各种危险因素,他们有权保护自己的人身安全,有权知道哪里有危险,有权接受防范危险的培训,有权接受事故应急处理的培训。《建设

工程安全生产管理条例》则进一步规定,施工单位应在危险位置设置安全警示标志。

3) 施工作业人员有获得安全防护用品的权利

施工单位应当向作业人员提供安全防护用具和安全防护服装,并书面告知危险岗位的操作规程和违章操作的危害。

4) 对本单位的安全生产工作的建议权

生产经营单位从业人员在一线工作,直接面对各种危险因素,对于生产中的危险因素及预防措施有着更深的了解,因此他们有权对于本单位的安全生产工作提出建议,以更好地保护自身利益。这种建议权实施的方式可以有多种,一方面从业人员可以派代表与施工企业谈判,也可以通过宣传板、内部刊物等方式,还可以选派代表出席企业的安全会议,另一方面施工企业也可以积极主动向从业人员进行调查了解。如果提出的合理建议不被接收,从业人员有权向上级建设行政主管部门反映。

5) 对安全生产工作中问题的批评权、检举权、控告权,对违章指挥和强令冒险作业的拒绝权

《安全生产法》规定,从业人员有权对本单位安全生产工作中存在的问题提出批评、检举、控告;有权拒绝违章指挥和强令冒险作业。生产经营单位不得因从业人员对本单位安全生产工作提出批评、检举、控告或者拒绝违章指挥、强令冒险作业而降低其工资、福利等待遇或者解除与其订立的劳动合同。《建设工程安全生产管理条例》进一步规定,作业人员有权对施工现场的作业条件、作业程序和作业方式中存在的安全问题提出批评、检举和控告,有权拒绝违章指挥和强令冒险作业。

违章指挥是强迫施工作业人员违反法律、法规或者规章制度、操作规程进行作业的行为。法律赋予施工从业人员拒绝违章指挥和强令冒险作业的权利,是为了保护施工作业人员的人身安全,也是警示施工单位负责人和现场管理人员须按照有关规章制度和操作规程进行指挥,并不得对拒绝违章指挥和强令冒险作业的人员进行打击报复。

6) 紧急避险权

紧急避险,又称"紧急避难",是指为了使公共利益、本人或者他人的人身和其他权利免受正在发生的危险,不得已而采取的损害较小的另一方的合法利益,以保护较大的合法权益的行为。

《安全生产法》规定,从业人员发现直接危及人身安全的紧急情况时,有权停止作业或者在采取可能的应急措施后撤离作业场所。生产经营单位不得因从业人员在紧急情况下停止作业或者采取紧急撤离措施而降低其工资、福利等待遇或者解除与其订立的劳动合同。《建设工程安全生产管理条例》也规定,在施工中发生危及人身安全的紧急情况时,作业人员有权立即停止作业或者在采取必要的应急措施后撤离危险区域。紧急避险权的规定体现了"以人为本""生命重于一切"的精神,并为从业人员的自我保护提供了法律依据。

7) 依靠工会维权和被派遣劳动者的权利

《安全生产法》规定,生产经营单位的工会依法组织职工参加本单位安全生产工作的民主管理和民主监督,维护职工在安全生产方面的合法权益。生产经营单位制定或者修改有关安全生产的规章制度,应当听取工会的意见。

工会对生产经营单位违反安全生产法律、法规，侵犯从业人员合法权益的行为，有权要求纠正，发现生产经营单位违章指挥、强令冒险作业或者发现事故隐患时，有权提出解决的建议，生产经营单位应当及时研究答复；发现危及从业人员生命安全的情况时，有权向生产经营单位建议组织从业人员撤离危险场所，生产经营单位必须立即作出处理。工会有权依法参加事故调查，向有关部门提出处理意见，并要求追究有关人员的责任。

生产经营单位使用被派遣劳动者的，被派遣劳动者享有本法规定的从业人员的权利。

8）获得工伤保险和意外伤害保险赔偿的权利

建筑施工企业应当依法为职工参加工伤保险，缴纳工伤保险费。鼓励建筑企业为从事危险作业的职工办理意外伤害保险，支付保险费。据此，施工作业人员除依法享有工伤保险的各项权利外，从事危险作业的施工人员还可以依法享有意外伤害保险的各项权利。

9）请求民事赔偿权

因生产安全事故受到损害的从业人员，除依法享有工伤社会保险外，依照有关民事法律尚有获得赔偿的权利的，有权向本单位提出赔偿要求。如职工因患职业病或因生产安全事故受到损害的，单位存在明显的过错，故劳动者既有获得工伤保险待遇的权利，也有获得民事赔偿的权利。当劳动者享受了工伤保险待遇后，请求用人单位承担工伤保险与民事赔偿差额部分的赔偿及要求给予精神损害赔偿时，劳动者的请求应获得法律上的保护。

8.3.2　从业人员安全生产的义务

1）遵守安全生产规章制度和正确使用安全防护用具等的义务

从业人员在作业过程中，应当严格遵守本单位的安全生产规章制度和操作规程，服从管理，正确佩戴和使用劳动防护用品。作业人员应当遵守安全施工的强制性标准、规章制度和操作规程，正确使用安全防护用具、机械设备等。

2）接受安全生产教育培训的义务

从业人员应当接受安全生产教育和培训，掌握本职工作所需的安全生产知识，提高安全生产技能，增强事故预防和应急处理能力。《安全生产法》规定，从业人员应当接受安全生产教育和培训，掌握本职工作所需的安全生产知识，提高安全生产技能，增强事故预防和应急处理能力。《建设工程安全生产管理条例》也规定，作业人员进入新的岗位或者新的施工现场，应当接受安全生产教育培训。未经教育培训或者教育培训考核不合格的人员，不得上岗作业。严格落实"三项岗位"人员持证上岗和从业人员先培训后上岗制度，健全安全培训档案。劳务派遣单位要加强劳务派遣工基本安全知识培训，劳务使用单位要确保劳务派遣工与本企业职工接受同等安全培训。

3）施工安全事故隐患报告的义务

施工安全事故通常都是由事故隐患或者其他不安全因素所酿成。施工作业人员一旦发现事故隐患或者其他不安全因素，应当立即报告，以便及时采取措施，防患于未然。

《安全生产法》规定，从业人员发现事故隐患或者其他不安全因素，应当立即向现场安全生产管理人员或者本单位负责人报告，接到报告的人员应当及时予以处理。

8.4　工程建设活动主体的安全生产责任

《建设工程安全生产管理条例》规定,建设单位、勘察单位、设计单位、施工单位、工程监理单位及其他与建设工程安全生产有关的单位,必须遵守安全生产法律、法规的规定,保证建设工程安全生产,依法承担建设工程安全生产责任。建设工程安全生产的重点是施工现场,其主要责任单位是施工单位,但与施工活动密切相关单位的活动也都影响着施工安全。因此,有必要对所有与建设工程施工活动有关的单位的安全责任作出明确规定。

8.4.1　建设单位的安全责任

建设单位是建设工程项目的投资主体或管理主体,在整个工程建设中居于主导地位。长期以来,由于建设单位的某些工程项目管理行为不规范,直接或者间接导致施工生产安全事故的发生有着不少惨痛教训。《建设工程安全生产管理条例》中明确规定,建设单位必须遵守安全生产法律、法规的规定,保证建设工程安全生产,依法承担建设工程安全生产责任。

1) 依法办理有关批准手续

《建筑法》规定,有下列情形之一的,建设单位应当按照国家有关规定办理申请批准手续:(1)需要临时占用规划批准范围以外场地的;(2)可能损坏道路、管线、电力、邮电通讯等公共设施的;(3)需要临时停水、停电、中断道路交通的;(4)需要进行爆破作业的;(5)法律、法规规定需要办理报批手续的其他情形。

上述活动不仅涉及工程建设的顺利进行和施工现场作业人员的安全,也影响到周边区域人们的安全或是正常的工作生活,并需要有关方面给予支持和配合。为此,建设单位应当依法向有关部门申请办理批准手续。

2) 向施工单位提供真实、准确和完整的有关资料

建设单位应当向施工单位提供施工现场及毗邻区域内供水、排水、供电、供气、供热、通信、广播电视等地下管线资料,气象和水文观测资料,相邻建筑物和构筑物、地下工程的有关资料,并保证资料的真实、准确、完整。

在建设工程施工前,施工单位须搞清楚施工现场及毗邻区域内地下管线,以及相邻建筑物、构筑物和地下工程的有关资料,否则很有可能会因施工而对其造成破坏,不仅导致人员伤亡和经济损失,还将影响周边地区单位和居民的工作与生活。同时,建设工程的施工周期往往比较长,又多是露天作业,受气候条件的影响较大,建设单位还应当提供气象和水文观测资料。建设单位须保证所提供资料的真实、准确、完整,并能满足施工安全作业的需要。

3) 不得提出违法要求和随意压缩合同工期

《建设工程安全生产管理条例》规定,建设单位不得对勘察、设计、施工、工程监理等单位提出不符合建设工程安全生产法律、法规和强制性标准规定的要求,不得压缩合同约定的工期。

由于市场竞争激烈,一些勘察、设计、施工、工程监理单位为了承揽业务,往往对建设单位提出的各种要求尽量给予满足,这就造成某些建设单位为了追求利益最大化而提出一些非法要求,甚至明示或者暗示相关单位进行一些不符合法律、法规和强制性标准的活动。因

此,建设单位也必须依法规范自身的行为。

①任何违背科学和客观规律的行为,都是施工生产安全事故隐患,都有可能导致施工生产安全事故的发生。②建设单位不能片面为了早日发挥建设项目的效益,迫使施工单位大量增加人力、物力投入,或者是简化施工程序,随意压缩合同约定的工期。

4)确定建设工程安全作业环境及安全施工措施所需费用

《建设工程安全生产管理条例》规定,建设单位在编制工程概算时,应当确定建设工程安全作业环境及安全施工措施所需费用。

多年的实践表明,要保障施工安全生产,必须有合理的安全投入。因此,建设单位在编制工程概算时,就应当合理确定保障建设工程施工安全所需的费用,并依法足额向施工单位提供。

5)不得要求购买、租赁和使用不符合安全施工要求的用具设备等

《建设工程安全生产管理条例》规定,建设单位不得明示或者暗示施工单位购买、租赁、使用不符合安全施工要求的安全防护用具、机械设备、施工机具及配件、消防设施和器材。

由于建设工程的投资额、投资效益以及工程质量等,其后果最终都是由建设单位承担,建设单位势必对工程建设的各个环节都非常关心,包括材料设备的采购、租赁等。这就要求建设单位与施工单位应当在合同中约定双方的权利义务,包括采用哪种供货方式等。无论施工单位购买、租赁或是使用有关安全防护用具、机械设备等,建设单位都不得采用明示或者暗示的方式,违法向施工单位提出不符合安全施工的要求。

6)申领施工许可证应当提供有关安全施工措施的资料

建设单位在领取施工许可证时,应当提供建设工程有关安全施工措施的资料。依法批准开工报告的建设工程,建设单位应当自开工报告批准之日起15日内,将保证安全施工的措施报送建设工程所在地的县级以上地方人民政府建设行政主管部门或者其他有关部门备案。

建设单位在申请领取施工许可证时,应当提供建设工程有关安全施工措施资料,一般包括:中标通知书,工程施工合同,施工现场总平面布置图,临时设施规划方案和已搭建情况,施工现场安全防护设施搭设(设置)计划、施工进度计划、安全措施费用计划,专项安全施工组织设计(方案、措施),拟进入施工现场使用的施工起重机械设备(塔式起重机、物料提升机、外用电梯)的型号、数量,工程项目负责人、安全管理人员及特种作业人员持证上岗情况,建设单位安全监督人员名册、工程监理单位人员名册,以及其他应提交的材料。

7)装修工程和拆除工程的规定

《建筑法》规定,涉及建筑主体和承重结构变动的装修工程,建设单位应当在施工前委托原设计单位或者具有相应资质条件的设计单位提出设计方案;没有设计方案的,不得施工。《建筑法》还规定,房屋拆除应当由具备保证安全条件的建筑施工单位承担。

《建设工程安全生产管理条例》进一步规定,建设单位应当将拆除工程发包给具有相应资质等级的施工单位。建设单位应当在拆除工程施工15日前,将下列资料报送建设工程所在地的县级以上地方人民政府建设行政主管部门或者其他有关部门备案:(1)施工单位资质等级证明;(2)拟拆除建筑物、构筑物及可能危及毗邻建筑的说明;(3)拆除施工组织方案;

（4）堆放、清除废弃物的措施。

实施爆破作业的，应当遵守国家有关民用爆炸物品管理的规定。

8.4.2 施工单位的安全责任

施工单位是建筑活动的主体之一，在安全生产过程中处于核心地位，所以施工单位对建筑安全生产负有重大的责任和义务。

1）施工单位应当具备的安全生产资质条件

《安全生产法》第十七条规定，生产经营单位应当具备《安全生产法》和有关法律、行政法规和国家标准或者行业标准规定的安全生产条件；不具备安全生产条件的，不得从事生产经营活动。

《建设工程安全生产管理条例》规定，施工单位从事建设工程的新建、扩建改建和拆除等活动，应当具备国家规定的注册资本、专业技术人员、技术装备和安全生产等条件，依法取得相应等级的资质证书，并在其资质等级许可的范围内承揽工程。

2）施工总承包单位与分包单位的安全责任

《建设工程安全生产管理条例》规定，建设工程实行施工总承包的，由总承包单位对施工现场的安全生产负总责。总承包单位应当自行完成建设工程主体结构的施工。总承包单位依法将建设工程分包给其他单位的，分包合同中应当明确各自的安全生产方面的权利、义务。总承包单位和分包单位对分包工程的安全生产承担连带责任。分包单位应当服从总承包单位的安全生产管理，分包单位不服从管理导致生产安全事故的，由分包单位承担主要责任。

3）施工单位应有保证安全生产的基本措施

《建设工程安全生产管理条例》规定，施工单位对列入建设工程概算的安全作业环境及安全施工措施所需费用，应当用于施工安全防护用具及设施的采购和更新、安全施工措施的落实、安全生产条件的改善，不得挪作他用。

建筑施工单位应当设置安全生产管理机构，配备专职安全生产管理人员。专职安全生产管理人员负责对安全生产进行现场监督检查。发现安全事故隐患，应当及时向项目负责人和安全生产管理机构报告；对违章指挥、违章操作的，应当立即制止。建筑施工企业应当实行建设工程项目专职安全生产管理人员委派制度。建设工程项目的专职安全生产管理人员应当定期将项目安全生产管理情况报告企业安全生产管理机构。

施工单位应当对下列容易导致人员群死群伤或者造成重大经济损失的危险性较大的分部分项工程（简称"危大工程"）在施工前组织工程技术人员编制专项施工方案：（1）基坑支护与降水工程；（2）土方开挖工程；（3）模板工程；（4）起重吊装工程；（5）脚手架工程；（6）拆除、爆破工程；（7）国务院建设行政主管部门或者其他有关部门规定的其他危险性较大的工程。危大工程实行施工总承包的，专项施工方案应当由施工总承包单位组织编制。实行分包的，专项施工方案可以由相关专业分包单位组织编制。专项施工方案应当由施工单位技术负责人审核签字、加盖单位公章，并由总监理工程师审查签字、加盖执业印章后方可实施。危大工程实行分包并由分包单位编制专项施工方案的，专项施工方案应当由总承包单位技术负责人及分包单位技术负责人共同审核签字并加盖单位公章。对于超过一定规模的危大工程,施工单位应当组织召开专家论证会对专项施工方案进行论证。实行施工总承包的,由施工总承包单位组织召开专家论证会。专家论证前专项施工方案应当通过施工单位审核和总监理工程师审查。专家应当从地方人民政府住房城乡建设主管部门建立的专家库中选取,符合专业要求且人数不得少于5名。与本工程有利害关系的人员不得以专家身份参加专家论证会。专家论证会后,应当形成论证报告,对专项施工方案提出通过、修改后通过或者不通过的一致意见。专家对论证报告负责并签字确认。

对于按照规定需要验收的危大工程,施工单位、监理单位应当组织相关人员进行验收。验收合格的,经施工单位项目技术负责人及总监理工程师签字确认后,方可进入下一道工序。危大工程验收合格后,施工单位应当在施工现场明显位置设置验收标识牌,公示验收时间及责任人员。危大工程发生险情或者事故时,施工单位应当立即采取应急处置措施,并报告工程所在地住房城乡建设主管部门。建设、勘察、设计、监理等单位应当配合施工单位开展应急抢险工作。

施工单位还应当根据不同施工阶段和周围环境及季节、气候的变化,在施工现场采取相应的安全施工措施。施工现场暂时停止施工的,施工单位应当做好现场防护,所需费用由责任方承担,或按照合同约定执行。

建设工程施工前,施工单位负责项目管理的技术人员应当对有关安全施工的技术要求向施工作业班组、作业人员作出详细说明,并由双方签字确认。

4) 施工单位应在危险部位设置安全警示标志

《建设工程安全生产管理条例》规定,施工单位应当在施工现场入口处、施工起重机械、临时用电设施、脚手架、出入通道口、楼梯口、电梯井口、孔洞口、桥梁口、隧道口、基坑边沿、爆破物及有害危险气体和液体存放处等危险部位,设置明显的安全警示标志。安全警示标志必须符合国家标准。

5) 施工单位应当提供消防安全保障措施

《建设工程安全生产管理条例》规定,施工单位应当在施工现场建立消防安全责任制度,确定消防安全责任人,制定用火、用电、使用易燃易爆材料等各项消防安全管理制度和操作规程,设置消防通道、消防水源,配备消防设施和灭火器材,并在施工现场入口处设置明显标志。

6) 施工单位应当对施工现场生活区、作业区提供安全生产环境

《建设工程安全生产管理条例》规定,施工单位应当将施工现场的办公、生活区与作业区分开设置,并保持安全距离;办公、生活区的选址应当符合安全性要求。职工的膳食、饮水、休息场所等应当符合卫生标准。施工单位不得在尚未竣工的建筑物内设置员工集体宿舍。施工单位对因建设工程施工可能造成损害的毗邻建筑物、构筑物和地下管线等,应当采取专项防护措施。施工单位应当遵守有关环境保护法律、法规的规定,在施工现场采取措施,防止或减少粉尘、废气、废水、固体废物、噪声、振动和施工照明对人和环境的危害和污染。在城市市区内的建设工程,施工单位应当对施工现场实行封闭围挡。

7) 施工单位应当进行安全防护设备管理

作业人员应当遵守安全施工的强制性标准、规章制度和操作规程,正确使用安全防护用

具、机械设备等。

施工单位采购、租赁的安全防护用具、机械设备、施工机具及配件,应当具有生产(制造)许可证、产品合格证,并在进入施工现场前进行查验。

施工现场的安全防护用具、机械设备、施工机具及配件必须由专人管理,定期进行检查、维修和保养,建立相应的资料档案,并按照国家有关规定及时报废。

8) 施工单位应当严格管理施工现场的机具设备

施工单位在使用施工起重机械和整体提升脚手架、模板等自升式架设设施前,应当组织有关单位进行验收,也可以委托具有相应资质的检验检测机构进行验收;使用承租的机械设备和施工机具及配件的,由施工总承包单位、分包单位、出租单位和安装单位共同进行验收,验收合格方可使用。《特种设备安全监察条例》规定的施工起重机械,在验收前应当经有相应资质的检验检测机构监督检验合格。

施工单位应当自施工起重机械和整体提升脚手架、模板等自升式架设设施验收合格之日起 30 日内,向建设行政主管部门或者其他有关部门登记。登记标志应当置于或者附着于该设备的显著位置。

9) 施工单位应当办理意外伤害保险

2011 年 4 月经修订后颁布的《建筑法》规定,建筑施工企业应当依法为职工参加工伤保险,缴纳工伤保险费。鼓励企业为从事危险作业的人员办理意外伤害保险。意外伤害保险费由施工单位支付。实行施工总承包的,由总承包单位支付意外伤害保险费。意外伤害保险期限自建设工程开工之日起至竣工验收合格止。

8.4.3 工程监理单位的安全责任

工程监理是监理单位受建设单位的委托,依照法律、法规和建设工程监理规范的规定,对工程建设实施的监督管理。但在实践中,一些监理单位只注重对施工质量、进度和投资的监控,不重视对施工安全的监督管理,这就使得施工现场因违章指挥、违章作业而发生的伤亡事故局面未能得到有效控制。因此,须依法加强施工安全监理工作,进一步提高建设工程监理水平。

1) 对施工组织设计中安全技术措施或专项施工方案进行审查

《建设工程安全生产管理条例》规定,工程监理单位应当审查施工组织设计中的安全技术措施或者专项施工方案是否符合工程建设强制性标准。

项目监理机构应根据法律法规、工程建设强制性标准,履行建设工程安全生产管理的监理职责;并应将安全生产管理的监理工作内容、方法和措施纳入监理规划及监理实施细则。

项目监理机构应审查施工单位现场安全生产规章制度的建立和实施情况,并应审查施工单位安全生产许可证及施工单位项目经理、专职安全生产管理人员和特种作业人员的资格,同时应核查施工机械和设施的安全许可验收手续。

项目监理机构应审查施工单位报审的专项施工方案,符合要求的,应由总监理工程师签认后报建设单位。超过一定规模的危险性较大的分部分项工程的专项施工方案,应检查施工单位组织专家进行论证、审查的情况,以及是否附具安全验算结果。项目监理机构应要求施工单位按已批准的专项施工方案组织施工。专项施工方案需要调整时,施工单位应按程序重新提交项目监理机构审查。对于按照规定需要验收的危大工程,监理单位应当会同施工单位组织相关人员进行验收,验收合格后需经施工单位项目技术负责人及总监理工程师共同签字确认。

2) 依法对施工安全事故隐患进行处理

《建设工程安全生产管理条例》规定,工程监理单位在实施监理过程中,发现存在安全事故隐患的,应当要求施工单位整改;情况严重的,应当要求施工单位暂时停止施工,并及时报告建设单位。施工单位拒不整改或者不停止施工的,工程监理单位应当及时向有关主管部门报告。

3) 承担建设工程安全生产的监理责任

《建设工程安全生产管理条例》规定,工程监理单位和监理工程师应当按照法律、法规和工程建设强制性标准实施监理,并对建设工程安全生产承担监理责任。

8.4.4 勘察、设计单位的安全责任

1) 勘察单位的安全责任

(1) 确保勘察文件的质量,以保证后续工作安全的责任

工程勘察是工程建设的先行官,工程勘察成果是建设工程项目规划、选址、设计的重要依据,也是保证施工安全的重要因素和前提条件。因此,勘察单位应当按照法律、法规和工程建设强制性标准进行勘察,提供的勘察文件应当真实、准确,满足建设工程安全生产的需要。

(2) 科学勘察,以保证周边建筑物安全的责任

勘察单位在勘察作业时,也易发生安全事故,所以应当严格执行操作规程,采取措施保证各类管线、设施和周边建筑物、构筑物的安全。

2) 设计单位的安全责任

(1) 按照法律、法规和工程建设强制性标准进行设计

设计单位应当按照法律、法规和工程建设强制性标准进行设计,防止因设计不合理导致生产安全事故的发生。

工程建设强制性标准是工程建设技术和经验的总结与积累,对保证建设工程质量和施工安全起着至关重要的作用。从一些生产安全事故的原因分析,涉及设计单位责任的,主要是没有按照强制性标准进行设计,由于设计的不合理导致施工过程中发生了安全事故。因此,设计单位在设计过程中必须考虑施工生产安全,严格执行强制性标准。

(2) 提出防范生产安全事故的指导意见和措施建议

设计单位应当考虑施工安全操作和防护的需要,对涉及施工安全的重点部位和环节在设计文件中注明,并对防范生产安全事故提出指导意见。采用新结构、新材料、新工艺的建设工程和特殊结构的建设工程,设计单位应当在设计中提出保障施工作业人员安全和预防生产安全事故的措施建议。

设计单位在编制设计文件时,还应当结合建设工程的具体特点和实际情况,考虑施工安全作业和安全防护的需要,为施工单位制定安全防护措施提供技术保障。在施工单位作业

前,设计单位还应当就设计意图、设计文件向施工单位作出说明和技术交底,并对防范生产安全事故提出指导意见。

(3) 对设计成果承担责任

《建设工程安全生产管理条例》规定,设计单位和注册建筑师等注册执业人员应当对其设计负责。"谁设计,谁负责",这是国际通行做法。如果由于设计责任造成事故,设计单位就要承担法律责任,还应当对造成的损失进行赔偿。建筑师、结构工程师等注册执业人员应当在设计文件上签字盖章,对设计文件负责,并承担相应的法律责任。

8.4.5　其他有关单位的安全责任

1) 机械设备和配件供应单位的安全责任

为建设工程提供机械设备和配件的单位,应当按照安全施工的要求配备齐全有效的保险、限位等安全设施和装置。

2) 出租机械设备和施工机具及配件单位的安全责任

出租的机械设备和施工机具及配件,应当具有生产(制造)许可证、产品合格证。

出租单位应当对出租的机械设备和施工机具及配件的安全性能进行检测,在签订租赁协议时,应当出具检测合格证明。

禁止出租检测不合格的机械设备和施工机具及配件。

3) 施工起重机械和自升式架设设施的安全管理

(1) 在施工现场安装、拆卸施工起重机械和整体提升脚手架、模板等自升式架设设施,必须由具有相应资质的单位承担。

安装、拆卸施工起重机械和整体提升脚手架、模板等自升式架设设施,应当编制拆装方案、制定安全施工措施,并由专业技术人员现场监督。

施工起重机械和整体提升脚手架、模板等自升式架设设施安装完毕后,安装单位应当自检,出具自检合格证明,并向施工单位进行安全使用说明,办理验收手续并签字。

(2) 检验检测机构的安全责任

施工起重机械和整体提升脚手架、模板等自升式架设设施的使用达到国家规定的检验检测期限的,必须经具有专业资质的检验检测机构检测。经检测不合格的,不得继续使用。

检验检测机构对检测合格的施工起重机械和整体提升脚手架、模板等自升式架设设施,应当出具安全合格证明文件,并对检测结果负责。

8.5　生产安全事故的应急救援和调查处理制度

8.5.1　工程建设生产安全事故及报告制度

1) 工程建设安全事故的含义及等级划分

工程安全事故是工程建设活动中突然发生的,伤害人身安全和健康,或者损坏设备设施,或者造成经济损失的,导致原工程建设活动暂时中止或永远终止的意外事件。在建筑施工行业中常见的事故类别有高处坠落、物体打击、机具伤害、坍塌、触电、起重伤害等六类。另外,随着人工挖孔桩施工的大量使用,中毒和窒息事故也常有发生。

根据2007年4月国务院颁布的《生产安全事故报告和调查处理条例》,生产安全事故造成的人员伤亡或者直接经济损失,事故一般分为以下四个等级:

(1) 特别重大事故:造成30人以上死亡,或者100人以上重伤(包括急性工业中毒,下同),或者1亿元以上直接经济损失的事故。

(2) 重大事故:造成10人以上30人以下死亡,或者50人以上100人以下重伤,或者5 000万元以上1亿元以下直接经济损失的事故。

(3) 较大事故:造成3人以上10人以下死亡,或者10人以上50人以下重伤,或者1 000万元以上5 000万元以下直接经济损失的事故。

(4) 一般事故:造成3人以下死亡,或者10人以下重伤,或者1 000万元以下直接经济损失的事故。

《生产安全事故报告和调查处理条例》还规定,没有造成人员伤亡,但是社会影响恶劣的事故,国务院或者有关地方人民政府认为需要调查处理的,依照本条例的有关规定执行。

2) 工程建设安全事故报告制度

《建筑法》第五十一条规定,施工中发生事故时,建筑施工企业应当采取紧急措施减少人员伤亡和事故损失,并按照国家有关规定及时向有关部门报告。《建设工程安全生产管理条例》进一步规定,施工单位发生生产安全事故,应当按照国家有关伤亡事故报告和调查处理的规定,及时、如实地向负责安全生产监督管理的部门、建设行政主管部门或者其他有关部门报告;特种设备发生事故的,还应当同时向特种设备安全监督管理部门报告。接到报告的部门应当按照国家有关规定,如实上报。实行施工总承包的建设工程,由总承包单位负责上报事故。发生生产安全事故后,施工单位应当采取措施防止事故扩大,保护事故现场。需要移动现场物品时,应当做出标记和书面记录,妥善保管有关证物。

(1) 生产安全事故的报告程序

事故发生后,事故现场有关人员应当立即向本单位负责人报告。单位负责人接到报告后,应当于1小时内向事故发生地县级以上人民政府安全生产监督管理部门和负有安全生产监督管理职责的有关部门报告。情况紧急时,事故现场有关人员可以直接向事故发生地县级以上人民政府安全生产监督管理部门和负有安全生产监督管理职责的有关部门报告。事故报告应当及时、准确、完整,任何单位和个人对事故不得迟报、漏报、谎报或者瞒报。不得故意破坏事故现场、毁灭有关证据;任何单位和个人不得阻挠和干涉对事故的报告和依法调查处理。

安全生产监督管理部门和负有安全生产监督管理职责的有关部门接到事故报告后,应当依照下列规定上报事故情况并通知公安机关、劳动保障行政部门、工会和人民检察院:特别重大事故、重大事故逐级上报至国务院安全生产监督管理部门和负有安全生产监督管理职责的有关部门;较大事故逐级上报至省、自治区、直辖市人民政府安全生产监督管理部门和负有安全生产监督管理职责的有关部门;一般事故上报至设区的市级人民政府安全生产监督管理部门和负有安全生产监督管理职责的有关部门。安全生产监督管理部门和负有安全生产监督管理职责的有关部门逐级上报事故情况,每级上报的时间不得超过2小时。

故意不如实报告事故发生的时间、地点、初步原因、性质、伤亡人数和涉险人数、直接经济损失等有关内容的,属于谎报。隐瞒已经发生的事故,超过规定时限未向安全监管监察部门和有关部门报告,经查证属实的,属于瞒报。

(2)生产安全事故报告的内容

生产安全事故报告的内容包括以下几个方面:

①事故发生单位概况;②事故发生的时间、地点以及事故现场情况;③事故的简要经过;④事故已经造成或者可能造成的伤亡人数(包括下落不明的人数)和初步估计的直接经济损失;⑤已经采取的措施;⑥其他应当报告的情况。

事故报告后出现新情况的,应当及时补报。

自事故发生之日起30日内,事故造成的伤亡人数发生变化的,应当及时补报。道路交通事故、火灾事故自发生之日起7日内,事故造成的伤亡人数发生变化的,应当及时补报。

(3)生产安全事故的应急救援

施工生产安全事故多具有突发性、群体性等特点,如果施工单位事先根据本单位和施工现场的实际情况,针对可能发生事故的类别、性质、特点和范围等,事先制定当事故发生时有关的组织、技术措施和其他应急措施,做好充分的应急救援准备工作,不但可以采用预防技术和管理手段,降低事故发生的可能性,而且一旦发生事故,还可以在短时间内就组织有效抢救,防止事故扩大,减少人员伤亡和财产损失。

相关法律规定,县级以上地方各级人民政府应当组织有关部门制定本行政区域内生产安全事故应急救援预案,建立应急救援体系。施工单位应当制定本单位生产安全事故应急救援预案,与所在地县级以上地方人民政府组织制定的生产安全事故应急救援预案相衔接,并定期组织演练。生产经营单位对重大危险源应当登记建档,进行定期检测、评估、监控,并制订应急预案,告知从业人员和相关人员在紧急情况下应当采取的应急措施。生产经营单位应当按照国家有关规定将本单位重大危险源及有关安全措施、应急措施报有关地方人民政府安全生产监督管理部门和有关部门备案。此外,施工单位还应当根据建设工程施工的特点、范围,对施工现场易发生重大事故的部位、环节进行监控,制定施工现场生产安全事故应急救援预案。实行施工总承包的,由总承包单位统一组织编制建设工程生产安全事故应急救援预案,工程总承包单位和分包单位按照应急救援预案,各自建立应急救援组织或者配备应急救援人员,配备救援器材、设备,并定期组织演练。

生产经营单位发生生产安全事故时,单位的主要负责人应当立即组织抢救,并不得在事故调查处理期间擅离职守。事故发生后,有关单位和人员应当妥善保护事故现场以及相关证据,任何单位和个人不得破坏事故现场、毁灭相关证据。事故发生单位负责人接到事故报告后,应当立即启动事故相应应急预案,或者采取有效措施,组织抢救,防止事故扩大,减少人员伤亡和财产损失。事故发生地有关地方人民政府、安全生产监督管理部门和负有安全生产监督管理职责的有关部门接到事故报告后,其负责人应当立即赶赴事故现场,组织事故救援。因抢救人员、防止事故扩大及疏通交通等,需要移动事故现场物件的,应当做出标志,绘制现场简图并做出书面记录,妥善保存现场重要痕迹、物证。

8.5.2 工程建设生产安全事故的调查制度

事故调查处理应当按照科学严谨、依法依规、实事求是、注重实效的原则,及时、准确地查清事故原因,查明事故性质和责任,总结事故教训,提出整改措施,并对事故责任者提出处理意见。事故调查报告应当依法及时向社会公布。事故调查和处理的具体办法由国务院制定。任何单位和个人不得阻挠和干涉对事故的依法调查处理。

1)安全事故调查的管辖

《生产安全事故报告和调查处理条例》规定,特别重大事故由国务院或者国务院授权有关部门组织事故调查组进行调查。重大事故、较大事故、一般事故分别由事故发生地省级人民政府、设区的市级人民政府、县级人民政府负责调查。省级人民政府、设区的市级人民政府、县级人民政府可以直接组织事故调查组进行调查,也可以授权或者委托有关部门组织事故调查组进行调查。未造成人员伤亡的一般事故,县级人民政府也可以委托事故发生单位组织事故调查组进行调查。上级人民政府认为必要时,可以调查由下级人民政府负责调查的事故。

2)事故调查组的组成与职责

根据事故的具体情况,事故调查组由有关人民政府、安全生产监督管理部门、负有安全生产监督管理职责的有关部门、监察机关、公安机关及工会派人组成,并应当邀请人民检察院派人参加;事故调查组可以聘请有关专家参与调查。事故调查组成员应当具有事故调查所需要的知识和专长,并与所调查的事故没有直接利害关系。事故调查组组长由负责事故调查的人民政府指定。事故调查组组长主持事故调查组的工作。

事故调查组应当履行下列职责:(1)查明事故发生的经过、原因、人员伤亡情况及直接经济损失;(2)认定事故的性质和事故责任;(3)提出对事故责任者的处理建议;(4)总结事故教训,提出防范和整改措施;(5)提交事故调查报告。

3)事故调查组的调查权及纪律

事故调查组有权向有关单位和个人了解与事故有关的情况,并要求其提供相关文件、资料,有关单位和个人不得拒绝。事故发生单位的负责人和有关人员在事故调查期间不得擅离职守,并应当随时接受事故调查组的询问,如实提供有关情况。事故调查中发现涉嫌犯罪的,事故调查组应当及时将有关材料或者其复印件移交司法机关处理。

事故调查中需要进行技术鉴定的,事故调查组应当委托具有国家规定资质的单位进行技术鉴定。必要时,事故调查组可以直接组织专家进行技术鉴定。技术鉴定所需时间不计入事故调查期限。

事故调查组成员在事故调查工作中应当诚信公正、恪尽职守,遵守事故调查组的纪律,保守事故调查的秘密。未经事故调查组组长允许,事故调查组成员不得擅自发布有关事故的信息。

4)事故调查的期限及内容

事故调查组应当自事故发生之日起 60 日内提交事故调查报告;特殊情况下,经负责事故调查的人民政府批准,提交事故调查报告的期限可以适当延长,但延长的期限最长不超过 60 日。

调查报告应包括下列内容:(1)事故发生单位概况;(2)事故发生经过和事故救援情况;(3)事故造成的人员伤亡和直接经济损失;(4)事故发生的原因和事故性质;(5)事故的责任认定以及对事故责任者的处理建议;(6)事故的防范和整改措施。事故调查报告应当附具有关证据材料。事故调查组成员应当在事故调查报告上签名。

8.5.3　工程建设安全事故的处理制度

对重大事故的处理,坚持"四不放过"的原则。"四不放过"是指原因不查清楚不放过,不采取改正措施不放过,责任人和广大群众不受到教育不放过,与事故有关的领导和责任人不受到查处不放过。建设行政主管部门应当对重大事故的处理和拟采取的防范措施做出批复或者提出意见。对造成重大事故的责任者,由其所在单位或上级主管部门给予行政处分;构成犯罪的,由司法机关依法追究刑事责任。对造成重大事故承担直接责任的建设单位、勘察设计单位、施工单位、构配件生产单位及其他单位,由其上级主管部门或当地建设行政主管部门,根据调查组的建议,令其限期改善工程建设技术安全措施,并依据有关法规予以处罚。

负责重大事故、较大事故、一般事故调查的人民政府应当自收到事故调查报告之日起 15日内做出批复;特别重大事故,30 日内做出批复,特殊情况下,批复时间可以适当延长,但延长的时间最长不超过 30 日。有关机关应当按照人民政府的批复,依照法律、行政法规规定的权限和程序,对事故发生单位和有关人员进行行政处罚,对负有事故责任的国家工作人员进行处分。事故发生单位应当按照负责事故调查的人民政府的批复,对本单位负有事故责任的人员进行处理。负有事故责任的人员涉嫌犯罪的,依法追究刑事责任。

事故处理的情况由负责事故调查的人民政府或者其授权的有关部门、机构向社会公布,依法应当保密的除外。事故发生单位应当认真吸取事故教训,落实防范和整改措施,防止事故再次发生。防范和整改措施的落实情况应当接受工会和职工的监督。安全生产监督管理部门和负有安全生产监督管理职责的有关部门应当对事故发生单位落实防范和整改措施的情况进行监督检查。

8.5.4　工程建设生产安全事故的法律责任

(1) 事故发生单位主要负责人有下列行为之一的,处上一年年收入 40% 至 80% 的罚款;属于国家工作人员的,并依法给予处分;构成犯罪的,依法追究刑事责任:

① 不立即组织事故抢救的;

② 迟报或者漏报事故的;

③ 在事故调查处理期间擅离职守的。

(2) 事故发生单位及其有关人员有下列行为之一的,对事故发生单位处 100 万元以上500 万元以下的罚款;对主要负责人、直接负责的主管人员和其他直接责任人员处上一年年收入 60% 至 100% 的罚款;属于国家工作人员的,并依法给予处分;构成违反治安管理行为的,由公安机关依法给予治安管理处罚;构成犯罪的,依法追究刑事责任:

① 谎报或者瞒报事故的;

② 伪造或者故意破坏事故现场的;

③ 转移、隐匿资金、财产,或者销毁有关证据、资料的;

④ 拒绝接受调查或者拒绝提供有关情况和资料的;

⑤ 在事故调查中作伪证或者指使他人作伪证的;

⑥ 事故发生后逃匿的。

(3) 事故发生单位对事故发生负有责任的,依照下列规定处以罚款:

① 发生一般事故的,处 10 万元以上 20 万元以下的罚款;

② 发生较大事故的,处 20 万元以上 50 万元以下的罚款;

③ 发生重大事故的,处 50 万元以上 200 万元以下的罚款;

④ 发生特别重大事故的,处 200 万元以上 500 万元以下的罚款。

(4) 事故发生单位主要负责人未依法履行安全生产管理职责,导致事故发生的,依照下列规定处以罚款;属于国家工作人员的,并依法给予处分;构成犯罪的,依法追究刑事责任:

① 发生一般事故的,处上一年年收入 30% 的罚款;

② 发生较大事故的,处上一年年收入 40% 的罚款;

③ 发生重大事故的,处上一年年收入 60% 的罚款;

④ 发生特别重大事故的,处上一年年收入 80% 的罚款。

(5) 有关地方人民政府、安全生产监督管理部门和负有安全生产监督管理职责的有关部门有下列行为之一的,对直接负责的主管人员和其他直接责任人员依法给予处分;构成犯罪的,依法追究刑事责任:

① 不立即组织事故抢救的;

② 迟报、漏报、谎报或者瞒报事故的;

③ 阻碍、干涉事故调查工作的;

④ 在事故调查中作伪证或者指使他人作伪证的。

(6) 事故发生单位对事故发生负有责任的,由有关部门依法暂扣或者吊销其有关证照;对事故发生单位负有事故责任的有关人员,依法暂停或者撤销其与安全生产有关的执业资格、岗位证书;事故发生单位主要负责人受到刑事处罚或者撤职处分的,自刑罚执行完毕或者受处分之日起,5 年内不得担任任何生产经营单位的主要负责人。为发生事故的单位提供虚假证明的中介机构,由有关部门依法暂扣或者吊销其有关证照及其相关人员的执业资格;构成犯罪的,依法追究刑事责任。

本 章 小 结

第 1 节介绍了建设工程安全生产的概念以及建筑工程安全生产管理的方针及监督制度。

第 2 节介绍了建设工程安全生产中的安全生产许可证制度、安全生产责任制、群防群治制度和安全生产教育培训制度。

第 3 节介绍了工程建设从业人员安全生产的权利和义务。

第 4 节介绍了工程建设活动中建设单位、施工单位、勘察和设计单位、监理单位等各参与主体的安全生产责任。

第 5 节介绍了工程建设生产安全事故报告及调查处理制度,并介绍了事故责任人及责任单位的法律责任。

案例

基本案情:

2015 年上诉人大连某装饰装修工程有限公司(以下简称甲)与被上诉人大连某建筑劳

务分包有限公司(以下简称乙)、被上诉人周某、原审第三人大连某建设集团有限公司(以下简称丙)提供劳务者受害纠纷一案,上诉人甲不服大连市某区人民法院民事判决,向当地中级人民法院提起上诉,法院依法组成合议庭公开开庭审理了此案。

原审法院审理查明:2012 年 7 月 29 日,被告乙作为承包方与甲一分公司项目部作为发包方签订了《"某港生产调度中心"项目施工用脚手架搭拆工程施工合同》。2013 年 4 月 10 日,原告与被告周某签订了《单项工程承包合同书》,原告作为甲方即分包方,被告周某作为乙方即承包方。2013 年 11 月 1 日,工程所在地锦州市安全生产监督管理局作出锦安监管〔2013〕134 号文件《关于乙公司"5·17"脚手架局部坍塌事故调查报告的批复》,该批复内容为:"一、同意事故调查报告中对事故经过、原因和事故责任的认定。二、同意事故调查组提出的事故处理建议。……"该事故调查报告内容为:"一、基本情况。2013 年 5 月 17 日 7 时 40 分许,乙在某港股份有限公司(以下简称'某港')港区内进行建筑施工过程中发生一起脚手架局部坍塌事故,造成 2 人死亡,8 人受伤,直接经济损失 300 万元。……2013 年 3 月 10 日,丙(总包方)将'某港生产调度中心工程'的玻璃幕墙安装施工、干挂花岗岩理石和抹灰工程的施工分包给甲(分包方),项目经理孙某,并签订分包合同,工期自 2013 年 4 月 10 日至 2013 年 9 月 20 日。事故死亡人员情况。高某,男,55 岁,身份证号:××,大连普兰店人,系甲雇佣临时工。姜某,男,46 岁,身份证号:××,四川省仪陇县人,系甲雇佣瓦工。二、事故发生经过及救援情况(略)。三、事故原因和性质。根据事故调查组和专家组的现场勘察、询问调查、综合分析和充分讨论,一致认为造成事故的原因如下:(一)直接原因。1. 事故发生时脚手架跳板上放置了超过规定荷载的装饰用石材,脚手架结构步距过大,造成脚手架荷载超过极限。2. 脚手架连墙杆数量不足且部分连墙杆呈仰角设置,受力不合理。3. 事故发生时风力较大,特别是楼体中间部分没有安玻璃的门、窗洞口较多,造成楼体中间部分的脚手架垮塌严重程度大于两侧部分。(二)间接原因。1. 分包单位甲在冬歇期复工后没有严格按照规范要求认真检查脚手架的牢固性和安全性的情况下,盲目组织人员上架作业。2. 甲外墙装饰施工作业人员违章、违规作业,一是在脚手架上放置过多装饰石材,致使脚手架荷载超过极限;二是为了施工方便,随意拆卸挂砖处的脚手架连墙杆,致使脚手架受力结构发生变化。3. 甲驻地项目部施工现场管理混乱,现场安全管理不到位,日常安全检查不彻底,没有按规程检查脚手架的所有项目,对现场作业人员的违章违规行为监管不力,对现场作业人员的安全教育流于形式。4. 丙作为总包方,工程项目部安全生产管理组织机构不健全,现场施工组织、工作协调及安全生产管理不到位。四、事故责任的认定以及对事故责任者的处理建议。(一)甲是具体承担"某港生产调度中心"工程外墙装饰工程的施工单位,对该起事故负有主要责任,依据《生产安全事故报告和调查处理条例》第三十七条第(一)项之规定,建议给予该公司处行政处罚。(二)孙某,甲公司副总经理,某港生产调度中心工程外墙装饰工程项目经理,对该起事故负有主要领导责任,依据《生产安全事故报告和调查处理条例》第三十八条第(一)项之规定,建设给予其行政处罚。(三)丙作为总包方,因工程项目部安全生产管理组织机构不健全,未能严格履行总包方的安全生产管理职责,致使对分包工程施工现场的安全生产工作统一协调、组织、管理不到位,没有及时督促、检查分包方的安全生产工作并消除事故隐患,对该起事故负有重要责任,依据《生产安全事故报告和调查处理条例》第三十七条第(一)项之规定,建议给予该公司处行政处罚……"

原审法院认为:雇员在从事雇佣活动中遭受人身损害,雇主应当承担赔偿责任。雇佣关系以外的第三人造成雇员人身损害的,赔偿权利人可以请求第三人承担赔偿责任,也可以请求雇主承担赔偿责任。雇主承担赔偿责任后,可以向第三人追偿。该事故经锦安监管〔2013〕134号文件的事故认定以及对事故责任者的处理建议:1.原告甲是具体承担"某港生产调度中心"工程外墙装饰工程的施工单位,对该起事故负有主要责任。2.孙某系原告公司副总经理,"某港生产调度中心"工程外墙装饰工程项目经理,对该起事故负有主要领导责任。3.第三人丙作为总包方,对该事故负有重要责任。最终,原审法院判决如下:驳回原告甲的诉讼请求。

上诉人甲不服该判决向法院提起上诉,请求撤销原判,依法改判或者发回重审。其上诉理由是:一审认定事实错误,本案中被上诉人周某及乙公司是责任主体,应当承担赔偿责任;一审法院适用法律错误。

审判结果:

该市中级人民法院经审理查明,一审判决认定的事实属实。

法院认为,建筑物、构筑物或者其他设施倒塌造成他人损害的,由建设单位与施工单位承担连带责任。建设单位、施工单位赔偿后,有其他责任人的,有权向其他责任人追偿。上诉人作为案涉工程的承包方,其承建的项目发生生产事故,导致姜某死亡,上诉人依法应当先行对受害人承担赔偿责任,其赔偿完毕后可对过错方依法进行追偿。现上诉人已经对死者姜某的死亡后果承担了相应的赔偿责任,其向对事故的发生有过错的责任主体追偿,于法有据。本案争议的焦点为:被上诉人乙、被上诉人周某、原审第三人丙是否对案涉安全生产事故的发生具有过错。

最终,法院依据事实认定,被上诉人周某雇佣的工人施工不当是造成案涉事故发生的原因之一,其主观存在过错,周依学作为雇主,应当承担赔偿责任。被上诉人乙对案涉事故的发生具有重大过错,应当依据过错程度承担相应的赔偿责任。上诉人作为案涉工程的承包方,其有保证安全生产的安全的义务,法院依据前文事实,认定上诉人对案涉事故的发生具有主要过错,应当承担过错赔偿责任。原审第三人丙作为总包方亦存在过错,应当承担相应的赔偿责任。

综上,依据《中华人民共和国民事诉讼法》第一百七十条第一款第(二)、(三)项之规定,判决如下:

1.撤销大连市某区人民法院(2014)金民初字第525号民事判决;

2.被上诉人乙于本判决生效之日起10日内给付上诉人甲赔偿款人民币96 300.00元;

3.被上诉人周某于本判决生效之日起10日内给付上诉人甲赔偿款人民币160 500.00元;

4.驳回上诉人甲的其他诉讼请求。

本判决为终审判决。

思考:

1.本案中"某港生产调度中心"项目的安全生产责任主体有哪几个?

2.上诉人大连某装饰装修工程有限公司对被上诉人大连某建筑劳务分包有限公司负有怎样的安全管理责任?

3.原审第三人大连某建设集团有限公司对该安全生产事故是否负有安全管理责任?如果有,具体的安全管理责任是哪些?

4.该事故中锦安监管〔2013〕134号文件对事故责任者的责任与法院审理判决被上诉人的承担的责任有何区别?分别是何种性质的法律责任?

第9章　建设工程质量管理法律制度

本章主要介绍建设工程质量管理法律制度。工程质量问题关系着人们的人身安全和经济利益,不仅直接影响人民群众的生产和生活,而且还会产生较大的社会影响,我们必须对工程质量给予高度重视。工程的质量管理贯穿于建设活动的全过程,从决策立项、设计、施工到竣工各环节涉及的人员、机械、材料、施工工艺与方法、环境、管理制度等均会直接或间接地影响工程质量。因此,我国法律法规也从多方面对工程质量管理加以强调。

9.1　概述

9.1.1　工程质量的概念及特点

工程质量分为狭义和广义两种含义。狭义的工程质量是指工程符合业主需要而具备的使用功能,即在国家现行的有关法律、法规、技术标准、设计文件和合同中,对工程的安全、可靠、耐久、经济、适用、美观等特性的综合要求。安全性是指工程建成后在使用过程中保证结构安全、保证人身和环境免受危害的程度;可靠性是指工程在规定的时间和规定的条件下完成规定功能的能力;耐久性是指工程在规定的条件下,满足规定功能要求使用的年限,即工程竣工后的合理使用寿命周期;适用性是指工程满足使用目的的各种性能,包括理化性能、结构性能、使用性能、外观性能等;经济性是指工程从规划、勘察、设计、施工到整个产品使用寿命周期内的成本和消耗的费用;工程质量还包括与环境的协调性,即工程与其周围生态环境协调,与所在地区经济环境协调以及与周围已建工程相协调,以适应可持续发展的要求。这一概念强调的是工程的实体质量,如基础是否坚固、主体结构是否安全以及通风、采光是否合理等。

广义的工程质量不仅包括工程的实体质量,还包括形成实体质量的工作质量。工作质量是指参与工程的建设者,为了保证工程实体质量所从事工作的水平和完善程度,包括工作态度、主动性、及时性、工作效率、管理水平等。工作质量直接决定了工程的实体质量;反过来,工程实体质量的好坏也是工程决策、勘察、设计、施工等单位各方面、各环节工作质量的综合反映。因此,对工程质量的控制和管理应该是全过程、全方位的,而不能轻过程、重结果。

与一般的产品质量相比较,建设工程具有影响因素多、质量变动大、隐蔽性强、终检局限大、对社会影响广等特点。工程质量不是在旦夕之间形成的,工程建设的各阶段都对工程质量具有重要的影响,从决策立项、设计、施工到竣工各环节涉及的人员、机械、材料、施工工艺与方法、环境、管理制度等均会直接或间接地影响工程质量;工程完工后,其隐蔽工程的质量问题很难再被发现,在终检时即使使用特定的检测工具,也不一定能发现问题;工程质量不仅直接影响人民群众的生产和生活,而且还影响着社会可持续发展的环境,特别是有关生态、能耗和噪音等环保方面的问题。

9.1.2　建设工程质量管理体系

建设工程质量管理体系包括宏观管理和微观管理两方面。

宏观管理是国家对建设工程质量所进行的监督管理,它具体由建设行政主管部门及其授权机构实施,是外部的、纵向的管理,这种管理贯穿在工程建设的全过程、全方位和各个环节之中。它既对工程建设从立项、规划、土地管理、环保、消防等方面进行监督检查,又对工程建设的主体从资质认定和审查,成果质量检测、验证和奖惩等方面进行监督管理,还对工程建设中的各种活动,如工程建设招投标、工程施工、验收、维修等进行监督管理。

微观管理包括:工程承包单位(勘察、设计、施工单位)对自己所承担工作的质量管理,如承包单位按要求建立专门质检机构,配备相应的质检人员,建立相应的质量保证制度(审核校对制、培训上岗制、质量抽检制、各级质量责任制和部门领导责任制等);建设单位对所建工程的管理,如建设单位可成立相应的机构和人员,对所建工程的质量进行监督管理,也可委托社会监理单位对工程建设的质量进行监理。

9.1.3　立法概况

工程质量问题关系着人们的人身安全和经济利益(涉及公共利益和公众安全),无论是企事业单位还是国家相关部门对工程质量都十分重视。我国在《建筑法》和《建设工程质量管理条例》中专门确定了工程质量管理制度。《建筑法》(1997年11月1日通过,2011年4月第一次修正,2019年4月再次修正,自2019年4月23日起施行)第六章专门对"建筑工程质量管理"作了规定;为了加强对建设工程质量的管理,保证建设工程质量,保护人民生命和财产安全,《建设工程质量管理条例》(2000年1月30日国务院发布施行,2017年10月修改)对建设工程参建各方的质量责任和义务、建设工程质量保修、监督管理、罚则等作了规定。此外,建筑工程的质量管理贯穿于建设活动的全过程,在建设活动的不同阶段也都有相应的工程质量制度,主要包括下面几点。

1) 勘察、设计阶段

(1) 建设工程勘察设计质量管理制度

为了加强对建设工程勘察、设计活动的管理,保证建设工程勘察、设计质量,保护人民生命和财产安全,国务院制定了《建设工程勘察设计管理条例》(2000年9月25日国务院公布施行,2017年10月修改),从建设工程勘察设计资质资格管理、发包与承包、文件的编制与实施、监督管理、罚则等方面作了规定。

工程勘察设计是工程建设的灵魂,是贯彻落实国家发展规划、产业政策和促进先进技术向现实生产力转化的关键环节。勘察设计单位在进行工程勘察设计活动时,应确保勘察设计活动在合法条件下进行,防止不科学选址和可能造成环境资源破坏的建设工程给事故灾害埋下隐患。

工程勘察设计作为工程建设的先导,是提高建设项目投资效益、社会效益和保障工程质量安全的重要保证。勘察设计文件必须达到国家规定的深度要求,符合国家标准规范特别是强制性标准要求,这是保证勘察设计质量水平,从而确保工程建设质量安全的基本要求。勘察设计成果要严格执行国家规定的勘察设计文件编制深度要求,以严谨科学的职业精神确保勘察设计成果质量。

城乡规划和专业规划体现了不同地区和行业的发展方向,包含对环境和生态保护的要求。编制设计文件应依据城乡规划和专业规划,引导工程设计工作要更加注重工程项目对生态环境的影响,在确保工程建设项目质量安全的同时,充分考虑地域、人文、环境、资源等特点,注重环境保护,促进人类工程建设与自然环境的和谐发展,促进生态文明建设。

(2) 施工图审查制度

为了加强对房屋建筑工程、市政基础设施工程施工图设计文件审查的管理,提高工程勘察设计质量,住房和城乡建设部制定了《房屋建筑和市政基础设施工程施工图设计文件审查管理办法》(2013 年 4 月 27 日住房和城乡建设部发布,自 2013 年 8 月 1 日起施行,2018 年12 月修改),对房屋建筑工程、市政基础设施工程施工图设计文件审查和实施监督管理作了规定。

国家实施施工图设计文件(含勘察文件,以下简称施工图)审查制度。施工图未经审查合格的,不得使用。从事房屋建筑工程、市政基础设施工程施工、监理等活动,以及实施对房屋建筑和市政基础设施工程质量安全监督管理,应当以审查合格的施工图为依据。

建设单位应当将施工图送审查机构审查,但审查机构不得与所审查项目的建设单位、勘察设计企业有隶属关系或者其他利害关系。建设单位不得明示或者暗示审查机构违反法律法规和工程建设强制性标准进行施工图审查,不得压缩合理审查周期、压低合理审查费用。

审查机构应当对施工图审查下列内容:①是否符合工程建设强制性标准;②地基基础和主体结构的安全性;③消防安全性;④人防工程(不含人防指挥工程)防护安全性;⑤是否符合民用建筑节能强制性标准,对执行绿色建筑标准的项目,还应当审查是否符合绿色建筑标准;⑥勘察设计企业和注册执业人员以及相关人员是否按规定在施工图上加盖相应的图章和签字;⑦法律、法规、规章规定必须审查的其他内容。

施工图审查原则上不超过下列时限:①大型房屋建筑工程、市政基础设施工程为 15 个工作日,中型及以下房屋建筑工程、市政基础设施工程为 10 个工作日。②工程勘察文件,甲级项目为 7 个工作日,乙级及以下项目为 5 个工作日。以上时限不包括施工图修改时间和审查机构的复审时间。

审查机构对施工图进行审查后,应当根据下列情况分别作出处理:①审查合格的,审查机构应当向建设单位出具审查合格书,并在全套施工图上加盖审查专用章。审查合格书应当有各专业的审查人员签字,经法定代表人签发,并加盖审查机构公章。审查机构应当在出具审查合格书后 5 个工作日内,将审查情况报工程所在地县级以上地方人民政府住房城乡建设主管部门备案。②审查不合格的,审查机构应当将施工图退建设单位并出具审查意见告知书,说明不合格原因。同时,应当将审查意见告知书及审查中发现的建设单位、勘察设计企业和注册执业人员违反法律、法规和工程建设强制性标准的问题,报工程所在地县级以上地方人民政府住房城乡建设主管部门。施工图退建设单位后,建设单位应当要求原勘察设计企业进行修改,并将修改后的施工图送原审查机构复审。

审查机构对施工图审查工作负责,承担审查责任。施工图经审查合格后,仍有违反法律、法规和工程建设强制性标准的问题，给建设单位造成损失的，审查机构依法承担相应的赔偿责任。

审查机构应当向县级以上地方人民政府住房城乡建设主管部门报审查情况统计信息。县级以上地方人民政府住房城乡建设主管部门应当定期对施工图审查情况进行统计，并将统计信息报上级住房城乡建设主管部门。

2）施工阶段

（1）质量检测制度

2005年9月28日建设部发布了《建设工程质量检测管理办法》（自2005年11月1日起实施，2015年5月修改），对申请从事涉及建筑物、构筑物结构安全的试块、试件以及有关材料检测的工程质量检测机构资质，实施建设工程质量检测活动监督管理作了规定。

检测机构是具有独立法人资格的中介机构。检测机构从事规定的质量检测业务，应当依据《建设工程质量检测管理办法》取得相应的资质证书。检测机构资质按照其承担的检测业务内容分为专项检测机构资质和见证取样检测机构资质。检测机构未取得相应的资质证书，不得承担规定的质量检测业务。

检测机构完成检测业务后，应当及时出具检测报告。检测报告经检测人员签字、检测机构法定代表人或者其授权的签字人签署，并加盖检测机构公章或者检测专用章后方可生效。检测报告经建设单位或者工程监理单位确认后，由施工单位归档。见证取样检测的检测报告中应当注明见证人单位及姓名。检测机构应当对其检测数据和检测报告的真实性和准确性负责。

检测机构不得转包检测业务。检测机构跨省、自治区、直辖市承担检测业务的，应当向工程所在地的省、自治区、直辖市人民政府建设主管部门备案。

（2）质量检测的见证取样制度

为了保证工程质量，在施工过程中，对涉及建筑物、构筑物结构安全的试块、试件以及有关材料有具体的质量检验检测制度。

2000年9月26日建设部发布施行的《房屋建筑工程和市政基础设施工程实行见证取样和送检的规定》对房屋建筑工程和市政基础设施工程中涉及结构安全的试块、试件和材料的见证取样和送检工作作了规定。

见证取样和送检是指在建设单位或工程监理单位人员的见证下，由施工单位的现场试验人员对工程中涉及结构安全的试块、试件和材料在现场取样，并送至经过省级以上建设行政主管部门对其资质认可和质量技术监督部门对其计量认证的质量检测单位进行检测。

下列试块、试件和材料必须实施见证取样和送检：①用于承重结构的混凝土试块；②用于承重墙体的砌筑砂浆试块；③用于承重结构的钢筋及连接接头试件；④用于承重墙的砖和混凝土小型砌块；⑤用于拌制混凝土和砌筑砂浆的水泥；⑥用于承重结构的混凝土中使用的掺加剂；⑦地下、屋面、厕浴间使用的防水材料；⑧国家规定必须实行见证取样和送检的其他试块、试件和材料。

在施工过程中，见证人员应按照见证取样和送检计划，对施工现场的取样和送检进行见证，取样人员应在试样或其包装上作出标识、封志。标识和封志应标明工程名称、取样部位、取样日期、样品名称和样品数量，并由见证人员和取样人员签字。见证人员应制作见证记录,并将见证记录归入施工技术档案。见证人员和取样人员应对试样的代表性和真实性负责。

见证取样的试块、试件和材料送检时,应由送检单位填写委托单,委托单应有见证人员和送检人员签字。检测单位应检查委托单及试样上的标识和封志,确认无误后方可进行检测。

（3）质量监督制度

在施工阶段,工程质量监督机构也应当对工程建设施工、监理等执行强制性标准的情况实施监督。2010年8月1日住房和城乡建设部发布,自2010年9月1日起施行的《房屋建筑和市政基础设施工程质量监督管理规定》,对工程质量监督的内容、程序、措施等作了规定。

3）竣工验收阶段

工程竣工后,还应对建设工程进行竣工验收。为规范房屋建筑和市政基础设施工程的竣工验收,保证工程质量,2013年12月2日住房和城乡建设部发布施行《房屋建筑和市政基础设施工程竣工验收规定》,对工程竣工验收的组织形式、验收程序、执行验收标准等作了规定。《建筑工程施工质量验收统一标准》(GB 50300—2013),对建筑工程各专业工程施工验收规范编制的统一准则和单位工程验收质量标准、内容和程序等也作了规定。

2009年10月19日建设部发布施行《房屋建筑和市政基础设施工程竣工验收备案管理办法》,对房屋建筑和市政基础设施工程竣工验收备案作了规定。

4）使用阶段

（1）保修制度

为保护建设单位、施工单位、房屋建筑所有人和使用人的合法权益,维护公共安全和公众利益,建设工程竣工验收后在保修范围和保修期限内出现质量缺陷,施工单位应当履行保修义务。

《房屋建筑工程质量保修办法》(2000年6月30日建设部发布施行)规定:"建设单位和施工单位应当在工程质量保修书中约定保修范围、保修期限和保修责任等,双方约定的保修范围、保修期限必须符合国家有关规定。"

房屋建筑工程保修期从工程竣工验收合格之日起计算。

（2）质量保证金制度

为规范建设工程质量保证金管理,落实工程在缺陷责任期内的维修责任,2017年6月20日住房和城乡建设部、财政部联合发布了《建设工程质量保证金管理办法》(自2017年7月1日起施行)。

9.2 工程建设标准

9.2.1 工程建设标准的概念、分类与编号

1）工程建设标准的概念

标准是对重复性事物和概念所作的统一规定。它以科学、技术和实践经验的综合成果为基础,由主管机构批准,以特定形式发布,作为共同遵守的依据和准则。

工程建设标准是为在工程建设领域内获得最佳秩序,对建设活动或其结果规定共同的和重复使用的规则、导则或特性的文件。它侧重于单项技术要求,主要包括工程项目的分类等级、允许使用荷载、建筑面积及层高层数的限制、防火与疏散以及结构、材料、供暖、通风、照明、给水排水、消防、电梯、通信、动力等的基本要求。

标准化是指在经济、技术、科学及管理等社会实践中,为了规范对重复性事物和概念,通过制定、发布和实施标准,达到统一,以获得最佳秩序和社会效益的过程。1988 年 12 月 29 日第七届全国人民代表大会常务委员会第五次会议通过了《中华人民共和国标准化法》(简称《标准化法》),2017 年 11 月 4 日修订后,自 2018 年 1 月 1 日起施行。《标准化法》第三条规定:"标准化工作的任务是制定标准、组织实施标准以及对标准的制定、实施进行监督。"

工程建设标准化是为在工程建设领域内获得最佳秩序,对实际的或潜在的问题制定共同的和重复使用的规则的活动。工程建设标准化管理机构除了制定工程建设标准化的法规和方针、政策外,重点还在于制定标准,依据标准,通过宣传、培训、合格评定、检查等途径,监督标准的实施。

2) 工程建设标准的分类

工程建设标准可以从不同的角度进行分类。

(1) 按照标准的适用范围

可以分为国家标准、行业标准、地方标准和团体标准、企业标准以及国际标准。

工程建设国家标准是指需要在全国范围内统一的,或国家需要控制的工程建设技术要求。

工程建设行业标准是指工程建设领域中没有国家标准而需要在全国建设行业范围内统一的,由国务院建设行政主管部门组织草拟、审批的技术要求。

工程建设地方标准是指工程建设领域中没有国家标准、行业标准或国家标准、行业标准规定不具体,且需要在本行政区域内作出统一规定的,由省、自治区、直辖市建设行政主管部门组织草拟、审批的技术要求。

团体标准是指由团体按照团体确立的标准制定程序自主制定发布,由社会自愿采用的标准。团体(Association)是指具有法人资格,且具备相应专业技术能力、标准化工作能力和组织管理能力的学会、协会、商会、联合会和产业技术联盟等社会团体。《标准化法》(2017修订),从法律层面规定"标准包括国家标准、行业标准、地方标准和团体标准、企业标准",明确了团体标准的法定地位,并鼓励相关社会组织和产业技术联盟制定和执行团体标准。

工程建设企业标准是指在企业内部适用的,对工程建设企业生产、经营活动中的重复性事项所作的统一规定。工程建设企业标准一般包括企业的技术标准、管理标准和工作标准。企业技术标准,是指对本企业范围内需要协调和统一的技术要求所制定的标准,如施工过程中的质量,方法或工艺的要求,安全、卫生和环境保护的技术要求以及试验、检验和评定方法等。企业管理标准,是指对本企业范围内需要协调和统一的管理要求所制定的标准,如企业的组织管理、计划管理、技术管理、质量管理和财务管理等。企业工作标准,是指对本企业范围内需要协调和统一的工作事项要求所制定的标准,重点应围绕工作岗位的要求,对企业各个工作岗位的任务、职责、权限、技能、方法、程序、评定等作出规定,如施工企业的泥工工作标准、木工翻样工工作标准、钢筋翻样工工作标准、钢筋工工作标准、混凝土工工作标准、架子工工作标准、防水工工作标准、油漆玻璃工工作标准、中心试验室试验工工作标准、安装电工工作标准、吊装起重工工作标准等。

工程建设国际标准是指国际标准化组织(ISO)、国际电工委员会(IEC)、国际电信联盟(ITU)以及 ISO 确认并公布的其他国际组织(如国际计量局、国际建筑结构研究与改革委员会等)制定的工程建设方面的标准。

对已有国家标准、行业标准或地方标准的,企业可以按照国家标准、行业标准或地方标准的规定执行,也可以根据本企业的技术特点和实际需要制定优于国家标准、行业标准或地方标准的企业标准;对没有国家标准、行业标准或地方标准的,企业应当制定企业标准。国家鼓励企业积极采用国际标准或国外先进标准。

(2) 按照标准的性质

根据《标准化法》第二条规定,国家标准分为强制性标准、推荐性标准,行业标准、地方标准是推荐性标准。强制性标准必须执行。国家鼓励采用推荐性标准。

工程建设强制性标准是直接涉及工程质量、安全、卫生及环境保护等方面的工程建设标准强制性条文。强制性标准以外的标准是推荐性标准。

根据《工程建设国家标准管理办法》第三条规定,下列工程建设国家标准属于强制性标准:工程建设勘察、规划、设计、施工(包括安装)及验收等通用的综合标准和重要的通用的质量标准;工程建设通用的有关安全、卫生和环境保护的标准;工程建设重要的通用的术语、符号、代号、量与单位、建筑模数和制图方法标准;工程建设重要的通用的试验、检验和评定方法等标准;工程建设重要的通用的信息技术标准;国家需要控制的其他工程建设通用的标准。

(3) 按照标准的内容

分为设计标准、施工标准、验收标准、建设定额。设计标准是指从事工程设计所依据的技术文件。施工标准是指施工操作程序及其技术要求的标准。验收标准是指检验、接收竣工工程项目的规程、办法与标准。建设定额是指国家规定的消耗在单位建筑产品上活劳动和物化劳动的数量标准,以及用货币表现的某些必要费用的额度。

3) 工程建设标准的编号

工程建设标准编号由标准代号、发布标准的顺序号、发布标准的年号组成。同一类或同一领域标准的代号应统一。当标准中无强制性条文时,标准代号后应加"/T"表示。

国家标准代号为 GB,即"国标"汉语拼音的第一个字母。强制性国家标准的编号如图 9-1 所示:

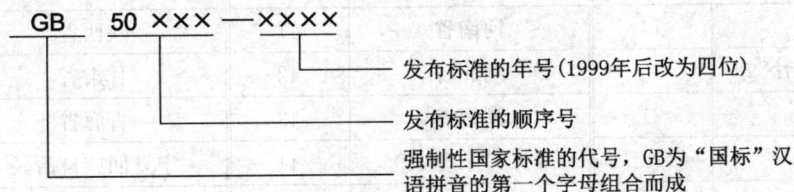

图 9-1　强制性国家标准编号示意图

行业标准代号根据主管部门的不同,采用不同行业的汉语拼音字母组合而成,目前,我国部分行业标准代号如表 9-1 所示:

表 9-1　行业标准代号简表

序号	行业标准名称	行业标准代号	主管部门
1	农业	NY	农业部
2	水产	SC	农业部
3	水利	SL	水利部
⋮	⋮	⋮	⋮
28	铁路运输	TB	铁道部
29	交通	JT	交通部
⋮	⋮	⋮	⋮
45	城镇建设	CJ	住房和城乡建设部
46	建筑工业	JG	住房和城乡建设部
⋮	⋮	⋮	⋮

行业强制性标准的编号并应当符合图 9-2 的统一格式：

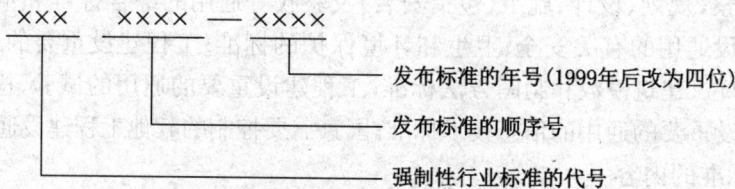

$$\underbrace{\times\times\times}\quad\underbrace{\times\times\times\times}\ -\ \underbrace{\times\times\times\times}$$

发布标准的年号(1999年后改为四位)

发布标准的顺序号

强制性行业标准的代号

图 9-2　强制性行业标准编号示意图

地方标准代号为 DB，即"地标"汉语拼音的第一个字母。有时地方标准代号也可表示为 DB××，其中"××"为地方代码，我国各省、自治区、直辖市的代码如表 9-2 所示：

表 9-2　省、自治区、直辖市代码表

省市名称	代码	省市名称	代码	省市名称	代码
北京市	11	福建省	35	贵州省	52
天津市	12	江西省	36	云南省	53
河北省	13	山东省	37	西藏自治区	54
山西省	14	河南省	41	陕西省	61
内蒙古自治区	15	湖北省	42	甘肃省	62
辽宁省	21	湖南省	43	青海省	63
吉林省	22	广东省	44	宁夏回族自治区	64
黑龙江省	23	广西壮族自治区	45	新疆维吾尔自治区	65
上海市	31	海南省	46	台湾省	71
江苏省	32	重庆市	50	香港	81
浙江省	33	四川省	51	澳门	82
安徽省	34				

9.2.2　工程建设强制性标准

我国自 1988 年颁布了《标准化法》以来,已经陆续批准发布了大量的工程建设国家标准、行业标准和地方标准,每部标准中都包括几十条甚至更多的条款,这些条款通过严格程度不同的用词来区分人们对自然的认识,在内容上面既有强制性的"必须""严禁",也有推荐性的"宜"和"可"等不同的表述。在实践中,工程建设各方主体和工作人员都依据这些条款的规定执行、监督、管理和处罚。

为了以较少的条文作为重点监管和处罚的依据,带动标准的贯彻执行,2000 年起,建设部通过征求专家的意见并经过反复研究,采取从已经批准的国家、行业标准中将带有"必须"和"应"规定的条文里对直接涉及人民生命财产安全、人身健康、环境保护和其他公众利益的条文进行摘录,以工程项目类别为对象,编制完成了《工程建设标准强制性条文》,包括城乡规划、城市建设、房屋建筑、工业建筑、水利工程、电力工程、信息工程、水运工程、公路工程、铁道工程、石油和化工建设工程、矿山工程、人防工程、广播电影电视工程和民航机场工程等 15 个部分,覆盖了工程建设的各主要领域。随着强制性条文的贯彻实施和工程建设标准化工作的深入开展,以及对强制性条文的深入研究和实践的检验,并逐步纳入节能、节地、节水、节材、保护资源、节约投资、提高经济效益和社会效益等政策要求的条文,又对其不断进行了调整、修订和完善。

1) 工程建设强制性标准的实施

《工程建设标准强制性条文》是工程建设全过程中的强制性技术规定,是参与建设活动各方执行工程建设强制性标准的依据,也是政府对执行工程建设强制性标准情况实施监督的依据。《工程建设标准强制性条文》中的条款都必须严格执行。执行《工程建设标准强制性条文》是从技术上确保建设工程质量的关键。在中华人民共和国境内从事新建、扩建、改建等工程建设活动,必须执行工程建设强制性标准。

建设工程勘察、设计文件中规定采用的新技术、新材料,可能影响建设工程质量和安全,又没有国家技术标准的,应当由国家认可的检测机构进行试验、论证,出具检测报告,并经国务院有关主管部门或者省、自治区、直辖市人民政府有关主管部门组织的建设工程技术专家委员会审定后,方可使用。工程建设中采用国际标准或者国外标准,现行强制性标准未作规定的,建设单位应当向国务院建设行政主管部门或者国务院有关行政主管部门备案。

2) 工程建设强制性标准的监督检查

根据《实施工程建设强制性标准监督规定》第四条,国务院建设行政主管部门负责全国实施工程建设强制性标准的监督管理工作。国务院有关行政主管部门按照国务院的职能分工负责实施工程建设强制性标准的监督管理工作。县级以上地方人民政府建设行政主管部门负责本行政区域内实施工程建设强制性标准的监督管理工作。

建设项目规划审查机构应当对工程建设规划阶段执行强制性标准的情况实施监督。施工图设计文件审查单位应当对工程建设勘察、设计阶段执行强制性标准的情况实施监督。建筑安全监督管理机构应当对工程建设施工阶段执行施工安全强制性标准的情况实施监督。工程质量监督机构应当对工程建设施工、监理、验收等阶段执行强制性标准的情况实施监督。建设项目规划审查机关、施工图设计文件审查单位、建筑安全监督管理机构、工程质量监督机构的技术人员必须熟悉、掌握工程建设强制性标准。

工程建设标准批准部门应当定期对建设项目规划审查机关、施工图设计文件审查单位、建筑安全监督管理机构、工程质量监督机构实施强制性标准的监督进行检查,对监督不力的单位和个人,给予通报批评,建议有关部门处理。

工程建设标准批准部门应当对工程项目执行强制性标准情况进行监督检查。监督检查可以采取重点检查、抽查和专项检查的方式。强制性标准监督检查的内容包括:

(1) 有关工程技术人员是否熟悉、掌握强制性标准;

(2) 工程项目的规划、勘察、设计、施工、验收等是否符合强制性标准的规定;

(3) 工程项目采用的材料、设备是否符合强制性标准的规定;

(4) 工程项目的安全、质量是否符合强制性标准的规定;

(5) 工程中采用的导则、指南、手册、计算机软件的内容是否符合强制性标准的规定。

工程建设标准批准部门应当将强制性标准监督检查结果在一定范围内公告。

3) 违反工程建设强制性标准的法律责任

违反工程建设强制性标准造成工程质量、安全隐患或者工程质量安全事故的,按照《建设工程质量管理条例》《建设工程勘察设计管理条例》和《建设工程安全生产管理条例》的有关规定进行处罚。有关责令停业整顿、降低资质等级和吊销资质证书的行政处罚,由颁发资质证书的机关决定;其他行政处罚,由建设行政主管部门或者有关部门依照法定职权决定。建设行政主管部门和有关行政主管部门工作人员,玩忽职守、滥用职权、徇私舞弊的,给予行政处分;构成犯罪的,依法追究刑事责任。

(1) 建设单位的法律责任

建设单位有下列行为之一的,责令改正,并处以 20 万元以上 50 万元以下的罚款:

① 明示或者暗示施工单位使用不合格的建筑材料、建筑构配件和设备的;

② 明示或者暗示设计单位或者施工单位违反工程建设强制性标准,降低工程质量的。

(2) 勘察、设计单位的法律责任

勘察、设计单位违反工程建设强制性标准进行勘察、设计的,责令改正,并处以 10 万元以上 30 万元以下的罚款。造成工程质量事故的,责令停业整顿,降低资质等级;情节严重的,吊销资质证书;造成损失的,依法承担赔偿责任。

(3) 施工单位的法律责任

施工单位违反工程建设强制性标准的,责令改正,处工程合同价款 2% 以上 4% 以下的罚款;造成建设工程质量不符合规定的质量标准的,负责返工、修理,并赔偿因此造成的损失;情节严重的,责令停业整顿,降低资质等级或者吊销资质证书。

(4) 工程监理单位的法律责任

工程监理单位违反强制性标准规定,将不合格的建设工程以及建筑材料、建筑构配件和设备按照合格签字的,责令改正,处 50 万元以上 100 万元以下的罚款,降低资质等级或者吊销资质证书;有违法所得的,予以没收;造成损失的,承担连带赔偿责任。

9.3 建设工程各方的质量责任和义务

9.3.1 建设单位的质量责任和义务

建设单位作为建设工程的投资人,拥有确定建设项目的规模、功能、外观、选用材料设备、按照国家法律法规选择承包单位的权利,在建设活动中处于主导地位,对工程质量负有重要责任。《建设工程质量管理条例》对建设单位的质量责任和义务作出了具体的规定,主要包括:

(1) 建设单位应当将工程发包给具有相应资质等级的单位,不得将建设工程肢解发包。

(2) 建设单位应当依法对工程建设项目的勘察、设计、施工、监理以及与工程建设有关的重要设备、材料等的采购进行招标。

(3) 建设单位必须向有关的勘察、设计、施工、工程监理等单位提供与建设工程有关的原始资料。原始资料必须真实、准确、齐全。

(4) 建设工程发包单位不得迫使承包方以低于成本的价格竞标,不得任意压缩合理工期;建设单位不得明示或者暗示设计单位或者施工单位违反工程建设强制性标准,降低建设工程质量。

(5) 施工图设计文件未经审查批准的,不得使用。

(6) 实行监理的建设工程,建设单位应当委托具有相应资质等级的工程监理单位进行监理,也可以委托具有工程监理相应资质等级并与被监理工程的施工承包单位没有隶属关系或者其他利害关系的该工程的设计单位进行监理。

(7) 建设单位在开工前,应当按照国家有关规定办理工程质量监督手续,工程质量监督手续可以与施工许可证或者开工报告合并办理。

(8) 按照合同约定,由建设单位采购建筑材料、建筑构配件和设备的,建设单位应当保证建筑材料、建筑构配件和设备符合设计文件和合同要求。建设单位不得明示或者暗示施工单位使用不合格的建筑材料、建筑构配件和设备。

(9) 涉及建筑主体和承重结构变动的装修工程,建设单位应当在施工前委托原设计单位或者具有相应资质等级的设计单位提出设计方案;没有设计方案的,不得施工。房屋建筑使用者在装修过程中,不得擅自变动房屋建筑主体和承重结构。

(10) 建设单位收到建设工程竣工报告后,应当组织设计、施工、工程监理等有关单位进行竣工验收。建设工程经验收合格的,方可交付使用。

(11) 建设单位应当严格按照国家有关档案管理的规定,及时收集、整理建设项目各环节的文件资料,建立、健全建设项目档案,并在建设工程竣工验收后,及时向建设行政主管部门或者其他有关部门移交建设项目档案。

9.3.2 勘察、设计单位的质量责任和义务

工程的勘察,担负着为工程建设提供准确地质资料的任务;工程的设计,则直接为工程施工提供据以遵循的技术依据。建设工程勘察、设计的质量是决定整个工程质量的基础,如果勘察、设计的质量存在问题,整个建筑工程的质量也就没有保障。《建筑法》第五十六条规定"建筑工程的勘察、设计单位必须对其勘察、设计的质量负责"。《建设工程质量管理条例》第三章也对建设工程勘察、设计单位的质量责任和义务作出了具体的规定,主要包括:

(1) 从事建设工程勘察、设计的单位应当依法取得相应等级的资质证书,并在其资质等级许可的范围内承揽工程。

禁止勘察、设计单位超越其资质等级许可的范围或者以其他勘察、设计单位的名义承揽工程。禁止勘察、设计单位允许其他单位或者个人以本单位的名义承揽工程。勘察、设计单

位不得转包或者违法分包所承揽的工程。

（2）勘察、设计单位必须按照工程建设强制性标准进行勘察、设计，并对其勘察、设计的质量负责。

注册建筑师、注册结构工程师等注册执业人员应当在设计文件上签字，对设计文件负责。

（3）勘察单位提供的地质、测量、水文等勘察成果必须真实、准确。

（4）设计单位应当根据勘察成果文件进行建设工程设计。

设计文件应当符合国家规定的设计深度要求，注明工程合理使用年限。

（5）设计单位在设计文件中选用的建筑材料、建筑构配件和设备，应当注明规格、型号、性能等技术指标，其质量要求必须符合国家规定的标准。

除有特殊要求的建筑材料、专用设备、工艺生产线等外，设计单位不得指定生产厂、供应商。

（6）设计单位应当就审查合格的施工图设计文件向施工单位作出详细说明。

（7）设计单位应当参与建设工程质量事故分析，并对因设计造成的质量事故，提出相应的技术处理方案。

9.3.3　施工单位的质量责任和义务

施工阶段是建设工程实体质量的形成阶段，勘察、设计工作质量均要在这一阶段得以实现，施工单位的能力和行为对建设工程的施工质量起着直接的作用。《建筑法》第五十八条规定"建筑施工企业对工程的施工质量负责"。《建设工程质量管理条例》第四章也对建设工程施工单位的质量责任和义务作出了具体的规定，主要包括：

（1）施工单位应当依法取得相应等级的资质证书，并在其资质等级许可的范围内承揽工程。

禁止施工单位超越本单位资质等级许可的业务范围或者以其他施工单位的名义承揽工程。禁止施工单位允许其他单位或者个人以本单位的名义承揽工程。施工单位不得转包或者违法分包工程。

（2）施工单位对建设工程的施工质量负责。

施工单位应当建立质量责任制，确定工程项目的项目经理、技术负责人和施工管理负责人。

建设工程实行总承包的，总承包单位应当对全部建设工程质量负责；建设工程勘察、设计、施工、设备采购的一项或者多项实行总承包的，总承包单位应当对其承包的建设工程或者采购的设备的质量负责。

（3）总承包单位依法将建设工程分包给其他单位的，分包单位应当按照分包合同的约定对其分包工程的质量向总承包单位负责，总承包单位与分包单位对分包工程的质量承担连带责任。

（4）施工单位必须按照工程设计图纸和施工技术标准施工，不得擅自修改工程设计，不得偷工减料。施工单位在施工过程中发现设计文件和图纸有差错的，应当及时提出意见和建议。

（5）施工单位必须按照工程设计要求、施工技术标准和合同约定，对建筑材料、建筑构配件、设备和商品混凝土进行检验,检验应当有书面记录和专人签字;未经检验或者检验不合格的,不得使用。

(6) 施工单位必须建立、健全施工质量的检验制度,严格工序管理,作好隐蔽工程的质量检查和记录。隐蔽工程在隐蔽前,施工单位应当通知建设单位和建设工程质量监督机构。

(7) 施工人员对涉及结构安全的试块、试件以及有关材料,应当在建设单位或者工程监理单位监督下现场取样,并送具有相应资质等级的质量检测单位进行检测。

(8) 施工单位对施工中出现质量问题的建设工程或者竣工验收不合格的建设工程,应当负责返修。

(9) 施工单位应当建立、健全教育培训制度,加强对职工的教育培训;未经教育培训或者考核不合格的人员,不得上岗作业。

9.3.4　监理单位的质量责任和义务

根据《建设工程质量管理条例》第五章的规定,建设工程监理单位的质量责任和义务主要包括:

(1) 工程监理单位应当依法取得相应等级的资质证书,并在其资质等级许可的范围内承担工程监理业务。

禁止工程监理单位超越本单位资质等级许可的范围或者以其他工程监理单位的名义承担工程监理业务。禁止工程监理单位允许其他单位或者个人以本单位的名义承担工程监理业务。工程监理单位不得转让工程监理业务。

(2) 工程监理单位与被监理工程的施工承包单位以及建筑材料、建筑构配件和设备供应单位有隶属关系或者其他利害关系的,不得承担该项建设工程的监理业务。

(3) 工程监理单位应当依照法律、法规以及有关技术标准、设计文件和建设工程承包合同,代表建设单位对施工质量实施监理,并对施工质量承担监理责任。

(4) 工程监理单位应当选派具备相应资格的总监理工程师和监理工程师进驻施工现场。

未经监理工程师签字,建筑材料、建筑构配件和设备不得在工程上使用或者安装,施工单位不得进行下一道工序的施工。未经总监理工程师签字,建设单位不拨付工程款,不进行竣工验收。

(5) 监理工程师应当按照工程监理规范的要求,采取旁站、巡视和平行检验等形式,对建设工程实施监理。

9.3.5　建筑材料、构配件生产及设备供应单位的质量责任和义务

建设工程使用的建筑材料、建筑构配件和设备的产品质量责任适用《中华人民共和国产品质量法》的相关规定。建筑材料、构配件生产及设备供应单位的质量责任和义务主要包括:

(1) 建筑材料、构配件生产及设备供应单位应当对其生产或供应的产品质量负责

建筑材料、构配件生产及设备供应单位必须具备相应的生产条件、技术装备和质量保证体系,具备必要的检测人员和设备,把好产品看样、订货、存储、运输和核验的质量关;其产品

质量应当符合国家或行业现行有关技术标准规定的合格标准和设计要求,并符合其产品说明、实物样品等方式标明的质量状况。

（2）建筑材料、构配件及设备或者其包装上的标识应当符合下列要求：

① 有产品质量检验合格证明；

② 有中文标明的产品名称、生产厂厂名和厂址；

③ 产品包装和商标样式符合国家有关规定和标准要求；

④ 设备应有产品详细的使用说明书,电气设备还应附有线路图；

⑤ 实施生产许可证或使用产品质量认证标志的产品,应有许可证或质量认证的编号、批准日期和有效期限。

（3）建筑材料、构配件生产及设备供应单位不得生产国家明令淘汰的产品；不得伪造产地,不得伪造或者冒用他人的厂名、厂址；不得伪造或者冒用认证标志等质量标志；不得掺杂、掺假,不得以假充真、以次充好,不得以不合格产品冒充合格产品等。

9.4 建设工程质量验收制度

为促进和加强建设工程项目质量管理与控制,确保工程质量,应对建设工程质量验收的内容、要求、程序等进行规定。

为了加强建筑工程质量管理,统一建筑工程施工质量的验收,保证工程质量,2013 年 11 月,住房和城乡建设部发布《建筑工程施工质量验收统一标准》（GB 50300—2013）,自 2014 年 6 月 1 日起实施,原《建筑工程施工质量验收统一标准》（GB 50300—2001）同时废止。

《建筑工程施工质量验收统一标准》（GB 50300—2013）规定"本标准适用于建筑工程施工质量的验收,并作为建筑工程各专业验收规范编制的统一准则"；"建筑工程各专业验收规范应与本标准配合使用"。

9.4.1 建筑工程施工质量验收的划分与合格条件

建筑工程施工质量验收应划分为单位工程、分部工程、分项工程和检验批。

1）检验批验收

检验批是工程验收的最小单位,是分项工程乃至整修建筑工程质量验收的基础。检验批是施工过程中条件相同并有一定数量的材料、构配件或安装项目,由于其质量基本均匀一致,因此可以作为检验的基础单位,并按批验收。

检验批质量验收合格应符合下列规定：

（1）主控项目的质量经抽样检验均应合格；

（2）一般项目的质量经抽样检验合格；

（3）具有完整的施工操作依据、质量验收记录。

检验批验收应有完整的施工操作依据和质检记录,这些基础的质量控制资料能反映从原材料到验收的各工序的操作依据、检查情况以及质量保证管理制定等。对检验批施工资料完整性的检查,是对过程控制的确认,是检验批合格的前提。

检验批质量验收记录如表 9-3 所示：

表 9-3　_____检验批质量验收记录　　　　编号：

单位(子单位)工程名称			分部(子分部)工程名称		分项工程名称	
施工单位			项目负责人		检验批容量	
分包单位			分包单位项目负责人		检验批部位	
施工依据				验收依据		

验收项目		设计要求及规范规定	最小/实际抽样数量	检查记录	检查结果
主控项目	1				
	2				
	3				
	4				
	5				
	6				
	7				
	8				
一般项目	1				
	2				
	3				
	4				
施工单位检查结果			专业工长： 项目专业质量检查员： 年　月　日		
监理单位验收结论			专业监理工程师： 年　月　日		

2）分项工程验收

分项工程验收是在检验批验收的基础上进行的。一般情况下,两者具有相同或相近的性质,但批量的大小不同。

分项工程质量验收合格应符合下列规定：

（1）所含检验批的质量均应验收合格；

（2）所含检验批的质量验收记录应完整。

分项工程质量验收记录如表 9-4 所示。

表 9-4 _____分项工程质量验收记录 　　　　编号：

单位（子单位）工程名称			分部（子分部）工程名称			
分项工程数量			检验批数量			
施工单位			项目负责人		项目技术负责人	
分包单位			分包单位项目负责人		分包内容	
序号	检验批名称	检验批容量	部位/区段	施工单位检查结果		监理单位验收结论	
1							
2							
3							
4							
5							
6							
7							
8							
9							
10							
11							
施工单位检查结果			项目专业技术负责人：　　　　　　　年　月　日				
监理单位验收结论			专业监理工程师：　　　　　　　年　月　日				

3) 分部工程验收

分部工程的验收在其所含各分项工程验收的基础上进行。

分部工程质量验收合格应符合下列规定：

(1) 所含分项工程的质量均应验收合格；

(2) 质量控制资料应完整；

(3) 有关安全、节能、环境保护和主要使用功能的抽样检验结果应符合相应规定；

(4) 观感质量应符合要求。

分部工程质量验收记录如表 9-5 所示。

表 9-5　_____ 分部工程质量验收记录　　编号：

单位(子单位)工程名称			子分部工程数量			分项工程数量	
施工单位			项目负责人			技术(质量)负责人	
分包单位			分包单位负责人			分包内容	
序号	子分部工程名称	分项工程名称	检验批数量	施工单位检查结果		监理单位验收结论	
1							
2							
3							
4							
5							
6							
7							
质量控制资料							
安全和功能检验结果							
观感质量检验结果							
综合验收结论							
施工单位 项目负责人： 　　年　月　日		勘察单位 项目负责人： 　　年　月　日		设计单位 项目负责人： 　　年　月　日		监理单位 总监理工程师： 　　年　月　日	

注：1. 地基与基础分部工程的验收应由施工、勘察、设计单位项目负责人和总监理工程师参加并签字；

　　2. 主体结构、节能分部工程的验收应由施工、设计单位项目负责人和总监理工程师参加并签字。

4）单位工程验收

单位工程是具备独立施工条件并能形成独立使用功能的建筑物或构筑物。单位工程质量验收也称质量竣工验收，是建筑工程投入使用前的最后一次验收，也是最重要的一次验收。

《建筑法》第六十一条规定："交付竣工验收的建筑工程，必须符合规定的建筑工程质量标准，有完整的工程技术经济资料和经签署的工程保修书，并具备国家规定的其他竣工条件。建筑工程竣工经验收合格后，方可交付使用；未经验收或者验收不合格的，不得交付使用。"依照本条规定，交付竣工验收的建筑工程，必须具备以下条件：

（1）必须符合规定的建筑工程质量标准。

（2）有完整的工程技术经济资料，如建筑工程承包合同、建筑工程用地的批准文件、工程的设计图纸及其他有关设计文件、工程所用主要建筑材料、建筑构配件和设备的出厂检验合格证明和进场检验报告，申请竣工验收的报告书及有关工程建设的技术档案等。

（3）有建筑工程质量保修书。工程竣工交付使用后，施工企业应对其施工的建筑工程质量在一定期限内承担保修责任，以维护使用者的合法权益。为此，施工企业应当按规定提供建筑工程质量保修证书，作为其向用户承诺承担质量保修责任的书面凭证。

（4）具备国家规定的其他竣工条件。如按照国务院建设行政主管部门的规定，城市住宅小区竣工综合验收，还应做到住宅及公共配套设施、市政公用基础设施等单项工程全部验收合格，验收资料齐全；各类建筑物的平面位置、立面造型、装饰色调等符合批准的规划设计要求；施工机具、暂设工程、建筑残土、剩余构件全部拆除运走，达到场清地平；有绿化要求的已按绿化设计全部完成，达到树活草青等。

《民法典》第七百九十九条也规定"建设工程竣工后，发包人应当根据施工图纸及说明书、国家颁发的施工验收规范和质量检验标准及时进行验收。验收合格的，发包人应当按照约定支付价款，并接收该建设工程。建设工程竣工经验收合格后，方可交付使用；未经验收或者验收不合格的，不得交付使用。"

单位工程质量验收合格应符合下列规定：

（1）所含分部工程的质量均应验收合格；

（2）质量控制资料应完整；

（3）所含分部工程中有关安全、节能、环境保护和主要使用功能的检验资料应完整；

（4）主要使用功能的抽查结果应符合相关专业验收规范的规定；

（5）观感质量应符合要求。

单位工程质量竣工验收记录如表 9-6 所示：

表 9-6　单位工程质量竣工验收记录

工程名称		结构类型		层数/建筑面积	
施工单位		技术负责人		开工日期	
项目负责人		项目技术负责人		完工日期	

（续表）

序号	项目	验收记录	验收结论
1	分部工程验收	共 分部,经查符合设计及标准规定 分部	
2	质量控制资料核查	共 项,经核查符合规定 项	
3	安全和使用功能核查及抽查结果	共核查 项,符合规定 项,共抽查 项,符合规定 项,经返工处理符合规定 项	
4	观感质量验收	共抽查 项,达到"好"和"一般"的 项,经返修处理符合要求的 项	
综合验收结论			

参加验收单位	建设单位	监理单位	施工单位	设计单位	勘察单位
	（公章）项目负责人:年 月 日	（公章）总监理工程师:年 月 日	（公章）项目负责人:年 月 日	（公章）项目负责人:年 月 日	（公章）项目负责人:年 月 日

注:单位工程验收时,验收签字人员应由相应单位的法人代表书面授权。

9.4.2 建筑工程施工质量验收的要求

1) 工程质量验收均应在施工单位自检合格的基础上进行

建筑工程的质量是由施工单位在具体操作过程中形成的,检查验收只是事后对其质量状况的反映。施工中真正大量的质量控制和验收检验是施工单位以自检的形式进行的,并以评定的方式给出质量是否合格的结论。各施工工序应按施工技术标准进行质量控制,每道施工工序完成后,经施工单位自检符合规定后,才能进行下道工序施工。各专业工种之间的相关工序应进行交接检验,并应记录。

每道工序完成后,施工单位除了自检、专职质量检查员检查外,还应进行工序交接检查,上道工序应满足下道工序的施工条件和要求;同样相关专业工序之间也应进行交接检验,使各工序之间和各相关专业工程之间形成有机的整体。施工单位自检包含三个层次。一道工序结束后,首先,由操作者按质量标准对本工序的工艺质量进行检查;其次,由班组质量员按质量标准对本班组的质量进行互检;最后,由施工技术人员组织本道工序及下道工序作业班长和专职质量员参加交接检。

2) 参加工程施工质量验收的各方人员应具备相应的资格

施工质量的验收是由代表各方的验收人员来完成的,参加验收的人员应具备规定的资格。

3）检验批的质量应按主控项目和一般项目验收

主控项目是指建筑工程中对安全、节能、环境保护和主要使用功能起决定性作用的检验项目。一般项目是指除主控项目以外的检验项目。

检验批质量是否合格的判定标准主要是国家颁布的各项专业工程验收规范，专业规范中对不同分项工程的主控项目和一般项目都有明确的质量规定。施工单位对检验批的自检和评定是整个工程质量验收的基础。

4）对涉及结构安全、节能、环境保护和主要使用功能的试块、试件及材料，应在进场时或施工中按规定进行见证检验

对涉及结构安全的试块、试件及材料，应按规定在各方在场的情况下，在施工现场随机抽取试样进行检测。

5）隐蔽工程在隐蔽前应由施工单位通知监理单位进行验收，并应形成验收文件，验收合格后方可继续施工

隐蔽验收前，施工单位应通知有关单位，在各方人员在场的情况下检查，共同确认其符合设计文件和质量标准的要求后，形成验收文件，作为今后不同层次验收时的依据。

6）对涉及结构安全、节能、环境保护和使用功能的重要分部工程应在验收前按规定进行抽样检验

为强化验收，除常规检测及见证检测外，还应对涉及结构安全和使用功能的重要工程实体，在进行分部（子分部）工程验收前，进行抽样检测。

7）工程的观感质量应由验收人员现场检查，并应共同确认

由验收人员通过现场巡视观察进行检查，对外观质量进行评定确认。

9.4.3 建筑工程质量验收的程序和组织

1）建筑工程质量验收程序

建筑工程质量验收是基于检验批质量验收资料，通过逐级的汇集和抽查完成分项工程、分部工程、单位工程的验收，如图9-3所示：

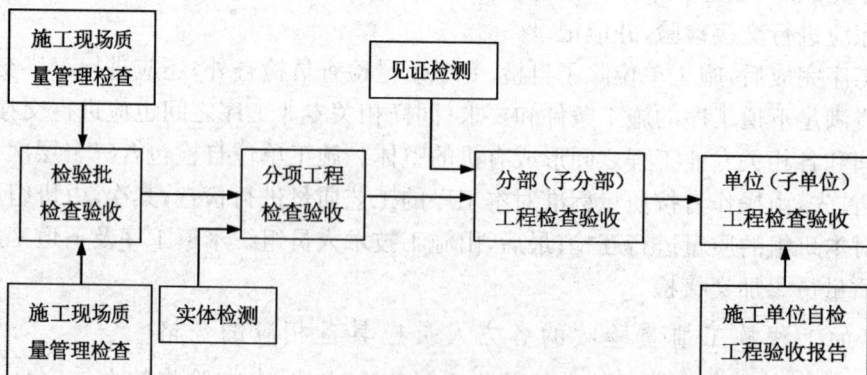

图 9-3 建筑工程验收程序

施工现场应具有健全的质量管理体系、相应的施工技术标准、施工质量检验制度和综合施工质量水平评定考核制度。施工现场质量管理检查记录如表9-7所示：

表 9-7　施工现场质量管理检查记录

开工日期：

工程名称			施工许可证号	
建设单位			项目负责人	
设计单位			项目负责人	
监理单位			总监理工程师	
施工单位		项目负责人	项目技术负责人	
序号	项目		主要内容	
1	项目部质量管理体系			
2	现场质量责任制			
3	主要专业工种操作岗位证书			
4	分包单位管理制度			
5	图纸会审记录			
6	地质勘察资料			
7	施工技术标准			
8	施工组织设计、施工方案编制及审批			
9	物资采购管理制度			
10	施工设施和机械设备管理制度			
11	计量设备配备			
12	检测试验管理制度			
13	工程质量检查验收制度			
14				
自检结果：			检查结论：	
施工单位项目负责人：　　　　年　月　日			总监理工程师：　　　　年　月　日	

2）建筑工程质量验收组织

（1）检验批应由专业监理工程师组织施工单位项目专业质量检查员、专业工长等进行验收。

（2）分项工程应由专业监理工程师组织施工单位项目专业技术负责人等进行验收。

（3）分部工程应由总监理工程师组织施工单位项目负责人和项目技术、质量负责人等进行验收。勘察、设计单位项目负责人和施工单位技术、质量部门负责人应参加地基与基础部分工程的验收。设计单位项目负责人和施工单位技术、质量部门负责人应参加主体结构、节能分部工程的验收。

（4）单位工程中的分包工程完工后，分包单位应对所承包的工程项目进行自检，并应按本标准规定的程序进行验收。验收时，总包单位应派人参加。分包单位应将所分包工程的质量控制资料整理完整后，移交给总包单位。

单位工程完工后，应组织有关人员进行自检。总监理工程师应组织各专业监理工程师对工程质量进行竣工预验收。存在施工质量问题时，应由施工单位及时整改。整改完毕后，由施工单位向建设单位提交工程竣工报告，申请工程竣工验收。

建设单位收到工程竣工报告后，应由建设单位项目负责人组织监理、施工、设计、勘察等单位项目负责人进行单位工程验收。

9.4.4 建筑工程竣工验收备案

《建设工程质量管理条例》第四十九条规定："建设单位应当自建设工程竣工验收合格之日起 15 日内，将建设工程竣工验收报告和规划、公安消防、环保等部门出具的认可文件或者准许使用文件报建设行政主管部门或者其他有关部门备案。建设行政主管部门或者其他有关部门发现建设单位在竣工验收过程中有违反国家有关建设工程质量管理规定行为的，责令停止使用，重新组织竣工验收。"

1）竣工验收备案的程序

依据《房屋建筑和市政基础设施工程竣工验收备案管理办法》，房屋建筑和市政基础设施工程竣工验收备案程序为：

（1）建设单位应当自工程竣工验收合格之日起 15 日内，依照本办法规定，向工程所在地的县级以上地方人民政府建设主管部门（以下简称备案机关）备案；

（2）备案机关收到建设单位报送的竣工验收备案文件，验证文件齐全后，应当在工程竣工验收备案表上签署文件收讫。工程竣工验收备案表一式两份，一份由建设单位保存，一份留备案机关存档。

（3）工程质量监督机构应当在工程竣工验收之日起 5 日内，向备案机关提交工程质量监督报告。

备案机关发现建设单位在竣工验收过程中有违反国家有关建设工程质量管理规定行为的，应当在收讫竣工验收备案文件 15 日内，责令停止使用，重新组织竣工验收。

2）竣工验收备案应提交的文件

《房屋建筑和市政基础设施工程竣工验收备案管理办法》第五条规定，建设单位办理工程竣工验收备案应当提交下列文件：

（1）工程竣工验收备案表；

（2）工程竣工验收报告，竣工验收报告应当包括工程报建日期，施工许可证号，施工图设计文件审查意见，勘察、设计、施工、工程监理等单位分别签署的质量合格文件及验收人员签署的竣工验收原始文件，市政基础设施的有关质量检测和功能性试验资料以及备案机关认为需要提供的有关资料；

（3）法律、行政法规规定应当由规划、环保等部门出具的认可文件或者准许使用文件；

（4）法律规定应当由公安消防部门出具的对大型的人员密集场所和其他特殊建设工程验收合格的证明文件；

（5）施工单位签署的工程质量保修书；

（6）法规、规章规定必须提供的其他文件。

住宅工程还应当提交《住宅质量保证书》和《住宅使用说明书》。

9.5　建设工程质量监督管理制度

为了确保建筑工程质量，保障公共安全，保护人民群众生命和财产安全，政府必须加强对建筑工程质量的监督与管理。《建设工程质量管理条例》第四十三条第一款规定："国家实行建设工程质量监督管理制度。"《房屋建筑和市政基础设施工程质量监督管理规定》规定："工程质量监督管理，是指主管部门依据有关法律法规和工程建设强制性标准，对工程实体质量和工程建设、勘察、设计、施工、监理单位（以下简称工程质量责任主体）和质量检测等单位的工程质量行为实施监督。"

9.5.1　质量监督管理部门

1）建设工程质量的统一监督和专业监督

《建设工程质量管理条例》第四十三条第二、三款规定："国务院建设行政主管部门对全国的建设工程质量实施统一监督管理。国务院铁路、交通、水利等有关部门按照国务院规定的职责分工，负责对全国的有关专业建设工程质量的监督管理。县级以上地方人民政府建设行政主管部门对本行政区域内的建设工程质量实施监督管理。县级以上地方人民政府交通、水利等有关部门在各自的职责范围内，负责对本行政区域内的专业建设工程质量的监督管理。"

2）建设工程质量的稽查

国务院发展计划部门按照国务院规定的职责，组织稽查特派员，对国家出资的重大建设项目实施监督检查。国务院经济贸易主管部门按照国务院规定的职责，对国家重大技术改造项目实施监督检查。工程建设稽查的对象是国家拨款建设的工程建设项目，是对工程建设全过程，即建设程序的整个过程实行监督。工程质量监督是工程建设实施以及竣工验收阶段。

3）建设工程质量监督的委托

建设工程质量的监督事项可以由建设行政主管部门委托建设工程质量监督机构（如建设工程质量监督站等）具体实施。从事房屋建筑工程和市政基础设施工程质量监督的机构，必须按照国家有关规定经国务院建设行政主管部门或者省、自治区、直辖市人民政府建设行政主管部门考核；从事专业建设工程质量监督的机构，必须按照国家有关规定经国务院有关部门或者省、自治区、直辖市人民政府有关部门考核。经考核合格后，方可实施质量监督。

9.5.2 质量监督管理事项和管理措施

1）监督的管理事项

建设工程质量监督的具体工作,大量的是由建设行政主管部门委托工程质量监督的机构履行监督职责,具体监督事项有:

(1) 受建设行政主管部门委托,负责本地区建设工程质量和工程检测的监督管理工作。

(2) 具体贯彻落实国家、省、市有关工程质量的法律、法规和工程技术标准。

(3) 按照国家及地方制定的有关工程质量管理的法律、法规和工程技术标准,对受监工程建设各方责任主体及有关机构履行质量职责情况和工程实物质量情况进行监督检查。

(4) 向工程备案管理机构提交工程质量监督报告。

(5) 对工程参建各方责任主体和有关机构质量信誉进行管理。

(6) 按建设行政主管部门的委托权限对责任主体和有关机构违法、违规行为进行调查取证和核实,提出处罚建议或按委托权限对违法违规行为实施行政处罚。

(7) 受理并及时处理本地区建设工程质量投诉,参与质量事故的调查处理,组织开展质量问题的技术鉴定。

(8) 掌握本地区建设工程质量状况,及时总结、推广好的工程质量管理经验。

2）工程质量监督的管理措施

依据《建设工程质量管理条例》第四十八条规定,县级以上人民政府建设行政主管部门和其他有关部门履行监督检查职责时,有权采取下列措施:

(1) 要求被检查的单位提供有关工程质量的文件和资料;

(2) 进入被检查单位的施工现场进行检查;

(3) 发现有影响工程质量的问题时,责令改正。

9.5.3 质量监督管理内容

依据《建设工程质量管理条例》,国务院建设行政主管部门,国务院铁路、交通、水利等有关部门,县级以上地方人民政府建设行政主管部门和其他有关部门应当加强对有关建设工程质量的法律、法规和强制性标准执行情况的监督检查。

根据《房屋建筑和市政基础设施工程质量监督管理规定》,工程质量监督管理的内容和程序包括:

(1) 受理建设单位办理质量监督手续;

(2) 制订工作计划并组织实施;

(3) 执行法律法规和工程建设强制性标准的情况;

(4) 对工程实体质量(涉及工程主体结构安全和主要使用功能的)、工程质量责任主体和质量检测等单位的工程质量行为进行抽查、抽测;抽查主要建筑材料、建筑构配件的质量;

(5) 监督工程竣工验收,重点对验收的组织形式、程序等是否符合有关规定进行监督;

(6) 组织或者参与工程质量事故的调查处理;

(7) 定期对本地区工程质量状况进行统计分析;

(8) 依法对违法违规行为实施处罚;

（9）形成工程质量监督报告；

（10）建立工程质量监督档案。

9.6　建设工程质量强制监理制度

建筑工程监理是指由具有法定资质条件的工程监理单位，根据建设单位的委托，依照法律、行政法规及有关的技术标准、设计文件和建筑工程承包合同，对承包单位在施工质量、建设工期和建设资金使用等方面，代表建设单位对施工过程实施监督的专门活动。

《建筑法》是第一部对建筑工程监理作出系统规定的法律，《建筑法》制定后即正式确定了建筑工程监理的法律地位，成为一项法定的制度。《建筑法》第三十条第一款规定"国家推行建筑工程监理制度"。实施建筑工程监理制度，不仅有利于保证工程质量、节省工程投资、合理控制工期，而且还有利于帮助和支持施工单位采用新技术、新工艺，方便施工、文明施工、安全施工、节省劳力、降低成本。

建筑工程监理制度在国际上已有较长的发展历史，已成为建筑领域中的一项国际惯例。世界银行、亚洲开发银行等国际金融机构和发达国家政府贷款的建设项目，都要求对贷款建设的项目实行工程监理制度。我国从 1988 年开始推行对建筑工程的监理制度；1997 年颁布《建筑法》，第一次以法律的形式对工程监理作出规定；2000 年 1 月国务院发布施行的《建设工程质量管理条例》（2017 年修正），对工程监理单位的质量责任和义务作出了具体的规定；2000 年 12 月原建设部发布《建设工程监理规范》（2013 年修订），对项目监理机构及其设施、监理规划及监理实施细则、监理工作、监理文件资料管理、设备采购与设备监造、相关服务等内容作出了规定；2001 年 1 月原建设部发布施行《建设工程监理范围和规模标准规定》，对强制实行监理的建设工程项目具体范围和规模标准作出了规定；2004 年 2 月 1 日起，国务院发布的《建设工程安全生产管理条例》开始施行，对工程监理承担建设工程安全生产的监理责任作出了规定。随着建设领域造价师职业制度的建立和逐步完善，监理工作中的项目投资和造价控制的职责已由造价师承担。监理师的主要职责是对建设工程的进度、质量和安全的控制和管理。

9.6.1　强制监理的建筑工程范围

《建筑法》第三十条第二款规定"国务院可以规定实行强制监理的建筑工程的范围"。建筑工程监理是建设项目的业主为保证工程质量、控制工程造价和工期，以维护自身利益而采取的措施，对建筑工程项目是否实行监理制度，原则上应由项目业主（建设单位）自行决定。但是，我国对于使用国家财政资金或其他公共资金建设的工程项目或一些大型公共建筑工程，为保证国有建设资金的投资效益，保证工程质量，保证公众安全和公共利益，都必须实行强制监理制度；此外，对利用外国政府或者国际金融组织赠款、贷款的建筑工程项目，也应实行强制监理制度。

国务院在《建设工程质量管理条例》第十二条中对实施强制监理的建筑工程范围作出了规定，规定国家重点建设工程，大中型公用事业工程，成片开发建设的住宅小区工程，利用外国政府或者国际组织贷款、援助资金的工程，国家规定必须实行监理的其他工程必须实行监理。建设部根据《建设工程质量管理条例》，在《建设工程监理范围和规模标准规定》中又进一步细化了必须实行监理的工程范围和规模标准：

1）国家重点建设工程

国家重点建设工程，是指依据《国家重点建设项目管理办法》所确定的对国民经济和社会发展有重大影响的骨干项目。

2）大中型公用事业工程

大中型公用事业工程，是指项目总投资额在 3 000 万元以上的下列工程项目：(1)供水、供电、供气、供热等市政工程项目；(2)科技、教育、文化等项目；(3)体育、旅游、商业等项目；(4)卫生、社会福利等项目；(5)其他公用事业项目。

3）成片开发建设的住宅小区工程

成片开发建设的住宅小区工程，建筑面积在 5 万平方米以上的住宅建设工程必须实行监理；5 万平方米以下的住宅建设工程，可以实行监理，具体范围和规模标准，由省、自治区、直辖市人民政府建设行政主管部门规定。为了保证住宅质量，对高层住宅及地基、结构复杂的多层住宅应当实行监理。

4）利用外国政府或者国际组织贷款、援助资金的工程

利用外国政府或者国际组织贷款、援助资金的工程范围包括：(1)使用世界银行、亚洲开发银行等国际组织贷款资金的项目；(2)使用国外政府及其机构贷款资金的项目；(3)使用国际组织或者国外政府援助资金的项目。

5）国家规定必须实行监理的其他工程

(1) 项目总投资额在 3 000 万元以上关系社会公共利益、公众安全的基础设施项目

① 煤炭、石油、化工、天然气、电力、新能源等项目；

② 铁路、公路、管道、水运、民航以及其他交通运输业等项目；

③ 邮政、电信枢纽、通信、信息网络等项目；

④ 防洪、灌溉、排涝、发电、引（供）水、滩涂治理、水资源保护、水土保持等水利建设项目；

⑤ 道路、桥梁、地铁和轻轨交通、污水排放及处理、垃圾处理、地下管道、公共停车场等城市基础设施项目；

⑥ 生态环境保护项目；

⑦ 其他基础设施项目。

(2) 学校、影剧院、体育场馆项目

对属于国务院规定实行强制监理制度的建筑工程，建设单位必须依法委托工程监理单位实施监理，对其他建筑工程，则由建设单位自行决定是否实行工程监理。

随着建筑业的高速发展和国家管理体制的改革，监理的服务范围在向全过程工程咨询、工程质量保险方面发展。

9.6.2 工程监理主体

《建筑法》第三十一条规定"实行监理的建筑工程，由建设单位委托具有相应资质条件的工程监理单位监理"。工程监理单位是指具备《建筑法》第十二条规定的注册资本、专业技术

人员、技术装备等条件,根据人员素质、技术装备、资金数量、专业技能、管理水平及监理业绩等依法取得工程监理资质证书,具有法人资格的监理公司、监理事务所或兼承监理业务的工程设计、科研及工程建设咨询的单位。至 2019 年,我国的工程监理企业已发展到 8 300 余家,监理师及监理从业人员达 116 万余人。建设单位应根据建筑工程的规模大小、技术复杂程度等因素,委托相应资质等级的监理单位承担工程的监理业务。

从事建筑工程监理活动,需要有较高的工程建设方面的专业技术知识和比较丰富的实践经验才能发挥有效的监督作用,使工程监理工作真正起到保证施工质量、合理控制建设资金和建设工期的作用。实施工程监理的监理单位必须具有与其监理的建筑工程相适应的资质条件。《建筑法》第三十四条规定:"工程监理单位应当在其资质等级许可的监理范围内,承担工程监理业务。工程监理单位应当根据建设单位的委托,客观、公正地执行监理任务。工程监理单位与被监理工程的承包单位以及建筑材料、建筑构配件和设备供应单位不得有隶属关系或者其他利害关系。"工程监理单位应当是独立的中介机构,具有法人资格;同时,工程监理单位作为独立的主体,必须与妨碍其公正履行职责的有关单位或行业分离。

9.6.3　工程监理的职责

建筑工程监理是针对具体工程项目的,属于微观的监督管理活动,它代表建设单位的利益。《建筑法》中对建筑工程监理的职责规定有下列几方面内容。

1) 接受建设单位委托,签订监理合同

《建筑法》第三十一条规定"建设单位与其委托的工程监理单位应当订立书面委托监理合同"。建筑工程监理合同的订立应当符合《民法典》的规定。《民法典》第七百九十六条规定:"建设工程实行监理的,发包人应当与监理人采用书面形式订立委托监理合同。发包人与监理人的权利和义务以及法律责任,应当依照本法委托合同以及其他有关法律、行政法规的规定。"建设工程监理合同是指工程建设单位聘请监理单位代其对工程项目进行管理,明确双方权利、义务的协议。委托监理合同的标的是专业的技术服务行为,即监理工程师凭据自己的知识、经验、技能受建设单位委托为其所签订的建设工程合同(勘察、设计和施工合同)的履行实施监督和管理。

委托监理合同应主要包括相关词语定义,双方的权利、义务、责任,合同生效、变更与终止,监理酬金,争议的解决及其他等内容。建设单位和监理单位签订了委托监理合同就应当依照合同的规定履行义务,任何一方不能擅自违反合同的约定,否则将承担违约责任。

《建筑法》第三十三条规定"实施建筑工程监理前,建设单位应当将委托的工程监理单位、监理的内容及监理权限,书面通知被监理的建筑施工企业"。工程监理单位代表建设单位对建筑施工企业的施工质量、施工进度和资金使用等方面实施监督,为了让作为被监督一方的建筑施工企业做好接受监理单位实施监理工作的准备,便于监理单位派出的监理人员进驻施工现场,以及监理单位与施工企业在施工过程中实现相互支持和配合,在工程监理工作开展以前,建设单位有义务将委托工程监理的有关事项提前通知建筑施工企业。

建设单位应当以书面形式将下列事项通知被监理的建筑施工企业,不能采用口头通知的形式:(1)工程监理单位,包括监理单位的名称、资质等级、监理人员等基本情况。(2)监理的内容和监理权限,主要指审查承建单位提出的施工组织设计(或方案),提出改进意见,参加承建单位的技术交底会议并监督其实施;督促、检查承建单位严格执行工程承包合同和有关工程技术规范、标准;检查工程使用的材料、构配件和设备质量,对不合格者提出更换要求;检查工程进度和施工质量,签署工程付款凭证,对严重违反规范、规程者,必要时签发停工通知单;负责隐蔽工程验收,参与处理工程质量事故,并监督事故处理方案的执行;调解建设单位与承建单位之间的争议;督促和审查承建单位整理合同文件和工程技术档案资料,并汇总归档;组织设计单位和施工单位进行工程初步验收,提出竣工验收报告;参加建设单位组织的最终竣工验收;审查工程结算等。

2) 工程监理的法定职权

《建筑法》第三十二条第一款规定"建筑工程监理应当依照法律、行政法规及有关的技术标准、设计文件和建筑工程承包合同,对承包单位在施工质量、建设工期和建设资金使用等方面,代表建设单位实施监督",明确了工程监理的地位、主要任务和实施工程监理任务的基本依据。

工程监理单位在监理活动中处于建设单位代表的地位,接受建设单位的委托,按照工程监理合同的约定对承包单位在施工质量、建设工期和建设资金使用等方面,代表建设单位实施监督,对建设单位负责。监理单位如果发现承包单位的违法行为或者违反监理合同的行为,应当制止或向建设单位报告。

建筑工程监理的主要任务是对承包单位在施工质量、建设工期和建设资金使用等方面实施监督。工程监理单位在代表建设单位对承包单位的施工进行监督管理的过程中,为了提高建筑工程建设水平、保证施工质量、充分发挥投资效益、保障建筑工程承包合同的实施,应当力求使该工程在工程项目实体、功能和使用价值、工作质量等方面符合有关的法律、法规、标准和建设单位的质量要求,力求使工程的实际进度符合整个工程进度计划的要求,同时,工程施工还应当在满足质量和进度要求的前提下,使工程的实际投资不超过计划投资。

工程监理单位执行监理任务应遵循的基本依据包括:全国人大及其常委会制定的法律和国务院制定的行政法规中对工程建设的有关规定;与建筑工程有关的国家标准、行业标准、设计图纸、工程说明书等文件;建设单位与承包单位之间签订的建筑工程承包合同,包括投标书、合同条件、设计图纸、工程说明书、技术规范及标准、工程量清单及单价表等。

《建筑法》第三十二条第二、三款规定"工程监理人员认为工程施工不符合工程设计要求、施工技术标准和合同约定的,有权要求建筑施工企业改正。工程监理人员发现工程设计不符合建筑工程质量标准或者合同约定的质量要求的,应当报告建设单位要求设计单位改正",规定了工程监理人员的基本权利。

工程监理人员,是指依法取得了工程监理执业资格证书,按照执业资格证书许可的范围从事工程监理活动的专业技术人员。为了保证工程监理人员能够独立、公正地对工程建设实施有效监督,工程监理人员对其所发现的工程问题,有权要求责任者予以改正或者提请建设单位要求责任者改正。工程监理人员对工程实施监督的具体的权利和义务,都应当在监理合同中作出明确规定。

3) 工程监理单位不得转让工程监理业务

《建筑法》第三十四条第四款规定"工程监理单位不得转让工程监理业务"。所谓"转让工程监理业务",是指监理单位将其承揽的监理业务的全部或部分转让给其他单位的行为。

工程监理是由建设单位与其信任的具有相应资质等级的监理单位通过订立委托监理合同,委托其对建筑工程的施工进行的监督管理的活动。合同一经订立,就具有法律约束力,任何一方不得擅自变更合同,包括不得变更合同的主体。

工程监理单位将委托监理合同约定的监理业务转让他人,违背了建设单位的意志,损害了建设单位的利益,而且有可能因其将监理业务转让给不具备相适应资质条件的单位,不能按照建设单位的要求对工程质量、进度和资金进行控制,对工程质量问题留下隐患。明确规定监理单位不能转让监理业务,是为了维护建设单位和被监理单位的权益,保证监理的有效性,也是维护工程监理秩序所需的规则。

4) 工程监理单位履行职责中的民事赔偿责任

工程监理单位的民事赔偿责任是指工程监理单位不履行应尽义务或者有故意的违约行为甚至是违法行为所要承担的责任。《建筑法》第三十五条规定:"工程监理单位不按照委托监理合同的约定履行监理义务,对应当监督检查的项目不检查或者不按照规定检查,给建设单位造成损失的,应当承担相应的赔偿责任。工程监理单位与承包单位串通,为承包单位谋取非法利益,给建设单位造成损失的,应当与承包单位承担连带赔偿责任。"

9.7　建设工程质量保修制度

《建筑法》第六十二条第一款规定"建筑工程实行质量保修制度",《建设工程质量管理条例》对"建设工程实行质量保修制度"作了具体的规定。

建设工程质量保修制度是指建设工程竣工验收后,在规定的保修期限内,出现因勘察、设计、施工、材料等原因造成的质量缺陷,应当由施工承包单位负责维修、返工或更换,由责任单位负责赔偿损失的法律制度。质量缺陷是指建设工程的质量不符合工程建设强制性标准以及合同的约定。

9.7.1　保修范围和保修期限

《建筑法》第六十条规定:"建筑物在合理使用寿命内,必须确保地基基础工程和主体结构的质量。建筑工程竣工时,屋顶、墙面不得留有渗漏、开裂等质量缺陷;对已发现的质量缺陷,建筑施工企业应当修复。"《建筑法》第六十二条第二款规定:"建筑工程的保修范围应当包括地基基础工程、主体结构工程、屋面防水工程和其他土建工程,以及电气管线、上下水管线的安装工程,供热、供冷系统工程等项目;保修的期限应当按照保证建筑物合理寿命年限内正常使用,维护使用者合法权益的原则确定。具体的保修范围和最低保修期限由国务院规定。"

《建设工程质量管理条例》第三十九条第二款规定:"建设工程承包单位在向建设单位提交工程竣工验收报告时,应当向建设单位出具质量保修书。质量保修书中应当明确建设工程的保修范围、保修期限和保修责任等。"

《建设工程质量管理条例》第四十条进一步规定,在正常使用条件下,建设工程的最低保修期限为:

(1) 基础设施工程、房屋建筑的地基基础工程和主体结构工程,为设计文件规定的该工程的合理使用年限；

（2）屋面防水工程、有防水要求的卫生间、房间和外墙面的防渗漏，为5年；

（3）供热与供冷系统，为2个采暖期、供冷期；

（4）电气管线、给排水管道、设备安装和装修工程，为2年。

其他项目的保修期限由发包方与承包方约定。

建设工程的保修期，自竣工验收合格之日起计算。

《房屋建筑工程质量保修办法》第十七条还规定了不属于保修范围的情形：

（1）因使用不当或者第三方造成的质量缺陷；

（2）不可抗力造成的质量缺陷。

对超过合理使用年限后需要继续使用的建设工程，经过具有相应资质等级的勘察、设计单位鉴定，制订技术加固措施，在设计文件中重新界定使用期，并经有相应资质等级的施工单位进行加固、维修和补强，该建设工程能达到继续使用条件的可以继续使用。

《建设工程质量管理条例》第四十二条规定："建设工程在超过合理使用年限后需要继续使用的，产权所有人应当委托具有相应资质等级的勘察、设计单位鉴定，并根据鉴定结果采取加固、维修等措施，重新界定使用期。"

9.7.2　房屋建筑的保修程序

《房屋建筑工程质量保修办法》第九至十一条规定了房屋建筑工程的保修程序。

1）发出保修通知与报告

房屋建筑工程在保修期限内出现质量缺陷，建设单位或者房屋建筑所有人应当向施工单位发出保修通知。

发生涉及结构安全的质量缺陷，建设单位或者房屋建筑所有人应当立即向当地建设行政主管部门报告，采取安全防范措施。

2）进行保修

施工单位接到保修通知后，应当到现场核查情况，在保修书约定的时间内予以保修。

发生涉及结构安全或者严重影响使用功能的紧急抢修事故，施工单位接到保修通知后，应当立即到达现场抢修。

发生涉及结构安全的质量缺陷，由原设计单位或者具有相应资质等级的设计单位提出保修方案，施工单位实施保修，原工程质量监督机构负责监督。

3）验收与备案

保修完成后，由建设单位或者房屋建筑所有人组织验收。

涉及结构安全的，应当报当地建设行政主管部门备案。

9.7.3　质量责任的损害赔偿

《建筑法》第八十条规定"在建筑物的合理使用寿命内，因建筑工程质量不合格受到损害的，有权向责任者要求赔偿"。《房屋建筑工程质量保修办法》第十三条也规定"保修费用由质量缺陷的责任方承担"。质量缺陷的责任方主要有以下几种情况：

（1）施工单位未按国家有关规范、标准和设计要求施工，造成质量缺陷，施工单位为责任方。

　　(2) 由于设计单位、勘察单位或建设单位、监理单位的原因造成的质量缺陷,设计单位、勘察单位或建设单位、监理单位为责任方。施工单位仅负责保修,有权对由此发生的保修费用向建设单位索赔。建设单位向施工单位承担赔偿责任后,有权向造成质量缺陷的责任方追偿。

　　(3) 因设备、建筑材料、构配件质量不合格引起的质量缺陷,属于施工单位采购的或经其验收同意的,施工单位为责任方;属于建设单位采购的,建设单位为责任方。

　　(4) 因用户使用不当造成的质量缺陷,用户为责任方。

　　(5) 因不可抗力原因造成的质量问题,施工单位和设计单位都不承担民事责任,由建设单位负责处理。

　　施工单位不按工程质量保修书约定保修的,建设单位可以另行委托其他单位保修,由原施工单位承担相应责任。

　　对于因质量缺陷造成的人身、财产损害,同样由质量缺陷的责任方承担损害赔偿责任。因保修不及时造成新的人身、财产损害,由造成拖延的责任方承担损害赔偿责任。

9.7.4　质量保证金制度

　　《建设工程质量保证金管理办法》规定:"建设工程质量保证金(以下简称保证金)是指发包人与承包人在建设工程承包合同中约定,从应付的工程款中预留,用以保证承包人在缺陷责任期内对建设工程出现的缺陷进行维修的资金。"

　　1) 缺陷责任期

　　缺陷是指建设工程质量不符合工程建设强制性标准、设计文件,以及承包合同的约定。缺陷责任期一般为 1 年,最长不超过 2 年,由发、承包双方在合同中约定。

　　缺陷责任期从工程通过竣工验收之日起计。由于承包人原因导致工程无法按规定期限进行竣工验收的,缺陷责任期从实际通过竣工验收之日起计。由于发包人原因导致工程无法按规定期限进行竣工验收的,在承包人提交竣工验收报告 90 天后,工程自动进入缺陷责任期。

　　缺陷责任期内,由承包人原因造成的缺陷,承包人应负责维修,并承担鉴定及维修费用。如承包人不维修也不承担费用,发包人可按合同约定从保证金或银行保函中扣除,费用超出保证金额的,发包人可按合同约定向承包人进行索赔。承包人维修并承担相应费用后,不免除对工程的损失赔偿责任。由他人原因造成的缺陷,发包人负责组织维修,承包人不承担费用,且发包人不得从保证金中扣除费用。

　　2) 保证金的预留与返还

　　发包人应当在招标文件中明确保证金预留、返还等内容,并与承包人在合同条款中对涉及保证金的预留、返还方式;保证金预留比例、期限;保证金是否计付利息,如计付利息,利息的计算方式;缺陷责任期的期限及计算方式;保证金预留、返还及工程维修质量、费用等争议的处理程序;缺陷责任期内出现缺陷的索赔方式;逾期返还保证金的违约金支付办法及违约责任等事项进行约定。

　　缺陷责任期内,实行国库集中支付的政府投资项目,保证金的管理应按国库集中支付的有关规定执行。其他政府投资项目,保证金可以预留在财政部门或发包方。缺陷责任期内,如发包方被撤销,保证金随交付使用资产一并移交使用单位管理,由使用单位代行发包人职责。社会投资项目采用预留保证金方式的,发、承包双方可以约定将保证金交由第三方金融机构托管。

推行银行保函制度,承包人可以银行保函替代预留保证金。

在工程项目竣工前,已经缴纳履约保证金的,发包人不得同时预留工程质量保证金。

采用工程质量保证担保、工程质量保险等其他保证方式的,发包人不得再预留保证金。

发包人应按照合同约定方式预留保证金,保证金总预留比例不得高于工程价款结算总额的3%。合同约定由承包人以银行保函替代预留保证金的,保函金额不得高于工程价款结算总额的3%。

缺陷责任期内,承包人认真履行合同约定的责任,到期后,承包人向发包人申请返还保证金。

发包人在接到承包人返还保证金申请后,应于14天内会同承包人按照合同约定的内容进行核实。如无异议,发包人应当按照约定将保证金返还给承包人。对返还期限没有约定或者约定不明确的,发包人应当在核实后14天内将保证金返还承包人,逾期未返还的,依法承担违约责任。发包人在接到承包人返还保证金申请后14天内不予答复,经催告后14天内仍不予答复,视同认可承包人的返还保证金申请。

发包人和承包人对保证金预留、返还以及工程维修质量、费用有争议的,按承包合同约定的争议和纠纷解决程序处理。

9.8 建设工程质量认证制度

9.8.1 企业质量体系认证

《建筑法》第五十三条规定:"国家对从事建筑活动的单位推行质量体系认证制度。从事建筑活动的单位根据自愿原则可以向国务院产品质量监督管理部门或者国务院产品质量监督管理部门授权的部门认可的认证机构申请质量体系认证。经认证合格的,由认证机构颁发质量体系认证证书。"

在建筑领域,质量认证包括建筑材料、设备和构件的认证,工程建设施工企业质量管理体系认证,节能技术的认定,绿色建筑,建筑节能效益评价等。

质量体系,是指企业为保证其产品质量所采取的管理、技术等各项措施所构成的有机整体,即企业的质量保证体系。企业的质量体系不仅包括企业质量管理的组织机构、规章制度等管理软件,还包括资源(含人才资源)、专业技能、设计技术、设备以及计算机系统等硬件。质量体系认证,是指依据国际通用的质量管理和质量保证系列标准,经过国家认可的质量体系认证机构对企业的质量体系进行审核,对于符合规定条件和要求的,通过颁发企业质量体系认证证书的形式,证明企业的质量保证能力符合相应要求的活动。

国际通用的"质量管理和质量保证"系列标准主要是指由国际标准化组织质量管理和质量保证技术委员会(ISO/TC 176)制定的ISO 9000族标准。1987年3月国际标准化组织(ISO)正式颁布ISO 9000《质量管理和质量保证》系列标准后,我国于1988年发布了等效采用ISO 9000系列标准的GB/T 10300系列标准,1992年颁布了等同采用ISO 9000系列标准的 GB/T 19000 系列标准;之后,ISO/TC 176 分别于 1994、2000、2008、2015 年对 ISO 9000 系列标准进行了修订,我国也同步发布了等同采用的 GB/T 19000 系列标准。

目前,我国正在执行的最新标准包括:

1) GB/T 19000—2016/ISO 9000:2015《质量管理体系 基础和术语》

该标准为质量管理体系提供了基本概念、原则和术语,为质量管理体系的其他标准奠定了基础。

2) GB/T 19001—2016/ISO 9001:2015《质量管理体系 要求》

该标准规定了质量管理体系的要求,可用作内部审核与外部第三方认证注册审核或第二方评定的准则;帮助组织不断增强顾客满意。

3) GB/T 19004—2011/ISO 9004:2009《追求组织的持续成功 质量管理方法》

该标准为组织提供了通过运用质量管理方法实现持续成功的指南。

4) GB/T 19011—2013/ISO 19011:2011《管理体系审核指南》

该标准提供了管理体系审核的指南,包括审核原则、审核方案的管理和管理体系审核的实施,也对参与管理体系审核过程的人员的能力提供了评价指南。

企业质量体系认证的目的是为了使企业向用户提供可靠的质量信誉和质量担保。在合同环境下,企业质量体系认证是为了满足需方质量保证要求;在非合同环境下,质量体系认证是为了增强企业的市场竞争能力,提高质量管理素质,落实质量方针,实现质量目标。推行企业质量体系认证制度的意义主要在于,通过开展质量体系认证工作,有利于促进企业在管理和技术等方面采取有效措施,在企业内部建立起可靠的质量保证体系,以保证产品质量;而对企业自身来讲,通过质量体系认证机构的认证,即意味着企业的质量保证能力获得了有关权威机构的认可,从而可以提高企业的质量信誉,扩大企业的知名度,增强企业竞争优势。

对从事建筑活动的单位(包括建筑施工企业、建筑勘察单位、建筑设计单位和工程监理单位)推行质量体系认证制度,对提高建筑产品的质量也是很有益处的。从事建筑活动的单位要想使自己在激烈的市场竞争中立于不败之地,一个重要方面,就是必须加强企业的质量管理,提高质量保证能力。

质量体系认证必须坚持自愿申请的原则,即从事建筑活动的单位是否申请认证,由从事建筑活动的单位自主决定。对企业来说,只要企业认识到了质量体系认证的必要性及其作用,并具备规定条件,通常会积极地申请质量体系认证。认证的自愿申请原则,是法律赋予企业的自主权和选择权,任何部门和组织不得违反法律规定的自愿原则强制企业申请认证。

9.8.2 产品质量的认证、认可

《中华人民共和国产品质量认证管理条例》第二条规定:"本条例所称认证,是指由认证机构证明产品、服务、管理体系符合相关技术规范、相关技术规范的强制性要求或者标准的合格评定活动。本条例所称认可,是指由认可机构对认证机构、检查机构、实验室以及从事评审、审核等认证活动人员的能力和执业资格,予以承认的合格评定活动。"企业根据自愿原则可以向国务院市场监督管理部门认可的或者国务院市场监督管理部门授权的部门认可的

认证机构申请产品质量认证。经认证合格的,由认证机构颁发产品质量认证证书,准许企业在产品或者其包装上使用产品质量认证标志。

通过对符合标准的产品颁发认证标准,便于消费者识别,也有利于提高经认证合格的企业和产品的市场信誉,增强产品的市场竞争力,以激励企业加强质量管理,提高产品质量水平。

《中华人民共和国产品质量法》第十四条第二款规定"国家参照国际先进的产品标准和技术要求,推行产品质量认证制度"。同时,第二条第三款规定"建设工程使用的建筑材料、建筑构配件和设备,属于前款规定的产品范围的,适用本法规定"。

地方政府在建设领域推行质量体系认证管理工作方面也有具体的规定,如江苏省政府《关于加强质量认证体系建设促进全面质量管理的实施意见》规定,以建材产品为突破口,推动和建立绿色建材产品标准、认证和标识体系,要求重点工程优先使用绿色建材产品。

建筑领域涉及的质量认证产品如图 9-4 所示:

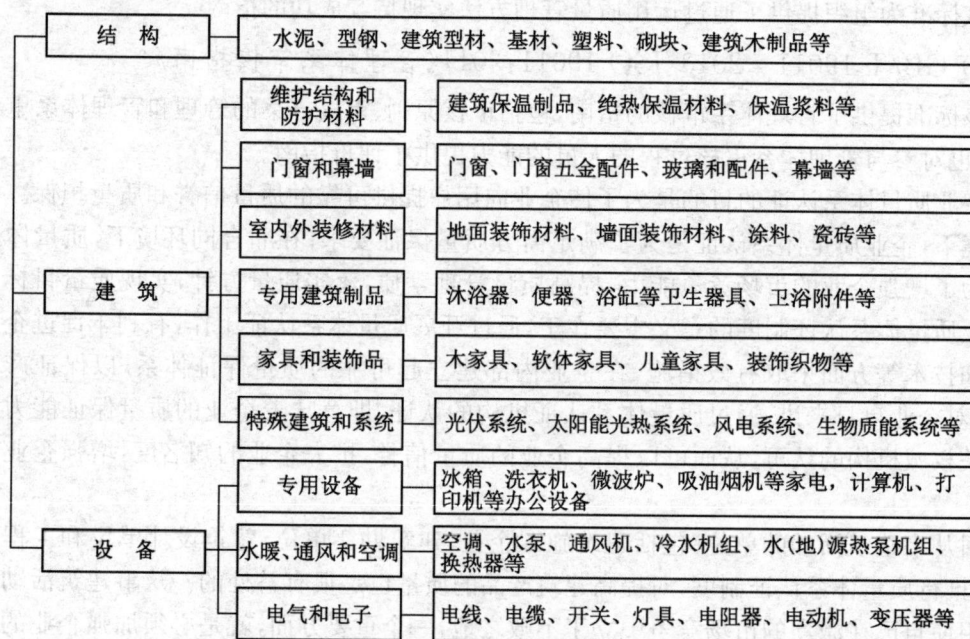

图 9-4　建筑领域质量认证产品示意图

提高产品认证在工程设计、招投标、施工等活动中的采信度,有利于促进建设领域全面质量管理,提高检验检测认证供给质量,切实提升建筑产品质量的总体水平。

本 章 小 结

第 1 节介绍了工程质量的概念及特点、建设工程质量管理体系、建设活动不同阶段相应的工程质量制度。

第 2 节介绍了工程建设标准的概念、分类与编号,工程建设强制性标准及其实施、监督检查,以及违反工程建设强制性标准应承担的法律责任。

第 3 节介绍了建设工程各方(建设单位、勘察设计单位、施工单位、监理单位、生产及设备供应单位)的质量责任和义务。

第4节根据《建筑工程施工质量验收统一标准》,重点介绍了建筑工程施工质量的验收,包括验收划分与合格条件、验收的要求、验收的程序和组织、竣工验收备案等内容。

第5节在施工阶段,介绍了政府进行工程质量监督管理的部门、管理事项、管理措施、管理内容等质量监督管理制度。

第6节在施工阶段,从强制监理范围、监理主体、监理职责等方面介绍了建设工程质量强制监理制度。

第7节介绍了建设工程使用阶段的质量保修制度,包括保修范围、保修期限、保修程序、质量责任的损害赔偿、质量保证金等内容。

第8节分别从企业和产品的角度,介绍了建设工程质量认证制度。

案例9.1 江苏南通二建集团有限公司与吴江恒森房地产开发有限公司建设工程施工合同纠纷案

基本案情:

江苏南通二建集团有限公司(以下简称南通二建)[一审原告(反诉被告)]

吴江恒森房地产开发有限公司(以下简称恒森公司)[一审被告(反诉原告)]

本诉中南通二建诉请恒森公司支付工程余款,反诉中恒森公司诉请南通二建赔偿屋面渗漏重作损失的建设工程施工合同纠纷一案,向江苏省苏州市中级人民法院提起诉讼。

该院于2010年8月5日作出判决,南通二建、恒森公司均不服,向江苏省高级人民法院提起上诉。该院于2011年3月3日作出裁定,撤销原判并发回重审。

原告南通二建诉称:2004年10月15日,原、被告签订《建设工程施工合同》一份,约定由原告承建吴江恒森国际广场的土建工程。2005年7月20日涉案工程全部竣工验收合格,并同时由被告恒森公司接收使用。被告仅支付26 815 307元,余款计16 207 442元拒不支付。请求判令:1.被告支付工程余款及逾期付款违约金153 922.39元,合计16 361 364.39元。2.被告赔偿由于设计变更造成原告钢筋成型损失60 000元。

被告恒森公司辩称:被告已按约定要求支付工程款,请求驳回原告南通二建诉讼请求;并反诉称:1.反诉被告偷工减料,未按设计图纸施工,质量不合格,导致屋面广泛渗漏,该部分重作的工程报价为3 335 092.99元,请求判令反诉被告赔偿该损失。2.双方约定工程竣工日期为2005年4月中旬,实际工程竣工日期为2005年7月26日,逾期91.5天,反诉被告应赔偿延误工期违约金9 150 000元。

南通二建针对恒森公司的反诉辩称:1.涉案工程已竣工验收合格。对已竣工验收合格的工程,《建设工程质量管理条例》规定施工单位仅有保修义务。2.屋面渗漏系原设计中楼盖板伸缩缝部位没有翻边等原因造成,且工程竣工后恒森公司的承租方在屋顶擅自打螺丝孔装灯,破坏了防水层。3.根据双方会议纪要,恒森公司已承认是地下室等各种因素导致工期延误,明确不追究原合同工期,不奖也不罚。故对反诉请求不予认可。

法院查明认定的基本事实:

2004年10月15日,南通二建与恒森公司依法签订建设工程施工合同,其中约定由南通二建承建恒森公司发包的吴江恒森国际广场全部土建工程,合同价款 30 079 113 元,开工日期 2004 年 10 月 31 日,竣工日期 2005 年 4 月 28 日。同日,双方签订补充协议约定:开工日期计划 2004 年 10 月 2 日(以开工令为准),竣工日期 2005 年 3 月 11 日,工期 141 天(春节前后 15 天不计算在内)。每迟延一天,南通二建支付违约金 100 000 元。土建工程造价按标底暂定为 35 230 000 元,竣工结算经吴江市有资质的审计部门审计核实后,按审计决算总价下浮 9.5% 为本工程决算总价。补充协议还对付款方式进行了约定,并约定留总价 5% 款项作为保修保证金,两年后返还。(工程价款纠纷部分略)

涉案工程于 2005 年 7 月 20 日竣工验收。工程竣工后,恒森公司将其中建筑面积 22 275 平方米的房屋出租。承租人在屋顶场地中央打螺丝孔安装照明路灯 4 盏。

在案件审理中,法院依当事人申请,委托苏州市价格认证中心(以下简称认证中心)、苏州天正房屋安全司法鉴定所(以下简称天正鉴定所)、苏州东吴建筑设计院有限责任公司(以下简称东吴设计院)及苏州市建设工程质量检测中心分别对工程造价、工程质量和设计质量相关事项予以鉴定。

认证中心的鉴定意见为:南通二建施工工程造价为 35 034 260.23 元,其中屋面结构层以上实际施工部分造价为 1 677 635 元。天正鉴定所的鉴定意见为:屋面构造做法不符合原设计要求,屋面渗漏范围包括伸缩缝、部分落水管道、出屋面排气管及局部屋面板。东吴设计院鉴定明确,因现有屋面板构造做法与原设计不符,局部修复方案不能保证屋面渗漏问题彻底有效解决(主要指局部维修施工带来其余部位的渗漏),建议将原防水层全面铲除,重做屋面防水层,并出具了全面设计方案。该全面设计方案中包括南通二建在实际施工中未施工工序,并在原设计方案伸缩缝部位增加了翻边。

认证中心根据东吴设计院上述全面设计方案出具的鉴证价格为 3 975 454 元(以 2009 年 4 月 27 日为鉴定基准日)。明确在全面设计方案的总修复费用中,屋面防水构造做法中未施工的 50 厚粗砂隔离层、干铺无纺布一层、2.0 厚聚合物水泥基弹性防水涂料层及 20 厚水泥砂浆找平层的工程款为 755 036.46 元;伸缩缝部位 50 厚粗砂隔离层、干铺无纺布一层、2.0 厚聚合物水泥基弹性防水涂料、3.0 厚防水卷材的工程款为 13 267.56 元;伸缩缝部位翻边的工程款为 8 713.30 元。苏州市建设工程质量检测中心出具的书面鉴定意见为:伸缩缝设计样式及用材均为参考而并无统一的强制性规范;所调查 4 处路灯基座,3 处未见螺栓破坏现有防水层现象,其中一处路灯基座位置现有防水层存在局部破损现象,但其对屋面防水层整体防水功能的影响程度无法做出明确判断。

争议的焦点及责任认定:

法院认定本案争议焦点为:

(1) 工程价款如何认定

诉讼中,南通二建、恒森公司均同意以鉴定造价 35 034 260.23 元作为工程款结算的依据,并一致认可已支付工程款 26 815 307 元。南通二建同时认为,工程价款还应加上总包管理费 15 万元及钢筋成型损失 60 000 元。一审认为总包管理费系双方真实意思表示,应予确认,故恒森公司应按约支付 150 000 元。

因保修期限届满,且屋面广泛性渗漏问题将在本案中作出处理,故恒森公司应退还保修保证金。综上,一审法院认定恒森公司应付工程总价款为 35 184 260.23 元(35 034 260.23 元＋150 000 元),扣除恒森公司已付工程款 26 815 307 元,恒森公司尚应支付南通二建工程价款 8 368 953.23 元。

(2) 因屋面渗漏,南通二建作为施工单位应如何承担责任

一审认为,结合鉴定意见及现场情况,应确认屋面渗漏系南通二建未按原设计图纸施工导致隐患及承租人擅自安装路灯破坏防水层两方面因素所致,其中未按设计图纸施工为主要原因,路灯破坏防水层为局部和次要原因。南通二建提出的原设计不合理的问题,因标准或规范中对伸缩缝部位设计翻边并无强制性要求,其也无其他依据得出伸缩缝部位无翻边必然会漏水的结论,故对南通二建该抗辩不予支持。

南通二建主张自己仅应承担保修义务,而不应承担全面修复费用的问题。一审认为,因现有屋面板构造做法与原设计不符,存在质量隐患,局部修复方案不能保证屋面渗漏问题得到彻底解决,还会因维修施工带来其余部位的渗漏;况且,南通二建因偷工减料造成质量不符合设计要求是全面性而非局部性的问题。东吴设计院建议将原防水层全面铲除,重做屋面防水层,并由此出具全面设计方案,该方案较原设计方案相比,仅增加了伸缩缝翻边设计。因此,可以认定全面设计方案宜作为彻底解决本案屋面渗漏的修复方案。鉴于诉讼双方目前已失去良好的合作关系,由南通二建进场施工重做防水层缺乏可行性,故恒森公司可委托第三方参照全面设计方案对屋面缺陷予以整改,并由南通二建承担整改费用。

关于对全面设计方案修复费用 3 975 454 元应如何承担的问题。

一审认为,全面设计方案中相较原设计,伸缩缝部位增加了一道翻边,由此增加的费用 8 713 元应扣除。南通二建在实际施工中少做的工序并未计入工程总价款,而全面设计方案中包含了这几道工序,基于权利义务相一致的原则,该部分费用应扣除。但屋面渗漏主要系南通二建施工原因造成,工程实际修复时建筑行业人工、材料价格均有上涨,此事实上增加了恒森公司的负担,该上涨部分的费用应由南通二建承担。经鉴定,2009 年 4 月 27 日,南通二建工程屋面结构层以上实际施工工程量的工程价款为 3 198 436.68 元(全面修复总费用 3 975 454 元—屋面防水构造做法中增做部分 755 036.46 元—伸缩缝部位增做部分 13 267.56 元—伸缩缝翻边 8 713.30 元)。屋面防水构造做法与伸缩缝部位中应做而未做的部分在 2004 年 10 月 15 日的实际工程价款为 402 988.66 元,而在 2009 年 4 月 27 日相应工程价款则为 768 304.02 元(755 036.46 元+13 267.56 元),两者之间的差额 365 315.36 元应由南通二建承担。另,承租人在屋顶打洞装灯破坏防水层,亦是导致屋面渗漏的原因之一,故应当相应减轻南通二建的责任。鉴于该处路灯位于屋面停车场中央较高位置及该路灯仅对屋面板渗漏有影响,而实际渗漏部位还包括伸缩缝、落水管、出屋面排气管等多部位,酌情认定应予扣除修复工程款金额 150 000 元。综上,南通二建应支付的修复费用合计为 3 413 752.04 元(3 198 436.68 元+365 315.36 元—150 000 元)。

(3) 南通二建是否应承担延误工期的违约责任

结合恒森公司将所建房屋对外实际出租的状况及规模,一审法院酌定由南通二建赔偿工期延误损失 250 000 元。

处理结果:

一审法院于 2012 年 8 月 31 日作出判决:

1. 恒森公司支付南通二建工程价款 8 368 953.23 元。2. 恒森公司支付南通二建工程余款利息。3. 南通二建赔偿恒森公司屋面修复费用 3 413 752.04 元。4. 南通二建赔偿恒森公司工期延误损失 250 000 元。5. 驳回南通二建及恒森公司其他诉讼请求。

南通二建不服一审判决,向江苏省高级人民法院提起上诉。江苏省高级人民法院查明事实与一审相同。另查明:东吴设计院鉴定人员在二审庭审中陈述,涉案工程原设计方案无0～100毫米厚细石混凝土找平层工程,该工程是为配合伸缩缝部位翻边设计而增设的。该部分费用合计536 379.74元。

江苏省高级人民法院二审认为:

屋面广泛性渗漏属客观存在并已经法院确认的事实,竣工验收合格证明及其他任何书面证明均不能对该客观事实形成有效对抗;本案屋面渗漏主要系南通二建施工过程中偷工减料而形成,其交付的屋面本身不符合合同约定,且已对恒森公司形成仅保修无法救济的损害,故本案裁判的基本依据为民法通则、合同法等基本法律,本案中屋面渗漏质量问题的赔偿责任应按谁造成、谁承担的原则处理,这是符合法律的公平原则的。

屋面渗漏的质量问题不在于原设计而在于南通二建偷工减料,未按设计要求施工,故应按全面设计方案修复。因施工方原因致使工程质量不符合约定的,施工方理应承担无偿修理、返工、改建或赔偿损失等违约责任。本案中,南通二建在施工过程中,擅自减少多道工序,尤其是缺少对防水起重要作用的2.0厚聚合物水泥基弹性防水涂料层,其交付的屋面不符合约定要求,导致屋面渗漏,理应对此承担违约责任。鉴于恒森公司几经局部维修仍不能彻底解决屋面渗漏,双方当事人亦失去信任的合作基础,为彻底解决双方矛盾,原审法院按照司法鉴定意见认定按全面设计方案修复,并判决由恒森公司自行委托第三方参照全面设计方案对屋面渗漏予以整改,南通二建承担与改建相应责任有事实和法律依据,亦属必要。

在确定赔偿责任时,应以造成损害后果的各种原因及原因力大小为原则。全面设计方案费用中,0～100毫米厚细石混凝土找平层是涉案工程原设计方案没有的,系全面设计方案中为配合伸缩缝部位翻边设计而增加的,由此增加的费用536 379.74元应从总修复费用中扣除。南通二建在本案中应支付的修复费用合计为2 877 372.30元(3 198 436.68元+365 315.36元-150 000元-536 379.74元)。

综上,江苏省高级人民法院于2012年12月15日作出终审判决:维持一审判决主文第一项、第二项、第四项、第五项;变更一审判决主文第三项为:南通二建赔偿恒森公司屋面修复费用2 877 372.30元。

思考:

1. 涉案工程竣工验收后,恒森公司主张屋面渗漏损失的索赔依据是什么?
2. 本案中的工程质量问题造成的原因是什么?
3. 法院认定南通二建承担工程质量责任的事实和法律依据是什么?
4. 法院判决南通二建对屋面渗漏修复费用承担的责任属于违约责任,还是保修责任?

⚖ 案例9.2　昆山大自然木业有限公司与江苏省天地人建设集团有限公司、

扬州市众城建设有限公司昆山分公司建设工程施工合同纠纷

基本案情:

上诉人:昆山大自然木业有限公司(原审原告、反诉被告)

上诉人:江苏省天地人建设集团有限公司(原审被告、反诉原告)

上诉人:扬州市众城建设有限公司昆山分公司(被上诉人)

昆山木业公司的诉讼请求为:1. 判令众城昆山分公司、天地人公司支付工程维修费用200 000元(最终数额以鉴定为准);2. 判令众城昆山分公司、天地人公司支付违约金1 200 000元(包括逾期竣工违约金和工程质量违约金,逾期竣工违约金以合同总价款8 450 000元为基数,每逾期一日按照合同总价款的1‰计算,逾期209天为1 766 050元;3. 工程质量违约金按照合同总价款的10%计算为845 000元,两项合计主张违约金1 200 000元);4. 本案诉讼费用由众城昆山分公司、天地人公司承担。

天地人公司的反诉请求为:1. 昆山木业公司支付工程款1 440 418.64元并赔偿逾期付款损失(以1 440 418.64元为基数,自2008年12月31日起按同期银行贷款利率的1.3倍计算至判决生效之日止);2. 反诉案件受理费由昆山木业公司承担。

原审法院经审理查明,天地人公司原企业名称为扬州市众城建设有限公司(以下简称众城公司)。2007年8月7日昆山大自然木业有限公司(以下简称昆山木业公司)与扬州市众城建设有限公司昆山分公司(以下简称众城昆山分公司)签订建设工程施工合同,约定由众城昆山分公司承建昆山木业公司1#仓库、1#厂房、办公楼等项目的土建、水电、钢结构和相关配套设施工程,开工日期为2007年8月8日,竣工日期为2007年12月28日,合同工期总日历天数140天(其中1#厂房、锅炉房、配电房、1#仓库工期为100天),合同价款8 450 000元。

另查明:2007年8月15日众城公司提交开工报告,载明工程定于2007年8月18日正式开工。2008年3月10日众城公司出具工程竣工报告,申请办理工程竣工验收手续,该报告载明开工日期为2007年8月18日,完工日期为2007年12月13日。昆山市建设工程质量监督站经检查于2008年5月14日作出《整改通知书》载明:1. 厂房、仓库、锅炉房、辅房墙梁隔撑均未按图施工;2. 厂房A、J轴的6~7轴,12~13轴间拆除的ZC-1应补安装到位;3. 锅炉房1/D轴、2/D轴底脚螺栓之螺母未安装到位;4. 仓库应急照明未按图纸施工。众城公司整改完成后经昆山木业公司确认于2008年5月20日作出《整改完成报告书》,2008年6月16日昆山市建设工程质量监督站予以签收。同日,昆山木业公司1#厂房、1#仓库、锅炉房、配电房、办公楼、辅房、泵房、门卫等进行四方验收,《单位工程竣工验收证明书》载明开工日期为2007年8月18日,竣工日期为2007年12月13日。

一审审理中,昆山木业公司与天地人公司一致确认工程在2008年3月主体工程完工,之后对工程质量问题进行整改,于2008年5月20日整改完毕,2008年6月16日工程竣工验收。

工程存在的质量问题:

2008年4月25日,昆山木业公司作出《工程质量整改联系单》,要求众城昆山分公司对工程土建、水电、钢构的部分施工内容进行整改,众城昆山分公司负责人在该联系单背面予以签字。2008年6月30日众城昆山分公司就厂房、辅房墙面的漏水、办公楼屋面漏水、厂房木门更换彩钢板门、马路损坏处凿除3 cm后重新供砼,向昆山木业公司作出维修方案并确认完成时间。2008年7月1日昆山木业公司追加维修内容,要求对车间2个升降平台基础渗水、厂房西大门过门沟盖板损坏、辅房室内吊顶下陷处理进行整改。因众城昆山分公司未能按时完成整改,2008年7月16日昆山木业公司明确对于超过期限未完成整改的项目,将另请施工队整改,产生的一切费用从众城昆山分公司尾款中扣除。

2009年3月6日昆山木业公司向众城昆山公司发出工厂一期工程质量问题返工函,要求众城昆山公司对C型钢与立柱的焊接缝没有砂平做油漆,出现严重锈蚀,山墙立柱与C型钢没有做角铁支撑进行整改,若众城昆山分公司在2009年3月11日前未予处理,昆山木业公司将另找第三方进行维修,所发生的费用从结算工程款中扣除并保留追究违约责任的权利,众城昆山分公司项目经理2009年3月7日在该返工函背面予以签字。2009年5月29日众城昆山分公司向昆山木业公司发出工程联系函,载明众城昆山分公司对昆山木业公司新厂房工程中存在的部分渗水现象,决定自2009年5月29日起至2009年6月5日止进行处理,待大雨过后观察如有没修理好之处重新处理大约需要时间为20天。

2009年10月27日众城昆山分公司项目经理与昆山木业公司、设计单位签订消防水池漏水整改方案,该整改方案确认施工缝没有按照施工规范进行操作,导致消防水池漏水。整改方案为先做板底水槽加厚40 cm,待放水确认。如消防水池继续漏水,再做消防水池板底加厚10 cm。新做的钢筋和原来水池墙的钢筋焊接成45度。由设计单位负责整改设计方案,在11月5日完成。众城昆山分公司项目经理根据设计单位出具的设计方案进行整改,在11月10日完成。2010年12月31日江苏省昆山市正信公证处根据昆山木业公司的申请,对昆山木业公司提出的消防水池漏水现场进行证据保全,并制作公证书、照片及光盘。

一审审理中,昆山木业公司向原审法院提出鉴定申请,要求对消防水池进行工程质量鉴定,如存在质量问题,将进行修复方案鉴定。因昆山木业公司未能提供全套建筑施工图和结构施工图,导致鉴定工作无法继续开展,鉴定单位作退案处理。一审庭审中,昆山木业公司与天地人公司一致确认消防水池的维修费用为200 000元,由昆山木业公司自行修复。

工程质量责任的认定:

原审法院认为,昆山木业公司与众城昆山分公司签订的建设工程施工合同系双方当事人真实意思表示,依法成立有效,双方均应恪守履行。众城昆山分公司系天地人公司设立的分公司,不具有法人资格,其合同权利义务应由天地人公司享有和承担。关于昆山木业公司主张的消防水池维修费用,虽然一审审理中昆山木业公司因未能提供全套施工图纸而导致无法进行工程质量及修复方案鉴定,但昆山木业公司与众城昆山分公司签订的消防水池漏水整改方案足以证明消防水池存在工程质量问题,故昆山木业公司与天地人公司在一审庭审中确认消防水池的维修费用为200 000元,由昆山木业公司自行修复,予以确认。

关于昆山木业公司主张的工程质量违约金,其依据为该《建设工程施工合同》约定的"即使项目验收合格或保修期限已届满,但因施工方故意或严重疏忽导致工程质量或材料出现严重质量问题,施工方应承担违约责任,应向发包人支付合同价款10%的违约金"。因涉案工程客观上存在诸多质量问题,但不足以认定存在严重质量问题,且系众城昆山分公司故意或严重疏忽造成。另,昆山木业公司亦对不合格工程作扣款处理(包括天地人公司自认承担维修费用),故昆山木业公司要求支付工程质量违约金的诉讼请求,不予支持。

法院判决:

一审法院判决:1. 众城昆山分公司于判决生效后10日内支付昆山木业公司维修费用200 000元;2. 众城昆山分公司于判决生效后10日内支付昆山木业公司逾期竣工违约金390 390元;3. 众城昆山分公司上述一、二项不能清偿部分由天地人公司承担清偿责任;4. 驳回昆山木业公司的其他诉讼请求;5. 昆山木业公司于判决生效后10日内支付天地人公司工程款916 087.86元及逾期付款利息损失(略)。

本诉案件受理费19 900元,由昆山木业公司负担10 196元,众城昆山分公司、天地人公司负担9 704元;反诉案件受理费17 814元,减半收取8 907元,由天地人公司负担1 665

元,昆山木业公司负担 7 242 元。

二审查明事实与原审查明事实一致。二审驳回上诉,维持原判。

思考:

1. 工程项目由分公司单独签约并承揽施工后,总公司对分公司承揽的项目如何承担质量责任?

2. 工程项目经四方验收,昆山市建设工程质量监督站作出《整改通知书》后,该项目竣工验收合格的日期应该如何确定?

3. 昆山木业公司诉求承包人向发包人支付合同价款 10% 的工程质量违约金,法院为何不予支持?

案件来源:江苏省苏州市中级人民法院《民事判决书》〔2015〕苏中民终字第 00564 号

第 10 章　市政公用事业法律制度

本章主要介绍市政公用事业法律制度。市政公用事业包括市政工程、城市公用事业设施、城市园林绿化工程、城市垃圾处理设施等,直接关系到社会公共利益,关系到人民群众的生活质量,往往一项设施增加或改建都会影响到其他设施。为了加强市政公用事业的管理,保障城市建设和管理的顺利进行,法律法规对市政公用事业作了相关规定,指导各项工作的开展。

10.1　概述

市政公用事业是指城市人民政府管理的,为城镇居民生产生活提供必需的普遍服务的行业。市政公用事业包括城市供水、供气、供热、污水处理、垃圾处理及公共交通事业,是城市经济和社会发展的载体,直接关系到社会公共利益,关系到人民群众的生活质量,关系到城市经济和社会的可持续发展。

市政公用事业更多地表现为公共性、公益性和服务性。它投资大,建设周期长,往往一项设施增加或改建都会影响到其他设施,每项设施一经确定,就不易更改。为了加强市政公用事业的管理,保障城市建设和管理的顺利进行,发挥城市多功能的作用,政府颁布了相关的法规政策,指导各项工作的开展,主要包括下列内容。

1) 法律

《中华人民共和国节约能源法》(该法在 1997 年 11 月 1 日公布,1998 年 1 月 1 日开始施行,2007 年 10 月 28 日修订,2016 年 7 月 2 日和 2018 年 10 月 26 日两次修正)。节约能源,是指加强用能管理,采取技术上可行、经济上合理以及环境和社会可以承受的措施,从能源生产到消费的各个环节,降低消耗、减少损失和污染物排放、制止浪费,有效、合理地利用能源。市政公用事业涉及水、电、热、气及城市公共交通、城市照明等正常运转的各方面,能耗巨大。市政公用行业实施节约能源法,有利于推动全社会节约能源,提高能源利用效率,保护和改善环境,促进经济社会全面协调可持续发展。

《中华人民共和国循环经济促进法》(2008 年 8 月 29 日通过,自 2009 年 1 月 1 日起施行,2018 年 10 月修正)。该法对生产、流通和消费等过程中进行的减量化、再利用、资源化等循环经济活动,促进循环经济发展,提高资源利用效率,保护和改善环境,实现可持续发展作了规定。

《中华人民共和国水法》(1988 年 1 月 21 日通过,2002 年 8 月 29 日修订,2009 年 8 月 27 日、2016 年 7 月 2 日修正)。该法对合理开发、利用、节约和保护水资源,防治水害,实现水资源的可持续利用作了规定。

《中华人民共和国固体废物污染环境防治法》(1995 年 10 月 30 日通过,2004 年 12 月 29 日第一次修订,2013 年 6 月第一次修正,2015 年 4 月第二次修正,2016 年 11 月第三次修正,2020 年 4 月 29 日第二次修订,自 2020 年 9 月 1 日起施行)。该法对固体废物污染环境防治的监督管理和保障措施,工业固体废物产生者的责任,生活垃圾的分类、收集、运输、处理等,建筑垃圾、农业固体废物等的防治和综合利用等,危险废物污染环境防治等作了规定。

《中华人民共和国水污染防治法》(2008 年 2 月 28 日修订通过,自 2008 年 6 月 1 日起施行,2017 年 6 月修正)对保护和改善环境,防治水污染,保护水生态,保障饮用水安全,维护公众健康,推进生态文明建设,促进经济社会可持续发展作了规定。

2) 行政法规

《城市绿化条例》(1992 年 5 月 20 日国务院通过,自 1992 年 8 月 1 日起施行,2011 年 1 月第一次修订,2017 年 3 月第二次修订)对城市绿化的规划、建设、保护和管理作了规定。

《城市市容和环境卫生管理条例》(1992 年 5 月 20 日国务院通过,自 1992 年 8 月 1 日起施行,2011 年 1 月第一次修订,2017 年 3 月第二次修订)对城市市容和环境卫生管理作了规定。

《城市供水条例》(1994 年 7 月 19 日国务院发布,自 1994 年 10 月 1 日起施行,2018 年 3 月第一次修订,2020 年 3 月第二次修订)对城市供水水源、城市供水工程建设、城市供水经营、城市供水设施维护等作了规定。

《城市道路管理条例》(1996 年 6 月 4 日国务院发布,自 1996 年 10 月 1 日起施行,2011 年 1 月第一次修订,2017 年 3 月第二次修订)对城市道路规划、建设、养护、维修和路政管理作了规定。

《民用建筑节能条例》(2008 年 8 月 1 日国务院发布,自 2008 年 10 月 1 日起施行)对新建、既有建筑节能及建筑用能系统运行节能,加强民用建筑节能管理,降低民用建筑使用过程中的能源消耗,提高能源利用效率作了规定。

《城镇燃气管理条例》(2010 年 10 月 19 日国务院通过,自 2011 年 3 月 1 日起施行,2016 年 2 月修订)对城镇燃气的发展规划与应急保障、燃气经营与服务、燃气使用、燃气设施保护、燃气安全事故预防与处理及相关管理活动作了规定。

《无障碍环境建设条例》(2012 年 6 月 13 日国务院通过,自 2012 年 8 月 1 日起施行)对无障碍环境建设、改造、保护、维修、信息交流、社区服务等作了规定。

《城镇排水与污水处理条例》(2013 年 10 月 2 日国务院公布,自 2014 年 1 月 1 日起施行)对城镇排水与污水处理的规划,城镇排水与污水处理设施的建设、维护与保护,向城镇排水设施排水与污水处理,以及城镇内涝防治等作了规定。

3) 部门规章

《城市地下空间开发利用管理规定》(1997 年 10 月 27 日建设部发布,自 1997 年 12 月 1 日起施行,2001 年 11 月第一次修正,2011 年 1 月第二次修正)对编制城市规划区范围内的地下空间规划及城市地下空间的开发利用作了规定。

《城市抗震防灾规划管理规定》(2003 年 9 月 19 日建设部公布,自 2003 年 11 月 1 日起施行,2011 年 1 月修正)对城市抗震防灾规划的编制与实施作了规定。

《城市桥梁检测和养护维修管理办法》(2003 年 10 月 10 日建设部公布,自 2004 年 1 月 1 日起施行)对城市范围内连接或者跨越城市道路的,供车辆、行人通行的桥梁以及高架道路(包括轻轨高架部分)的检测和养护维修管理作了规定。

《基础设施和公用事业特许经营管理办法》由国家发展和改革委员会、住建部等 6 部门于 2015 年 4 月 25 日发布,经国务院同意,自 2015 年 6 月 1 日起施行。基础设施和公用事业特许经营,是指政府采用竞争方式依法授权中华人民共和国境内外的法人或者其他组织,通过协议明确权利义务和风险分担,约定其在一定期限和范围内投资建设运营基础设施和公用事业并获得收益,提供公共产品或者公共服务。

《城市地下管线工程档案管理办法》(2005 年 1 月 7 日建设部公布,自 2005 年 5 月 1 日起施行,2011 年 1 月修正)对城市规划区内地下管线工程档案的管理作了规定。

《城市建筑垃圾管理规定》(2005 年 3 月 23 日建设部公布,自 2005 年 6 月 1 日起施行)对城市规划区内建筑垃圾的倾倒、运输、中转、回填、消纳、利用等处置活动作了规定。

《城市生活垃圾管理办法》(2007 年 4 月 28 日建设部公布,自 2007 年 7 月 1 日起施行,2015 年 5 月修正)对城市生活垃圾的清扫、收集、运输、处置及相关管理活动作了规定。

《市政公用设施抗灾设防管理规定》(2008 年 10 月 7 日住房和城乡建设部公布,自 2008 年 12 月 1 日起施行,2015 年 1 月修正)对市政公用设施的抗灾设防作了规定。

《城市照明管理规定》(2010 年 5 月 27 日住房和城乡建设部令第 4 号公布,自 2010 年 7 月 1 日起施行)对城市照明的规划、建设、维护和监督管理作了规定。

10.2　市政工程管理法律制度

10.2.1　市政工程设施的概念

市政工程是指城市建设中的各种公共交通设施、给水、排水、燃气、城市防洪、环境卫生及照明等基础设施建设,一般是由政府投资的公益性项目,其产品为公众使用。市政工程主要服务于城市区域,市政工程设施是城市生存和发展必不可少的物质基础,是一个城市正常运转的基本条件和服务功能。

市政公用设施(工程)包括:

(1) 城市道路及其设施:城市机动车道、非机动车道、人行道、公共停车场、广场、管线走廊和安全通道、路肩、护栏、街路标牌、道路建设及道路绿化控制的用地及道路的其他附属设施。

(2) 城市桥涵及其设施:城市桥梁、隧道、涵洞、立交桥、过街人行桥、地下通道及其他附属设施。

(3) 城市排水设施:城市雨水管道、污水管道、雨水污水合流管道、排水河道及沟渠、泵站、污水处理厂及其他附属设施。

(4) 城市防洪设施:城市防洪堤岸、河坝、防洪墙、排涝泵站、排洪道及其他附属设施。

(5) 城市道路照明设施:城市道路、桥梁、地下通道、广场、公共绿地、景点等处的照明设施。

(6) 城市建设公用设施:城市供水、供气(煤气、天然气、石油液化气)、集中供热的管网、城市公共交通的供电线路及其他附属设施。

10.2.2　城市道路管理

根据《城市道路管理条例》,城市道路是指城市供车辆、行人通行的,具备一定技术条件的道路、桥梁及其附属设施。因此,城市道路包含城市桥涵和城市道路照明设施。城市道路管理实行统一规划、配套建设、协调发展和建设、养护、管理并重的原则。

1) 规划和建设

(1) 规划

县级以上城市人民政府应当组织市政工程、城市规划、公安交通等部门,根据城市总体规划编制城市道路发展规划。市政工程行政主管部门应当根据城市道路发展规划,制定城市道路年度建设计划,经城市人民政府批准后实施。

城市供水、排水、燃气、热力、供电、通信、消防等依附于城市道路的各种管线、杆线等设施的建设计划,应当与城市道路发展规划和年度建设计划相协调,坚持先地下、后地上的施工原则,与城市道路同步建设。

新建的城市道路与铁路干线相交的,应当根据需要在城市规划中预留立体交通设施的建设位置。城市道路与铁路相交的道口建设应当符合国家有关技术规范,并根据需要逐步建设立体交通设施。建设立体交通设施所需投资,按照国家规定由有关部门协商确定。

建设跨越江河的桥梁和隧道,应当符合国家规定的防洪、通航标准和其他有关技术规范。

(2) 建设资金

城市道路建设资金可以按照国家有关规定,采取政府投资、集资、国内外贷款、国有土地有偿使用收入、发行债券等多种渠道筹集。

政府投资建设城市道路的,应当根据城市道路发展规划和年度建设计划,由市政工程行政主管部门组织建设。单位投资建设城市道路的,应当符合城市道路发展规划。城市住宅小区、开发区内的道路建设,应当分别纳入住宅小区、开发区的开发建设计划配套建设。

国家鼓励国内外企业和其他组织以及个人按照城市道路发展规划,投资建设城市道路。

县级以上城市人民政府应当有计划地按照城市道路技术规范改建、拓宽城市道路和公路的结合部,公路行政主管部门可以按照国家有关规定在资金上给予补助。

市政工程行政主管部门对利用贷款或者集资建设的大型桥梁、隧道等,可以在一定期限内向过往车辆(军用车辆除外)收取通行费,用于偿还贷款或者集资款,不得挪作他用。收取通行费的范围和期限,由省、自治区、直辖市人民政府规定。

(3) 设计和施工

城市道路的建设应当符合城市道路技术规范。

承担城市道路设计、施工的单位,应当具有相应的资质等级,并按照资质等级承担相应的城市道路的设计、施工任务。

城市道路的设计、施工,应当严格执行国家和地方规定的城市道路设计、施工的技术规范。城市道路施工,实行工程质量监督制度。城市道路工程竣工,经验收合格后,方可交付使用;未经验收或者验收不合格的,不得交付使用。

城市道路实行工程质量保修制度。城市道路的保修期为1年,自交付使用之日起计算。保修期内出现工程质量问题,由有关责任单位负责保修。

2) 养护和维修

(1) 养护和维修资金

市政工程行政主管部门对其组织建设和管理的城市道路,按照城市道路的等级、数量及养护和维修的定额,逐年核定养护、维修经费,统一安排养护、维修资金。

(2) 基本要求

承担城市道路养护、维修的单位,应当严格执行城市道路养护、维修的技术规范,定期对城市道路进行养护、维修,确保养护、维修工程的质量。

城市道路的养护、维修工程应当按照规定的期限修复竣工,并在养护、维修工程施工现场设置明显标志和安全防围设施,保障行人和交通车辆安全。

城市道路养护、维修的专用车辆应当使用统一标志;执行任务时,在保证交通安全畅通的情况下,不受行驶路线和行驶方向的限制。

(3) 职责分工

市政工程行政主管部门组织建设和管理的道路,由其委托的城市道路养护、维修单位负责养护、维修。单位投资建设和管理的道路,由投资建设的单位或者其委托的单位负责养护、维修。城市住宅小区、开发区内的道路,由建设单位或者其委托的单位负责养护、维修。

设在城市道路上的各类管线的检查井、箱盖或者城市道路附属设施,应当符合城市道路养护规范。因缺损影响交通和安全时,有关产权单位应当及时补缺或者修复。

市政工程行政主管部门负责对养护、维修工程的质量进行监督检查,保障城市道路完好。

3) 照明管理

(1) 城市照明相关概念和主管部门

根据《城市照明管理规定》,城市照明设施是指用于城市照明的照明器具以及配电、监控、节能等系统的设备和附属设施等。城市照明是指在城市规划区内城市道路、隧道、广场、公园、公共绿地、名胜古迹以及其他建(构)筑物的功能照明或者景观照明。功能照明是指通过人工光以保障人们出行和户外活动安全为目的的照明。景观照明是指在户外通过人工光以装饰和造景为目的的照明。

城市照明工作应当遵循以人为本、经济适用、节能环保、美化环境的原则,严格控制公用设施和大型建筑物装饰性景观照明能耗。

国务院住房和城乡建设主管部门指导全国的城市照明工作。省、自治区人民政府住房和城乡建设主管部门对本行政区域内城市照明实施监督管理。城市人民政府确定的城市照明主管部门负责本行政区域内城市照明管理的具体工作。

(2) 城市照明规划和建设

城市照明主管部门应当会同有关部门,依据城市总体规划,组织编制城市照明专项规划,报本级人民政府批准后组织实施。

城市照明主管部门应当委托具备相应资质的单位承担城市照明专项规划的编制工作。编制城市照明专项规划,应当根据城市经济社会发展水平,结合城市自然地理环境、人文条件,按照城市总体规划确定的城市功能分区,对不同区域的照明效果提出要求。

城市照明主管部门应当依据城市照明专项规划,组织制定城市照明设施建设年度计划,报同级人民政府批准后实施。

政府投资的城市照明设施的建设经费,应当纳入城市建设资金计划。国家鼓励社会资金用于城市照明设施的建设和维护。

从事城市照明工程勘察、设计、施工、监理的单位应当具备相应的资质;相关专业技术人员应当依法取得相应的执业资格。

新建、改建城市照明设施,应当根据城市照明专项规划确定各类区域照明的亮度、能耗标准,并符合国家有关标准规范。

新建、改建城市道路项目的功能照明装灯率应当达到100%。与城市道路、住宅区及重要建(构)筑物配套的城市照明设施,应当按照城市照明规划建设,与主体工程同步设计、施工、验收和使用。

对符合城市照明设施安装条件的建(构)筑物和支撑物,可以在不影响其功能和周边环境的前提下,安装照明设施。

(3)节约能源

国家支持城市照明科学技术研究,推广使用节能、环保的照明新技术、新产品,开展绿色照明活动,提高城市照明的科学技术水平。国家鼓励在城市照明设施建设和改造中安装和使用太阳能等可再生能源利用系统。

城市照明主管部门应当依据城市照明规划,制定城市照明节能计划和节能技术措施,优先发展和建设功能照明,严格控制景观照明的范围、亮度和能耗密度,并依据国家有关规定,限时全部淘汰低效照明产品。

城市照明主管部门应当定期开展节能教育和岗位节能培训,提高城市照明维护单位的节能水平。城市照明主管部门应当建立城市照明能耗考核制度,定期对城市景观照明能耗等情况进行检查。

城市照明维护单位应当建立和完善分区、分时、分级的照明节能控制措施,严禁使用高耗能灯具,积极采用高效的光源和照明灯具、节能型的镇流器和控制电器以及先进的灯控方式,优先选择通过认证的高效节能产品。任何单位不得在城市景观照明中有过度照明等超能耗标准的行为。

城市照明可以采取合同能源管理的方式,选择专业性能源管理公司管理城市照明设施。

(4)管理和维护

城市照明主管部门应当建立健全各项规章制度,加强对城市照明设施的监管,保证城市照明设施的完好和正常运行。城市照明设施的管理和维护,应当符合有关标准规范。

城市照明主管部门可以采取招标投标的方式确定城市照明设施维护单位,具体负责政府投资的城市照明设施的维护工作。

非政府投资建设的城市照明设施由建设单位负责维护;符合以下条件的,办理资产移交手续后,可以移交城市照明主管部门管理:①符合城市照明专项规划及有关标准;②提供必要的维护、运行条件;③提供完整的竣工验收资料;④城市人民政府规定的其他条件和范围。

政府预算安排的城市照明设施运行维护费用应当专款专用,保证城市照明设施的正常运行。

城市照明设施维护单位应当定期对照明灯具进行清扫,改善照明效果,并可以采取精确等量分时照明等节能措施。

因自然生长而不符合安全距离标准的树木,由城市照明主管部门通知有关单位及时修剪;因不可抗力致使树木严重危及城市照明设施安全运行的,城市照明维护单位可以采取紧急措施进行修剪,并及时报告城市园林绿化主管部门。

任何单位和个人都应当保护城市照明设施,不得实施下列行为:①在城市照明设施上刻画、涂污;②在城市照明设施安全距离内,擅自植树、挖坑取土或者设置其他物体,或者倾倒含酸、碱、盐等腐蚀物或者具有腐蚀性的废渣、废液;③擅自在城市照明设施上张贴、悬挂、设置宣传品、广告;④擅自在城市照明设施上架设线缆、安置其他设施或者接用电源;⑤擅自迁移、拆除、利用城市照明设施;⑥其他可能影响城市照明设施正常运行的行为。

损坏城市照明设施的单位和个人,应当立即保护事故现场,防止事故扩大,并通知城市照明主管部门。

4)路政管理

为了保证城市道路的正常运行,市政工程行政主管部门应负责管理和保护城市道路、桥涵及其附属设施。任何单位和个人都应服从市政工程行政主管部门的管理,自觉爱护城市道桥设施。执行路政管理的人员执行公务,应当按照有关规定佩戴标志,持证上岗。

城市道路范围内禁止下列行为:擅自占用或者挖掘城市道路;履带车、铁轮车或者超重、超高、超长车辆擅自在城市道路上行驶;机动车在桥梁或者非指定的城市道路上试刹车;擅自在城市道路上建设建筑物、构筑物;在桥梁上架设压力在 4 千克/厘米^2(0.4 兆帕)以上的煤气管道、10 千伏以上的高压电力线和其他易燃易爆管线;擅自在桥梁或者路灯设施上设置广告牌或者其他挂浮物;其他损害、侵占城市道路的行为。

履带车、铁轮车或者超重、超高、超长车辆需要在城市道路上行驶的,事先须征得市政工程行政主管部门同意,并按照公安交通管理部门指定的时间、路线行驶。军用车辆执行任务需要在城市道路上行驶的,可以不受前款限制,但是应当按照规定采取安全保护措施。依附于城市道路建设各种管线、杆线等设施的,应当经市政工程行政主管部门批准,方可建设。

未经市政工程行政主管部门和公安交通管理部门批准,任何单位或者个人不得占用或者挖掘城市道路。

因特殊情况需要临时占用城市道路的,须经市政工程行政主管部门和公安交通管理部门批准,方可按照规定占用。经批准临时占用城市道路的,不得损坏城市道路;占用期满后,应当及时清理占用现场,恢复城市道路原状;损坏城市道路的,应当修复或者给予赔偿。城市人民政府应当严格控制占用城市道路作为集贸市场。

因工程建设需要挖掘城市道路的,应当持城市规划部门批准签发的文件和有关设计文件,到市政工程行政主管部门和公安交通管理部门办理审批手续,方可按照规定挖掘。新建、扩建、改建的城市道路交付使用后 5 年内、大修的城市道路竣工后 3 年内不得挖掘;因特殊情况需要挖掘的,须经县级以上城市人民政府批准。埋设在城市道路下的管线发生故障需要紧急抢修的,可以先行破路抢修,并同时通知市政工程行政主管部门和公安交通管理部门,在 24 小时内按照规定补办批准手续。

经批准挖掘城市道路的,应当在施工现场设置明显标志和安全防围设施;竣工后,应当及时清理现场,通知市政工程行政主管部门检查验收。经批准占用或者挖掘城市道路的,应当按照批准的位置、面积、期限占用或者挖掘。需要移动位置、扩大面积、延长时间的,应当提前办理变更审批手续。

占用或者挖掘由市政工程行政主管部门管理的城市道路的,应当向市政工程行政主管部门交纳城市道路占用费或者城市道路挖掘修复费。城市道路占用费的收费标准,由省、自治区人民政府的建设行政主管部门、直辖市人民政府的市政工程行政主管部门拟订,报同级财政、物价主管部门核定;城市道路挖掘修复费的收费标准,由省、自治区人民政府的建设行政主管部门、直辖市人民政府的市政工程行政主管部门制定,报同级财政、物价主管部门备案。根据城市建设或者其他特殊需要,市政工程行政主管部门可以对临时占用城市道路的单位或者个人决定缩小占用面积、缩短占用时间或者停止占用,并根据具体情况退还部分城市道路占用费。

10.2.3　城市排水管理

城市排水是指由城市排水设施收集、输送、处理和排放城市污水和雨水的排水方式。城市排水设施是指为收集、输送、处理和排放城市污水和雨水而兴建的各种工程设施。城市污水是指含污染物的生活污水和工业废水,一般应通过城市排水管网输送到城市污水处理厂进行净化,达到规定的水质标准后,再加以利用或排入水体。

城市排水设施是保证城市地面水排除,防治城市水污染,并使城市水资源保护得以良性循环的必不可少的基础设施。

根据《城镇排水与污水处理条例》,城镇排水管理包括城镇排水与污水处理的规划,城镇排水与污水处理设施的建设、维护与保护,向城镇排水设施排水与污水处理,以及城镇内涝防治。

1) 城镇排水与污水处理的规划

(1) 规划编制的主管部门和内容

国务院住房城乡建设主管部门会同国务院有关部门,编制全国的城镇排水与污水处理规划,明确全国城镇排水与污水处理的中长期发展目标、发展战略、布局、任务以及保障措施等。

城镇排水主管部门会同有关部门,根据当地经济社会发展水平以及地理、气候特征,编制本行政区域的城镇排水与污水处理规划,明确排水与污水处理目标与标准,排水量与排水模式,污水处理与再生利用、污泥处理处置要求,排涝措施,城镇排水与污水处理设施的规模、布局、建设时序和建设用地以及保障措施等;易发生内涝的城市、镇,还应当编制城镇内涝防治专项规划,并纳入本行政区域的城镇排水与污水处理规划。

(2) 规划编制的依据

城镇排水与污水处理规划的编制,应当依据国民经济和社会发展规划、城乡规划、土地利用总体规划、水污染防治规划和防洪规划,并与城镇开发建设、道路、绿地、水系等专项规划相衔接。

城镇内涝防治专项规划的编制,应当根据城镇人口与规模、降雨规律、暴雨内涝风险等因素,合理确定内涝防治目标和要求,充分利用自然生态系统,提高雨水滞渗、调蓄和排放能力。

（3）规划的实施

城镇排水主管部门应当将编制的城镇排水与污水处理规划报本级人民政府批准后组织实施，并报上一级人民政府城镇排水主管部门备案。

城镇排水与污水处理规划一经批准公布，应当严格执行；因经济社会发展确需修改的，应当按照原审批程序报送审批。

县级以上地方人民政府应当根据城镇排水与污水处理规划的要求，加大对城镇排水与污水处理设施建设和维护的投入。

城乡规划和城镇排水与污水处理规划确定的城镇排水与污水处理设施建设用地，不得擅自改变用途。

城镇排水与污水处理规划范围内的城镇排水与污水处理设施建设项目以及需要与城镇排水与污水处理设施相连接的新建、改建、扩建建设工程，城乡规划主管部门在依法核发建设用地规划许可证时，应当征求城镇排水主管部门的意见。城镇排水主管部门应当就排水设计方案是否符合城镇排水与污水处理规划和相关标准提出意见。

建设单位应当按照排水设计方案建设连接管网等设施；未建设连接管网等设施的，不得投入使用。城镇排水主管部门或者其委托的专门机构应当加强指导和监督。

2）城镇排水与污水处理设施的建设

县级以上地方人民政府应当按照先规划后建设的原则，依据城镇排水与污水处理规划，合理确定城镇排水与污水处理设施建设标准，统筹安排管网、泵站、污水处理厂以及污泥处理处置、再生水利用、雨水调蓄和排放等排水与污水处理设施建设和改造。

城镇新区的开发和建设，应当按照城镇排水与污水处理规划确定的建设时序，优先安排排水与污水处理设施建设；未建或者已建但未达到国家有关标准的，应当按照年度改造计划进行改造，提高城镇排水与污水处理能力。

除干旱地区外，新区建设应当实行雨水、污水分流；对实行雨水、污水合流的地区，应当按照城镇排水与污水处理规划要求，进行雨水、污水分流改造。雨水、污水分流改造可以结合旧城区改建和道路建设同时进行。在雨水、污水分流地区，新区建设和旧城区改建不得将雨水管网、污水管网相互混接。在有条件的地区，应当逐步推进初期雨水收集与处理，合理确定截流倍数，通过设置初期雨水贮存池、建设截流干管等方式，加强对初期雨水的排放调控和污染防治。

县级以上地方人民政府应当按照城镇排涝要求，结合城镇用地性质和条件，加强雨水管网、泵站以及雨水调蓄、超标雨水径流排放等设施建设和改造。

新建、改建、扩建市政基础设施工程应当配套建设雨水收集利用设施，增加绿地、砂石地面、可渗透路面和自然地面对雨水的滞渗能力，利用建筑物、停车场、广场、道路等建设雨水收集利用设施，削减雨水径流，提高城镇内涝防治能力。

新区建设与旧城区改建，应当按照城镇排水与污水处理规划确定的雨水径流控制要求建设相关设施。

城镇排水与污水处理设施建设工程竣工后，建设单位应当依法组织竣工验收。竣工验收合格的，方可交付使用，并自竣工验收合格之日起 15 日内，将竣工验收报告及相关资料报城镇排水主管部门备案。

城镇排水与污水处理设施竣工验收合格后,由城镇排水主管部门通过招标投标、委托等方式确定符合条件的设施维护运营单位负责管理。特许经营合同、委托运营合同涉及污染物削减和污水处理运营服务费的,城镇排水主管部门应当征求环境保护主管部门、价格主管部门的意见。国家鼓励实施城镇污水处理特许经营制度。具体办法由国务院住房城乡建设主管部门会同国务院有关部门制定。

3) 城镇排水与污水处理设施的维护与保护

（1）维护运营单位应具备的条件

城镇排水与污水处理设施维护运营单位应当具备下列条件:①有法人资格;②有与从事城镇排水与污水处理设施维护运营活动相适应的资金和设备;③有完善的运行管理和安全管理制度;④技术负责人和关键岗位人员经专业培训并考核合格;⑤有相应的良好业绩和维护运营经验;⑥法律、法规规定的其他条件。

（2）维护运营单位的安全责任

城镇排水与污水处理设施维护运营单位应当建立健全安全生产管理制度,加强对窨井盖等城镇排水与污水处理设施的日常巡查、维修和养护,保障设施安全运行。

从事管网维护、应急排水、井下及有限空间作业的,设施维护运营单位应当安排专门人员进行现场安全管理,设置醒目警示标志,采取有效措施避免人员坠落、车辆陷落,并及时复原窨井盖,确保操作规程的遵守和安全措施的落实。相关特种作业人员,应当按照国家有关规定取得相应的资格证书。

城镇排水与污水处理设施维护运营单位应当制定本单位的应急预案,配备必要的抢险装备、器材,并定期组织演练。

排水户因发生事故或者其他突发事件,排放的污水可能危及城镇排水与污水处理设施安全运行的,应当立即采取措施消除危害,并及时向城镇排水主管部门和环境保护主管部门等有关部门报告。

城镇排水与污水处理安全事故或者突发事件发生后,设施维护运营单位应当立即启动本单位应急预案,采取防护措施、组织抢修,并及时向城镇排水主管部门和有关部门报告。

（3）建设单位的维护与保护责任

新建、改建、扩建建设工程,不得影响城镇排水与污水处理设施安全。建设工程开工前,建设单位应当查明工程建设范围内地下城镇排水与污水处理设施的相关情况。城镇排水主管部门及其他相关部门和单位应当及时提供相关资料。建设工程施工范围内有排水管网等城镇排水与污水处理设施的,建设单位应当与施工单位、设施维护运营单位共同制定设施保护方案,并采取相应的安全保护措施。

因工程建设需要拆除、改动城镇排水与污水处理设施的,建设单位应当制定拆除、改动方案,报城镇排水主管部门审核,并承担重建、改建和采取临时措施的费用。

（4）政府及主管部门的维护与保护责任

县级以上地方人民政府应当根据实际情况,依法组织编制城镇排水与污水处理应急预案,统筹安排应对突发事件以及城镇排涝所必需的物资。

城镇排水主管部门应当会同有关部门,按照国家有关规定划定城镇排水与污水处理设施保护范围,并向社会公布。在保护范围内,有关单位从事爆破、钻探、打桩、顶进、挖掘、取土等可能影响城镇排水与污水处理设施安全的活动的,应当与设施维护运营单位等共同制定设施保护方案,并采取相应的安全防护措施。

县级以上人民政府城镇排水主管部门应当会同有关部门,加强对城镇排水与污水处理设施运行维护和保护情况的监督检查,并将检查情况及结果向社会公开。实施监督检查时,有权采取下列措施:①进入现场进行检查、监测;②查阅、复制有关文件和资料;③要求被监督检查的单位和个人就有关问题作出说明。被监督检查的单位和个人应当予以配合,不得妨碍和阻挠依法进行的监督检查活动。

审计机关应当加强对城镇排水与污水处理设施建设、运营、维护和保护等资金筹集、管理和使用情况的监督,并公布审计结果。

(5)禁止从事危及城镇排水与污水处理设施安全的活动

禁止从事下列危及城镇排水与污水处理设施安全的活动:损毁、盗窃城镇排水与污水处理设施;穿凿、堵塞城镇排水与污水处理设施;向城镇排水与污水处理设施排放、倾倒剧毒、易燃易爆、腐蚀性废液和废渣;向城镇排水与污水处理设施倾倒垃圾、渣土、施工泥浆等废弃物;建设占压城镇排水与污水处理设施的建筑物、构筑物或者其他设施;其他危及城镇排水与污水处理设施安全的活动。

4)城镇内涝防治

县级以上地方人民政府应当根据当地降雨规律和暴雨内涝风险情况,结合气象、水文资料,建立排水设施地理信息系统,加强雨水排放管理,提高城镇内涝防治水平。

县级以上地方人民政府应当组织有关部门、单位采取相应的预防治理措施,建立城镇内涝防治预警、会商、联动机制,发挥河道行洪能力和水库、洼淀、湖泊调蓄洪水的功能,加强对城镇排水设施的管理和河道防护、整治,因地制宜地采取定期清淤疏浚等措施,确保雨水排放畅通,共同做好城镇内涝防治工作。

城镇排水主管部门应当按照城镇内涝防治专项规划的要求,确定雨水收集利用设施建设标准,明确雨水的排水分区和排水出路,合理控制雨水径流。

10.2.4 城市防洪设施管理

城市防洪工程是一个系统工程,涉及面广,范围大。在城市外部要考虑上游来水的防御和下泄,在城市内部要考虑城市内的基础设施建设与内涝防治。

1)城市防洪工程措施

城市防洪工程包括堤防工程、蓄洪工程、分洪工程、河道整治和排水设施等,对洪水可起到挡、蓄、泄等作用。

堤防工程是沿河、渠、湖、海岸或行洪区、分洪区、国垦区的边缘修筑的挡水建筑物。水库工程是在河道、山谷、低洼地及地下透水层修建挡水坝、堤堰或隔水墙,形成人工湖,主要作用是拦蓄洪水,削减洪峰,控制天然径流并改变其时空分布,减少下游的防洪负担;水库还可以利用落差发电,灌溉农田,向城市供水,进行水产养殖,还可以进行航运和美化环境,发展旅游业。水闸和泵站是修建在河道和干渠用以控制流量和调节水位的低水头水工建筑物,关闭闸门和泵站可以拦洪、挡潮或抬高上游水位,以满足灌溉、发电等需要;开启闸门和泵站则可以直泄洪涝、弃水或废水,并向下游供水。分洪工程是将超过下游河道安全泄量的洪水分走或暂时分泄在河道两岸的适当地区,待洪峰过后再流回原河道,以减轻洪水对河道两岸的威胁。

城市的排水管网承担着城市排涝的主要任务。随着城市人口和排水量的增加,城市排水系统的发展方向应逐步做到雨污分流,有利于雨水的再利用和提高污水处理率。

针对城市化的特点,还需要在城市建设雨洪调蓄设施,尽可能保留天然湖泊或建设一批人工湖以增加城市对雨水的调蓄能力。增加城市绿地和透水地面,兴建透水管道、渗水井,既可以减轻城市涝灾,又可以补给地下水,缓解城市的水资源不足。

2) 城市防洪规划和建设

防洪规划是指为防治某一流域、河段或者区域的洪涝灾害而制定的总体部署,包括国家确定的重要江河、湖泊的流域防洪规划,其他江河、河段、湖泊的防洪规划以及区域防洪规划。

城市防洪规划是统筹安排各种预防和减轻洪水对城市造成灾害的工程或非工程措施的专项规划,是受洪水威胁的城市的城市总体规划的组成部分,也是城市所在地区河流流域防洪规划的组成部分。

确定防洪标准是制定城市防洪规划的重要环节。城市防洪标准应高于全流域防洪的一般标准;市区的防洪标准应高于郊区的标准。城市上游水库失事,会给城市造成巨大灾害。因此,对于可能给下游城镇造成严重洪水灾害的水库,如采用土石坝,应以可能最大洪水作为保坝设计标准;如采用混凝土坝或浆砌石坝,可根据工程性质、结构形式、地质条件等,适当降低标准。

城市防洪应对洪、涝、潮灾害统筹治理,上下游、左右岸关系兼顾,工程措施与非工程措施相结合,并应形成完整的城市防洪减灾体系。城市防洪工程体系中各单项工程的规模、特征值和调度运行规则,应按城市防洪规划的要求和国家现行有关标准的规定,分析论证确定。

城市防洪工程总体布局,应在流域(区域)防洪规划、城市总体规划和城市防洪规划的基础上,根据城市自然地理条件、社会经济状况、洪涝潮特性,结合城市发展的需要确定,并应利用河流分隔、地形起伏采取分区防守;应与城市发展规划相协调、与市政工程相结合;在确保防洪安全的前提下,应兼顾综合利用要求,发挥综合效益;应保护生态与环境,城市的湖泊、水塘、湿地等天然水域应保留,并应充分发挥其防洪滞涝作用;应将城市防洪保护区内的主要交通干线、供电、电信和输油、输气、输水管道等基础设施纳入城市防洪体系的保护范围;应根据工程抢险和人员撤退转移等要求设置必要的防洪通道。

城市防洪规划和建设应同水资源的综合利用结合起来。例如整治河道,要考虑航运的要求;防洪堤应考虑河道岸线上水运码头、滨河道路、城市给水排水、沿岸绿化等方面的需要;修建水库和治理湖泊,要考虑城市和农业用水、水力发电、航运、水产养殖、绿化以及游览等多方面的效益;城市排洪泵站可以作为地区性排涝工程的组成部分;分洪闸门和河道平时可用于农田排水;海堤工程则往往同围海造地结合起来。

城市防洪工程建设,应以所在江河流域防洪规划、区域防洪规划、城市总体规划和城市防洪规划为依据,全面规划、统筹兼顾,工程措施与非工程措施相结合,综合治理。

防洪建筑物建设应因地制宜,就地取材。建筑形式宜与周边景观相协调。

3) 城市防洪设施的维护

城市防洪设施是确保城市人民生命、财产的重要设施,主管部门和有关单位都要积极维护河岸、堤坝、排洪道和泵站的完好。在防洪设施防护带内,不准乱挖、乱填、搭盖、堆放物料,不准进行有损防洪设施的任何作业。凡因工程需要,在管理范围内立杆、架线、埋设管道者,必须事先报请市政工程管理部门批准,并按防洪要求施工。

在防洪设施的防护带内,禁止在非码头区装卸或堆放货物。机械装卸设备需要装设在护岸、防水墙或排洪道上时,应报经市政工程管理部门批准,并采取相应的安全措施。

10.3 城市公用事业建设管理法律制度

10.3.1 城市公用事业的概念

城市公用事业是指为城镇生产和居民生活服务的各种公用事业,包括:

(1) 城市供水:是指城市公共供水和自建设施供水。城市公共供水,是指城市自来水供水企业以公共供水管道及其附属设施向单位和居民的生活、生产和其他各项建设提供用水;自建设施供水,是指城市的用水单位以其自行建设的供水管道及其附属设施主要向本单位的生活、生产和其他各项建设提供用水。

(2) 城市供热:是指在城市规划区及其他实行城市化管理的地区内由热源产生的蒸汽、热水通过管网为热用户提供生产和生活用热的行为。

(3) 城市燃气:是指城市生活、生产等使用的作为燃料使用并符合一定要求的气体燃料,包括天然气(含煤层气)、液化石油气和人工煤气等。

(4) 城市公共交通:是指在城市人民政府确定的区域内,利用公共汽(电)车(含有轨电车)、城市轨道交通系统和有关设施,按照核定的线路、站点、时间、票价运营,为公众提供基本出行服务的活动。

10.3.2 城市供水管理

根据《城市供水条例》,城市供水工作实行开发水源和计划用水、节约用水相结合的原则。

国家实行有利于城市供水事业发展的政策,鼓励城市供水科学技术研究,推广先进技术,提高城市供水的现代化水平。县级以上人民政府应当将发展城市供水事业纳入国民经济和社会发展计划。

国务院城市建设行政主管部门主管全国城市供水工作。省、自治区人民政府城市建设行政主管部门主管本行政区域内的城市供水工作。县级以上城市人民政府确定的城市供水行政主管部门(以下简称城市供水行政主管部门)主管本行政区域内的城市供水工作。

1) 城市供水水源

(1) 城市供水水源开发利用规划

县级以上城市人民政府应当组织城市规划行政主管部门、水行政主管部门、城市供水行政主管部门和地质矿产行政主管部门等共同编制城市供水水源开发利用规划,作为城市供水发展规划的组成部分,纳入城市总体规划。

编制城市供水水源开发利用规划,应当从城市发展的需要出发,并与水资源统筹规划和水长期供求计划相协调;应当根据当地情况,合理安排利用地表水和地下水;应当优先保证城市生活用水,统筹兼顾工业用水和其他各项建设用水。

(2) 饮用水水源保护

县级以上地方人民政府环境保护部门应当会同城市供水行政主管部门、水行政主管部门和卫生行政主管部门等共同划定饮用水水源保护区,经本级人民政府批准后公布;划定跨省、市、县的饮用水水源保护区,应当由有关人民政府共同商定并经其共同的上级人民政府批准后公布。在饮用水水源保护区内,禁止一切污染水质的活动。

2) 城市供水工程建设

城市供水工程的建设,应当按照城市供水发展规划及其年度建设计划进行。

城市供水工程的设计、施工,应当委托持有相应资质证书的设计、施工单位承担,并遵守国家有关技术标准和规范。禁止无证或者超越资质证书规定的经营范围承担城市供水工程的设计、施工任务。

城市供水工程竣工后,应当按照国家规定组织验收;未经验收或者验收不合格的,不得投入使用。

城市新建、扩建、改建工程项目需要增加用水的,其工程项目总概算应当包括供水工程建设投资;需要增加城市公共供水量的,应当将其供水工程建设投资交付城市供水行政主管部门,由其统一组织城市公共供水工程建设。

3) 城市供水经营

(1) 供水企业要求

城市自来水供水企业和自建设施对外供水的企业,经工商行政管理机关登记注册后,方可从事经营活动。

城市自来水供水企业和自建设施对外供水的企业,应当建立、健全水质检测制度,确保城市供水的水质符合国家规定的饮用水卫生标准;应当按照国家有关规定设置管网测压点,做好水压监测工作,确保供水管网的压力符合国家规定的标准。禁止在城市公共供水管道上直接装泵抽水。

城市自来水供水企业和自建设施对外供水的企业应当保持不间断供水。由于工程施工、设备维修等原因确需停止供水的,应当经城市供水行政主管部门批准并提前 24 小时通知用水单位和个人;因发生灾害或者紧急事故,不能提前通知的,应当在抢修的同时通知用水单位和个人,尽快恢复正常供水,并报告城市供水行政主管部门。

城市自来水供水企业和自建设施对外供水的企业应当实行职工持证上岗制度。具体办法由国务院城市建设行政主管部门会同人事部门等制定。

(2) 用水要求

用水单位和个人应当按照规定的计量标准和水价标准按时缴纳水费。禁止盗用或者转供城市公共供水。

4) 城市供水设施维护

城市自来水供水企业和自建设施供水的企业对其管理的城市供水的专用水库、引水渠道、取水口、泵站、井群、输(配)水管网、进户总水表、净(配)水厂、公用水站等设施,应当定期检查维修,确保安全运行。

用水单位自行建设的与城市公共供水管道连接的户外管道及其附属设施,必须经城市自来水供水企业验收合格并交其统一管理后,方可合作使用。

在规定的城市公共供水管理及其附属设施的地面和地下的安全保护范围内,禁止挖坑取土或者修建建筑物、构筑物等危害供水设施安全的活动。因工程建设确需改装、拆除或者迁移城市公共供水设施的,建设单位应当报经县级以上人民政府城市规划行政主管部门和城市供水行政主管部门批准,并采取相应的补救措施。

涉及城市公共供水设施的建设工程开工前,建设单位或者施工单位应当向城市自来水供水企业查明地下供水管网情况。施工影响城市公共供水设施安全的,建设单位或者施工单位应当与城市自来水供水企业商定相应的保护措施,由施工单位负责实施。

禁止擅自将自建的设施供水管网系统与城市公共供水管网系统连接;因特殊情况确需连接的,必须经城市自来水供水企业同意,并在管道连接处采取必要的防护措施。禁止产生或者使用有毒有害物质的单位将其生产用水管网系统与城市公共供水管网系统直接连接。

10.3.3 城市供热管理

1) 城市供热规划

(1) 城市供热规划要求

城市供热规划应结合国民经济、城市发展规模、地区资源分布和能源结构等条件,并遵循因地制宜、统筹规划、节能环保的基本原则;应近、远期相结合,并正确处理近期建设与远期发展的关系;应符合城市发展的要求,并符合所在地城市能源发展规划和环境保护的总体要求;应与城市规划阶段、期限相衔接,与城市总体规划和详细规划相一致;总体规划阶段的城市供热规划应依据城市发展规模预测供热设施的规模,详细规划阶段的城市供热规划应依据详细规划的主要技术经济指标预测供热设施的规模;应与道路交通规划、地下空间利用规划、河道规划、绿化系统规划以及城市供水、排水、供电、燃气、通信等市政公用工程规划相协调;在现状道路下安排规划供热管线时,应考虑管线位置的可行性;应重视城市供热系统的安全可靠性,充分考虑节能要求。

(2) 城市供热规划的内容

城市供热规划的主要内容包括:预测城市热负荷,确定供热能源种类、供热方式、供热分区、供热热源、热网及其附属设施。

① 预测城市热负荷

城市热负荷预测内容包括规划区内的规划热负荷以及建筑采暖(制冷)、生活热水、工业等分项的规划热负荷。热负荷预测是编制城市供热规划的基础和重要内容,是合理确定城市热源、热网规模和设施布局的基本依据。热负荷预测要有科学性、准确性,其关键是应能收集、积累负荷预测所需要的基础资料和开展扎实的调研工作,掌握反映客观规律性的基础资料和数据,选用符合实际的负荷预测参数。根据基础资料,科学预测目标年的供热负荷水平,使之适应国民经济发展和城市现代化建设的需要。

具体的预测工作应建立在经常性收集、积累负荷预测所需资料的基础上,应了解所在城市的人口及国民经济、社会发展规划,分析研究影响城市供热负荷增长的各种因素;了解城市现状和规划有关资料,包括各类建筑的面积及分布,工业类别、规模、发展状况及其分布等。对现有的工业与民用(采暖、空调、生活热水)热负荷进行详细调查,对各热负荷的性质、用热参数、用热工作班制等加以分析。

热负荷预测宜根据不同的规划阶段采用不同的方法预测。总体规划阶段宜采用采暖综合热指标预测采暖热负荷。详细规划阶段宜采用分类建筑采暖热指标预测建筑采暖热负荷,即根据各类建筑面积及相应的建筑采暖热指标或综合热指标预测城市热负荷。

生活热水热负荷与采暖热负荷及工业热负荷相比,比重很小,因此,在总体规划阶段不单独进行分类计算。详细规划阶段宜采用分类建筑生活热水热指标预测建筑生活热水热负荷,即根据详细规划阶段技术经济指标确定的各类建筑面积及相应的生活热水热指标进行计算。

工业热负荷宜采用相关分析法和指标法。相关分析法主要依据城市社会经济发展目标、国民经济规划、工业规划、工业园区规划等,分析其历史数据与工业热负荷历史数据的相关关系,拟合相关性曲线;并参照同类城市地区的发展经验,预测未来工艺蒸汽需求,包括总量、分布、强度等。指标法是根据不同类型工业的用地面积及相应的工业热负荷指标预测。

当热网由多个热源供热,对各热源的负荷分配进行技术经济分析时,宜绘制热负荷延续时间曲线,以计算各热源的全年供热量及用于基本热源和尖峰热源承担供热负荷的配置容量分析,这是合理选择热电厂供热机组供热能力的重要工具。按照所规划城市的历年气象资料及有关数据绘制规划集中供热区域的热负荷延续曲线,以反映室外温度、热负荷与持续时间的关系。

在热负荷预测时涉及的热指标包括建筑采暖综合热指标、建筑采暖热指标、生活热水热指标、工业热负荷指标、制冷用热负荷指标。建筑采暖综合热指标应综合不同建筑类型、采取节能措施、建筑面积情况等因素确定。建筑采暖热指标是针对不同建筑类型的节能状况的单位建筑面积平均热指标。生活热水热指标是对有生活热水需求,且采用供热系统供应的建筑,单位面积平均热指标。工业热负荷指标是对不同工业的单位用地平均热指标。制冷用热负荷指标是针对不同建筑制冷的单位建筑面积平均热指标。

② 供热能源种类

城市供热能源可分为煤炭、燃气、电力、油品、地热、太阳能、核能、生物质能等。从我国能源资源和使用情况看,煤炭是最主要的供热能源,其次是天然气。低温核供热虽已经有了成熟的技术并具有商业化利用的经济效益,但其使用受到诸多敏感因素的影响。油品分为轻油和重油,受国家资源条件制约,一般不鼓励发展油品供热。太阳能作为未来能源利用的研究重点,目前在供热领域是一种辅助形式。生物质能蕴藏在植物、动物和微生物等可以生长的有机物中,它是由太阳能转化而来的。有机物中除矿物燃料以外的所有来源于动植物的能源物质均属于生物质能,通常包括木材及森林废弃物、农业废弃物、水生植物、油料植物、城市和工业有机废弃物、动物粪便等。其中垃圾焚烧的热能可用于城市供热。

③ 供热方式

供热方式分为集中供热和分散供热两种方式。集中供热是指热源规模为 3 台及以上14 兆瓦或 20 吨/时锅炉,或供热面积 50 万平方米以上的供热系统,包括燃煤热电厂供热、燃气热电厂供热、燃煤集中锅炉房供热、燃气集中锅炉房供热、工业余热供热、低温核供热设施供热、垃圾焚烧供热等。分散供热是指供热面积在 50 万平方米以下,且锅炉房单台锅炉容量在 14 兆瓦或 20 吨/时以下,包括分散燃煤锅炉房供热、分散燃气锅炉房供热、户内燃气采暖系统供热、热泵系统供热、直燃机系统供热、分布式能源系统供热、地热和太阳能等可再生能源系统供热等。

以煤炭为主要供热能源的城市,应采取集中供热方式,并应符合下列规定:具备电厂建设条件且有电力需求时,应选择以燃煤热电厂系统为主的集中供热;不具备电厂建设条件时,宜选择以燃煤集中锅炉房为主的集中供热;有条件的地区,燃煤集中锅炉房供热应逐步向燃煤热电厂系统供热或清洁能源供热过渡。

大气环境质量要求严格并且天然气供应有保证的地区和城市,宜采取分散供热方式。清洁能源供热应采用分散供热方式,但是不包括特定情况下的大型热源(低温核供热、燃气热电厂等)以及大型调峰热源等。

对大型天然气热电厂供热系统应进行总量控制。对于新规划建设区,不宜选择独立的天然气集中锅炉房供热。

在水电和风电资源丰富的地区和城市,可发展以电为能源的供热方式。能源供应紧张和环境保护要求严格的地区,可发展固有安全的低温核供热系统。太阳能条件较好的地区,应选择太阳能热水器解决生活热水需求,并应增加太阳能供暖系统的规模。

城市供热应充分利用资源,鼓励利用新技术、工业余热、新能源和可再生能源,发展新型供热方式,如地热、热泵系统,太阳能采暖系统,分布式热电冷三联供系统,燃料电池系统等。这些方式是治理大气污染和减排温室气体的重要手段,也是国家政策支持的发展方向,各地应鼓励发展。

历史文化街区或历史地段,宜采用电、天然气、油品、液化石油气和太阳能等为能源的供热系统;设施建设应符合遗产保护和景观风貌的要求。

④ 供热分区

总体规划阶段的供热规划,需要结合确定的供热方式,现状和规划的集中热源规模,城市组团和功能布局,河湖、铁路、公路等重要干线的分割,划分集中供热分区和分散供热分区。

详细规划阶段的供热规划应依据热源规模、供热方式,对供热分区进行细化,确定每种热源的供热范围。

⑤ 供热热源

总体规划阶段的供热规划应结合供热方式、供热分区及热负荷分布,综合考虑能源供给、存储条件及供热系统安全性等因素,合理确定城市集中供热热源的规模、数量、布局及其供热范围,并应提出供热设施用地的控制要求。

燃煤热电厂的合理规模受当地热力需求、电力需求、交通运输、热网规模等因素的影响,原则上机组规模越大,参数越高,节能效果越好,单位投资相对越小,环境保护治理措施越有保证,但同时供热范围也越大,将导致热网投资增加。集中锅炉房的合理规模受热负荷、道路交通条件、热网规模、地质条件、风向、防洪等因素的影响。低温核供热厂厂址的选择应符合国家相关规定,符合核设施安全管理、环境保护、辐射防护和其他方面有关规定,并应远离易燃易爆物品的生产与存储设施,及居住、学校、医院、疗养院、机场等人口稠密区。清洁能源分散供热设施应结合用地规划、建筑布局、规划建设实施时序等因素确定位置,不宜设置在居住建筑的内部。

　　详细规划阶段的供热规划应依据总体规划落实热源位置、用地边界，或经过技术经济论证分析，选择供热方式，确定供热热源的规模、数量、位置及其供热范围，并应提出设施用地的控制要求。

　　⑥ 热网及其附属设施

　　热网是通过管道和热载体（工作介质，常用水或水蒸气）把热能输送到热用户。一级热网与热用户宜采用间接连接方式。

　　当热源供热范围内只有民用建筑采暖热负荷时，应采用热水作为供热介质。当热源供热范围内工业热负荷为主要负荷时，应采用蒸汽作为供热介质。当热源供热范围内既有民用建筑采暖热负荷，也存在工业热负荷时，可设置热水和蒸汽两套管网。多热源联网运行的供热系统，为保证热网运行参数的稳定，各热源供热介质温度应一致。

　　热网布局应结合城市近、远期建设的需要，综合热负荷分布、热源位置、道路条件等多种因素，经技术经济比较后确定。通常，热网干线沿城市道路布置，并位于热负荷比较集中的区域，这样可以减少投资，便于运行和维护管理。热网应采用地下敷设方式，工业园区的蒸汽管网在环境景观、安全条件允许时可采用地上架空敷设方式。

　　热网的布置形式包括枝状和环状两种方式。通常，蒸汽管网应采用枝状管网布置方式；供热面积大于 1 000 万平方米的热水供热系统采用多热源供热时，各热源热网干线应连通，在技术经济合理时，热网干线宜连接成环状管网。

　　大型城市热水供热管网为了不用加大管径就可以增大供热距离，节省管网建设投资，会设置中继泵站。热网与用户采取间接连接方式时，宜设置热力站，热力站供热面积不宜大于 30 万平方米。为了提高居住环境质量，减少热力站运行时产生的噪声对周边居住的影响，居住区热力站应在供热范围中心区域独立设置，公共建筑热力站可与建筑结合设置。

　　2）城市供热价格

　　城市供热价格（以下简称热价）是指城市热力企业（单位）通过一定的供热设施将热量供给用户的价格。

　　《民用建筑节能条例》第九条指出"国家积极推进供热体制改革，完善供热价格形成机制，鼓励发展集中供热，逐步实行按照用热量收费制度"。《城市供热价格管理暂行办法》第四条也指出"国家鼓励发展热电联产和集中供热，允许非公有资本参与供热设施的投资、建设与经营，逐步推进供热商品化、货币化"。热价原则上实行政府定价或者政府指导价，由省（区、市）人民政府价格主管部门或者经授权的市、县人民政府制定。经授权的市、县人民政府制定热价，具体工作由其所属价格主管部门负责。供热行政主管部门协助价格主管部门管理热价。具备条件的地区，热价可以由热力企业（单位）与用户协商确定。具体条件和程序另行制定。

　　（1）热价分类与构成

　　城市供热价格分为热力出厂价格、管网输送价格和热力销售价格。热力出厂价格是指热源生产企业向热力输送企业销售热力的价格；管网输送价格是指热力输送企业输送热力的价格；热力销售价格是指向终端用户销售热力的价格。

　　城市供热实行分类热价。用户分类标准及各类用户热价之间的比价关系由城市人民政府价格主管部门会同城市供热行政主管部门结合实际情况确定。

城市供热价格由供热成本、税金和利润构成。供热成本包括供热生产成本和期间费用。供热生产成本是指供热过程中发生的燃料费、电费、水费、固定资产折旧费、修理费、工资以及其他应当计入供热成本的直接费用;供热期间费用是指组织和管理供热生产经营所发生的营业费用、管理费用和财务费用。税金是指热力企业(单位)生产供应热力应当缴纳的税金。利润是指热力企业(单位)应当取得的合理收益。现阶段按成本利润率核定,逐步过渡到按净资产收益率核定。输热、配热等环节中的合理热损失可以计入成本。

（2）热价的制定和调整

热价的制定和调整(以下简称制定)应当遵循合理补偿成本、促进节约用热、坚持公平负担的原则。成本是指价格主管部门经过成本监审核定的供热定价成本。热电联产企业应当将成本在电、热之间进行合理分摊。利润按成本利润率计算时,成本利润率按不高于 3％核定;按净资产收益率计算时,净资产收益率按照高于长期(5 年以上)国债利率 2～3 个百分点核定。

各类用户的热价应当反映其耗费的供热成本,逐步减少交叉补贴。热力生产企业与热力输送企业之间按热量计收热费。热电联产热源厂、集中供热热源厂和热力站应当在热力出口安装热量计量装置。热力销售价格要逐步实行基本热价和计量热价相结合的两部制热价。基本热价主要反映固定成本,计量热价主要反映变动成本。基本热价可以按照总热价 30％～60％的标准确定。新建建筑要同步安装热量计量和调控装置。既有建筑具备条件的,应当进行改造,达到节能和热计量的要求,实行按两部制热价计收热费。暂不具备按照两部制热价计费条件的建筑,在过渡期内可以实行按供热面积计收热费,并要尽快创造条件实现按照两部制热价计收热费。热力企业(单位)向工业企业供应的蒸汽,按照热量(或蒸汽重量)计收热费。

制定和调整居民供热价格时,应当举行听证会听取各方面意见,并采取对低收入居民热价不提价或少提价,以及补贴等措施减少对低收入居民生活的影响。

符合以下条件的热力企业(单位)可以向政府价格主管部门提出制定或调整热价的书面建议,同时抄送城市供热行政主管部门:按照国家法律、法规合法经营,热价不足以补偿供热成本致使热力企业(单位)经营亏损的;燃料到厂价格变化超过 10％的。

消费者可以依法向政府价格主管部门提出制定或调整热价的建议。

政府价格主管部门商供热行政主管部门对调价建议进行统筹研究,拟定调价方案。因燃料价格下跌、热力生产企业利润明显高于规定利润率时,价格主管部门可以直接提出降价方案报当地人民政府审批。政府价格主管部门受理热力企业(单位)关于制定和调整热价的建议后,要按规定进行成本监审。制定和调整热价的方案经人民政府批准后,由政府价格主管部门向社会公告,并报上级人民政府价格主管部门和供热行政主管部门备案。

（3）热价执行与监督

价格主管部门应当建立供热成本监审制度,促进热力企业(单位)建立有效的成本约束机制。省、市供热行政主管部门要逐步建立、健全城市供热质量监管体系,加强对各类计量器具和供热质量的监管,维护供、用热双方的合法权益。

热力企业(单位)应当严格执行政府制定的供热价格,不得擅自提高热价或变相提高热价。用户应当按照规定的热价按时交纳供热费用。对无正当理由拒交供热费用的用户,供热企业可以按有关规定加收滞纳金。热力企业(单位)的供热质量必须符合规定的供热质量标准。达不到规定供热质量标准的,热力企业(单位)应当按照供用热合同的约定对用户进行补偿或赔偿。

各级价格主管部门应当加强对本行政区域内供热价格执行情况的监督检查。鼓励群众举报热力企业(单位)的价格违法行为;群众举报属实的,价格主管部门应给予适当奖励。加强新闻舆论对供热价格执行情况的监督。

3) 城市供热节能

《民用建筑节能条例》第四条规定:"国家鼓励和扶持在新建建筑和既有建筑节能改造中采用太阳能、地热能等可再生能源。在具备太阳能利用条件的地区,有关地方人民政府及其部门应当采取有效措施,鼓励和扶持单位、个人安装使用太阳能热水系统、照明系统、供热系统、采暖制冷系统等太阳能利用系统。"第八条也指出:"县级以上人民政府应当安排民用建筑节能资金,用于支持民用建筑节能的科学技术研究和标准制定、既有建筑围护结构和供热系统的节能改造、可再生能源的应用,以及民用建筑节能示范工程、节能项目的推广。"

实行集中供热的新建建筑应当安装供热系统调控装置、用热计量装置和室内温度调控装置;公共建筑还应当安装用电分项计量装置。居住建筑安装的用热计量装置应当满足分户计量的要求。计量装置应当依法检定合格。

对实行集中供热的建筑进行节能改造,应当安装供热系统调控装置和用热计量装置;对公共建筑进行节能改造,还应当安装室内温度调控装置和用电分项计量装置。

10.3.4　城市燃气管理

城市燃气管理是指城市燃气的发展规划与应急保障、经营与服务、使用、设施保护、安全事故预防与处理及相关管理活动。燃气工作应当坚持统筹规划、保障安全、确保供应、规范服务、节能高效的原则。

《城镇燃气管理条例》第五条指出:"国务院建设主管部门负责全国的燃气管理工作。县级以上地方人民政府燃气管理部门负责本行政区域内的燃气管理工作。县级以上人民政府其他有关部门依照本条例和其他有关法律、法规的规定,在各自职责范围内负责有关燃气管理工作。"

国家鼓励、支持燃气科学技术研究,推广使用安全、节能、高效、环保的燃气新技术、新工艺和新产品。县级以上人民政府应当加强对燃气工作的领导,并将燃气工作纳入国民经济和社会发展规划。县级以上人民政府有关部门应当建立健全燃气安全监督管理制度,宣传普及燃气法律、法规和安全知识,提高全民的燃气安全意识。

1) 燃气发展规划与应急保障

国务院建设主管部门应当会同国务院有关部门,依据国民经济和社会发展规划、土地利用总体规划、城乡规划以及能源规划,结合全国燃气资源总量平衡情况,组织编制全国燃气发展规划并组织实施。县级以上地方人民政府燃气管理部门应当会同有关部门,依据国民经济和社会发展规划、土地利用总体规划、城乡规划、能源规划以及上一级燃气发展规划,组织编制本行政区域的燃气发展规划,报本级人民政府批准后组织实施,并报上一级人民政府燃气管理部门备案。

燃气发展规划的内容应当包括:燃气气源、燃气种类、燃气供应方式和规模、燃气设施布局和建设时序、燃气设施建设用地、燃气设施保护范围、燃气供应保障措施和安全保障措施等。

县级以上地方人民政府应当根据燃气发展规划的要求,加大对燃气设施建设的投入,并鼓励社会资金投资建设燃气设施。

进行新区建设、旧区改造,应当按照城乡规划和燃气发展规划配套建设燃气设施或者预留燃气设施建设用地。对燃气发展规划范围内的燃气设施建设工程,城乡规划主管部门在依法核发选址意见书时,应当就燃气设施建设是否符合燃气发展规划征求燃气管理部门的意见;不需要核发选址意见书的,城乡规划主管部门在依法核发建设用地规划许可证或者乡村建设规划许可证时,应当就燃气设施建设是否符合燃气发展规划征求燃气管理部门的意见。燃气设施建设工程竣工后,建设单位应当依法组织竣工验收,并自竣工验收合格之日起15日内,将竣工验收情况报燃气管理部门备案。

县级以上地方人民政府应当建立健全燃气应急储备制度,组织编制燃气应急预案,采取综合措施提高燃气应急保障能力。燃气应急预案应当明确燃气应急气源和种类、应急供应方式、应急处置程序和应急救援措施等内容。县级以上地方人民政府燃气管理部门应当会同有关部门对燃气供求状况实施监测、预测和预警。燃气供应严重短缺、供应中断等突发事件发生后,县级以上地方人民政府应当及时采取动用储备、紧急调度等应急措施,燃气经营者以及其他有关单位和个人应当予以配合,承担相关应急任务。

2)燃气经营与服务

政府投资建设的燃气设施,应当通过招标投标方式选择燃气经营者。社会资金投资建设的燃气设施,投资方可以自行经营,也可以另行选择燃气经营者。

国家对燃气经营实行许可证制度。从事燃气经营活动的企业,应当具备下列条件:符合燃气发展规划要求;有符合国家标准的燃气气源和燃气设施;有固定的经营场所、完善的安全管理制度和健全的经营方案;企业的主要负责人、安全生产管理人员以及运行、维护和抢修人员经专业培训并考核合格;法律、法规规定的其他条件。符合前款规定条件的,由县级以上地方人民政府燃气管理部门核发燃气经营许可证。申请人凭燃气经营许可证到工商行政管理部门依法办理登记手续。

禁止个人从事管道燃气经营活动。个人从事瓶装燃气经营活动的,应当遵守省、自治区、直辖市的有关规定。

燃气经营者应当向燃气用户持续、稳定、安全供应符合国家质量标准的燃气,指导燃气用户安全用气、节约用气,并对燃气设施定期进行安全检查。燃气经营者应当公示业务流程、服务承诺、收费标准和服务热线等信息,并按照国家燃气服务标准提供服务。

管道燃气经营者对其供气范围内的市政燃气设施、建筑区划内业主专有部分以外的燃气设施,承担运行、维护、抢修和更新改造的责任。管道燃气经营者应当按照供气、用气合同的约定,对单位燃气用户的燃气设施承担相应的管理责任。

管道燃气经营者因施工、检修等原因需要临时调整供气量或者暂停供气的,应当将作业时间和影响区域提前48小时予以公告或者书面通知燃气用户,并按照有关规定及时恢复正常供气;因突发事件影响供气的,应当采取紧急措施并及时通知燃气用户。燃气经营者停业、歇业的,应当事先对其供气范围内的燃气用户的正常用气作出妥善安排,并在90个工作日前向所在地燃气管理部门报告,经批准方可停业、歇业。

燃气经营者应当建立健全燃气质量检测制度,确保所供应的燃气质量符合国家标准。县级以上地方人民政府质量监督、工商行政管理、燃气管理等部门应当按照职责分工,依法加强对燃气质量的监督检查。

燃气经营者应当依法经营,诚实守信,接受社会公众的监督。燃气行业协会应当加强行业自律管理,促进燃气经营者提高服务质量和技术水平。

3)燃气使用

燃气用户应当遵守安全用气规则,使用合格的燃气燃烧器具和气瓶,及时更换国家明令淘汰或者使用年限已届满的燃气燃烧器具、连接管等,并按照约定期限支付燃气费用。单位燃气用户还应当建立健全安全管理制度,加强对操作维护人员燃气安全知识和操作技能的培训。

燃气用户及相关单位和个人不得有下列行为:擅自操作公用燃气阀门;将燃气管道作为负重支架或者接地引线;安装、使用不符合气源要求的燃气燃烧器具;擅自安装、改装、拆除户内燃气设施和燃气计量装置;在不具备安全条件的场所使用、储存燃气;盗用燃气;改变燃气用途或者转供燃气。

4)燃气设施保护

县级以上地方人民政府燃气管理部门应当会同城乡规划等有关部门按照国家有关标准和规定划定燃气设施保护范围,并向社会公布。在燃气设施保护范围内,禁止从事下列危及燃气设施安全的活动:建设占压地下燃气管线的建筑物、构筑物或者其他设施;进行爆破、取土等作业或者动用明火;倾倒、排放腐蚀性物质;放置易燃易爆危险物品或者种植深根植物;其他危及燃气设施安全的活动。

在燃气设施保护范围内,有关单位从事敷设管道、打桩、顶进、挖掘、钻探等可能影响燃气设施安全活动的,应当与燃气经营者共同制定燃气设施保护方案,并采取相应的安全保护措施。

燃气经营者应当按照国家有关工程建设标准和安全生产管理的规定,设置燃气设施防腐、绝缘、防雷、降压、隔离等保护装置和安全警示标志,定期进行巡查、检测、维修和维护,确保燃气设施的安全运行。

任何单位和个人不得侵占、毁损、擅自拆除或者移动燃气设施,不得毁损、覆盖、涂改、擅自拆除或者移动燃气设施安全警示标志。任何单位和个人发现有可能危及燃气设施和安全警示标志的行为,有权予以劝阻、制止;经劝阻、制止无效的,应当立即告知燃气经营者或者向燃气管理部门、安全生产监督管理部门和公安机关报告。

新建、扩建、改建建设工程,不得影响燃气设施安全。建设单位在开工前,应当查明建设工程施工范围内地下燃气管线的相关情况;燃气管理部门以及其他有关部门和单位应当及时提供相关资料。建设工程施工范围内有地下燃气管线等重要燃气设施的,建设单位应当会同施工单位与管道燃气经营者共同制定燃气设施保护方案。建设单位、施工单位应当采取相应的安全保护措施,确保燃气设施运行安全;管道燃气经营者应当派专业人员进行现场指导。法律、法规另有规定的,依照有关法律、法规的规定执行。

燃气经营者改动市政燃气设施,应当制定改动方案,报县级以上地方人民政府燃气管理部门批准。改动方案应当符合燃气发展规划,明确安全施工要求,有安全防护和保障正常用气的措施。

5）燃气安全事故预防与处理

燃气管理部门应当会同有关部门制定燃气安全事故应急预案,建立燃气事故统计分析制度,定期通报事故处理结果。燃气经营者应当制定本单位燃气安全事故应急预案,配备应急人员和必要的应急装备、器材,并定期组织演练。

任何单位和个人发现燃气安全事故或者燃气安全事故隐患等情况,应当立即告知燃气经营者,或者向燃气管理部门、公安机关消防机构等有关部门和单位报告。

燃气经营者应当建立健全燃气安全评估和风险管理体系,发现燃气安全事故隐患的,应当及时采取措施消除隐患。燃气管理部门以及其他有关部门和单位应当根据各自职责,对燃气经营、燃气使用的安全状况等进行监督检查,发现燃气安全事故隐患的,应当通知燃气经营者、燃气用户及时采取措施消除隐患;不及时消除隐患可能严重威胁公共安全的,燃气管理部门以及其他有关部门和单位应当依法采取措施,及时组织消除隐患,有关单位和个人应当予以配合。

燃气安全事故发生后,燃气经营者应当立即启动本单位燃气安全事故应急预案,组织抢险、抢修。燃气安全事故发生后,燃气管理部门、安全生产监督管理部门和公安机关消防机构等有关部门和单位,应当根据各自职责,立即采取措施防止事故扩大,根据有关情况启动燃气安全事故应急预案。

燃气安全事故经调查确定为责任事故的,应当查明原因、明确责任,并依法予以追究。对燃气生产安全事故,依照有关生产安全事故报告和调查处理的法律、行政法规的规定报告和调查处理。

10.3.5 城市公共交通管理

城市公共交通是城市交通的重要组成部分,对城市政治经济、文化教育、科学技术等方面的发展影响极大,也是城市建设的一个重要方面。

国家实施城市公共交通优先发展战略。城市人民政府应当建立和完善城市公共交通体系,统筹利用各种公共交通方式,为公众提供安全可靠、便捷高效、经济适用、节能环保的城市公共交通服务,引导公众优先选择公共交通方式出行。城市人民政府应当根据实际需要,推广应用新技术、新能源、新装备,加强城市公共交通智能化建设,推进信息技术在城市公共交通运营服务和安全管理方面的应用。

1）规划建设

编制城市公共交通规划应当综合考虑经济社会发展要求、公众出行需要、财政承受能力及公共安全需要。城市公共交通规划应当包括城市公共交通发展目标、规模、构成比例、用地配置、设施和线路布局、车辆配备、信息化建设、安全防范和人才保障等内容。编制城市公共交通规划应当征求公众意见。

城市人民政府有关部门编制城市轨道交通线网规划和建设规划,应当符合城市经济社会发展水平,并征求同级城市公共交通管理部门的意见。城市轨道交通建设单位组织编制城市轨道交通建设工程可行性研究报告和初步设计文件,应当按照要求编制运营服务专篇和公共安全专篇。县级以上人民政府有关部门在审查城市轨道交通建设工程可行性研究报告和初步设计文件时,应当书面征求同级公共交通管理部门、公安机关等有关部门的意见。

城市人民政府应当使城市公共交通规划与城市详细规划相互衔接,依法保障城市公共交通设施用地。城市人民政府应当根据经济社会发展的需要,按照城市公共交通规划,将城市公共交通发展资金纳入本级预算管理。

新建、改建、扩建城市道路的,有关建设单位应当按照城市公共交通规划建设首末站、中途停靠站、换乘接驳站、公共汽(电)车专用道等城市公共交通设施。新建、改建、扩建城市道路可能影响公共交通运行的,建设单位应当书面征求城市公共交通管理部门、公安机关的意见。建设城市公共汽(电)车首末站、枢纽站和城市轨道交通站等设施,应当按照国家有关规定配置和完善公众出行信息服务系统、车辆运营调度系统、安全监控和防范系统、应急处置系统、消防安全系统以及无障碍设施。

城市轨道交通建设单位应当依法选择具有相应资质的勘察、设计、施工和监理单位进行工程建设,并加强建设工程质量安全管理。城市轨道交通建设工程应当采取措施防止或者减少对周围已有建筑物、构筑物的影响。城市轨道交通反恐防范、治安防范、消防安全设施设备和场地、用房等,应当与城市轨道交通主体工程同步规划、同步设计、同步建设、同步验收、同步投入使用,并加强运行维护管理。城市轨道交通工程项目按照规定验收合格后,城市公共交通管理部门应当组织开展运营前安全评估。

2）运营服务

城市公共交通管理部门应当根据城市公共交通规划、城市发展和公众出行需要,合理确定城市公共交通的运力资源,及时开辟或者调整城市公共汽(电)车线路。城市公共交通管理部门应当定期开展公众出行调查,收集、分析公众出行时间、频率、方式等交通信息,作为优化城市公共交通线路的依据。

城市公共交通企业应当为乘客提供安全、准时、便捷的服务,并向城市公共交通管理部门报送线路运营相关信息;应当按照线路运营服务协议确定的数量配备城市公共汽(电)车车辆,不得擅自变更城市公共汽(电)车运营线路或者终止运营。投入运营的城市公共汽(电)车应当符合国家标准,取得机动车安全技术检验和尾气排放环保检验合格证明,并按照城市公共交通管理部门的要求设置车辆运营服务标识和安全警示标识。国家鼓励城市公共交通企业使用节能环保、配备无障碍设施的城市公共交通车辆。

城市公共交通运营服务从业人员应当遵守安全运营规章制度和安全操作规程,维护场站和车厢内的正常运营秩序;发生突发事件时应当及时妥善处置,保护乘客安全。

城市人民政府应当组织有关部门划定城市轨道交通安全保护区,制定安全保护区管理制度,保障城市轨道交通运营安全。在投入运营城市轨道交通线路的安全保护区内进行作业的,作业单位应当制定安全防护方案并征得城市轨道交通运营单位同意,方可办理相关许可手续。

3）安全管理

城市公共交通企业应当落实城市公共交通安全生产主体责任,建立健全企业安全管理制度,保障安全经费投入,定期开展安全检查和隐患排查,增强突发事件防范和应急能力;建立并落实安全巡查制度,组织社会力量协助开展公共安全防范工作。

城市公共交通企业应当对车辆、轨道、信号、站牌、电梯等设施设备进行定期检测、维护保养,确保性能良好和安全运行;应当按照规定为车辆配备灭火器、安全锤、车门紧急开启装置、紧急报警装置、安全隔离装置等安全应急设备,并定期进行维护更新;应当依照法律法规和国家有关规定配备安保人员和相应的设施设备,加强安全检查和保卫工作。

公安机关、城市公共交通管理等部门应当指导、监督防范恐怖袭击重点目标的管理单位履行安全防范职责。公安机关应当依照有关规定对重点目标进行巡查。城市公共交通管理、公安、气象等部门应当加强沟通协作和信息共享,及时发布路况、气象等预警信息。城市人民政府有关部门、城市公共交通企业以及学校、广播电视等有关单位,应当加强安全乘车和应急救援知识的宣传教育工作。

城市人民政府对本行政区域内城市轨道交通安全运行负总责,统筹协调城市轨道交通安全运行管理工作。城市人民政府应急管理部门应当监督指导城市轨道交通运营单位做好消防安全管理工作。

任何单位和个人不得实施下列行为:非法拦截或者强行上下城市公共交通车辆;非法占用城市公共交通场站或者出入口;擅自进入城市轨道交通线路、控制中心、车辆基地或者其他明示禁入的区域;干扰城市公共交通工作人员的正常工作;擅自操作带有警示标识的安全装置;破坏、盗窃城市公共交通设施设备;其他危害城市公共交通运营安全、扰乱乘车秩序的行为。

从事城市轨道交通安全检查的单位、人员应当按照有关规定对进入城市轨道交通车站的人员、物品进行安全检查。拒不接受安全检查的,应当拒绝其进站、乘车;强行进入车站或者扰乱安全检查秩序,构成违反治安管理行为的,由公安机关依法处置。安全检查人员发现违禁品、管制物品和涉嫌违法犯罪人员的,应当妥善处置,并立即向公安机关、城市公共交通管理部门报告。

10.4 城市园林绿化法律制度

10.4.1 城市园林绿化概述

园林绿化是城市经济建设、精神文明建设和改善人民生活环境不可缺少的重要内容,是城市生态系统中最为活跃的生物多样性因素。城市园林绿化是城市所有的基础设施中唯一具有生命力的基础设施,必须跟那些没有生命力的基础设施进行有机结合,形成一个和谐的整体。城市园林绿化不仅具备环境效益,同时具有休闲娱乐、美学、生态和社会效益。

城市园林绿化从功效上看,可以防止土壤侵蚀、滞尘、涵养水源,并保持地下水不受污染,调节温度,减少声、光、视觉污染等。园林绿化可以使环境更加优美,更有吸引力,能促使人们身心健康,提高工作效率,缓解精神压力,充分体现城市活力和城市风貌。

1) 节约型城市园林绿化

节约型城市园林绿化就是要以最少的地、最少的水、最少的钱、选择对周围生态环境最少干扰的园林绿化模式。节约型城市园林绿化就是生态化的城市绿化,也是可持续发展的城市绿化。

　　节约型城市园林绿化要因地制宜,要从当地实际出发、从本地小气候特点出发,实事求是地制定切合当地实际、适合自身条件的城市园林绿化工作方案;要与城市的建筑物、构筑物等密切结合,相得益彰。城市的建筑物、构筑物等必须通过绿化、将树木花草有机地结合在一起,才能使城市的综合功能充分发挥,才能保障城市可持续发展。

　　节约型城市园林绿化就是要节地、节水、节材、节能、节力。节地,就是要在保证城市绿化用地的前提下,提高土地的利用率,如立体绿化;墙体、屋顶、桥体等垂直绿化;城市中的自然山坡林地、河湖水系、湿地等自然资源的保护利用;家庭阳台绿化等。节水,主要体现在使用集水技术,采用地面透气透水性铺装等,应注重雨水的回收、中水利用,从开源和节流两方面入手,提倡使用再生水灌溉,以及采用微喷、滴灌等节水设施;不仅要在水的运输、灌溉等方面减少损失,如利用地膜覆盖减少水分蒸发、利用土工布减少水分渗透等,而且要选用耐干旱的植物种类,并将水分送到植物最需要的地方。节材,就是节约原材料,应尽可能用本地的乡土植物,做到乔灌花草合理搭配,以各种自然材料和人工材料的合理利用、循环利用为原则;应充分利用地方材料和地方工艺,以及环境友好型材料,突出园林绿化的地方特色。节能,提倡充分利用当地取之不尽、用之不竭的自然能源,如风能、太阳能、水能等,实现安全清洁的园林绿化建设养护和日常管理;利用反光和荧光材料制作的园林小品、指示牌等,既有利于营造节能型园林绿化,还能够产生独特有趣的园林景观。节力,就是应以便于养护管理作为衡量的标准,要求在园林绿化的养护管理和日常运营中,减少人力、物力、财力的投入。

　　2) 多功能的城市园林绿化

　　城市绿化是城市现代化建设的重要内容,应通过合理的规划、设计,科学的建设、管养,实现其功能的多样化和最大化。城市园林绿化必须进行绿地系统规划,合理配置各种绿地类型,合理完备绿地系统功能。

　　要考虑到城市的防灾安全,因为城市的绿地系统是城市主要的避灾避险场所。要从规划开始充分考虑绿地系统综合功能的完备性。城市的绿地必须连点成网,必须和交通要道合理配置,并且要均匀分布,使每一个街区都有自己的避灾绿地,这样才能给市民提供最大的安全保障。

　　城市绿化是其他基础设施的绿色载体,城市绿地下面大多是可利用的地下空间,有许多基础设施都是安排在绿地下面的。因此,绿地功能是综合的,其上下能够配套利用,使其利用率最大化、功能最大化。

　　城市园林绿化是一个城市历史、文化、美学等人文景观的载体,需要和建筑相衬托,城市绿化也是城市特色的载体,有的城市因为湖泊而知名,有的城市因为湿地而闻名等,都说明了这一点。

　　城市园林绿化可以通过树木花草的合理搭配,减少城市的热岛效应;通过园林绿化植物、树种搭配、立体分布等可以有效地、最大限度地吸附粉尘、尘土,吸收有毒气体,减少空气污染;在河道、池沼里面种养一些有益水生植物,可以有效地净化水质、优化水体,降低水体COD(化学需氧量)指标和脱磷除氮、修复水体生态;通过建筑墙面、屋顶、阳台等的立体绿化、垂直绿化,可以减少城市建筑和基础设施的能耗;在机动车与人行道绿化隔离带种树种花种草,在停车场适当种树,可以减少城市交通和其他方面的耗能。

城市园林绿化还可以提供休闲游憩、文化传承、科普教育等功能，它是完善城市环境的重要载体，是城市居民生活环境的主要组成部分，也是城市中各种生物生存的主要载体，为城市健康、绿色、环保、可持续发展做出了保障。

10.4.2 城市绿化管理

《城市绿化条例》指出"城市人民政府应当把城市绿化建设纳入国民经济和社会发展计划"，同时规定"国家鼓励和加强城市绿化的科学研究，推广先进技术，提高城市绿化的科学技术和艺术水平。城市中的单位和有劳动能力的公民，应当依照国家有关规定履行植树或者其他绿化义务。对在城市绿化工作中成绩显著的单位和个人，由人民政府给予表彰和奖励"。

国务院设立全国绿化委员会，统一组织领导全国城乡绿化工作，其办公室设在国务院林业行政主管部门。国务院城市建设行政主管部门和国务院林业行政主管部门等，按照国务院规定的职权划分，负责全国城市绿化工作。地方绿化管理体制，由省、自治区、直辖市人民政府根据本地实际情况规定。城市人民政府城市绿化行政主管部门主管本行政区域内城市规划区的城市绿化工作。在城市规划区内，有关法律、法规规定由林业行政主管部门等管理的绿化工作，依照有关法律、法规执行。

1）规划和建设

（1）规划

城市人民政府应当组织城市规划行政主管部门和城市绿化行政主管部门等共同编制城市绿化规划，并纳入城市总体规划。

城市绿化规划应当从实际出发，根据城市发展需要，合理安排同城市人口和城市面积相适应的城市绿化用地面积。城市人均公共绿地面积和绿化覆盖率等规划指标，由国务院城市建设行政主管部门根据不同城市的性质、规模和自然条件等实际情况规定。

城市绿化规划应当根据当地的特点，利用原有的地形、地貌、水体、植被和历史文化遗址等自然、人文条件，以方便群众为原则，合理设置公共绿地、居住区绿地、防护绿地、生产绿地和风景林地等。

城市绿化规划应当因地制宜地规划不同类型的防护绿地。各有关单位应当依照国家有关规定，负责本单位管界内防护绿地的绿化建设。

（2）建设

城市绿化工程的设计，应当委托持有相应资格证书的设计单位承担。工程建设项目的附属绿化工程设计方案，按照基本建设程序审批时，必须有城市人民政府城市绿化行政主管部门参加审查。

城市绿化工程的设计，应当借鉴国内外先进经验，体现民族风格和地方特色。城市公共绿地和居住区绿地的建设，应当以植物造景为主，选用适合当地自然条件的树木花草，并适当配置泉、石、雕塑等景物。

单位附属绿地的绿化规划和建设，由该单位自行负责，城市人民政府城市绿化行政主管部门应当监督检查，并给予技术指导。

建设单位必须按照批准的设计方案进行施工。设计方案确需改变时，须经原批准机关审批。

城市苗圃、草圃、花圃等生产绿地的建设,应当适应城市绿化建设的需要。

城市新建、扩建、改建工程项目和开发住宅区项目,需要绿化的,其基本建设投资中应当包括配套的绿化建设投资,并统一安排绿化工程施工,在规定的期限内完成绿化任务。

2)保护和管理

城市的公共绿地、风景林地、防护绿地、行道树及干道绿化带的绿化,由城市人民政府城市绿化行政主管部门管理;各单位管界内的防护绿地的绿化,由该单位按照国家有关规定管理;单位自建的公园和单位附属绿地的绿化,由该单位管理;居住区绿地的绿化,由城市人民政府城市绿化行政主管部门根据实际情况确定的单位管理;城市苗圃、草圃和花圃等,由其经营单位管理。

任何单位和个人都不得擅自改变城市绿化规划用地性质或者破坏绿化规划用地的地形、地貌、水体和植被。任何单位和个人都不得擅自占用城市绿化用地;占用的城市绿化用地,应当限期归还。因建设或者其他特殊需要临时占用城市绿化用地,须经城市人民政府城市绿化行政主管部门同意,并按照有关规定办理临时用地手续。任何单位和个人都不得损坏城市树木花草和绿化设施。砍伐城市树木,必须经城市人民政府城市绿化行政主管部门批准,并按照国家有关规定补植树木或者采取其他补救措施。

在城市的公共绿地内开设商业、服务摊点的,必须向公共绿地管理单位提出申请,应当持工商行政管理部门批准的营业执照,在公共绿地管理单位指定的地点从事经营活动,并遵守公共绿地和工商行政管理的规定。

城市的绿地管理单位,应当建立、健全管理制度,保持树木花草繁茂及绿化设施完好。

为保证管线的安全使用需要修剪树木时,应当按照兼顾管线安全使用和树木正常生长的原则进行修剪。承担修剪费用的办法,由城市人民政府规定。因不可抗力致使树木倾斜危及管线安全时,管线管理单位可以先行扶正或者砍伐树木,但是,应当及时报告城市人民政府城市绿化行政主管部门和绿地管理单位。

百年以上树龄的树木,稀有、珍贵树木,具有历史价值或者重要纪念意义的树木,均属古树名木。对城市古树名木实行统一管理,分别养护。城市人民政府城市绿化行政主管部门,应当建立古树名木的档案和标志,划定保护范围,加强养护管理。在单位管界内或者私人庭院内的古树名木,由该单位或者居民负责养护,城市人民政府城市绿化行政主管部门负责监督和技术指导。严禁砍伐或者迁移古树名木。因特殊需要迁移古树名木,必须经城市人民政府城市绿化行政主管部门审查同意,并报同级或者上级人民政府批准。

10.4.3 城市园林管理

城市园林是在城市内运用工程技术和艺术手段创作而成的优美的游憩境域。园林包括根据历史、文化和习俗而建的各种园林,以及庭院、宅院、游园、公园等。园林的结构主要由树木、山水和建筑三项要素构成。

1)城市园林规划与建设

城市园林规划是城市总体规划的重要组成部分,要依据《城乡规划法》和国务院文件编制好城市绿地系统规划,按照点、线、网的绿地布局与城市基础设施紧密结合。要依据《城市绿线划定技术规范》,在城市总体规划、控制性详细规划和修建性详细规划各个环节,认真落实原有城市公园、湖滨和河浜绿化岸线、湿地、山丘高地、水源保护地以及国家风景名胜区等的保护范围的划定。充分利用这些宝贵的"自然斑痕"作为城市绿地的基点,使城市园林引入自然的元素。

《全国城镇园林绿化"十三五"发展规划》确定了新时期园林绿化的重点任务,主要包括:构建城市生态空间网络,实施生态修复,拓展绿色空间,优化城市绿地结构和布局,完善城市绿地综合功能等。通过规划的实施,统筹生产、生活、生态三大空间布局,提高城市发展的宜居性,提升全国城镇园林绿化规划建设和管理水平,充分发挥园林绿化在改善城乡生态环境中的重要作用,推动绿色低碳循环发展。

城市园林的建设,应按照规划有计划地进行。园林建设所需资金应纳入投资计划。

在城市园林规划与建设中应注意以下原则:

(1)坚持以人为本。在对城市园林进行规划和建设时,应结合实际,既要考虑城市居民的感官需求,也要考虑其心理特征,使人们既提高对园林的观赏性,又感受到园林生活的乐趣。

(2)坚持个性化和整体化。在城市园林进行规划和建设时,尽可能挖掘城市的历史文化背景和特色建筑,在遵循城市原生态群落生活习惯的基础上,科学合理地设计体现个性的园林绿化方案。同时,还要保证城市园林与城市整体的关联性,城市园林设计应与城市整体规划进行结合,最大限度实现城市园林的整体化。

(3)坚持植物多样性。应依据当地的地形、地貌和周边环境造景;根据环境需求和环境条件配置植物,为城市提供诗情画意的生态环境。在对植物进行选择时,应结合实际,对当地的土质等进行提前测量,选择符合当地实际情况、符合当地气候条件、自然环境因素的各种绿植排布。

(4)重视园林树木的后期维护。一方面多样性的植物有利于提高植物的成活率,实现植物群落的自我进化;另一方面应定期为树木施肥、除草、修剪、防治病虫害,促使树木健康生长。

2)城市园林绿化养护管理

《园林绿化养护标准》指出,城市园林绿化养护管理是指"对绿地内植物采取的整形修剪、松土除草、灌溉与排水、施肥、有害生物防治、改植与补植、绿地防护等技术措施及相应管理工作"。

园林绿化养护管理工作包括植物养护和绿地管理两个方面。园林植物按照其生态类型、园林应用等分为树木、花卉、草坪、地被植物、水生植物、竹类等。植物养护主要包括整形修剪、灌溉与排水、施肥、有害生物防治、松土除草、改植与补植、绿地防护等技术措施;绿地管理主要包括绿地清理与保洁、附属设施管理、景观水体管理、技术档案及安全保护等。根据园林植物养护质量和绿地管理质量,将园林绿化养护管理分为一级养护管理、二级养护管理、三级养护管理三个等级。

我国正处在城镇化的高潮期,每年住宅和其他构筑物建设量巨大并不断增长,必须强化对城市园林绿化的保护与规划建设;必须在遵守因地制宜、适地适树的原则下合理配植花草树木;必须在增强城市防灾功能的同时又讲究生态、美学、艺术多功能的完备;必须在加强规划管理上下功夫。努力使我们的天更蓝、地更绿、水更清、空气更清新,人与自然的关系更和谐。

10.5　城市垃圾管理制度

城市垃圾也称为城市固体废弃物,包括工业垃圾、生活垃圾及建筑垃圾。垃圾不仅影响城市景观,还会污染环境,对城镇居民的健康构成威胁,对城市的发展形成阻碍。垃圾不仅造成公害,更是资源的巨大浪费。

保持良好的生态环境,构筑人与自然和谐的共存关系,不仅是经济发展的必要和前提,更是人类发展经济的目的。因此,为了进一步加强城市垃圾的管理,我们要结合实际情况,因地制宜,制定具有前瞻性的法律、法规及垃圾处理机制,对城市垃圾的管理和处理工作作进一步的规范。

10.5.1　城市生活垃圾管理

城市生活垃圾是人们在生活中产生的固体废渣,种类繁多,包括有机物与无机物,应进行分类、收集、清运和处理。2007 年 4 月 28 日,原建设部发布《城市生活垃圾管理办法》,确定了城市生活垃圾治理实行减量化、资源化、无害化的原则,对生活垃圾的处置等作了具体规定。

1) 生活垃圾分类标准

根据国家标准《生活垃圾分类标志》(GB/T 19095—2019),生活垃圾分为可回收物、有害垃圾、厨余垃圾、其他垃圾四类。《上海市生活垃圾管理条例》分类更细,将生活垃圾分为可回收物、有害垃圾、湿垃圾和干垃圾四类。可回收物,是指废纸张、废塑料、废玻璃制品、废金属、废织物等适宜回收、可循环利用的生活废弃物;有害垃圾,是指废电池、废灯管、废药品、废油漆及其容器等对人体健康或者自然环境造成直接或者潜在危害的生活废弃物;湿垃圾,即易腐垃圾,是指食材废料、剩菜剩饭、过期食品、瓜皮果核、花卉绿植、中药药渣等易腐的生物质生活废弃物;干垃圾,即其他垃圾,是指除可回收物、有害垃圾、湿垃圾以外的其他生活废弃物。生活垃圾的具体分类标准,可以根据经济社会发展水平、生活垃圾特性和处置利用需要予以调整。

2) 城市生活垃圾的处理原则

(1) 实行减量化、资源化、无害化原则

随着经济社会发展、城市规模扩大和人口不断增长,生活垃圾产生量与日俱增,给资源环境带来巨大压力,垃圾处理问题成为大城市面临的重大环境问题。《上海市生活垃圾管理条例》对生活垃圾在源头减量、投放、收集、运输、处置、资源化利用及其监督管理等全过程作了具体详细的规定,生活垃圾管理工作遵循政府推动、全民参与、市场运作、城乡统筹、系统推进、循序渐进的原则,以实现生活垃圾减量化、资源化、无害化为目标,建立健全生活垃圾分类投放、分类收集、分类运输、分类处置的全程分类体系,积极推进生活垃圾源头减量和资源循环利用。

(2) 谁产生、谁付费的原则

对生活垃圾实行产生者付费的原则有利于提供城市居民的公民责任。生活垃圾每个人每天都在产生,随着城市人口日益增长,城市居民生活方式向便捷、舒适、享受型转变,生活垃圾的产生量也日益剧增,处置成本巨大。实行由产生者付费的原则也有利于培养公民责任,引导居民向低碳、绿色环保生活方式转变。

3）城市生活垃圾管理的基本制度

（1）生活垃圾的全程监管和处理收费制度

上海市的城市生活垃圾的管理,通过制定地方性法规,对生活垃圾源头减量、全程分类、无害化处置和资源化利用进行规范,重点强化全程分类体系建设。《上海市生活垃圾管理条例》强调单位和公民个人在垃圾分类及投放及处理方面的责任。每个单位和公民个人都有减少生活垃圾产生,履行生活垃圾分类投放义务,并承担生活垃圾产生者责任。

（2）区域生活垃圾处置总量控制制度

政府根据城市生活垃圾全程分类管理要求,结合人口规模以及经济社会发展水平,制定地区生活垃圾处置总量控制计划,落实生活垃圾减量和资源化利用措施。

（3）城市生活垃圾管理的智能化管理

依靠科技手段,逐步提高生活垃圾分类投放、收集、运输、处置以及管理运行的智能化水平。政府部门支持生活垃圾源头减量、分类投放、就地处置、资源化利用等方面的新技术、新工艺、新材料、新装备的研发和应用。

4）生活垃圾的管理部门

城市人民政府应当加强对城市生活垃圾管理工作的领导,建立生活垃圾管理工作综合协调机制,统筹协调生活垃圾管理工作。城市绿化市容部门是城市生活垃圾管理的主管部门,负责城市生活垃圾管理工作的组织、协调、指导和监督。城市发展改革部门负责制定促进生活垃圾源头减量、资源化利用以及无害化处置的政策,协调生产者责任延伸制度的落实,研究完善生活垃圾处理收费机制。城市房屋管理部门负责督促物业服务企业履行生活垃圾分类投放管理责任人义务。城市生态环境部门负责生活垃圾处理污染防治工作的指导和监督。城市城管执法部门负责对查处违反生活垃圾分类管理规定行为的指导和监督。城市住房城乡建设、商务、财政、规划、经济信息化、教育、民政、农业农村、科技、卫生健康、文化旅游、市场监管、邮政、机关事务管理等部门按照各自职责,协同实施。

区级人民政府负责所辖区域内生活垃圾管理工作,并建立相应的综合协调机制。区级绿化市容部门负责所辖区域内生活垃圾管理工作的具体组织、协调、指导和监督。区级发展改革、房屋管理、生态环境、城管执法等部门按照各自职责,协同推进所辖区域内生活垃圾管理工作。乡镇人民政府、街道办事处负责所辖区域内生活垃圾分类投放、分类驳运以及相关的分类收集等日常管理工作的具体落实。

各级人民政府及其相关部门应当采取有效措施,加强生活垃圾源头减量、全程分类管理、资源化利用的宣传教育,提高市民生活垃圾分类意识,普及生活垃圾分类知识,推动形成全社会共同参与的良好氛围。

5）生活垃圾管理的专项规划与设施建设

城市人民政府编制国民经济和社会发展规划,应当将推进生活垃圾源头减量、全程分类、资源化利用、无害化处置作为重要内容。有关部门组织编制的城乡规划、土地利用规划,应当统筹考虑减少生活垃圾产生量、促进生活垃圾资源化利用和无害化处置。

城市绿化市容部门应当根据国民经济和社会发展规划,组织编制城市生活垃圾管理专项规划。生活垃圾管理专项规划应当包括生活垃圾管理的指导原则和目标任务,生活垃圾转运、处置、回收利用设施的布局,规划实施的保障措施等内容。城市绿化市容部门应当会同规划部门组织编制生活垃圾转运、处置、回收利用设施规划(以下简称生活垃圾处理设施专项规划)。

城市绿化市容部门应当根据生活垃圾处理设施专项规划,制定生活垃圾处理设施年度建设计划并组织实施。城市发展改革、规划等部门应当将生活垃圾处理设施年度建设计划所需资金和土地,分别纳入年度投资计划和年度土地供应计划。经确定的生活垃圾转运、处置、回收利用设施用地,未经法定程序,不得改变用途。

新建、改建或者扩建住宅、公共建筑、公共设施等建设工程,应当按照国家和城市标准配套建设生活垃圾收集设施。配套生活垃圾收集设施应当与主体工程同步设计、同步建设、同步验收、同步使用。已有的生活垃圾收集设施不符合生活垃圾分类标准的,应当予以改造。

城市绿化市容部门应当按照规定推进可回收物回收服务点、中转站和集散场建设。鼓励社会资本参与城市可回收物收集、运输设施建设。

6)促进生活垃圾源头减量

城市人民政府应当统筹环境保护、资源节约与生产生活安全等要求,建立涵盖生产、流通、消费等领域的各类生活垃圾源头减量工作机制。

企业应当遵守国家有关清洁生产的规定,优先选择易回收、易拆解、易降解、无毒无害或者低毒低害的材料和设计方案,生产废弃物产生量少、可循环利用的产品。

城市市场监管部门应当按照国家和城市有关法律、法规的规定,做好产品包装物减量的监督管理工作。企业对产品的包装应当合理,包装的材质、结构和成本应当与内装产品相适应,减少包装废弃物的产生。

城市市场监管、邮政部门应当制定城市快递业绿色包装标准,促进快递包装物的减量化和循环使用。快递企业在城市开展经营活动的,应当使用电子运单和环保箱(袋)、环保胶带等环保包装。鼓励寄件人使用可降解、可循环使用的环保包装。电子商务企业在城市开展经营活动的,应当提供多种规格封装袋、可循环使用包装袋等绿色包装选项,并运用计价优惠等机制,引导消费者使用环保包装。

城市农业农村、商务等部门应当加强对果蔬生产基地、农贸市场、标准化菜场、超市的管理,积极推行净菜上市。新建农贸市场、标准化菜场的,应当按照标准同步配置湿垃圾就地处理设施。已建成的农贸市场、标准化菜场湿垃圾产生量达到一定规模的,应当按照标准配置湿垃圾就地处理设施。鼓励产生湿垃圾的其他单位配置湿垃圾就地处理设施。城市绿化市容部门应当会同市场监管、生态环境、商务等部门组织编制湿垃圾就地处理设施配置标准。

党政机关、事业单位应当带头使用有利于保护环境的产品、设备和设施,提高再生纸的使用比例,减少使用一次性办公用品,内部办公场所不得使用一次性杯具。政府采购应当按照规定,优先采购可循环利用的产品。鼓励企业、社会团体节约使用和重复利用办公用品,减少使用一次性杯具。

鼓励单位和个人使用可循环利用的产品,通过线上、线下交易等方式,促进闲置物品再使用。餐饮服务提供者应当在餐饮服务场所设置节俭消费标识,提示消费者适量点餐。餐饮服务提供者和餐饮配送服务提供者不得主动向消费者提供一次性筷子、调羹等餐具。旅馆经营单位不得主动向消费者提供客房一次性日用品。

7）生活垃圾的分类投放及责任主体

城市绿化市容部门应当会同商务、生态环境等部门制定生活垃圾具体分类目录，并向社会公布。城市绿化市容部门应当提供多种形式的便捷查询服务，指导单位和个人准确分类投放生活垃圾。

产生生活垃圾的单位和个人是生活垃圾分类投放的责任主体，应当将生活垃圾分别投放至相应的收集容器。其中，可回收物还可以交售至可回收物回收服务点或者其他可回收物回收经营者。逐步推行生活垃圾定时定点分类投放制度。

实行生活垃圾分类投放管理责任人（以下简称"管理责任人"）制度，管理责任人按照下列规定确定：（1）党政机关、企事业单位、社会团体等单位的办公和生产经营场所，由业主委托物业服务企业实施物业管理的，物业服务企业为管理责任人；由业主自行管理的，业主为管理责任人。（2）住宅小区由业主委托物业服务企业实施物业管理的，物业服务企业为管理责任人。农村居民点，村民委员会为管理责任人。（3）道路、广场、公园、公共绿地等公共场所，管理部门或者管理部门委托的服务单位为管理责任人；机场、客运站、轨道交通站点以及旅游、文化、体育、娱乐、商业等公共场所，经营管理单位或者经营管理单位委托的物业服务企业为管理责任人。无法确定管理责任人的，由所在地乡镇人民政府、街道办事处确定管理责任人。乡镇人民政府和街道办事处应当对所辖区域内管理责任人履行管理责任的情况进行监督。

管理责任人应当按照下列规定设置生活垃圾分类收集容器：（1）党政机关、企事业单位、社会团体等单位的办公或生产经营场所应当设置可回收物、有害垃圾、湿垃圾、干垃圾四类收集容器。（2）住宅小区和农村居民点应当在生活垃圾收集运输交付点设置可回收物、有害垃圾、湿垃圾、干垃圾四类收集容器；在其他公共区域设置收集容器的，湿垃圾、干垃圾两类收集容器应当成组设置。（3）公共场所应当设置可回收物、干垃圾两类收集容器；但湿垃圾产生量较多的公共场所，应当增加设置湿垃圾收集容器。市绿化市容部门应当制定分类收集容器设置规范，并向社会公布。收集容器的颜色、图文标识应当统一规范、清晰醒目、易于辨识。鼓励管理责任人根据可回收物、有害垃圾的种类和处置利用需要，细化设置收集容器。

管理责任人应当对投放人的分类投放行为进行指导，发现投放人不按分类标准投放的，应当要求投放人改正。投放人拒不改正的，管理责任人可以向所在地的乡镇人民政府或者街道办事处举报。管理责任人应当将需要驳运的生活垃圾，分类驳运至生活垃圾收集运输交付点。管理责任人按照规定履行管理职责的，有关单位和个人应当予以配合。

8）生活垃圾的分类收集、运输和处置

从事有害垃圾、湿垃圾、干垃圾经营性收集、运输的单位和湿垃圾、干垃圾经营性处置的单位，应当按照国家规定取得生活垃圾经营服务许可证。从事有害垃圾处置活动的单位应当依法取得危险废物经营许可证。城市绿化市容部门以及乡镇应当与通过政府采购等方式确定的可回收物、有害垃圾、湿垃圾、干垃圾的收集、运输单位（以下简称收集、运输单位）以及湿垃圾、干垃圾的处置单位，签订收集、运输服务协议以及处置服务协议。

收集、运输单位应当按照下列规定,对生活垃圾进行分类收集、运输:(1)对可回收物、有害垃圾实行定期或者预约收集、运输;(2)对湿垃圾实行每日定时收集、运输;(3)对干垃圾实行定期收集、运输。收集、运输单位发现所交的生活垃圾不符合分类标准的,应当要求改正;拒不改正的,收集、运输单位可以拒绝接收,同时应当向所在地乡镇人民政府或者街道办事处报告,由乡镇人民政府或者街道办事处及时协调处理。管理责任人发现收集、运输单位违反分类收集、运输要求的,可以向乡镇人民政府或者街道办事处举报。

收集、运输单位应当执行行业规范和操作规范,并遵守下列规定:(1)使用专用车辆、船舶分类运输生活垃圾;专用车辆、船舶应当清晰标示所运输生活垃圾的类别,实行密闭运输,并安装在线监测系统。(2)不得将已分类投放的生活垃圾混合收集、运输,不得将危险废物、工业固体废物、建筑垃圾等混入生活垃圾。(3)按照要求将需要转运的生活垃圾运输至符合条件的转运场所。

城市绿化市容部门应当完善可回收物回收体系建设,加强对可回收物回收签约单位以及其他回收经营者回收活动的指导、管理和监督。城市绿化市容部门应当会同有关部门编制并发布可回收物回收指导目录,制定低价值可回收物回收扶持政策。鼓励采用"互联网＋回收"、智能回收等方式,增强可回收物投放、交售的便捷性。其他可回收物回收经营者在收集、运输可回收物过程中,应当采取覆盖、围挡、保洁等有效措施,保持环境卫生整洁,不得造成环境污染。

转运设施的设置应当符合环保要求和技术规范,并按照规定办理环保等有关审批手续。生活垃圾转运产生的渗滤液,应当按照国家和城市水污染物排放标准处理后排放。

有害垃圾、湿垃圾、干垃圾处置单位(以下简称处置单位)应当按照分类标准接收生活垃圾,发现所交的生活垃圾不符合分类要求的,应当要求改正;拒不改正的,可以拒绝接收,同时应当向市或区绿化市容部门报告,由市或区绿化市容部门及时协调处理。有害垃圾、湿垃圾、干垃圾应当按照下列方式进行分类利用处置:(1)有害垃圾采用高温处理、化学分解等方式进行无害化处置;(2)湿垃圾采用生化处理、产沼、堆肥等方式进行资源化利用或者无害化处置;(3)干垃圾采用焚烧等方式进行无害化处置。

处置单位应当执行行业规范和操作规范,并遵守下列规定:(1)保持生活垃圾处置设施、设备正常运行,对接收的生活垃圾及时进行处置;(2)按照技术标准分类处置生活垃圾,不得将已分类的生活垃圾混合处置;(3)对废水、废气、废渣、噪声以及周边土壤污染等进行处理,并按照规定进行环境修复;(4)定期向绿化市容部门报送接收、处置生活垃圾的来源、数量、类别等信息。

9)生活垃圾的资源化利用

城市发展改革部门应当会同有关部门制定循环经济发展扶持政策,对符合城市功能需要、符合相关产业发展导向的可回收物回收利用项目予以支持,并推进循环经济产业园建设。

可回收物回收经营者应当按照国家和城市有关要求,将可回收物交由可回收物利用企业进行资源化利用。城市商务、经济信息化、绿化市容部门应当对可回收物资源化利用活动进行指导、协调和监督。

对列入国家强制回收目录的产品和包装物,生产者、销售者应当按照规定进行回收和处理。鼓励生产者、销售者通过自主回收、联合回收或者委托回收等模式,提高废弃产品和包装物的回收再利用率。市邮政部门应当指导在本市开展经营活动的快递企业建立健全多方协同的包装物回收再利用体系。

城市绿化市容、农业农村部门应当会同市场监管部门研究制定城市湿垃圾资源化利用标准,鼓励和支持开展湿垃圾资源化利用团体标准、企业标准的研究制定和推广实施工作。城市相关政府部门应当支持在公共绿地、公益林的土壤改良中优先使用湿垃圾资源化利用产品,支持符合标准的湿垃圾资源化利用产品在农业生产领域的推广应用。农村地区应当就地就近对湿垃圾进行资源化利用;鼓励党政机关、企事业单位、社会团体、住宅小区将湿垃圾处理后用于单位绿化、居住区绿化、家庭园艺。

干垃圾焚烧产生的热能应当通过发电、供热等方式进行利用。在符合环保要求的情况下,鼓励对炉渣、飞灰等进行综合利用,鼓励具备条件的企业协同处置干垃圾。

10) 社会参与,全民动手

城市人民政府及其相关部门和工会、共青团、妇联等组织应当通过多种方式,广泛开展社会动员,推动全社会共同参与生活垃圾管理工作。绿化市容、生态环境等部门应当设立生活垃圾科普教育基地,面向社会普及生活垃圾分类知识。城市大型生活垃圾处理设施运营单位应当设立公众开放日,接待社会公众参观。教育部门应当将生活垃圾分类知识纳入城市幼儿园、中小学校、高等院校教育内容,组织开展生活垃圾分类教育和实践等活动。新闻媒体应当持续开展生活垃圾管理法规和生活垃圾分类知识的公益宣传,对违反生活垃圾管理的行为进行舆论监督。

建立健全以居民区、村党组织为领导核心,居民委员会或者村民委员会、业主委员会、物业服务企业、业主等共同参与的工作机制,共同推进生活垃圾管理工作。居民委员会、村民委员会应当配合乡镇人民政府和街道办事处做好生活垃圾源头减量和分类投放的组织、动员、宣传、指导工作。倡导居民委员会和村民委员会将生活垃圾分类要求纳入居民公约和村规民约。乡镇人民政府和街道办事处应当将生活垃圾管理纳入基层社会治理工作,加强组织协调和指导。

鼓励通过积分兑换等多种方式,促进单位和个人形成生活垃圾分类投放的良好行为习惯。鼓励志愿服务组织和志愿者开展生活垃圾分类投放的宣传、示范等活动。城市人民政府及其相关部门,乡镇人民政府、街道办事处可以通过购买服务方式,支持各类社会组织参与生活垃圾管理活动。

循环经济、市容环卫、物业管理、旅游旅馆、餐饮烹饪、家政服务、商业零售等领域的相关行业协会应当制定行业自律规范,开展行业培训和评价,共同推进生活垃圾管理工作。市文明城区、文明社区、文明小区、文明村镇、文明单位、文明校园等群众性精神文明创建活动和卫生单位、卫生社区(村)等卫生创建活动,应当将生活垃圾分类管理相关情况纳入评选标准。

鼓励和引导各类市场主体参与生活垃圾源头减量和分类投放、收集、运输、处置以及资源化利用等活动。

实行生活垃圾管理社会监督员制度。城市绿化市容部门应当向社会公开选聘生活垃圾管理社会监督员,参与生活垃圾全过程管理的监督工作。任何单位和个人有权将违反生活垃圾管理规定的行为通过市民热线或者直接向相关部门投诉和举报,有关部门应当按照规定处理。

对在生活垃圾管理工作中做出突出贡献和优异成绩的单位和个人,按照国家和城市评比表彰有关规定,给予表彰奖励。

11) 监督管理和综合考核机制

建立生活垃圾源头减量、全程分类、资源化利用、无害化处置的监督检查制度,有关部门应当及时向社会公开检查情况和处理结果,并接受社会监督。城市绿化市容部门应当对城市生活垃圾分类情况进行定期评估,评估报告应当向社会公布。

城市生态环境部门应当按照规定,对生活垃圾处理过程中产生的废水、废气、废渣、噪声等污染物排放以及周边土壤污染情况进行监督。

城市绿化市容部门应当会同商务、生态环境、市场监管、城管执法等部门建立生活垃圾全过程管理信息系统。生活垃圾分类收集、运输活动应当纳入城市网格化管理。

城市绿化市容部门应当编制生活垃圾处理应急预案,建立生活垃圾收集、运输和处置应急机制。发生突发性事件造成生活垃圾无法正常收集、运输或者处置的,生活垃圾收集、运输单位或者处置单位应当立即向城市绿化市容部门报告,由城市绿化市容部门按照应急预案及时组织处理。实行生活垃圾跨区域处置环境补偿制度,生活垃圾处置导出区应当向生活垃圾处置导入区支付环境补偿资金。生活垃圾跨区域处置环境补偿的具体办法,由城市人民政府制定。

城市人民政府应当建立和完善城市生活垃圾管理的综合考核制度,将生活垃圾处置总量控制要求作为综合考核的重要内容。生活垃圾管理综合考核结果应当纳入城市人民政府对所属部门、下一级人民政府的绩效考核内容。

10.5.2　城市建筑垃圾管理

《城市建筑垃圾管理规定》指出"建筑垃圾,是指建设单位、施工单位新建、改建、扩建和拆除各类建筑物、构筑物、管网等以及居民装饰装修房屋过程中所产生的弃土、弃料及其他废弃物"。对城市规划区内建筑垃圾的倾倒、运输、中转、回填、消纳、利用等处置应加强管理,保障城市市容和环境卫生。

建筑垃圾处置实行减量化、资源化、无害化和谁产生、谁承担处置责任的原则。国家鼓励建筑垃圾综合利用,鼓励建设单位、施工单位优先采用建筑垃圾综合利用产品。

1) 管理部门

国务院建设主管部门负责全国城市建筑垃圾的管理工作。省、自治区建设主管部门负责本行政区域内城市建筑垃圾的管理工作。城市人民政府市容环境卫生主管部门负责本行政区域内建筑垃圾的管理工作。

2) 处置计划

建筑垃圾消纳、综合利用等设施的设置,应当纳入城市市容环境卫生专业规划。城市人民政府市容环境卫生主管部门应当根据城市内的工程施工情况,制定建筑垃圾处置计划,合理安排各类建设工程需要回填的建筑垃圾。

3) 处置申请与核准

处置建筑垃圾的单位,应当向城市人民政府市容环境卫生主管部门提出申请,获得城市建筑垃圾处置核准后,方可处置。城市人民政府市容环境卫生主管部门应当在接到申请后的 20 日内作出是否核准的决定。予以核准的,颁发核准文件;不予核准的,应当告知申请人,并说明理由。城市建筑垃圾处置核准的具体条件按照《建设部关于纳入国务院决定的十五项行政许可的条件的规定》执行。

禁止涂改、倒卖、出租、出借或者以其他形式非法转让城市建筑垃圾处置核准文件。

4) 处置要求

任何单位和个人不得将建筑垃圾混入生活垃圾,不得将危险废物混入建筑垃圾,不得擅自设立弃置场受纳建筑垃圾。建筑垃圾储运消纳场不得受纳工业垃圾、生活垃圾和有毒有害垃圾。

居民应当将装饰装修房屋过程中产生的建筑垃圾与生活垃圾分别收集,并堆放到指定地点。建筑垃圾中转站的设置应当方便居民。装饰装修施工单位应当按照城市人民政府市容环境卫生主管部门的有关规定处置建筑垃圾。

施工单位应当及时清运工程施工过程中产生的建筑垃圾,并按照城市人民政府市容环境卫生主管部门的规定处置,防止污染环境。施工单位不得将建筑垃圾交给个人或者未经核准从事建筑垃圾运输的单位运输。

处置建筑垃圾的单位在运输建筑垃圾时,应当随车携带建筑垃圾处置核准文件,按照城市人民政府有关部门规定的运输路线、时间运行,不得丢弃、遗撒建筑垃圾,不得超出核准范围承运建筑垃圾。任何单位和个人不得随意倾倒、抛撒或者堆放建筑垃圾。

建筑垃圾处置实行收费制度,收费标准依据国家有关规定执行。

任何单位和个人不得在街道两侧和公共场地堆放物料。因建设等特殊需要,确需临时占用街道两侧和公共场地堆放物料的,应当征得城市人民政府市容环境卫生主管部门同意后,按照有关规定办理审批手续。

本 章 小 结

第 1 节在明确市政公用事业概念及其特征的基础上,介绍了我国颁布的相关法律、行政法规和部门规章。

第 2 节介绍了城市道路、城市排水、城市防洪等市政工程设施的规划、建设、维护、管理等法律制度。

第 3 节介绍了城市供水、城市供热、城市燃气、公共交通等城市公用事业的建设管理法律制度。

第 4 节从建设节约型、多功能的城市园林绿化出发,介绍了城市园林绿化的规划、建设、保护和管理等法律制度。

第 5 节结合目前城市生活垃圾分类实施情况,对城市生活垃圾的处理原则、管理部门、专项规划与设施建设、收集运输和处置、资源化利用等作了具体的介绍,同时对城市建筑垃圾管理进行了介绍。

⚖ **案例 10.1**　　**杭州市水业集团有限公司诉浙江省山水建设有限公司**
　　　　　　　　　　　　地面施工损害责任纠纷案

基本案情：

原告：杭州市水业集团有限公司（简称原告）

被告：浙江省山水建设有限公司（简称被告）

案件相关单位：

供水方：杭州市水业集团有限公司

用水方：杭州雪峰房地产开发有限公司（原杭州市自来水总公司）

建设单位：杭州市市政河道整治中心

物业管理方：浙江天一物业服务有限公司

2010年9月14日，原告在位于上城区的雪峰大厦进行日常抄表时，发现消防水表异常，用水量为210 958吨，按经营性用水3.25元/吨计算，应收水费为685 613.50元。原告通知了浙江天一物业服务有限公司。经查，雪峰大厦东面施工场地地下消防管道破裂，建设单位系杭州市市政河道整治中心，该施工场地由被告负责施工。2010年12月13日，原告、被告、物业公司共同委托杭州华水检漏工程有限公司（以下简称华水公司）对漏点在现场进行检测，确认漏点在被告施工场地内口径150毫米的水管断裂了很大一个口子，原因是管道口多次受外力重压造成地面下沉，压破管道。经核定后进行了修复及泥土回填。

嗣后，原告因管道破裂造成水费损失事宜，多次找被告要求赔偿解决，但被告一直未给予答复，随后原告诉诸法院，请求判令被告承担因侵权造成水费损失685 613.5元及承担本案的诉讼费。

法院经过法庭调查及到现场勘察，认定案件事实如下：

2005年3月，杭州市自来水总公司与杭州雪峰房地产开发有限公司就雪峰大厦用水签订供用水合同，自来水公司安装dn100、50口径水表2只，消防用水户号250399、生活用水户号211929。合同约定，供水方与用水方的产权划分和管理责任依据《杭州市城市供水管理条例》第二十七条执行，供水方和用水方都应按照管理责任加强对供水设施的维护，共同执行有关供水设施维护的技术标准和规范，未经供水方同意，擅自开启或使用灭火专用的市政消火栓是对供水方的民事侵权行为；凡新建、扩建、改建的建设项目，其单位内部的消火栓直接与城市供水管道网连接的，应与供水方签订消防供用水合同，并设立消防水表，按该表最小流量的收费标准支付水费。

2010年8月16日，原告进行抄表，户号250399，消防水量为58吨，水价单价1.75元/米^3，污水处理费单价1.50元/米^3，总计金额188.50元，原告开出缴款通知单，雪峰大厦物管缴纳了相关费用。2010年9月14日，原告员工在抄表时发现消防水表异常，原告出具了水费缴费通知单，关闭了总开关进口，并通知了浙江天一物业服务有限公司。2010年9月16日，物业公司委托华水公司进行检漏，华水公司随即派人上门查漏，当时查到了一个漏点。2010年11月20日物业公司再次委托华水公司复检查漏及开挖及修复，2010年11月23日，华水公司派人再次对原检漏点进行复检，发现该处无漏水；随即对所有管道进行检查后发现雪峰大厦的东面河边工地里有一个漏点，进行开挖后发现该漏点下口径150毫米的水管断裂了很大一个口子。按实地情况,导致该管道断裂的原因是:在该管道上多次受到外力的重压造成该处地面下沉,压破管道。因漏水点在工地里及河边,漏的水流向河里,外面不易发现。2010年11月24日,物业公司向被告及河道整治的建设单位杭州市市政河道整治建设中心发出关于雪峰大厦消防水泄漏的函。2010年11月25日物业公司、水业集团、现场施工单位浙江省山水建设有限公司人员都到场,一致核定后进行了修复及泥土回填。以上情况真实,物业公司与水业集团已拍照留底。

嗣后,原告因管道破裂造成水费损失事宜,多次要求被告赔偿解决。2010年12月、2011年1月,原告多次发出停水通告。在庭审中,被告陈述,其于2010年5月份开始进场施工,当时要借用消防通道,并在消防通道上覆盖了两厘米的钢板,但消防通道本身不在施工范围内,2011年3、4月份,工程基本结束。

另查明,2007年8月,杭州市物价局下发调整市区非居民生活用水污水处理费标准通知,调整后居民生活用水供水价格1.35元/米³,污水处理0.5元/米³,到户价格1.85元/米³;非经营性用水供水价格1.75元/米³,污水处理1.5元/米³,到户价格3.65元/米³;特种行业用水甲类为4.3元/米³,乙类为6.3元/米³。

本案焦点:

本案焦点一是消防用水的流失量。

本案被告借用消防通道进行施工,在施工期间地下水管破裂导致消防用水流失。经物业公司委托的检漏单位华水公司进行检漏,查实漏点在被告工地,被告应承担相应的赔偿责任,且认为漏点下口径为150毫米的水管断裂了很大一个口子。但供用水合同、抄表卡、水费缴费通知单、消防用水发票均显示消防水表口径为100毫米,因此法院认为具体流失水量应结合水费缴费通知单等综合进行认定,应按照口径100毫米认定流失水量。

焦点二是计算流失水量损失的单价。法院认为本案流失的系消防用水,消防是属于小区内的公共设施,消防用水使用的都是市政自来水,从小区的进水端直接接出一根管道,通到消防水池的,所以消防用水按3.25元/米³计算欠妥,应按居民生活用水单价计算。

责任认定及法院处理结果:

法院认为:涉及城市供水设施的建设工程开工前,施工单位应当向城市自来水供水企业或相关管理单位查明地下供水管网情况,施工影响供水设施安全的,施工单位应当采取相应保护措施。本案被告借用消防通道进行施工,在施工期间地下水管破裂导致消防用水流失。经物业公司委托的检漏单位华水公司进行检漏,查实漏点在被告工地,被告应承担相应的赔偿责任。原告提供的抄表卡系庭后提交,关于水量的记录存在单方涂改,且供用水合同、抄表卡、水费缴费通知单、消防用水发票均显示消防水表口径为100毫米,具体流失水量应结合水费缴费通知单等综合进行认定。本案流失的系消防用水,原告主张按3.25元/米³计算流失水量损失并无法律依据。

《城市供水条例》第三十一条规定:"涉及城市公共供水设施的建设工程开工前,建设单位或者施工单位应当向城市自来水供水企业查明地下供水管网情况。施工影响城市公共供水设施安全的,建设单位或者施工单位应当与城市自来水供水企业商定相应的保护措施,由施工单位负责实施。"本案中被告借用消防通道进行施工,在施工期间地下水管破裂导致消防用水流失。第三十六条规定:"建设工程施工危害城市公共供水设施的,由城市供水行政主管部门责令停止危害活动;造成损失的,由责任方依法赔偿损失;对负有直接责任的主管人员和其他直接责任人员,其所在单位或者上级机关可以给予行政处分。"

本案被告给原告造成了损失,理应赔偿损失。

综合被告施工行为与损害后果之间的因果关系,被告的过错程度,流失水量及消防用水相应成本构成等因素,法院酌定被告赔偿原告 150 000 元。综上,依照《中华人民共和国民法通则》第一百二十五条,《中华人民共和国侵权责任法》第六条、第十九条、第九十一条第一款,《中华人民共和国民事诉讼法》第六十四条第一款之规定,判决如下:

1. 浙江省山水建设有限公司于本判决生效之日起 10 日内支付杭州市水业集团有限公司水费损失 150 000 元。

2. 驳回杭州市水业集团有限公司的其他诉讼请求。

案件受理费 10 656 元,由杭州市水业集团有限公司负担 8 325 元,浙江省山水建设有限公司负担 2 331 元。

思考:

1. 本案中的用水方和物业管理方为何没有承担自来水渗漏的责任?

2. 在向被告协调赔偿解决未果的情况下,原告多次向用水方发停水通告,有无法律依据?

案例 10.2 野蛮施工挖断燃气管线,相关单位和责任人被处罚

基本案情:

2018 年 7 月 1 日下午 16 时 50 分左右,贵州省城塑房地产开发有限责任公司在安顺市平坝区堡墅项目部回填 5 号地下停车库入口基坑时,施工挖掘机不慎将一根 GB1 中压 0.4 兆帕燃气管线划破,造成燃气管道泄漏事故的发生,直接经济损失 50 000 余元,未造成人员伤亡。

1. 事故相关单位情况

(1) 建设单位:贵州省城塑房地产开发有限责任公司(以下简称城塑公司)。案发的平坝区堡墅项目领取了"建设工程规划许可证"和"建筑工程施工许可证",交纳了城市道路占用费,占用期限为 2017 年 3 月 24 日至 2018 年 3 月 23 日。

(2) 管道单位:贵州神州燃气有限公司(以下简称燃气公司),取得"燃气经营许可证",有效期 2016 年 1 月 13 日至 2019 年 1 月 12 日。事故管道隶属于燃气公司黎阳 A 线。

2. 工程施工情况和管理情况

2017 年 4 月堡墅项目部为建设 5 号楼地下车库,对沿线人行道进行占道封闭施工开挖基坑,并将燃气公司黎阳 A 线燃气管道围入了施工范围。据查,堡墅项目部开挖基坑未向燃气公司对接管道线路布置和制定管道保护方案以及采取管道保护措施。2018 年 6 月 25 日,堡墅项目部回填工程开始施工,由于主体工程已经完毕,为节约成本,项目部自行组织人员对剩余的附属工程进行施工作业,其中包括 5 号楼地下车库入口回填工程。

经查,城塑公司平坝堡墅项目部无施工资质;该回填工程未制定施工方案和管道保护方案;未设立安全管理机构,现场管理人员无施工管理资质;施工前未对施工人员进行安全培训;作业前未召开班前会议和技术交底;施工作业的挖掘机是临时租用的(包括操作员),堡

墅项目部未对挖掘机操作员进行技术交底和安全培训;未提供真实、准确、完整的施工现场资料及毗邻区域内地下管线资料;回填工程开工前和施工过程中,堡墅项目部未向燃气公司对接管道保护相关事宜;未制定管道保护施工方案和采取保护措施。

3. 黎阳A线管道情况和管理情况

黎阳A线管道隶属于燃气公司,于2012年9月6日取得"建设工程规划许可证";2012年11月11日开工建设,2014年4月18日竣工验收,2018年4月21日取得《公用管道安装安全质量监督检验报告》。该条管道总长3 391米,压力管道级别GB1,材质PE100,管径200毫米×18.2毫米,设计压力0.4兆帕,属于城市中压燃气管道。事故发生前管道运行正常。

此次事故中被破坏的黎阳A线管道位于堡墅项目5号楼地下车库入口处人行道的下方。堡墅项目5号楼在施工时破坏了围挡范围内的人行道,还破坏了位于人行道下方的管道标识牌、警示带和示踪带。堡墅项目部在开挖和回填施工过程中,燃气公司与房地产开发商均未签订《安全施工协议》,未制定管道安全保护方案和采取安全保护措施,从未派遣人员到现场蹲守指挥施工。

事故原因及性质:

事故调查组依法调取了有关单位的资质文件和施工资料,对事故涉及的相关人员进行了调查询问,认定了事故原因及性质。

1. 直接原因

挖掘机操作员在对城塑公司平坝堡墅项目5号楼地下停车库入口基坑进行回填时,挖掘机在倒土回斗的过程中,挖斗将附近的燃气管道划破,直接导致本次事故的发生。

2. 间接原因

(1)堡墅项目部安全意识淡薄。一是城塑公司平坝堡墅项目部不具备工程施工资质,自行组织人员进行回填工程施工作业;二是未设立安全管理机构,现场管理人员无相关资质;三是项目负责人和现场管理人员明确知道回填基坑附近有燃气管道,仍然组织挖掘机在管道安全距离内进行回填作业。在燃气管道警示标识被其破坏的情况下,未向租赁挖掘机操作员提供真实、准确、完整的施工现场资料及毗邻区域内地下管线资料,未主动向燃气公司对接保护管道的措施,未按照规定会同管道燃气方共同制定燃气设施保护方案,采取相应的安全保护措施,确保燃气设施运行安全。

(2)施工现场管理缺失。一是现场施工员擅离岗位,把施工安全管理职责交托砂石供货商代管;二是城塑公司平坝堡墅项目部未按照规定编制施工设计、施工方案,未按照规定报技术部门审核;三是使用无资质的劳务队伍,未进行施工现场的安全检查和安全教育培训,只是口头简单地告知挖掘机操作员有地埋管道设施,未向其指明管道具体位置和设置施工红线。

(3)燃气公司管道管理不到位。一是堡墅项目开挖工程施工阶段,燃气公司只是口头与城塑公司对接管道相关事宜,未签订《安全施工协议》,未共同制定管道保护方案和措施;二是堡墅项目回填工程施工阶段,燃气公司未与城塑公司对接管道相关事宜,未签订《安全施工协议》,未共同制定管道保护方案和安全措施;三是堡墅项目开挖和回填工程施工期间,燃气公司均未派遣工程人员对其进行蹲守指挥施工;四是日常巡查管理不到位,提供的日常安全巡查记录出现6月31日的巡查记录,记录造假。

3. 事故性质

鉴于上述原因分析,根据《生产安全事故报告和调查处理条例》的规定,事故调查组认定,该起事故是一起因施工过程中安全管理不到位造成的一般生产安全责任事故。

事故责任分析及处理建议:

1. 刘飞,城塑公司平坝堡墅项目部负责人,负责堡墅项目附属工程的全面工作。在不具备建设施工资质的情况下组织施工,现场使用无资质劳务队伍,未对现场施工人员进行安全教育培训,安全管理不到位,其行为违反了《中华人民共和国安全生产法》第十八条第一、二、三、五、六项的规定,对事故发生负有领导责任。依据《中华人民共和国安全生产法》第九十二条第一项的规定,建议由区安监局给予其上一年年收入30%的罚款,即18 000元的行政处罚。

2. 城塑公司作为此次事故的建设单位和施工单位,该公司不具备相关资质,在实施基坑回填工程时,未按照规定对动土作业编制施工设计;未制定安全措施,其行为违反了《中华人民共和国安全生产法》第四十条及《城镇燃气管理条例》第三十七条第三款的规定,对事故发生负有主要责任。依据《中华人民共和国安全生产法》第一百零九条第一项及《城镇燃气管理条例》第五十二条的规定,建议由区安监局给予49 000元的行政处罚。

3. 燃气公司燃气管道安全管理不到位,其管道燃气被平坝堡墅项目纳入施工范围,且管道的标识牌、示踪带、警示带被破坏的情况下,仍然没有引起重视,未采取安全措施保护管道的安全运营,未签订《安全生产管理协议》,未派人到现场督促施工,其行为违反了《中华人民共和国安全生产法》第四十五条的规定,对事故发生负有管理责任。依据《中华人民共和国安全生产法》第一百零一条的规定,建议由区安监局给予燃气公司49 000元的行政处罚;给予燃气公司总经理8 000元的行政处罚;给予燃气公司安全运营部经理6 000元的行政处罚。

事故防范和整改措施建议:

事故调查组针对该起事故暴露出的问题,对相关部门和单位提出如下整改建议措施:

1. 城塑公司平坝堡墅项目部要完善相关资质;要建立健全安全生产责任制度及安全管理制度;施工前要全面查明施工场地内的明、暗设置物,制定动土作业施工方案并严格审核通过;在管道安全距离外设置明显警示标识后再使用机械施工;要与管道业主方进行沟通、协调安排管道业主方人员进行现场安全管理,共同制定管道保护方案,确保管道安全保护措施的落实,防范破坏管线事故再次发生。

2. 燃气公司要加强管道巡查工作,并根据本单位的生产经营特点,对管道安全生产状况进行经常性检查;对检查中发现的安全问题,应当立即处理;不能处理的,及时报告本单位有关负责人,有关负责人应当及时处理。检查及处理情况如实记录在案。发现管道附近有第三方施工可能危及管道安全的,燃气公司要与第三方施工单位签订安全生产管理协议,明确各自的安全生产管理职责和应当采取的安全措施,并指定专职安全生产管理人员进行安全检查与协调。建设管道报警管理体系,安装管道泄漏自动报警装置和阀室阀门自动切断装置,切实保障燃气管道安全运行。

3. 生产经营单位根据行业特点,必须制定《生产安全事故应急救援预案》,建立健全应急管理制度,建立事故应急管理机构,定期开展生产安全事故应急演练并评估演练成效,及时对《生产安全事故应急演练预案》进行修订和完善。

思考:

1. 施工单位占用城市燃气管道及人行道施工应当办理什么施工手续?

2. 作为建设单位的城塑公司委托施工的话,需要向施工单位提供哪些资料?

3.《城镇燃气管理条例》对于在燃气设施保护范围内的施工活动,需要采取哪些安全措施?

案件来源:安顺市平坝区人民政府官网

⚖ 案例 10.3　　　　元隆饭庄擅自占用城市绿化用地案

基本案情:

执法单位:连云港市城市管理行政执法局

行政相对人:元隆饭庄

2012 年 3 月 4 日,连云港市城市管理行政执法局执法人员在巡查中发现,新浦区人民东路北侧、中国石化加油站东侧"元隆饭庄"门前绿化带被人挖掘,面积 10 平方米(2.5 米×4 米)。执法人员对现场进行拍照取证并迅速展开调查。通过现场勘查,执法人员发现,绿化带内被挖掘出的灌木及土壤堆放在机动车道上,施工现场未设明显标志和安全防围设施。通过向工人和"元隆饭庄"相关人员了解情况,执法人员确定当事人元隆饭庄擅自占用城市绿化用地铺设下水道,违反了国务院《城市绿化条例》第二十条、《江苏省城市绿化管理条例》第十八条第一款的规定,鉴于该饭庄负责人能积极配合调查处理且承诺恢复原状,故依据国务院《城市绿化条例》第二十八条、《江苏省城市绿化管理条例》第二十四条第一款的规定责令该饭庄将被毁绿化带恢复原状并按每平方米 500 元的标准对其处以罚款人民币 5 000 元整。

本案的焦点:

本案的焦点在于对当事人违法行为的定性及对城市绿地概念的理解上。

观点一认为此行为是擅自挖掘或占用城市道路。绿化带是城市道路的组成部分,挖掘绿化带就是挖掘城市道路,元隆饭庄挖掘此处是为了铺设下水道,完工后将恢复原状,似乎并无占用绿化带的事实,因此应当认定为挖掘城市道路;元隆饭庄将绿化带内被挖掘出的土壤堆放在机动车道上,形成了对城市道路的实际占用,应该按国务院《城市道路管理条例》第二十七条擅自挖掘或占用城市道路的违法行为合并处理。

观点二认为应当按照损坏城市花草树木的行为来处罚。因为挖掘时绿化带内的灌木(冬青树)遭到了破坏,此处绿化带中灌木较为密集,当事人承诺恢复原状,但经这一番折腾,灌木基本无生还希望,其行为违反了国务院《城市绿化条例》第二十一条的规定,可以依据《江苏省城市绿化管理条例》第二十三条第一项的规定来处罚并责令其恢复原状。

观点三认为应当按照擅自占用城市绿化用地的行为进行处理,责令元隆饭庄恢复原状并处罚款。江苏省建设厅《关于对〈关于查处占用城市绿化用地选用法律条款问题的请示〉的复函》(苏建设函〔2005〕745 号)中明确表述"'城市绿化用地'包括城市规划绿地以及现有绿地两部分";江苏省建设厅《关于对占用城市绿地有关问题的复函》(苏建函园〔2008〕319 号)明确表述"……城市绿化用地包括:公园绿地、生产绿地、防护绿地、附属绿地(城市建设用地中绿地之外的各类用地中的附属绿化用地)和其他绿地。因此,开发商代征土地红线范围内的绿地及单位、居住区、道路等的附属绿地均属于城市绿地,不论绿地的使用权属,因施工等需要临时占用的,应报城市人民政府城市绿化行政主管部门审批同意,擅自占用城市绿地的,城市规划、园林绿化行政主管部门应按照有关规定予以处罚。"由此可见,道路绿化带也是城市绿地的组成部分,本案中被挖掘的绿化带应属城市现有绿地,故当事人的行为违反了国务院《城市绿化条例》第二十条、《江苏省城市绿化管理条例》第十八条第一款的规定,应当依据国务院《城市绿化条例》第二十八条、《江苏省城市绿化管理条例》第二十四条第一款的规定进行处罚。

执法局认为,观点三的处罚方式较为合适。原因如下:观点一的处罚方式相对简单,按连云港市城市管理行政执法局行政处罚自由裁量标准可处罚款 2 000 元;观点二处罚方式在具体实施处罚时较为复杂,要根据灌木的品种、形态、被损坏灌木的株数、高度及园林主管部门或绿化养护单位出具的市场价格等具体情况,确定罚款数额,执法程序较为繁琐,而且处罚程度轻;观点三中绿化带虽是城市道路的组成部分,但更应是城市现有绿地。故责令元隆饭庄对被毁绿化带恢复原状,并处以罚款人民币 5 000 元整。

思考:

1. 根据《城市绿线管理办法》的规定,城市绿地有哪些类型?

2. 本案中的元隆饭庄占用城市绿地,应当办理什么手续?

3. 本案中城市绿地的建设主管部门是哪一个? 城市绿地的管理执法部门是哪个?

第 11 章　房地产法律制度

　　房地产业已成为国民经济的支柱产业,本章介绍了《城市房地产管理法》中的房地产开发阶段、房地产交易环节中的房地产转让和商品房销售、房地产抵押、房屋租赁以及房地产中介服务和物业服务的基本制度,并介绍了《物权法》中的不动产登记制度。通过本章的学习,应当了解和掌握房地产从开发、经营、流通及物权登记和物业服务全过程的相关知识。

11.1　房地产法概述

11.1.1　房地产法的概念和调整对象

　　1) 房地产法的概念

　　房地产法是指调整在房地产开发、交易、服务、管理过程中所形成的一定的社会关系的法律规范的总称。

　　房地产法有狭义和广义之分。狭义的房地产法仅指《城市房地产管理法》,它是调整我国房地产关系的基本法律。广义的房地产法,除《城市房地产管理法》之外,还包括所有调整房地产关系的其他法律规范。本书所指的房地产法是指广义的房地产法。

　　2) 房地产法的调整对象

　　法律上所称的调整对象,是指法律所促进、限制和保护的社会关系的范围。房地产法的调整对象就是一定范围内的房地产关系,即房地产活动的参与者在房地产开发、经营、交易、中介服务、物业服务等过程中所形成的一定的社会关系。房地产法的调整对象可分为房地产民事关系、房地产经济关系和房地产行政管理关系。

11.1.2　房地产法的基本原则

　　为了加强对房地产业的管理,维护房地产市场秩序,保障房地产权利人的合法权益,促进房地产业的可持续发展,房地产立法确定了以下基本原则:
　　(1) 节约用地,保护耕地原则;
　　(2) 国家实行国有土地有偿、有限期使用的原则;
　　(3) 国家扶持发展居民住宅建设的原则;
　　(4) 国家保护房地产权利人合法权益的原则;
　　(5) 房地产权利人必须守法的原则。

11.1.3 房地产法律的立法现状

房地产和房地产业涉及的社会面广、资金量大、产权关系复杂,特别需要法律法规的规范,以建立正常的房地产市场秩序,规范房地产市场行为,维护房地产权利人的正当权益。

目前,中国房地产的法律法规体系建设已取得了显著成绩,该体系的构架由法律、行政法规、地方性法规、部门规章、政府规章、规范性文件和技术规范等构成。其中,法律主要有四部,即《物权法》(该法于 2007 年 3 月 16 日,由第十届全国人大通过,于 2007 年 10 月 1 日实施)、《城市房地产管理法》(1994 年颁布,1995 年 1 月 1 日起实施,2007 年 8 月 30 日第十届全国人民代表大会常务委员会修订)、《土地管理法》(该法于 1986 年 6 月 25 日由第六届全国人民代表大会常务委员会通过,1998 年修订,1999 年 1 月 1 日起实施)、《城乡规划法》(第十届全国人民代表大会常务委员会第三十次会议于 2007 年 10 月 28 日通过,自 2008 年 1 月 1 日起施行)。

《物权法》与《城市房地产管理法》《土地管理法》《城乡规划法》既有分工,又相辅相成。

《物权法》是维护国家基本经济制度,维护社会主义市场经济秩序,明确物的归属,发挥物的效用,保护权利人物权的重要法律。作为不动产形式的房地产,《物权法》对其产权的设定、归属、界定和保护等作了明确的规定。

《城市房地产管理法》是房地产业的基本法律。《城市房地产管理法》对加强城市房地产的管理,维护房地产市场秩序,保障房地产权利人的合法权益,促进房地产业的健康发展起到直接的规范和保障作用,并对如何取得国有土地使用权、房地产开发、房地产交易和房地产权属登记管理等作出了具体规定。

《土地管理法》是为了加强土地管理,维护土地的社会主义公有制,保护、开发土地资源,合理利用土地,切实保护耕地,促进社会经济的可持续发展。因此,对于城市建设和房地产业来说,《土地管理法》主要是土地资源的保护、利用和配置,规范城市建设用地的征收,即征收农村集体所有的土地以及使用国有土地等问题。

《城乡规划法》是为了确定城市的性质、规模和发展方向,协调城乡空间布局,改善人居环境,促进城乡经济社会全面协调可持续发展。城乡规划重点是规范城市建设用地布局、功能分区和各项建设的具体部署,控制和确定不同地段的土地用途、范围和容量,协调城乡各项基础设施和公共设施的建设。

房地产的行政法规主要有:《城市房地产开发经营管理条例》《国有土地上房屋征收与补偿条例》《土地管理法实施条例》《城镇国有土地使用权出让和转让暂行条例》《外商投资开发经营成片土地暂行管理办法》《物业管理条例》《住房公积金管理条例》和《不动产登记暂行条例》等。

房地产的部门规章主要有:《房地产开发企业资质管理规定》《城市商品房预售管理办法》《商品销售管理办法》《城市房地产转让管理规定》《商品房屋租赁管理办法》《城市房地产抵押管理办法》《城市房地产中介服务管理规定》《房地产经纪管理办法》《房地产估价师注册管理办法》《房产测绘管理办法》《公有住宅售后维修养护管理暂行办法》《住宅专项维修资金管理办法》《不动产登记暂行条例实施细则》《不动产登记资料查询暂行办法》等。

此外,还有《房地产估价师执业资格制度暂行规定》《房地产估价师执业资格考试实施办法》《房地产经纪人执业资格考试实施办法》《关于房地产中介服务收费的通知》等多项规范性文件,以及国家标准《房地产估价规范》《房产测量规范》等技术规范。

11.2 房地产开发经营制度

11.2.1 房地产开发经营的概念和原则

1) 房地产开发经营的概念

房地产开发经营,是指房地产开发企业在城市规划区内国有土地上进行基础设施建设、房屋建设,并转让房地产开发项目或者销售、出租商品房的行为。

2) 房地产开发经营的基本原则

房地产开发经营应当遵循以下几个原则:

(1) 严格执行城市规划的原则;

(2) 坚持经济效益、社会效益、环境效益相统一的原则;

(3) 实行全面规划、合理布局、综合开发、配套建设的原则。

11.2.2 房地产开发项目管理

1) 房地产开发项目立项的原则

确定房地产开发项目,应当符合土地利用总体规划、年度建设用地计划和城市规划、房地产开发年度计划的要求;按照国家有关规定需要经计划主管部门批准的,还应当报计划主管部门批准,并纳入年度固定资产投资计划。

确定房地产开发项目,应当坚持旧区改建和新区建设相结合的原则,注重开发基础设施薄弱、交通拥挤、环境污染严重以及危旧房屋集中的区域,保护和改善城市生态环境,保护历史文化遗产。

房地产开发项目的开发建设应当统筹安排配套基础设施,并根据先地下、后地上的建设原则实施。

2) 房地产项目资本金制度

项目资本金制度是在项目总投资中,除项目法人的债务性资金外,必须有一定比例的资本金方可得到批准的项目管理体制,是我国从 1996 年开始实行的一项制度。《城市房地产开发经营管理条例》规定,房地产开发项目应当建立资本金制度,资本金占项目总投资的比例不得低于 20%。2004 年 4 月,针对房地产投资过热,国务院颁发了《国务院关于调整部分行业固定资产投资项目资本金比例的通知》,规定从 2004 年 4 月 26 日起, 将房地产开发项目(不含经济适用房项目)资本金比例由 20% 及以上提高到 35% 及以上。

2008 年下半年,为应对国际金融危机,扩大国内需求,国家采取了一系列鼓励投资措施。2009 年 5 月 27 日,国务院公布了《国务院关于调整固定资产投资项目资本金比例的通知》,细化了不同行业固定资产投资项目资本金比例,规定保障性住房和普通商品住房项目的最低资本金比例为 20%,其他房地产开发项目的最低资本金比例为 30%。2015 年 9 月 9 日,国务院决定对固定资产投资项目资本金制度进行调整和完善,《国务院关于调整和完善固定资产投资项目资本金制度的通知》(国发〔2015〕51 号)规定,保障性住房和普通商品住房项目维持 20%不变,其他房地产开发项目由 30%调整为 25%。

固定资产投资项目资本金制度既是宏观调控手段,也成为一种风险约束机制。房地产开发项目实行资本金制度,并规定房地产开发企业承揽项目必须有一定比例的资本,可以有效地防止部分不规范企业的违规开发行为,减少楼盘"烂尾"等现象的发生,减少开发经营风险。

3)房地产项目不按期开发的法律责任

房地产开发企业应当按照土地使用权出让合同约定的土地用途、动工开发期限进行项目开发建设。出让合同约定的动工开发期限满 1 年未动工开发的,可以征收相当于土地使用权出让金 20%以下的土地闲置费;满 2 年未动工开发的,可以无偿收回土地使用权。但是,因不可抗力或者政府、政府有关部门的行为或者动工开发必需的前期工作造成动工迟延的除外。

4)房地产开发项目的质量责任

房地产开发企业开发建设的房地产项目,应当符合有关法律、法规的规定和建筑工程质量、安全标准,以及建筑工程勘察、设计、施工的技术规范以及合同的约定。

房地产开发企业应当对其开发建设的房地产开发项目的质量承担责任。

勘察、设计、施工、监理等单位应当依照《建筑法》和《建筑工程质量管理条例》等有关法律、法规的规定或者合同的约定,承担相应的责任。

5)房地产开发项目的竣工验收备案制度

(1)竣工验收的组织

① 工程竣工验收的申请和组织

工程完工后,施工单位向建设单位提交工程竣工报告,申请工程竣工验收。实行监理的工程,工程竣工报告须经总监理工程师签署意见。

建设单位收到工程竣工报告后,对符合竣工验收要求的工程,组织勘察、设计、施工、监理等单位组成验收组,制定验收方案。对于重大工程和技术复杂工程,根据需要可邀请有关专家参加验收组。

② 住宅开发项目的综合验收

房地产开发项目竣工后,房地产开发企业应当向项目所在地的县级以上地方人民政府房地产开发主管部门提出开发项目的综合竣工验收申请。房地产开发主管部门应当自收到竣工验收申请之日起 30 日内,对涉及公共安全的内容,组织工程质量监督、规划、消防、人防等有关部门或者单位进行验收。

住宅小区等群体房地产开发项目竣工,应当依照下列要求进行综合验收:

a. 城市规划设计条件的落实情况;

b. 城市规划要求配套的基础设施和公共设施的建设情况;

c. 单项工程的工程质量验收情况;

d. 拆迁安置方案的落实情况;

e. 物业管理的落实情况。

住宅小区等群体房地产开发项目实行分期开发的,可以分期验收。

(2)竣工验收的内容

① 建设、勘察、设计、施工、监理单位分别汇报工程合同履约情况和在工程建设各个环

节执行法律、法规和工程建设强制性标准的情况；

② 审阅建设、勘察、设计、施工、监理单位的工程档案资料；

③ 实地查验工程质量；

④ 对工程勘察、设计、施工、设备安装质量和各管理环节等方面作出全面评价，形成经验收组人员签署的工程竣工验收意见。参与工程竣工验收的建设、勘察、设计、施工、监理等各方不能形成一致意见时，应当协商提出解决的方法，待意见一致后，重新组织工程竣工验收。

房地产开发项目竣工，经验收合格后，方可交付使用；未经验收或者验收不合格的，不得交付使用。

（3）竣工验收备案

竣工验收备案是政府主管部门对房地产开发项目质量监督管理的手段之一。建设单位应当自工程竣工验收合格之日起 15 日内，向工程所在地的县级以上地方人民政府建设主管部门备案。

11.3 房地产交易管理制度

11.3.1 房地产交易管理概述

1）房地产交易的概念

房地产交易是指房地产作为一种商品或财产的流转状况。《城市房地产管理法》对房地产交易的概念，采取列举的形式做了规定，具体是指房地产转让、房地产抵押和房屋租赁三种形式。

2）房地产交易管理的概念

房地产交易管理是指政府设立的房地产交易管理部门及其他相关部门以法律的、行政的、经济的手段，对房地产交易活动行使指导、监督等管理职能。

政府主管部门及相关部门对房地产交易的管理，在市场经济条件下，更多的是采用经济的管理手段，如开征房产税，征收契税和所得税，实行差别化住房信贷政策等；同时又必须采取必要的行政管理手段，如商品房预售的许可制度、住房保障政策、土地政策、限购、限售政策等。而这些经济管理手段、行政管理手段都必须制度化、法律化。成熟稳定的经济、行政的管理手段大多数是用法律的形式表现的。

3）房地产交易中的基本制度

《城市房地产管理法》和相关法规在房地产交易环节规定的有关制度有：房地产价格申报制度、房地产价格评估制度、房地产价格评估人员资格认证制度、房地产经纪人执业资格制度、商品房预售许可制度、房屋租赁登记备案制度和不动产登记制度等。

11.3.2 房地产转让管理制度

1）房地产转让的概念和特征

（1）房地产转让的概念

房地产转让是指房地产权利人通过买卖、赠与或者其他合法方式将其房地产转移给他人的行为。房地产转让的通常形式是买卖,这是一种有偿转让的方式。赠与是一种无偿的转让方式。

随着房产市场的繁荣和活跃,房地产有偿转让的形式也不再局限于买卖一种形式,有偿转让的其他合法方式有以下几种:

① 以房地产作价入股、与他人合资设立企业法人,房地产权属发生变更的。

② 一方提供土地使用权,另一方或者多方提供资金,合资或合作开发经营房地产,而房地产权属发生变更的。

③ 因企业被收购、兼并或合并,房地产权属随之转移的。

实践中,有些房地产开发项目通过股权置换或者股份转让的方式将整个房地产开发项目转让。

④ 以房地产抵债的。

⑤ 法律、法规规定的其他情形。

(2) 房地产转让的法律特征

① 房地产转让是房屋所有权的转让和土地使用权的转让。

房地产转让的实质是房地产权属发生转移,即产权的买断(有偿)或全部的让渡(无偿)。由于我国土地实行的是公有制,土地的所有权不能买卖,流通领域中的地产实际上只是土地使用权,属于用益物权。因此,房地产的转让只是房屋所有权的转移和土地使用权的转移。

② 房地产转让时,房屋所有权和该房屋占用范围内的土地使用权同时转让。

房屋必须承载于土地之上,房屋的这一特性决定了房地产的转让必须实行房屋所有权和土地使用权权利主体一致原则。房屋和土地是不可分割的。《城市房地产管理法》规定,房地产转让时,房屋所有权和该房屋所占用范围内的土地使用权同时转让。

③ 以出让方式取得土地使用权的,房地产转让时,土地使用权出让合同载明的权利义务随之转移。土地使用权出让合同载明的权利义务主要是土地使用权的年限、用途、开发条件以及容积率要求等。

2) 房地产成交价格申报制度

(1) 成交价格的申报要求和意义

《城市房地产管理法》规定,国家实行房地产成交价格申报制度。房地产权利人转让房地产,应当向县级以上地方人民政府规定的部门如实申报成交价,不得瞒报或者作不实的申报。《城市房地产转让管理规定》中也规定,"房地产转让当事人在房地产转让合同签订后 90 日内持房地产权属证书、当事人的合法证明、转让合同等有关文件向房地产所在地的房地产管理部门提出申请,并申报成交价格"。

(2) 成交价格的异议处理

房地产管理部门核实申报的成交价格,并根据需要对转让的房地产进行现场查勘和评估。房地产转让应当以申报的房地产成交价格作为缴纳税费的依据。成交价格明显低于正常市场价格的,以评估价格作为缴纳税费的依据。如双方对房地产行政主管部门确认的评估价格有异议,可以在接到补交税费通知 15 日内向房地产管理部门申请复核,要求重新评估。重新评估一般应由交易双方和房地产管理部门共同认定的房地产评估机构来进行。如果评估的结果证明交易双方申报的成交价格明显低于正常市场价格,重新评估的费用将由交易双方支付;如果评估的结果证明交易双方申报的成交价格与市场价格基本相符,重新评估费用将由房地产管理部门支付。交易双方对重新评估的价格仍有异议,可以按照法律程序,向人民法院提起诉讼。房地产管理部门在接到价格申报后,如发现成交价格明显低于市场价,应当及时通知交易双方,按不低于房地产行政主管部门确认的评估价格缴纳有关部门税费后,才能为其办理房地产交易手续,核发权属证书。

（3）成交价格申报的意义

房地产交易价格不仅关系着当事人之间的财产权益,而且也关系着国家的税费收益和国家对房地产市场成交价格信息的采集和监控。因此,加强房地产交易价格管理,对于保护当事人合法权益和保障国家的税费收益,促进房地产市场健康有序的发展,有着极其重要的作用。

3）房地产转让的一般规定

房屋从其使用功能而言是一种生活资料或生产资料,从其价值而言又是一种重要的资产。住宅在计划经济时代仅是一种福利待遇或者说是一种基本的生活资料,房屋和土地都未能反映其真实的价值。在市场经济社会,住宅等房地产作为一种特殊的商品,进入流通领域后,不仅仅体现了其商品的性质,还体现其具有保值和投资的性质,甚至是投机的性质。由于房地产业的相关性强,对国家宏观经济的影响巨大,因此,国家对房地产业的调控也比较强。国家对房地产市场的开发经营主体及交易行为等采用准入制,即通过法律、法规明确规定哪一类房地产可以进入市场、哪一类房地产是有条件地进入市场、哪一类房地产是禁止进入市场进行指导和监督。

（1）以出让方式取得土地使用权进行房地产开发的,其房地产转让应当符合下列条件:

① 按照出让合同约定已经支付全部土地使用权出让金,并取得土地使用权证书。

② 按照出让合同约定进行投资开发,属于房屋建设工程的,应完成开发投资总额的25%以上;属于成片开发土地的,须形成工业用地或者其他建设用地条件。

③ 转让房地产时,房屋已经建成的,还应当持有房屋所有权证书。

（2）以划拨方式取得土地使用权的房地产转让的条件

以划拨方式取得土地使用权的,转让房地产时,按照国务院的规定,报有批准权的人民政府审批。有批准权的人民政府准予转让的,应当由受让方办理土地使用权出让手续,并依照国家有关规定缴纳土地使用权出让金。

以划拨方式取得土地使用权的,转让房地产时,属于下列情形之一的,经有批准权的人民政府批准,可以不办理土地使用权出让手续,但应将转让房地产所获收益中的土地收益上缴国家或作其他处理。

① 经城市规划行政主管部门批准,转让的土地用于建设《城市房地产管理法》第二十四条规定的项目的;

② 私有住宅转让后仍用于居住的;

③ 按照国务院住房制度改革有关规定出售公有住房的;

④ 同一宗土地上部分房屋转让而土地使用权不可分割转让的;

⑤ 转让的房地产暂时难以确定土地使用权出让用途、年限和其他条件的;

⑥ 县级以上人民政府规定暂时无法或不需要采取土地使用权出让的其他情形。

4）禁止转让的房地产

有些房地产项目因违规开发,有些房地产因司法程序或行政程序或其他原因权利受到限制,不符合交易条件,相关法律、法规禁止其转让。主要有以下几种情形:

① 以出让方式取得的土地使用权,不符合《城市房地产管理法》第三十九条规定的条件的;

② 司法机关和行政机关依法裁定,决定查封或者以其他形式限制房地产权利的;

③ 依法收回土地使用权的;

④ 共有房地产,未经其他共有人书面同意的;

⑤ 权属有争议的;

⑥ 未依法登记领取权属证书的;

⑦ 法律、行政法规规定禁止转让的其他情形。

11.3.3　商品房销售管理制度

1）商品房销售和商品房销售代理

（1）商品房销售的概念

商品房销售包括商品房现售和商品房预售。

商品房现售,是指房地产开发企业将竣工验收合格的商品房出售给买受人,并由买受人支付房价款的行为。

商品房预售,是指房地产开发企业将正在建设中的商品房(期房)预先出售给买受人,并由买受人支付定金或者房价款的行为。

商品房的现房销售与期房预售是有区别的。从合同法的角度而言,现房销售的合同标的是房屋,是不动产物权的转移;而商品房预售的合同标的是一种期待权,是财产权利的转让。

（2）商品房销售代理

房地产开发企业可以自行销售商品房,也可以委托房地产中介服务机构销售商品房。

商品房销售代理是指房地产开发商将其开发的商品房销售业务委托给专门的房地产中介服务机构代为销售的一种经营方式。

商品房销售代理应当符合以下条件:

① 房地产开发企业委托中介服务机构销售商品房的,受托机构应当是依法设立并取得工商营业执照的房地产中介服务机构。

② 房地产开发企业应当与受托房地产中介服务机构订立书面委托合同,委托合同应当载明委托期限、委托权限以及委托人和被委托人的权利、义务。

③ 受托房地产中介服务机构销售商品房时,应当向买受人出示商品房的有关证明文件和商品房销售委托书。

④ 受托房地产中介服务机构销售商品房时,应当如实向买受人介绍所代理销售商品房的有关情况。

⑤ 受托房地产中介服务机构不得代理销售不符合销售条件的商品房。

⑥ 受托房地产中介服务机构在代理销售商品房时不得收取代理费以外的其他费用。

⑦ 商品房销售人员应当经过专业培训,方可从事商品房销售业务。

2）商品房预售管理

（1）商品房预售的条件

商品房预售应当符合下列条件：

① 已交付全部土地使用权出让金，取得土地使用权证书；

② 持有建设工程规划许可证和施工许可证；

③ 按提供预售的商品房计算，投入开发建设的资金达到工程建设总投资的 25％以上，并已经确定施工进度和竣工交付日期。

（2）商品房预售许可制度

在商品房预售时，购买人实质上得到是一种期待权，对购买人而言存在较大的风险。因此，国家对预售商品房设置了较严格的条件。

国家对商品房预售实行预售许可制度。

开发商进行商品房预售，应当向城市、县房地产管理部门办理预售登记，取得《商品房预售许可证》。房地产开发商或者销售代理商预售商品房时，应当向预购人出示商品房预售许可证明。

商品房的预售方案应当说明商品房的位置、装修标准、竣工交付日期、预售总面积、交付使用后的物业管理等内容，并应当附商品房预售总平面图、分层平面图。

（3）商品房预售合同登记备案

房地产开发商取得了商品房预售许可证后，就可以向社会预售其商品房。房地产开发商应当与承购人签订商品房预售合同。预售人（房地产开发商）应当在签约之日起 30 日内持商品房预售合同向县级以上人民政府房地产管理部门和土地管理部门办理登记备案手续。现在各地房地产管理部门普遍应用网络信息技术，对商品房预售合同实行网上登记备案。

3）商品房现房销售

（1）商品房现售的条件

商品房现房销售，应当符合以下条件：

① 现售商品房的房地产开发企业应当具有企业法人营业执照和房地产开发企业资质证书；

② 取得土地使用权证书或者使用土地的批准文件；

③ 持有建设工程规划许可证和施工许可证；

④ 已通过竣工验收；

⑤ 拆迁安置已经落实；

⑥ 供水、供电、供热、燃气、通讯等配套基础设施具备交付使用条件，其他配套基础设施和公共设施具备交付使用条件或者已确定施工进度和交付日期；

⑦ 物业管理方案已经落实。

房地产开发企业应当在商品房现售前将房地产开发项目手册及符合商品房现售条件的有关证明文件报送房地产开发主管部门备案。

商品房销售时，房地产开发企业选聘了物业服务企业的，买受人应当在订立商品房买卖合同时与房地产开发企业选聘的物业服务企业订立有关物业管理的协议。

（2）商品房销售中的禁止行为

① 房地产开发企业不得在未解除商品房买卖合同前,将作为合同标的物的商品房再行销售给他人。

② 房地产开发企业不得采取返本销售或者变相返本销售的方式销售商品房。

③ 房地产开发企业不得采取售后包租或者变相售后包租的方式销售未竣工商品房。

④ 商品住宅按套销售,不得分割拆零销售。

在商品房销售中,有个别开发商以 1 个平方米单位产权(有的小至 0.1 平方米单位产权)的方式向社会出售整幢房屋或者商铺。这一做法属于非法集资行为,被集资方与集资方是一种债权关系,不是房地产的产权关系。政府主管部门明确规定,对于拆零销售的房屋,不予办理产权登记。

（3）商品房价格的确定

商品房销售价格由当事人协商议定,国家另有规定的除外。

商品房价格的计价方式有三种:商品房销售可以按套(单元)计价,也可以按套内建筑面积或者建筑面积计价。但是,产权登记是按建筑面积登记的。按套、套内建筑面积计价并不影响用建筑面积进行产权登记。

商品房建筑面积由套内建筑面积和分摊的共有建筑面积组成,套内建筑面积部分为独立产权,分摊的共有建筑面积部分为共有产权,买受人按照法律、法规的规定对其享有权利,承担责任。

按套(单元)计价或者按套内建筑面积计价的,商品房买卖合同中应当注明建筑面积和分摊的共有建筑面积。

按套(单元)计价的现售房屋,当事人对现售房屋实地勘察后可以在合同中直接约定总价款。

按套(单元)计价的预售房屋,房地产开发企业应当在合同中附所售房屋的平面图。平面图应当标明详细尺寸,并约定误差范围。房屋交付时,套型与设计图纸一致,相关尺寸也在约定的误差范围内,维持总价款不变;套型与设计图纸不一致或者相关尺寸超出约定的误差范围,合同中未约定处理方式的,买受人可以退房或者与房地产开发企业重新约定总价款。买受人退房的,由房地产开发企业承担违约责任。

（4）面积误差的处理

商品房面积误差是指购房合同约定的房屋建筑面积与产权登记时实际测量的房屋建筑面积不一致,有误差。商品房面积在合同约定时与实际交付时产生误差是因为购房合同签订时,房屋可能还在建造之中,施工中存在规划、设计等变更。因此,《商品房销售管理办法》规定了一定范围的合理误差。对误差比例过大的,超出了合理范围的,实行罚则。面积短缺超过误差比的部分,实行双倍赔偿;而面积过大,超过误差比的部分定性为赠与,购房人不再支付房款。《最高人民法院关于审理商品房买卖合同纠纷案件适用法律若干问题的解释》也做出了同样的规定。

按套内建筑面积或者建筑面积计价的,当事人应当在合同中载明合同约定面积与产权登记面积发生误差的处理方式。

合同未做约定的,按以下原则处理:

① 面积误差比绝对值在 3% 以内(含 3%)的,据实结算房价款;

② 面积误差比绝对值超出 3%时,买受人有权退房。

买受人退房的,房地产开发企业应当在买受人提出退房之日起 30 日内将买受人已付房价款退还给买受人,同时支付已付房价款利息。买受人不退房的,产权登记面积大于合同约定面积时,面积误差比在 3%以内(含 3%)部分的房价款由买受人补足;超出 3%部分的房价款由房地产开发企业承担,产权归买受人。产权登记面积小于合同约定面积时,面积误差比绝对值在 3%以内(含 3%)部分的房价款由房地产开发企业返还买受人;绝对值超出 3%部分的房价款由房地产开发企业双倍返还买受人。

$$面积误差比 = (产权登记面积 - 合同约定面积) \div 合同约定面积 \times 100\%$$

因规划设计变更造成面积差异,当事人不解除合同的,应当签署补充协议。

按建筑面积计价的,当事人应当在合同中约定套内建筑面积和分摊的共有建筑面积,并约定建筑面积不变而套内建筑面积发生误差以及建筑面积与套内建筑面积均发生误差时的处理方式。

(5) 开发商规划、设计变更的法律责任

房地产开发企业应当按照批准的规划、设计建设商品房。商品房销售后,房地产开发企业不得擅自变更规划、设计。

经规划部门批准的规划变更、设计单位同意的设计变更导致商品房的结构形式、户型、空间尺寸、朝向变化,以及出现合同当事人约定的其他影响商品房质量或者使用功能情形的,房地产开发企业应当在变更确立之日起 10 日内,书面通知买受人。

买受人有权在通知到达之日起 15 日内做出是否退房的书面答复。买受人在通知到达之日起 15 日内未作书面答复的,视同接受规划、设计变更以及由此引起的房价款的变更。房地产开发企业未在规定时限内通知买受人的,买受人有权退房;买受人退房的,由房地产开发企业承担违约责任。

11.3.4 商品房的保修制度

1) 商品房的质量责任

房地产开发企业作为商品房开发项目的组织者和初始权利人,应当对其开发建设的房地产开发项目的质量承担责任。

勘察、设计、施工、监理等单位应当依照《建筑法》《建筑工程质量管理条例》等有关法律、法规的规定或者合同的约定,承担相应的责任。保修费用由质量缺陷的责任方承担。

在保修期限内因房屋建筑工程质量缺陷造成房屋所有人、使用人或者第三方人身、财产损害的,房屋所有人、使用人或者第三方可以向建设单位提出赔偿要求。建设单位向造成房屋建筑工程质量缺陷的责任方追偿。

因保修不及时造成新的人身、财产损害,由造成拖延的责任方承担赔偿责任。

2) 房屋质量的保修制度

(1) 房屋建筑工程质量保修的概念

房屋建筑工程质量保修,是指对房屋建筑工程竣工验收后在保修期限内出现的质量缺陷,由义务人无偿予以修复。

　　房屋建筑质量缺陷,是指房屋建筑工程的质量不符合工程建设强制性标准以及合同的约定。

　　房屋建筑工程质量的保修责任,根据不同的法律关系分为两种保修责任:一是根据《建设工程施工合同》,施工单位对建设单位(开发商)的保修责任;二是根据《商品房买卖合同》,开发商对购房人的保修责任。

　　第一种保修期限是施工单位对建设单位(开发商)的房屋质量保修的期限。

　　2000年建设部颁发的《房屋建筑工程质量保修办法》和国务院颁布的《建设工程质量管理条例》规定的建设工程实行质量保修制度,规定了施工单位对建设单位的保修责任,房屋建筑工程保修期从工程竣工验收合格之日起计算。因此,施工单位对建设单位(开发商)的房屋质量保修责任是一种法定的保修责任。

　　建设单位(开发商)和施工单位应当对在工程质量保修书中约定保修范围、保修期限和保修责任等,双方约定的保修范围、保修期限必须符合国家有关规定。因此,建设单位(开发商)对购房人的保修期限,应当不低于《房屋建筑工程质量保修办法》和《建设工程质量管理条例》规定的期限。

　　在正常使用条件下,房屋建筑工程的最低保修期限为:

　　① 地基基础工程和主体结构工程,为设计文件规定的该工程的合理使用年限;

　　② 屋面防水工程、有防水要求的卫生间、房间和外墙面的防渗漏,为5年;

　　③ 供热与供冷系统,为2个采暖期、供冷期;

　　④ 电气管线、给排水管道、设备安装为2年;

　　⑤ 装修工程为2年。

　　其他项目的保修期限由建设单位和施工单位约定。

　　施工单位对建设单位的保修期从工程竣工验收合格之日起计算。

　　第二种保修期限是开发商对购房人的房屋质量保修的期限。

　　《房地产开发经营管理条例》规定,房地产开发企业应当在商品房交付使用时,向购买人提供住宅质量保证书和住宅使用说明书。住宅质量保证书应当列明工程质量监督部门核验的质量等级、保修范围、保修期和保修单位等内容。房地产开发企业应当按照住宅质量保证书的约定,承担商品房保修责任。保修期内,因房地产开发企业对商品房进行维修,致使房屋原使用功能受到影响,给购买人造成损失的,应当依法承担赔偿责任。

　　住宅保修期自开发企业将竣工验收的住宅交付用户使用之日起计算。

　　施工单位对建设单位(开发商)的保修责任与开发商对购房人的保修责任,这两种保修责任的保修期限及强制力并不完全相同。一是保修期的计算时间不同;二是保修期的时间不同;三是保修责任的强制力不同。施工单位对建设单位(开发商)的保修责任和期限是一种明确具体的法定责任。而开发商对购房人的保修期限是一种合同责任,法律的强制力要低于前一种。

　　开发商对购房人的保修期要短于施工单位对建设单位的保修期。房屋竣工后,并不一定马上就转让给购房人。因此,正常情况下,施工单位对建设单位的保修期应当长于开发商交付给购房人的保修期。根据建设部的《商品房住宅实行〈住宅质量保证书〉和〈住宅使用说明书〉制度的规定》,房地产开发企业可以延长保修期。国家对住宅工程质量保修期另有规定的,保修期按照国家规定执行。

因此,现行商品房的保修期限应当按照《房屋建筑工程质量保修办法》和《建设工程质量管理条例》规定的期限执行。

(2)房屋质量保修的程序

房屋建筑工程在保修期限内出现质量缺陷,建设单位或者房屋建筑所有人应当向施工单位发出保修通知。施工单位接到保修通知后,应当到现场核查情况,在保修书约定的时间内予以保修。发生涉及结构安全或者严重影响使用功能的紧急抢修事故,施工单位接到保修通知后,应当立即到达现场抢修。

发生涉及结构安全的质量缺陷,建设单位或者房屋建筑所有人应当立即向当地建设行政主管部门报告,采取安全防范措施;由原设计单位或者具有相应资质等级的设计单位提出保修方案,施工单位实施保修,原工程质量监督机构负责监督。

保修完成后,由建设单位或者房屋建筑所有人组织验收。涉及结构安全的,应当报当地建设行政主管部门备案。

施工单位未按工程质量保修书约定保修的,建设单位可以另行委托其他单位保修,由原施工单位承担相应责任。

11.3.5 房地产抵押管理制度

1)房地产抵押的概念

房地产抵押是指抵押人将其合法的房地产(包括房屋及其土地上的附着物、在建工程和建设用地使用权等)以不转移占有的方式向抵押权人提供债务履行担保的行为。债务人不履行债务时,债权人有权依法以抵押的房地产拍卖所得的价款优先受偿。

在抵押关系中,抵押人是指为债务履行提供担保,将其合法的房地产提供给抵押权人作抵押物的当事人。抵押人可以是债务人本人,也可以是第三人。抵押权人也就是债权人,是指接受房地产抵押作为债务人履行债务担保的公民、法人或者其他组织。房地产抵押就其法律性质而言是一种债的担保形式。房地产作为抵押物,一旦债务人不能履行主债,作为抵押物的房地产就会被依法处置,进入流通领域。因此,《城市房地产管理法》将其列为房地产交易的形式之一。

2)房地产抵押的特征

(1)房地产抵押权是一种担保物权。担保物权是以确保债务清偿为目的,在债务人或者第三人特定的物或权利上所设定的一种物权。这是房地产抵押与房屋出典的根本区别。房屋典权是一种用益物权。

(2)房地产抵押是抵押人以不转移占有的方式提供债务履行的一种担保形式。不转移占有使得抵押人能继续占有、使用该不动产而使生活或经营不受影响。

(3)房地产抵押是一种不动产抵押。抵押权的标的物可以是不动产,也可以是机器设备或交通运输工具、原材料、半成品、产品等动产。由于房地产的不可移动性,在抵押担保中,房地产是最适合设定抵押权的。不动产抵押的公示方式是登记,不动产抵押权自登记时设立。而以动产抵押的,应当向抵押人住所地的工商行政管理部门办理登记。抵押权自抵押合同生效时设立;未经登记,不得对抗善意第三人。

(4)房地产抵押是一种担保形式,同时也是一种融资手段。由于房地产的开发、经营和购置所需占用的资金都很大,资金的融通就成为活跃房地产市场的一个重要因素。因此,在房地产领域,房地产抵押很大程度上是作为一种融资手段被广泛运用在开发及销售环节的。

3) 房地产抵押的类型

由于房地产抵押既有担保的性质,又具有融资的功能,因此,房地产抵押的标的物既可以是已有合法权证的房地产,也可以是预购的期房,还可以是在建工程。因此,房地产抵押的类型除了是以已有合法权证的房地产抵押外,还有预购商品房贷款抵押和在建工程抵押。

预购商品房贷款抵押(俗称按揭),是指购房人在支付首期规定的房价款后,由贷款银行代其支付其余的购房款,购房人将所购商品房抵押给贷款银行作为偿还贷款履行担保的行为。

在建工程抵押,是指抵押人为取得在建工程继续建造资金的贷款,以其合法方式取得的土地使用权连同在建工程的投入资产,以不转移占有的方式抵押给贷款银行作为偿还贷款履行担保的行为。

11.3.6 房屋租赁制度

1) 房屋租赁的概念及分类

(1) 房屋租赁的概念

房屋租赁是指房屋所有权人作为出租人将其房屋出租给承租人使用,由承租人向出租人支付租金的行为。房屋租赁的实质是房屋的所有权人将房屋的使用权在一定时间内有偿转让给承租人的一种交易行为。房屋租赁也可以看作房屋所有权的一种零售形式。房屋租赁除了房屋所有权人将房屋出租给承租人居住这种形式外,房屋所有权人将房屋提供给他人从事经营活动(如将店面连同营业执照一起转让或承包给他人)或以合作方式与他人从事经营活动的,都应认定为房屋出租行为。

(2) 房屋租赁的分类

房屋租赁的类型,按房屋所有权的性质可分为公房租赁和私房租赁。公房租赁又可分为直管公房租赁、保障性住房租赁(公共租赁房屋)和单位自管公房租赁。公房的最终所有权人是国家,但在租赁关系中国家并不作为民事主体出现。在直管公房租赁中,由各级人民政府房地产管理部门代表国家行使所有权。单位自管公房由国家授权该单位行使所有权,并持有"房屋所有权证"。公共租赁住房是地方人民政府住房城乡建设(住房保障)主管部门通过新建、改建、收购、长期租赁等多种方式筹集,公共租赁住房可以由政府投资,也可以由政府提供政策支持、社会力量投资,因此公共租赁住房的产权是多元化的。

按房屋的租赁用途,房屋租赁可分为住宅租赁和非住宅租赁。其中非住宅租赁又可分为商业用房租赁、办公用房(写字楼)租赁和工业厂房及仓储用房租赁等。区分不同类型的租赁,其意义在于房屋租赁的政策性强,特别是廉租房租赁、公房租赁的有关承租人资格、租金水平、租赁期限等主要是执行国家的有关政策。不同性质的房屋租赁,其承租条件和租金标准、租赁期限等是不相同的。

2) 禁止出租的房屋

公民、法人和其他组织对其享有所有权的房屋都可以依法出租。但有下列情形之一的房屋不得出租:

（1）属于违法建筑的。违法建筑本身就不受法律保护，更不允许出租。

（2）不符合安全、防灾等工程建设强制性标准的。出租房屋的安全应考虑到承租人的人身安全和财产安全。出租房屋应具备防火、防盗设施，房屋安全质量应有保证，不会发生人身危险。

（3）违反规定改变房屋使用性质的，如将车库作为居住用房出租。由于房屋的使用性质不同，其设计的使用功能也不同。车库仅为停放车辆使用，并没有考虑通风、采光和上下水、煤气等功能。改变房屋的使用性质，会产生安全隐患或影响相邻人房屋使用的权益。

（4）法律、法规规定禁止出租的其他情形。

在高房价的大中城市，出现了越来越严重的"群租现象"。群租并非一个法律概念，而是一个社会问题。群租是指出租人将单一成套的商品房进行分割，出租给多人独立地共同使用，或将成套房作为集体宿舍使用。

群租现象为消防安全带来严重隐患，同时也造成突出的环境卫生和治安管理等问题。住房和城乡建设部颁布的《商品房屋租赁管理办法》规定，出租住房的，应当以原设计的房间为最小出租单位，人均租住建筑面积不得低于当地人民政府规定的最低标准，并规定厨房、卫生间、阳台和地下储藏室不得出租供人员居住。2008 年 3 月 3 日，苏州市政府颁布的《苏州市居住房屋出租管理办法》明确规定，用于出租的居住房屋应具备基本的生活设施，符合安全要求，其中人均承租建筑面积不得低于 12 平方米。

一套房屋还存在多人共租的合租现象。群租与合租不同。群租与合租的区别一般来说，具备以下三个特征：一是签约主体，群租是一套房子同时签有几份租赁合同。二是入住人数，群租对于入住的人数基本没有限制。三是出租的具体操作方式，合租不需要改变原房屋结构进行房间分隔，而群租为了让更多的人住进来，则需要对房屋作一定分隔。

房屋出租涉及的社会问题多。房地产主管部门在审查房屋出租时，如有涉及妨碍社会治安、环境保护和人口管理规定的，应会同有关部门或配合有关部门执行有关规定，禁止此类房屋出租，以免出租房屋成为犯罪窝点或管理死角。

3）房屋租赁权的特别保护

（1）买卖不破租赁的原则

租赁期限内，房屋出租人转让房屋所有权的，或因赠与、析产、继承房屋所有权发生转移的，原房屋租赁合同继续有效。房屋受让人应当继续履行原租赁合同的规定。这是民法中"买卖不破租赁"原则的具体表现。租赁本为一种债权债务关系，在民法制度中，一般而言，物权的效力大于债权。但由于房屋租赁涉及承租人生活的安定和社会秩序的稳定，大多数国家的民法都确立了"买卖不破租赁"这一原则。

（2）房屋租赁权的继承

房屋租赁权可以继承的规定也是为保护承租人及其共同生活的家庭成员的生活安定而设定的。出租人在租赁期限内死亡的，其继承人应当继续履行原租赁合同。承租人在房屋租赁期间死亡的，与其生前共同居住的人可以按照原租赁合同租赁该房屋。

（3）房屋承租人的优先购买权

出租人出卖租赁房屋的，应当在出卖之前合理期限内通知承租人，承租人享有以同等条件优先购买的权利。优先购买权的规定，其实质是对出租人选择合同对方当事人自由的限制,从另一方面来说也是保证承租人有安定的生活环境。

4）房屋租赁合同

房屋租赁的当事人应当依法订立租赁合同。房屋租赁合同的内容由当事人双方约定,一般应当包括以下内容:

① 房屋租赁当事人的姓名(名称)和住所。

由于承租人具有流动性大的特点,合同中对承租人的信息应当尽量详尽确认。

② 房屋的坐落、面积、结构、附属设施,家具和家电等室内设施状况。

③ 租金和押金数额、支付方式。租金可以是一次性预付,也可以是分期支付。由于租赁活动中水电费、煤气费等费用的支付滞后于房屋租赁行为,因此租赁合同中的押金条款属于承租人履行水电、煤气费等支付及房屋设施等移交的一种质押担保。该押金在承租人履行相关义务后退还。

④ 租赁用途和房屋使用要求。租赁用途要明确该租赁是用于居住还是生产经营或者办公。不同的使用性质对房屋的损耗强度是不同的。同时,因使用性质不同有可能在租赁期间对相邻房屋造成噪声及出入管理等问题。

⑤ 房屋和室内设施的安全性能。租赁合同应明确安全使用的方式和安全责任。

⑥ 租赁期限。根据《合同法》的规定,租赁期限最长不得超过 20 年。当事人未约定租赁期限的,该租赁属于不定期租赁。

⑦ 房屋维修责任。房屋租赁合同中一般可以约定大修、中修(包括主要设备、设施)的维修由出租人承担,小修由承租人负担。

⑧ 物业服务、水、电、燃气等相关费用的缴纳。

⑨ 争议解决办法和违约责任等其他约定,如房屋租赁当事人可以在房屋租赁合同中约定房屋被征收或者拆迁时的处理办法。

5）房屋的转租

(1) 房屋转租的概念

房屋转租,是指房屋承租人将其承租的房屋再出租的行为。原房屋租赁合同中的承租人作为二房东将其承租的房屋再出租给他人。

转租的前提是原房屋租赁合同有效,且在租赁期内,并且需经出租人书面同意。出租人可以从转租中获得收益。

承租人转租房屋的,可以将承租房屋的部分或全部转租给他人。

承租人未经出租人书面同意转租的,出租人可以解除租赁合同,收回房屋并要求承租人赔偿损失。

(2) 房屋转租的程序

房屋转租应当订立转租合同。转租合同必须经原出租人书面同意,并按照规定办理登记备案手续。

转租合同的终止日期不得超过原租赁合同规定的终止日期,但出租人与转租双方协商约定的除外。

转租合同生效后,转租人享有并承担转租合同规定的出租人的权利和义务,并且应当履行原租赁合同规定的承租人的义务,但出租人与转租双方另有约定的除外。

转租合同是以原租赁合同的有效为前提的。转租期间,原租赁合同变更、解除或者终止,转租合同也随之相应的变更、解除或者终止。

6)房屋租赁登记备案

为了加强对房屋租赁的管理,保护租赁双方的合法利益,国家对房屋租赁实行登记备案制度。实行房屋租赁登记备案制度一方面可以较好地防止非法出租房屋,减少纠纷,消除安全隐患,促进社会和谐稳定;另一方面也可以有效防止国家税费的流失。

(1)房屋租赁备案登记程序

房屋租赁合同订立后 30 日内,房屋租赁当事人应当到租赁房屋所在地直辖市、市、县人民政府建设(房地产)主管部门办理房屋租赁登记备案。

房屋租赁当事人提交的材料应当真实、合法、有效,不得隐瞒真实情况或者提供虚假材料。对符合要求的,主管部门应当在 3 个工作日内办理房屋租赁登记备案,向租赁当事人开具房屋租赁登记备案证明。

(2)房屋租赁备案登记证明的管理

房屋租赁登记备案证明应当载明出租人的姓名或者名称、承租人的姓名或者名称、有效身份证件种类和号码、出租房屋的坐落、租赁用途、租金数额、租赁期限等。

房屋租赁登记备案内容发生变化、续租或者租赁终止的,当事人应当在 30 日内,到原租赁登记备案的部门办理房屋租赁登记备案的变更、延续或者注销手续。

直辖市、市、县建设(房地产)主管部门应当建立房屋租赁登记备案信息系统,逐步实行房屋租赁合同网上登记备案,并纳入房地产市场信息系统。

房屋租赁登记备案证明是租赁行为合法有效的凭证。租用房屋从事生产、经营活动的,房屋租赁登记备案证明作为经营场所合法的凭证。租用房屋用于居住的,房屋租赁登记备案证明可作为公安部门办理户口登记的凭证之一。

11.3.7　房地产中介服务管理

1)房地产中介服务概述

(1)房地产中介服务的概念

房地产中介服务是指具有专业执业资格的人员在房地产投资、开发、销售、交易等各个环节中,为当事人提供专业服务的经营活动,具体分为房地产咨询、房地产估价和房地产经纪等活动。

房地产咨询,是指应投资者、消费者和房地产经营者(土地、房产开发商、经营者)的要求,就投资环境、市场信息(供求信息、客户资信等)、项目评估、质量鉴定、测量估价、购房手续、相关法律等提供咨询服务。

房地产价格评估,是指对房地产进行测算,评定其经济价值和市场价格的经营活动。房地产专业估价人员,根据估价目的,遵循一定的原则,按照一定的程序,采用科学的方法,并结合估价经验与对影响房地产价格的因素进行分析,对房地产的真实、客观、合理的价格做出估价、推测与判断。无论是房地产的买卖、交换、租赁入股、抵押贷款、征用赔偿、课税、保险、典当、纠纷处理,还是企业合资、合作、承包经营、股份制改组、兼并、分割、破产清算,以及房地产管理和会计成本分析等,都需要房地产估价。房地产评估是房地产开发经营全过程中一项必不可少的基础性工作。

房地产经纪，是指房地产经纪机构和房地产经纪人员为促成房地产交易，向委托人提供房地产居间、代理等服务并收取佣金的行为。

（2）房地产中介服务的特征

① 从业人员的专业性要求

国家要求从事房地产中介服务的人员必须是具有特定资格的专业人员。这些特定资格的专业人员都有一定的学历和专业经历，如房地产估价人员还需通过专业资格考试，掌握一定的专业技能。在中介活动过程中，他们凭借自身了解市场、熟悉各类物业特点的优势，节约了流通时间和费用，同时也刺激了房地产商品的生产和流通，有利于房地产市场的活跃和繁荣。

原建设部颁布的《城市房地产中介服务管理规定》对从事房地产咨询业务的人员，要求必须是具有房地产及相关专业中等以上学历，有与房地产咨询业务相关的初级以上专业技术职称并取得考试合格证书的专业技术人员。房地产咨询人员的考试办法，授权省、自治区人民政府建设行政主管部门和直辖市房地产管理部门制订。

《城市房地产管理法》明确规定对房地产价格评估人员实行资格认证制度。房地产价格评估人员分为房地产估价师和房地产估价员。

《房地产经纪管理办法》规定，对房地产经纪人员实行职业资格制度，纳入全国专业技术人员职业资格制度统一规划和管理。

② 委托服务

房地产中介服务人员承办业务，由其所在中介机构统一受理并与委托人签订书面中介服务合同。房地产中介服务是受当事人委托进行的，并在当事人委托的范围内从事房地产中介服务活动，提供当事人所要求的服务。由房地产中介服务人员代理房地产交易，按照规定的程序去办理各种手续，不仅给交易双方带来方便，而且也起到了规范交易行为的作用。

③ 服务有偿

房地产中介服务是一种服务性的经营活动，委托人应按照一定的标准向房地产中介服务机构支付报酬、佣金。

房地产中介服务费用由房地产中介服务机构统一收取，房地产中介服务机构收取费用应当开具发票，依法纳税。

房地产咨询，主要是为委托人提供投资机会分析、房地产营销策划等属于智力型的服务活动。房地产咨询收费按照服务形式分为口头咨询费和书面咨询费两种。口头咨询费，按照咨询服务所需时间结合咨询人员专业技术等级由双方协商议定收费标准。书面咨询费，按照咨询报告的技术难度、工作繁简结合标的额大小计收。

房地产估价机构实行房地产估价服务收费时，可以采取计件收费、计时收费或计件与计时收费相结合的方式。计件收费可按评估价值总额计费率计收，也可按单位面积单价计收。以房产为主的房地产价格评估费，区别不同情况，按照房地产的价格总额采取差额定率分档累进计收。土地价格评估的收费标准，按《国家计委、国家土地管理局关于土地价格评估收费的通知》的有关规定执行。

房地产经纪收费是房地产专业经纪人接受委托，进行居间或者代理服务所收取的佣金。房地产经纪费根据代理项目的不同实行不同的收费标准。

房地产经纪费由房地产经纪机构向委托人收取。房地产经纪服务实行明码标价制度。房地产经纪机构应当遵守价格法律、法规和规章规定,在经营场所醒目位置标明房地产经纪服务项目、服务内容、收费标准以及相关房地产价格和信息。

2) 房地产经纪服务行为的管理

(1) 房地产经纪业务的承接

房地产经纪业务应当由房地产经纪机构统一承接,服务报酬由房地产经纪机构统一收取。分支机构应当以设立该分支机构的房地产经纪机构名义承揽业务。

房地产经纪人员不得以个人名义承接房地产经纪业务和收取费用。

(2) 房地产经纪活动的公示

① 经营机构的公示

房地产经纪机构及其分支机构应当在其经营场所醒目位置公示下列内容:

a. 营业执照和备案证明文件;

b. 服务项目、内容、标准;

c. 业务流程;

d. 收费项目、依据、标准;

e. 交易资金监管方式;

f. 信用档案查询方式、投诉电话及 12358 价格举报电话;

g. 政府主管部门或者行业组织制定的房地产经纪服务合同、房屋买卖合同、房屋租赁合同示范文本;

h. 法律、法规、规章规定的其他事项。

分支机构还应当公示设立该分支机构的房地产经纪机构的经营地址及联系方式。

② 经营项目的公示

房地产经纪机构代理销售商品房项目的,还应当在销售现场明显位置明示商品房销售委托书和批准销售商品房的有关证明文件。

(3) 房地产经纪服务合同

房地产经纪机构接受委托提供房地产信息、实地看房、代拟合同等房地产经纪服务的,应当与委托人签订书面房地产经纪服务合同。

房地产经纪服务合同应当包含下列内容:

① 房地产经纪服务双方当事人的姓名(名称)、住所等情况和从事业务的房地产经纪人员情况;

② 房地产经纪服务的项目、内容、要求以及完成的标准;

③ 服务费用及其支付方式;

④ 合同当事人的权利和义务;

⑤ 违约责任和纠纷解决方式。

建设(房地产)主管部门或者房地产经纪行业组织可以制定房地产经纪服务合同示范文本,供当事人选用。

房地产经纪机构提供代办贷款、代办房地产登记等其他服务的,应当向委托人说明服务内容、收费标准等情况,经委托人同意后,另行签订合同。

房地产经纪机构签订的房地产经纪服务合同,应当加盖房地产经纪机构印章,并由从事该业务的一名房地产经纪人或者两名房地产经纪人协理签名。

(4)房地产经纪服务的收费管理

房地产经纪服务实行明码标价制度。房地产经纪机构应当遵守价格法律、法规和规章规定,在经营场所醒目位置标明房地产经纪服务项目、服务内容、收费标准以及相关房地产价格和信息。

房地产经纪机构不得收取任何未予标明的费用;不得利用虚假或者使人误解的标价内容和标价方式进行价格欺诈;一项服务可以分解为多个项目和标准的,应当明确标示每一个项目和标准,不得混合标价、捆绑标价。

房地产经纪机构未完成房地产经纪服务合同约定事项,或者服务未达到房地产经纪服务合同约定标准的,不得收取佣金。

两家或者两家以上房地产经纪机构合作开展同一宗房地产经纪业务的,只能按照一宗业务收取佣金,不得向委托人增加收费。

(5)房地产经纪服务中的告知义务

房地产经纪机构签订房地产经纪服务合同前,应当向委托人说明房地产经纪服务合同和房屋买卖合同或者房屋租赁合同的相关内容,并书面告知下列事项:

① 是否与委托房屋有利害关系;

② 应当由委托人协助的事宜、提供的资料;

③ 委托房屋的市场参考价格;

④ 房屋交易的一般程序及可能存在的风险;

⑤ 房屋交易涉及的税费;

⑥ 经纪服务的内容及完成标准;

⑦ 经纪服务收费标准和支付时间;

⑧ 其他需要告知的事项。

房地产经纪机构根据交易当事人需要提供房地产经纪服务以外的其他服务的,应当事先经当事人书面同意并告知服务内容及收费标准。书面告知材料应当经委托人签名(盖章)确认。

(6)房地产经纪服务中的禁止性行为

房地产经纪机构和房地产经纪人员不得有下列行为:

① 捏造散布涨价信息,或者与房地产开发经营单位串通捂盘惜售、炒卖房号,操纵市场价格;

② 对交易当事人隐瞒真实的房屋交易信息,低价收进高价卖(租)出房屋赚取差价;

③ 以隐瞒、欺诈、胁迫、贿赂等不正当手段招揽业务,诱骗消费者交易或者强制交易;

④ 泄露或者不当使用委托人的个人信息或者商业秘密,谋取不正当利益;

⑤ 为交易当事人规避房屋交易税费等非法目的,就同一房屋签订不同交易价款的合同提供便利;

⑥ 改变房屋内部结构分割出租;

⑦ 侵占、挪用房地产交易资金;

⑧ 承购、承租自己提供经纪服务的房屋;

⑨ 为不符合交易条件的保障性住房和禁止交易的房屋提供经纪服务；

⑩ 法律、法规禁止的其他行为。

(7) 政府部门对房地产经纪的监理

① 综合监理措施

建设(房地产)主管部门、价格主管部门应当通过现场巡查、合同抽查、投诉受理等方式，采取约谈、记入信用档案、媒体曝光等措施，对房地产经纪机构和房地产经纪人员进行监督。

房地产经纪机构违反人力资源和社会保障法律法规的行为，由人力资源和社会保障主管部门依法予以查处。

被检查的房地产经纪机构和房地产经纪人员应当予以配合，并根据要求提供检查所需的资料。

② 信息共享机制及网上管理和服务平台

建设(房地产)主管部门、价格主管部门、人力资源和社会保障主管部门应当建立房地产经纪机构和房地产经纪人员信息共享制度。建设(房地产)主管部门应当定期将备案的房地产经纪机构情况通报同级价格主管部门、人力资源和社会保障主管部门。

直辖市、市、县人民政府建设(房地产)主管部门应当构建统一的房地产经纪网上管理和服务平台，为备案的房地产经纪机构提供下列服务：

a. 房地产经纪机构备案信息公示；

b. 房地产交易与登记信息查询；

c. 房地产交易合同网上签订；

d. 房地产经纪信用档案公示；

e. 法律、法规和规章规定的其他事项。

经备案的房地产经纪机构可以取得网上签约资格。

③ 信用档案制度

县级以上人民政府建设(房地产)主管部门应当建立房地产经纪信用档案，并向社会公示。

县级以上人民政府建设(房地产)主管部门应当将在日常监督检查中发现的房地产经纪机构和房地产经纪人员的违法违规行为、经查证属实的被投诉举报记录等情况，作为不良信用记录记入其信用档案。

11.4 不动产登记制度

11.4.1 不动产登记的概念和原则

1) 不动产登记的概念

不动产登记是指经权利人或利害关系人申请，由不动产登记机构将有关不动产物权及其变动事项记载于不动产登记簿的法律行为。不动产除房屋等建筑物外，还包括土地、海域以及林木等定着物。

财产权利从形态上可以分为动态下的债权，静态下的物权和无形的知识产权。建设用地使用权出让、商品房买卖及房地产抵押等合同的生效，合同的权利人得到的是债权的保护,而不动产物权的取得,根据《物权法》的规定,必须经过登记这一公示方式。不动产物权的设立、变更、转让和消灭,经依法登记,发生效力;未经登记,不发生效力,但法律另有规定的除外。《物权法》第九条规定,依法属于国家所有的自然资源,所有权可以不登记。

2) 不动产物权登记的原则

(1) 统一登记原则

国家对不动产实行统一登记制度。

《物权法》第十条规定,不动产实行统一登记,并授权行政法规对统一登记的范围、登记机构和登记办法作出规定。2015 年 3 月 1 日施行的《不动产登记暂行条例》规范了不动产的登记行为,明确登记程序,界定查询权限,整合土地、房屋、林地、草原、海域等登记职责,实现不动产登记机构、登记簿册、登记依据和信息平台"四统一"。法律明确规定,国务院国土资源主管部门负责指导、监督全国不动产登记工作。不动产登记机构实行垂直领导管理,县级以上地方人民政府应当确定一个部门为本行政区域的不动产登记机构,负责不动产登记工作,并接受上级人民政府不动产登记主管部门的指导、监督。

(2) 方便权利人原则

方便权利人申请登记,保护权利人合法权益,是立法的基本目的。国家实施统一登记制度本身就是方便权利人申请登记。同时,不动产登记制度在登记申请受理等程序上方便权利人。第一是稳定申请人预期,对申请人、申请材料、初审受理、查验要求、实地查看、办理期限等均作出明确规定。第二是尊重申请人意思自治,规定登记机构将申请登记事项记载于登记簿前,申请人可以撤回登记申请。第三是简化申请程序,强调当场审查的原则,要求登记机构受理后书面告知申请人,对不符合法定条件不予受理的,以及不属于本机构登记范围的,也要书面告知申请人,并一次性告知需补正内容或者申请途径;未当场书面告知申请人不予受理的,视为受理;登记机构原则上要自受理登记申请之日起 30 个工作日内办结登记手续,完成登记后依法核发权属证书或登记证明。第四是减轻申请负担,规定登记机构能够通过实时互通共享取得的信息,不得要求申请人重复提交。

(3) 属地管理原则

不动产其本身不可移动的特性决定了不动产登记应当实行属地管理。不动产登记由不动产所在地的县级人民政府不动产登记机构办理;直辖市、设区的市人民政府可以确定本级不动产登记机构统一办理所属各区的不动产登记。跨县级行政区域的不动产登记,由所跨县级行政区域的不动产登记机构分别办理。不能分别办理的,由所跨县级行政区域的不动产登记机构协商办理;协商不成的,由共同的上一级人民政府不动产登记主管部门指定办理。

(4) 物权稳定原则

物权稳定是指在《不动产登记暂行条例》施行前依法颁发的各类不动产权属证书和制作的不动产登记簿继续有效。不动产权利未发生变更、转移的,不动产登记机构不得强制要求不动产权利人更换不动产权属证书。

11.4.2　不动产权利登记的范围

不动产是指不可移动或者如果移动就会改变性质、损害其价值的有形财产,包括土地及其定着物,包括物质实体及其相关权益,如建筑物及土地上生长的树木等植物。我国法律规定下列不动产权利应依法办理登记：

  (1) 集体土地所有权；

  (2) 房屋等建筑物、构筑物所有权；

  (3) 森林、林木所有权；

  (4) 耕地、林地、草地等土地承包经营权；

  (5) 建设用地使用权；

  (6) 宅基地使用权；

  (7) 海域使用权；

  (8) 地役权；

  (9) 抵押权；

  (10) 法律规定需要登记的其他不动产权利。

11.4.3　不动产登记的程序

依照当事人申请进行的不动产登记有申请、受理和审核、公告、权利登记和核发权证 5 个阶段。

1) 当事人提出申请

我国的不动产登记实行当事人申请原则，以依职权办理登记为例外。

因买卖、设定抵押权等不动产交易而导致的不动产权利变更或设定不动产权利的，应当由当事人双方共同申请。

属于下列情形之一的，可以由当事人单方申请：

  (1) 尚未登记的不动产首次申请登记的；

  (2) 继承、接受遗赠取得不动产权利的；

  (3) 人民法院、仲裁委员会生效的法律文书或者人民政府生效的决定等设立、变更、转让、消灭不动产权利的；

  (4) 权利人姓名、名称或者自然状况发生变化，申请变更登记的；

  (5) 不动产灭失或者权利人放弃不动产权利，申请注销登记的；

  (6) 申请更正登记或者异议登记的；

  (7) 法律、行政法规规定可以由当事人单方申请的其他情形。

2) 不动产登记机构的受理和审核

不动产登记机构受理申请后，对不动产登记申请的审查包括书面申请资料的查验和实地查看。

  (1) 书面申请资料的审查

书面申请资料的审查应当查验申请人的相关申请资料，审查主体资格，查验权属来源材料或者登记原因文件与申请登记的内容是否一致，查验不动产界址、空间界限、面积等权籍调查成果是否完备，权属是否清楚、界址是否清晰、面积是否准确及法律、行政法规规定的完税或者缴费凭证是否齐全等。

  (2) 实地查看

不动产登记机构可以对以下申请登记的不动产进行实地查看：房屋等建筑物、构筑物所有权首次登记的;在建建筑物抵押权登记的;因不动产灭失导致的注销登记;不动产登记机构认为需要实地查看的其他情形。

对可能存在权属争议,或者可能涉及他人利害关系的登记申请,不动产登记机构可以向申请人、利害关系人或者有关单位进行调查。不动产登记机构进行实地查看或者调查时,申请人、被调查人应当予以配合。

3) 公告

公告不是不动产登记的必经程序。不动产登记机构对于有下列情形之一的,应当在登记事项记载于登记簿前进行公告,但涉及国家秘密的除外:(1)政府组织的集体土地所有权登记;(2)宅基地使用权及房屋所有权,集体建设用地使用权及建筑物、构筑物所有权,土地承包经营权等不动产权利的首次登记;(3)依职权更正登记;(4)依职权注销登记;(5)法律、行政法规规定的其他情形。

公告应当在不动产登记机构门户网站以及不动产所在地等指定场所进行,公告期不少于 15 个工作日。公告所需时间不计算在登记办理期限内。公告期满无异议或者异议不成立的,应当及时记载于不动产登记簿。

4) 权利登记

对于经审查合法的不动产申请,不动产登记机构应当依法将各类登记事项准确、完整、清晰地记载于不动产登记簿。不动产登记簿是物权归属和内容的根据。不动产物权的设立、变更、转让和消灭,依照法律规定应当登记的,自记载于不动产登记簿时发生效力。

5) 核发权证

不动产登记机构应当根据不动产登记簿,填写并核发不动产权属证书或者不动产登记证明。除办理抵押权登记、地役权登记和预告登记、异议登记,向申请人核发不动产登记证明外,不动产登记机构应当依法向权利人核发不动产权属证书。

不动产权属证书是权利人享有该不动产物权的证明。不动产权属证书记载的事项,应当与不动产登记簿一致;记载不一致的,除有证据证明不动产登记簿确有错误外,以不动产登记簿为准。

11.4.4　我国的不动产登记制度的特点

1) 不动产登记的类型和特点

现代各国不动产登记制度,依其内容、效力等标准,主要可以归纳为三种类型:"契约登记制""权利登记制"和"托伦斯登记制"。

契约登记制除法国外,日本、意大利、比利时及西班牙等国均采此制。契约登记制,具有以下主要特色:(1)登记为物权变动对抗第三人之要件,即物之变动,依当事人的合意发生效力,登记是已经发生的物权变动对抗第三人的要件。(2)登记采形式审查主义。登记机关对于登记的申请,只进行形式上的审查,而对于契约上所载的权利事项,在实质上是否真实,有无瑕疵,在所不问。(3)登记无公信力。已登记的事项,实体法上如果有无效或者可撤销的原因时,得予推翻。

权利登记制,又称德国登记制。除德国外,瑞士、奥地利、匈牙利等国也采此制。权利登记制的主要特色为:(1)登记为土地物权变动之效力的发生要件,即土地物权之发生变动效力,除当事人之合意外,尚须登记。(2)登记采实质审查主义。即登记机关对于登记之申请,除须审查登记书件是否在形式上完备外,对于不动产物权变动之原因与事实是否相符、有无瑕疵,也须详细审查,经确定后方予登记。(3)登记具有公信力。

托伦斯登记制除澳大利亚外,英国、爱尔兰、加拿大、菲律宾、美国以及我国香港等大多数英美法系国家和地区,均采这一制度。此制之基本精神与权利登记制相同,除具有权利登记制的特色外,与权利登记制又有以下差异:(1)采任意登记制,而权利登记制,一切土地权利必须登记,其变动也莫能外。(2)交付产权证书,即对不动产进行所有权第一次登记时,登记机关除应将登记事宜记入登记簿外,并应发给土地所有权人产权证书,以作为享有不动产权利之确定凭证;而权利登记制中,登记系就当事人之契约加以注记验证,并不另发书状。(3)设置赔偿基金。由于登记具有公信力,故登记有错误、虚伪或遗漏而致真正权利人受损害时,在托伦斯登记制中,由登记机关负损害赔偿之责,登记机关因此往往设有赔偿基金;而在权利登记制,国家负损害赔偿之责。

2)我国不动产登记制度的特点

我国不动产登记制度,类似德国式权利登记制,兼采托伦斯登记制,但又有自己的特点,概括起来,主要有以下几点:

(1)登记的公示力

所谓公示,是指物权在变动时,必须将物权变动的事实通过一定方法向社会公开,从而使第三人知道物权变动的情况,以避免第三人遭受损害并保护交易安全。不动产物权的设立、变更、转让和消灭,经依法登记,发生效力;未经登记,不发生效力。不动产权利登记,不仅登记不动产的静态权利,而且也登记权利变更、转让和消灭等动态过程,使第三人可以就不动产登记情况,推知该不动产权利状态。

(2)实质性审查

不动产登记中的实质审查的范围不仅限于当事人申请登记的材料,还包括申请登记所反映出的物权变动的事实。审查内容不仅包括申请登记材料是否完整齐备以及各登记材料在形式上是否符合法定的形式和要求,而且还要审查申请登记所反映出的物权变动的事实是否存在以及是否真实有效。因此,实质审查不仅要实行书面审查,而且还要进行实际调查,包括要求当事人补充提供相关的材料、对当事人的询问、对该不动产状态的实地调查等。而形式审查的范围一般限于申请登记的材料;审查的内容为申请人提供的申请登记材料是否完整齐备以及各登记材料在形式上是否符合法定的形式和要求;在审查方式上实行书面审查,登记机构一般不对申请登记的书面材料与实际物权变动的情形是否一致进行审核。

(3)登记具有公信力

我国不动产登记实行实质审查制,该登记因而具有强大的法律效力,即公信力,不动产登记簿所记载的权利推定为真正的权利,并赋予其公信力,基于登记的公信力,即使登记错误或遗漏,因相信登记正确而与登记名义人进行交易的善意第三人,其所得利益仍将受到法律的保护。

（4）登记机构先行赔偿

因登记错误,给他人造成损害的,登记机构应当承担赔偿责任。登记机构赔偿后,可以向造成登记错误的责任人追偿。导致登记错误的原因有以下两方面:一是当事人的原因,因当事人提供虚假材料申请登记,导致登记机构错误登记给他人造成损害的,应当由申请人承担赔偿责任。登记机构在先行承担赔偿责任后可以向造成错误登记的申请人追偿。二是因登记机构工作人员的故意行为造成的登记错误导致权利人损失的。不动产登记机构工作人员进行虚假登记,损毁、伪造不动产登记簿,擅自修改登记事项,或者有其他滥用职权、玩忽职守行为的,除依法承担行政责任外,给他人造成损害的,登记机关在先行承担赔偿责任后,依法对直接责任人员追偿。

（5）颁发权利证书

不动产权登记机关对申请人登记的权利记载在不动产登记簿后,还要给权利人颁发权属证书或者登记证明。除办理抵押权登记、地役权登记和预告登记、异议登记,向申请人核发不动产登记证明外,不动产登记机构应当依法向权利人核发不动产权属证书。

11.5 物业管理制度

11.5.1 物业管理的概念

物业管理,是指业主通过选聘物业服务企业,由业主和物业服务企业按照物业服务合同约定,对房屋及配套的设施设备和相关场地进行维修、养护、管理,维护物业管理区域内的环境卫生和相关秩序的服务活动。

当前,物业管理已不仅肩负起小区建设、环境绿化美化、公共卫生、公共秩序维护、共用部位、共用设施设备的日常维护保养等工作,其涉及范围已经逐渐发展到写字楼、工业区、学校、商场、医院、机场、会展中心、体育场馆、步行街等,还进入了乡村社区。

物业服务公司的服务领域也开始向更宽广的方向拓展,物业服务的形式也从单一发展到多样化。部分物业服务公司已由简单的服务职能转变为生产与服务相结合的复合型物业服务企业。

11.5.2 物业管理的基本制度

1）业主大会制度

（1）业主和业主的权利和义务

房屋的所有权人为业主。

业主在物业管理活动中,享有的权利有:

① 按照物业服务合同的约定,接受物业服务企业提供的服务;

② 提议召开业主大会会议,并就物业管理的有关事项提出建议;

③ 提出制定和修改管理规约、业主大会议事规则的建议;

④ 参加业主大会会议,行使投票权;

⑤ 选举业主委员会成员,并享有被选举权;

⑥ 监督业主委员会的工作；

⑦ 监督物业服务企业履行物业服务合同；

⑧ 对物业共用部位、共用设施设备和相关场地使用情况享有知情权和监督权；

⑨ 监督物业共用部位、共用设施设备专项维修资金（以下简称专项维修资金）的管理和使用；

⑩ 法律、法规规定的其他权利。

《民法典》物权编还规定，业主的权利可以通过诉讼途径得到救济。业主对侵害自己合法权益的行为，可以依法向人民法院提起诉讼。

业主在维护自己权利的同时，也应当履行下列义务：

① 遵守管理规约、业主大会议事规则；

② 遵守物业管理区域内物业共用部位和共用设施设备的使用、公共秩序和环境卫生的维护等方面的规章制度；

③ 执行业主大会的决定和业主大会授权业主委员会作出的决定；

④ 按照国家有关规定交纳专项维修资金；

⑤ 按时交纳物业服务费用；

⑥ 法律、法规规定的其他义务。

2）业主大会

（1）业主大会的成立

业主大会由物业管理区域内的全体业主组成。

业主大会应当代表和维护物业管理区域内全体业主在物业管理活动中的合法权益。

一个物业管理区域成立一个业主大会。

业主大会制度是一种基层的民主自治制度。业主大会的成立及业主委员会的选举需要接受房地产行政主管部门和地方人民政府的街道办事处、乡镇人民政府的协助和指导。

只有一个业主的，或者业主人数较少且经全体业主一致同意，决定不成立业主大会的，由业主共同履行业主大会、业主委员会职责。

（2）业主大会的权利

下列事项由业主共同决定：

① 制定和修改业主大会议事规则；

② 制定和修改管理规约；

③ 选举业主委员会或者更换业主委员会成员；

④ 选聘和解聘物业服务企业或者其他管理人；

⑤ 使用建筑物及其附属设施的维修资金；

⑥ 筹集建筑物及其附属设施的维修资金；

⑦ 改建、重建建筑物及其附属设施；

⑧ 改变共有部分的用途或者利用共有部分从事经营活动；

⑨ 有关共有和共同管理权利的其他重大事项。

业主共同决定事项，应当由专有部分面积占比 2/3 以上的业主且人数占比 2/3 以上的业主参与表决。决定前款第⑥项至第⑧项规定的事项，应当经参与表决专有部分面积 3/4

以上的业主且参与表决人数 3/4 以上的业主同意。决定前款其他事项,应当经参与表决专有部分面积过半数的业主且参与表决人数过半数的业主同意。

业主大会的决定对物业管理区域内的全体业主具有约束力。

3）业主委员会

业主委员会是业主大会的执行机构。业主大会制度实行业主大会和业主委员会并存,业主大会决策、业主委员会执行。

业主委员会对外代表业主的权益,可以代表业主行使法律赋予业主的权利。对于业主委员会的法律地位及诉讼主体资格,相关法律也已经予以确认。因此,业主权利的实现,应当依靠成立业主委员会的方式,按照法律的规定进行。

《物权法》规定,业主大会和业主委员会,对任意弃置垃圾、排放污染物或者噪声、违反规定饲养动物、违章搭建、侵占通道、拒付物业费等损害他人合法权益的行为,有权依照法律、法规以及管理规约,要求行为人停止侵害、消除危险、排除妨害、赔偿损失。

业主大会或者业主委员会作出的决定侵害业主合法权益的,受侵害的业主可以请求人民法院予以撤销。

业主委员会执行业主大会的决定事项,履行下列职责:

① 召集业主大会会议,报告物业管理的实施情况;

② 代表业主与业主大会选聘的物业服务企业签订物业服务合同;

③ 及时了解业主、物业使用人的意见和建议,监督和协助物业服务企业履行物业服务合同;

④ 监督管理规约的实施;

⑤ 业主大会赋予的其他职责。

业主委员会应当自选举产生之日起 30 日内,向物业所在地的区、县人民政府房地产行政主管部门和街道办事处、乡镇人民政府备案。

业主委员会委员应当由热心公益事业、责任心强、具有一定组织能力的业主担任。业主委员会主任、副主任在业主委员会委员中推选产生。

4）管理规约制度

从物业管理的实际操作来看,管理规约是小区管理的"区法",是物业管理日常工作的"基本法"。管理规约应当对有关物业的使用、维护、管理,业主的共同利益,业主应当履行的义务,违反管理规约应当承担的责任等事项依法作出约定。同时,管理规约应当尊重社会公德,不得违反法律、法规或者损害社会公共利益。

在前期物业管理阶段,由开发商在销售物业之前,为物业的管理制定临时管理规约,对有关物业的使用、维护、管理,业主的共同利益及应当履行的义务、违约责任等事项依法作出约定。临时管理规约不得侵害物业买受人的合法权益,而且应当在销售物业时向买受人明示并予以说明,由买受人在与开发商签订物业买卖合同时予以书面承诺。

管理规约最集中、最全面、最深刻地体现全体业主的共同利益,并能有效规范全体业主和物业服务企业的行为。管理规约是物业管理中一个基础性的文件,与《物业管理服务合同》《业主委员会章程》等构成了物业管理的基本框架,也是物业服务企业进行管理与服务的法理依据和法律文件。

管理规约是业主共同订立并遵守的行为准则,对全体业主具有约束力。

5)前期物业管理制度

前期物业管理,是指业主或业主大会在选聘物业服务企业之前,由开发商或者开发商选聘的物业服务企业对所在物业进行管理的行为。

开发商在物业销售前应将临时管理规约向物业买受人明示,并予以说明。开发商在与物业买受人签订物业买卖合同时,应当附有包含前期物业服务合同约定的内容,并对购买人遵守临时管理规约予以书面约定。开发商与其选聘物业服务企业签订物业服务合同。这种合同叫做"前期物业服务合同"。前期物业服务合同可以约定期限;但是,期限未满、业主委员会与物业服务企业签订的物业服务合同生效的,前期物业服务合同终止。

6)物业管理招投标制度

国家提倡业主通过公平、公开、公正的市场竞争机制选择物业服务企业,鼓励建设单位按照房地产开发与物业管理相分离的原则,通过招投标的方式选聘物业服务企业。2003年6月,建设部颁布了《前期物业管理招标投标管理暂行办法》,对建设单位通过招标投标方式选择物业服务企业作了具体的规定。

7)物业承接验收制度

物业服务企业承接物业时,应当对物业共用部位、共用设施设备进行查验,应当与建设单位或业主委员会办理物业承接验收手续,建设单位、业主委员会应当向物业服务企业移交有关资料。

在办理物业承接验收手续时,建设单位应当向物业服务企业移交下列资料:

(1)竣工总平面图,单体建筑、结构、设备竣工图,配套设施、地下管网工程竣工图等竣工验收资料;

(2)设施设备的安装、使用和维护保养等技术资料;

(3)物业质量保修文件和物业使用说明文件;

(4)物业管理所必需的其他资料。

物业服务企业应当在前期物业服务合同终止时将上述资料移交给业主委员会。

物业服务合同终止时,业主大会选聘了新的物业服务企业的,物业服务企业之间应当做好交接工作。

11.5.3 物业服务

1)物业服务合同

业主委员会应当与业主大会选聘的物业服务企业订立书面的物业服务合同。

物业服务合同应当对物业管理事项、服务质量、服务费用、双方的权利义务、专项维修资金的管理与使用、物业管理用房、合同期限、违约责任等内容进行约定。

物业服务企业应当按照物业服务合同的约定,提供相应的服务。

物业服务企业未能履行物业服务合同的约定,导致业主人身、财产安全受到损害的,应当依法承担相应的法律责任。

物业服务企业可以将物业管理区域内的专项服务业务委托给专业性服务企业,但不得将该区域内的全部物业管理一并委托给他人。

2）物业服务企业的管理责任

对物业管理区域内违反有关治安、环保、物业装饰装修和使用等方面法律、法规规定的行为，物业服务企业应当制止，并及时向有关行政管理部门报告。

有关行政管理部门在接到物业服务企业的报告后，应当依法对违法行为予以制止或者依法处理。

物业服务企业应当协助做好物业管理区域内的安全防范工作。发生安全事故时，物业服务企业在采取应急措施的同时，应当及时向有关行政管理部门报告，协助做好救助工作。

物业服务企业雇请保安人员的，应当遵守国家有关规定。保安人员在维护物业管理区域内的公共秩序时，应当履行职责，不得侵害公民的合法权益。

物业使用人在物业管理活动中的权利义务由业主和物业使用人约定，但不得违反法律、法规和管理规约的有关规定。

物业使用人违反《物业管理条例》和管理规约的规定，有关业主应当承担连带责任。

3）物业服务收费

（1）物业服务收费

物业服务收费是指物业服务企业按照物业服务合同的约定，对房屋及配套的设施设备和相关场地进行维修、养护、管理，维护相关区域内的环境卫生和秩序，向业主所收取的费用。

（2）物业服务收费的原则

物业服务收费应当遵循合理、公开以及费用与服务水平相适应的原则，区别不同物业的性质和特点，由业主和物业服务企业依法在物业服务合同中约定。国家提倡业主通过公开、公平、公正的市场竞争机制选择物业服务企业；鼓励物业服务企业开展正当的价格竞争，禁止价格欺诈，促进物业服务收费通过市场竞争形成。

我国现阶段的物业服务标准是多层次的，从一般居民住房到豪华的高级公寓别墅，从普通办公楼到高档涉外写字楼，对物业管理的要求差别很大。目前可以将它们大致划分为以下三个层次：

① 保障型。保障型又称经济型，即只要求物业管理做好最基本的物业维修保养、环境清洁、安全等工作，以保障最基本的生活要求。

② 改善型。在保障型基础上，根据需求提高物业管理与服务的标准，以适应业主生活改善后对居住小区更高层次的要求。

③ 舒适型。提供高标准、高质量的服务，其中一部分要求同国际先进水平接轨，实施全方位的管理与服务，创造舒适宜人的物业环境。

2003 年 11 月 13 日，国家发展和改革委员会和建设部联合发布了《物业服务收费管理办法》，规定了物业服务企业服务收费的原则、计价方式等。不同层次的物业服务可以按照不同的标准收费。

（3）物业服务费的缴纳

① 物业服务收费形式

业主与物业服务企业可以采取包干制或者酬金制等形式约定物业服务费用。

包干制是指由业主向物业服务企业支付固定物业服务费用,盈余或者亏损均由物业服务企业享有或者承担的物业服务计费方式。

酬金制是指在预收的物业服务资金中按约定比例或者约定数额提取酬金支付给物业服务企业,其余全部用于物业服务合同约定的支出,结余或者不足均由业主享有或者承担的物业服务计费方式。

② 业主服务费用的缴纳

业主应当根据物业服务合同的约定交纳物业服务费用。业主与物业使用人约定由物业使用人交纳物业服务费用的,可以由物业使用人缴纳,但业主应当负连带责任。

已竣工但尚未出售或者尚未交给物业买受人的物业,物业服务费用由建设单位交纳。

对于特约服务、专项服务等项目,物业服务企业可以与业主协商约定服务的报酬。

物业管理区域内,供水、供电、供气、供热、通信、有线电视等单位应当向最终用户收取有关费用。

物业服务企业接受委托代收上述费用的,不得向业主收取手续费等额外费用。

11.5.4 建筑物区分所有权制度

1) 建筑物区分所有权的概念

建筑物区分所有权是指多个业主共同拥有一栋建筑物时,各个业主对其在构造和使用上具有独立的建筑物部分所享有的所有权和对供全体或部分所有人共同使用的建筑物部分所享有的共有权以及基于建筑物的管理、维护和修缮等共同事务而产生的共同管理权的总称。《民法典》第二百七十一条规定:业主对建筑物内的住宅、经营性用房等专有部分享有所有权,对专有部分以外的共有部分享有共有和共同管理的权利。

业主的建筑物区分所有权由以下三部分构成:

第一,业主对专有部分的所有权。

第二,业主对建筑区划内的共有部分的共有权(区分共有权)。

第三,业主对建筑物区划内的专有部分以外的共有部分的共同管理权(成员权)。

业主的建筑物区分所有权是一个集合权,具有不可分离性。在这三种权利中,业主对专有部分的所有权占主导地位,是业主对专有部分以外的共有部分享有共有权以及对共有部分享有共同管理权的前提与基础。

2) 专有部分的所有权

(1) 业主对专有部分的所有权包括:

业主对其建筑物专有部分享有占有、使用、收益和处分的权利。

(2) 业主对专有部分行使所有权的相关规定包括:

业主行使专有部分所有权时,不得危及建筑物的安全,不得损害其他业主的合法权利。业主转让建筑内的住宅、经营性用房等专有部分(套内建筑面积部分),其对共有部分享有的共有(如分摊的共有面积部分等)和共同管理的权利一并转让。

业主不得违反法律、法规以及管理规约,将住宅改变为经营性用房。业主将住宅改变为经营性用房的,除遵守法律、法规以及管理规约外,应当经有利害关系的业主同意。

业主将住宅改变为经营性用房,未按照《民法典》相关规定经有利害关系的业主同意,有利害关系的业主请求排除妨碍、消除危险、恢复原状或者赔偿损失的,人民法院应予支持。将住宅改变为经营性用房的业主以多数有利害关系的业主同意其行为进行抗辩的,人民法院不予支持。

3)共有部分的共有权

业主对共有部分的共有权包括:建筑区划内的道路、绿地,除属城镇公共、合同约定、私人所有的外,归属业主共有。建筑区划内的其他公共场所、公用设施和物业服务用房,属于业主共有。占用业主共有的道路或者其他场地用于停放汽车的车位,属于业主共有。

建筑区划内,规划用于停放汽车的车位、车库,其产权构成比较复杂。有些专门规划的地下车库、地面专用车库、车位是没有分摊到小区配套的建造成本中的,该产权是独立的,不属于业主共有。该类建筑区划内车位、车库的所有权归属,当事人可以通过出售、附赠或者出租等方式约定,但占有业主共有部分的车库、车位归属业主共有。

共用部分的共有权具有不可分割性和从属性的特征。

业主对专有部分以外的共有部分享有权利、承担义务,不得以放弃权利不履行义务。

小区专门规划的车场、车库、车位,应当首先满足业主的需要。

4)共有部分的共同管理权

共同管理权决定事项范围有:制定和修改业主大会议事规则,制定和修改建筑物及其附属设施的管理规约,选举业主委员会或者更换业主委员会成员,选聘和解聘物业服务企业或者其他管理人,筹集和使用建筑物及其附属设施的维修资金,改建、重建建筑物及其附属设施等。

共同的管理组织是指成立业主大会,选举业主委员会。

11.5.5　物业的使用与维护和维修资金

1)物业的使用与维护

(1)物业共用部位、共用设备的利用与维护

物业服务公司利用物业共用部位、共用设施设备进行经营的,应当在征得相关业主、业主大会、物业服务企业的同意后,按照规定办理有关手续。业主所得收益应当主要用于补充专项维修资金,也可以按照业主大会的决定使用。

公共建筑和共用设施不得改变用途。物业管理区域内按照规划建设的公共建筑和共用设施,不得改变用途。

业主依法确需改变公共建筑和共用设施用途的,应当在依法办理有关手续后告知物业服务企业;物业服务企业确需改变公共建筑和共用设施用途的,应当提请业主大会讨论决定同意后,由业主依法办理有关手续。

物业存在安全隐患,危及公共利益及他人合法权益时,责任人应当及时维修养护,有关业主应当给予配合。

责任人不履行维修养护义务的,经业主大会同意,可以由物业服务企业维修养护,费用由责任人承担。

(2)道路、场地不得擅自占用

业主、物业服务企业不得擅自占用、挖掘物业管理区域内的道路、场地,损害业主的共同

利益。

因维修物业或者公共利益，业主确需临时占用、挖掘道路、场地的，应当征得业主委员会和物业服务企业的同意；物业服务企业确需临时占用、挖掘道路、场地的，应当征得业主委员会的同意。

业主、物业服务企业应当将临时占用、挖掘的道路、场地，在约定期限内恢复原状。

（3）相关单位维护管线、设施设备的责任

供水、供电、供气、供热、通信、有线电视等单位，应当依法承担物业管理区域内相关管线和设施设备维修、养护的责任。

有关单位因维修、养护等需要，临时占用、挖掘道路、场地的，应当及时恢复原状。

（4）业主的相关义务

① 业主需要装饰装修房屋的，应当事先告知物业服务企业。物业服务企业应当将房屋装饰装修中的禁止行为和注意事项告知业主。

② 业主不得随意改变住宅的用途。业主不得违反法律、法规以及管理规约，将住宅改变为经营性用房。业主将住宅改变为经营性用房的，除遵守法律、法规以及管理规约外，应当经有利害关系的业主同意。

2）住房专项维修资金制度

（1）住宅专项维修资金的概念

住宅专项维修资金是指专项用于住宅共用部位、共用设施设备保修期满后的维修和更新、改造的资金。

住宅共用部位，是指根据法律、法规和房屋买卖合同，由单幢住宅内业主或者单幢住宅内业主及与之结构相连的非住宅业主共有的部位，一般包括住宅的基础、承重墙体、柱、梁、楼板、屋顶以及户外的墙面、门厅、楼梯间、走廊通道等。

共用设施设备，是指根据法律、法规和房屋买卖合同，由住宅业主或者住宅业主及有关非住宅业主共有的附属设施设备，一般包括电梯、天线、照明、消防设施、绿地、道路、路灯、沟渠、池、井、非经营性车场车库、公益性文体设施和共用设施设备使用的房屋等。

（2）住宅专项维修资金的缴纳和使用

商品住宅的业主、非住宅的业主按照所拥有物业的建筑面积交存住宅专项维修资金，每平方米建筑面积交存首期住宅专项维修资金的数额为当地住宅建筑安装工程每平方米造价的 5% 至 8%。

专项维修资金属业主所有。住宅专项维修资金管理实行专户存储、专款专用、所有权人决策、政府监督的原则。

本 章 小 结

第 1 节介绍了房地产法的概念及基本原则和立法现状。广义的房地产法，除作为房地产行业的基本法律《城市房地产管理法》之外，还包括相关的《民法典》（物权编）、《土地管理法》以及行政法规和部门规章。

第 2 节主要介绍了房地产开发经营阶段的主要制度，包括项目资本金制度、房地产开发项目的质量责任制度以及项目竣工验收备案制度。

第 3 节主要介绍的是房地产在交易流通环节的基本制度,包括房地产转让和商品房销售、房地产抵押、房屋租赁以及房地产中介服务制度。房地产流通领域的管理制度是城市房地产管理法最重要的内容。

第 4 节主要介绍了不动产登记的范围和程序,属于《民法典》(物权编)的内容。房地产交易中的权利义务属于债权债务的性质,房地产开发、房地产转让以及抵押之后,需要经过不动产登记这个公示方式才能取得物权。

第 5 节介绍了物业管理本质上是不动产的一种售后服务,是物业服务企业在接受业主的委托后进行的专业化、社会化的有偿服务行为。本节同时介绍了与物业服务相关的建筑物区分所有权制度和建筑物的维修资金制度。

⚖ 案例　　　　　　商品房买卖合同纠纷仲裁案

基本案情:

2013 年 7 月 25 日,申请人苏州旺家置业有限公司与被申请人章某签订《商品房买卖合同》一份,约定被申请人向申请人购买姑苏旺家花园 25 幢 1001 室房屋,总价款为人民币 1 046 720 元,支付方式为首付款 314 720 元,余款 732 000 元以按揭贷款形式支付。另,2013 年 7 月 24 日,被申请人向申请人出具欠条一份,约定因购买上述房屋欠申请人首付款 214 720 元,应于 2013 年 10 月 1 日前还清。2014 年,申请人与旺商银行签订《个人购房借款及担保合同》一份,约定被申请人因购买上述房产向旺商银行按揭贷款,申请人为购房人提供连带担保责任。旺商银行向申请人履行放款义务后,被申请人未能按期足额偿还贷款本息,致使旺商银行要求申请人履行担保责任,最终苏州旺家置业有限公司为章某代偿贷款及违约金等共计 761 172.2 元,且购房首付款被申请人仍然欠付。申请人依据《商品房买卖合同》第二十一条仲裁条款的约定,向仲裁会提出仲裁申请,请求:1. 解除申请人与被申请人签订的《商品房买卖合同》;2. 被申请人承担逾期付款违约金(违约金以房屋总价款 1 046 720 的 1‰计算为 10 467.2 元;以首付款 214 720 元为基数按年利率 24‰自 2013 年 10 月 2 日算至实际付清之日);3. 被申请人向申请人支付代偿款 761 172.2 元及利息损失 1 761 元(利息按照银行同期同档贷款利率,以代偿款 761 172.2 元为基数自 2019 年 4 月 2 日算至实际付款之日);4. 本案的仲裁费用由被申请人承担。

被申请人辩称:双方签订的《商品房买卖合同》有效,无解除理由,不应解除。申请人帮其垫付的代偿款及相应利息被申请人愿意承担,但代偿是基于《个人贷款担保协议》,并不能因申请人帮代偿就解除《商品房买卖合同》。该《商品房买卖合同》中购房人应该支付的购房款全部已经支付到位。关于首付款,首付款欠付部分是基于申请人急于销售,被申请人是团购,申请人当时同意被申请人暂欠,但申请人并不能基于购房买卖合同之外的协议来解除《商品房买卖合同》,其只能主张债权。

申请人为证明自己的主张提交了以下证据材料:

证据一,《商品房买卖合同》,证明合同约定了购房款、支付方式、违约责任、争议解决方式、履行合同期间文书法定送达地址等权利义务。

证据二,欠条和 2018 年 3 月 30 日《苏州日报》刊登的催款声明,证明被申请人未向申请人支付购房首付款。

证据三,《个人购房借款及担保合同》、苏州某区法院《民事判决书》,证明被申请人因未向旺商银行按期足额归还银行贷款本息余额,旺商银行要求申请人承担保证责任。

证据四,代偿证明和网上银行电子回执单,证明申请人向旺商银行代偿金额共计 761 172.2 元。

另,《商品房买卖合同》第七条约定,买受方逾期付款超过 60 天后,出卖方有权解除合同。

被申请人未提交证据材料。

思考:

1. 苏州旺家置业有限公司销售其楼盘时,应当向购房人公示哪些材料?

2. 被申请人因购买案涉房产向旺商银行办理按揭贷款。该按揭在法律上属于什么性质? 购房人应当按照什么程序去办理按揭手续?

3. 购房人的首付款以欠款形式支付是否合法? 该欠条是否受法律保护?

4. 本案中,章某是否已付清了全部购房款? 如何才能办到该套商品房的产权证?

5. 苏州旺家置业有限公司提出解除《商品房买卖合同》的理由是否能够成立?

第12章　建设工程纠纷解决的法律制度

　　本章主要介绍建设工程纠纷解决法律制度。建设工程活动具有涉及面广、参与人数众多、利益诉求多元等特点。在建设活动开展的过程中，会发生大量的民事纠纷与行政纠纷，甚至还可能演化为群体性事件，给社会稳定带来威胁。为妥善化解此类纠纷，维护当事人的合法权益，确保建设工程活动的顺利进行，我国已建立起了一整套建设工程纠纷的解决机制。

12.1　建设工程纠纷解决概述

12.1.1　建设工程纠纷的类型与特点

1) 建设工程纠纷的类型

　　建设工程纠纷是指在建设工程进行过程中于当事人之间发生的有关权利义务问题的争执与冲突。在理论上，一个纠纷的发生，一般而言需要满足如下三个要素：一是在纠纷中牵涉两个以上的当事人；如果只有一方主体，是难以发生纠纷的。二是这些主体之间有各自的利益诉求，且这些利益诉求之间是相互冲突的；如果当事人之间的利益诉求完全一致，他们之间应该是团结在一起或者至少是和平共处的，不可能发生纠纷。三是这些主体为了实现各自的利益采取了行动，进而对他人利益的实现构成了妨碍；如果纠纷当事人只是单纯停留在主观的不满状态，未付诸实际行动，也无法产生一个现实的纠纷。建设工程纠纷的发生，也是由以上三个要素构成的，即在建设工程活动中，当事人为了实现自己的利益，对与自己利益相冲突的另一方当事人实施了不利的行为，从而在当事人之间发生了矛盾、冲突。建设工程纠纷是一个集合性的概念，它包含了如下两类截然不同的纠纷类型：

　　一是建设工程民事纠纷，即在平等主体的建设工程当事人之间发生的纠纷，例如因建设过程中的施工合同履行问题发生的纠纷、因建筑工人工资被拖欠问题发生的劳动纠纷、因建设过程中发生的人身伤害引发的侵权损害赔偿纠纷等。在建设工程民事纠纷中，纠纷当事人之间的法律地位是平等的，任何一方不得凌驾于另一方之上。

　　二是建设工程行政纠纷，即建设工程当事人与对其负有监管职责的行政机关之间发生的纠纷，包括建设单位与规划部门之间发生的规划行政处罚纠纷、建设单位与住建部门之间发生的施工许可纠纷、建设用地使用权人与土地行政主管部门之间发生的确权纠纷、房屋所有权人与城管部门之间发生的违法建设强制拆除纠纷等。在建设工程行政纠纷中，纠纷当事人之间的法律地位是不平等的，行政机关作为一方当事人，对另一方当事人（行政相对人）

具有行政管理上的职权。

2）建设工程纠纷的特点

与一般的纠纷不同，建设工程具有如下特点：

一是涉及面广。建设活动是由项目编制、可行性研究、进行设计、建设准备、组织施工、验收等众多环节构成的漫长过程，需要众多主体的参与。在发生特定纠纷后，往往会牵涉到大量与之关联的主体的利益，甚至对不特定社会公众的利益也会产生影响。这一特点决定了在处理建设工程纠纷之时，纠纷解决机构应当特别谨慎。如稍有不慎，可能会引发连锁不良反应，影响社会稳定。

二是标的额大。建设活动是一项资源消耗及资金投入都很大的活动。在建设工程纠纷中，其争执的标的额也高，对纠纷当事人的权益影响程度很深。这一方面同样要求纠纷解决机构在处理此类纠纷时应十分谨慎，另一方面也提出了以较为经济的方式来解决此类纠纷的要求，避免在化解此类纠纷时付出过高的纠纷解决成本。

三是专业性强。建设工程纠纷中涉及的法律关系往往较为复杂，里面交织着民事法、行政法等不同性质的法律问题。同时，在处理该类纠纷的过程中，会涉及大量专业性的问题。这一特点决定了一般的纠纷解决机构难以胜任对建设工程纠纷的处理，其应移交给专业性的纠纷解决机构处理为宜。

12.1.2 建设工程民事纠纷的解决途径

在我国，对于建设工程民事纠纷，常用的纠纷解决途径主要有和解、调解、仲裁和民事诉讼。

1）和解

和解，又称自行协商，是指建设工程纠纷的当事人在没有他人介入的情况下，通过自行的友好沟通、协商达成一致协议，进而化解纠纷的一种机制。由于建设工程民事纠纷完全属于当事人之间的"私事"，双方通过处分各自的权利，以协商让步的方式来化解纠纷，不存在法律上的障碍。这是民法上的"私法自治"原则在建设工程民事纠纷解决的具体体现。

以和解的方式来解决建设工程民事纠纷，具有以下三个方面的优点：第一，保密性强。纠纷结果过程中的相关信息没有被披露给第三方，能最大限度地保障当事人的信息不外泄。第二，能避免双方"撕破脸"。和解是当事人之间以友好方式协商解决纠纷的活动，其相比于提起诉讼、申请仲裁等机制而言，能尽可能地保持纠纷当事人之间的良好关系，使得未来当事人之间继续开展合作成为可能。第三，成本低廉。以沟通的方式协商解决纠纷，是一种较为高效、成本低廉的纠纷解决方式，其相比于传统的诉讼、仲裁等正式化的纠纷解决机制而言，具有一定的经济成本和时间成本优势。

尽管和解机制在化解建设工程纠纷方面具有如上优点，但是它也存在不足之处。首先，和解开展需要以纠纷当事人之间有和解意愿为前提，而在实践中，在发生纠纷后，当事人之间往往由于心生芥蒂，任何一方均不愿主动降低姿态与对方进行沟通；即便有一方当事人主动与对方沟通，也会因当事人之间相互坚持各自立场不妥协，而难以达成最终协议。因此，在建设工程领域，当事人之间完全通过自行协商的方式化解纠纷的情况是较为罕见的。其次，即便最终双方通过协商达成了协议，这份协议的效力也并不如仲裁裁决、法院判决那样具有强制力。和解协议的履行在很大程度上要依靠纠纷当事人的自觉。在达成协议后,如果一方当事人不履行和解协议,另一方当事人不能直接强制执行该协议。可见,以和解的方式来解决纠纷,其纠纷解决结果是不稳固的。

2）调解

调解是指在中立的第三人的居间主持之下,建设工程的当事人之间相互展开协商,进而就纠纷的解决达成一致意见的一种纠纷解决机制。该中立第三人被称为调解人。在实践中,调解人可以由住建、土地等行政主管部门的工作人员担任,也可以由人民调解员或者双方信任的其他社会公正人士担任。例如,在建设工程合同纠纷领域,可以邀请监理工程师对发包人与承包人之间的合同纠纷进行调解。调解人在纠纷解决活动中,可以扮演不同的角色,既可以扮演"信使"撮合纠纷当事人之间开展协商,也可以就调解方案提出具体的建议。

调解与和解一样,都是属于纠纷当事人之间以达成合意的方式来化解纠纷的机制。因此,调解机制同样具有维持纠纷当事人之间良好关系、成本低廉、保密性强等优点。而且,在调解机制中,由于有了第三方调解人的介入与居间协调,通过发挥调解人的"穿针引线"功能,可有效克服和解机制中当事人不愿意沟通或难以达成一致意见的弊端。因此,在建设工程民事纠纷解决领域,调解机制是一种更具优势的纠纷解决机制。

但与和解协议一样,调解协议同样不具有强制执行的效力,其履行需要依靠当事人的自觉。但对于经由人民调解委员会达成的调解协议,当事人可以申请法院进行司法确认。经法院依法确认后的调解协议,可以强制执行。

另外,在民事诉讼程序和仲裁程序中也可以进行调解,在民事诉讼程序中由法庭主持下达成的调解协议,制作的民事调解书和由仲裁机构主持下达成的调解协议,制作的仲裁调解书具有法律强制力。如果一方当事人不履行调解书中确认的义务,可以向法院申请强制执行。

3）仲裁

仲裁是指建设工程纠纷当事人在发生纠纷后,将协议提交给仲裁机构,由仲裁机构依据事实和法律对当事人之间的权利义务关系作出裁决,进而化解纠纷的一种机制。与和解、调解中当事人对于如何解决纠纷拥有最终话语权不同,仲裁系将纠纷解决的权力交给第三方机构,由仲裁机构作出权威性的判断,换言之,最终的纠纷解决结果是由仲裁机构拍板的。仲裁有一般仲裁与特别仲裁之分。一般仲裁,是指裁决平等民事主体之间发生的合同纠纷和其他财产权益纠纷的机制,此类仲裁活动受《中华人民共和国仲裁法》(简称《仲裁法》,2017 年修正)的调整。特别仲裁,是指适用于劳动争议、农村土地承包经营合同等特定领域纠纷的仲裁机制,此类仲裁受《中华人民共和国劳动争议调解仲裁法》(2007 年)、《中华人民共和国农村土地承包经营纠纷调解仲裁法》(2009 年)等特别立法的调整。本书所指的建设工程民事纠纷的仲裁,如无特别说明,均指的是一般仲裁。

建设工程民事纠纷的仲裁具有如下特点:(1)自愿性。在建设工程民事纠纷中,除建设工程中的劳动争议外,其他纠纷提交至仲裁机构解决,必须基于双方的一致同意。另外,在仲裁机构的选择、仲裁员的组成、仲裁事项等内容上,当事人也具有自行决定的权利。(2)独立性。仲裁机构依法独立裁决案件,不受行政机关、社会团体和个人的干涉,能够保持裁决结果的客观公正。(3)专业性。仲裁机构往往分专业设置仲裁员名册,仲裁员涵盖了各个行业的专家,这些专家精通特定行业的专业知识和法律规则,有足够的能力来对纠纷的解决给出专业判断。在发生建设工程民事纠纷后,当事人有权从仲裁员名册中挑选精通建设工程事务和法律知识的人员担任仲裁员。仲裁机制的这一特点能够很好地适应建设工程纠纷专业性的特点,使得纠纷能在专业化的轨道内得到解决,避免受外行人任意干预的问题。(4)保密性。仲裁以不公开审理为原则,所有仲裁活动的参与人对仲裁事项负有保密义务。这一特性可以很好地满足建设工程纠纷当事人对于纠纷解决的保密性需求。(5)灵活快捷。相比于诉讼程序而言,仲裁程序较为灵活,一些不重要的程序步骤还可以被简化。此外,仲裁实行一裁终局制度,即经过一次仲裁后,仲裁活动即告终结,不会像诉讼那样还会引发上诉甚至再审等问题。这一特点能够较好地回应建设工程民事纠纷当事人迅速解决纠纷的需要。(6)权威性。仲裁是仲裁机构对案件作出的一种权威性的判断意见,其具有排除法院审判权的效果。在裁决作出后,除非裁决被人民法院依法裁定撤销或者不予执行,否则当事人就同一纠纷再向人民法院起诉的,人民法院将不予受理。

另外,由于仲裁员选定的是建设领域中的专业人士,其专业意见能够得到双方当事人的认可,仲裁员的裁决意见权威性较高。

4)民事诉讼

民事诉讼是指建设工程当事人请求人民法院行使审判权,人民法院对案件的事实和法律问题进行审理并依法作出裁判的一种司法活动。对于建设工程民事纠纷而言,当事人提起的应为民事诉讼,其具体活动受《中华人民共和国民事诉讼法》(2017年修正)及相关司法解释的调整。

与仲裁机制一样,民事诉讼是由第三方机构来裁决纠纷的一种机制。其优点是程序严格,能充分保障当事人的权利尤其是其程序性权利;同时,其裁决结果有权威性,并可以强制执行。但缺点是纠纷解决程序复杂,成本较高,处理纠纷时间过长;另外必定存在着败诉一方,很难在真正意义上做到案结事了、平息纷争。因此,民事诉讼不应该成为建设工程民事纠纷当事人首选的纠纷解决机制。作为维护社会公平正义的最后一道防线,民事诉讼应当在其他纠纷解决机制难以化解纠纷的情况下,才被选择加以运用。

12.1.3 建设工程行政纠纷的解决途径

在我国,对于建设工程行政纠纷,常用的纠纷解决途径主要有和解与调解、信访、行政复议和行政诉讼。

1)和解与调解

此处的和解与调解,与基本含义与建设工程民事纠纷中的和解、调解机制相同。二者的差别是,它们所处理的纠纷类型不同。建设工程民事纠纷的和解与调解,处理的是建设工程领域的行政主体与其相对人之间的纠纷。在这一类纠纷,必然有一方主体为行使行政职权的行政主体。由于和解与调解不可避免地会涉及纠纷当事人通过处分自己的权利(力)来换取对方的让步、妥协,基于公权力不可处分之法治原理,我国立法在很长的一段时间里禁止在行政纠纷领域运用和解、调解机制。但是,近年来,在大调解、和谐社会构建等宏观政策背景的驱动下,行政纠纷不得和解、调解之规定被逐渐解禁了。我国《行政复议法实施条例》(2007年)、《中华人民共和国行政诉讼法》(简称《行政诉讼法》,2017年修正)等立法先后规定,在涉及行政赔偿、行政补偿以及行政机关行使法律规定的自由裁量权行为的行政纠纷中,允许行政主体与行政相对人之间就纠纷的解决展开协商、沟通,进而达成协议。因此,对于满足上述条件的建设工程行政纠纷,同样可以用当事人之间自行协商或者调解人居间调解的方式寻求解决。这两种纠纷解决机制对于实现建设工程行政纠纷的迅速、低成本化解,以及维持建设行政相对人与行政主体之间的良好关系具有十分重要的意义。

2）信访

信访,是对"人民群众来信来访"制度的简称,是指与建设活动相关的公民、法人或者其他组织采用书信、电子邮件、传真、电话、走访等形式,向各级人民政府、县级以上人民政府工作部门反映情况,提出建议、意见或者投诉请求,依法由有关行政机关处理的活动。信访的实质就是行政申诉,即就行政主体在工作中存在的问题向有关机关反映情况、表达不满进而寻求解决方案,它是我国《宪法》明确赋予公民的一项基本权利,也是对行政复议、行政诉讼等正式纠纷解决机制的一种必要补充,在维护信访人的合法权益、保持各级人民政府同人民群众的密切联系方面发挥着重要的作用。在建设活动中,需要大量地与行政机关打交道,在此过程中不可避免地会产生行政纠纷,信访机制为此类纠纷的诉讼外解决提供了另一种可供选择的渠道。需要注意的是,信访人行使信访权利必须依法而行。2005年国务院发布的《信访条例》对信访的工作原则、信访渠道、信访事项、信访程序等问题作了详细的规定。原建设部还于2005年11月10日印发了《建设部信访工作管理办法》（建办〔2005〕205号）,对建设部开展行政纠纷的信访处理作了进一步的细化规定。

3）行政复议

行政复议是指建设活动的行政相对人对建设行政主体作出的行政行为不服,向法定的复议机关提出请求,复议机关对行政行为的合法性与合理性进行审查,并依法作出相应决定的一种纠纷解决机制。我国制定了《中华人民共和国行政复议法》（简称《行政复议法》,2017年修正）、《行政复议法实施条例》（2007年）等立法,对行政复议机制的具体制度作出了规定。另外,住房和城乡建设部于2015年颁布了《住房城乡建设行政复议办法》,自然资源部于2019年颁布了《自然资源行政复议规定》,这两部部门规章为建设工程纠纷中的行政复议制度的规范化运行,奠定了更为坚实的规范基础。与信访一样,行政复议也是一种在行政系统内设置的纠纷解决机制,同样具有监督建设行政主体依法行政、维护建设活动行政相对人的合法权益的作用。不同的是,行政复议是一种比行政信访更为正式化的纠纷解决机制,其程序保障更为有力,其审理结果更具有可预期性,所作出的复议决定也具有法律效力。以提起行政复议的方式来化解建设工程行政纠纷,具有成本低廉、便民高效、专业性强等优点。

4）行政诉讼

行政诉讼,俗称"民告官"制度,是指建设活动中的行政相对人对建设行政主体的行政行为不服,向人民法院提出司法审查请求,人民法院依法对被诉行政行为的合法性进行审查并作出裁判的一项活动。我国制定了《行政诉讼法》（2017年修正）,对行政诉讼的基本原则、受案范围、参加人、证据、诉讼程序、裁判等制度作出了详细的规定。行政诉讼制度在运行过程中,有严格的诉讼程序作为保障,所作出的判决具有权威性,因此,其在维护建设活动相对人的合法权益、监督建设行政主体依法行政、化解建设活动行政纠纷等方面具有十分重要的意义。但其诉讼成本较高,纠纷解决效率也不及其他行政纠纷解决机制,而且在受案范围、审查标准等方面还存在着一定的局限。因此,在发生建设工程行政纠纷后,当事人应当优先选择行政诉讼外的纠纷解决机制;只有在其他纠纷解决机制无法彻底解决纠纷时,才适宜选择行政诉讼机制。

12.2 建设工程纠纷的仲裁

12.2.1 仲裁制度概述

如前所述,仲裁是指建设工程纠纷当事人在发生纠纷后,将协议提交给仲裁机构,由仲裁机构依据事实和法律对当事人之间的权利义务关系作出裁决,进而化解纠纷的一种机制。其具有自愿性、独立性、专业性、保密性、灵活快捷、权威性等特点,在建设工程法律纠纷的处理中具有十分重要的地位。2001年4月27日,原建设部和原国务院法制办曾专门下发过《关于在全国建设系统进一步推行仲裁法律制度的意见》(建法〔2001〕91号),对于在全国建设系统推广运用仲裁机制提出了详细的意见。

现行《仲裁法》于1994年8月31日在第八届全国人民代表大会常务委员会第九次会议上通过,此后分别于2009年8月和2017年9月作出过两次修正。现行《仲裁法》共分为八章,分别是"总则""仲裁委员会和仲裁协会""仲裁协议""仲裁程序""申请撤销裁决""执行""涉外仲裁的特别规定"以及"附则"。其中,第一章"总则"部分对仲裁的适用范围和基本原则作出了规定。

1)仲裁的适用范围

《仲裁法》(2017年修正)第二条和第三条规定,平等主体的公民、法人和其他组织之间发生的合同纠纷和其他财产权益纠纷,可以仲裁。下列纠纷不能仲裁:一是涉及人身关系的婚姻、收养、监护、扶养、继承纠纷;二是依法应当由行政机关处理的行政争议。根据上述规定,在建设工程纠纷领域,《仲裁法》规定的仲裁机制有如下两条适用边界:

一是只能适用于建设工程民事纠纷的解决,不能处理建设工程行政纠纷。这主要是考虑到,行政纠纷中伴随着行政权力的运用,而仲裁裁决具有一裁终局、排除司法审查等特点,如果适用仲裁机制,客观上会导致行政纠纷的当事人通过协议约定适用仲裁而使得行政争议免于受到后续司法审查的结果,不利于行政主体的行使职权行为接受司法监督。对于建设工程行政纠纷,应通过行政复议、行政诉讼、行政信访等机制加以解决。

二是只能适用于民事纠纷中的财产纠纷的处理,不适用于人身权纠纷。当然,在建设工程民事纠纷中,主要涉及的也是财产纠纷,因此,这一排除事项对于建设工程民事纠纷的处理影响不大。

2)仲裁的基本原则

(1)当事人意思自治原则

这一原则包含如下几层具体含义:首先,是否将纠纷提交至仲裁机构解决,必须基于纠纷当事人的合意。这种合意可以达成于纠纷发生前,即双方签订协议或者在合同中订立仲裁条款,事先约定在发生纠纷后提交仲裁;如没有事先的仲裁协议,当事人之间也可以在发生纠纷后达成协议,共同商定将其提交仲裁机构解决。没有仲裁合意的,一方申请仲裁的,仲裁机构不得受理。其次,在仲裁机构的选择上,也由纠纷当事人来协议选定。换言之,仲裁机构是基于当事人的合意选择的,不实行像诉讼那样的法定管辖制度。最后,在仲裁的具体运用过程中,当事人之间也可以基于自身的意志对仲裁程序作出调整或安排,例如分别或共同选定仲裁员、共同约定仲裁以不开庭的方式进行审理等。

(2) 以事实为依据,以法律为准绳原则

仲裁机构审理案件与作出裁决,需要在调查清楚案件事实以及明确法律适用的前提下进行,是一种分清是非、判断曲直的纠纷解决机制,也是一种法治化的纠纷解决机制。在这一意义上,其与法院审理案件存在着高度的相似性,而与调解、和解等纠纷解决机制迥异,后者可以"和稀泥",即在事实不清的情况下通过当事人之间相互让步达成纠纷解决的方案。

(3) 独立公正仲裁原则

仲裁机制尽管是基于当事人的合意而启动的,但在仲裁案件的过程中,仲裁机构依据自己对案件事实和法律问题的认识独立作出裁决,不受当事人的干涉,也不受行政机关、社会团体以及其他个人的干涉。与此同时,在仲裁机构的设置上,其独立于行政机关设立,各仲裁机构之间也没有相互隶属关系,这些制度设计最大限度地保证了仲裁机构在裁决案件上的独立性。此外,《仲裁法》还规定了包括回避、仲裁监督等制度在内的程序制度,能够确保仲裁裁决的公正性。

(4) 一裁终局原则

仲裁实行一裁终局原则,不实行像民事诉讼那样的两审终审制度。在仲裁裁决作出后,当事人就同一纠纷再申请仲裁的,仲裁机构不予受理;当事人就同一纠纷向人民法院起诉的,人民法院也不得受理。仲裁裁决具有法律效力,当事人应当履行;一方当事人不履行的,另一方当事人可以依法向人民法院申请执行,受申请的人民法院应当执行。

12.2.2 仲裁机构

在我国,负责仲裁案件的机构是仲裁委员会,其聘用了各类仲裁员具体负责案件的仲裁。

1) 仲裁委员会

仲裁委员会不按行政区划层层设立,可以在直辖市和省、自治区人民政府所在地的市设立,也可以根据需要在其他设区的市设立。设立仲裁委员会,应当经省、自治区、直辖市的司法行政部门登记。仲裁委员会独立于行政机关,与行政机关没有隶属关系。各仲裁委员会之间也没有相互隶属关系。

仲裁委员会应当具备下列条件:(1)有自己的名称、住所和章程;(2)有必要的财产;(3)有该委员会的组成人员;(4)有聘任的仲裁员。

仲裁委员会由主任 1 人、副主任 2 人至 4 人和委员 7 人至 11 人组成。仲裁委员会的主任、副主任和委员由法律、经济贸易专家和有实际工作经验的人员担任。仲裁委员会的组成人员中,法律、经济贸易专家不得少于 2/3。就建设工程民事纠纷而言,应当在建设行政主管部门、建设类行业协会和建设企业负责人中选聘部分专家担任仲裁委员会委员。

2) 仲裁员

仲裁员由仲裁委员会聘任,并按照不同专业设仲裁员名册。

仲裁员应当公道正派,并符合如下条件之一:(1)通过国家统一法律职业资格考试取得法律职业资格,从事仲裁工作满8年的;(2)从事律师工作满8年的;(3)曾任法官满8年的;(4)从事法律研究、教学工作并具有高级职称的;(5)具有法律知识、从事经济贸易等专业工作并具有高级职称或者具有同等专业水平的。

就建设工程民事纠纷的仲裁而言,应选聘具有城市规划、建设工程勘察设计、施工、监理、工程建设标准、工程造价、房地产开发、物业管理等方面专业知识又具有一定法律知识的专业人士担任仲裁员,以确保此类纠纷得到专业化的仲裁。

12.2.3 仲裁协议

1)仲裁协议的形式与内容

仲裁协议包括合同中订立的仲裁条款和以其他书面方式在纠纷发生前或者纠纷发生后达成的请求仲裁的协议。"其他书面形式"包括以合同书、信件和数据电文(包括电报、电传、传真、电子数据交换和电子邮件)等形式。

仲裁协议应当具有下列内容:(1)请求仲裁的意思表示,即双方当事人均同意将纠纷提交仲裁程序解决之意旨。(2)仲裁事项,即需要提交至仲裁程序解决的具体事项范围。当事人概括约定仲裁事项为合同争议的,基于合同成立、效力、变更、转让、履行、违约责任、解释、解除等产生的纠纷都可以认定为仲裁事项。(3)选定的仲裁委员会,即具体写明向哪一个仲裁机构提交仲裁。仲裁协议约定的仲裁机构名称不准确,但能够确定具体的仲裁机构的,应当认定选定了仲裁机构。仲裁协议约定两个以上仲裁机构的,当事人可以协议选择其中的一个仲裁机构申请仲裁;当事人不能就仲裁机构选择达成一致的,将导致仲裁协议无效。仲裁协议约定由某地的仲裁机构仲裁且该地仅有一个仲裁机构的,该仲裁机构视为约定的仲裁机构。该地有两个以上仲裁机构的,当事人可以协议选择其中的一个仲裁机构申请仲裁;当事人不能就仲裁机构选择达成一致的,将导致仲裁协议无效。

2)仲裁协议的效力

有下列情形之一的,仲裁协议无效:(1)约定的仲裁事项超出法律规定的仲裁范围的;(2)无民事行为能力人或者限制民事行为能力人订立的仲裁协议;(3)一方采取胁迫手段,迫使对方订立仲裁协议的。

仲裁协议对仲裁事项或者仲裁委员会没有约定或者约定不明确的,当事人可以补充协议;达不成补充协议的,仲裁协议无效。仲裁协议独立存在,合同的变更、解除、终止或者无效,不影响仲裁协议的效力。

仲裁庭有权确认合同的效力。当事人对仲裁协议的效力有异议,应当在仲裁庭首次开庭前提出。当事人对仲裁协议的效力有异议的,可以请求仲裁委员会作出决定,或者请求人民法院作出裁定。一方请求仲裁委员会作出决定,另一方请求人民法院作出裁定的,由人民法院裁定。

12.2.4 仲裁程序

1)仲裁的申请和受理

当事人申请仲裁,应当向仲裁委员会递交仲裁协议、仲裁申请书及副本。仲裁申请书应当载明下列事项:(1)当事人的姓名、性别、年龄、职业、工作单位和住所,法人或者其他组织的名称、住所和法定代表人或者主要负责人的姓名、职务；(2)仲裁请求和所根据的事实、理由；(3)证据和证据来源、证人姓名和住所。

仲裁委员会自收到仲裁申请书之日起 5 日内，认为符合受理条件的，应当受理，并通知当事人；认为不符合受理条件的，应当书面通知当事人不予受理，并说明理由。

仲裁委员会受理仲裁申请后，应当在仲裁规则规定的期限内将仲裁规则和仲裁员名册送达申请人，并将仲裁申请书副本和仲裁规则、仲裁员名册送达被申请人。被申请人收到仲裁申请书副本后，应当在仲裁规则规定的期限内向仲裁委员会提交答辩书。仲裁委员会收到答辩书后，应当在仲裁规则规定的期限内将答辩书副本送达申请人。被申请人未提交答辩书的，不影响仲裁程序的进行。

2) 仲裁庭的组成

仲裁庭可以由 3 名仲裁员组成，也可以由 1 名仲裁员组成。由 3 名仲裁员组成的，设首席仲裁员。当事人约定由 3 名仲裁员组成仲裁庭的，应当各自选定或者各自委托仲裁委员会主任指定 1 名仲裁员，第 3 名仲裁员由当事人共同选定或者共同委托仲裁委员会主任指定。第 3 名仲裁员是首席仲裁员。当事人约定由 1 名仲裁员成立仲裁庭的，应当由当事人共同选定或者共同委托仲裁委员会主任指定仲裁员。当事人没有在仲裁规则规定的期限内约定仲裁庭的组成方式或者选定仲裁员的，由仲裁委员会主任指定。

仲裁员有下列情形之一的，必须回避，当事人也有权提出回避申请：(1)是本案当事人或者当事人、代理人的近亲属；(2)与本案有利害关系；(3)与本案当事人、代理人有其他关系，可能影响公正仲裁的；(4)私自会见当事人、代理人，或者接受当事人、代理人的请客送礼的。

当事人提出回避申请，应当说明理由，在首次开庭前提出。此处的"首次开庭"，是指答辩期满后人民法院组织的第一次开庭审理，不包括审前程序中的各项活动。回避事由在首次开庭后知道的，可以在最后一次开庭终结前提出。仲裁员是否回避，由仲裁委员会主任决定；仲裁委员会主任担任仲裁员时，由仲裁委员会集体决定。

仲裁员因回避或者其他原因不能履行职责的，应当依法重新选定或者指定仲裁员。因回避而重新选定或者指定仲裁员后，当事人可以请求已进行的仲裁程序重新进行，是否准许，由仲裁庭决定；仲裁庭也可以自行决定已进行的仲裁程序是否重新进行。

3) 仲裁的开庭和裁决

仲裁委员会应当在仲裁规则规定的期限内将开庭日期通知双方当事人。当事人有正当理由的，可以在仲裁规则规定的期限内请求延期开庭。是否延期，由仲裁庭决定。申请人经书面通知，无正当理由不到庭或者未经仲裁庭许可中途退庭的，可以视为撤回仲裁申请。被申请人经书面通知，无正当理由不到庭或者未经仲裁庭许可中途退庭的，可以缺席裁决。

仲裁原则上应当开庭进行。当事人协议不开庭的，仲裁庭可以根据仲裁申请书、答辩书以及其他材料作出裁决。仲裁以不公开的方式进行，如当事人协议公开的，可以公开进行，但涉及国家秘密的除外。

在审理过程中，当事人应当对自己的主张提供证据加以证明。仲裁庭认为有必要收集的证据，可以自行收集。证据应当在开庭时出示，当事人可以质证。当事人在仲裁过程中有权进行辩论。辩论终结时，首席仲裁员或者独任仲裁员应当征询当事人的最后意见。

当事人申请仲裁后，可以自行和解。达成和解协议的，可以请求仲裁庭根据和解协议作出裁决书,也可以撤回仲裁申请。当事人达成和解协议,撤回仲裁申请后反悔的,可以根据仲裁协议申请仲裁。

仲裁庭在作出裁决前,可以先行调解。当事人自愿调解的,仲裁庭应当调解。调解不成的,应当及时作出裁决。调解达成协议的,仲裁庭应当制作调解书或者根据协议的结果制作裁决书。调解书应当写明仲裁请求和当事人协议的结果。调解书由仲裁员签名,加盖仲裁委员会印章,送达双方当事人。调解书经双方当事人签收后,即发生法律效力。调解书与裁决书具有同等法律效力。

裁决应当按照多数仲裁员的意见作出,少数仲裁员的不同意见可以记入笔录。仲裁庭不能形成多数意见时,裁决应当按照首席仲裁员的意见作出。裁决书应当写明仲裁请求、争议事实、裁决理由、裁决结果、仲裁费用的负担和裁决日期。当事人协议不愿写明争议事实和裁决理由的,可以不写。裁决书由仲裁员签名,加盖仲裁委员会印章。对裁决持不同意见的仲裁员,可以签名,也可以不签名。裁决书自作出之日起发生法律效力。

4)仲裁裁决的执行

当事人应当主动履行仲裁裁决。一方当事人不履行的,另一方当事人可以向被执行人住所地或者被执行的财产所在地的中级人民法院申请执行。受申请的人民法院应当执行。

12.2.5 仲裁监督

人民法院对仲裁活动可以进行如下监督:

1)撤销裁决

当事人提出证据证明裁决有下列情形之一的,可以向仲裁委员会所在地的中级人民法院申请撤销裁决:(1)没有仲裁协议的(仲裁协议被认定无效或者被撤销的视为没有仲裁协议);(2)裁决的事项不属于仲裁协议的范围或者仲裁委员会无权仲裁的;(3)仲裁庭的组成或者仲裁的程序违反法定程序的;(4)裁决所根据的证据是伪造的;(5)对方当事人隐瞒了足以影响公正裁决的证据的;(6)仲裁员在仲裁该案时有索贿受贿、徇私舞弊、枉法裁决行为的。符合下列条件的,经上级人民法院批准,中级人民法院可以指定基层人民法院管辖:执行标的额符合基层人民法院一审民商事案件级别管辖受理范围,且被执行人住所地或者被执行的财产所在地在被指定的基层人民法院辖区内的。当事人申请撤销裁决的,应当自收到裁决书之日起6个月内提出。

人民法院审理仲裁协议效力确认案件,应当组成合议庭进行审查,并询问当事人。人民法院经组成合议庭审查核实仲裁裁决有前列6种情形之一的,应当裁定撤销。此外,人民法院认定该裁决违背社会公共利益的,应当裁定撤销。

2)不予执行

一方当事人申请法院强制执行仲裁裁决,被申请人提出证据证明仲裁裁决有下列情形之一的,经人民法院组成合议庭审查核实,裁定不予执行:(1)当事人在合同中没有订有仲裁条款或者事后没有达成书面仲裁协议的;(2)裁决的事项不属于仲裁协议的范围或者仲裁机构无权仲裁的;(3)仲裁庭的组成或者仲裁的程序违反法定程序的;(4)裁决所根据的证据是伪造的;(5)对方当事人向仲裁机构隐瞒了足以影响公正裁决的证据的;(6)仲裁员在仲裁该案时有贪污受贿、徇私舞弊、枉法裁决行为的。

此外,人民法院认定执行该裁决违背社会公共利益的,不予执行。

12.3　建设工程纠纷的民事诉讼

12.3.1　民事诉讼概述

1) 民事诉讼的概念

民事诉讼是指在当事人的请求下,人民法院依照法定程序审理和裁判平等主体之间的人身权、财产权纠纷的一种诉讼活动。就建设工程纠纷的民事诉讼而言,其具体指人民法院依照诉讼程序解决建设活动中发生的平等主体间的民事纠纷的一种司法活动。

现行《中华人民共和国民事诉讼法》(简称《民事诉讼法》)于 1991 年 4 月 9 日在第七届全国人民代表大会第四次会议上通过,后分别于 2007 年 10 月、2012 年 8 月与 2017 年 6 月作过三次修正。现行《民事诉讼法》分设"总则""审判程序""执行程序"与"涉外民事诉讼程序的特别规定"4 编,共 27 章,其对民事诉讼活动作出了统一的规定。此外,最高人民法院在2015 年 1 月 13 日发布了《关于适用〈中华人民共和国民事诉讼法〉的解释》,对民事诉讼规则作了进一步的细化。这些构成了人民法院审理建设工程民事纠纷的规范基础。

2) 民事诉讼法的基本原则

(1) 依法独立行使审判权原则。人民法院依照法律规定对民事案件独立进行审判,不受行政机关、社会团体和个人的干涉。依法独立行使审判权是我国《宪法》规定的一项司法原则,在民事诉讼活动中也应当得到遵循,它对于保障人民法院公正审理民事纠纷、维护诉讼当事人的合法权益具有重要的意义。

(2) 以事实为根据、以法律为准绳原则。人民法院审理民事案件,以事实为根据,以法律为准绳,这有利于查明案件事实、分清是非,准确地对当事人的权利义务关系作出判断和裁定。

(3) 诉讼权利平等原则。人民法院审理民事案件,平等地保障原告、被告及其他诉讼参与人的诉讼权利,对当事人在适用法律上一律平等。这是法律面前人人平等原则在民事诉讼活动中的具体体现。

(4) 调解原则。人民法院审理民事案件,根据自愿和合法的原则进行调解。对于当事人起诉到人民法院的民事纠纷,适宜调解的,先行调解,但当事人拒绝调解的除外。贯彻调解原则,有利于尽可能将纠纷引导到诉讼外的纠纷解决机制加以解决,从而节约有限的司法资源,也能更好地实现定纷止争、案结事了。但在民事诉讼中运用调解机制,必须基于当事人的自愿,并依法进行。如调解不成的,人民法院应当及时判决,禁止以判压调、以判促调。

(5) 辩论原则。人民法院审理民事案件时,当事人有权以口头或书面的形式进行辩论。贯彻辩论原则,有利于充分保障当事人的诉讼权利,也能帮助法院兼听各方之辞,准确、全面地查清案件事实,进而作出公正判决。

(6) 诚实信用原则。当事人参与民事诉讼,应当遵循诚实信用原则,禁止滥用诉讼权利,不得实施恶意诉讼、虚假陈述、拖延诉讼、伪造证据等违法或不当行为。

(7) 处分原则。当事人有权在法律规定的范围内处分自己的民事权利和诉讼权利,其具体包括自行决定诉讼请求的范围、自行放弃已提出的诉讼请求、有权撤回诉讼、有权与对方和解等。实际上,处分原则是私法上的意思自治原则在民事诉讼活动中的具体体现。

3）民事诉讼的基本制度

（1）合议制度。人民法院审理民事案件,除事实清楚、权利义务关系明确、争议不大的简单民事案件适用独任制外,其他案件应当由 3 名以上的审判人员组成合议庭对案件展开审理。这是发挥审判人员活动的集体智慧,提高审判质量的重要制度。

（2）回避制度。它指的是在民事诉讼活动中,审判人员以及其他可能影响案件公正审理的人员在遇到法定情形时退出诉讼程序的一项制度。建立回避制度,有助于确保审判活动的公正性。

（3）公开审判制度。人民法院审理民事案件,除案件涉及国家秘密、个人隐私、商业秘密等法定的情形之外,原则上应当将审判活动对社会公开,允许公民进行旁听,允许新闻媒体进行采访和报道,判决结果也应当对外公开。该制度的设立目的在于使诉讼活动接受社会的监督,以此保障审判活动的公正性。

（4）两审终审制度。它指的是民事案件(最高人民法院一审的民事案件、金钱给付的小额诉讼案件等法定一审终审的案件除外)经过两级人民法院审理和裁判后即告终结,当事人不得再提起上诉的制度。这一制度在综合权衡保障当事人的上诉权利、使纠纷及时地得到终局解决等不同的价值目标后作出的制度安排。

12.3.2 民事诉讼管辖

民事诉讼管辖,是指人民法院之间在受理第一审民事制度案件上的分工和权限。建立民事诉讼的管辖制度,可以明晰上下级法院之间、同级法院之间在受理案件上的权限分工,防止它们之间相互推诿或争抢案件。同时,可以让当事人准确地找到受理法院,避免来回奔波,从而切实保障其诉讼权。

根据《民事诉讼法》的规定,民事诉讼管辖主要有以下几种类型:

1）级别管辖

级别管辖是指按一定的标准对上下级法院之间受理第一审民事案件的权限进行划分的制度。我国建立起了基层人民法院、中级人民法院、高级人民法院和最高人民法院四级法院体制,它们分别在县级行政区范围内、地级行政区范围内、省级行政区范围内和中央层面设置。级别管辖就是要解决这些层级的法院之间的权限划分问题。

根据《民事诉讼法》的规定,在民事案件的级别管辖上,除法律另有规定外,原则上第一审民事案件应由基层人民法院管辖。中级人民管辖如下第一审民事案件:(1)重大涉外案件;(2)在本辖区有重大影响的案件;(3)最高人民法院确定由中级人民法院管辖的案件。高级人民法院管辖在本辖区有重大影响的第一审民事案件。最高人民法院管辖的第一审民事案件包括在全国有重大影响的案件以及最高人民法院认为应当由其审理的其他案件。

2）地域管辖

地域管辖是指按一定的标准对同级人民法院之间受理第一审民事案件的权限进行划分的制度。地域管辖又具体分为如下几种情形:

（1）一般地域管辖

一般地域管辖是指以当事人所在地为标准确立的管辖规则。

我国的一般地域管辖以"原告就被告"为原则，即原则上以被告所在地确定管辖法院。这主要是为了防止原告一方滥用诉权，同时方便法院审理和执行案件。根据《民事诉讼法》的规定，对公民提起的民事诉讼，由被告住所地人民法院管辖；被告住所地与经常居住地不一致的，由经常居住地人民法院管辖。对法人或者其他组织提起的民事诉讼，由被告住所地人民法院管辖。其中，公民的住所地是指其户籍所在地，"经常居住地"是指公民离开住所地至起诉时已连续居住 1 年以上的地方，但公民住院就医的地方除外。法人的住所地是指其主要办事机构所在地。

有如下例外情况的，实行由原告所在地法院管辖的制度：①对不在中华人民共和国领域内居住的人提起的有关身份关系的诉讼；②对下落不明或者宣告失踪的人提起的有关身份关系的诉讼；③对被采取强制性教育措施的人提起的诉讼；④对被监禁的人提起的诉讼。这些情形构成了"原告就被告"规则的例外。上述案件由原告住所地人民法院进行管辖；原告住所地与经常居住地不一致的，由原告经常居住地人民法院管辖。

（2）特殊地域管辖

特殊地域管辖是指以诉讼标的或当事人所在地为标准确立的管辖规则。《民事诉讼法》（2017 年修正）第二十三条至第三十一条共规定了 9 种特殊地域管辖规则，其中与建设工程活动密切相关的特殊地域管辖是：

① 因合同纠纷（建设工程施工合同纠纷除外）提起的诉讼，由被告住所地或者合同履行地人民法院管辖。合同约定履行地点的，以约定的履行地点为合同履行地。合同对履行地点没有约定或者约定不明确，争议标的为给付货币的，接收货币一方所在地为合同履行地；交付不动产的，不动产所在地为合同履行地；其他标的，履行义务一方所在地为合同履行地。即时结清的合同，交易行为地为合同履行地。合同没有实际履行，当事人双方住所地都不在合同约定的履行地的，由被告住所地人民法院管辖。

② 因保险合同纠纷提起的诉讼，由被告住所地或者保险标的物所在地人民法院管辖。

③ 因票据纠纷提起的诉讼，由票据支付地或者被告住所地人民法院管辖。

④ 因公司设立、确认股东资格、分配利润、解散等纠纷提起的诉讼，由公司住所地人民法院管辖。

⑤ 因铁路、公路、水上、航空运输和联合运输合同纠纷提起的诉讼，由运输始发地、目的地或者被告住所地人民法院管辖。

⑥ 因侵权行为提起的诉讼，由侵权行为地或者被告住所地人民法院管辖。

其中，对于合同或者其他财产权益纠纷，可以实行协议管辖。当事人可以通过签订书面协议选择被告住所地、合同履行地、合同签订地、原告住所地、标的物所在地等与争议有实际联系的地点的人民法院管辖，但不得违反《民事诉讼法》对级别管辖和专属管辖的规定。

（3）专属管辖

专属管辖是指法律强制性地规定特定类型案件只能由特定法院管辖，其他法院无权进行管辖，当事人也不得通过协议变更该管辖权的制度。根据《民事诉讼法》（2017 年修正）第三十三条的规定，以下 3 类案件实行专属管辖：一是因不动产纠纷提起的诉讼，由不动产所在地人民法院管辖；二是因港口作业中发生纠纷提起的诉讼，由港口所在地人民法院管辖；

三是因继承遗产纠纷提起的诉讼,由被继承人死亡时住所地或者主要遗产所在地人民法院管辖。

在上述 3 类专属管辖中,与建设工程纠纷密切相关的是第一种情形。所谓"不动产纠纷"是指因不动产的权利确认、分割、相邻关系等引起的物权纠纷。房屋买卖、租赁合同纠纷、政策性房屋买卖合同纠纷、农村土地承包经营合同纠纷,不受"物权纠纷"这一限制,全部按照不动产纠纷进行专属管辖。不动产已登记的,以不动产登记簿记载的所在地为不动产所在地;不动产未登记的,以不动产实际所在地为不动产所在地。《最高人民法院关于审理建设工程施工合同纠纷案件适用法律问题的解释》第二十四条规定,建设工程施工合同纠纷以施工行为地为合同履行地。由此可见,施工合同纠纷一般是以工程项目所在地为法院管辖的依据。

(4)移送管辖和指定管辖

人民法院发现受理的案件不属于本院管辖的,应当移送有管辖权的人民法院,受移送的人民法院应当受理。受移送的人民法院认为受移送的案件依照规定不属于本院管辖的,应当报请上级人民法院指定管辖,不得再自行移送。

有管辖权的人民法院由于特殊原因,不能行使管辖权的,由上级人民法院指定管辖。人民法院之间因管辖权发生争议,由争议双方协商解决;协商解决不了的,报请它们的共同上级人民法院指定管辖。

12.3.3 民事诉讼当事人

1)当事人的概念

民事诉讼的当事人是指以自己的名义参与诉讼活动,并接受法院裁判约束的人员。当事人是诉讼活动的基本参与主体。在我国,公民、法人或其他组织都有成为当事人的资格。

2)当事人的种类

(1)原告

原告是指为了维护自身的合法权益,以自己的名义向法院提起诉讼,从而发动诉讼程序的主体。

(2)被告

被告是指因原告的起诉而被法院通知应诉的主体。

(3)共同诉讼人与诉讼代表人

共同诉讼是指当事人一方或双方为二人以上的诉讼。隶属于同一方当事人中的二人以上的人员,为共同诉讼人。共同诉讼分为必要的共同诉讼与普通的共同诉讼两种,前者是指诉讼标的为同一的诉讼,例如个人违法借用有资质的建筑施工企业名义签订建设工程施工合同,后因建设工程质量不合格,发包人起诉要求出借方和借用方承担责任的,应当将出借方和借用方列为共同被告;后者是指诉讼标的是同一种类、人民法院认为可以合并审理并经当事人同意的诉讼,例如建设施工企业拖欠同一工地的多名建筑工人工资,多名建筑工人分别提起诉讼的,法院可以将这几个同类案件合并审理。

当事人一方人数众多(一般指 10 人以上)的共同诉讼,可以由当事人推选代表人进行诉讼。代表人的诉讼行为对其所代表的当事人发生效力,但代表人变更、放弃诉讼请求或者承认对方当事人的诉讼请求,进行和解,必须经被代表的当事人同意。

(4) 第三人

第三人是指对他人的诉讼标的具有独立的请求权的人,或虽无独立请求权但与案件的处理结果有法律上的利害关系而参与到诉讼活动中去的人。前者为有独立请求权的第三人,其在诉讼中拥有独立于原、被告的地位,提出既否定原告诉讼请求又不同意被告主张的独立主张。后者为无独立请求权的第三人,其在诉讼中依附于原告或被告一方。

12.3.4　民事诉讼程序

1) 第一审程序

第一审程序是指人民法院审理第一审民事案件适用的诉讼程序。其包括如下几个阶段:

(1) 起诉和受理

原告的起诉必须符合下列条件:①原告是与本案有直接利害关系的公民、法人和其他组织;②有明确的被告;③有具体的诉讼请求和事实、理由;④属于人民法院受理民事诉讼的范围和受诉人民法院管辖。

起诉应当向人民法院递交起诉状,并按照被告人数提出副本。起诉状应当记明下列事项:①原告的姓名、性别、年龄、民族、职业、工作单位、住所、联系方式,法人或者其他组织的名称、住所和法定代表人或者主要负责人的姓名、职务、联系方式;②被告的姓名、性别、工作单位、住所等信息,法人或者其他组织的名称、住所等信息;③诉讼请求和所根据的事实与理由;④证据和证据来源,证人姓名和住所。原告书写起诉状确有困难的,也可以口头起诉,由人民法院记入笔录,并告知对方当事人。

人民法院对符合法定条件的起诉,应当在 7 日内立案,并通知当事人;不符合起诉条件的,应当在 7 日内作出裁定书,不予受理;原告对裁定不服的,可以提起上诉。

(2) 审理前的准备

人民法院应当在立案之日起 5 日内将起诉状副本发送被告,被告应当在收到之日起 15 日内提出答辩状。答辩状应当记明被告的姓名、性别、年龄、民族、职业、工作单位、住所、联系方式;法人或者其他组织的名称、住所和法定代表人或者主要负责人的姓名、职务、联系方式。人民法院应当在收到答辩状之日起 5 日内将答辩状副本发送原告。被告不提出答辩状的,不影响人民法院审理。

人民法院受理案件后,当事人对管辖权有异议的,应当在提交答辩状期间提出。人民法院对当事人提出的异议,应当审查。异议成立的,裁定将案件移送有管辖权的人民法院;异议不成立的,裁定驳回。当事人未提出管辖异议,并应诉答辩的,视为受诉人民法院有管辖权,但违反级别管辖和专属管辖规定的除外。

立案后,人民法院应当及时确定合议庭组成人员,并在 3 日内告知当事人。

在审理前,审判人员应认真审核诉讼材料,调查收集必要的证据。

(3) 开庭审理

人民法院审理民事案件,除涉及国家秘密、个人隐私或者法律另有规定的以外,应当公开进行。在建设工程领域中,涉及商业秘密的案件,当事人申请不公开审理的,可以不公开审理。

人民法院审理民事案件,应当在开庭 3 日前通知当事人和其他诉讼参与人。公开审理的,应当公告当事人姓名、案由和开庭的时间、地点。

开庭审理前,书记员应当查明当事人和其他诉讼参与人是否到庭,宣布法庭纪律。开庭审理时,由审判长核对当事人,宣布案由,宣布审判人员、书记员名单,告知当事人有关的诉讼权利义务,询问当事人是否提出回避申请。

开庭审理分为以下 3 个阶段进行:

首先是法庭调查,即对案件事实进行全面调查。法庭调查按照下列顺序进行:①当事人陈述;②告知证人的权利义务,证人作证,宣读未到庭的证人证言;③出示书证、物证、视听资料和电子数据;④宣读鉴定意见;⑤宣读勘验笔录。当事人在法庭上可以提出新的证据。当事人经法庭许可,可以向证人、鉴定人、勘验人发问。当事人要求重新进行调查、鉴定或者勘验的,是否准许,由人民法院决定。

其次是法庭辩论,即各方当事人围绕案件的事实和法律问题展开辩论。法庭辩论按照下列顺序进行:①原告及其诉讼代理人发言;②被告及其诉讼代理人答辩;③第三人及其诉讼代理人发言或者答辩;④互相辩论。法庭辩论终结,由审判长按照原告、被告、第三人的先后顺序征询各方最后意见。

最后是评议和宣判。法庭辩论终结后,由合议庭对案件进行内部评议,对案件涉及的事实、法律等问题形成意见,在此基础上作出裁判,并对当事人宣告。宣判可以当庭进行,也可以定期宣判。

2) 第二审程序

第二审程序,又称上诉程序,是指当事人不服一审法院作出的判决或裁定,依法向其上一级人民法院提出上诉,上一级人民法院依法对案件进行再次审理所适用的程序。

第二审程序并非必经程序,只有在当事人不服一审裁判并在法定期限内提起上诉的,才会启动第二审程序。另外,对于基层人民法院和它的派出法庭在简易程序中审理的金钱给付的小额诉讼案件①,以及最高人民法院审理的一审案件,实行一审终审,当事人不得提起上诉。

(1) 上诉的提起

有权提起上诉的主体是在第一审程序中具有实体权利义务的当事人,包括原告、被告、具有独立请求权的第三人以及一审后被判决承担民事责任的无独立请求权的第三人。

提起上诉应当在法定期限内提出。不服一审裁定的,应当在裁定书送达之日起 10 日内提出上诉;不服一审判决的,应当自裁定书送达之日起 15 日内提出上诉。

上诉应当递交上诉状。上诉状的内容,应当包括当事人的姓名,法人的名称及其法定代

---

① 根据《民事诉讼法》(2017 年修正)第一百六十二条的规定,基层人民法院和它派出的法庭审理事实清楚、权利义务关系明确、争议不大的简单的民事案件,标的额为各省、自治区、直辖市上年度就业人员年平均工资 30% 以下的,实行一审终审。2015 年《最高人民法院关于适用〈中华人民共和国民事诉讼法〉的解释》第二百七十四条进一步规定,实行一审终审的小额诉讼案件的类型具体包括:(1)买卖合同、借款合同、租赁合同纠纷;(2)身份关系清楚,仅在给付的数额、时间、方式上存在争议的赡养费、抚育费、扶养费纠纷;(3)责任明确,仅在给付的数额、时间、方式上存在争议的交通事故损害赔偿和其他人身损害赔偿纠纷;(4)供用水、电、气、热力合同纠纷;(5)银行卡纠纷;(6)劳动关系清楚,仅在劳动报酬、工伤医疗费、经济补偿金或者赔偿金给付数额、时间、方式上存在争议的劳动合同纠纷;(7)劳务关系清楚,仅在劳务报酬给付数额、时间、方式上存在争议的劳务合同纠纷;(8)物业、电信等服务合同纠纷;(9)其他金钱给付纠纷。

表人的姓名或者其他组织的名称及其主要负责人的姓名；原审人民法院名称、案件的编号和案由；上诉的请求和理由。

上诉状应当通过原审人民法院提出，并按照对方当事人或者代表人的人数提出副本。当事人直接向第二审人民法院上诉的，第二审人民法院应当在 5 日内将上诉状移交原审人民法院。

(2) 上诉的审理

第二审人民法院对上诉请求的有关事实和适用法律进行审查。

第二审人民法院对上诉案件，应当组成合议庭，开庭审理。经过阅卷、调查和询问当事人，对没有提出新的事实、证据或者理由，合议庭认为不需要开庭审理的，可以不开庭审理。上诉案件可以在本院进行，也可以到案件发生地或者原审人民法院所在地进行。

(3) 上诉的裁判

第二审人民法院对上诉案件，经过审理，按照下列情形，分别处理：①原判决、裁定认定事实清楚，适用法律正确的，以判决、裁定方式驳回上诉，维持原判决、裁定；②原判决、裁定认定事实错误或者适用法律错误的，以判决、裁定方式依法改判、撤销或者变更；③原判决认定基本事实不清的，裁定撤销原判决，发回原审人民法院重审，或者查清事实后改判；④原判决遗漏当事人或者违法缺席判决等严重违反法定程序的，裁定撤销原判决，发回原审人民法院重审。

原审人民法院对发回重审的案件作出判决后，当事人提起上诉的，第二审人民法院不得再次发回重审。

第二审人民法院的判决、裁定，是终审的判决、裁定。

3) 审判监督程序

审判监督程序是指人民法院对于已经发生法律效力的判决、裁定和调解书依法进行重新审理的一种监督程序。审判监督程序有如下三种启动程序：

(1) 因法院内部的自我监督而启动

各级人民法院院长对本院已经发生法律效力的判决、裁定、调解书，发现确有错误，认为需要再审的，应当提交审判委员会讨论决定。

最高人民法院对地方各级人民法院已经发生法律效力的判决、裁定、调解书，上级人民法院对下级人民法院已经发生法律效力的判决、裁定、调解书，发现确有错误的，有权提审或者指令下级人民法院再审。

(2) 因检察院行使监督权而启动

最高人民检察院对各级人民法院已经发生法律效力的判决、裁定，上级人民检察院对下级人民法院已经发生法律效力的判决、裁定，发现有法定的启动再审情形之一的，或者发现调解书损害国家利益、社会公共利益的，应当提出抗诉。

地方各级人民检察院对同级人民法院已经发生法律效力的判决、裁定，发现有法定的启动再审情形之一的，或者发现调解书损害国家利益、社会公共利益的，可以向同级人民法院提出检察建议，并报上级人民检察院备案；也可以提请上级人民检察院向同级人民法院提出抗诉。

人民检察院决定对人民法院的判决、裁定、调解书提出抗诉的，应当制作抗诉书。人民法院再审时，应当通知人民检察院派员出席法庭，并自收到抗诉书之日起 30 日内作出再审的裁定。

（3）因当事人申请再审而启动

当事人对已经发生法律效力的判决、裁定，认为有错误的，可以向上一级人民法院申请再审；当事人一方人数众多或者当事人双方为公民的案件，也可以向原审人民法院申请再审。当事人申请再审的，不停止判决、裁定的执行。

当事人申请再审，应当在判决、裁定发生法律效力后 6 个月内提出；但有如下情形之一情形的，自知道或者应当知道之日起 6 个月内提出：①有新的证据，足以推翻原判决、裁定的；②原判决、裁定认定事实的主要证据是伪造的；③据以作出原判决、裁定的法律文书被撤销或者变更的；④审判人员审理该案件时有贪污受贿，徇私舞弊，枉法裁判行为的。

当事人对已经发生法律效力的调解书，提出证据证明调解违反自愿原则或者调解协议的内容违反法律的，可以申请再审。经人民法院审查属实的，应当再审。

人民法院应当自收到再审申请书之日起 3 个月内审查，符合法定再审条件的，裁定再审；不符合法定再审条件的，裁定驳回申请。有特殊情况需要延长的，由本院院长批准。

4）执行程序

执行程序是指人民法院依照法定程序和方式，对于拒不履行生效法律文书义务的当事人采取强制措施，使生效法律文书的内容得到实现的一种活动。执行是民事诉讼活动的最后一道程序，其对于落实生效裁判文书的内容，维护审判活动严肃性和权威性具有十分重要的意义。

（1）执行申请的提出

发生法律效力的民事判决、裁定，当事人必须履行。一方拒绝履行的，对方当事人可以向人民法院申请执行，也可以由审判员移送执行员执行。

调解书和其他应当由人民法院执行的法律文书，当事人必须履行。一方拒绝履行的，对方当事人可以向人民法院申请执行。

对依法设立的仲裁机构的裁决，一方当事人不履行的，对方当事人可以向有管辖权的人民法院申请执行。受申请的人民法院应当执行。

申请执行的期间为 2 年。申请执行时效的中止、中断，适用法律有关诉讼时效中止、中断的规定。申请执行的期间从法律文书规定履行期间的最后一日起计算；法律文书规定分期履行的，从规定的每次履行期间的最后一日起计算；法律文书未规定履行期间的，从法律文书生效之日起计算。

（2）执行案件的管辖

发生法律效力的民事判决、裁定，以及刑事判决、裁定中的财产部分，由第一审人民法院或者与第一审人民法院同级的被执行的财产所在地人民法院执行。

法律规定由人民法院执行的其他法律文书，由被执行人住所地或者被执行的财产所在地人民法院执行。

（3）执行措施

被执行人未按执行通知履行法律文书确定的义务，应当报告当前以及收到执行通知之日前 1 年的财产情况。被执行人拒绝报告或者虚假报告的，人民法院可以根据情节轻重对被执行人或者其法定代理人、有关单位的主要负责人或者直接责任人员予以罚款、拘留。

被执行人未按执行通知履行法律文书确定的义务,人民法院有权向有关单位查询被执行人的存款、债券、股票、基金份额等财产情况。人民法院有权根据不同情形扣押、冻结、划拨、变价被执行人的财产。人民法院查询、扣押、冻结、划拨、变价的财产不得超出被执行人应当履行义务的范围。

被执行人未按执行通知履行法律文书确定的义务,人民法院有权扣留、提取被执行人应当履行义务部分的收入。但应当保留被执行人及其所扶养家属的生活必需费用。

被执行人未按执行通知履行法律文书确定的义务,人民法院有权查封、扣押、冻结、拍卖、变卖被执行人应当履行义务部分的财产。但应当保留被执行人及其所扶养家属的生活必需品。财产被查封、扣押后,执行员应当责令被执行人在指定期间履行法律文书确定的义务。被执行人逾期不履行的,人民法院应当拍卖被查封、扣押的财产;不适于拍卖或者当事人双方同意不进行拍卖的,人民法院可以委托有关单位变卖或者自行变卖。国家禁止自由买卖的物品,交有关单位按照国家规定的价格收购。

被执行人不履行法律文书确定的义务,并隐匿财产的,人民法院有权经由院长签发搜查令,对被执行人及其住所或者财产隐匿地进行搜查。

强制迁出房屋或者强制退出土地,由院长签发公告,责令被执行人在指定期间履行。被执行人逾期不履行的,由执行员强制执行。强制迁出房屋被搬出的财物,由人民法院派人运至指定处所,交给被执行人。被执行人是公民的,也可以交给他的成年家属。因拒绝接收而造成的损失,由被执行人承担。

被执行人未按判决、裁定和其他法律文书指定的期间履行给付金钱义务的,应当加倍支付迟延履行期间的债务利息。被执行人未按判决、裁定和其他法律文书指定的期间履行其他义务的,应当支付迟延履行金。

被执行人不履行法律文书确定的义务的,人民法院可以对其采取或者通知有关单位协助采取限制出境,在征信系统记录、通过媒体公布不履行义务信息以及法律规定的其他措施。

（4）执行中止和终结

人民法院在执行过程中,有下列情形之一的,裁定中止执行:①申请人表示可以延期执行的;②案外人对执行标的提出确有理由的异议的;③作为一方当事人的公民死亡,需要等待继承人继承权利或者承担义务的;④作为一方当事人的法人或者其他组织终止,尚未确定权利义务承受人的;⑤人民法院认为应当中止执行的其他情形。中止的情形消失后,恢复执行。

有下列情形之一的,人民法院裁定终结执行:①申请人撤销申请的;②据以执行的法律文书被撤销的;③作为被执行人的公民死亡,无遗产可供执行,又无义务承担人的;④追索赡养费、扶养费、抚育费案件的权利人死亡的;⑤作为被执行人的公民因生活困难无力偿还借款,无收入来源,又丧失劳动能力的;⑥人民法院认为应当终结执行的其他情形。

12.4 建设工程纠纷的行政复议和行政诉讼

12.4.1 行政复议

1）行政复议的范围

行政复议的范围解决的是哪些案件可以纳入行政复议程序中加以审理的问题。《行政

复议法》从正反两个方面,分别规定了行政复议机关可以受理与不得受理的案件范围。就建设工程行政纠纷而言,其具体复议范围是:

(1) 肯定范围

对于建设活动中行政机关作出的以下具体行政行为,行政相对人可以依法申请复议:①对行政机关作出的警告、罚款、没收违法所得、没收非法财物、责令停产停业、暂扣或者吊销许可证、暂扣或者吊销执照、行政拘留等行政处罚决定不服的;②对行政机关作出的限制人身自由或者查封、扣押、冻结财产等行政强制措施决定不服的;③对行政机关作出的有关许可证、执照、资质证、资格证等证书变更、中止、撤销的决定不服的;④对行政机关作出的关于确认土地、矿藏、水流、森林、山岭、草原、荒地等自然资源的所有权或者使用权的决定不服的;⑤认为行政机关侵犯合法的经营自主权的;⑥认为行政机关违法集资、征收财物、摊派费用或者违法要求履行其他义务的;⑦认为符合法定条件,申请行政机关颁发许可证、执照、资质证、资格证等证书,或者申请行政机关审批、登记有关事项,行政机关没有依法办理的;⑧申请行政机关履行保护人身权利、财产权利、受教育权利的法定职责,行政机关没有依法履行的;⑨认为行政机关侵犯其合法权益的其他具体行政行为。

行政相对人认为行政机关的具体行政行为所依据的下列规定不合法,在对具体行政行为申请行政复议时,可以一并向行政复议机关提出对该规定的审查申请:①国务院部门(如住建部、自然资源部等)的规定;②县级以上地方各级人民政府及其工作部门的规定;③乡、镇人民政府的规定。以上"规定"仅指规章以下的规范性文件,不含规章。

(2) 排除范围

行政相对人对下列行政行为不服,不得申请复议:①行政机关作出的行政处分、人事任免等内部人事管理行为;②行政机关对民事纠纷的调解或其他处理决定。

此外,对于行政机关作出的规章以下的规范性文件,不得直接以其为对象申请行政复议,只能如前所述,在对具体行政行为提出复议申请时,一并要求行政复议机关进行审查。

2) 行政复议机关及其管辖

行政复议机关是指依照法律规定,有权受理行政复议申请,依法对行政行为进行审查,并以自己的名义作出裁决的行政机关。行政复议机关不同于行政复议机构,后者是复议机关内部具体负责行政复议案件受理、审理和裁决的办事机构,不具有独立作出裁决的资格。行政复议机构一般为行政机关内部负责法制工作的机构。

根据《行政复议法》(2017 年修正)第十二条至第十五条的规定,行政复议的管辖规则如下:

(1) 对县级以上地方各级人民政府工作部门的具体行政行为不服的,由申请人选择,可以向该部门的本级人民政府申请行政复议,也可以向上一级主管部门申请行政复议。例如对县住建局作出的施工许可决定不服,既可以向县人民政府申请复议,也可以向地级市住建局申请复议。

(2) 对海关、金融、外汇管理等实行垂直领导的行政机关和国家安全机关的具体行政行为不服的,向上一级主管部门申请行政复议。

(3) 对乡镇、县级、地级市三级人民政府的具体行政行为不服的,向上一级地方人民政府申请行政复议。对省、自治区人民政府依法设立的派出机关所属的县级地方人民政府的具体行政行为不服的,向该派出机关申请行政复议。

（4）对国务院部门或者省、自治区、直辖市人民政府的具体行政行为不服的,向作出该具体行政行为的国务院部门或者省、自治区、直辖市人民政府申请行政复议。对行政复议决定不服的,可以向人民法院提起行政诉讼;也可以向国务院申请裁决,国务院依法作出最终裁决。

（5）对县级以上地方人民政府依法设立的派出机关的具体行政行为不服的,向设立该派出机关的人民政府申请行政复议。

（6）对地方人民政府工作部门依法设立的派出机构依照法律、法规或者规章规定,以自己的名义作出的具体行政行为不服的,向设立该派出机构的部门或者该部门的本级地方人民政府申请行政复议。

（7）对法律、法规授权的组织的具体行政行为不服的,分别向直接管理该组织的地方人民政府、地方人民政府工作部门或者国务院部门申请行政复议。

（8）对两个或者两个以上行政机关以共同的名义作出的具体行政行为不服的,向其共同上一级行政机关申请行政复议。

（9）对被撤销的行政机关在撤销前所作出的具体行政行为不服的,向继续行使其职权的行政机关的上一级行政机关申请行政复议。

3）行政复议的程序

（1）申请

公民、法人或者其他组织认为具体行政行为侵犯其合法权益的,可以自知道该具体行政行为之日起 60 日内提出行政复议申请;但是法律规定的申请期限超过 60 日的除外。因不可抗力或者其他正当理由耽误法定申请期限的,申请期限自障碍消除之日起继续计算。

申请行政复议,可以书面申请,也可以口头申请;口头申请的,行政复议机关应当当场记录申请人的基本情况、行政复议请求、申请行政复议的主要事实、理由和时间。

（2）受理

复议机关在收到复议申请后,应当在收到之日起 5 日内进行审查,并作出如下处理:①符合申请复议条件的,依法决定受理。②不符合申请复议条件的,依法决定不予受理,并告知申请人不予受理的理由。③复议申请材料不齐全或表述不清楚的,行政复议机构可以自收到该行政复议申请之日起 5 日内书面通知申请人补正。④申请人就同一事项向 2 个或者 2 个以上有权受理的行政机关申请行政复议的,由最先收到行政复议申请的行政机关受理;同时收到行政复议申请的,由收到行政复议申请的行政机关在 10 日内协商确定;协商不成的,由其共同上一级行政机关在 10 日内指定受理机关。

行政复议机关依法受理案件后,行政复议机关内负责法制工作的机构应当自行政复议申请受理之日起 7 日内,将行政复议申请书副本或者行政复议申请笔录复印件发送被申请人。被申请人应当自收到申请书副本或者申请笔录复印件之日起 10 日内,提出书面答复,并提交当初作出具体行政行为的证据、依据和其他有关材料。

（3）审理

行政复议案件由 2 名以上行政复议人员进行审理,原则上以书面审查的方式,但是申请人提出要求或者行政复议机关负责法制工作的机构认为有必要时,可以向有关组织和人员调查情况,听取申请人、被申请人和第三人的意见。对重大、复杂的案件,申请人提出要求或者行政复议机构认为必要时,可以采取听证的方式审理。

在行政复议过程中,被申请人不得自行向申请人和其他有关组织或者个人搜集证据。行政复议机关也不能为了证明被申请行为的合法性,收集被申请人在行政程序中没有收集的证据,否则,就违反了"先取证、后裁决"的基本行政程序规则。

行政复议案件的审理期限为60日,但是法律规定的行政复议期限少于60日的除外。情况复杂,不能在规定期限内作出行政复议决定的,经行政复议机关的负责人批准,可以适当延长,并告知申请人和被申请人;但是延长期限最多不得超过30日。

4)行政复议决定

行政复议机关经过审理后,按照下列情况分别作出复议决定:

(1)具体行政行为认定事实清楚,证据确凿,适用依据正确,程序合法,内容适当的,作出维持决定。

(2)被申请人不履行法定职责的,作出要求其在一定期限内履行的决定。

(3)具体行政行为存在主要事实不清、证据不足,适用依据错误,违反法定程序,超越或者滥用职权,或者具体行政行为明显不当,可以作出撤销、变更或确认违法的决定。其中,决定撤销或者确认该具体行政行为违法的,还可以责令被申请人在一定期限内重新作出具体行政行为。

(4)有下列情形之一的,行政复议机关应当作出驳回行政复议申请的决定:①申请人认为行政机关不履行法定职责申请行政复议,行政复议机关受理后发现该行政机关没有相应法定职责或者在受理前已经履行法定职责的;②受理行政复议申请后,发现该行政复议申请不符合行政复议的受理条件的。

(5)申请人在申请行政复议时可以一并提出行政赔偿请求,行政复议机关对符合国家赔偿法的有关规定应当给予赔偿的,在决定撤销、变更具体行政行为或者确认具体行政行为违法时,应当同时决定被申请人依法给予赔偿。申请人在申请行政复议时没有提出行政赔偿请求的,行政复议机关在依法决定撤销或者变更罚款,撤销违法集资、没收财物、征收财物、摊派费用以及对财产的查封、扣押、冻结等具体行政行为时,应当同时责令被申请人返还财产,解除对财产的查封、扣押、冻结措施,或者赔偿相应的价款。

行政复议机关作出行政复议决定,应当制作行政复议决定书,并加盖印章。行政复议决定书一经送达,即发生法律效力。

12.4.2 行政诉讼

1)行政诉讼的受案范围

行政诉讼的受案范围是指人民法院在行政诉讼中受理的案件类型。《行政诉讼法》同样从正反两个方面规定了人民法院可以受理与不得受理的案件范围。就建设工程行政纠纷而言,其具体范围是:

(1)肯定范围

对建设活动中行政机关作出的以下行政行为,行政相对人一方可以向人民法院提起诉讼:①对行政拘留、暂扣或者吊销许可证和执照、责令停产停业、没收违法所得、没收非法财物、罚款、警告等行政处罚不服的；②对限制人身自由或者对财产的查封、扣押、冻结等行政强制措施和行政强制执行不服的；③申请行政许可，行政机关拒绝或者在法定期限内不予答复，或者对行政机关作出的有关行政许可的其他决定不服的；④对行政机关作出的关于确认土地、矿藏、水流、森林、山岭、草原、荒地等自然资源的所有权或者使用权的决定不服的；⑤对征收、征用决定及其补偿决定不服的；⑥申请行政机关履行保护人身权、财产权等合法权益的法定职责，行政机关拒绝履行或者不予答复的行为；⑦认为行政机关侵犯经营自主权的行为，行政机关滥用行政权力排除或者限制竞争的行为，或者行政机关违法集资、摊派费用或者违法要求履行其他义务的行为；⑧认为行政机关不依法履行、未按照约定履行或者违法变更、解除政府特许经营协议、土地房屋征收补偿协议等协议的行为；⑨认为行政机关侵犯其他人身权、财产权等合法权益的行为。此外，人民法院还可以受理法律、法规规定可以提起诉讼的其他行政案件。

公民、法人或者其他组织认为行政行为所依据的国务院部门和地方人民政府及其部门制定的规范性文件不合法，在对行政行为提起诉讼时，可以一并请求对该规范性文件进行审查。此处的规范性文件，仅指规章以下的规范性文件，不含规章。

（2）排除范围

根据《行政诉讼法》（2017 年修正）第十三条的规定，人民法院不受理公民、法人或者其他组织对下列事项提起的诉讼：①国防、外交等国家行为；②行政法规、规章或者行政机关制定、发布的具有普遍约束力的决定、命令；③行政机关对行政机关工作人员的奖惩、任免等内部人事管理决定；④法律规定由行政机关最终裁决的行政行为，例如根据国务院或者省、自治区、直辖市人民政府对行政区划的勘定、调整或者征收土地的决定，省、自治区、直辖市人民政府确认土地、矿藏、水流、森林、山岭、草原、荒地、滩涂、海域等自然资源的所有权或者使用权的行政复议决定为最终裁决，不得对其提起行政诉讼。

除此之外，2018 年发布的《最高人民法院关于适用〈中华人民共和国行政诉讼法〉的解释》第一条还详细规定了其他 10 类不可诉的行政行为。其中，与建设活动有关的不可诉行政行为包括：①建设主管部门对民事纠纷的调解行为以及法律规定的仲裁行为；②行政指导行为；③驳回当事人对行政行为提起申诉的重复处理行为；④行政机关作出的不产生外部法律效力的行为；⑤行政机关为作出行政行为而实施的准备、论证、研究、层报、咨询等过程性行为；⑥上级行政机关基于内部层级监督关系对下级行政机关作出的听取报告、执法检查、督促履责等行为；⑦行政机关针对信访事项作出的登记、受理、交办、转送、复查、复核意见等行为；⑧对公民、法人或者其他组织权利义务不产生实际影响的行为。

2）行政诉讼的管辖

（1）级别管辖

与民事诉讼一样，第一审行政案件原则上由基层人民法院管辖。

中级人民法院管辖下列第一审行政案件：①对国务院部门或者县级以上地方人民政府所作的行政行为提起诉讼的案件；②海关处理的案件；③本辖区内重大、复杂的案件；④其他法律规定由中级人民法院管辖的案件。

高级人民法院管辖本辖区内重大、复杂的第一审行政案件。

最高人民法院管辖全国范围内重大、复杂的第一审行政案件。

（2）地域管辖

行政案件由最初作出行政行为的行政机关所在地人民法院管辖。

经复议的案件,既可以由最初作出行政行为的行政机关所在地人民法院管辖,也可以由复议机关所在地人民法院管辖。

对限制人身自由的行政强制措施不服提起的诉讼,由被告所在地或者原告所在地人民法院管辖。

因不动产提起的行政诉讼,由不动产所在地人民法院管辖。

（3）移送管辖与指定管辖

人民法院发现受理的案件不属于本院管辖的,应当移送有管辖权的人民法院,受移送的人民法院应当受理。受移送的人民法院认为受移送的案件按照规定不属于本院管辖的,应当报请上级人民法院指定管辖,不得再自行移送。

有管辖权的人民法院由于特殊原因不能行使管辖权的,由上级人民法院指定管辖。人民法院对管辖权发生争议,由争议双方协商解决。协商不成的,报它们的共同上级人民法院指定管辖。

3）行政诉讼的参加人

（1）原告

行政行为的相对人以及其他与行政行为有利害关系的公民、法人或者其他组织,有权作为原告提起诉讼。

人民检察院在履行职责中发现国有土地使用权出让、生态环境和资源保护、食品药品安全、国有财产保护等领域负有监督管理职责的行政机关违法行使职权或者不作为,致使国家利益或者社会公共利益受到侵害的,应当向行政机关提出检察建议,督促其依法履行职责。行政机关不依法履行职责的,人民检察院依法向人民法院提起诉讼。

（2）被告

作出被诉行政行为的行政主体（包括行政机关以及法律、法规、规章授权的组织）是被告。

经复议的案件,复议机关决定维持原行政行为的,作出原行政行为的行政主体和复议机关是共同被告;复议机关改变原行政行为的,复议机关是被告。复议机关在法定期限内未作出复议决定,公民、法人或者其他组织起诉原行政行为的,作出原行政行为的行政机关是被告;起诉复议机关不作为的,复议机关是被告。

两个以上行政主体作出同一行政行为的,共同作出行政行为的行政主体是共同被告。

行政主体委托的组织所作的行政行为,委托的行政主体是被告。

行政主体被撤销或者职权变更的,继续行使其职权的行政主体是被告。

（3）第三人

公民、法人或者其他组织同被诉行政行为有利害关系但没有提起诉讼,或者同案件处理结果有利害关系的,可以作为第三人申请参加诉讼,或者由人民法院通知参加诉讼。

人民法院判决第三人承担义务或者减损第三人权益的,第三人有权依法提起上诉。

4）行政诉讼的证据规则

（1）被告对行政行为的合法性承担举证责任

我国行政诉讼实行被告对被诉行政行为的合法性承担举证责任的规则。这主要是考虑到,相对于被告而言,原告的举证能力较弱,由被告承担举证责任较为公平。同时,按照"先取证、后裁决"的行政程序原理,被告在作出被诉行政行为时应当收集充分的证据,在诉讼过程中要求由被告承担举证责任,只需将这些已收集的证据展示出来即可,并不会给其带来额外的负担。被告在诉讼过程中应当提供作出该行政行为的证据和所依据的规范性文件。被告不提供或者无正当理由逾期提供证据,视为没有相应证据。但是,被诉行政行为涉及第三人合法权益,第三人提供证据的除外。

在诉讼过程中,被告及其诉讼代理人不得自行向原告、第三人和证人搜集证据。人民法院也不得为了证明行政行为的合法性,调取行政机关在行政程序中未收集的证据。

（2）原告的举证范围

原告可以提供证明行政行为违法的证据。原告提供的证据不成立的,不免除被告的举证责任。

在起诉被告不履行法定职责的案件中,原告应当提供其向被告提出申请的证据。但有下列情形之一的除外:①被告应当依职权主动履行法定职责的;②原告因正当理由不能提供证据的。

在行政赔偿、补偿的案件中,原告应当对行政行为造成的损害提供证据。因被告的原因导致原告无法举证的,由被告承担举证责任。

5）行政诉讼程序

（1）第一审程序

对属于人民法院受案范围的行政案件,公民、法人或者其他组织可以先向行政机关申请复议,对复议决定不服的,再向人民法院提起诉讼;也可以直接向人民法院提起诉讼。法律、法规规定应当先向行政机关申请复议,对复议决定不服再向人民法院提起诉讼的,依照法律、法规的规定。例如,根据《行政复议法》（2017年修正）第三十条第一款的规定,行政相对人认为行政机关的具体行政行为侵犯其已经依法取得的土地、矿藏、水流、森林、山岭、草原、荒地、滩涂、海域等自然资源的所有权或者使用权的,应当先申请行政复议;对行政复议决定不服的,方可依法向人民法院提起行政诉讼。

行政相对人直接向人民法院提起诉讼的,应当自知道或者应当知道作出行政行为之日起6个月内提出。法律另有规定的除外。因不动产提起诉讼的案件自行政行为作出之日起超过20年,其他案件自行政行为作出之日起超过5年提起诉讼的,人民法院不予受理。行政相对人不服复议决定的,可以在收到复议决定书之日起15日内向人民法院提起诉讼。复议机关逾期不作决定的,申请人可以在复议期满之日起15日内向人民法院提起诉讼。法律另有规定的除外。

人民法院审理行政案件,原则上应当以公开方式进行审理,但涉及国家秘密、个人隐私和法律另有规定的除外。涉及商业秘密的案件,当事人申请不公开审理的,可以不公开审理。无论是公开审理还是不公开审理的案件,判决一律公开宣告。

经审理后,根据不同情形作出如下判决:

行政行为证据确凿,适用法律、法规正确,符合法定程序的,或者原告申请被告履行法定职责或者给付义务理由不成立的,人民法院判决驳回原告的诉讼请求。

行政行为有下列情形之一的,人民法院判决撤销或者部分撤销,并可以判决被告重新作出行政行为:①主要证据不足的;②适用法律、法规错误的;③违反法定程序的;④超越职权的;⑤滥用职权的;⑥明显不当的。人民法院判决被告重新作出行政行为的,被告不得以同一的事实和理由作出与原行政行为基本相同的行政行为。

人民法院经过审理,查明被告不履行法定职责的,判决被告在一定期限内履行;查明被告依法负有给付义务的,判决被告履行给付义务。

行政行为有下列情形之一的,人民法院判决确认违法,但不撤销行政行为:①行政行为依法应当撤销,但撤销会给国家利益、社会公共利益造成重大损害的;②行政行为程序轻微违法,但对原告权利不产生实际影响的。

行政行为有下列情形之一,不需要撤销或者判决履行的,人民法院判决确认违法:①行政行为违法,但不具有可撤销内容的;②被告改变原违法行政行为,原告仍要求确认原行政行为违法的;③被告不履行或者拖延履行法定职责,判决履行没有意义的。

行政行为有实施主体不具有行政主体资格或者没有依据等重大且明显违法情形,原告申请确认行政行为无效的,人民法院判决确认无效。

行政处罚明显不当,或者其他行政行为涉及对款额的确定、认定确有错误的,人民法院可以判决变更。

被告不依法履行、未按照约定履行或者违法变更、解除行政协议的,人民法院判决被告承担继续履行、采取补救措施或者赔偿损失等责任。

(2)第二审程序

当事人不服人民法院第一审判决的,有权在判决书送达之日起15日内向上一级人民法院提起上诉。当事人不服人民法院第一审裁定的,有权在裁定书送达之日起10日内向上一级人民法院提起上诉。

对上诉案件,人民法院应当组成合议庭,开庭审理。经过阅卷、调查和询问当事人,对没有提出新的事实、证据或者理由,合议庭认为不需要开庭审理的,也可以不开庭审理。

人民法院对上诉案件进行审理后,按照下列情形,分别作出处理:①原判决、裁定认定事实清楚,适用法律、法规正确的,判决或者裁定驳回上诉,维持原判决、裁定;②原判决、裁定认定事实错误或者适用法律、法规错误的,依法改判、撤销或者变更;③原判决认定基本事实不清、证据不足的,发回原审人民法院重审,或者查清事实后改判;④原判决遗漏当事人或者违法缺席判决等严重违反法定程序的,裁定撤销原判决,发回原审人民法院重审。原审人民法院对发回重审的案件作出判决后,当事人提起上诉的,第二审人民法院不得再次发回重审;需要改变原审判决的,应当同时对被诉行政行为作出判决。

本 章 小 结

第1节介绍了建设工程纠纷的类型与特点,建设工程民事纠纷的解决途径和建设工程行政纠纷的解决途径。

第2节介绍了建设工程纠纷的仲裁,包括仲裁制度的含义、适用范围、基本原则,仲裁机构、仲裁协议和仲裁程序,以及对仲裁的监督。

第3节介绍了建设工程纠纷民事诉讼的概念、基本原则、基本制度,民事诉讼的管辖、当事人及程序。

第 4 节介绍了建设工程纠纷的行政复议和行政诉讼的基本含义、适用范围及程序。

⚖ 案例 12.1　建设工程施工合同中对纠纷仲裁机构的约定应当明确

基本案情：

2006 年 5 月 5 日，北京城建三建设发展有限公司（以下简称城建公司）与内蒙古宏珠环保热电集团有限责任公司（以下简称宏珠公司）签订了一份《建设工程施工合同》。该合同第 37 条第 1 款对合同履行过程中发生纠纷的解决途径作了如下约定："本合同在履行过程中发生的争议，由双方当事人协商解决，协商不成的，提交工程当地仲裁委员会仲裁。"后双方因工程款支付问题发生纠纷。2007 年 8 月 21 日，城建公司向宏珠公司发出《给付工程款通知书》，上面载明："工程已完工 90%，宏珠公司拖欠工程款 600 余万元，要求立即付清；如贵方仍拖欠给付，我方要求赤峰市仲裁委员会予以仲裁。"同日，宏珠公司在该通知书上签注"此通知书所述与事实不符"作为回复意见。2007 年 8 月 27 日，城建公司向赤峰市仲裁委员会申请仲裁。宏珠公司对赤峰市仲裁委员会的管辖权提出异议。对此，赤峰市仲裁委员会认为，城建公司在《给付工程款通知书》中提出了重新选择赤峰市仲裁委员会仲裁的书面要约，宏珠公司对此未提出异议，因而仲裁协议合法有效，并据此驳回了宏珠公司的异议。2007 年 12 月 4 日，赤峰市仲裁委员会作出裁决书，确定宏珠公司向城建公司支付工程款 700 万元。2008 年 1 月 25 日，城建公司向建设工程所在地的内蒙古自治区巴彦淖尔市中级人民法院申请强制执行仲裁裁决书。随后，宏珠公司向巴彦淖尔市中级人民法院申请不予执行该裁决。

审判结果：

巴彦淖尔市中级人民法院经审理认为，城建公司与宏珠公司在《建设工程施工合同》中仅笼统地约定向"工程当地仲裁委员会"仲裁，且建设工程所在地的巴彦淖尔市并没有设立仲裁委员会，属于仲裁机构约定不明确。对于城建公司在《给付工程款通知书》中重新提出向赤峰市仲裁委员会仲裁的要约，城建公司在通知书上批注"此通知书所述与事实不符"，这表明宏珠公司已明确拒绝了城建公司提出的重新选择仲裁机构的要约，因此双方间并无有效的仲裁协议。据此，作出了不予执行仲裁裁决的裁定。

城建公司不服巴彦淖尔市中级人民法院的裁定，向内蒙古自治区高级人民法院申请复议。内蒙古自治区高级人民法院经审理认为，城建公司和宏珠公司均参加了赤峰市仲裁委员会的裁决案件的过程，应视为双方在事后就仲裁机构达成了补充意见。据此，裁定撤销巴彦淖尔市中级人民法院的裁定，并执行赤峰市仲裁委员会的仲裁裁决。

宏珠公司不服内蒙古自治区高级人民法院的裁定，向最高人民法院申请再审。最高人民法院经审理后认为，本案双方当事人签订的合同仲裁条款对仲裁机构的约定不明确。发生纠纷后，宏珠公司的书面答复以及其他行为并未表明其已接受城建公司关于仲裁机构的补充要约。因此，双方当事人没有就仲裁机构重新达成补充协议，合同中的仲裁条款无效，赤峰市仲裁委员会对本案无管辖权。据此，撤销了内蒙古自治区高级人民法院的裁定。

分析点评：

本案的审理结果一波三折，其核心争议点是：城建公司与宏珠公司对仲裁机构的约定是否明确？赤峰市仲裁委员会是否有权对本案纠纷进行管辖？

仲裁活动须贯彻当事人意思自治原则，是否将建设工程施工合同纠纷提交仲裁机构解决，以及具体提交至哪个仲裁机构加以裁决，都必须在合同当事人之间达成共同的合意。在本案中，尽管城建公司与宏珠公司均同意适用仲裁机制，但在双方签订的《建设工程施工合同》中，对于仲裁机构仅笼统地约定向"工程当地仲裁委员会"仲裁，而在建设工程的所在地——巴彦淖尔市范围内并没有设立仲裁委员会，因此属于仲裁机构约定不明确。

《仲裁法》（2017年修正）第十八条规定，仲裁协议对仲裁委员会约定不明确的，当事人可以补充协议；达不成补充协议的，仲裁协议无效。在本案中，城建公司在《给付工程款通知书》中提出要求将纠纷提交至赤峰市仲裁委员会的要约，这可以视为其在为双方补充约定仲裁机构寻求努力，但宏珠公司并未在回复中明确同意这一要约；而当赤峰市仲裁委员会受理该案之后，宏珠公司虽然参与了答辩，但对其管辖权提出了明确的异议，这进一步可以印证出，其是不同意赤峰市仲裁委员会的仲裁管辖权的。因此，在本案中，双方并未就仲裁委员会的选定达成补充协议，其仲裁协议无效，赤峰市仲裁委员会无权管辖本案；相应的，对于城建公司要求执行仲裁裁决的申请，人民法院也应裁定不予执行。

⚖ 案例12.2　　建设工程施工合同纠纷应由工程所在地的人民法院专属管辖

基本案情：

建设单位广东川航建设有限公司（简称川航公司，住所地为广州市黄埔区）与施工单位湖南长大建设集团股份有限公司（简称长大公司，住所地为长沙市天心区）达成一致意见，由长大公司建设珠海市光联通讯技术有限公司办公楼、食堂、化学品仓库及消防水池新建项目，该项目具体位于珠海市香洲区。在川航公司与长大公司签订的《建设工程施工合同》中，约定双方发生纠纷后，由长大公司住所地人民法院管辖。后双方因建设工程款支付问题发生纠纷，长大公司以川航公司为被告，向珠海市香洲区人民法院提起民事诉讼。川航公司在答辩期间提出管辖权异议，认为本案应当按照双方签订的《建设工程施工合同》的共同约定，由长大公司住所地——长沙市天心区人民法院管辖。

审判结果：

珠海市香洲区人民法院经审理后认为，建设工程施工合同纠纷为不动产纠纷，而不动产纠纷实行专属管辖，应由不动产所在地人民法院管辖，合同当事人的协议管辖不得违反专属管辖的规定。因此，该院对案件具有管辖权，并驳回了川航公司的管辖权异议。

川航公司不服，向珠海市中级人民法院提起上诉。珠海市中级人民法院经审理后，裁定驳回上诉，维持原裁定。

分析点评：

本案涉及的争议点是：建设工程施工合同的当事人，能否通过协议约定将民事纠纷交由工程所在地以外的其他法院管辖？

《民事诉讼法》（2017年修正）第三十四条规定："合同或者其他财产权益纠纷的当事人可以书面协议选择被告住所地、合同履行地、合同签订地、原告住所地、标的物所在地等与争议有实际联系的地点的人民法院管辖，但不得违反本法对级别管辖和专属管辖的规定。"该法确立了协议管辖不得违反专属管辖规定的规则。《民事诉讼法》(2017 年修订)第三十三条规定,因不动产纠纷提起的诉讼,由不动产所在地人民法院专属管辖。2015 年发布的《最高人民法院关于适用〈中华人民共和国民事诉讼法〉的解释》第二十八条第二款进一步规定,建设工程施工合同纠纷按照不动产纠纷确定管辖。据此,在建设工程施工合同纠纷中,应由工程所在地的人民法院管辖,合同当事人无权对此作出另外的约定。之所以要作出这样的专属管辖规定,主要是考虑到,由建设工程所在地法院管辖,便于法院查明案情,也便于后续的执行。因此,在本案中,川航公司与长大公司在所签订的《建设工程施工合同》中约定发生纠纷后由原告所在地人民法院管辖是无效的。作为建设工程所在的人民法院,珠海市香洲区人民法院对本案具有管辖权。

参 考 文 献

［1］中华人民共和国建设部人事教育司,体改法规司.建设法规教程[M].北京:中国建筑工业出版社,1996.

［2］住房和城乡建设部高等学校土建学科教学指导委员会.建设法规教程[M].4 版.北京:中国建筑工业出版社,2018.

［3］黄安永.建设法规[M].3 版.南京:东南大学出版社,2017.

［4］何佰洲.工程建设法规教程[M].北京:中国建筑工业出版社,2009.

［5］中国房地产估价师与房地产经纪人学会.房地产基本制度与政策[M].8 版.北京:中国建筑工业出版社,2017.

［6］杨紫烜,徐杰.经济法学[M].3 版.北京:北京大学出版社,2008.

［7］全国一级建造师执业资格考试用书编写委员会.建设工程法规及相关知识[M].3 版.北京:中国建筑工业出版社,2018.

［8］何红锋.工程建设中的合同法与招标投标法[M].3 版.北京:中国计划出版社,2014.

［9］解鹏.建设工程纠纷案例与实务[M].北京:清华大学出版社,2016.

［10］周佑勇.工程法学[M].北京:中国人民大学出版社,2010.

［11］黄薇.中华人民共和国民法典释义[M].北京:法律出版社,2020.

［12］韩世远.合同法总论[M].北京:法律出版社,2016.

［13］王克稳.《土地管理法》《城市房地产管理法》修改与经营性建设用地集体土地征收制度改革[J].苏州大学学报(法学版),2019(4).

［14］金国辉.建设法规概论与案例[M].3 版.北京:清华大学出版社,2015.

［15］李永福,史伟利.建设法规[M].3 版.北京:中国电力出版社,2016.

［16］吕成,王薇.建设法规[M].北京:中国水利水电出版社,2011.

［17］朱宏亮.建设法规教程[M].2 版.北京:中国建筑工业出版社,2019.